광주광역시교육청

교육공무직원 국어 / 일반상식

한권으로 끝내기

시대에듀

2026 시대에듀 광주광역시교육청 교육공무직원(국어/일반상식) 한권으로 끝내기

Always with you

사람의 인연은 길에서 우연하게 만나거나 함께 살아가는 것만을 의미하지는 않습니다.
책을 펴내는 출판사와 그 책을 읽는 독자의 만남도 소중한 인연입니다.
시대에듀는 항상 독자의 마음을 헤아리기 위해 노력하고 있습니다. 늘 독자와 함께하겠습니다.

자격증·공무원·금융/보험·면허증·언어/외국어·검정고시/독학사·기업체/취업
이 시대의 모든 합격! 시대에듀에서 합격하세요!
www.youtube.com → 시대에듀 → 구독

PREFACE 머리말

공교육 정상화, 학교 교육력 향상, 학교폭력 근절을 위한 한 가지 방안으로 제시되는 것이 '교원행정업무경감종합계획'입니다.

이 계획의 중심축이 바로 '교육공무직원' 도입입니다. 이는 지금까지 교원사무, 전산, 과학실험보조원 등으로 분리되어 있던 교무지원인력을 교육공무직원이라는 직종으로 통합해 교육공무직원 중심의 교무지원팀을 구성하고 지원업무를 전담하도록 합니다. 지휘체계 또한 보조인력이라는 그동안의 시각에서 벗어나 교감의 직접 지휘를 받는 등 독립성을 강화하고자 하고 있습니다. 이를 통해 명실상부한 '공교육 정상화, 학교 교육력 향상'이라는 목표를 이룩하고자 하는 것입니다.

이에 시대적성검사연구소는 '광주광역시교육청 교육공무직원 한권으로 끝내기'라는 표제로 필기시험 과목인 국어와 일반상식을 한 권으로 묶어 광주광역시교육청 교육공무직원 수험생들을 위한 맞춤형 교재를 출간하였습니다. 본서의 특징은 다음과 같습니다.

도서의 특징

❶ 많은 지원자들이 짧은 기간 동안 시험을 준비하다 보면 한 과목에 집중하다 다른 과목을 놓치는 경우가 생깁니다. 이에 본서는 광주광역시교육청 교육공무직원 필기시험의 필수과목인 국어와 일반상식을 한 권으로 묶어 효율적인 학습을 할 수 있도록 구성하였습니다.

❷ 이론보다는 문제 중심으로 구성하였습니다. 단기간의 시험 준비로 일정 점수 이상을 확보하기 위한 가장 효율적인 공부방법은 바로 문제풀이입니다. 따라서 이론이 조금은 부족하다는 생각이 들더라도 문제 중심으로 반복학습을 한다면 반드시 합격하리라 믿습니다.

❸ 주요 공공기관의 출제 문제를 분야별 통합 일반상식 100제와 한국사 복원문제로 수록하였습니다.

본 교재를 통하여 교육 일선에서 활동하는 교육공무직원이 되기를 진심으로 기원합니다.

시대적성검사연구소 씀

시험안내

❖ 2025년도 광주광역시교육청 교육공무직원 공개경쟁채용시험 시행 계획 공고안을 바탕으로 작성된 것입니다. 정확하고 자세한 시험안내를 위해 반드시 광주광역시교육청 홈페이지 확인 및 광주광역시교육청 노동정책과 공무직 인사팀으로 문의하시기 바랍니다.

▶ 시험일정

구분		시험과목	시험일자(시험시간)	합격자 발표	비고
1차 시험	필기시험	국어, 일반상식 (국사·사회)	6월 중 (11:00~11:50)	7월 중	-
	서류전형	-	6월 중 (13:00~18:00)		필기시험 미실시 직종에 한함
2차 시험	면접전형	-	7월 중 (13:00~18:00)	8월 중	-

※ 시험장소와 합격자 발표는 광주광역시교육청 홈페이지(www.gen.go.kr) 「알림마당-시험공고-교육공무직시험」란 및 나이스 온라인 교직원 채용 누리집(edurecruit.go.kr) 「채용공고」에 공고합니다(개별 통지는 하지 않음).

▶ 일반 응시자격

❶ 연령이 18세 이상인 사람이며, 60세에 도달하지 아니한 사람이어야 합니다.
  ※ 단, 군복무자는 최종 합격일까지 전역 예정이거나, 소집해제 예정인 자만 응시 가능
❷ 대한민국 국적 소지자여야 합니다.
❸ 시험 공고일 전일(前日)부터 최종(면접)시험일까지 계속하여 본인의 주민등록상 주소지 또는 국내 거소신고(재외국민에 한함)가 광주광역시로 되어 있는 사람이어야 합니다(동 기간 중 주민등록의 말소 및 거주 불명으로 등록된 사실이 없어야 함). 단, 조리원 응시자는 거주지 제한이 없습니다.
❹ 직종별 응시자격이 필요한 경우 응시원서 접수일 현재 자격증·면허증 소지자로 증빙서류를 제출할 수 있는 경우에만 가능합니다.

▶ 평가방법

❶ 필기시험 실시 직종은 1차 시험(필기시험)을 실시하고, 합격한 사람에 한하여 2차 시험(면접시험)을 실시합니다. 필기시험은 국어와 일반상식 과목이 25문제씩 객관식 4지 택1형으로 출제되고 배점 비율은 각 과목당 100점을 만점으로 합니다.
❷ 필기시험 미실시 직종은 1차 시험(서류전형)을 실시하고 합격한 사람에 한하여 2차 시험(면접시험)을 실시합니다.

채용 예정 직종 및 인원(2025년 기준)

구분 (1차 시험)	직종		채용 예정 인원	1차 시험 합격 예정 인원	응시자격 필요 여부 (면허증, 자격증 등)
필기시험 실시	조리사		33	40	○
	특수학교(급)특수교육실무사		33	40	○
	특수학교(급)돌봄교실강사		1	3	○
	돌봄전담사	전일제	17	21	○
		시간제	7	9	○
	늘봄실무사		4	6	×
	학교폭력상담지원센터전문상담사		1	3	○
	소계		96	122	-
서류전형 실시	조리원		207	249	×
	미화원		20	24	×
	특수학교(급)통학차량실무사		3	5	○
	수련지도사		1	3	○
	소계		231	281	-
합계			327	403	-

※ 1차 시험 합격 예정 인원은 직종별 채용 예정 인원의 120%(단, 소수점 이하 인원은 절상하고, 채용 예정 인원이 6명 이하인 경우 채용 예정 인원에 2명을 합한 인원으로 함)이며, 1차 합격자를 대상으로 2차 시험을 실시합니다.
※ 교육공무직원 신분 : 「근로기준법」 적용을 받는 근로자
※ 교육공무직원 역할 : 광주광역시교육청 및 산하 각급 학교(기관)에서 공적 업무 수행

응시자 유의사항

❶ 본 공고 내용은 사정에 따라 변경될 수 있으며, 변경되는 사항은 광주광역시교육청 홈페이지(www.gen.go.kr)에 공고합니다.
❷ 응시인원이 채용 예정 인원과 같거나 미달하더라도 적격자가 없는 경우 채용하지 않을 수 있습니다.
❸ 합격자 통지 및 채용 후라도 채용신체검사, 면허증·자격증·경력증명서 등 제출서류 검증, 범죄전력 조회 등을 통하여 결격사유가 발견될 경우 합격 또는 채용이 취소됩니다.
❹ 기타 자세한 사항은 광주광역시교육청 노동정책과 공무직 인사팀으로 문의 바랍니다(062-380-4854).

도서 200% 활용하기

국어 핵심이론 / 출제예상문제

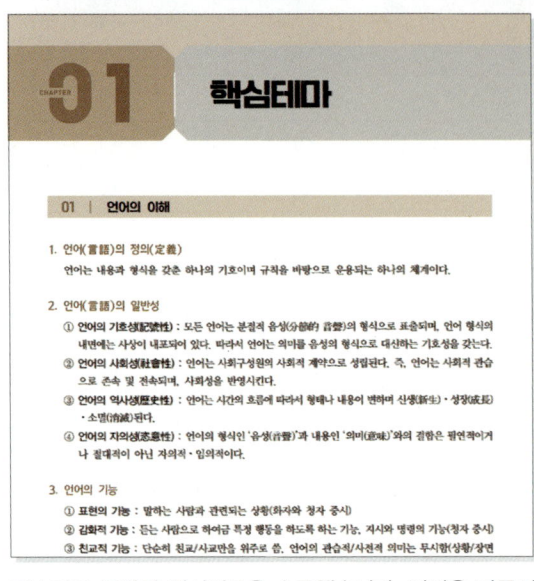
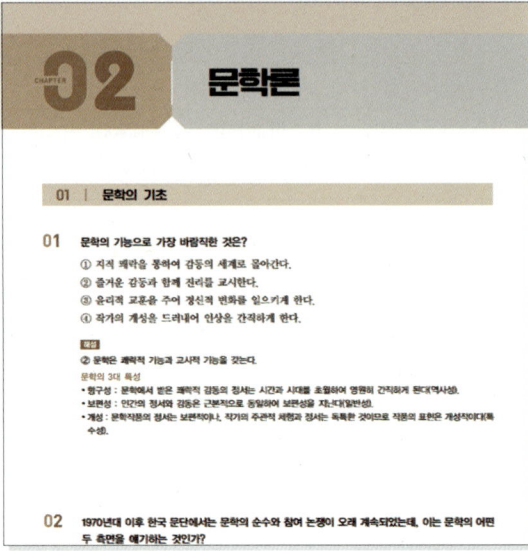

필수과목 국어의 핵심이론을 수록했습니다. 어려운 과목이지만 핵심만 정리한 이론을 통해 큰 가지를 먼저 잡고 출제예상문제를 풀어보며 학습한다면 충분히 고득점을 받을 수 있습니다.

주요 국제 Awards / 최신시사용어

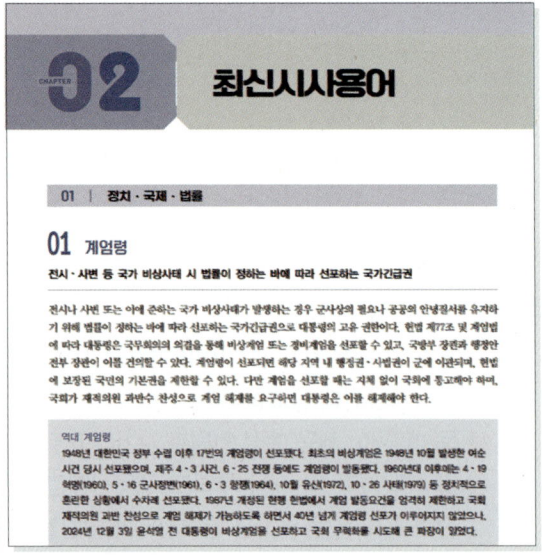

공공기관의 상식문제들은 일반상식은 물론이고 최신시사상식의 출제빈도도 높습니다. 하지만 매일 쏟아져 나오는 많은 이슈들을 다 공부할 수는 없기 때문에 단기간에 빠르게 학습할 수 있도록 꼭 필요한 최신상식만을 선별하여 정리하였습니다.

분야별 일반상식 / 출제예상문제

CHAPTER 01 정치·국제·법률

01 야경국가
시장에 대한 개입을 최소화하고 질서 유지 임무만을 수행하는 국가

독일의 사회주의자 F. 라살이 그의 저서 〈노동자 강령〉에서 당시 영국 부르주아의 국가관을 비판하는 뜻에서 쓴 것으로, 국가는 외적의 침입을 막고 국내 치안을 확보하여 개인의 사유재산을 지키는 최소한의 임무만을 행하며, 나머지는 자유방임에 맡길 것을 주장하는 국가관을 말한다.

02 투키디데스의 함정
신흥 강대국과 기존 강대국의 필연적인 갈등

새로운 강대국이 떠오르면 기존의 강대국이 이를 두려워하여 전쟁함으로써 부딪칠 수밖에 없는 상황을 의미하는 이 용어는 아테네와 스파르타의 전쟁에서 유래됐다. 미국 정치학자 그레이엄 앨리슨은 2017년 낸 저서 〈예정된 전쟁〉에서 기존 강국이던 스파르타와 신흥 강국이던 아테네가 맞붙었듯이 현재 미국과 중국의 세력 충돌 또한 필연적이라는 주장을 하면서 이런 필연을 '투키디데스의 함정'이라고 명명했다.

CHAPTER 02 출제예상문제

01 마케팅 분석기법 중 하나인 3C에 해당하지 않는 것은?
① Company ② Competitor
③ Coworker ④ Customer

해설
①·②·④ '3C'는 마케팅 전략을 수립하면서 분석해야 할 요소들을 말하는 것으로 'Customer(고객)', 'Competitor(경쟁사)', 'Company(자사)'가 해당한다. 자사의 강점과 약점, 경쟁사의 상황, 고객의 니즈 등을 종합적으로 판단해 마케팅 전략을 수립하는 데 활용한다.

02 전세가와 매매가의 차액만으로 전세를 얻고 주택을 매입한 후 부동산 가격이 오르면 이득을 보는 '갭 투자'와 관련된 경제 용어는 무엇인가?
① 코픽스 ② 트라이슈머
③ 레버리지 ④ 회색 코뿔소

해설
• 갭(Gap) 투자: 전세를 얻고 하는 부동산 투자이다. 부동산 경기가 호황일 때 수익을 낼 수 있으나 부동산 가격이 위축돼 손해를 보면 전세 보증금조차 갚지 못할 수 있는 위험한 투자이다.
• 레버리지(leverage): 대출을 받아 적은 자산으로 높은 이익을 내는 투자 방법이다. '지렛대 효과'를 낸다 하여 레버리지라는 이름이 붙었다.

공공기관 일반상식 시험에 자주 나오는 키워드만을 선별하여 분야별로 정리하였습니다. 또한 출제예상문제를 통해 공부한 키워드를 다시 한 번 확인할 수 있도록 구성하였습니다.

주요 공공기관 통합 일반상식 / 한국사 기출복원문제

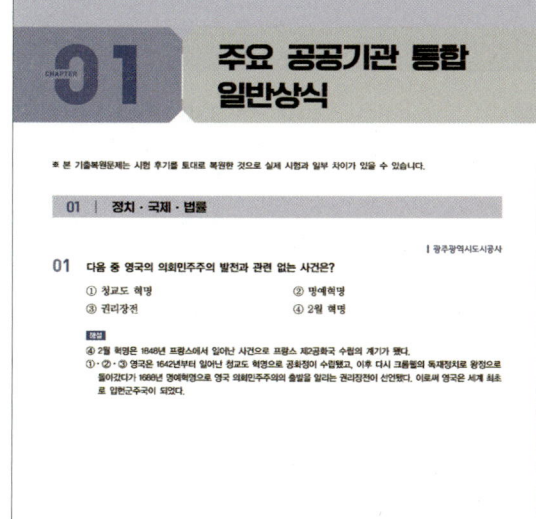

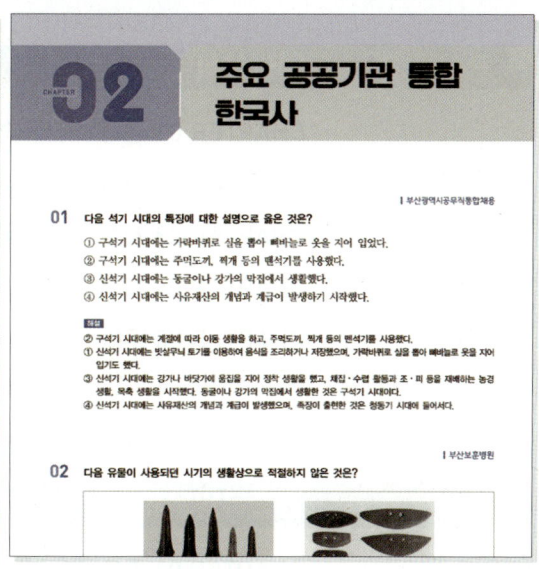

주요 공공기관에서 출제된 각 분야별 문제를 선별 수록하여 최신 출제경향을 한눈에 파악할 수 있도록 하였습니다. 또한 일반상식 출제분야 중 한국사 기출복원문제는 별도로 수록하여 빈틈없이 시험에 대비할 수 있도록 하였습니다.

이 책의 차례

PART 1 국어

- CHAPTER 01 핵심테마 — 3
- CHAPTER 02 문학론 — 110
- CHAPTER 03 문장작법 — 142
- CHAPTER 04 바른 국어생활 — 170
- CHAPTER 05 현대문법 — 184
- CHAPTER 06 고전문법 — 209
- CHAPTER 07 국문학사 — 225
- CHAPTER 08 한자와 한문 — 272

PART 2 최신상식

- CHAPTER 01 주요 국제 Awards — 291
- CHAPTER 02 최신시사용어 — 298

PART 3 일반상식

- CHAPTER 01 정치·국제·법률 — 335
- CHAPTER 02 경제·경영·금융 — 378
- CHAPTER 03 사회·노동·환경 — 414
- CHAPTER 04 과학·컴퓨터·IT·우주 — 444
- CHAPTER 05 문화·미디어·스포츠 — 472

PART 4 기출복원문제

- CHAPTER 01 주요 공공기관 통합 일반상식 — 507
- CHAPTER 02 주요 공공기관 통합 한국사 — 541

PART 1

국어

CHAPTER 01	핵심테마
CHAPTER 02	문학론
CHAPTER 03	문장작법
CHAPTER 04	바른 국어생활
CHAPTER 05	현대문법
CHAPTER 06	고전문법
CHAPTER 07	국문학사
CHAPTER 08	한자와 한문

CHAPTER 01 핵심테마

01 | 언어의 이해

1. 언어(言語)의 정의(定義)
언어는 내용과 형식을 갖춘 하나의 기호이며 규칙을 바탕으로 운용되는 하나의 체계이다.

2. 언어(言語)의 일반성
① 언어의 기호성(記號性) : 모든 언어는 분절적 음성(分節的 音聲)의 형식으로 표출되며, 언어 형식의 내면에는 사상이 내포되어 있다. 따라서 언어는 의미를 음성의 형식으로 대신하는 기호성을 갖는다.
② 언어의 사회성(社會性) : 언어는 사회구성원의 사회적 계약으로 성립된다. 즉, 언어는 사회적 관습으로 존속 및 전속되며, 사회성을 반영시킨다.
③ 언어의 역사성(歷史性) : 언어는 시간의 흐름에 따라서 형태나 내용이 변하며 신생(新生)・성장(成長)・소멸(消滅)된다.
④ 언어의 자의성(恣意性) : 언어의 형식인 '음성(音聲)'과 내용인 '의미(意味)'와의 결합은 필연적이거나 절대적이 아닌 자의적・임의적이다.

3. 언어의 기능
① 표현의 기능 : 말하는 사람과 관련되는 상황(화자와 청자 중시)
② 감화적 기능 : 듣는 사람으로 하여금 특정 행동을 하도록 하는 기능, 지시와 명령의 기능(청자 중시)
③ 친교적 기능 : 단순히 친교/사교만을 위주로 씀, 언어의 관습적/사전적 의미는 무시함(상황/장면 중시)
④ 표출적 기능 : 감정만 표출, 언어 자체의 본능적 기능(화자 중시)
⑤ 지식과 정보의 보존 기능 : 지식을 전달하고 정보를 보존(내용/문맥/메시지 중시)
⑥ 그 외의 기능
  • 정보(情報)/전달(傳達)적 기능 : 잘 모르는 사실을 알려주는 기능, 해설이나 수업
  • 관어(慣語)적 기능 : 사전의 풀이말
  • 미(美)적 기능 : 아름다움을 느끼게 함. 문예문의 문장

> **기출분석**
>
> - 다음 글에서 설명하는 언어의 성질은?
>
>   > 소리와 의미 사이에 어떤 필연적인 관계가 없다. 다시 말하면 코를 '코'라 하고 가슴을 '가슴'이라 하는 것은 우연적인 결합이다. 코를 '가슴'이라 해서는 안 될 이유가 없고, 가슴을 '코'나 '엉덩이'라고 해서는 안 될 이유가 없다.
>
>   → 자의성
>
> - 다음의 대화에서 가장 두드러지는 언어 기능은?
>
>   > 철수 : 아저씨, 안녕하셔요? 어디 가셔요?
>   > 아저씨 : 응, 철수로구나. 학교 갔다 오니?
>
>   → 친교적 기능

02 | 국어의 이해

1. 국어의 정의(定義)

국어(國語)는 한민족(韓民族)이 국가를 배경으로 하여 사용하는 개별 언어이며, 국민 교육상 표준으로 삼는 언어이다.

2. 통사상(統辭上)의 특징

① 문장은 '주어 + 목적어 / 보어 + 서술어'의 순으로 배열되는 것이 원칙이다.
② 수식어(관형어, 부사어)는 피수식어(체언, 용언) 앞에 놓인다.
③ 높임법이 매우 발달되었다.
④ 조사(助詞)와 어미(語尾)가 발달되었다.
⑤ 접사(接辭)가 발달되어 파생어(派生語)가 많다.
⑥ 주어(主語)가 생략되는 경우가 많다.
⑦ 단수, 복수 및 시제의 표시가 불분명하다.
⑧ 남녀의 성(性) 구별이 없으며, 관사, 관계대명사가 없다.

3. 어휘상(語彙上)의 특징

① 외국에서 차용(借用)한 외래어, 특히 한자어(漢字語)가 매우 많다.
② 자음이나 모음을 바꿈으로써 어감(語感)을 달리하는 음성상징어(音聲象徵語)가 발달되었다.
③ 문법적 관계를 나타내는 조사, 어미 등이 풍부하다.
④ 존경어가 발달되어 있고, 감각어가 풍부하다.

4. 음운상(音韻上)의 특징

① 국어는 계통상 알타이(Altai) 어족, 형태상 교착어(부착어, 첨가어)에 속한다.
② 모음조화 현상과 두음 법칙이 나타난다.
③ 자음 19개, 단모음 10개, 이중 모음 11개를 포함하며, 자음은 없어도 음절이 이루어지나 모음은 반드시 있어야 한다.
④ 음절 끝에 올 수 있는 자음은 'ㄱ, ㄴ, ㄷ, ㄹ, ㅁ, ㅂ, ㅇ' 일곱뿐이다.
⑤ 파열음과 파찰음은 예사소리, 된소리, 거센소리에 의해 세 갈래로 대립을 이룬다.
⑥ [r]와 [l]의 구별이 없다(초성의 'ㄹ'은 [r]에 가깝고, 종성의 'ㄹ'은 [l]에 가깝다).

> **기출분석**
> • 한국어의 특징으로 맞는 것은?
>   → 한국어는 첨가어이므로 접사나 어미가 발달되어 있다.(○)
>   → 한국어에서는 주어가 잇달아 나타나는 문장 구성이 가능하다.(○)
>   → 한국어에서 관형어는 항상 체언 앞에 온다.(○)
>   → 한국어는 두음 법칙과 모음조화 현상이 있다.(○)
>   → 한국어의 관형사는 형용사처럼 활용한다.(×)
>   한국어의 관형사는 조사가 붙지 않고, 활용하지 않는다.(○)

03 | 국어의 변천

1. 국어사(國語史)의 시대 구분

① 고대 국어 : 원시시대~신라(A.D. 10세기 초)
② 전기 중세 국어 : 고려시대(10세기 초~14세기 말)
③ 후기 중세 국어 : 조선 전기(조선 초~임진왜란 16세기 말)
④ 근대 국어 : 조선 후기(임진왜란 후~갑오경장 19세기 말)
⑤ 현대 국어 : 갑오경장 이후(20세기)

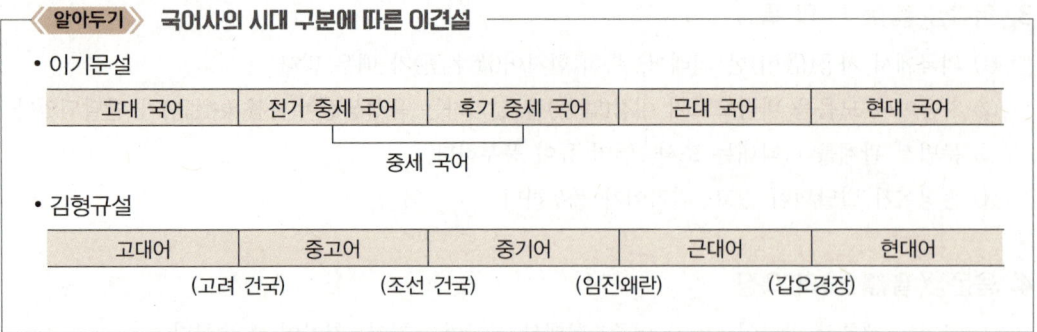

2. 국어의 기원과 형성 과정

국어(한국어)는 알타이(Altai) 어족에서 나온 말로 원시 한국어를 형성한 것으로 알려져 있다.

① **신라의 삼국 통일** : 신라어에 의해 언어의 통일을 가져오게 됨으로써 우리말의 근간을 이루게 되었고, 경주(경상도)가 국어의 중심권이 되었다.

② **고려의 통일** : 우리말의 중심권이 경주에서 개성(경기도)으로 이동하게 되었다.

③ **중세 국어** : 전기 중세 국어와 후기 중세 국어를 가르는 역사적 사건은 한글(훈민정음) 창제이다.

04 | 국어사 변천의 주요 특징

1. 고대 국어의 특징

① 신라 이전의 고대어는 현재 전하는 기록으로 자료가 빈약하여 온전한 모습을 알아보기가 어렵다.
② 중국어의 영향으로 고대 국어의 후기(통일신라시대)에는 많은 수효의 한자어가 사용되었다.
③ 유기음(거센소리)이 체계를 잡기 시작하였고, 경음(된소리)은 존재하지 않았으며, 모음도 오늘날과 상당한 차이가 있었다.
④ 신라시대의 고대어는 향찰(鄕札), 이두(吏讀), 임신서기체(壬申誓記體) 표기, 구결(口訣) 등으로 표기된 기록을 통해 짐작할 수 있으며 원시 한어(韓語)에서 이어져 온 말(경상도말 중심)로, 우리말의 근간이 되었다.

2. 전기 중세 국어의 특징

① 종래의 경주(경상도) 중심의 언어에서 개성을 중심으로 한 언어(경기도)로 바뀌게 되었다.
② 된소리 계열의 음운은 보이지만, 어두 자음군이 형성되지는 않았다.
③ 과거제도의 시행으로 인해 한자어가 급격히 많아지고, 고려 말에는 몽골어, 여진어 등에서 차용한 어휘가 많았다.
④ 전기 중세 국어의 자료로는 현재 「계림유사」, 「향약구급방」, 「조선관역어」 등의 문헌이 남아 있다.

3. 후기 중세 국어의 특징

① 훈민정음(기본 자모 28자)의 창제로 언어생활에 획기적인 전기를 마련하게 되었다.

> **알아두기** 한글의 명칭 변천
>
> - 훈민정음(訓民正音) : 세종대왕이 붙인 정식 이름
> - 정음(正音) : 훈민정음을 줄여서 부르는 이름
> - 언문(諺文) : 사대사상(事大思想)에 의하여 훈민정음을 낮추어 부르던 이름
> - 반절(半切) : 중종 대 최세진(崔世珍)의 「훈몽자회」 범례에서 비롯된 이름
> - 국서(國書) : 김만중의 「서포만필」에 우리글을 '국서'라고 함
> - 국문(國文) : 국어의 존엄성을 자각하게 된 후(갑오경장 이후)에 생긴 이름
> - 한글 : '하나의 글', '위대한 글'이란 뜻으로 주시경이 붙인 이름

② 조어법(造語法)이 다양하여 합성이나 파생의 방법이 광범위하게 사용되었다.
③ 국어 성조(聲調) 표시 부호로 방점(傍點)이 사용되었다.
④ 모음은 단모음과 중모음으로 이루어졌다.
⑤ 사잇소리는 여러 개가 사용되었으나 'ㅅ'으로 통일되었다.
⑥ 한자 어휘가 순우리말과 공존하였고, 음운 변화와 의미 변화도 있었다.
⑦ 모음조화 현상이 잘 지켜졌으나, 임진왜란 이후 의성어, 의태어, 어미 등에서만 지켜졌다.
⑧ 모음이나 자음의 대립으로 어의의 분화를 가져오는 예가 있었다.
⑨ 높임법이 발달되어 있었다.
⑩ 이어적기(연철) 표기를 위주로 했다.
⑪ 후기 중세 국어의 자료는 훈민정음, 용비어천가, 월인천강지곡, 석보상절 등의 많은 문헌에서 볼 수 있다.

4. 근대 국어의 특징

① 자음 17자 중 ㆆ, ㅿ, ㆁ의 소멸로 14자로 바뀌었고, 모음은 11자가 그대로 유지되었다('ㆍ' 음가의 소멸, 공식적인 폐기는 1933년).
② 방점이 사용되지 않았다.
③ 종성의 ㅅ과 ㄷ의 구별이 없어졌다.
④ 'ㆍ' 음 소멸의 영향으로 모음조화 현상이 문란해졌다.
⑤ 된소리되기, 거센소리되기가 두드러지게 나타났다.
⑥ 원순모음화 현상, 구개음화, 두음 법칙, 전설모음화 등으로 국어가 간편하고 실용적인 방향으로 발전하였다.

5. 현대 국어의 특징

① 현대 국어의 문자 체계는 자음 19자, 단모음 10자이다.
② 모음조화 현상이 붕괴되고 있다.
③ 외래어의 침투로 국어의 조어력이 약화되었다.
④ 형태 위주의 표기인 끊어적기(분철)가 쓰인다.
⑤ 연서법은 소멸되었다.

> **기출분석**
>
> • 훈민정음에 대한 설명으로 옳은 것은?
>   → 초성자는 훈민정음 해례본의 설명에 따르면 발음기관의 모양을 본떠 만들었다.(O)
>   → 중성자는 훈민정음 해례본의 설명에 따르면 천지인(天地人) 삼재(三才)를 기본으로 만들었다.(O)
>   → 훈민정음이 처음 만들어졌을 때는 'ㄱ'을 '기역'이라 부르지 않았던 것으로 보인다.(O)
> • 훈민정음 제자원리에 대한 설명 중에서 옳은 것으로 묶인 것은?
>   → 'ㅁ'은 입의 모양을 본뜸(象口形)(O)
>   → 'ㅇ'은 목구멍의 모양을 본뜸(象喉形)(O)

05 | 문법의 기본 단위

1. 이야기

문장이 쓰이는 실질적 맥락이다.

2. 문장(文章)

의미상 하나의 완결된 생각, 감정을 표현하는 최소의 언어 형식이다.
예 철수가 이야기책을 읽었다.

> **알아두기** 이야기와 문장
>
> 이야기는 문장보다 한 단계 높은 문법 단위로서, 문장이 쓰인 환경을 고려하는 문법 연구 분야의 단위이다.

3. 어절(語節)

문장을 구성하는 기본적인 문법 단위 중 하나로, 띄어 쓰는 단위와 대체로 일치하는데, 조사나 어미와 같은 문법적 기능을 하는 요소들은 앞의 말에 붙어서 한 어절을 이룬다.
예 철수가 | 이야기책을 ‖ 읽었다.

4. 단어(單語)

일반적으로 자립하여 쓸 수 있는 말의 최소 단위를 말한다.
① 자립할 수 있는 말 – 단어
② 자립 형태소에 붙으면서 쉽게 분리되는 말 – 조사

5. 형태소(形態素)

일정한 뜻을 가진 가장 작은 말의 단위, 즉 최소의 유의적(有意的) 단위를 말한다. 예를 들어 '하늘이 맑다'라는 문장은 '하늘', '이', '맑-', '-다'로 분석되는데, 이처럼 일정한 의미를 가진 가장 작은 말의 단위가 바로 형태소이다.

하늘이 맑다			
하늘	이	맑-	-다
명사	조사	형용사 어간	종결 어미

06 | 품사론(品詞論 : 단어)

1. 품사(品詞)의 뜻과 종류

단어들을 성질이 공통된 것끼리 모아 갈래를 지어 놓은 것을 품사라고 하는데, 국어에는 '명사, 대명사, 수사, 조사, 동사, 형용사, 관형사, 부사, 감탄사'의 9품사가 있다.

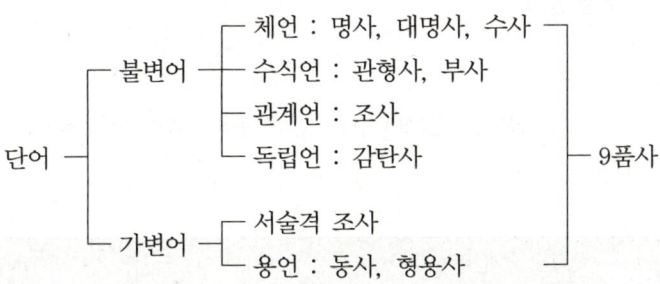

2. 체언(體言)

① **명사(名詞)** : 사물의 명칭을 표시하는 단어들의 묶음을 말한다. 명사의 종류는 다음과 같다.
  • 명사는 쓰이는 범위에 따라 보통 명사(어떤 속성을 지닌 사물에 두루 쓰임)와 고유 명사(특정한 사람이나 물건에 붙여진 이름)가 있다.
  • 명사는 자립성의 유무에 따라 자립 명사(다른 말의 도움을 받지 않고 쓰이는 명사)와 의존 명사(다른 말(관형어)에 기대어 쓰이는 명사)가 있다.

> **알아두기**
>
> **의존 명사의 갈래**
> 자립성이 없어서 다른 말에 기대어 쓰이는 의존 명사는 항상 관형어(관형사, 용언의 관형형) 다음에 쓰이며, 반드시 그 앞말과 띄어 써야 한다.
> - 보편성 의존 명사 : 여러 격조사와 결합한다(분, 이, 것, 데… 등).
>   예 가시는 <u>분</u>이…(주어), 가시는 <u>분</u>을…(목적어), 가시는 <u>분</u>의…(관형어), 가시는 <u>분</u>에게…(부사어)
> - 주어성 의존 명사 : 주로 주격 조사와 결합한다(수, 리, 지… 등).
>   예 할 <u>수</u>가 없다. 그럴 <u>리</u>가 없다. 이곳에 온 <u>지</u>도 한 해가 가까워 온다.
> - 서술성 의존 명사 : 주로 서술어로 쓰인다(뿐, 터, 따름… 등).
>   예 그렇게 하고자 할 <u>따름</u>이다.
> - 부사성 의존 명사 : 주로 부사어로 쓰인다(양, 듯, 척, 체, 대로… 등).
>   예 시간이 허락되는 <u>대로</u> 오너라.
> - 단위성 의존 명사 : 수량의 단위가 된다(분, 마리, 자, 평, 섬… 등).
>   예 집 한 <u>채</u>, 네 <u>개</u>, 한 <u>마리</u>, 두 <u>분</u>, 열 <u>섬</u>
>
> **의존 명사의 판별법**
> - 둘 이상의 사물의 나열 + 들 → 의존 명사
>   하나의 사물 + 들 → 복수의 접미사
> - 용언의 관형사형 + 듯 → 의존 명사
>   듯 + 접미사 '-하다' → 형용사
> - 용언의 어간 + 듯 → 어미(접미사)
>   듯 + 용언(용언 한정) → 부사
> - 용언의 관형사 + 대로, 만큼, 뿐 → 의존 명사
>   체언 + 대로, 만큼, 뿐 → 조사
> - 용언의 관형사형 + 양, 체, 척 → 의존 명사
>   양, 체, 척 + '-하다' → 동사

② **대명사(代名詞)** : 사물의 이름 대신에 그 사물을 직접적·주관적으로 부르는 단어들의 묶음을 의미한다. 대명사의 종류는 다음과 같다.

- 인칭 대명사

인칭		존칭	극존칭	보통 존칭	보통 비칭	극비칭
1인칭			–	–	나, 우리	저, 저희
2인칭			어르신, 어른, 당신	당신, 임자	그대, 자네	너
3인칭	근칭		당신	이이, 이분, 이	–	이애
	중칭		당신	그이, 그분, 그	–	그애
	원칭		당신	저이, 저분, 저	–	저애
	부정칭		–	–	아무, 아무개	–
	미지칭		–	어떤이, 어느분	–	–

※ '어떤 이', '어느 분'으로 띄어 쓰면 '어떤, 어느'는 관형사가 된다.

- 지시 대명사

위치＼종류	사물	처소	방향
근칭	이, 이것	여기	이리
중칭	그, 그것	거기	그리
원칭	저, 저것	저기	저리
부정칭	(아무것)	(아무데), (어떤데)	아무쪽
미정칭	무엇	어디	어느쪽

- 재귀 대명사 : 앞에 쓰인 3인칭 주어가 되풀이됨을 피할 때에 쓰는 대명사이다.
  예) 철수는 자기(철수의) 동생을 기다리고 있다.
  ※ 대명사와 관형사의 구별은 '이, 그, 저' 뒤에 조사가 오거나 '이, 그, 저'를 '이것, 그것, 저것'으로 대체할 수 있으면 대명사이고, 그렇지 않은 경우에는 관형사이다.
  예) 이는 우리 모두의 일이다.(대명사), 이 사람이 훔쳤소.(관형사),
  너는 이 이상을 넘을 수 없다.(대명사 → '이것'으로 대체 가능),
  이 도구를 빌려다오.(관형사 → '이것'으로 대체 불가)

③ **수사(數詞)** : 앞에 오는 명사의 수량이나 순서를 가리키는 단어들의 묶음을 말한다.
- 수사의 종류

명칭	뜻	구별	보기
양수사(量數詞)	사물의 수효를 나타내는 것	정수	하나, 둘, 다섯, 일, 이십
		부정수	두셋, 서넛, 너덧, 예닐곱, 여남은
서수사(序數詞)	사물의 차례를 나타내는 것	정수	첫째, 제일, 제이, 일호, 이호
		부정수	한두째, 두세째, 서너째, 여남은째

- 수사와 관형사의 구별 : 사물의 수나 순서를 뜻하는 말 뒤에 조사가 붙어서 쓰인 경우에는 체언인 '수사'에 해당하고, 그렇지 않으면 관형사이다.
  예) 선영이가 첫째를 했다.(수사), 책 두 권만 팔아주세요.(관형사)
  ※ 낙엽이 하나하나 떨어진다.(부사)

3. 관계언(關係言)

① **조사(助詞)** : 의존 형태소로서 자립 형태소에 붙어 그 말과 다른 말과의 문법적 관계를 표시해 주는 단어들의 묶음을 의미한다.

② **조사의 종류**
- 격조사(格助詞) : 선행하는 체언으로 하여금 일정한 자격을 가지도록 해 주는 조사(주격, 서술격, 목적격, 부사격, 보격, 관형격, 호격 등)이다.
- 보조사(補助詞) : 체언을 일정한 격으로 규정하지 않고, 특별한 의미를 더해 주는 조사이다.
  예) 담배도 술도 좋다.(주어), 너조차 날 무시해?(주어), 천 원이나 지불했다.(목적어)
- 접속 조사 : 두 단어를 같은 자격으로 이어주는 기능을 하는 조사[와, 과, 에(다), 하고, 이며]이다.
  예) 철수와 영희는 친구 사이다, 밥에(다) 떡에(다) 많이 먹었다, 너하고 나하고 가자.

③ 격조사의 종류

분류	개념	격조사	보기
주격 조사	앞의 말이 주어가 되게 하는 조사	가, 이, 께옵서, 에서, 께서, 이서	달이 떴다. 둘이서 걸었다. 선생님께서 말씀하셨다.
서술격 조사	서술어가 되게 하는 조사	이다(하나뿐임)	나는 사람이다. 학생인 나로선 할 말이…
관형격 조사	관형어가 되게 하는 조사, 소유격 조사	의(하나뿐임)	우리의 소원은 통일. 국가의 장래는 청소년이…
목적격 조사	목적어를 만드는 조사	을, 를	다같이 노래를 부르다. 책을 읽어라.
보격 조사	보어가 되게 하는 조사	이, 가	책이 아니다. 과학자가 되다. ('아니다, 되다' 앞에 붙은 조사)
호격 조사	독립어로서 호칭어가 되게 하는 조사	아, 야, 여, 시여, 이시여	철수야, 이리 오너라. 임이시여, 제 말씀을 들으시오.
부사격 조사	부사어를 만드는 조사	에, 에서, 로/으로, 에게, 와	[부사격 조사 분류표] 참조

[부사격 조사 분류표]

분류	개념	격조사	보기
처소	곳(장소)을 나타냄	에, 에서	학교에서 다쳤다.
수여	주는 자리를 나타냄	에, 에게, 께, 한테	동생한테 주겠다.
받음	받는 자리를 나타냄	에서, 에게서, 한테서	형에게서 받았다.
상대	동작을 당한 상대를 나타냄	에, 에게, 한테, 더러, 보고	그 일을 나더러 하란 말이니?
유래	비롯함을 나타냄	에서, 서, (으)로부터, 서부터	서울에서 온 분이다.
향진	방향이나 진로를 나타냄	에, (으)로, 에게, 로	집으로 간다.
기구	도구, 수단 등을 나타냄	(으)로, (으)로써	쌀로 떡을 만든다.
원인	원인을 나타냄	(으)로, 에	그는 병으로 죽었다.
자격	자격·신분을 나타냄	(으)로서, (으)로, 치고	학생으로서 그럴 수가…
공동	서로 함께 함을 나타냄	와, 과, 하고	엄마하고 거기 갔다.
비교	서로 비교됨을 나타냄	와, 같이, 처럼, 만, 보다, 만큼, 에, 하고, 에서	당신보다 젊겠소.
변성	변하여 딴것이 됨을 나타냄	가, 이, (으)로	구름이 비로 된다.
인용	인용하여 나타냄	라, 이라, 라고, 이라고	학생이라고 말한다.

4. 용언(用言)

① **용언의 뜻** : 문장의 주체를 서술하는 기능을 가진 말로 동사와 형용사가 있다.
- **동사(動詞)** : 문장 주체의 동작이나 작용을 나타내는 단어이다.
- **형용사(形容詞)** : 문장 주체의 성질이나 상태를 나타내는 단어로, 성상 형용사와 지시 형용사로 구분된다.

② **동사와 형용사의 구별** : 현재형 어미 '-ㄴ/-는다'를 취하면 동사이고, 그렇지 못하면 형용사이다.
  예 철수가 간다.(동사), 꽃이 아름답다.(이 경우에는 어색하므로 형용사에 해당)

③ **본용언과 보조 용언** : 용언과 용언이 연어어 있는 경우, 그 용언들이 하나의 의미 덩어리를 형성하고 있으면, 앞의 용언은 본용언이고 뒤의 용언은 보조 용언이다.
  예 감상을 <u>적어</u> 둔다.(본동사), 합격을 하고 <u>싶다</u>.(보조 형용사),
  꽃이 피지 <u>아니한다</u>.(보조 동사)

④ **활용(活用)** : 용언은 변하지 않는 말(어간)에 변하는 말(어미)이 두루 붙어, 문장의 성격을 여러 가지로 바꾸는 것이 특징인데 이를 활용이라 한다.
- 활용의 갈래

종결형(終結形)	문장을 끝맺는 활용 형태	평서형, 감탄형, 의문형, 명령형, 청유형
연결형(連結形)	문장을 연결시켜 주는 활용 형태	대등적 연결, 종속적 연결, 보조적 연결
전성형(轉成形)	문장의 자격을 바꿔 주는 활용 형태	관형사형, 명사형

- **불규칙 용언** : 어미 활용을 할 때 어간의 변화가 없으면 규칙 용언이고, 그 반대의 경우는 불규칙 용언에 해당한다.

	변화 부분	규칙 용언	불규칙 용언(변화양상)	갈래
어간	받침이 'ㅅ'	벗다	짓다(짓 + 어 → 지어, ㅅ 탈락)	ㅅ 불규칙
	받침이 'ㄷ'	얻다	듣다(듣 + 어 → 들어, ㄷ → ㄹ)	ㄷ 불규칙
	받침이 'ㅂ'	입다	돕다(돕 + 아 → 도와, ㅂ → ㅗ)	ㅂ 불규칙
	모음이 'ㅜ'	두르다	푸다(푸 + 어 → 퍼, 'ㅜ' 탈락)	우 불규칙
	음절이 '르'	치르다	흐르다(흐르 + 어 → 흘러, 'ㅡ' 탈락, ㄹ 첨가)	르 불규칙
어미	'아/-어'	보다	하다(하 + 어 → 하여, 어 → 여)	여 불규칙
	어간, 끝음절이 '르'	들르다	푸르다(푸르 + 어 → 푸르러, ㄹ 첨가) 누르다, 이르다(도착)가 전부	러 불규칙
	명령형 어미 '-아라/-어라'	사다	가다(가 + 아라 → 가거라, 아 → 거)	거라 불규칙
		보다	오다(오 + 아라 → 오너라, 아 → 너)	너라 불규칙
어간 어미	어간 받침이 'ㅎ'	좋다	파랗다(파랗 + 아서 → 파래서) 어간 : ㅎ 탈락, 어미 : 아 → 애	ㅎ 불규칙

※ 종전 문법의 'ㄹ', '으' 불규칙은 규칙 용언으로 바뀌었다.
  1. 어간의 끝이 'ㄹ'인 경우 → 예외 없이 'ㄴ' 앞에서 탈락한다.(규칙 용언)
     예 울다, 살다, 멀다, 달다 등
  2. 어간 끝이 '으'인 경우 → 모음 앞에서 예외 없이 탈락한다.(규칙 용언)
     예 쓰다, 따르다, 아프다 등

⑤ 어미(語尾) : 활용어의 어간에 붙어 다른 말과의 관계를 나타내는 의존 형태소를 말한다.

어미	선어말 어미			-시-(높임), -옵-(공손) -는-/-ㄴ-, -았-/-었-, -겠-, -더-(시간)
	어말 어미	종결 어미	평서형	-ㄴ다, -네, -오, -ㅂ니다, -렸다, -마
			감탄형	-구나, -군, -로구나, -어라/-아라
			의문형	-느냐, -니, -는가, -나, -ㅂ니까, -ㄹ까
			명령형	-어라/-아라, -려무나, -ㅂ시오
			청유형	-자, -ㅂ시라, -세, -시지요
		비종결 어미	대등적 연결 어미	-고, -며, -자, -면서, -락, -거나, -든지, …
			종속적 연결 어미	-면, -니, -나, -지만, -도록, -려고, -러
			보조적 연결 어미	-아/-어, -게, -지, -고
		전성 어미	관형사형	-는, -(으)ㄴ, -던, -ㄹ
			명사형	-기, -ㅁ

⑥ 불완전 동사 : 활용이 자유롭지 못하여 일부 제한된 어미와 결합하는 동사이다.
  예 데리다 → 데리고·데려, 가로다 → 가로되, 더불다 → 더불어·더불어서·더불고 등

5. 수식언(修飾言)

① 관형사(冠形詞) : 체언 앞에 놓여서 그 내용을 자세하게 꾸며 주는 단어를 말한다.
  • 종류
    - 성상 관형사 : 체언의 성질이나 상태를 꾸며 준다.
      예 새 옷, 옛 사랑, 뒷 마당, 오른 편
    - 지시 관형사 : 지시성을 띤 관형사이다.
      예 저 사람, 다른 분, 아무 것
    - 수 관형사 : 수사의 형태로 명사 앞에 쓰인 것(예 석 장, 한 사람)과 수량의 뜻을 지닌 것(예 여러 사람, 모든 학생, 전(全) 생애)으로 구분된다.
  • 특징 : 조사가 붙지 않고, 활용하지 않는다.

② 부사(副詞) : 동사·형용사 등을 주로 꾸며, 그 의미를 더욱 분명히 해 주는 단어이다.
  • 종류
    - 성분 부사 : 문장의 한 성분을 꾸며 주는 부사이다.
      ⓐ 성상 부사 : '어떻게'의 방식으로 꾸며 주는 부사를 말한다.
        예 이미, 갑자기, 더욱, 매우, 깨끗이 등
      ⓑ 지시 부사 : 처소, 시간 및 문자 안에서의 사실 등을 지시·한정해 주는 부사이다.
        예 이리, 내일, 저기, 여기, 그리 등
      ⓒ 부정 부사 : 용언의 의미를 부정하는 부사를 말한다.
        예 안(아니), 못 등

- 문장 부사 : 문장 전체를 꾸며 주는 부사를 의미한다.
  ⓐ 양태 부사 : 말하는 이의 태도와 관련된 부사를 말한다.
    예 과연, 설마, 제발, 만약, 차라리 등
  ⓑ 접속 부사 : 단어나 문장을 이어 주는 부사로, 문장 성분은 독립어이다.
    예 그리고, 그러나, 그래서, 요컨대 등
- 특징 : 활용하지 않고, 격조사와 결합하지 않으며 부사와 독립어로 쓰인다.

6. 독립언(獨立言)

① **감탄사(感歎詞)** : 본능적인 놀람이나 느낌을 표시하거나, 부르거나 대답하는 말들이며, 문장 안의 다른 성분에 얽매이지 않고 독립성이 있으므로 독립언(獨立言)이라고 한다.
② **특징** : 활용하지 않으며 문장 안에서 위치가 자유롭다.
  예 아, 세월 참 빠르다.
    네, 그래요.

〈기출분석〉

- 밑줄 친 단어와 같은 품사인 것은?

  > 이번에는 가급적 빠른 시일 안에 일을 끝내도록 해라.

  → 시간이 급하니 어서 다녀오너라.(O)

- 밑줄 친 부분의 활용이 옳은 것은?
  → 다시 생각해 보니 내 생각과 달리 네 말이 맞는다.(O)
  → 유달리 가문 그해 봄에는 황사도 많이 왔다고 한다.(O)
  → 나는 저린 어깨 때문에 가방을 제대로 들 수가 없다.(O)

07 | 단어의 형성

1. 형태소(形態素)

① **형태소의 뜻** : 형태소(形態素)란 일정한 음성에 일정한 의미가 결합되어 있는, 뜻을 가진 가장 작은 말의 단위를 말한다.

예 <u>영수</u> <u>가</u> <u>소설</u> <u>책</u> <u>을</u> <u>읽</u> <u>었</u> <u>다</u>. …… (8개의 형태소)

<u>영수</u>는 사람의 이름을
<u>소설</u>은 책의 종류를
<u>책</u>은 사물의 이름을 ┐ 의미한다.
<u>읽</u>은 독서하는 행위를

<u>가</u>, <u>을</u>은 말과 말 사이의 관계를
<u>-었-</u>은 과거의 시제를 ┐ 나타낸다.
<u>-다</u>는 문장을 끝맺는 기능을

② **형태소의 갈래** : 홀로 설 수 있고 없음에 따라 자립 형태소와 의존 형태소, 의미가 실질적인가 형식적인가에 따라 실질 형태소와 형식 형태소로 구분된다.

- 자립 형태소와 의존 형태소 – 자립성 유무에 따라
  ⓐ 자립 형태소 : 다른 형태소와 결합하지 않고 독자적으로 쓰일 수 있는 형태소(체언, 수식언, 독립언)
  예 <u>영수</u>가 <u>소설</u> <u>책</u>을 읽었다.
  ⓑ 의존 형태소 : 다른 형태소에 의존하여 사용되는 형태소(조사, 용언의 어간과 어미, 단어 형성의 접사)
  예 영수<u>가</u> 소설책을 <u>읽</u> <u>었</u> <u>다</u>.
- 실질 형태소와 형식 형태소 – 실질적 의미의 유무에 따라
  ⓐ 실질 형태소 : 실질적인 뜻을 지닌다(명사, 대명사, 수사, 관형사, 부사, 용언의 어간).
  예 <u>영수</u>가 <u>소설</u> <u>책</u>을 <u>많</u>이 <u>읽</u>었다.
  ⓑ 형식 형태소 : 실질 형태소에 붙어서 말 사이의 관계(문법적 관계)를 형식적으로 표시한다(조사, 어미, 단어 형성의 기능을 가진 접사).
  예 영수<u>가</u> 소설책<u>을</u> 많<u>이</u> 읽<u>었</u> <u>다</u>.

③ **형태소의 성질** : 형태소는 뜻을 가진 단위로서 더 이상 작은 단위로 분리할 수 없고, 만약 더 이상 쪼개면 형태소가 가진 의미는 상실된다.

예 하늘
하 : '하늘'이 가지는 뜻이 없다.
늘 : '하늘'이 가지는 뜻이 없다.

2. 단어(單語)

① **단어의 뜻** : 단어(單語)란 스스로 어떤 뜻을 나타내면서 자립하여 쓸 수 있는 말의 최소 단위이다.
- 단어는 홀로 자립이 가능하다.
  예 명사, 대명사, 수사, 관형사, 부사 등
- 단어는 의존 형태소끼리 어울려 자립한다.
  예 동사, 형용사 → <u>읽</u>-<u>었</u>-다, <u>좋</u>-<u>겠</u>-다
- 자립 형태소에 붙되, 쉽게 분리된다.
  예 조사 → 철수-<u>만</u>-의, 이야기책-<u>까지</u>-를

② **단어의 구성** : 단어는 하나 이상의 형태소로 구성된다.
  예   철수   +   가 (1어절 2단어)
      ┌ 자립 형태소 ┐ ┌ 의존 형태소 ┐
      └ 실질 형태소 ┘ └ 형식 형태소 ┘

③ **단어의 갈래(단어의 형성)**

단어 ┬ 단일어
     └ 복합어 ┬ 파생어(실질 형태소 + 형식 형태소) …… 파생법
              └ 합성어(실질 형태소 + 실질 형태소) …… 합성법

- **단일어(單一語)** : 하나의 형태소로만 이루어진 단어를 말한다.
- **복합어(複合語)** : 둘 이상의 형태소로 이루어진 단어를 말한다.
  - 파생어(派生語) : 실질 형태소와 형식 형태소가 결합하여 이루어진 단어
    예 덧버선(덧 + 버선), 웃음(웃 + 음), 지붕(집 + 웅), 덮개(덮 + 개), 아름답다(아름 + 답다), 다듬이(다듬 + 이) 등
  - 합성어(合成語) : 둘 이상의 실질 형태소가 결합하여 이루어진 단어
    예 집안(집 + 안), 등불(등 + 불), 길바닥(길 + 바닥), 큰형(큰 + 형), 힘들다(힘 + 들다), 굶주리다(굶 + 주리다), 첫사랑(첫 + 사랑) 등

3. 어근(語根)과 접사(接辭)

① **어근(語根)** : 단어에서 실질적 의미를 나타내는 중심 부분을 의미한다.
  예 집(어근) + 웅(접사) → 지붕, 덮(어근) + 개(접사) → 덮개

> **알아두기** 어근과 어간
>
> - 어근(語根) : 접사의 상대 개념(어근 + 접사)
> - 어간(語幹) : 어미의 상대 개념(어간 + 어미)
>
> 예   먹 + 다   먹 + 이 + 다
>   (어간)(어미)   (어근)(접사) ↑
>   (어간)   (어미)

② 접사(接辭) : 어근에 붙어 그 뜻을 제한하는 부분이다.
- 접두사(接頭辭) : 어근 앞에 붙어 수식의 구실을 하는 접사
  예 <u>군</u>소리, <u>민</u>며느리, <u>설</u>익다, <u>휩</u>쓸다, <u>새</u>하얗다 등
- 접미사(接尾辭) : 어근 뒤에 붙어 뜻을 더하거나 품사를 바꾸는 접사
  - 뜻을 더하거나 제한함 : 일<u>꾼</u>, 선생<u>님</u>, 도둑<u>질</u>, 외팔<u>이</u> 등
  - 품사를 바꿈 : 먹 + <u>이</u>(동사 → 명사), 사람답다(명사 → 형용사) 등

4. 파생법(派生法), 파생어(派生語)

① 접두사에 의한 단어의 파생(접두사 + 어근) : 어근의 뜻만 제한한다.
- 관형사적인 성격 : 체언과 결합
  예 맨손, 초하루, 알밤 등
- 부사적인 성격 : 용언과 결합
  예 얄밉다, 설익다 등

② 접미사에 의한 단어의 파생(어근 + 접미사)
- 명사 파생
  - 어근의 뜻 제한 : 장난꾸러기, 털보, 살림꾼
  - 품사 전성 : 용언 → 명사[-(으)ㅁ, 기, 이, 개, 웅]
    예 얼음, 지우개, 말하기, 지붕 …
- 동사 파생
  - 어근의 뜻 제한 : 놓치다, 깨뜨리다
  - 품사 전성 : 밝히다(형용사 → 동사), 철렁거리다(부사 → 동사)
  - 문자 구조를 바꿈 : 놓치다, 먹히다(사동·피동 접사 '이, 히, 리' 등)
- 형용사 파생
  - 어근의 뜻 제한 : 높다랗다
  - 품사 전성 : 가난하다(명사 → 형용사), 학생답다(명사 → 형용사), 새롭다(관형사 → 형용사)
- 부사 파생 : 잦 + 우 → 자주(형용사 → 부사), 다달이(명사 → 부사)

[주요 파생 접미사]

접사	기능	보기	접사	기능	보기
-들	명사 → 명사	사람 → 사람들	-답다	명사 → 형용사	학생 → 학생답다
-(으)ㅁ	용언 → 명사	슬프다 → 슬픔	-롭다	명사 → 형용사	슬기 → 슬기롭다
-이	용언 → 명사	벌다 → 벌이	-이	용언 → 부사	많다 → 많이
-치-	동사 → 동사	놓다 → 놓치다	-오/우	용언 → 부사	잦다 → 자주
-하다	명사 → 동사	위반 → 위반하다	-껏	명사 → 부사	정성 → 정성껏
-갑-	형용사 → 형용사	차다 → 차갑다	-스럽다	명사 → 형용사	사랑 → 사랑스럽다

5. 합성법(合成法), 합성어(合成語)

① 합성법의 유형
- 통사적 합성어 : 두 어근이 결합할 경우, 그 결합 방식이 구(句)를 이룰 때의 방식과 일치하는 합성어를 말한다.
  예 명사 + 명사 : 돌부처, 집안, 길바닥, 눈물, 이슬비 등
  명사 : 이승, 첫사랑, 새해, 끝물 등
  관형사형 + 명사 : 큰집, 굳은살, 디딜방아, 젊은이, 군밤 등

[통사적 합성어와 구(句)의 구별]

구분	큰형이 오다(통사적 합성어)	키가 큰 형[구(句)]
서술성	'큰'에 서술성이 없음	'큰'에 서술성이 있음
분리성	'큰'과 '형'이 분리될 수 없음	'큰'과 '형'이 분리됨
의미의 특수화	뜻이 '연장자인 형'	뜻이 '키가 크다'는 의미임

- 비통사적 합성어 : 구(句)에서는 찾아볼 수 없는 특수한 결합 방식으로 두 어근이 결합된 합성어이다.
  예 어간 + 명사 : 꺾쇠, 누비옷, 검버섯, 늦잠, 접칼, 들것 등
  부사 + 명사 : 산들바람, 부슬비, 척척박사, 촐랑새 등

② 합성어의 종류
- 합성 명사(복합 명사) : 손목, 이것, 콧물, 늦더위 등
- 합성 동사(복합 동사) : 정들다, 본받다, 굶주리다 등
- 합성 형용사(복합 형용사) : 손쉽다, 낯설다, 맛나다, 굳세다 등
- 합성 부사(복합 부사) : 밤낮, 여기저기, 곧잘 등

③ 합성어의 파생 : 합성어에 접미사 또는 접두사가 붙어서 다시 파생되는 것을 말한다.
  예 해돋이('해돋'이라는 통사적 합성 어근에 접미사 '-이'가 결합), 다달이(통사적 합성어 '다달'에 접미사 '-이'가 결합한 것), 나들이(어간 + 어간 형태로 비통사적 합성어인 '나들'에 접미사 '이'가 결합한 것), 날돼지고기(접두사 + 합성어) 등

> **〈기출분석〉**
>
> - 다음 문장에서 형태소는 모두 몇 개인가?
>
> | 빵을 사러 갔다. |
>
>   → 7개(빵/을/사/러/가/았/다.)
>
> - 밑줄 친 단어가 파생어인 것은?
>   → 그건 아이에게 젖을 <u>먹이는</u> 모습이야.(○)
>   → 김 선수는 힘이 빠졌는지 계속 <u>헛손질</u>을 했다.(○)
>   → 우선 그 도형의 <u>넓이</u>부터 계산해 보게.(○)

08 | 문장 성분

문장을 구성하는 성분에는 주성분에 주어·서술어·목적어·보어, 부속 성분에 관형어·부사어, 독립 성분에 독립어가 있으며 부속 성분인 부사어가 필수 성분으로 쓰이면 서술어의 자릿수가 달라진다.
※ 문장 성분은 단어·구(句)·절에 의해 성립된다.

1. 문장 성분의 구성
① 문장의 기본 골격
- 무엇이 어찌하다.   [서술어 → 동사]   예 미정이가 노래한다.
- 무엇이 어찌하다.   [서술어 → 형용사]   예 창수가 멋있다.
- 무엇이 어찌하다.   [체언 + 서술어 → 서술격 조사]   예 정선이가 반장이다.

② 문장의 형식 : 위의 기본 골격은 서술어의 성격에 따라 아래와 같이 나타난다.
- 무엇이 어찌한다.   예 수정이가 공부한다.
- 무엇이 무엇을 어찌한다.   예 경화가 점심을 먹는다.
- 무엇이 무엇이 된다.   예 은선이가 숙녀가 된다.
- 무엇이 어떠하다.   예 창수가 점잖다.
- 무엇이 무엇이다.   예 영희가 학생이다.
- 무엇이 무엇이 아니다.   예 수영이가 남학생이 아니다.

2. 문장 성분의 갈래
① 주성분 : 문장의 골격을 이루는 데 필수적인 성분을 말한다. 주어, 서술어, 목적어, 보어로 구성된다.
② 부속 성분 : 주성분을 수식하는 성분으로 관형어, 부사어 등으로 구성된다.
③ 독립 성분 : 문장의 다른 성분과 유기적인 관련이 없이 독립적으로 쓰이는 말로 독립어가 있다.

3. 문장 성분의 재료
① 단어(單語) : 품사 단독 또는 조사와 결합된 말
② 구(句) : 중심이 되는 말과 그것이 부속된 말의 묶음
- 명사구 ┬ 주어구
        ├ 목적어구
        └ 보어구

- 서술구 ┬ 동사구
        └ 형용사구
- 관형구
- 부사구
- 독립어구

③ 절(節) : 온전한 문장이 다른 문장 앞에서 하나의 성분처럼 쓰이는 말
- 명사절 ┬ 주어절
        ├ 목적어절
        └ 보어절
- 서술절 ┬ 동사절
        └ 형용사절
- 관형절
- 부사절
- 인용절

4. 주어부와 서술부

주어부 : 주어와 그에 딸린 성분의 묶음을 말한다.
서술부 : 서술어와 그에 딸린 성분의 묶음을 말한다.

① 주어(主語)
- 개념 : 문장 안에서 주체가 되는 말
- 성립
  - 체언+주격 조사
    ⓐ 명사+주격 조사   예 산이 높다.
    ⓑ 대명사+주격 조사   예 그가 왔다.
    ⓒ 수사+주격 조사   예 둘이 셋보다 적다.
  - 용언의 명사형+주격 조사   예 나 보기가 역겹다.
  - 명사구+주격 조사   예 아주 헌 책이 책상에 있다.
  - 명사절+주격 조사   예 화재가 발생했음이 알려졌다.
  - 인용된 말+주격 조사   예 '주소'가 빠졌다.
- 다른 성분과의 관계
  - 주어가 높임 명사이면 서술어에 선어말 어미 '-시-'가 쓰인다.
    예 선생님께서 강의실에 들어오시었다.
  - 주어가 3인칭이고, 그것은 반복되면 재귀 대명사가 쓰인다.
    예 다영이는 자기가 매력이 있다고 믿는다.
  - 한 문장에 주어가 여러 개일 수가 있다.
    예 이 옷은 소매가 길다.
  - 주어는 문장의 첫머리에 오는 것이 원칙이다.
- 주어의 생략 : 문맥상 주어가 무엇인지 알 수 있을 경우는 생략한다.
  - 물음에 대한 답변에서   예 어머니께서는 어디 계시지? 거실에 계십니다.
  - 명령문의 경우   예 어서 들어와라.
  - 성상 형용사가 서술어일 때 예 슬프다, 춥다.
  - 관용적 표현에서   예 낫 놓고 기역 자도 모른다.

② **서술어(敍述語)** : 주어를 서술하는 말을 의미하며, 주어에 대하여 '어찌하다, 어떠하다'에 해당하는 말이다.
- 동사, 형용사, 체언 + 서술격 조사의 종결형
  - 예 아기가 운다(울 + ㄴ + 다), 하늘이 푸르다, 철수는 학생이다.
- 서술절
  - 예 그 소년은 키가 크다.
- 연결 어미와 전성 어미도 서술어를 형성할 수 있다.
  - 예 비가 오는데, 어딜 가려 하니?(연결 어미), 시가 이렇게 아름다운 줄을 미처 몰랐다.(관형사형 어미)
- 본용언 + 보조 용언 → 하나의 서술어
  - 예 철수가 책을 가지게 되었다.

〈알아두기〉 서술어의 자릿수 - 서술어가 꼭 요구하는 문장 성분의 수효

갈래	꼭 요구하는 문장 성분	보기
한 자리 서술어	주어	장미꽃이 붉다.
두 자리 서술어	주어, 목적어	코끼리가 과자를 먹는다.
	주어, 보어	철호는 운동선수가 아니다.
	주어, 꼭 필요한 부사어	이 기후는 농사에 적합하다.
세 자리 서술어	주어, 목적어, 꼭 필요한 부사어	그가 나에게 좋은 선물을 주었다.

③ **목적어(目的語)** : 타동사가 서술어로 쓰일 때, 그 동작의 대상(목적)이 되는 말로 '무엇을', '누구를'에 해당한다.
- 체언, 명사구, 명사절 + 목적격 조사(을, 를)
  - 예 부모는 자식을 사랑한다.
- 목적격 조사 자리에 보조사를 붙인다.
  - 예 너는 노래도 잘한다.
- 방향이나 처소를 나타내는 말이 목적격 조사를 취하기도 한다.
  - 예 너, 어디에 가니? → 너 어디를 가니?

④ **보어(補語)** : 두 자리 서술어인 '되다, 아니다'가 반드시 요구되는 성분을 말하며, 서술어를 보충하여 그 뜻을 완전하게 하는 성분이다.
- 예 무엇이 무엇이 ┬ 되다   예 그녀는 숙녀가 되었다.
     (주어) (보어) └ 아니다 예 너는 어른이 아니다.

⑤ 부속 성분(附屬 成分)
- 관형어(冠形語) : 체언을 수식하는 말로 체언 앞에서 관형사처럼 쓰이는 말이다.
  - 관형사 단독
    예 나는 <u>새</u> 책을 선물 받았다.
  - 체언 + 관형격 조사
    예 내가 <u>너의</u> 마음을 안다.
  - 용언 어간 + 관형사형 어미[-는, -(으)ㄴ, -던, ㄹ] → 용언의 관형사형
    예 <u>검은</u> 것보다 <u>빨간</u> 것이 더 좋다.
  - 체언 + 접미사 '적'
    예 <u>역사적</u> 사명을 띠고
  - 관형어의 겹침
    예 <u>입도 조금 헤벌어진</u>, <u>형편없이 초라한</u>, <u>애절한 느낌을 주는</u>, <u>등신대의</u> 결가부좌상이었다.
    (밑줄 친 부분은 모두 관형어에 해당함)
  ※ 관형어의 특징 : (부사와 비교해서) 단독으로 문장이 되지 못한다.
- 부사어(副詞語) : 용언의 의미가 분명하게 드러나도록 꾸며 주는 말을 의미한다.
  - 부사 단독   예 나는 오늘 <u>몹시</u> 아팠다.
  - 체언 + 부사격 조사   예 바둑이가 <u>꽃밭에서</u> 자고 있다.
  - 부사성 의존 명사구   예 옷을 <u>입은 채</u> 잠이 들었다.
  - 부사 + 조사   예 비가 <u>몹시도</u> 내린다.
  - 용언의 부사형   예 <u>자랑스럽게</u> 걸어간다.
  - 명사절 + 부사격 조사   예 이 꽃은 잎이 <u>아름답기로</u> 유명하다.
  - 용언의 관형사형 + 부사성 의존 명사   예 <u>먹을 만큼</u> 가져가라.

[부사어와 관형어의 비교]

부사어	관형어
자리를 비교적 쉽게 옮길 수 있다.	자리를 옮기기가 어렵다.
문맥이 주어지면 단독으로 쓰일 수 있다.	절대로 단독으로 쓰일 수가 없다.
체언, 용언 또는 부사 자체 및 관형사 등도 꾸밀 수 있다.	체언만을 꾸민다.

⑥ 독립 성분 : 주어나 서술어 따위에는 딸리지 않는 독립된 성분을 말한다.
- 감탄사 : <u>아</u>, 슬프다!
- 체언 + 호격 조사 : <u>철수야</u>, 같이 가자.
- 제시어 : <u>청춘</u>, 이는 듣기만 하여도…
- 접속 부사가 문장과 문장을 접속시킬 때 : 비가 많이 왔다. <u>그리고</u> 홍수가 났다.

> 기출분석
> - 밑줄 친 문장 성분 중 목적어인 것은?
>   → <u>이런 모습</u> 상상해 보셨나요?(O)
>   → <u>이 책은</u> 아직까지 내가 읽은 적이 없다.(O)
>   → 정부는 이번 조치에서 <u>세제 혜택만</u> 강조하였다.(O)

09 | 문법요소의 기능과 의미

1. 사동(使動)과 피동(被動)

① **사동사(使動詞)** : 남으로 하여금 어떤 동작을 하도록 하는 것이다. 예 입히다.
② **주동사(主動詞)** : 동작주가 스스로 행하는 동작을 나타낸다. 예 입다.
③ **사동문의 형성** : 동사나 형용사 어근 + 접사(이, 히, 기, 리, 우, 구, 추), -게 하다
  - 자동사 어근 + 접사(이, 히, 기, 리, 우, 구, 추)
    예 얼음이 녹는다. → 얼음을 녹인다.(주어 → 목적어)
  - 타동사 어근 + 사동의 접사
    예 옷을 입다. → 옷을 입히다.
  - 형용사 어근 + 접사
    예 길이 좁다. → 길을 좁히다.
  - 어근 + 게(보조적 연결 어미) + 하다(보조 동사)
    예 집을 지키다. → 집을 지키게 하다.
④ **피동사(被動詞)** : 남의 행동을 입어서 행해지는 동작이다. 예 입히다.
⑤ **능동사(能動詞)** : 제 힘으로 행하는 동작을 나타낸다. 예 입다.
⑥ **피동문 형성** : 타동사 어근 + 접사(이, 히, 기, 리), -어지다
  - 타동사 어근 + 접사(이, 히, 기, 리) : 보이다, 들리다, 안기다 등
    예 순경이 도둑을 잡았다. → 순경에게 도둑이 잡히었다.
  - 타동사·자동사·타동사화한 사동사 + 어지다 : 밝혀지다, 높아지다, 뚫어지다, 풀어지다.
    예 새로운 사실이 최근에 밝혀졌다.

2. 시간의 표현[시제(時制)]

① **시제의 정의** : 말하는 이의 시각(발화시)을 기준으로 하여 사건시의 앞뒤를 제한하는 것을 말한다.

② **발화시(發話時)와 사건시(事件時)**
  - 발화시 : 말하는 이가 말을 하는 때로, 발화시는 항상 현재이다.
  - 사건시 : 사건이나 상황이 일어나는 시점이다.
③ **상대적 시제와 절대적 시제**

유형	개념	자리	보기
상대적 시제	전체 문장의 사건시에 기대어 상대적으로 결정되는 시제	관형사형과 연결형	영숙이는 어제 청소하시는 어머니를 도와 드렸다(이때 '하시는'을 상대 시제로서 '과거에 있어서의 현재'로 해석한다).
절대적 시제	발화시를 기준으로 하여 결정되는 시제	종결형	나는 어제 여섯 시에 일어났다.

④ 시제 표현 방법
  • 현재 시제
    – 활용형의 종결형 : 선어말 어미 '–는–' 예 그는 책을 읽는다.
    – 활용형의 관형사형 : 관형사형 어미 '–는–/–ㄴ–' 예 이렇게 기쁜 날도 있다.
  • 과거 시제 : '–았–/–었–(중복되기도 함), –더–, –던, –(으)ㄴ–'
    예 지금까지 본 영화, 홍수가 났었다, 내가 읽던 책
  • 미래 시제
    – 종결형 : '–겠–, –(으)ㄹ 것이다' 예 내일도 비가 오겠다.
    – 관형사형 : '–ㄹ–' 예 합격할 때까지

3. 높임과 낮춤

① **높임법** : 문장의 주체를 높이거나 또는 말을 듣는 상대방을 높이거나 낮추는 화법으로서, 일반적으로 1인칭 주어에 대해서는 주로 낮춤법이, 2·3인칭에 대해서는 주로 높임법이 사용된다.
  예 나의 아들 → 가돈(家豚), 돈아(豚兒), 남의 아들 → 영식(令息), 영윤(令胤),
      나의 딸 → 여식(女息), 남의 딸 → 영애(令愛), 영양(令孃) 등

② **주체 높임법** : 용언 어간에 선어말 어미 '–시–'가 결합하게 된다.
  • 제약(制約) : 말을 듣는 이가 문장의 주체보다 높은 경우, '–시–'의 사용이 불가한데, 이를 일명 '압존법(壓尊法)'이라고 한다.
    예 할아버지, 아버지가 지금 왔습니다.
  • 주체에 대한 간접 높임 : 높여야 할 대상의 신체 부분, 개인적인 소유물, 생활과 관계 깊은 것을 높이는 것이다.
    예 그 분은 아직도 귀가 밝으십니다.

③ **상대 높임법** : 일정한 종결 어미를 선택하여 상대방을 높이게 한다.
  • 체계
    – 격식체 : 해라체(아주낮춤), 하게체(보통낮춤), 하오체(보통높임), 합쇼체(아주높임) 등과 같이 쓰임이 의례적이며, 표현이 직접적이고, 단정적·객관적인 표현법이다.
      예 철수야, 빨리 자. 이군, 이리 와서 앉아. 왜 꾸물거리시오? 다음에 또 들르겠습니다.
    – 비격식체 : 해체(두루낮춤), 해요체(두루높임) 등의 격식(格式)을 덜 차리는 부드럽고, 주관적인 느낌을 주는 표현법이다.
      예 빨리 인도로 나오셔요. 안녕히 계셔요.
  • 말하는 이가 공손한 뜻을 나타냄으로써 말 듣는 이를 높이는 법으로, '–(으)옵–/–(으)오–', '–삽–/–사옵–/–사오–', '–잡–/–자옵–/–자오–' 등이 쓰인다.
    예 변변치 못한 물건이오나, 정으로 보내 드리오니 받아주시옵소서.

    ※ 높임말과 낮춤말 : 진지 – 밥, 말씀 – 말, 치아 – 이, 약주 – 술, 댁 – 집, 계씨(季氏) – 동생, 저 – 나, 주무시다 – 자다, 계시다 – 있다, 잡수시다 – 먹다, 돌아가시다 – 죽다, 드리다 – 주다, 뵙다 – 만나다, 여쭈다 – 말하다 등

4. 문장(文章)의 종결(終結)

① 문장의 종결
- 서술어의 종결 어미에 의해 문장이 종결되는 우리말의 문장 갈래는 서술어의 진술 목적에 의해 평서문, 감탄문, 의문문, 명령문, 청유문으로 구분된다.
- 종결 어미의 높임과 낮춤

구분	해라체	하게체	하오체	합쇼체
평서문	간다	가네	가오	갑니다
감탄문	가는구나	가는구먼	가는구려	가는군요
의문문	가느냐	가는가	가오	갑니까
명령문	가거라	가게	가오	가십시오
청유문	가자	가세	갑시다	가시지요

- 문장의 종결법은 종결 어미에 의해 구분되는 것과 문장 부호에 의해 구분되는 것이 있다.

② 문장의 종류
- 평서문(平敍文)
  - 말하는 이가 자기의 생각과 느낌을 진술하는 문장 종결 양식으로, 평서형 종결 어미 '-다, -오, -네, -ㅂ니다' 등에 의해 성립된다.
  - 평서문의 갈래
    ⓐ 해라체 평서문 : 종결 어미 '-다'에 의해 이루어지는 평서문이다.
    ⓑ 원칙 평서문 : 객관적 믿음을 나타내는 평서문으로 종결 어미 '-느니라'로 나타난다.
    ⓒ 확인 평서문 : 주관적 믿음을 나타내는 평서문으로, 선어말 어미 '-엇-/-것-'에 의해 나타난다.
    ⓓ 약속 평서문 : 화자의 약속을 나타내는 평서문으로, 어미 '-(으)마'로 나타난다.

- 감탄문(感歎文)
  - 말하는 이가 독백투로 자기의 느낌을 표현하는 문장 종결 양식으로 감탄형 종결 어미 '-구나, -군, -(이)로군, -어라' 등에 의해 성립된다.
  ※ 감탄문은 모든 활용어에 두루 나타나지만, 간접 인용문에서는 나타나지 않는다.
  - 감탄문의 갈래
    ⓐ '-구나' 계열의 감탄문 : 처음 알게 된 일을 진술할 때 쓰인다.
    ⓑ '-어라' 계열의 감탄문 : 말하는 이가 말 듣는 이를 고려하지 않을 때 쓰이는 감탄문으로 주로 형용사문에서 성립한다.

- 의문문(疑問文)
  - 듣는 이에게 질문하여 그 답을 요구하는 문장 종결 양식으로, 의문형 종결 어미 '-가, -오, -ㅂ니까, -느냐' 등에 의해 성립된다.
  - 의문문의 갈래
    ⓐ 판정 의문문 : 듣는 이에게 긍정 또는 부정의 대답을 요구하는 의문문이다.
    ⓑ 설명 의문문 : 어떤 사실에 대하여 구체적 정보의 설명을 요구하는 의문문이다.
    ⓒ 수사 의문문 : 굳이 대답을 필요로 하지 않는 것이면서 수사적으로 의문의 효과를 가지는 의문문이다. 이외에는 반어 의문문, 감탄 의문문, 명령 의문문이 있다.

- 명령문(命令文)
    - 말하는 이가 듣는 이에게 무엇을 시키거나 행동을 요구하는 문장 종결 양식으로, 명령형 종결 어미 '-아라, -게, -오, -라' 등에 의해 성립된다.
    ※ 형용사나 서술격 조사에는 **명령형 종결 양식이 없다.**
    - 명령문의 갈래
        ⓐ 직접 명령문 : 인쇄 매체를 통하지 않는 명령문으로 대표적 형태는 '-아라/-어라'이다.
        ⓑ 간접 명령문 : 인쇄 매체에 의한 명령문으로 대표적 형태는 '-(으)라'이다.
        ⓒ 허락 명령문 : 직접 명령문에 속하는 것으로, 허락의 의미를 표시하는 특수한 형태의 '-려무나'에 의해 실현된다.
- 청유문(請誘文)
    - 말하는 이가 말 듣는 이에게 같이 행동할 것을 청하는 문장 종결 양식으로, 청유형 종결 어미 '-자, -세, -지요' 등에 의해 성립된다.
    ※ 형용사나 서술격 조사에는 **청유문 종결 양식이 없다.**
    - 의미상 청유문은 명령문에 속하나 명령문의 주어가 듣는 이 단독인 데 반해, 청유문은 말하는 이와 듣는 이가 합동으로 주어가 된다는 점이 다르다.

5. 긍정과 부정
① '안' 부정문
- 용법 : 주체, 즉 동작주의 의지에 의하여 행동을 부정하는 것이다.
- 형식
    - 긴 부정문 : ~지 않다, ~지 아니하다 예 가지 않았다.
    - 짧은 부정문 : 안(아니) + 용언 예 안 갔다.
    ※ 서술격 조사의 부정문 예 철인이다. → 철인이 아니다.
② '못' 부정문
- 용법 : 주체의 능력·외부의 어떤 원인 때문에 그 행위가 일어나지 못하는 것을 나타낸다.
- 형식
    - 긴 부정문 : ~지 못하다 예 가지 못했다.
    - 짧은 부정문 : 못 + 동사 예 못 갔다.
③ 부정문 형성의 제약
- 짧은 '안' 부정문에 있어서 '명사 + -하-'형(型) 동사가 서술어일 경우에는 '명사 + 안 + -하-'형(型)만 가능하다.
    예 영희는 지금 공부하고 있지? ─부정─ 영희는 지금 공부 안 하고 있지?(○)
    　　　　　　　　　　　　　　　　 └ 영희는 지금 안 공부하고 있지?(×)
- 음절이 긴 형용사가 서술어일 경우에는 긴 부정문으로만 쓰인다.
    예 길이 울퉁불퉁하다. ─부정─ 길이 울퉁불퉁하지 않다.(○)
    　　　　　　　　　　　　 └ 길이 안 울퉁불퉁하다.(×)

- '견디다, 알다, 깨닫다, 터득하다…' 등의 긍정적인 의지를 담고 있는 동사에는 부정문의 쓰임이 제약을 받게 된다.
  예 견디지 않는다.(×), 알지 않는다.(×), 안 견딘다.(×), 안 안다.(×) 등
- '못' 부정문은 원칙적으로 동사에만 쓰이나, 기대에 미치지 못함을 아쉬워하는 경우에는 형용사에 쓰일 수 있으며, 이때에는 긴 부정문만이 가능하다.
  예 운동장이 넓지 못하다.(○), 운동장이 못 넓다.(×)
- '못' 부정문은 '-려고, -러' 같은 의도를 나타내는 어미와 같이 쓰이지 못한다.
  예 철수가 집에 못 가려고 뒤에 남았다.(×)
  철수가 영화를 못 보러 영화관에 안 갔다.(×)

④ 부정문의 중의성(重義性): 의미가 두 가지 이상으로 해석될 수 있는 성질을 뜻한다.

(가) 나는 영철이를 때리지 않았다.	(나) 나는 영철이를 안 때렸다.
(다) 손님이 다 오지 않았다.	(라) 손님이 다 안 왔다.
(마) 내가 철수를 만나지 못했다.	(바) 내가 철수를 못 만났다.

- (가), (나) 문장은 영철이를 때린 것은 내가 아니다(다른 사람이 때렸다), 내가 때린 것은 영철이가 아니다(다른 사람을 때렸다), 내가 영철이를 때린 것은 아니다(좀 떠밀었을 뿐이다)의 의미로 해석된다.
- (다), (라) 문장은 부정문에 부사어가 쓰인 경우로서, 손님이 온 사람이 하나도 없다, 손님이 오기는 왔는데 다 온 것은 아니다의 의미로 풀이되므로, 부사어 '다'는 부정의 대상이 되기도 하고 안 되기도 한다.
- (마), (바) 문장은 (가), (나) 문장의 경우와 동일하다.

> **기출분석**
>
> - 밑줄 친 표현이 다음의 높임법에 해당하지 않는 것은?
>
> > 주체 높임법은 서술어가 나타내는 행위의 주체를 높이는 표현법으로, 높임 선어말 어미 '-(으)시-', 조사, 동사, 명사 등에 의해 표현된다.
>
> → 할머니께서 진지를 <u>드신다</u>.(○)
> → 나는 어머니께 과일을 <u>드렸다</u>.(×)
> → 할아버지께서 병원에 <u>다녀오셨다</u>.(○)
> → 선생님께서 부모님께 가정 통신문을 <u>발송하셨다</u>.(○)
>
> - 경어법이 바르게 사용된 것은?
>   → 주례 선생님의 말씀이 있으시겠습니다.(○)
>   → 들어가신 분은 여자 분이신데요.(○)
>   → 과장님, 부장님께서 오라십니다.(○)
>   → 영희야, 할아버지께서 주시는 걸 받아 오너라.(○)

10 | 문장의 구조

1. 문장의 갈래

문장 ┬ 홑문장
　　　└ 겹문장 ┬ 문장 속의 문장(안긴 문장, 안은 문장)
　　　　　　　　└ 이어진 문장

2. 홑문장

① **홑문장의 뜻** : '주어 + 서술어'의 관계가 한 번에 국한(局限)되는 문장이다.

　예 철수가 돌아온다.
　　　(주어)　(서술어)

　　　대체 저것은 무엇일까?
　　　　　　(주어)　(서술어)

　　　그 아이가 꽤 영리하다.
　　　　　(주어)　　(서술어)

　　　그가 드디어 미소를 지었다.
　　　(주어)　　　　　　(서술어)

② **홑문장의 기본 형식**
- 주어 + 서술어(형용사, 자동사, 체언 + 서술격 조사)

　예 강물이 흐른다, 나는 중학생이다.
- 주어 + 목적어 + 서술어(타동사)

　예 영희가 책을 읽는다.
- 주어 + 보어 + 서술어(되다, 아니다)

　예 물이 얼음이 된다, 이것은 책상이 아니다.

③ **문장의 확대(擴大)** : 문장의 기본 구조인 각 필수 성분에 부속 성분들이 결합하여 복잡한 구조를 이루는 것을 말한다.
- 주어부의 확대
  - 관형어의 첨가

　　예 꽃이 피었다. → 온갖 　아름다운 꽃이 피었다. (홑문장)
　　　　(주어)　　　　(관형어) (관형어) (주어)
　　　　　　　　　　　　　　　(주어부의 확대)

  - 관형절의 첨가

　　예 꽃이 피었다. → 향기가 좋은 　꽃이 피었다. (겹문장)
　　　　(주어)　　　　(주어) (서술어) (주어)
　　　　　　　　　　　　　(관형절)
　　　　　　　　　　　(주어부의 확대)

- 접속 조사 '-과/-와'에 의한 체언의 병렬 연결
  - 예 <u>정선이가</u> 공부한다. → <u>정선이와 현숙이가</u> 공부한다. (겹문장)
    (주어)   (체언의 병렬 연결 → 주어부의 확대)
- 서술부의 확대
  - 부사어의 첨가
    - 예 꽃이 <u>아름답다</u>. → 꽃이 <u>매우</u> <u>아름답다</u>. (홑문장)
      (서술어)   (부사어) (서술어)
      (서술부의 확대)
  - 보조 용언의 첨가
    - 예 봄이 <u>간다</u>. → 봄이 <u>가고</u> <u>있다</u>. (홑문장)
      (서술어)   (본용언) (보조 용언)
      (서술부의 확대)
  - 목적어, 보어의 확대
    - 예 나는 <u>책을</u> <u>읽는다</u>. → 나는 <u>새</u> <u>책을</u> 읽는다. (홑문장)
      (목적어) (서술어)   (관형어) (목적어)
      → 나는 <u>내용이 어려운</u> <u>책을</u> 읽는다. (겹문장)
          (주어) (서술어) (목적어)
          (관형절)
          (목적어의 확대)
    - 예 재혁이는 <u>우등생이</u> <u>되었다</u>. → 재혁이는 <u>뛰어난</u> <u>우등생이</u> <u>되었다</u>. (홑문장)
      (보어)   (서술어)   (관형어) (보어)   (서술어)
      (서술부의 확대)
      → 재혁이는 <u>성적이 뛰어난</u> <u>우등생이</u> <u>되었다</u>. (겹문장)
        (주어) (서술어) (보어) (서술어)
        (관형절)
        (서술부의 확대)

3. 겹문장

① **겹문장의 뜻** : 한 문장 속에서 주어와 서술어의 관계가 두 번 이상 있는 문장으로서, 문장 속의 문장 (안긴 문장 + 안은 문장)과 이어진 문장이 있다.
  - 예 철수가 <u>축구에 소질이 있음이</u> 밝혀졌다. (문장 속의 문장)
          (주어) (서술어)
          (명사절)
  - <u>인생은 짧고, 예술은 길다</u>. (이어진 문장)
    (주어) (서술어) (주어) (서술어)

② **문장 속의 문장** : 다른 문장 속에 안겨서 그 문장의 한 성분이 된 문장으로서 일명 '안긴 문장(내포문)'이라고 하며, 안긴 문장을 그 성분의 하나로 가지고 있는 문장을 '안은 문장[모문(母文)]'이라고 한다. 이는 주어와 서술어의 관계가 두 번 이상 이루어지므로 겹문장에 해당한다.

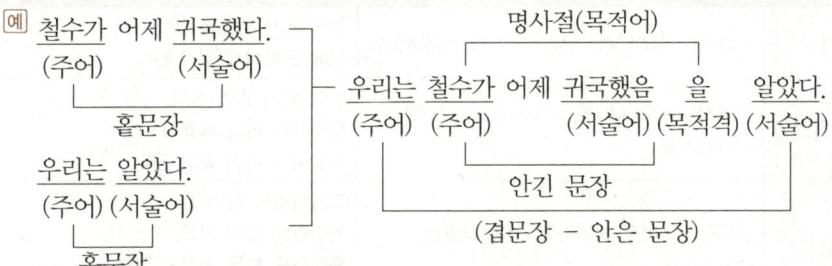

[안긴 문장의 형태]

종류	어미 및 형식	보기
명사절	-(으)ㅁ, -기, -(으)ㄴ/-(으)ㄹ 것	그가 학자임이 밝혀졌다. 농사가 잘되기를 바랐다.
서술절	변화 없음	토끼는 앞발이 길다. 선생님께서는 감기가 드셨어요. 저 사람은 웃옷의 소매가 짧다.
관형절	-는, -(으)ㄴ, -(으)ㄹ, -던	나는 재준이가 박사가 되었다는 소식을 들었다. 그분이 노벨상을 타게 되었다는 소문이 있다.
부사절	-이	그녀는 말도 없이 떠나 버렸다. 내가 예상했던 것과 같이 그가 시험에 합격했다. 그는 보기와는 달리 매우 성실하다.
인용절	-라고, -하고(직접 인용), -고(간접 인용)	나는 철수의 말이 옳다고 생각했다. 어머니께서 "철수야!"하고 부르셨다. 그가 내일 가라고 내게 말하였다.

③ **이어진 문장** : 둘 또는 그 이상의 문장(또는 절)이 연결 어미에 의해 대등하게 혹은 종속적으로 이어진 문장을 말하고, 이는 주어와 서술어의 관계가 두 번 이상 이루어지므로 겹문장에 해당한다.

예 해가   지   고 ↔ 달이   뜬   다.   (대등하게 이어짐)
  (주어) (서술어) (연결 어미) (주어) (서술어) (종결 어미)

  봄이   오   니 → 날씨가 따뜻하 다.   (종속적으로 이어짐)
  (주어) (서술어) (연결 어미) (주어) (서술어) (종결 어미)

• **대등하게 이어진 문장** : 둘 또는 그 이상의 홑문장이 '-고, -(으)며, -(으)나, -지만, -다만, -거나, -(느)ㄴ데' 등의 연결 어미에 의해 나란히 이어져서 하나의 더 큰 문장을 이루는 것을 말한다.

예 너는 가고, 나는 머무른다.
  백합꽃은 희고, 장미꽃은 붉다.
  이것은 책이고, 저것은 공책이다.
  하늘은 높으며(고), 강물은 푸르며, 바람은 시원하다.
  여름은 더우나, 겨울은 춥다.
  철수는 재주가 많지만, 영희는 꿈이 많다.

- **종속적으로 이어진 문장** : 두 개의 홑문장이 이어질 경우, 한 문장이 다른 문장에 대하여 종속적인 자격으로 이어지는 문장을 말하고, 여기에 쓰이는 연결 어미는 다음과 같은 것들이 있다.

의미 관계	연결 어미	보기
시간, 동기, 계기	-고(서), -(으)면서, -자, -자마자, -어(서) 등	집에 가서 청소를 했다. 집에 들어서자 비가 왔다.
이유, 원인	-어(서), -(으)니(까), -(으)므로, -(으)매, -느라고 등	눈이 와서 길이 질다. 집을 찾느라고 헤맸다. 가을이 오니까 꽃이 진다.
양보	-어도, -이라도, -더라도, -(으)ㄹ망정, -(으)나 등	괴롭더라도 참아라. 가더라도 잊지 마라. 춥더라도 불은 피우지 말라. 몸은 갈망정 마음은 두고 간다.
가정, 조건	-(으)면, -거든, -더라도 등	여름이 가면 가을이 온다. 가거든 편지해라. 그가 오더라도 흥분하지 말아라.
상황, 전제	-(으)니, -(느)ㄴ데 등	봄이 오니 날씨가 따뜻하다. 공부하는데 그가 왔어.
수단, 방법	-어(서), -고(서), -(으)며 등	고기를 구워서 먹었다. 눈을 뜨고서 잔다. 자료를 보고 답을 쓰라.
목적, 의도	-(으)러, -(으)려(고), -고자 등	연습하러 갑니다. 웃으려 했는데 눈물이 난다. 돈을 벌고자 애를 쓴다.
결과	-게, -도록 등	차가 갈 수 있도록(게) 길을 넓혔다. 바람이 통하게 문을 열어라.
기타	-다가(전환), -듯(비유), -(으)ㄹ수록(강화), -어야(필요, 종주) 등	공장에 가다가 돌아왔다. 땀이 비 오듯 하다. 먹을수록 더 먹고 싶어진다. 알아야 산다.

※ **관계절(Relative Clause)과 동격절(Appositive Clause) 혹은 내용절(Content Clause)** : 관계절은 관형절의 수식을 받는 명사가 관형절 속의 주어·목적어·보어 등의 일정한 성분이 되는 절을 말하고, 동격절(내용절)은 관형절의 수식을 받는 관형절과 동격을 이루는 절을 말한다.

예 이것이 <u>내가 읽은</u> 책이다(여기서 책은 관형절인 '내가 읽은'의 목적어를 이루므로 → 관계절).
    아무도 <u>내가 귀국한</u> 사실을 몰랐다('사실'은 '내가 귀국한'의 내용 내지는 동격을 이루므로 → 동격절).

※ **대등적 이어짐과 종속적 이어짐의 구별** : 연결 어미에 의하여 이끌리는 절이 뒷절 속으로 자리 옮김이 가능하면 종속적 이어짐, 그렇지 않으면 대등적 이어짐으로 본다.

예 여름에는 비가 오고 겨울에는 눈이 온다.
    → 겨울에는 여름에는 비가 오고 눈이 온다.(×) [대등적 이어짐]
   차가 증가하니 길이 혼잡하다. → 길이 차가 증가하니 혼잡하다.(○) [종속적 이어짐]

- **문장의 이어짐** : 문장과 문장이 연결 어미에 의하여 대등 내지는 종속적으로 이어지는 것을 '문장의 이어짐'이라 하는데, 이를테면 접속 조사('와/과' 및 '하고')로 이어진 명사구를 가진 문장이 표면적으로는 홑문장이나 속으로는 두 문장 이상이 대등하게 이어진 것이다.

  예 철수는 영어와 독일어와 프랑스어를 할 줄 안다. ─(분석 가능)→ ┌ 철수는 영어를 할 줄 안다.(○)
  ├ 철수는 독일어를 할 줄 안다.(○)
  └ 철수는 프랑스어를 할 줄 안다.(○)

- **단어의 이어짐** : 문장의 이어짐과 마찬가지로 접속 조사('와/과' 및 '하고')에 의하여 두 명사구가 이어졌으나, 서술어가 '이별하다, 헤어지다, 닮다, 비슷하다, 마주치다, 싸우다, 섞다, 잇다, 다르다, 만나다, 잣다' 등의 경우 문장의 분리가 불가능한데, 이를 '단어의 이어짐'이라고 한다.

  예 철수와 영철이는 키가 비슷하다. ─(분석 불능)→ ┌ 철수는 키가 비슷하다.(×)
  └ 영철이는 키가 비슷하다.(×)

④ **공통 성분의 생략** : 홑문장들이 안기거나 이어질 때, 공통된 성분은 생략되거나 형태를 바꾸기도 한다.

- **문장 속의 문장** : 안긴 문장의 어떤 성분이 안은 문장의 한 성분과 같으면, 안긴 문장의 공통 성분은 생략된다.

  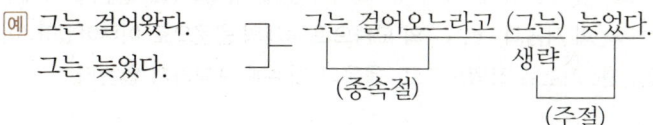

- **대등하게 이어진 문장** : 이 경우에는 공통 성분이 생략되거나 형태를 바꾸게 된다.

  예 철수는 공을 집었다.   ┐ 철수는 공을 집어서 동생에게 주었다.
     철수는 공을 동생에게 주었다. ┘ (주어, 목적어의 생략)

     나는 학교에 갔다.   ┐ 나는 학교에, 형은 도서관에 갔다.
     형은 도서관에 갔다.   ┘ (서술어의 생략)

     철수는 산을 좋아한다.   ┐ 철수는 산과 바다를 좋아한다.
     철수는 바다를 좋아한다. ┘ (주어, 서술어의 생략)

     그는 일어섰다. ┐ 그는 일어서고, 나는 앉았다.
     나는 앉았다.   ┘ [생략으로 인한 형태의 변화(시제의 생략)]

- **종속적으로 이어진 문장** : 종속적으로 이어진 문장에서도 대등하게 이어진 문장에서와 같이 공통 성분의 생략이나 시제의 변화가 나타난다.

  예 그는 걸어왔다. ┐ 그는 걸어오느라고 (그는) 늦었다.
     그는 늦었다.   ┘   (종속절)   생략 (주절)

     서리가 내렸다.   ┐ 서리가 내리니, 나뭇잎이 떨어졌다.
     나뭇잎이 떨어졌다. ┘ [형태의 변화('내렸다 → 내리니'에서 '었'이 생략됨)]

> **기출분석**
>
> - 다음 중 겹문장인 것은?
>   → 누가 그런 일을 한다고 그래?(○)
>   → 그는 형과는 달리 사교에 능하다.(○)
>
> - 다음 중 명사절을 안은 문장인 것은?
>   → 철수가 축구에 소질이 없음이 밝혀졌다.(○)
>   → 어린아이가 그런 일을 하기가 쉽지 않다.(○)
>   → 금년에도 농사가 잘되기를 바란다.(○)

11 | 음운

1. 음운(音韻)

① 음운(音韻) : 추상적·관념적 소리이며 말소리의 뜻을 다르게 하는 변별적 기능을 가진 소리의 단위로서 음소(音素)라고도 한다.
   ※ 변별적(辨別的) 기능 : 한 언어 안에서 어떤 음성들이 의미를 분화시킬 때 그것을 변별적이라고 하며, 이렇게 말의 뜻을 구별하여 주는 기능을 변별적 기능이라 한다.

② 음운의 기능
   - 음운의 수는 언어마다 다르다.
   - 음운은 형태소를 분화시킨다.
   - 음운은 그것이 나타나는 환경에 따라 다른 소리로 나타나는데, 이를 변이음(變異音, Allophone)이라 한다.
   - 같은 음운이라도 발음할 때 앞뒤 소리나 발화자의 생리에 따라 조금씩 달라지는데, 이를 그 음운의 음성적 실현이라 한다.

2. 음운(音韻)의 종류

① 분절 음운(分節 音韻) : 자음과 모음 같은 음운으로, 음소(音素)라 한다.
② 비분절 음운(非分節 音韻) : 자음, 모음이 아니면서 말의 뜻을 구분해 주는 것으로 운소(韻素)라고도 하며, 현대 국어의 '소리의 길이', 중세 국어의 '소리의 높낮이[성조(聲調)]'가 이에 속한다.
   ※ 음운의 개수 : '가을'은 'ㄱ, ㄹ'의 자음과 'ㅏ, ㅡ'의 모음으로, 4개의 음운으로 이루어졌다. 이때, '을'의 'ㅇ'은 소리 값이 없는 단순한 기호로 쓰였으므로, 음운의 개수에 포함하지 않는다.

12 | 국어의 음운(모음과 자음)

1. 모음과 자음의 차이 - 발음기관의 장애와 유무
① 모음(母音) : 목청울림을 띤 날숨이 아무런 장애를 받지 않고 입 안에서 공명을 얻어 나는 소리를 말한다.
② 자음(子音) : 목이나 입 안의 어떤 자리가 완전히 막히거나, 좁혀지거나 하는 장애를 받고 나는 소리를 말한다.

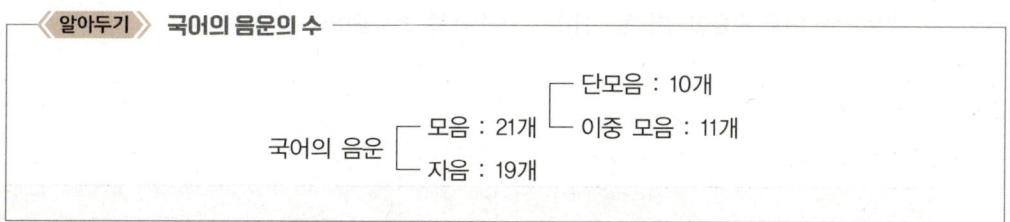

알아두기 ▶ 국어의 음운의 수

국어의 음운 ─ 모음 : 21개 ─ 단모음 : 10개
                           └ 이중 모음 : 11개
             └ 자음 : 19개

2. 모음(母音)
① 음의 성질
  • 양성 모음 : ㅏ, ㅑ, ㅗ, ㅛ, ㅘ(ㅏ, ㅗ 계통)
  • 음성 모음 : ㅓ, ㅕ, ㅜ, ㅠ, ㅞ(ㅓ, ㅜ 계통)
② 단모음(單母音)
  • 뜻 : 발음되는 도중에 입술이나 혀가 고정되어 움직이지 않는 모음을 단모음이라 한다.
  • 단모음의 체계

소리 나는 위치 혀의 높이 \ 입술 모양	전설 모음		후설 모음	
	평순 모음	원순 모음	평순 모음	원순 모음
고모음(高母音)	ㅣ	ㅟ	ㅡ	ㅜ
중모음(中母音)	ㅔ	ㅚ	ㅓ	ㅗ
저모음(低母音)	ㅐ		ㅏ	

※ 1989년 신규 제정된 『표준어 규정』의 '표준 발음법'에서 'ㅟ'를 단모음으로 규정하였다.
  • 원순 모음과 평순 모음
    - 원순 모음(圓脣母音) : 입술을 둥글게 오므려 내는 모음
    - 평순 모음(平脣母音) : 입술을 둥글게 오므리지 않고 내는 모음
  • 폐모음과 개모음
    - 모음을 소리낼 때 입이 열리는 정도가 다른데, 입이 조금 열리는 고모음을 폐모음(閉母音)이라 하고, 크게 열리는 저모음을 개모음(開母音)이라 한다.

③ 이중 모음(二重 母音)
- 뜻 : 소리를 내는 도중에 입술 모양이나 혀의 위치가 처음과 나중이 달라지는 모음을 이중 모음이라 한다.
- 갈래
  - 'ㅣ'의 자리에서 시작됨 : ㅑ, ㅕ, ㅛ, ㅠ, ㅒ, ㅖ
  - 'ㅗ'나 'ㅜ'의 자리에서 시작됨 : ㅘ, ㅙ, ㅝ, ㅞ
  - 'ㅡ'의 위치에서 시작됨 : ㅢ
- ※ 반모음(半母音) : 이중 모음의 선행 모음으로서 일반 모음과 달리 짧게 발음되어 자음의 자리에 떨어진 음운으로, 이중 모음에 결합된 'ㅣ[j], ㅗ/ㅜ[w]'를 반모음이라 한다.

3. 자음(子音)

① 자음의 체계

소리를 내는 방법		소리를 내는 자리	두입술 (양순)	윗잇몸, 혀끝 (치조)	센입천장, 혓바닥 (경구개)	여린입천장, 혀 뒤 (연구개)	목청 사이 (후두)
안울림 소리	파열음	예사소리	ㅂ	ㄷ		ㄱ	
		된소리	ㅃ	ㄸ		ㄲ	
		거센소리	ㅍ	ㅌ		ㅋ	
	파찰음	예사소리			ㅈ		
		된소리			ㅉ		
		거센소리			ㅊ		
	마찰음	예사소리		ㅅ			ㅎ
		된소리		ㅆ			
울림 소리	비음		ㅁ	ㄴ		ㅇ	
	유음			ㄹ			

② 울림소리와 안울림소리
- 울림소리 : 날숨이 성대를 진동시켜 나는 소리로, 자음 중 'ㄴ, ㄹ, ㅁ, ㅇ'과 모음 전부가 이에 속한다.
- 안울림소리 : 날숨이 성대를 진동시키지 않고 나는 소리로, 울림소리를 제외한 모든 소리가 이에 속한다.

③ 조음 방법에 따른 자음의 분류
- 파열음 : 공기를 일단 막았다가 터뜨려서 내는 소리이다.
- 마찰음 : 입 안이나 목청 사이의 통로를 좁혀서 날숨이 그 사이를 비집고 나오면서 마찰하여 나는 소리이다.
- 파찰음 : 처음에는 파열음, 나중에는 마찰음으로 나는 소리이다.
- 비음 : 입 안의 통로를 막고 날숨을 코로 내보내면서 내는 소리이다.
- 유음
  - 설측음 : 혀의 양옆으로 날숨을 흘려 보내면서 내는 소리 … [l] 소리
  - 설전음 : 혀끝을 윗잇몸에 가볍게 댔다가 떼면서 내는 소리 … [r] 소리

④ 예사소리, 된소리, 거센소리
- 예사소리 : 거세거나 된 특징을 갖지 않는 소리
- 된소리 : 성대의 긴장이 수반되는 소리
- 거센소리 : 공기의 흐름이 더 많은 소리

> **기출분석**
>
> - 현대 국어의 자음에 대한 다음과 같은 분류에서 파열음, 파찰음, 마찰음, 비음, 유음의 다섯 가지로 나누는 기준은?
>
> > 현대 국어의 자음(子音)은 파열음(破裂音)/ㅂ, ㅃ, ㅍ, ㄷ, ㄸ, ㅌ, ㄱ, ㄲ, ㅋ/파찰음(破擦音)/ㅈ, ㅉ, ㅊ/마찰음(摩擦音)/ㅅ, ㅆ, ㅎ/비음(鼻音)/ㅁ, ㄴ, ㅇ/유음(流音)/ㄹ/ 등의 열아홉이다.
>
> → 소리 내는 방법

13 | 소리의 길이

1. 음의 장단(長短)

우리말에는 음의 장단에 따라 그 단어의 뜻이 달라지는 것이 매우 많을 뿐만 아니라, 뜻이 달라지는 경우가 아니라도 발음상 표준 발음이 존재하므로 유의하여야 한다.

① 바람이 불어 **눈**에 **눈** : 이 들어가니 눈을 뜰 수가 없어요.
② 의사 선생님이 **병** : 이 난 사람에게 **병**에 든 약을 줍니다.
③ 밤에 밤 : 을 구워 먹으며 늦도록 얘기를 했다.
④ 말을 탄 사람 둘이 서로 말 : 을 주고받으며 간다.

2. 긴소리 음운

① 긴소리 음운(비분절 음운) : 소리의 길이에 따라서 낱말의 뜻을 분별할 수 있다.
② 우리말의 긴소리는 단어의 첫째 음절에서 나는 것이 원칙이나, 모음이나 'ㄹ' 소리로 시작되는 어미나 선어말 어미 앞에서는 짧게 소리 난다.

  예 알 : 다, 알 : 고 → 알아서, 알리다

14 | 음절

1. 음절의 개념
① 음절은 한 뭉치로 적힌 소리의 덩어리로서, 그것만으로 발음될 수 있는 모음과 자음이 결합되어 이루는 가장 작은 발음의 단위이다.
② 음절은 말소리의 단위일 뿐, 그것이 뜻을 지니고 있는 것은 아니다.

2. 음절의 구조
① 기본 구조 : 자음 + 모음 + 자음
  기본 구조에서 자음은 없어도 되는 소리이나, 모음은 어떤 경우에나 반드시 있어야 한다.
② 파생 구조
  - 모음 : 아, 어, 애, 에, …
  - 모음 + 자음 : 악, 언, 염, 옷, …
  - 자음 + 모음 : 가, 너, 쇼, 뫼, …
  - 자음 + 모음 + 자음 : 간, 널, 햇, 쉥, …

3. 음절의 형태
① 첫소리 : 모음 앞에 서는 자음
② 가운뎃소리 : 음절의 가운데 오는 모음
③ 끝소리 : 모음 뒤에 따르는 자음

> **기출분석**
> • 다음 중 국어의 음절형에 속하는 것은?
> → 모음(O)
> → 모음 + 자음(O)
> → 자음 + 모음(O)
> → 자음 + 모음 + 자음(O)

15 | 음운의 변동

1. 음절의 끝소리 규칙

① 뜻 : 국어의 자음 중 음절의 끝소리가 될 수 있는 것은 'ㄱ, ㄴ, ㄷ, ㄹ, ㅁ, ㅂ, ㅇ'의 일곱 소리뿐이다. 이외의 자음은 일곱 자음 중의 어느 하나로 바뀐다. 음절의 끝소리 규칙은 중화의 한 갈래이다.

② 규칙의 양상
- 음절 끝자리 'ㄲ, ㅋ' → 'ㄱ'으로, 'ㅍ' → 'ㅂ'으로, 'ㅅ, ㅆ, ㅈ, ㅊ, ㅌ' → 'ㄷ'으로 바뀐다.
  예 밖 → [박], 잎 → [입], 옷 → [옫]
- 겹받침은 하나만 발음되는데, 'ㅄ, ㄳ, ㄽ, ㄾ, ㄵ'은 첫째 자음이 남고, 'ㄺ, ㄼ'은 불규칙적이다.
  예 값 → [갑], 닭 → [닥]
- 자음을 가진 형태소가 모음을 첫음절로 하는 형태소와 만나는 경우, 뒤의 형태소가 실질 형태소이면 위의 규칙을 따르고, 뒤의 형태소가 형식 형태소이면 자음은 다음 음절의 첫소리로 발음된다.
  예 옷이 → [오시], 옷안 → [온안] → [오단]
- ※ 끝소리 법칙, 받침 법칙, 연음 법칙, 종성 법칙, 절음 법칙(구문법) → '음절의 끝소리 규칙' 하나로 다룬다(신문법).

> **알아두기** **음운의 동화(同化)**
>
> 한 소리가 다른 소리를 만날 때, 그 영향을 받아서 그와 비슷하거나 같게 되는 현상을 말한다.
> - 정도에 따라
>   - 완전 동화 : 완전히 같은 소리로 닮음 예 천리 → [철리]
>   - 불완전 동화 : 비슷한 소리로 닮음 예 독립 → [동닙]
> - 방향에 따라
>   - 순행 동화 : 뒤의 소리가 앞의 소리를 닮음 예 종로 → [종노]
>   - 역행 동화 : 앞의 소리가 뒤의 소리를 닮음 예 나기 → [내기]
>   - 상호 동화 : 앞뒤의 소리가 서로 닮음 예 십리 → [심니]
> - 종류에 따라
>   - 모음의 동화 ─ 모음조화
>   └ 'ㅣ'모음 동화 ─ 'ㅣ'모음 순행 동화
>   ├ 'ㅣ'모음 역행 동화
>   └ 'ㅣ'모음 상호 동화
>   - 자음의 동화 ─ 자음 접변
>   └ 구개음화

2. 자음 동화(子音 同化)

① 뜻 : 자음과 자음이 만날 때, 어느 한쪽이 다른 쪽을 닮아서 음운이 변동되는 현상을 자음 동화라 한다.

② 규칙의 양상
- 비음 'ㅁ, ㄴ' 앞에서 'ㅂ → ㅁ, ㄷ → ㄴ, ㄱ → ㅇ'으로 동화된다.
  예 밥물 → [밤물], 받는다 → [반는다], 속는다 → [송는다]
- 비음 'ㅁ, ㅇ' 뒤에서 'ㄹ → ㄴ'으로 동화된다.
  예 남루 → [남누], 종로 → [종노]
- 'ㅂ, ㄷ, ㄱ'이 'ㄹ'과 만나면 일단 'ㄹ → ㄴ'이 된 후, 이 'ㄴ'을 닮아서 'ㅂ → ㅁ, ㄷ → ㄴ, ㄱ → ㅇ'이 된다.
  예 섭리 → [섭니] → [섬니], 백로 → [백노] → [뱅노]
- 'ㄹ'의 앞뒤에서 'ㄴ → ㄹ'로 동화된다.
  예 신라 → [실라], 칼날 → [칼랄]

3. 구개음화(口蓋音化)

① 뜻 : 구개음이 아닌 'ㄷ, ㅌ, ㄱ, ㅋ, ㅎ' 등의 자음이 그 뒤에 오는 모음 'ㅣ'의 영향으로 구개음인 'ㅅ, ㅈ, ㅊ' 등으로 변하는 현상이다.

② 규칙의 양상

ㄷ이 ㅈ으로	굳이 → 구지, 땀받이 → 땀바지, 해돋이 → 해도지, 미닫이 → 미다지
ㅌ이 ㅊ으로	같이 → 가치, 밭이다 → 바치다, 붙이다 → 부치다, 논밭이 → 논바치
ㄱ이 ㅈ으로	길 → 질, 기름 → 지름, 김 → 짐, 귤 → 쥴(줄), 길다 → 질다, 김치 → 짐치
ㅋ이 ㅊ으로	가리키다 → 가르치다, 키 → 치
ㅎ이 ㅅ으로	형님 → 성님, 흉내 → 숭내, 힘 → 심, 향나무 → 상나무
한자어에서	덩거장 → 정거장, 텬디 → 천지, 뎐기 → 전기, 디구 → 지구

③ 그러나 한 형태소 안에서는 구개음화가 일어나지 않는다.
  예 잔디 →(×) 잔지, 디디다 →(×) 지지다, 디뎌 →(×) 지져, 티끌 →(×) 치끌, 느티나무 →(×) 느치나무

4. **모음조화(母音調和)**

    ① 뜻 : 양성 모음은 양성 모음끼리, 음성 모음은 음성 모음끼리 서로 조화를 이루는 모음 동화의 한 갈래이다.

    ② 규칙의 양상

종류	양성 모음끼리 어울림	음성 모음끼리 어울림
의태어	• 촐랑촐랑······ ㅗ ~ ㅏ • 반짝반짝······ ㅏ ~ ㅏ • 포동포동······ ㅗ ~ ㅗ • 깡총깡총······ ㅏ ~ ㅗ	• 출렁출렁······ ㅜ ~ ㅓ • 번쩍번쩍······ ㅓ ~ ㅓ • 물렁물렁······ ㅜ ~ ㅓ • 껑충껑충······ ㅓ ~ ㅜ
의성어	• 쏴아··········· ㅏ ~ ㅏ • 퐁당퐁당······ ㅗ ~ ㅏ	• 툭툭············ ㅜ ~ ㅜ • 떨렁떨렁······ ㅓ ~ ㅓ
어간 + 어미	• 쏘아······ ㅗ ~ ㅏ • 도와······ ㅗ ~ ㅏ	• 먹어········· ㅓ ~ ㅓ • 어두워······ ㅓ ~ ㅜ ~ ㅓ
어간 + 선어말 어미	• 쏘았다······ ㅗ ~ ㅏ • 살았다······ ㅏ ~ ㅏ	• 부었다······ ㅜ ~ ㅓ • 먹었다······ ㅓ ~ ㅓ
파생어	동그랗다······ ㅗ ~ ㅏ	둥그렇다······ ㅜ ~ ㅓ

    ③ 중세어에서는 모음조화 현상이 엄격하게 지켜졌으나, 16세기 이후 'ㅡ'의 대립적 모음 'ㆍ'가 소멸되면서 완화되었다.

5. **모음 동화(母音 同化)**

    ① 뜻 : 'ㅏ, ㅓ, ㅗ, ㅜ'가 'ㅣ' 모음의 영향을 받아 'ㅐ, ㅔ, ㅚ, ㅟ'로 변하는 현상으로, 이를 움라우트(Umlaut) 현상 또는 전설모음화라고도 한다.
    예) 손잡이 → [손잽이] → [손재비], 어미 → [에미], 고기 → [괴기]

    ② 모음 동화는 수의적인 동화로, 표준어에서는 위와 같은 동화된 발음을 인정하지 않으므로 모두 원형대로 쓰고 읽어야 한다. 단, 다음과 같이 아주 변하여 굳어진 말은 표준어로 인정한다.
    예) 새끼, 수수께끼, 채비, 새기다, 재미, 가난뱅이 등

6. **음운의 축약(縮約)과 탈락(脫落)**

    ① **축약(縮約)** : 두 개의 음운이 만나 한 개의 음운으로 줄어드는 현상을 말한다.
    - 자음의 축약 : 좋다 → [조타], 잡히다 → [자피다]
    - 모음의 축약 : 가리 + 어 → [가려], 오 + 아서 → [와서]
    - 간음화(間音化) : 모음 충돌을 피하고, 발음을 경제적으로 하려는 의도로, 앞뒤 음절의 모음이 서로 영향을 주어 두 모음의 중간음으로 단일화되는 현상을 말한다.

    ② **탈락(脫落)** : 두 개의 음운이 만났을 때, 어느 한 음운이 탈락하는 현상이다.
    - 자음의 탈락 : 값도 → [갑도] → [갑또], 딸 + 님 → [따님]
    - 모음의 탈락 : 가 + 았다 → [갔다], 건너 + 어도 → [건너도]

7. 된소리되기[경음화(硬音化)]

① 뜻 : 두 개의 안울림소리가 서로 만날 경우에 평음 'ㄱ, ㄷ, ㅂ, ㅈ' 등이 'ㄲ, ㄸ, ㅃ, ㅉ' 등으로 바뀌는 현상을 말한다.

② 규칙 양상
- 어간 + 어미 예 입고 → [입꼬]
- 체언 + 조사 예 책도 → [책또]
- 체언 + 체언(합성어 형성) 예 앞길 → [압낄], 젖소 → [젇쏘]

16 | 사잇소리 현상

1. 개념(概念)

합성 명사에서 앞의 말의 끝소리가 울림소리이고, 뒷말의 첫소리가 안울림 예사소리일 때, 뒤의 예사소리가 된소리로 변하는 현상을 사잇소리 현상이라 한다.

예 초 + 불(→ 촛불) → [초뿔], 배 + 사공(→ 뱃사공) → [배싸공]

2. 성격(性格)

① 사잇소리 현상은 불규칙해서 일정한 법칙을 찾기 힘들고, 예외 현상도 많다.
   예 고래 + 기름 → 고래기름, 밤 + 송이 → 밤송이, 기와 + 집 → 기와집
② 일반적으로 앞의 말이 모음으로 끝나 있으면 사이시옷[ㅅ]을 적어야 한다.
③ 앞의 말이 모음으로 끝나 있고, 뒤의 말이 'ㅁ, ㄴ'으로 시작되면 'ㄴ' 소리가 덧나는 경우가 있고, 뒤의 말이 모음 'ㅣ'나 반모음 'ㅣ̆'로 시작될 때에는 'ㄴ'이 하나 혹은 둘이 겹쳐 나는 경우가 있다.
   예 이 + 몸(→ 잇몸) → [인몸], 집 + 일 → [집닐] → [짐닐]
④ 한자어는 사이시옷을 붙이지 않는 것을 원칙으로 하되, 다음 단어만은 예외로 한다.
   예 곳간(庫間), 셋방(貰房), 숫자(數字), 찻간(車間), 툇간(退間), 횟수(回數)

> **알아두기** 된소리되기와 사잇소리 현상
> - 된소리되기 조건 : 안울림소리 + 안울림소리
> - 사잇소리 현상 조건 : 울림소리 + 안울림소리 → 합성 명사

> **기출분석**
> - 밑줄 친 단어의 '사이시옷'의 쓰임이 옳은 것은?
>   → 그들은 서로 인삿말을 주고받았다.(×)
>   그들은 서로 인사말을 주고받았다.(○)
>   → 아이들은 등굣길이 마냥 즐거웠다.(○)
>   → 빨랫줄에 옷을 널었다.(○)

17 | 어감의 분화

1. 개념(槪念)
음성 상징으로서 단어의 근본적인 본래의 뜻은 변하지 않고, 어감상의 차이가 나게 하는 소리의 변화를 뜻하며, 이를 음상(音相)이라고도 한다.

2. 모음의 대립
양성 모음(ㅏ, ㅗ, ㅑ, ㅛ)은 밝고 날카로우며 작고 가벼운 음상적 특징을 지니며, 음성 모음(ㅓ, ㅜ, ㅕ, ㅠ)은 어둡고 둔할 뿐만 아니라 크고 무거운 감을 준다.

예 말갛다<멀겋다(ㅏ<ㅓ), 찰랑찰랑<출렁출렁(ㅏ<ㅜ, ㅓ), 가득<그득(ㅏ<ㅡ),
야위다<여위다(ㅑ<ㅕ), 야무지다<여무지다(ㅑ<ㅕ), 애햄<에헴(ㅐ<ㅔ) 등

3. 자음의 대립
자음은 평음(순하고 부드러움)·경음(강하고 단단함)·격음(힘차고 거침)의 대립으로 그 어감의 차이를 나타낸다.

예 거멓다<꺼멓다(ㄱ<ㄲ), 감감하다<깜깜하다<캄캄하다(ㄱ<ㄲ<ㅋ), 덤벙<텀벙(ㄷ<ㅌ),
빙빙<삥삥<핑핑(ㅂ<ㅃ<ㅍ), 절벅절벅<철벅철벅(ㅈ<ㅊ), 단단<딴딴<탄탄(ㄷ<ㄸ<ㅌ) 등

18 | 의미의 종류

1. 중심적 의미
① 한 단어가 여러 개의 의미로 쓰일 때, 그 가운데서 가장 기본적이고 핵심적인 의미를 중심적 의미라 한다.
② 중심적 의미를 기본적 의미, 핵심적 의미, 또는 주의(主意)라고도 한다.

예 손을 물로 씻어라. ── 중심적 의미(신체의 일부)
　　손(노동력)이 모자란다. ┐
　　너와 손(관계)을 끊겠다. ┘ 주변적 의미

2. 주변적 의미

① 한 단어의 중심적 의미가 문맥에 따라 그 의미가 확장되어 다른 의미로 쓰인 것을 주변적 의미라 한다.
② 때로는 한 단어의 중심적 의미가 다른 단어의 의미 영역을 침범해 가면서까지 사용되는 일이 있다.

예 밥을 먹는다. … 중심적 의미
　　물을 먹는다. … 주변적 의미(→ '마신다'의 의미 영역 침범)

※ 단어의 의미 : 단어의 의미는 문맥에 따라 개념적(지시적, 사전적) 의미 외에도 함축적 의미를 나타내기도 한다.

매운 계절의 채찍에 갈겨 마침내 ~ (이육사의 「절정」에서)

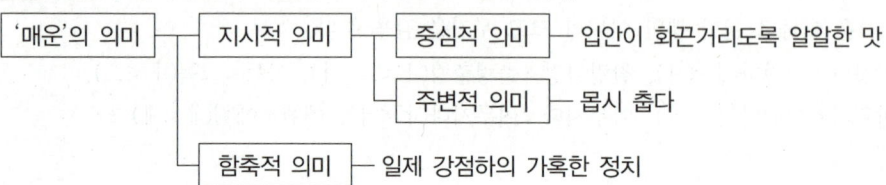

> 〈기출분석〉
> • 다음 중 밑줄 친 단어가 중심적 의미로 쓰인 것은?
>   → 그와 발이 잘 맞는다.(×)
>   → 그는 공을 차다가 발을 다쳤다.(○)

---

19 | 단어들의 의미 관계

1. 동의(同義) 관계

① 두 개 이상의 단어가 서로 소리는 다르나 의미가 같을 때를 동의 관계에 있다고 한다.
② 동의 관계에 있는 단어들을 동의어(同義語), 또는 이음동의어(異音同義語)라고 한다.

예 책방 : 서점, 죽다 : 숨지다 : 사망하다, 속옷 : 내의

2. 이의(異義) 관계

① 두 개 이상의 단어가 우연히 소리는 같으나 의미가 다른 때를 이의 관계에 있다고 한다.
② 이의 관계에 있는 단어들을 동음이의어(同音異義語)라고 한다.

예 배가 아프다. → 복부[腹]
　　배를 먹는다. → 과일[梨]
　　배가 떠 있다. → 선박[船]

3. 유의(類義) 관계

① 두 개 이상의 단어가 서로 소리는 다르나 의미가 비슷할 때를 유의 관계에 있다고 한다.
② 유의 관계에 있는 단어들을 유의어(類義語)라고 한다.
③ 유의어는 의미가 비슷하나 그 지시 대상 또는 용법에 따라 쓰임이 다르다.
  예 소는 꼬리가 길다. (→ 길짐승의 경우)
     새는 꽁지가 길다. (→ 날짐승의 경우)

4. 반의(反義) 관계

① 한 쌍의 단어가 서로 반대되는 의미를 가지고 있을 때를 반의 관계에 있다고 한다.
② 반의 관계에 있는 단어들을 반의어(反義語)라고 한다.
  예 남자 : 여자, 총각 : 처녀, 오다 : 가다
③ 한 쌍의 단어가 반의어가 되려면, 그 둘 사이에는 공통 의미가 있으면서 한 개의 요소가 달라야 한다. 또, 한 단어는 둘 이상의 반의어를 가질 수도 있다.

5. 하의(下義) 관계

① 두 개의 단어 중 한 단어의 의미가 다른 단어의 의미에 포함될 때를 하의 관계[포함(包含) 관계]에 있다고 한다.
② 포함되는 단어를 하의어(下義語), 포함하는 단어를 상의어(上義語)라고 한다.
  예
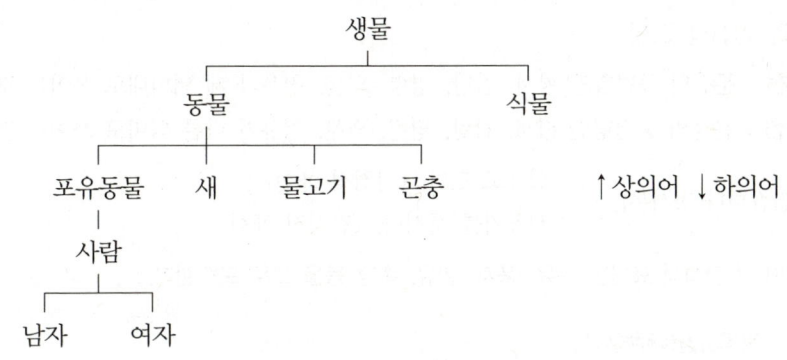

20 | 의미의 사용

1. 중의적(重義的) 표현
① 한 단어나 문장이 두 가지 이상의 의미로 해석되는 표현을 중의적 표현이라고 한다.
② 중의적 표현의 구분
- 어휘적 중의성 : 한 단어의 의미가 중의적이어서 모호한 것을 말하며, 동음이의어나 다의어에서 나타난다.

  예 저 배를 보십시오. ─┬─ 저 배(복부)를 보십시오.
  　　　　　　　　　　├─ 저 배(과일)를 보십시오.
  　　　　　　　　　　└─ 저 배(선박)를 보십시오.

- 구조적 중의성 : 한 문장이 두 가지 이상의 의미로 해석되는 것을 말한다.

  예 나는 철수와 순이를 만났다. ─┬─ 나는 철수와 함께 순이를 만났다.
  　　　　　　　　　　　　　　　└─ 나는 철수와 순이를 함께 만났다.

- 은유적 중의성 : 은유적 표현이 두 가지 이상의 의미로 해석되는 것을 말한다.

  예 김 선생님은 호랑이다. ─┬─ 김 선생님은 (호랑이처럼) 무섭다.
  　　　　　　　　　　　　　└─ 김 선생님은 (연극에서) 호랑이의 역할을 맡았다.

2. 직접적 표현과 간접적 표현
① **직접적 표현** : 문장의 종결형인 평서, 감탄, 명령, 의문, 청유가 제 의미대로 쓰이는 것을 말한다.
② **간접적 표현** : 문장의 종결형인 평서, 감탄, 명령, 의문, 청유가 다른 의미로 쓰이는 것을 말한다.

  예 방이 덥습니다(평서문). ─┬─ 실제로 덥다. (직접적 표현)
  　　　　　　　　　　　　　└─ 선풍기를 틉시다. (간접적 표현)

※ 넓은 의미의 간접적 표현은 은유, 풍자, 환유, 속담 등을 모두 포괄한다.

> **〈알아두기〉 완곡어법(婉曲語法)**
> 직접적, 노골적인 표현을 피하고 부드럽고 우회적으로 표현하는 간접적 표현법이다.
> 예 우리 공부 좀 하자 → 우리 공부 좀 해 보지 않겠니?

3. 관용적(慣用的) 표현

① 두 개 이상의 단어로 이루어져 있으면서 그 단어들의 의미만으로 전체의 의미를 알 수 없는, 특수한 의미를 나타내는 표현을 말하며, 관용적 표현에는 숙어(熟語)와 속담(俗談)이 있다.

예 그는 발이 넓다(숙어 : 사교적이어서 아는 사람이 많다).
　　이 일은 언 발에 오줌 누기다(속담 : 쓸데없는 일이다).

② 관용적 표현에서는 두 개 이상의 단어가 한 단어처럼 쓰이므로, 그 표현 방법을 달리 바꿀 수 없다.

예 그는 발이 넓어진다.
　　이 일은 언 발에만 오줌 누기다.

4. 잉여적(剩餘的) 표현

① 어느 한 단어, 어절, 또는 문장의 앞이나 뒤에 붙어 있는 의미상 불필요한 말의 표현을 말한다.

② 의미상 중복되는 단어, 부가어(= 덧말)의 성격, 또는 주저어(= 머뭇말)의 성격을 띤 말들은 잉여적 표현이므로 되도록 쓰지 않아야 한다.

예 역전 앞에서 만나자.
　　제가 말입니다. 어제 말입니다. 아파서 말입니다. 병원에 갔습니다.
　　있잖아, 너 점심 먹었니?

◁ 기출분석 ▷

- 글을 읽을 때나 말을 들을 때에도 규범에 대한 지식은 필요하다. 의미 파악이 올바른 것은?
  → 철수는 나와, 영민이를 때려 주었다.
  　⇒ 철수와 나 두 사람이 영민이를 때렸다.(O)
  → 철수 : 할 거니, 안 할 거니
  　영민 : 기필코
  　⇒ 영민이는 '하겠다'는 뜻을 나타낸 것이다.(O)
  → 진수 : 철수는 합격했니?
  　수진 : 묻지 마.
  　영민 : 안 됐어? 안됐네.
  　⇒ '안됐네'는 불합격해서 애석한 마음을 나타낸 것이다.(O)

- 다음 중 중의적 표현인 것은?
  → 저 배를 보십시오.(O)
  → 김 선생님은 호랑이다.(O)
  → 나는 철수와 순이를 만났다.(O)

21 | 의미의 변화

1. 의미 변화의 개념 및 과정
① **의미 변화의 개념** : 어떤 말의 중심적 의미가 편향(偏向)된 사용으로 인해 의미에 변화를 가져오는 것을 '의미 변화'라 한다.
② **의미 변화의 과정** : 의미 변화는 단어의 중심적 의미가 소실되어 새로운 중심적 의미가 발생하거나, 중심적 의미는 그대로 있되 주변적 의미가 드러날 경우 발생되는 현상이다.

2. 의미 변화의 원인
① **언어적 원인**
- 통사적 기원을 갖는 전염(傳染) : 맥락 내부
  - 예 별로 : 고어(古語)에서는 긍정적인 경우와 부정적인 경우에 모두 사용되었으나, 현대어에서는 부정적인 경우만 사용되고 있다.
- 민간 어원에 의한 전염(傳染)
  - 예 행주치마 : 부엌에서 일할 때 치마 위에 덧입는 앞치마란 뜻 외에, '행주산성'의 '행주'와 발음이 비슷해 어원을 잘못 해석함으로써 '행주산성의 치마'란 뜻을 지니게 되었다.
- 생략(省略)
  - 예 콧물 → 코 : 코가 흐른다.
    아침밥 → 아침 : 아침을 먹는다.

② **역사적 원인**
- 가리키는 사물의 바뀜
  - 예 대감 : 무관직 → 정 2품 이상의 고관의 존칭 → 장관 직위에 있는 관리에 대한 존칭, 무속신
- 지시물에 대한 지식(智識)이 바뀜
  - 예 해가 뜨고 진다 : 지구의 고정 → 지구의 자전
- 지시물에 대한 정의(情意)가 바뀜
  - 예 교도소 : 감옥소 → 형무소 → 교도소

③ **사회적 원인**
- 사회 계층의 바뀜
  - 예 의미의 확대 : 박사(학위 개념 → 권위자), 대장(계급 중의 하나 → 최고인), 사령탑(군함에서 사령관, 사령 등이 지휘를 하는 높은 탑 → 감독) 등
    의미의 축소 : 표리(안팎 → 안감, 겉감), 출혈(피가 남 → 손해), 복음(기쁜 소식 → 그리스도의 가르침)
- 사회적인 구조의 바뀜
  - 예 양반(동반과 서반 → 양반과 같은 신분의 사람), 장가가다(장인의 집에 살러 들어가다 → 남자가 혼인을 하다)

④ 심리적 원인
- 감정적인 것
  예 확장(擴張) : '나일론'이 '좋다'의 의미로 확장 → 나일론 참외, 나일론 박수
     견인(牽引) : 돼지다리(가축의 일종의 다리 → 권총), 바가지(그릇의 일종 → 철모)
- 금기(禁忌) = 타부(Taboo) : 완곡법(婉曲法)에 의해 표현함으로써 일어나는 의미 변화이다.
  예 호랑이 → 산신령, 죽다 → 돌아가다, 오줌 → 소변(小便)

3. 의미 영역의 변화

① **의미의 확장(擴張)** : 어떤 단어의 의미 영역이 넓어져, 한 단어의 의미가 변화하여 다양한 사물에 적용되므로 외연(外延)은 증가하고 내포(內包)는 감소하게 되는데, 이를 의미의 확장이라고 한다.

  예 지갑 ┬ 원뜻 – 종이로 만든 것
         └ 확장 – 가죽, 옷감, 비닐 등으로 만든 것

② **의미의 축소(縮小)** : 어떤 단어의 의미 영역이 좁아져, 그 단어의 의미가 변화하여 내포적 의미가 풍부해지나 외연적 의미가 좁아지는 것을 의미의 축소라고 한다.

  예 여위다(마르다) ┬ 원뜻 – 중세어에서는 동물, 무생물에 두루 쓰인다.
                  └ 축소 – 현대어에서는 사람과 동물에만 쓰인다.

③ **의미의 이동(移動)** : 어떤 단어의 의미 영역이 축소되거나 확대되는 일이 없이, 그 단어의 의미가 변화하는 것을 의미의 이동이라고 한다.

  예 어엿브다 ┬ 원뜻 – 가련하다
            └ 이동 – 예쁘다

※ 의미의 이동은 어떤 대상에 대한 사람의 가치관의 변화로 인해 일어나는 것이다.

> **기출분석**
> - 단어의 어원에 대한 다음 설명으로 옳은 것은?
>   → '건달'은 불교에서 음악의 신(神)인 '건달바'에서 유래했다.(○)
>   → '멍텅구리'는 '뚝지'라는 물고기의 별칭에서 유래했다.(○)
>   → '인간'은 '사람들이 모여 사는 세상'이라는 뜻의 '人生世間'이 줄어서 된 말이다.(○)
>   → '갈매기살'은 돼지의 횡격막(橫膈膜)살, 즉 '가로막살'에서 유래했다.(○)

22 | 한글 맞춤법

제1장 총칙

제1항 한글 맞춤법은 표준어를 소리대로 적되, 어법에 맞도록 함을 원칙으로 한다.
제2항 문장의 각 단어는 띄어 씀을 원칙으로 한다.
제3항 외래어는 '외래어 표기법'에 따라 적는다.

제2장 자모

제4항 한글 자모의 수는 스물넉 자로 하고, 그 순서와 이름은 다음과 같이 정한다.

ㄱ(기역) ㄴ(니은) ㄷ(디귿) ㄹ(리을) ㅁ(미음) ㅂ(비읍) ㅅ(시옷) ㅇ(이응) ㅈ(지읒) ㅊ(치읓)
ㅋ(키읔) ㅌ(티읕) ㅍ(피읖) ㅎ(히읗)
ㅏ(아) ㅑ(야) ㅓ(어) ㅕ(여) ㅗ(오) ㅛ(요) ㅜ(우) ㅠ(유) ㅡ(으) ㅣ(이)

[붙임 1] 위의 자모로써 적을 수 없는 소리는 두 개 이상의 자모를 어울러서 적되, 그 순서와 이름은 다음과 같이 정한다.

ㄲ(쌍기역) ㄸ(쌍디귿) ㅃ(쌍비읍) ㅆ(쌍시옷) ㅉ(쌍지읒)
ㅐ(애) ㅒ(얘) ㅔ(에) ㅖ(예) ㅘ(와) ㅙ(왜) ㅚ(외) ㅝ(워)
ㅞ(웨) ㅟ(위) ㅢ(의)

[붙임 2] 사전에 올릴 적의 자모 순서는 다음과 같이 정한다.

자음	ㄱㄲㄴㄷㄸㄹㅁㅂㅃㅅㅆㅇㅈㅉㅊㅋㅌㅍㅎ
모음	ㅏㅐㅑㅒㅓㅔㅕㅖㅗㅘㅙㅚㅛㅜㅝㅞㅟㅠㅡㅢㅣ

제3장 소리에 관한 것

제1절 _ 된소리

제5항 한 단어 안에서 뚜렷한 까닭 없이 나는 된소리는 다음 음절의 첫소리를 된소리로 적는다.

1. 두 모음 사이에서 나는 된소리
   소쩍새 어깨 오빠 으뜸 아끼다 기쁘다 깨끗하다 어떠하다 해쓱하다 가끔 거꾸로 부썩 어찌 이따금

2. 'ㄴ, ㄹ, ㅁ, ㅇ' 받침 뒤에서 나는 된소리
   산뜻하다 잔뜩 살짝 훨씬 담뿍 움찔 몽땅 엉뚱하다

다만, 'ㄱ, ㅂ' 받침 뒤에서 나는 된소리는, 같은 음절이나 비슷한 음절이 겹쳐 나는 경우가 아니면 된소리로 적지 아니한다.

국수 깍두기 딱지 색시 싹둑(~싹둑) 법석 갑자기 몹시

제2절 _ 구개음화

제6항 'ㄷ, ㅌ' 받침 뒤에 종속적 관계를 가진 '-이(-)'나 '-히-'가 올 적에는 그 'ㄷ, ㅌ'이 'ㅈ, ㅊ'으로 소리 나더라도 'ㄷ, ㅌ'으로 적는다.

맏이 해돋이 굳이 같이 끝이 핥이다 걷히다 닫히다 묻히다

제3절 _ 'ㄷ' 소리 받침

제7항 'ㄷ' 소리로 나는 받침 중에서 'ㄷ'으로 적을 근거가 없는 것은 'ㅅ'으로 적는다.

　　　덧저고리　돗자리　엇셈　웃어른　핫옷　무릇　사뭇　얼핏　자칫하면　뭇[衆]　옛　첫　헛

제4절 _ 모음

제8항 '계, 례, 몌, 폐, 혜'의 'ㅖ'는 'ㅔ'로 소리 나는 경우가 있더라도 'ㅖ'로 적는다.

　　　계수(桂樹)　사례(謝禮)　연몌(連袂)　폐품(廢品)　혜택(惠澤)　계집　핑계　계시다

　　다만, 다음 말은 본음대로 적는다.

　　　게송(偈頌)　게시판(揭示板)　휴게실(休憩室)

제9항 '의'나, 자음을 첫소리로 가지고 있는 음절의 'ㅢ'는 'ㅣ'로 소리 나는 경우가 있더라도 'ㅢ'로 적는다.

　　　의의(意義)　본의(本義)　무늬[紋]　보늬　오늬　하늬바람　늴리리　닁큼　씌어　틔어
　　　희망(希望)　희다　　　　유희(遊戲)

제5절 _ 두음 법칙

제10항 한자음 '녀, 뇨, 뉴, 니'가 단어 첫머리에 올 적에는, 두음 법칙에 따라 '여, 요, 유, 이'로 적는다.

　　　여자(女子)　연세(年歲)　요소(尿素)　유대(紐帶)　이토(泥土)　익명(匿名)

　　다만, 다음과 같은 의존 명사에서는 '냐, 녀' 음을 인정한다.

　　　냥(兩)　냥쭝(兩-)　년(年)(몇 년)

　　[붙임 1] 단어의 첫머리 이외의 경우에는 본음대로 적는다.

　　　　　남녀(男女)　당뇨(糖尿)　결뉴(結紐)　은닉(隱匿)

　　[붙임 2] 접두사처럼 쓰이는 한자가 붙어서 된 말이나 합성어에서, 뒷말의 첫소리가 'ㄴ' 소리로
　　　　　나더라도 두음 법칙에 따라 적는다.

　　　　　신여성(新女性)　공염불(空念佛)　남존여비(男尊女卑)

　　[붙임 3] 둘 이상의 단어로 이루어진 고유 명사를 붙여 쓰는 경우에도 붙임 2에 준하여 적는다.

　　　　　한국여자대학　대한요소비료회사

제11항 한자음 '랴, 려, 례, 료, 류, 리'가 단어의 첫머리에 올 적에는, 두음 법칙에 따라 '야, 여, 예, 요, 유, 이'로 적는다.

　　　양심(良心)　역사(歷史)　예의(禮儀)　용궁(龍宮)　유행(流行)　이발(理髮)

　　다만, 다음과 같은 의존 명사는 본음대로 적는다.

　　　리(里) : 몇 리냐? / 리(理) : 그럴 리가 없다.

　　[붙임 1] 단어의 첫머리 이외의 경우에는 본음대로 적는다.

　　　　　개량(改良)　선량(善良)　수력(水力)　협력(協力)　사례(謝禮)　혼례(婚禮)　와룡(臥龍)
　　　　　쌍룡(雙龍)　하류(下流)　급류(急流)　도리(道理)　진리(眞理)

　　　　다만, 모음이나 'ㄴ' 받침 뒤에 이어지는 '렬, 률'은 '열, 율'로 적는다.

　　　　　나열(羅列)　치열(齒列)　비열(卑劣)　규율(規律)　비율(比率)　실패율(失敗率)
　　　　　분열(分裂)　선열(先烈)　진열(陳列)　선율(旋律)　전율(戰慄)　백분율(百分率)

　　[붙임 2] 외자로 된 이름을 성에 붙여 쓸 경우에도 본음대로 적을 수 있다.

　　　　　신립(申砬)　최린(崔麟)　채륜(蔡倫)　하륜(河崙)

[붙임 3] 준말에서 본음으로 소리 나는 것은 본음대로 적는다.
국련(국제 연합)   한시련(한국 시각 장애인 연합회)

[붙임 4] 접두사처럼 쓰이는 한자가 붙어서 된 말이나 합성어에서, 뒷말의 첫소리가 'ㄴ' 또는 'ㄹ' 소리로 나더라도 두음 법칙에 따라 적는다.
역이용(逆利用)   연이율(年利率)   열역학(熱力學)   해외여행(海外旅行)

[붙임 5] 둘 이상의 단어로 이루어진 고유 명사를 붙여 쓰는 경우나 십진법에 따라 쓰는 수(數)도 붙임 4에 준하여 적는다.
서울여관   신흥이발관   육천육백육십육(六千六百六十六)

제12항 한자음 '라, 래, 로, 뢰, 루, 르'가 단어의 첫머리에 올 적에는, 두음 법칙에 따라 '나, 내, 노, 뇌, 누, 느'로 적는다.
낙원(樂園)   내일(來日)   노인(老人)   뇌성(雷聲)   누각(樓閣)   능묘(陵墓)

[붙임 1] 단어의 첫머리 이외의 경우에는 본음대로 적는다.
쾌락(快樂)   극락(極樂)   거래(去來)   왕래(往來)   부로(父老)   연로(年老)
지뢰(地雷)   낙뢰(落雷)   고루(高樓)   광한루(廣寒樓)   동구릉(東九陵)   가정란(家庭欄)

[붙임 2] 접두사처럼 쓰이는 한자가 붙어서 된 단어는 뒷말을 두음 법칙에 따라 적는다.
내내월(來來月)   상노인(上老人)   중노동(重勞動)   비논리적(非論理的)

제6절 _ 겹쳐 나는 소리

제13항 한 단어 안에서 같은 음절이나 비슷한 음절이 겹쳐 나는 부분은 같은 글자로 적는다.
딱딱   쌕쌕   씩씩   똑딱똑딱   쓱싹쓱싹   연연불망(戀戀不忘)
유유상종(類類相從)   누누이(屢屢-)   꼿꼿하다   놀놀하다   눅눅하다   밋밋하다
싹싹하다   쌉쌀하다   씁쓸하다   짭짤하다

제4장 형태에 관한 것

제1절 _ 체언과 조사

제14항 체언은 조사와 구별하여 적는다.
떡이   떡을   떡에   떡도   떡만
손이   손을   손에   손도   손만
팔이   팔을   팔에   팔도   팔만
밤이   밤을   밤에   밤도   밤만
집이   집을   집에   집도   집만
⋮

제2절 _ 어간과 어미

제15항 용언의 어간과 어미는 구별하여 적는다.
먹다   먹고   먹어   먹으니
신다   신고   신어   신으니
넘다   넘고   넘어   넘으니
입다   입고   입어   입으니
⋮

[붙임 1] 두 개의 용언이 어울려 한 개의 용언이 될 적에, 앞말의 본뜻이 유지되고 있는 것은 그 원형을 밝히어 적고, 그 본뜻에서 멀어진 것은 밝히어 적지 아니한다.
(1) 앞말의 본뜻이 유지되고 있는 것
넘어지다 늘어나다 늘어지다 돌아가다 되짚어가다 들어가다 떨어지다
벌어지다 엎어지다 접어들다 틀어지다 흩어지다
(2) 본뜻에서 멀어진 것
드러나다 사라지다 쓰러지다

[붙임 2] 종결형에서 사용되는 어미 '-오'는 '요'로 소리 나는 경우가 있더라도 그 원형을 밝혀 '오'로 적는다.
이것은 책이오. / 이리로 오시오. / 이것은 책이 아니오.

[붙임 3] 연결형에서 사용되는 '이요'는 '이요'로 적는다.
이것은 책이요, 저것은 붓이요, 또 저것은 먹이다.

제16항 어간의 끝음절 모음이 'ㅏ, ㅗ'일 때에는 어미를 '-아'로 적고, 그 밖의 모음일 때에는 '-어'로 적는다.
1. '-아'로 적는 경우
나아 나아도 나아서
막아 막아도 막아서
얇아 얇아도 얇아서
돌아 돌아도 돌아서
보아 보아도 보아서

2. '-어'로 적는 경우
개어 개어도 개어서
겪어 겪어도 겪어서
되어 되어도 되어서
베어 베어도 베어서
쉬어 쉬어도 쉬어서
⋮

제17항 어미 뒤에 덧붙는 조사 '요'는 '요'로 적는다.
읽어, 읽어요 / 참으리, 참으리요 / 좋지, 좋지요

제18항 다음과 같은 용언들은 어미가 바뀔 경우, 그 어간이나 어미가 원칙에 벗어나면 벗어나는 대로 적는다.
1. 어간의 끝 'ㄹ'이 줄어질 적
갈다 : 가니 간 갑니다 가시다 가오
놀다 : 노니 논 놉니다 노시다 노오
불다 : 부니 분 붑니다 부시다 부오
둥글다 : 둥그니 둥근 둥급니다 둥그시다 둥그오
어질다 : 어지니 어진 어집니다 어지시다 어지오

[붙임] 다음과 같은 말에서도 'ㄹ'이 준 대로 적는다.
마지못하다, 마지않다 / (하)다마다, (하)자마자 / (하)지 마라, (하)지 마(아)

2. 어간의 끝 'ㅅ'이 줄어질 적
   굿다 : 그어 그으니 그었다
   낫다 : 나아 나으니 나았다
   잇다 : 이어 이으니 이었다
   짓다 : 지어 지으니 지었다

3. 어간의 끝 'ㅎ'이 줄어질 적
   그렇다 : 그러니 그럴 그러면 그러오
   까맣다 : 까마니 까말 까마면 까마오
   동그랗다 : 동그라니 동그랄 동그라면 동그라오
   퍼렇다 : 퍼러니 퍼럴 퍼러면 퍼러오
   하얗다 : 하야니 하얄 하야면 하야오

4. 어간의 끝 'ㅜ, ㅡ'가 줄어질 적
   푸다 : 퍼 펐다 / 뜨다 : 떠 떴다 / 끄다 : 꺼 껐다 / 크다 : 커 컸다
   담그다 : 담가 담갔다 / 고프다 : 고파 고팠다 / 따르다 : 따라 따랐다 / 바쁘다 : 바빠 바빴다

5. 어간의 끝 'ㄷ'이 'ㄹ'로 바뀔 적
   걷다[步] : 걸어 걸으니 걸었다
   듣다[聽] : 들어 들으니 들었다
   묻다[問] : 물어 물으니 물었다
   싣다[載] : 실어 실으니 실었다

6. 어간의 끝 'ㅂ'이 'ㅜ'로 바뀔 적
   깁다 : 기워 기우니 기웠다
   굽다[炙] : 구워 구우니 구웠다
   가깝다 : 가까워 가까우니 가까웠다
   괴롭다 : 괴로워 괴로우니 괴로웠다
   맵다 : 매워 매우니 매웠다
      :
   다만, '돕-, 곱-'과 같은 단음절 어간에 어미 '-아'가 결합되어 '와'로 소리 나는 것은 '-와'로 적는다.
   돕다[助] : 도와 도와서 도와도 도왔다
   곱다[麗] : 고와 고와서 고와도 고왔다

7. '하다'의 활용에서 어미 '-아'가 '-여'로 바뀔 적
   하다 : 하여 하여서 하여도 하여라 하였다

8. 어간의 끝음절 '르' 뒤에 오는 어미 '-어'가 '-러'로 바뀔 적
   이르다[至] : 이르러 이르렀다
   노르다 : 노르러 노르렀다
   누르다 : 누르러 누르렀다
   푸르다 : 푸르러 푸르렀다

9. 어간의 끝음절 '르'의 'ㅡ'가 줄고, 그 뒤에 오는 어미 '-아/-어'가 '-라/-러'로 바뀔 적
   가르다 : 갈라 갈랐다 / 부르다 : 불러 불렀다 / 거르다 : 걸러 걸렀다 / 오르다 : 올라 올랐다
   구르다 : 굴러 굴렀다 / 이르다 : 일러 일렀다 / 벼르다 : 별러 별렀다 / 지르다 : 질러 질렀다

제3절 _ 접미사가 붙어서 된 말

제19항 어간에 '-이'나 '-음/-ㅁ'이 붙어서 명사로 된 것과 '-이'나 '-히'가 붙어서 부사로 된 것은 그 어간의 원형을 밝히어 적는다.

1. '-이'가 붙어서 명사로 된 것
   길이 깊이 높이 다듬이 땀받이 달맞이 먹이 미닫이 벌이 벼훑이 살림살이 쇠붙이
2. '-음/-ㅁ'이 붙어서 명사로 된 것
   걸음 묶음 믿음 얼음 엮음 울음 웃음 졸음 죽음 앎
3. '-이'가 붙어서 부사로 된 것
   같이 굳이 길이 높이 많이 실없이 좋이 짓궂이
4. '-히'가 붙어서 부사로 된 것
   밝히 익히 작히

다만, 어간에 '-이'나 '-음'이 붙어서 명사로 바뀐 것이라도 그 어간의 뜻과 멀어진 것은 원형을 밝히어 적지 아니한다.

굽도리 다리[髢] 목거리(목병) 무녀리 코끼리 거름(비료) 고름[膿] 노름(도박)

[붙임] 어간에 '-이'나 '-음' 이외의 모음으로 시작된 접미사가 붙어서 다른 품사로 바뀐 것은 그 어간의 원형을 밝히어 적지 아니한다.

(1) 명사로 바뀐 것
   귀머거리 까마귀 너머 뜨더귀 마감 마개 마중 무덤 비렁뱅이 쓰레기 올가미 주검
(2) 부사로 바뀐 것
   거뭇거뭇 너무 도로 뜨덤뜨덤 바투 불긋불긋 비로소 오긋오긋 자주 차마
(3) 조사로 바뀌어 뜻이 달라진 것
   나마 부터 조차

제20항 명사 뒤에 '-이'가 붙어서 된 말은 그 명사의 원형을 밝히어 적는다.

1. 부사로 된 것
   곳곳이 낱낱이 몫몫이 샅샅이 앞앞이 집집이
2. 명사로 된 것
   곰배팔이 바둑이 삼발이 애꾸눈이 육손이 절뚝발이/절름발이

[붙임] '-이' 이외의 모음으로 시작된 접미사가 붙어서 된 말은 그 명사의 원형을 밝히어 적지 아니한다.
   꼬락서니 끄트머리 모가치 바가지 바깥 사타구니 싸라기 이파리 지붕 지푸라기 짜개

제21항 명사나 혹은 용언의 어간 뒤에 자음으로 시작된 접미사가 붙어서 된 말은 그 명사나 어간의 원형을 밝히어 적는다.

1. 명사 뒤에 자음으로 시작된 접미사가 붙어서 된 것
   값지다 홑지다 넋두리 빛깔 옆댕이 잎사귀
2. 어간 뒤에 자음으로 시작된 접미사가 붙어서 된 것
   낚시 늙정이 덮개 뜯게질 갉작갉작하다 갉작거리다 뜯적거리다 뜯적뜯적하다 굵다랗다 굵직하다 깊숙하다 넓적하다 높다랗다 늙수그레하다 얽죽얽죽하다

다만, 다음과 같은 말은 소리대로 적는다.
(1) 겹받침의 끝소리가 드러나지 아니하는 것
　　할짝거리다　널따랗다　널찍하다　말끔하다　말쑥하다　말짱하다　실쭉하다　실큼하다
　　얄따랗다　얄팍하다　짤따랗다　짤막하다　실컷
(2) 어원이 분명하지 아니하거나 본뜻에서 멀어진 것
　　넙치　올무　골막하다　납작하다

제22항 용언의 어간에 다음과 같은 접미사들이 붙어서 이루어진 말들은 그 어간을 밝히어 적는다.
1. '-기-, -리-, -이-, -히-, -구-, -우-, -추-, -으키-, -이키-, -애-'가 붙는 것
　　맡기다　옮기다　웃기다　쫓기다　뚫리다　울리다　낚이다　쌓이다　핥이다　굳히다
　　굽히다　넓히다　앉히다　얽히다　잡히다　돋구다　솟구다　돋우다　갖추다　곧추다
　　맞추다　일으키다　돌이키다　없애다

　다만, '-이-, -히-, -우-'가 붙어서 된 말이라도 본뜻에서 멀어진 것은 소리대로 적는다.
　　도리다(칼로 ~)　드리다(용돈을 ~)　고치다　바치다(세금을 ~)　부치다(편지를 ~)　거두다
　　미루다　이루다

2. '-치-, -뜨리-, -트리-'가 붙는 것
　　놓치다　덮치다　떠받치다　받치다　밭치다　부딪치다　뻗치다　엎치다
　　부딪뜨리다/부딪트리다　　쏟뜨리다/쏟트리다　　　젖뜨리다/젖트리다
　　찢뜨리다/찢트리다　　흩뜨리다/흩트리다

　[붙임] '-업-, -읍-, -브-'가 붙어서 된 말은 소리대로 적는다.
　　미덥다　우습다　미쁘다

제23항 '-하다'나 '-거리다'가 붙는 어근에 '-이'가 붙어서 명사가 된 것은 그 원형을 밝히어 적는다.
　깔쭉이　꿀꿀이　눈깜짝이　더펄이　배불뚝이　삐죽이　살살이　쌕쌕이　오뚝이　코납작이
　푸석이　홀쭉이

　[붙임] '-하다'나 '-거리다'가 붙을 수 없는 어근에 '-이'나 또는 다른 모음으로 시작되는 접미사가 붙어서 명사가 된 것은 그 원형을 밝히어 적지 아니한다.
　　개구리　귀뚜라미　기러기　깍두기　꽹과리　날라리　누더기　동그라미
　　두드러기　딱따구리　매미　부스러기　뻐꾸기　얼루기　칼싹두기

제24항 '-거리다'가 붙을 수 있는 시늉말 어근에 '-이다'가 붙어서 된 용언은 그 어근을 밝히어 적는다.
　깜짝이다　꾸벅이다　끄덕이다　뒤척이다　들먹이다　망설이다　번득이다　번쩍이다
　속삭이다　숙덕이다　울먹이다　움직이다　지껄이다　퍼덕이다　허덕이다　헐떡이다

제25항 '-하다'가 붙는 어근에 '-히'나 '-이'가 붙어서 부사가 되거나, 부사에 '-이'가 붙어서 뜻을 더하는 경우에는 그 어근이나 부사의 원형을 밝히어 적는다.
1. '-하다'가 붙는 어근에 '-히'나 '-이'가 붙는 경우
　　급히　꾸준히　도저히　딱히　어렴풋이　깨끗이

　[붙임] '-하다'가 붙지 않는 경우에는 소리대로 적는다.
　　　갑자기　반드시(꼭)　슬며시

2. 부사에 '-이'가 붙어서 역시 부사가 되는 경우
　　곰곰이　더욱이　생긋이　오뚝이　일찍이　해죽이

제26항 '-하다'나 '-없다'가 붙어서 된 용언은 그 '-하다'나 '-없다'를 밝히어 적는다.
    1. '-하다'가 붙어서 용언이 된 것
        딱하다   숱하다   착하다   텁텁하다   푹하다
    2. '-없다'가 붙어서 용언이 된 것
        부질없다   상없다   시름없다   열없다   하염없다

제4절 _ 합성어 및 접두사가 붙은 말

제27항 둘 이상의 단어가 어울리거나 접두사가 붙어서 이루어진 말은 각각 그 원형을 밝히어 적는다.

    국말이   꺾꽂이   꽃잎   끝장   물난리   밑천   부엌일   싫증   옷안
    웃옷   젖몸살   첫아들   칼날   팥알   헛웃음   홀아비   홑몸   흙내
    값없다   겉늙다   굶주리다   낮잡다   맞먹다   받내다   벋놓다   빗나가다   빛나다
    새파랗다   샛노랗다   시꺼멓다   싯누렇다   엇나가다   엎누르다   엿듣다   옻오르다   짓이기다
    헛되다

[붙임 1] 어원은 분명하나 소리만 특이하게 변한 것은 변한 대로 적는다.
        할아버지   할아범

[붙임 2] 어원이 분명하지 아니한 것은 원형을 밝히어 적지 아니한다.
        골병   골탕   끌탕   며칠   아재비   오라비   업신여기다   부리나케

[붙임 3] '이[齒, 虱]'가 합성어나 이에 준하는 말에서 '니' 또는 '리'로 소리 날 때에는 '니'로 적는다.
        간니   덧니   사랑니   송곳니   앞니   어금니   윗니   젖니   톱니   틀니   가랑니   머릿니

제28항 끝소리가 'ㄹ'인 말과 딴 말이 어울릴 적에 'ㄹ' 소리가 나지 아니하는 것은 아니 나는 대로 적는다.

    다달이(달-달-이)   따님(딸-님)   마되(말-되)   마소(말-소)   무자위(물-자위)
    바느질(바늘-질)   부삽(불-삽)   부손(불-손)   싸전(쌀-전)   여닫이(열-닫이)
    우짖다(울-짖다)   화살(활-살)

제29항 끝소리가 'ㄹ'인 말과 딴 말이 어울릴 적에 'ㄹ' 소리가 'ㄷ' 소리로 나는 것은 'ㄷ'으로 적는다.

    반짇고리(바느질~)   사흗날(사흘~)   삼짇날(삼질~)   섣달(설~)   숟가락(술~)
    이튿날(이틀~)   잗주름(잘~)   푿소(풀~)   섣부르다(설~)   잗다듬다(잘~)
    잗다랗다(잘~)

제30항 사이시옷은 다음과 같은 경우에 받치어 적는다.
    1. 순우리말로 된 합성어로서 앞말이 모음으로 끝난 경우
        (1) 뒷말의 첫소리가 된소리로 나는 것
            고랫재   귓밥   나룻배   나뭇가지   냇가   댓가지   뒷갈망   맷돌   머릿기름
            모깃불   못자리   바닷가   뱃길   볏가리   부싯돌   선짓국   쇳조각   아랫집
            우렁잇속   잇자국   잿더미   조갯살   찻집   쳇바퀴   킷값   핏대   햇볕
            혓바늘
        (2) 뒷말의 첫소리 'ㄴ, ㅁ' 앞에서 'ㄴ' 소리가 덧나는 것
            멧나물   아랫니   텃마당   아랫마을   뒷머리   잇몸   깻묵   냇물   빗물
        (3) 뒷말의 첫소리 모음 앞에서 'ㄴㄴ' 소리가 덧나는 것
            도리깻열   뒷윷   두렛일   뒷일   뒷입맛   베갯잇   욧잇   깻잎   나뭇잎   댓잎

2. 순우리말과 한자어로 된 합성어로서 앞말이 모음으로 끝난 경우
   (1) 뒷말의 첫소리가 된소리로 나는 것
       귓병   머릿방   뱃병   봇둑   사잣밥   샛강   아랫방   자릿세   전셋집   찻잔
       찻종   촛국   콧병   탯줄   텃세   핏기   햇수   횟가루   횟배
   (2) 뒷말의 첫소리 'ㄴ, ㅁ' 앞에서 'ㄴ' 소리가 덧나는 것
       곗날   제삿날   훗날   툇마루   양칫물
   (3) 뒷말의 첫소리 모음 앞에서 'ㄴㄴ' 소리가 덧나는 것
       가욋일   사삿일   예삿일   훗일
3. 두 음절로 된 다음 한자어
   곳간(庫間)   셋방(貰房)   숫자(數字)   찻간(車間)   툇간(退間)   횟수(回數)

제31항 두 말이 어울릴 적에 'ㅂ' 소리나 'ㅎ' 소리가 덧나는 것은 소리대로 적는다.
1. 'ㅂ' 소리가 덧나는 것
   댑싸리(대ㅂ싸리)   멥쌀(메ㅂ쌀)   볍씨(벼ㅂ씨)   입때(이ㅂ때)   입쌀(이ㅂ쌀)   접때(저ㅂ때)
   좁쌀(조ㅂ쌀)   햅쌀(해ㅂ쌀)
2. 'ㅎ' 소리가 덧나는 것
   머리카락(머리ㅎ가락)   살코기(살ㅎ고기)   수캐(수ㅎ개)   수컷(수ㅎ것)   수탉(수ㅎ닭)
   안팎(안ㅎ밖)   암캐(암ㅎ개)   암컷(암ㅎ것)   암탉(암ㅎ닭)

제5절 _ 준말

제32항 단어의 끝모음이 줄어지고 자음만 남은 것은 그 앞의 음절에 받침으로 적는다.

본말	준말
기러기야	기럭아
어제그저께	엊그저께
어제저녁	엊저녁
가지고, 가지지	갖고, 갖지
디디고, 디디지	딛고, 딛지

제33항 체언과 조사가 어울려 줄어지는 경우에는 준 대로 적는다.
   그것은[→ 그건]   그것이[→ 그게]   그것으로[→ 그걸로]   나는[→ 난]   나를[→ 날]   너는[→ 넌]
   너를[→ 널]   무엇을[→ 뭣을/무얼/뭘]   무엇이[→ 뭣이/무에]

제34항 모음 'ㅏ, ㅓ'로 끝난 어간에 '-아/-어, -았-/-었-'이 어울릴 적에는 준 대로 적는다.
   가아[→ 가]   가았다[→ 갔다]   나아[→ 나]   나았다[→ 났다]   타아[→ 타]   타았다[→ 탔다]
   서어[→ 서]   서었다[→ 섰다]   켜어[→ 켜]   켜었다[→ 켰다]   펴어[→ 펴]   펴었다[→ 폈다]

   [붙임 1] 'ㅐ, ㅔ' 뒤에 '-어, -었-'이 어울려 줄 적에는 준 대로 적는다.
       개어[→ 개]   개었다[→ 갰다]   내어[→ 내]   내었다[→ 냈다]   베어[→ 베]   베었다[→ 벴다]
       세어[→ 세]   세었다[→ 셌다]

   [붙임 2] '하여'가 한 음절로 줄어서 '해'로 될 적에는 준 대로 적는다.
       하여[→ 해]   하였다[→ 했다]   더하여[→ 더해]   더하였다[→ 더했다]
       흔하여[→ 흔해]   흔하였다[→ 흔했다]

제35항 모음 'ㅗ, ㅜ'로 끝난 어간에 '-아/-어, -았-/-었-'이 어울려 'ㅘ/ㅝ, 왔/웠'으로 될 적에는 준 대로 적는다.

꼬아[→ 꽈]　　꼬았다[→ 꽜다]　　보아[→ 봐]　　보았다[→ 봤다]　　쏘아[→ 쏴]　　쏘았다[→ 쐈다]
두어[→ 둬]　　두었다[→ 뒀다]　　쑤어[→ 쒀]　　쑤었다[→ 쒔다]　　주어[→ 줘]　　주었다[→ 줬다]

[붙임 1] '놓아'가 '놔'로 줄 적에는 준 대로 적는다.
[붙임 2] 'ㅚ' 뒤에 '-어, -었-'이 어울려 'ㅙ, 왰'으로 될 적에도 준 대로 적는다.

　　괴어[→ 괘]　　괴었다[→ 괬다]　　되어[→ 돼]　　되었다[→ 됐다]
　　뵈어[→ 봬]　　뵈었다[→ 뵀다]　　쇠어[→ 쇄]　　쇠었다[→ 쇘다]
　　쐬어[→ 쐐]　　쐬었다[→ 쐤다]

제36항 'ㅣ' 뒤에 '-어'가 와서 'ㅕ'로 줄 적에는 준 대로 적는다.

가지어[→ 가져]　　가지었다[→ 가졌다]　　견디어[→ 견뎌]　　견디었다[→ 견뎠다]
다니어[→ 다녀]　　다니었다[→ 다녔다]　　막히어[→ 막혀]　　막히었다[→ 막혔다]
버티어[→ 버텨]　　버티었다[→ 버텼다]　　치이어[→ 치여]　　치이었다[→ 치였다]

제37항 'ㅏ, ㅕ, ㅗ, ㅜ, ㅡ'로 끝난 어간에 '-이-'가 와서 각각 'ㅐ, ㅖ, ㅚ, ㅟ, ㅢ'로 줄 적에는 준 대로 적는다.

싸이다[→ 쌔다]　　누이다[→ 뉘다]　　펴이다[→ 폐다]　　뜨이다[→ 띄다]　　보이다[→ 뵈다]　　쓰이다[→ 씌다]

제38항 'ㅏ, ㅗ, ㅜ, ㅡ' 뒤에 '-이어'가 어울려 줄어질 적에는 준 대로 적는다.

싸이어[→ 쌔어/싸여]　　뜨이어[→ 띄어]　　보이어[→ 뵈어/보여]　　쓰이어[→ 씌어/쓰여]
쏘이어[→ 쐬어/쏘여]　　트이어[→ 틔어/트여]　　누이어[→ 뉘어/누여]

제39항 어미 '-지' 뒤에 '않-'이 어울려 '-잖-'이 될 적과 '-하지' 뒤에 '않-'이 어울려 '-찮-'이 될 적에는 준 대로 적는다.

그렇지 않은[→ 그렇잖은]　　만만하지 않다[→ 만만찮다]
적지 않은[→ 적잖은]　　　　변변하지 않다[→ 변변찮다]

제40항 어간의 끝음절 '하'의 'ㅏ'가 줄고 'ㅎ'이 다음 음절의 첫소리와 어울려 거센소리로 될 적에는 거센소리로 적는다.

간편하게[→ 간편케]　　다정하다[→ 다정타]　　연구하도록[→ 연구토록]
정결하다[→ 정결타]　　가하다[→ 가타]　　　　흔하다[→ 흔타]

[붙임 1] 'ㅎ'이 어간의 끝소리로 굳어진 것은 받침으로 적는다.

않다	않고	않지	않든지
그렇다	그렇고	그렇지	그렇든지
아무렇다	아무렇고	아무렇지	아무렇든지
어떻다	어떻고	어떻지	어떻든지
이렇다	이렇고	이렇지	이렇든지
저렇다	저렇고	저렇지	저렇든지

[붙임 2] 어간의 끝음절 '하'가 아주 줄 적에는 준 대로 적는다.

거북하지[→ 거북지]   넉넉하지 않다[→ 넉넉지 않다]
생각하건대[→ 생각건대]   못하지 않다[→ 못지않다]
생각하다 못해[→ 생각다 못해]   섭섭하지 않다[→ 섭섭지 않다]
깨끗하지 않다[→ 깨끗지 않다]   익숙하지 않다[→ 익숙지 않다]

[붙임 3] 다음과 같은 부사는 소리대로 적는다.

결단코   결코   기필코   무심코   아무튼   요컨대   정녕코
필연코   하마터면   하여튼   한사코

제5장 띄어쓰기

제1절 _ 조사

제41항 조사는 그 앞말에 붙여 쓴다.

꽃이   꽃마저   꽃밖에   꽃에서부터   꽃으로만   꽃이나마   꽃이다   꽃입니다   꽃처럼
어디까지나   거기도   멀리는   웃고만

제2절 _ 의존 명사, 단위를 나타내는 명사 및 열거하는 말 등

제42항 의존 명사는 띄어 쓴다.

아는 **것**이 힘이다.   나도 할 **수** 있다.
먹을 **만큼** 먹어라.   아는 **이**를 만났다.
네가 뜻한 **바**를 알겠다.   그가 떠난 **지**가 오래다.

제43항 단위를 나타내는 명사는 띄어 쓴다.

한 개   차 한 대   금 서 돈   소 한 마리   옷 한 벌   열 살   조기 한 손
연필 한 자루   버선 한 죽   집 한 채   신 두 켤레   북어 한 쾌

다만, 순서를 나타내는 경우나 숫자와 어울리어 쓰이는 경우에는 붙여 쓸 수 있다.

두시 삼십분 오초   제일과   삼학년   육층   1446년 10월 9일
2대대   16동 502호   제1실습실   80원   10개   7미터

제44항 수를 적을 적에는 '만(萬)' 단위로 띄어 쓴다.

십이억 삼천사백오십육만 칠천팔백구십팔
12억 3456만 7898

제45항 두 말을 이어 주거나 열거할 적에 쓰이는 다음의 말들은 띄어 쓴다.

국장 **겸** 과장   열 **내지** 스물   청군 **대** 백군   책상, 걸상 **등**이 있다
이사장 **및** 이사들   사과, 배, 귤 **등등**   사과, 배 **등속**   부산, 광주 **등지**

제46항 단음절로 된 단어가 연이어 나타날 적에는 붙여 쓸 수 있다.

좀더 큰것   이말 저말   한잎 두잎

제3절 _ 보조 용언

제47항 보조 용언은 띄어 씀을 원칙으로 하되, 경우에 따라 붙여 씀도 허용한다(ㄱ을 원칙으로 하고, ㄴ을 허용함).

ㄱ	ㄴ
불이 꺼져 간다.	불이 꺼져간다.
내 힘으로 막아 낸다.	내 힘으로 막아낸다.
그릇을 깨뜨려 버렸다.	그릇을 깨뜨려버렸다.
비가 올 듯하다.	비가 올듯하다.
그 일은 할 만하다.	그 일은 할만하다.
일이 될 법하다.	일이 될법하다.
비가 올 성싶다.	비가 올성싶다.
잘 아는 척한다.	잘 아는척한다.

다만, 앞말에 조사가 붙거나 앞말이 합성 동사인 경우, 그리고 중간에 조사가 들어갈 적에는 그 뒤에 오는 보조 용언은 띄어 쓴다.

잘도 놀아만 **나는구나!**
책을 읽어도 **보고**…….
네가 덤벼들어 **보아라.**
이런 기회는 다시없을 **듯하다.**
그가 올 듯도 **하다.**
잘난 체를 **한다.**

제4절 _ 고유 명사 및 전문 용어

제48항 성과 이름, 성과 호 등은 붙여 쓰고, 이에 덧붙는 호칭어, 관직명 등은 띄어 쓴다.

김양수(金良洙) 서화담(徐花潭) 채영신 씨 최치원 선생 박동식 박사 충무공 이순신 장군

다만, 성과 이름, 성과 호를 분명히 구분할 필요가 있을 경우에는 띄어 쓸 수 있다.

남궁억/남궁 억 독고준/독고 준 황보지봉(皇甫芝峰)/황보 지봉

제49항 성명 이외의 고유 명사는 단어별로 띄어 씀을 원칙으로 하되, 단위별로 띄어 쓸 수 있다(ㄱ을 원칙으로 하고, ㄴ을 허용함).

ㄱ	ㄴ
대한 중학교	대한중학교
한국 대학교 사범 대학	한국대학교 사범대학

제50항 전문 용어는 단어별로 띄어 씀을 원칙으로 하되, 붙여 쓸 수 있다(ㄱ을 원칙으로 하고, ㄴ을 허용함).

ㄱ	ㄴ
만성 골수성 백혈병	만성골수성백혈병
중거리 탄도 유도탄	중거리탄도유도탄

제6장 그 밖의 것

제51항 부사의 끝음절이 분명히 '이'로만 나는 것은 '-이'로 적고, '히'로만 나거나 '이'나 '히'로 나는 것은 '-히'로 적는다.

1. '이'로만 나는 것

가붓이	깨끗이	나붓이	느긋이	둥긋이	따뜻이	반듯이	버젓이	산뜻이	의젓이
가까이	고이	날카로이	대수로이	번거로이	많이	적이	헛되이
겹겹이	번번이	일일이	집집이	틈틈이

2. '히'로만 나는 것

극히 급히 딱히 속히 작히 족히 특히 엄격히 정확히

3. '이, 히'로 나는 것

솔직히	가만히	간편히	나른히	무단히	각별히	소홀히	쓸쓸히	정결히
과감히	꼼꼼히	심히	열심히	급급히	답답히	섭섭히	공평히	능히
당당히	분명히	상당히	조용히	간소히	고요히	도저히

제52항 한자어에서 본음으로도 나고 속음으로도 나는 것은 각각 그 소리에 따라 적는다.

본음으로 나는 것	속음으로 나는 것
승낙(承諾)	수락(受諾), 쾌락(快諾), 허락(許諾)
만난(萬難)	곤란(困難), 논란(論難)
안녕(安寧)	의령(宜寧), 회령(會寧)
분노(忿怒)	대로(大怒), 희로애락(喜怒哀樂)
토론(討論)	의논(議論)
오륙십(五六十)	오뉴월, 유월(六月)
목재(木材)	모과(木瓜)
십일(十日)	시방정토(十方淨土), 시왕(十王), 시월(十月)
팔일(八日)	초파일(初八日)

제53항 다음과 같은 어미는 예사소리로 적는다.

-(으)ㄹ거나   -(으)ㄹ걸   -(으)ㄹ게   -(으)ㄹ세   -(으)ㄹ세라   -(으)ㄹ수록
-(으)ㄹ시   -(으)ㄹ지   -(으)ㄹ지니라   -(으)ㄹ지라도   -(으)ㄹ지어다   -(으)ㄹ지언정
-(으)ㄹ진대   -(으)ㄹ진저   -올시다

다만, 의문을 나타내는 다음 어미들은 된소리로 적는다.

-(으)ㄹ까?   -(으)ㄹ꼬?   -(스)ㅂ니까?   -(으)리까?   -(으)ㄹ쏘냐?

제54항 다음과 같은 접미사는 된소리로 적는다.

| 심부름꾼 | 익살꾼 | 일꾼 | 장꾼 | 장난꾼 | 지게꾼 | 때깔 | 빛깔 | 성깔 |
| 귀때기 | 볼때기 | 판자때기 | 뒤꿈치 | 팔꿈치 | 이마빼기 | 코빼기 | 객쩍다 | 겸연쩍다 |

제55항 두 가지로 구별하여 적던 다음 말들은 한 가지로 적는다(ㄱ을 취하고, ㄴ을 버림).

ㄱ	ㄴ
맞추다(입을 맞춘다. 양복을 맞춘다.)	마추다
뻗치다(다리를 뻗친다. 멀리 뻗친다.)	뻐치다

제56항 '-더라, -던'과 '-든지'는 다음과 같이 적는다.

1. 지난 일을 나타내는 어미는 '-더라, -던'으로 적는다.
   지난겨울은 몹시 춥더라.
   깊던 물이 얕아졌다.
   그렇게 좋던가?
   그 사람 말 잘하던데!
   얼마나 놀랐던지 몰라.

2. 물건이나 일의 내용을 가리지 아니하는 뜻을 나타내는 조사와 어미는 '(-)든지'로 적는다.
   배든지 사과든지 마음대로 먹어라.
   가든지 오든지 마음대로 해라.

제57항 다음 말들은 각각 구별하여 적는다.

> **가름** : 둘로 가름 / **갈음** : 새 책상으로 갈음하였다.
> **거름** : 풀을 썩힌 거름 / **걸음** : 빠른 걸음
> **거치다** : 영월을 거쳐 왔다. / **걷히다** : 외상값이 잘 걷힌다.
> **걷잡다** : 걷잡을 수 없는 상태 / **겉잡다** : 겉잡아서 이틀 걸릴 일
> **그러므로(그러니까)** : 그는 부지런하다. 그러므로 잘 산다. / **그럼으로(써)(그렇게 하는 것으로)** : 그는 열심히 공부한다. 그럼으로(써) 은혜에 보답한다.
> **노름** : 노름판이 벌어졌다. / **놀음(놀이)** : 즐거운 놀음
> **느리다** : 진도가 너무 느리다. / **늘이다** : 고무줄을 늘인다. / **늘리다** : 수출량을 더 늘린다.
> **다리다** : 옷을 다린다. / **달이다** : 약을 달인다.
> **다치다** : 부주의로 손을 다쳤다. / **닫히다** : 문이 저절로 닫혔다. / **닫치다** : 문을 힘껏 닫쳤다.
> **마치다** : 벌써 일을 마쳤다. / **맞히다** : 여러 문제를 더 맞혔다.
> **목거리** : 목거리가 덧났다. / **목걸이** : 금목걸이, 은목걸이
> **바치다** : 나라를 위해 목숨을 바쳤다. / **받치다** : 우산을 받치고 간다. 책받침을 받친다. / **받히다** : 쇠뿔에 받혔다. / **밭치다** : 술을 체에 밭친다.
> **반드시** : 약속은 반드시 지켜라. / **반듯이** : 고개를 반듯이 들어라.
> **부딪치다** : 차와 차가 마주 부딪쳤다. / **부딪히다** : 마차가 화물차에 부딪혔다.
> **부치다** : 힘이 부치는 일이다. 편지를 부친다. 빈대떡을 부친다. 회의에 부치는 안건. 인쇄에 부치는 원고 / **붙이다** : 우표를 붙인다. 책상을 벽에 붙였다. 흥정을 붙인다. 조건을 붙인다.
> **시키다** : 일을 시킨다. / **식히다** : 끓인 물을 식힌다.
> **아름** : 세 아름 되는 둘레 / **알음** : 전부터 알음이 있는 사이 / **앎** : 앎이 힘이다.
> **안치다** : 밥을 안친다. / **앉히다** : 윗자리에 앉힌다.
> **어름** : 두 물건의 어름에서 일어난 현상 / **얼음** : 얼음이 얼었다.
> **이따가** : 이따가 오너라. / **있다가** : 돈은 있다가도 없다.
> **저리다** : 다친 다리가 저린다. / **절이다** : 김장 배추를 절인다.
> **조리다** : 생선을 조린다. 통조림 / **졸이다** : 마음을 졸인다.
> **주리다** : 여러 날을 주렸다. / **줄이다** : 비용을 줄인다.
> **하노라고** : 하노라고 한 것이 이 모양이다. / **하느라고** : 공부하느라고 밤을 새웠다.
> **-느니보다(어미)** : 나를 찾아오느니보다 집에 있거라. / **-는 이보다(의존 명사)** : 오는 이가 가는 이보다 많다.

-(으)리만큼(어미) : 나를 미워하리만큼 그에게 잘못한 일이 없다. / -(으)ㄹ 이만큼(의존 명사) : 찬성할 이도 반대할 이만큼이나 많을 것이다.
-(으)러(목적) : 공부하러 간다. / -(으)려(의도) : 서울 가려 한다.
-(으)로서(자격) : 사람으로서 그럴 수는 없다. / -(으)로써(수단) : 닭으로써 꿩을 대신했다.
-(으)므로(어미) : 그가 나를 믿으므로 나도 그를 믿는다. / (-ㅁ, -음)으로(써)(조사) : 그는 믿음으로(써) 산 보람을 느꼈다.

기출분석

- 밑줄 친 부분의 띄어쓰기가 맞는 것은?
  → 꽃잎이 <u>한잎 두잎</u> 떨어진다.(O)
  → 저 분은 <u>코치 겸 선수</u>이다.(O)
  → 그 일은 <u>할 만하다</u>.(O)

- 맞춤법과 표현이 옳은 것은?
  → 시간에 얽매여 사는 현대인이 많다.(O)
  → 그는 다른 차 앞으로 끼어드는 나쁜 습관이 있다.(O)
  → 가는 길에 문구점에 꼭 들러라.(O)
  → 그 옷에는 안감을 흰색으로 받쳐야 색이 제대로 살아난다.(O)

- 다음 중 어문 규정에 대한 설명 중 옳은 것은?
  → 'ㅎ 종성체언'은 뒷말의 첫소리를 거센소리로 적는다.(O)
  → 한자어와 한자어 형태소 사이에 사잇소리가 나더라도 원칙적으로 적지 않는다.(O)
  → '입때'는 '이+때-이ㅂ때'로 분석된다.(O)
  → 순우리말 합성어로서 앞말이 모음으로 끝나고 뒷말의 첫소리가 된소리로 나는 경우 사이시옷을 표기한다.(O)

23 | 표준어 사정 원칙(표준어 규정)

제1장 총칙

제1항 표준어는 교양 있는 사람들이 두루 쓰는 현대 서울말로 정함을 원칙으로 한다.
제2항 외래어는 따로 사정한다.

제2장 발음 변화에 따른 표준어 규정

제1절 _ 자음

제3항 다음 단어들은 거센소리를 가진 형태를 표준어로 삼는다.
　　　끄나풀　나팔-꽃　녘　부엌　살-쾡이　칸('초가삼간, 윗간'의 경우에는 '간'임)　털어-먹다

제4항 다음 단어들은 거센소리로 나지 않는 형태를 표준어로 삼는다.
  가을-갈이 거시기 분침

제5항 어원에서 멀어진 형태로 굳어져서 널리 쓰이는 것은, 그것을 표준어로 삼는다.
  강낭-콩 고샅 사글-세 울력-성당

다만, 어원적으로 원형에 더 가까운 형태가 아직 쓰이고 있는 경우에는, 그것을 표준어로 삼는다.
  갈비 갓모 굴-젓 말-곁 물-수란 밀-뜨리다 적-이 휴지

제6항 다음 단어들은 의미를 구별함이 없이, 한 가지 형태만을 표준어로 삼는다.
  돌
  둘-째('제2, 두 개째'의 뜻)
  셋-째('제3, 세 개째'의 뜻)
  빌리다(빌려주다, 빌려 오다)

다만, '둘째'는 십 단위 이상의 서수사에 쓰일 때에 '두째'로 한다.
  열두-째(열두 개째의 뜻은 '열둘째'로)
  스물두-째(스물두 개째의 뜻은 '스물둘째'로)

제7항 수컷을 이르는 접두사는 '수-'로 통일한다.
  수-꿩('장끼'도 표준어임) 수-나사 수-놈 수-사돈 수-소('황소'도 표준어임)
  수-은행나무

다만 1. 다음 단어에서는 접두사 다음에서 나는 거센소리를 인정한다. 접두사 '암-'이 결합되는 경우에도 이에 준한다.
  수-캉아지 수-캐 수-컷 수-키와 수-탉 수-탕나귀 수-톨쩌귀 수-퇘지 수-평아리

다만 2. 다음 단어의 접두사는 '숫-'으로 한다.
  숫-양 숫-염소 숫-쥐

제2절 _ 모음

제8항 양성 모음이 음성 모음으로 바뀌어 굳어진 다음 단어는 음성 모음 형태를 표준어로 삼는다.
  깡충-깡충(큰말은 '껑충껑충'임) -둥이 발가-숭이(센말은 '빨가숭이', 큰말은 '벌거숭이, 뻘거숭이'임)
  보퉁이 봉죽 뻗정-다리 아서, 아서라 오뚝-이 주추

다만, 어원 의식이 강하게 작용하는 다음 단어에서는 양성 모음 형태를 그대로 표준어로 삼는다.
  부조(扶助) 사돈(査頓) 삼촌(三寸)

제9항 'ㅣ' 역행 동화 현상에 의한 발음은 원칙적으로 표준 발음으로 인정하지 아니하되, 다만 다음 단어들은 그러한 동화가 적용된 형태를 표준어로 삼는다.
  -내기(서울-, 시골-, 신출-, 풋-) 냄비 동댕이-치다

[붙임 1] 다음 단어는 'ㅣ' 역행 동화가 일어나지 아니한 형태를 표준어로 삼는다.
  아지랑이(아지랭이×)

[붙임 2] 기술자에게는 '-장이', 그 외에는 '-쟁이'가 붙는 형태를 표준어로 삼는다.
  미장이 유기장이 멋쟁이 소금쟁이 담쟁이-덩굴 골목쟁이 발목쟁이

제10항 다음 단어는 모음이 단순화한 형태를 표준어로 삼는다.
괴팍-하다 -구먼 미루-나무 미륵 여느 온-달(만 한 달) 으레 케케-묵다 허우대 허우적-허우적

제11항 다음 단어에서는 모음의 발음 변화를 인정하여, 발음이 바뀌어 굳어진 형태를 표준어로 삼는다.
-구려 깍쟁이 나무라다 미수(미숫-가루) 바라다('바램(所望)'은 비표준어임) 상추 시러베-아들 주책 지루-하다 튀기 허드레(허드렛-물, 허드렛-일) 호루라기

제12항 '웃-' 및 '윗-'은 명사 '위'에 맞추어 '윗-'으로 통일한다.
윗-넓이 윗-눈썹 윗-니 윗-당줄 윗-덧줄 …
다만 1. 된소리나 거센소리 앞에서는 '위-'로 한다.
위-짝 위-쪽 위-채 위-층 위-치마 위-턱 위-팔
다만 2. '아래, 위'의 대립이 없는 단어는 '웃-'으로 발음되는 형태를 표준어로 삼는다.
웃-국 웃-기 웃-돈 웃-비 웃-어른 웃-옷

제13항 한자 '구(句)'가 붙어서 이루어진 단어는 '귀'로 읽는 것을 인정하지 아니하고, '구'로 통일한다.
구법(句法) 구절(句節) 구점(句點) 결구(結句) 경구(警句) 경인구(警人句) 난구(難句)
단구(短句) 단명구(短命句) 대구(對句) 문구(文句) 성구(成句) 시구(詩句) 어구(語句)
연구(聯句) 인용구(引用句) 절구(絕句)
다만, 다음 단어는 '귀'로 발음되는 형태를 표준어로 삼는다.
귀-글 글-귀

제3절 _ 준말

제14항 준말이 널리 쓰이고 본말이 잘 쓰이지 않는 경우에는, 준말만을 표준어로 삼는다.
귀찮다 김 똬리 무 미다 뱀 뱀-장어 빔 샘 생-쥐 솔개 온-갖 장사-치

제15항 준말이 쓰이고 있더라도, 본말이 널리 쓰이고 있으면 본말을 표준어로 삼는다.
경황-없다 궁상-떨다 귀이-개 낌새 낙인-찍다 내왕-꾼 돗-자리 뒤웅-박 뒷물-대야
마구-잡이 맵자-하다 모이 벽-돌 부스럼 살얼음-판 수두룩-하다 암-죽 어음 일구다
죽-살이 퇴박-맞다 한통-치다
[붙임] 다음과 같이 명사에 조사가 붙은 경우에도 이 원칙을 적용한다.
아래-로

제16항 준말과 본말이 다 같이 널리 쓰이면서 준말의 효용이 뚜렷이 인정되는 것은, 두 가지를 다 표준어로 삼는다.

본말	준말	본말	준말
거짓-부리	거짓-불	석새-삼베	석새-베
노을	놀	시-누이	시-뉘/시-누
막대기	막대	오-누이	오-뉘/오-누
망태기	망태	외우다	외다
머무르다	머물다	이기죽-거리다	이죽-거리다
서두르다	서둘다	찌꺼기	찌끼
서투르다	서툴다		

제4절 _ 단수 표준어

제17항 비슷한 발음의 몇 형태가 쓰일 경우, 그 의미에 아무런 차이가 없고, 그중 하나가 더 널리 쓰이면, 그 한 형태만을 표준어로 삼는다.

거든-그리다	귀-고리(귀엣-고리)	꼭두-각시
냠냠-거리다	네[四](너 돈, 너 말, 너 발 등)	넉[四](넉 냥, 넉 되, 넉 자 등)

-던('-던'은 회상의 뜻을 나타내는 어미. 선택, 무관의 뜻을 나타내는 어미는 '-든'임)

-던가	-던데	-던지
망가-뜨리다	본새	봉숭아
뺨-따귀	뻐개다[斫](두 조각으로 가르다)	뻐기다[誇](뽐내다)
상-판대기	쌈벅-쌈벅	짓-무르다 천장(天障) …

제5절 _ 복수 표준어

제18항 다음 단어는 ㄱ을 원칙으로 하고, ㄴ도 허용한다.

ㄱ	ㄴ	비고
네	예	-
쇠-	소-	쇠(소)가죽, 쇠(소)고기, 쇠(소)기름, 쇠(소)머리, 쇠(소)뼈
괴다	고이다	물이 괴다(고이다), 밑을 괴다(고이다).
꾀다	꼬이다	어린애를 꾀다(꼬이다), 벌레가 꾀다(꼬이다).
쐬다	쏘이다	바람을 쐬다(쏘이다).
죄다	조이다	나사를 죄다(조이다).
쬐다	쪼이다	볕을 쬐다(쪼이다).

제19항 어감의 차이를 나타내는 단어 또는 발음이 비슷한 단어들이 다 같이 널리 쓰이는 경우에는, 그 모두를 표준어로 삼는다.

거슴츠레-하다 / 게슴츠레-하다	고까 / 꼬까	고린-내 / 코린-내	교기(驕氣) / 갸기
구린-내 / 쿠린-내	꺼림-하다 / 께름-하다	나부랭이 / 너부렁이	

제3장 어휘 선택의 변화에 따른 표준어 규정

제1절 _ 고어

제20항 사어(死語)가 되어 쓰이지 않게 된 단어는 고어로 처리하고, 현재 널리 사용되는 단어를 표준어로 삼는다.

난봉(봉×)	낭떠러지(낭×)	설거지-하다(설겆다×)
애달프다(애닯다×)	오동-나무(머귀-나무×)	자두(오얏×)

제2절 _ 한자어

제21항 고유어 계열의 단어가 널리 쓰이고 그에 대응되는 한자어 계열의 단어가 용도를 잃게 된 것은, 고유어 계열의 단어만을 표준어로 삼는다.

길품-삯	까막-눈	나뭇-갓
늙-다리	메-찰떡	박달-나무
사래-밭	삯-말	솟을-무늬
잎-담배	지겟-다리	흰-말(백-말×, '백마'는 표준어임) …

제22항 고유어 계열의 단어가 생명력을 잃고 그에 대응되는 한자어 계열의 단어가 널리 쓰이면, 한자어 계열의 단어를 표준어로 삼는다(ㄱ을 표준어로 삼고, ㄴ을 버림).

ㄱ	ㄴ
개다리-소반	개다리-밥상
겸-상	맞-상
고봉-밥	높은-밥
단-벌	홑-벌
마방-집	마바리-집
민망-스럽다/면구-스럽다	민주-스럽다
방-고래	구들-고래
부항-단지	뜸-단지
산-누에	멧-누에
산-줄기	멧-줄기/멧-발
수-삼	무-삼
심-돋우개	불-돋우개
양-파	둥근-파
어질-병	어질-머리
윤-달	군-달
장력-세다	장성-세다
제석	젯-돗
총각-무	알-무/알타리-무
칫-솔	잇-솔
포수	총-댕이

제3절 _ 방언

제23항 방언이던 단어가 표준어보다 더 널리 쓰이게 된 것은, 그것을 표준어로 삼는다. 이 경우, 원래의 표준어는 그대로 표준어로 남겨 두는 것을 원칙으로 한다.

  멍게(우렁쉥이) 물-방개(선두리) 애-순(어린-순)

제24항 방언이던 단어가 널리 쓰이게 됨에 따라 표준어이던 단어가 안 쓰이게 된 것은, 방언이던 단어를 표준어로 삼는다.

  귀밑-머리 까-뭉개다 막상 빈대-떡 생인-손 역-겹다 코-주부

제4절 _ 단수 표준어

제25항 의미가 똑같은 형태가 몇 가지 있을 경우, 그중 어느 하나가 압도적으로 널리 쓰이면, 그 단어만을 표준어로 삼는다.

-게끔	고구마	고치다	골목-쟁이
길-잡이	나룻-배	농-지거리	다사-스럽다
담배-꽁초	뒤통수-치다	등-나무	등-때기
먼-발치	바가지	바람-꼭지	반-나절
버젓-이	부스러기	부지깽이	빙충-이
상투-쟁이	샛-별	선-머슴	안쓰럽다
안절부절-못하다	앉은뱅이-저울	알-사탕	칡-범 …

제5절 _ 복수 표준어

제26항 한 가지 의미를 나타내는 형태 몇 가지가 널리 쓰이며 표준어 규정에 맞으면, 그 모두를 표준어로 삼는다.

가는-허리/잔-허리	가엾다/가엽다	개수-통/설거지-통	꼬까/때때/고까
꽃-도미/붉-돔	넝쿨/덩굴	녘/쪽	느리-광이/느림-보/늘-보
다달-이/매-달	닭의-장/닭-장	돼지-감자/뚱딴지	딴-전/딴-청
-뜨리다/-트리다	만큼/만치	모-내다/모-심다	민둥-산/벌거숭이-산
바른/오른[右]	발-모가지/발-목쟁이	벌레/버러지	뾰두라지/뾰루지
삽살-개/삽사리	상두-꾼/상여-꾼	-스레하다/-스름하다	알은-척/알은-체
애꾸눈-이/외눈-박이	여쭈다/여쭙다	옥수수/강냉이	욕심-꾸러기/욕심-쟁이 …

[참고] 2015. 12. 14. 국립국어원 11개 단어 표준어 인정

(1) 현재 표준어와 같은 뜻으로 추가로 표준어로 인정한 경우(4개)

추가 표준어	현재 표준어	비고
마실	마을	• '이웃에 놀러 다니는 일'의 의미에 한하여 표준어로 인정함. '여러 집이 모여 사는 곳'의 의미로 쓰인 '마실'은 비표준어임 • '마실꾼, 마실방, 마실돌이, 밤마실'도 표준어로 인정함 예 나는 아들의 방문을 열고 이모네 **마실** 갔다 오마고 말했다.
이쁘다	예쁘다	'이쁘장스럽다, 이쁘장스레, 이쁘장하다, 이쁘디이쁘다'도 표준어로 인정함 예 어이구, 내 새끼 **이쁘기도** 하지.
찰지다	차지다	사전에서 〈'차지다'의 원말〉로 풀이함 예 화단의 **찰진** 흙에 하얀 꽃잎이 화사하게 떨어져 날리곤 했다.
-고프다	-고 싶다	사전에서 〈'-고 싶다'가 줄어든 말〉로 풀이함 예 그 아이는 엄마가 **보고파** 앙앙 울었다.

(2) 현재 표준어와 별도의 표준어로 추가로 인정한 경우(5개)

추가 표준어	현재 표준어	뜻 차이
꼬리연	가오리연	• 꼬리연 : 긴 꼬리를 단 연 • 가오리연 : 가오리 모양으로 만들어 꼬리를 길게 단 연. 띄우면 오르면서 머리가 아래위로 흔들림 예 행사가 끝날 때까지 하늘을 수놓았던 대형 **꼬리연**도 비상을 꿈꾸듯 끊임없이 창공을 향해 날아올랐다.
의론	의논	• 의론(議論) : 어떤 사안에 대하여 각자의 의견을 제기함. 또는 그런 의견 • 의논(議論) : 어떤 일에 대하여 서로 의견을 주고받음 • '의론되다, 의론하다'도 표준어로 인정함 예 이러니저러니 **의론**이 분분하다.
이크	이키	• 이크 : 당황하거나 놀랐을 때 내는 소리. '이키'보다 큰 느낌을 줌 • 이키 : 당황하거나 놀랐을 때 내는 소리. '이끼'보다 거센 느낌을 줌 예 **이크**, 이거 큰일 났구나 싶어 허겁지겁 뛰어갔다.
잎새	잎사귀	• 잎새 : 나무의 잎사귀. 주로 문학적 표현에 쓰임 • 잎사귀 : 낱낱의 잎. 주로 넓적한 잎을 이름 예 **잎새**가 몇 개 남지 않은 나무들이 창문 위로 뻗어 올라 있었다.
푸르르다	푸르다	• 푸르르다 : '푸르다'를 강조할 때 이르는 말 • 푸르다 : 맑은 가을 하늘이나 깊은 바다, 풀의 빛깔과 같이 밝고 선명함 • '푸르르다'는 '으 불규칙 용언'으로 분류함 예 겨우내 찌푸리고 있던 잿빛 하늘이 **푸르르게** 맑아 오고 어디선지도 모르게 흙냄새가 뭉클하니 풍겨 오는 듯한 순간 벌써 봄이 온 것을 느낀다.

(3) 두 가지 표기를 모두 표준어로 인정한 경우(2개)

추가 표준형	현재 표준형	비고

말아
말아라
말아요
	마
	마라
	마요
		'말다'에 명령형 어미 '-아', '-아라', '-아요' 등이 결합할 때는 어간 끝의 'ㄹ'이 탈락하기도 하고 탈락하지 않기도 함
		예 내가 하는 말 농담으로 듣지 **마/말아**.
		  얘야, 아무리 바빠도 제사는 잊지 **마라/말아라**.
		  아유, 말도 **마요/말아요**.

노랗네
동그랗네
조그맣네
⋮
	노라네
	동그라네
	조그마네
	⋮
		• ㅎ 불규칙 용언이 어미 '-네'와 결합할 때는 어간 끝의 'ㅎ'이 탈락하기도 하고 탈락하지 않기도 함
		• '그렇다, 노랗다, 동그랗다, 뿌옇다, 어떻다, 조그맣다, 커다랗다' 등등 모든 ㅎ 불규칙 용언의 활용형에 적용됨
		예 생각보다 훨씬 **노랗네/노라네**.
		  이 빵은 **동그랗네/동그라네**.
		  건물이 아주 **조그맣네/조그마네**.

[참고] 2016. 12. 27. 국립국어원 6개 단어 표준어 인정
(1) 현재 표준어와 별도의 표준어로 추가로 인정한 경우(4개)

추가 표준어	현재 표준어	뜻 차이
걸판지다	거방지다	• 걸판지다 : 매우 푸지다. 동작이나 모양이 크고 어수선하다. • 거방지다 : 몸집이 크다. 하는 짓이 점잖고 무게가 있다. 예 술상이 **걸판지다**. 　　싸움판은 자못 **걸판져서** 구경거리였다.
겉울음	건울음	• 겉울음 : 드러내 놓고 우는 울음. 마음에도 없이 겉으로만 우는 울음 • 건울음(= 강울음) : 눈물 없이 우는 울음, 또는 억지로 우는 울음 예 꼭꼭 참고만 있다 보면 간혹 속울음이 **겉울음**으로 터질 때가 있다. 　　눈물도 안 나면서 슬픈 척 **겉울음** 울지 마.
까탈스럽다	까다롭다	• 까탈스럽다 : 조건, 규정 따위가 복잡하고 엄격하여 적응하거나 적용하기에 어려운 데가 있다. 성미나 취향 따위가 원만하지 않고 별스러워 맞춰 주기에 어려운 데가 있다. • 까다롭다 : 조건 따위가 복잡하거나 엄격하여 다루기에 순탄하지 않다. 성미나 취향 따위가 원만하지 않고 별스럽게 까탈이 많다. 예 **까탈스러운** 공정을 거치다. 　　**까탈스러운** 입맛
실뭉치	실몽당이	• 실뭉치 : 실을 한데 뭉치거나 감은 덩이 • 실몽당이 : 실을 풀기 좋게 공 모양으로 감은 뭉치 예 뒤엉킨 **실뭉치**

(2) 두 가지 표기를 모두 표준어로 인정한 경우(2개)

추가 표준형	현재 표준형	비고
엘랑	에는	• 표준어 규정 제25항에서 '에는'의 비표준형으로 규정해 온 '엘랑'을 표준형으로 인정함 • '엘랑' 외에도 'ㄹ랑'에 조사 또는 어미가 결합한 '에설랑, 설랑, -고설랑, -어설랑, -질랑'도 표준형으로 인정함 • '엘랑, -고설랑' 등은 단순한 조사/어미 결합형이므로 사전 표제어로는 다루지 않음 예 서울**엘랑** 가지를 마오. 　　교실**에설랑** 떠들지 마라. 　　나를 앞에 앉혀 놓고**설랑** 자기 아들 자랑만 하더라.
주책이다	주책없다	• 표준어 규정 제25항에 따라 '주책없다'의 비표준형으로 규정해 온 '주책이다'를 표준형으로 인정함 • '주책이다'는 '일정한 줏대가 없이 되는대로 하는 짓'을 뜻하는 '주책'에 서술격 조사 '이다'가 붙은 말로 봄 • '주책이다'는 단순한 명사+조사 결합형이므로 사전 표제어로는 다루지 않음 예 이제 와서 오래전에 헤어진 그녀를 떠올리는 나 자신을 보며 '나도 참 **주책이군**' 하는 생각이 들었다.

24 | 표준 발음법(표준어 규정)

제1장 총칙

제1항 표준 발음법은 표준어의 실제 발음을 따르되, 국어의 전통성과 합리성을 고려하여 정함을 원칙으로 한다.

제2장 자음과 모음

제2항 표준어의 자음은 다음 19개로 한다.
ㄱ ㄲ ㄴ ㄷ ㄸ ㄹ ㅁ ㅂ ㅃ ㅅ ㅆ ㅇ ㅈ ㅉ ㅊ ㅋ ㅌ ㅍ ㅎ

제3항 표준어의 모음은 다음 21개로 한다.
ㅏ ㅐ ㅑ ㅒ ㅓ ㅔ ㅕ ㅖ ㅗ ㅘ ㅙ ㅚ ㅛ ㅜ ㅝ ㅞ ㅟ ㅠ ㅡ ㅢ ㅣ

제4항 'ㅏ, ㅐ, ㅓ, ㅔ, ㅗ, ㅚ, ㅜ, ㅟ, ㅡ, ㅣ'는 단모음(單母音)으로 발음한다.
[붙임] 'ㅚ, ㅟ'는 이중 모음으로 발음할 수 있다.

제5항 'ㅑ, ㅒ, ㅕ, ㅖ, ㅘ, ㅙ, ㅛ, ㅝ, ㅞ, ㅠ, ㅢ'는 이중 모음으로 발음한다.
다만 1. 용언의 활용형에 나타나는 '져, 쪄, 쳐'는 [저, 쩌, 처]로 발음한다.
가지어 → 가져[가저]   찌어 → 쪄[쩌]   다치어 → 다쳐[다처]
다만 2. '예, 례' 이외의 'ㅖ'는 [ㅔ]로도 발음한다.
계집[계:집/게:집]   계시다[계:시다/게:시다]
시계[시계/시게](時計)   연계[연계/연게](連繫)
몌별[몌별/메별](袂別)   개폐[개폐/개페](開閉)
혜택[혜:택/헤:택](惠澤)   지혜[지혜/지혜](智慧)
다만 3. 자음을 첫소리로 가지고 있는 음절의 'ㅢ'는 [ㅣ]로 발음한다.
늴리리 닁큼 무늬 띄어쓰기 씌어 틔어 희어 희떱다 희망 유희
다만 4. 단어의 첫음절 이외의 '의'는 [ㅣ]로, 조사 '의'는 [ㅔ]로 발음함도 허용한다.
주의[주의/주이]   협의[혀븨/혀비]   우리의[우리의/우리에]   강의의[강:의의/강:이에]

제3장 음의 길이

제6항 모음의 장단을 구별하여 발음하되, 단어의 첫음절에서만 긴소리가 나타나는 것을 원칙으로 한다.
눈보라[눈:보라]   말씨[말:씨]   밤나무[밤:나무]
많다[만:타]   멀리[멀:리]   벌리다[벌:리다]
첫눈[천눈]   참말[참말]   쌍동밤[쌍동밤]
수많이[수:마니]   눈멀다[눈멀다]   떠벌리다[떠벌리다]
다만, 합성어의 경우에는 둘째 음절 이하에서도 분명한 긴소리를 인정한다.
반신반의[반:신바:늬/반:신바:니]   재삼재사[재:삼재:사]

[붙임] 용언의 단음절 어간에 어미 '-아/-어'가 결합되어 한 음절로 축약되는 경우에도 긴소리로 발음한다.

보아 → 봐[봐:] 기어 → 겨[겨:] 되어 → 돼[돼:] 두어 → 둬[둬:] 하여 → 해[해:]

다만, '오아 → 와, 지어 → 져, 찌어 → 쪄, 치어 → 쳐' 등은 긴소리로 발음하지 않는다.

제7항 긴소리를 가진 음절이라도, 다음과 같은 경우에는 짧게 발음한다.

1. 단음절인 용언 어간에 모음으로 시작된 어미가 결합되는 경우

   감다[감:따] — 감으니[가므니]
   밟다[밥:따] — 밟으면[발브면]
   신다[신:따] — 신어[시너]
   알다[알:다] — 알아[아라]

   다만, 다음과 같은 경우에는 예외적이다.

   끌다[끌:다] — 끌어[끄:러]
   떫다[떫:따] — 떫은[떨:븐]
   벌다[벌:다] — 벌어[버:러]
   썰다[썰:다] — 썰어[써:러]
   없다[업:따] — 없으니[업:쓰니]

2. 용언 어간에 피동, 사동의 접미사가 결합되는 경우

   감다[감:따] — 감기다[감기다]
   꼬다[꼬:다] — 꼬이다[꼬이다]
   밟다[밥:따] — 밟히다[발피다]

   다만, 다음과 같은 경우에는 예외적이다.

   끌리다[끌:리다] 벌리다[벌:리다] 없애다[업:쌔다]

[붙임] 다음과 같은 복합어에서는 본디의 길이에 관계없이 짧게 발음한다.

밀-물 썰-물 쏜-살-같이 작은-아버지

제4장 받침의 발음

제8항 받침소리로는 'ㄱ, ㄴ, ㄷ, ㄹ, ㅁ, ㅂ, ㅇ'의 7개 자음만 발음한다.

제9항 받침 'ㄲ, ㅋ', 'ㅅ, ㅆ, ㅈ, ㅊ, ㅌ', 'ㅍ'은 어말 또는 자음 앞에서 각각 대표음 [ㄱ, ㄷ, ㅂ]으로 발음한다.

닦다[닥따] 키읔[키윽] 키읔과[키윽꽈] 옷[옫] 웃다[욷:따] 있다[읻따] 젖[젇] 빚다[빋따]
꽃[꼳] 쫓다[쫃따] 솥[솓] 뱉다[밷:따] 앞[압] 덮다[덥따]

제10항 겹받침 'ㄳ', 'ㄵ', 'ㄼ, ㄽ, ㄾ', 'ㅄ'은 어말 또는 자음 앞에서 각각 [ㄱ, ㄴ, ㄹ, ㅂ]으로 발음한다.

넋[넉] 넋과[넉꽈] 앉다[안따] 여덟[여덜] 넓다[널따] 외곬[외골] 핥다[할따] 값[갑]
없다[업:따]

다만, '밟-'은 자음 앞에서 [밥]으로 발음하고, '넓-'은 다음과 같은 경우에 [넙]으로 발음한다.

밟다[밥:따] 밟소[밥:쏘] 밟지[밥:찌] 밟는[밥:는 → 밤:는] 밟게[밥:께] 밟고[밥:꼬]
넓-죽하다[넙쭈카다] 넓-둥글다[넙뚱글다]

제11항 겹받침 'ㄺ, ㄻ, ㄿ'은 어말 또는 자음 앞에서 각각 [ㄱ, ㅁ, ㅂ]으로 발음한다.
닭[닥] 흙과[흑꽈] 맑다[막따] 늙지[늑찌] 삶[삼:] 젊다[점:따] 읊고[읍꼬] 읊다[읍따]
다만, 용언의 어간 말음 'ㄺ'은 'ㄱ' 앞에서 [ㄹ]로 발음한다.
맑게[말께] 묽고[물꼬] 얽거나[얼꺼나]

제12항 받침 'ㅎ'의 발음은 다음과 같다.
1. 'ㅎ(ㄶ, ㅀ)' 뒤에 'ㄱ, ㄷ, ㅈ'이 결합되는 경우에는, 뒤 음절 첫소리와 합쳐서 [ㅋ, ㅌ, ㅊ]으로 발음한다.
놓고[노코] 좋던[조:턴] 쌓지[싸치] 많고[만:코] 않던[안턴] 닳지[달치]
[붙임 1] 받침 'ㄱ(ㄺ), ㄷ, ㅂ(ㄼ), ㅈ(ㄵ)'이 뒤 음절 첫소리 'ㅎ'과 결합되는 경우에도, 역시 두 음을 합쳐서 [ㅋ, ㅌ, ㅍ, ㅊ]으로 발음한다.
각하[가카] 먹히다[머키다] 밝히다[발키다] 맏형[마텽] 좁히다[조피다] 넓히다[널피다]
꽂히다[꼬치다] 앉히다[안치다]
[붙임 2] 규정에 따라 'ㄷ'으로 발음되는 'ㅅ, ㅈ, ㅊ, ㅌ'의 경우에도 이에 준한다.
옷 한 벌[오탄벌] 낮 한때[나탄때] 꽃 한 송이[꼬탄송이] 숱하다[수타다]
2. 'ㅎ(ㄶ, ㅀ)' 뒤에 'ㅅ'이 결합되는 경우에는, 'ㅅ'을 [ㅆ]으로 발음한다.
닿소[다:쏘] 많소[만:쏘] 싫소[실쏘]
3. 'ㅎ' 뒤에 'ㄴ'이 결합되는 경우에는, [ㄴ]으로 발음한다.
놓는[논는] 쌓네[싼네]
[붙임] 'ㄶ, ㅀ' 뒤에 'ㄴ'이 결합되는 경우에는, 'ㅎ'을 발음하지 않는다.
않네[안네] 않는[안는] 뚫네[뚤네 → 뚤레] 뚫는[뚤는 → 뚤른]
4. 'ㅎ(ㄶ, ㅀ)' 뒤에 모음으로 시작된 어미나 접미사가 결합되는 경우에는, 'ㅎ'을 발음하지 않는다.
낳은[나은] 놓아[노아] 쌓이다[싸이다] 많아[마:나] 않은[아는] 닳아[다라] 싫어도[시러도]

제13항 홑받침이나 쌍받침이 모음으로 시작된 조사나 어미, 접미사와 결합되는 경우에는, 제 음가대로 뒤 음절 첫소리로 옮겨 발음한다.
깎아[까까] 옷이[오시] 있어[이써] 낮이[나지] 꽂아[꼬자] 꽃을[꼬츨] 쫓아[쪼차] 밭에[바테]
앞으로[아프로] 덮이다[더피다]

제14항 겹받침이 모음으로 시작된 조사나 어미, 접미사와 결합되는 경우에는, 뒤엣것만을 뒤 음절 첫소리로 옮겨 발음한다(이 경우, 'ㅅ'은 된소리로 발음함).
넋이[넉씨] 앉아[안자] 닭을[달글] 젊어[절머] 곬이[골씨] 핥아[할타] 읊어[을퍼] 값을[갑쓸]
없어[업:써]

제15항 받침 뒤에 모음 'ㅏ, ㅓ, ㅗ, ㅜ, ㅟ'들로 시작되는 실질 형태소가 연결되는 경우에는, 대표음으로 바꾸어서 뒤 음절 첫소리로 옮겨 발음한다.
밭 아래[바다래] 늪 앞[느밥] 젖어미[저더미] 맛없다[마덥따] 겉옷[거돋] 헛웃음[허두슴] 꽃 위[꼬뒤]
다만, '맛있다, 멋있다'는 [마싣따], [머싣따]로도 발음할 수 있다.
[붙임] 겹받침의 경우에는, 그중 하나만을 옮겨 발음한다.
넋 없다[너겁따] 닭 앞에[다가페] 값어치[가버치] 값있는[가빈는]

제16항 한글 자모의 이름은 그 받침소리를 연음하되, 'ㄷ, ㅈ, ㅊ, ㅋ, ㅌ, ㅍ, ㅎ'의 경우에는 특별히 다음과 같이 발음한다.

디귿이[디그시]　디귿을[디그슬]　디귿에[디그세]
지읒이[지으시]　지읒을[지으슬]　지읒에[지으세]
치읓이[치으시]　치읓을[치으슬]　치읓에[치으세]
키읔이[키으기]　키읔을[키으글]　키읔에[키으게]
티읕이[티으시]　티읕을[티으슬]　티읕에[티으세]
피읖이[피으비]　피읖을[피으블]　피읖에[피으베]
히읗이[히으시]　히읗을[히으슬]　히읗에[히으세]

제5장 음의 동화

제17항 받침 'ㄷ, ㅌ(ㄾ)'이 조사나 접미사의 모음 'ㅣ'와 결합되는 경우에는, [ㅈ, ㅊ]으로 바꾸어서 뒤 음절 첫소리로 옮겨 발음한다.

곧이듣다[고지듣따]　굳이[구지]　미닫이[미ː다지]　땀받이[땀바지]　밭이[바치]　벼훑이[벼훌치]

[붙임] 'ㄷ' 뒤에 접미사 '히'가 결합되어 '티'를 이루는 것은 [치]로 발음한다.

굳히다[구치다]　닫히다[다치다]　묻히다[무치다]

제18항 받침 'ㄱ(ㄲ, ㅋ, ㄳ, ㄺ), ㄷ(ㅅ, ㅆ, ㅈ, ㅊ, ㅌ, ㅎ), ㅂ(ㅍ, ㄼ, ㄿ, ㅄ)'은 'ㄴ, ㅁ' 앞에서 [ㅇ, ㄴ, ㅁ]으로 발음한다.

먹는[멍는]　　국물[궁물]　　깎는[깡는]　　키읔만[키응만]　몫몫이[몽목씨]　긁는[긍는]
흙만[흥만]　　닫는[단는]　　짓는[진ː는]　옷맵시[온맵씨]　있는[인는]　　맞는[만는]
젖멍울[전멍울]　쫓는[쫀는]　꽃망울[꼰망울]　붙는[분는]　　놓는[논는]　　잡는[잠는]
밥물[밤물]　　앞마당[암마당]　밟는[밤ː는]　읊는[음는]　　없는[엄ː는]

[붙임] 두 단어를 이어서 한 마디로 발음하는 경우에도 이와 같다.

책 넣는다[챙넌는다]　흙 말리다[흥말리다]　옷 맞추다[온맏추다]
밥 먹는다[밤멍는다]　값 매기다[감매기다]

제19항 받침 'ㅁ, ㅇ' 뒤에 연결되는 'ㄹ'은 [ㄴ]으로 발음한다.

담력[담ː녁]　침략[침ː냑]　강릉[강능]　항로[항ː노]　대통령[대ː통녕]

[붙임] 받침 'ㄱ, ㅂ' 뒤에 연결되는 'ㄹ'도 [ㄴ]으로 발음한다.

막론[막논 → 망논]　석류[석뉴 → 성뉴]　협력[협녁 → 혐녁]　법리[법니 → 범니]

제20항 'ㄴ'은 'ㄹ'의 앞이나 뒤에서 [ㄹ]로 발음한다.

난로[날ː로]　신라[실라]　천리[철리]　광한루[광ː할루]　대관령[대ː괄령]
칼날[칼랄]　물난리[물랄리]　줄넘기[줄럼끼]　할는지[할른지]

[붙임] 첫소리 'ㄴ'이 'ㄶ', 'ㄸ' 뒤에 연결되는 경우에도 이에 준한다.

닳는[달른]　뚫는[뚤른]　핥네[할레]

다만, 다음과 같은 단어들은 'ㄹ'을 [ㄴ]으로 발음한다.

의견란[의ː견난]　임진란[임ː진난]　생산량[생산냥]　결단력[결딴녁]　공권력[공꿘녁]　동원령[동ː원녕]
상견례[상견녜]　횡단로[횡단노]　이원론[이ː원논]　입원료[이붠뇨]　구근류[구근뉴]

제21항 위에서 지적한 이외의 자음 동화는 인정하지 않는다.
감기[감ː기] (×[강ː기])　　옷감[옫깜] (×[옥깜])　　있고[읻꼬] (×[익꼬])　　꽃길[꼳낄] (×[꼭낄])
젖먹이[전머기] (×[점머기])　　문법[문뻡] (×[뭄뻡])　　꽃밭[꼳빧] (×[꼽빧])

제22항 다음과 같은 용언의 어미는 [어]로 발음함을 원칙으로 하되, [여]로 발음함도 허용한다.
되어[되어/되여]　　피어[피어/피여]

[붙임] '이오, 아니오'도 이에 준하여 [이요, 아니요]로 발음함을 허용한다.

제6장 경음화

제23항 받침 'ㄱ(ㄲ, ㅋ, ㄳ, ㄺ), ㄷ(ㅅ, ㅆ, ㅈ, ㅊ, ㅌ), ㅂ(ㅍ, ㄼ, ㄿ, ㅄ)' 뒤에 연결되는 'ㄱ, ㄷ, ㅂ, ㅅ, ㅈ'은 된소리로 발음한다.
국밥[국빱]　　깎다[깍따]　　넋받이[넉빠지]　　삯돈[삭똔]
닭장[닥짱]　　칡범[칙뻠]　　뻗대다[뻗때다]　　옷고름[옫꼬름]
있던[읻떤]　　꽂고[꼳꼬]　　꽃다발[꼳따발]　　낯설다[낟썰다]
밭갈이[받까리]　　솥전[솓쩐]　　곱돌[곱똘]　　덮개[덥깨]
옆집[엽찝]　　넓죽하다[넙쭈카다]　　읊조리다[읍쪼리다]　　값지다[갑찌다]

제24항 어간 받침 'ㄴ(ㄵ), ㅁ(ㄻ)' 뒤에 결합되는 어미의 첫소리 'ㄱ, ㄷ, ㅅ, ㅈ'은 된소리로 발음한다.
신고[신ː꼬]　　껴안다[껴안따]　　앉고[안꼬]　　얹다[언따]
삼고[삼ː꼬]　　더듬지[더듬찌]　　닮고[담ː꼬]　　젊지[점ː찌]

다만, 피동, 사동의 접미사 '-기-'는 된소리로 발음하지 않는다.
안기다　　감기다　　굶기다　　옮기다

제25항 어간 받침 'ㄼ, ㄾ' 뒤에 결합되는 어미의 첫소리 'ㄱ, ㄷ, ㅅ, ㅈ'은 된소리로 발음한다.
넓게[널께]　　핥다[할따]　　훑소[훌쏘]　　떫지[떨ː찌]

제26항 한자어에서, 'ㄹ' 받침 뒤에 연결되는 'ㄷ, ㅅ, ㅈ'은 된소리로 발음한다.
갈등[갈뜽]　　발동[발똥]　　절도[절또]　　말살[말쌀]
불소[불쏘](弗素)　　일시[일씨]　　갈증[갈쯩]　　물질[물찔]
발전[발쩐]　　몰상식[몰쌍식]　　불세출[불쎄출]

다만, 같은 한자가 겹쳐진 단어의 경우에는 된소리로 발음하지 않는다.
허허실실[허허실실](虛虛實實)　　절절-하다[절절하다](切切-)

제27항 관형사형 '-(으)ㄹ' 뒤에 연결되는 'ㄱ, ㄷ, ㅂ, ㅅ, ㅈ'은 된소리로 발음한다.
할 것을[할꺼슬]　　갈 데가[갈떼가]　　할 바를[할빠를]　　할 수는[할쑤는]
할 적에[할쩌게]　　갈 곳[갈꼳]　　할 도리[할또리]　　만날 사람[만날싸람]

다만, 끊어서 말할 적에는 예사소리로 발음한다.

[붙임] '-(으)ㄹ'로 시작되는 어미의 경우에도 이에 준한다.
할걸[할껄]　　할밖에[할빠께]　　할세라[할쎄라]　　할수록[할쑤록]
할지라도[할찌라도]　　할지언정[할찌언정]　　할진대[할찐대]

제28항 표기상으로는 사이시옷이 없더라도, 관형격 기능을 지니는 사이시옷이 있어야 할(휴지가 성립되는) 합성어의 경우에는, 뒤 단어의 첫소리 'ㄱ, ㄷ, ㅂ, ㅅ, ㅈ'을 된소리로 발음한다.

    문-고리[문꼬리]   눈-동자[눈똥자]   신-바람[신빠람]   산-새[산쌔]
    손-재주[손째주]   길-가[길까]   물-동이[물똥이]   발-바닥[발빠닥]
    굴-속[굴ː쏙]   술-잔[술짠]   바람-결[바람껼]   그믐-달[그믐딸]
    아침-밥[아침빱]   잠-자리[잠짜리]   강-가[강까]   초승-달[초승딸]
    등-불[등뿔]   창-살[창쌀]   강-줄기[강쭐기]

제7장 음의 첨가

제29항 합성어 및 파생어에서, 앞 단어나 접두사의 끝이 자음이고 뒤 단어나 접미사의 첫음절이 '이, 야, 여, 요, 유'인 경우에는, 'ㄴ' 음을 첨가하여 [니, 냐, 녀, 뇨, 뉴]로 발음한다.

    솜-이불[솜ː니불]   홑-이불[혼니불]   막-일[망닐]   삯-일[상닐]
    맨-입[맨닙]   꽃-잎[꼰닙]   내복-약[내ː봉냑]   한-여름[한녀름]
    남존-여비[남존녀비]   신-여성[신녀성]   색-연필[생년필]   직행-열차[지캥녈차]
    늑막-염[능망념]   콩-엿[콩녇]   담-요[담ː뇨]   눈-요기[눈뇨기]
    영업-용[영엄뇽]   식용-유[시굥뉴]   백분-율[백뿐뉼]   밤-윷[밤ː뉻]

다만, 다음과 같은 말들은 'ㄴ' 음을 첨가하여 발음하되, 표기대로 발음할 수 있다.

    이죽-이죽[이중니죽/이주기죽]   야금-야금[야금냐금/야그먀금]   검열[검ː녈/거ː멸]
    욜랑-욜랑[욜랑뇰랑/욜랑욜랑]   금융[금늉/그뮹]

[붙임 1] 'ㄹ' 받침 뒤에 첨가되는 'ㄴ' 음은 [ㄹ]로 발음한다.

        들-일[들ː릴]   솔-잎[솔립]   설-익다[설릭따]
        물-약[물략]   불-여우[불려우]   서울-역[서울력]
        물-엿[물렫]   휘발-유[휘발류]   유들-유들[유들류들]

[붙임 2] 두 단어를 이어서 한 마디로 발음하는 경우에도 이에 준한다.

        한 일[한닐]   옷 입다[온닙따]   서른여섯[서른녀섣]   3 연대[삼년대]
        먹은 엿[머근녇]   할 일[할릴]   잘 입다[잘립따]   스물여섯[스물려섣]
        1 연대[일련대]   먹을 엿[머글렫]

다만, 다음과 같은 단어에서는 'ㄴ(ㄹ)' 음을 첨가하여 발음하지 않는다.

        6·25[유기오]   3·1절[사밀쩔]   송별-연[송ː벼련]   등-용문[등용문]

제30항 사이시옷이 붙은 단어는 다음과 같이 발음한다.

1. 'ㄱ, ㄷ, ㅂ, ㅅ, ㅈ'으로 시작하는 단어 앞에 사이시옷이 올 때는 이들 자음만을 된소리로 발음하는 것을 원칙으로 하되, 사이시옷을 [ㄷ]으로 발음하는 것도 허용한다.

    냇가[내ː까/낻ː까]   샛길[새ː낄/샏ː낄]   빨랫돌[빨래똘/빨랟똘]
    콧등[코뜽/콛뜽]   깃발[기빨/긷빨]   대팻밥[대ː패빱/대ː팯빱]
    햇살[해쌀/핻쌀]   뱃속[배쏙/밷쏙]   뱃전[배쩐/밷쩐]
    고갯짓[고개찓/고갣찓]

2. 사이시옷 뒤에 'ㄴ, ㅁ'이 결합되는 경우에는 [ㄴ]으로 발음한다.
 콧날[콘날 → 콘날]   아랫니[아랜니 → 아랜니]
 툇마루[퇻 : 마루 → 퇸 : 마루]   뱃머리[밷머리 → 밴머리]

3. 사이시옷 뒤에 '이' 음이 결합되는 경우에는 [ㄴㄴ]으로 발음한다.
 베갯잇[베갣닏 → 베갠닏]   깻잎[깯닙 → 깬닙]   나뭇잎[나묻닙 → 나문닙]
 도리깻열[도리깯녈 → 도리깬녈]   뒷윷[뒫 : 늋 → 뒨 : 늋]

> **기출분석**

- 밑줄 친 표현의 발음이 표준 발음법이 맞는 것은?
 → 불법을[불버블] 조장한다는 의견도 있었습니다.(O)
 → 열 살 때까지 글을 읽지도[익찌도] 못했다고 해요.(O)
 → 이 대학은 최근[췌 : 근] 외국인 학생이 부쩍 늘어났어요.(O)

- 밑줄 친 겹받침의 발음이 옳은 것은?
 → 가을 하늘은 참으로 맑다[막따].(O)
 → 감이 익지 않아 대단히 떫다[떨 : 따].(O)
 → 우리는 그 책을 읽고[일꼬], 큰 감명을 받았다.(O)

- 그 단어의 표기와 발음이 어문 규정상 옳은 것은?
 → 웃옷 - [우돋](O)
 → 윗잇몸 - [위딘몸](O)
 → 웃돈 - [욷똔](O)

25 | 외래어 표기법

제1장 표기의 기본 원칙

제1항   외래어는 국어의 현용 24 자모만으로 적는다.
제2항   외래어의 1 음운은 원칙적으로 1 기호로 적는다.
제3항   받침에는 'ㄱ, ㄴ, ㄹ, ㅁ, ㅂ, ㅅ, ㅇ'만을 쓴다.
제4항   파열음 표기에는 된소리를 쓰지 않는 것을 원칙으로 한다.
제5항   이미 굳어진 외래어는 관용을 존중하되, 그 범위와 용례는 따로 정한다.

제3장 표기 세칙

제1절 _ 영어의 표기

제1항 무성 파열음 ([p], [t], [k])

1. 짧은 모음 다음의 어말 무성 파열음([p], [t], [k])은 받침으로 적는다.
    gap[gæp] 갭   cat[kæt] 캣   book[buk] 북

2. 짧은 모음과 유음·비음([l], [r], [m], [n]) 이외의 자음 사이에 오는 무성 파열음([p], [t], [k])은 받침으로 적는다.
    apt[æpt] 앱트   setback[setbæk] 셋백   act[ækt] 액트

3. 위 경우 이외의 어말과 자음 앞의 [p], [t], [k]는 '으'를 붙여 적는다.
    stamp[stæmp] 스탬프   cape[keip] 케이프   nest[nest] 네스트   part[pɑːt] 파트   desk[desk] 데스크
    make[meik] 메이크   apple[æpl] 애플   mattress[mætris] 매트리스   chipmunk[tʃipmʌŋk] 치프멍크
    sickness[siknis] 시크니스

제2항 유성 파열음([b], [d], [g])

어말과 모든 자음 앞에 오는 유성 파열음은 '으'를 붙여 적는다.
    bulb[bʌlb] 벌브   land[lænd] 랜드   zigzag[zigzæg] 지그재그   lobster[lɔbstə] 로브스터
    kidnap[kidnæp] 키드냅   signal[signəl] 시그널

제3항 마찰음([s], [z], [f], [v], [θ], [ð], [ʃ], [ʒ])

1. 어말 또는 자음 앞의 [s], [z], [f], [v], [θ], [ð]는 '으'를 붙여 적는다.
    mask[mɑːsk] 마스크   jazz[dʒæz] 재즈   graph[græf] 그래프   olive[ɔliv] 올리브   thrill[θril] 스릴
    bathe[beið] 베이드

2. 어말의 [ʃ]는 '시'로 적고, 자음 앞의 [ʃ]는 '슈'로, 모음 앞의 [ʃ]는 뒤따르는 모음에 따라 '샤', '섀', '셔', '셰', '쇼', '슈', '시'로 적는다.
    flash[flæʃ] 플래시   shrub[ʃrʌb] 슈러브   shark[ʃɑːk] 샤크   shank[ʃæŋk] 섕크
    fashion[fæʃən] 패션   sheriff[ʃerif] 셰리프   shopping[ʃɔpiŋ] 쇼핑   shoe[ʃuː] 슈   shim[ʃim] 심

3. 어말 또는 자음 앞의 [ʒ]는 '지'로 적고, 모음 앞의 [ʒ]는 'ㅈ'으로 적는다.
    mirage[mirɑːʒ] 미라지   vision[viʒən] 비전

제4항 파찰음([ts], [dz], [tʃ], [dʒ])

1. 어말 또는 자음 앞의 [ts], [dz]는 '츠', '즈'로 적고, [tʃ], [dʒ]는 '치', '지'로 적는다.
    Keats[kiːts] 키츠   odds[ɔdz] 오즈   switch[switʃ] 스위치
    bridge[bridʒ] 브리지   Pittsburgh[pitsbəːg] 피츠버그   hitchhike[hitʃhaik] 히치하이크

2. 모음 앞의 [tʃ], [dʒ]는 'ㅊ', 'ㅈ'으로 적는다.
    chart[tʃɑːt] 차트   virgin[vəːdʒin] 버진

제5항 비음([m], [n], [ŋ])

1. 어말 또는 자음 앞의 비음은 모두 받침으로 적는다.
    steam[stiːm] 스팀   corn[kɔːn] 콘   ring[riŋ] 링   lamp[læmp] 램프   hint[hint] 힌트
    ink[iŋk] 잉크

2. 모음과 모음 사이의 [ŋ]은 앞 음절의 받침 'ㅇ'으로 적는다.
    hanging[hæŋiŋ] 행잉   longing[lɔŋiŋ] 롱잉

제6항 유음([l])

1. 어말 또는 자음 앞의 [l]은 받침으로 적는다.
   hotel[houtel] 호텔   pulp[pʌlp] 펄프

2. 어중의 [l]이 모음 앞에 오거나, 모음이 따르지 않는 비음([m], [n]) 앞에 올 때에는 'ㄹㄹ'로 적는다. 다만, 비음([m], [n]) 뒤의 [l]은 모음 앞에 오더라도 'ㄹ'로 적는다.
   slide[slaid] 슬라이드   film[film] 필름   helm[helm] 헬름   swoln[swouln] 스월른
   Hamlet[hæmlit] 햄릿   Henley[henli] 헨리

제7항 장모음

장모음의 장음은 따로 표기하지 않는다.
team[tiːm] 팀   route[ruːt] 루트

제8항 중모음([ai], [au], [ei], [ɔi], [ou], [auə])

중모음은 각 단모음의 음가를 살려서 적되, [ou]는 '오'로, [auə]는 '아워'로 적는다.
time[taim] 타임   house[haus] 하우스   skate[skeit] 스케이트   oil[ɔil] 오일   boat[bout] 보트
tower[tauə] 타워

제9항 반모음([w], [j])

1. [w]는 뒤따르는 모음에 따라 [wə], [wɔ], [wou]는 '워', [wɑ]는 '와', [wæ]는 '왜', [we]는 '웨', [wi]는 '위', [wu]는 '우'로 적는다.
   word[wəːd] 워드   want[wɔnt] 원트   woe[wou] 워   wander[wɑndə] 완더   wag[wæg] 왜그
   west[west] 웨스트   witch[witʃ] 위치   wool[wul] 울

2. 자음 뒤에 [w]가 올 때에는 두 음절로 갈라 적되, [gw], [hw], [kw]는 한 음절로 붙여 적는다.
   swing[swiŋ] 스윙   twist[twist] 트위스트   penguin[peŋgwin] 펭귄   whistle[hwisl] 휘슬
   quarter[kwɔːtə] 쿼터

3. 반모음 [j]는 뒤따르는 모음과 합쳐 '야', '얘', '여', '예', '요', '유', '이'로 적는다. 다만, [d], [l], [n] 다음에 [jə]가 올 때에는 각각 '디어', '리어', '니어'로 적는다.
   yard[jɑːd] 야드   yank[jæŋk] 얭크   yearn[jəːn] 연   yellow[jelou] 옐로
   yawn[jɔːn] 욘   you[juː] 유   year[jiə] 이어   Indian[indjən] 인디언
   battalion[bətæljən] 버탤리언   union[juːnjən] 유니언

제10항 복합어

1. 따로 설 수 있는 말의 합성으로 이루어진 복합어는 그것을 구성하고 있는 말이 단독으로 쓰일 때의 표기대로 적는다.
   cuplike[kʌplaik] 컵라이크   bookend[bukend] 북엔드   headlight[hedlait] 헤드라이트
   touchwood[tʌtʃwud] 터치우드   sit-in[sitin] 싯인   bookmaker[bukmeikə] 북메이커
   flashgun[flæʃgʌn] 플래시건   topknot[tɔpnɔt] 톱놋

2. 원어에서 띄어 쓴 말은 띄어 쓴 대로 한글 표기를 하되, 붙여 쓸 수도 있다.
   Los Alamos[lɔsæləmous] 로스 앨러모스/로스앨러모스   top class[tɔpklæs] 톱 클래스/톱클래스

> **기출분석**
>
> - 외래어 표기가 모두 옳은 것으로만 묶인 것은?
>   → 커피 – 가운 – 필름 – 앙케트(O)
>   → 디지털 – 슈퍼마켓 – 휘슬 – 콩트(O)
>   → 블라우스 – 사이다 – 디스 – 커닝(O)
>
> - 밑줄 친 외래어 가운데 표기법에 맞는 것은?
>   → <u>스펀지</u>는 고무나 합성수지 따위로 만든다.(O)
>   → 시청에 가려면 <u>로터리</u>에서 좌회전하세요.(O)
>   → 땀으로 가득한 얼굴에 신나는 리듬의 몸동작, 이것이 <u>재즈</u> 댄스의 매력이다.(O)

26 | 로마자 표기법

제1장 표기의 기본 원칙

제1항 국어의 로마자 표기는 국어의 표준 발음법에 따라 적는 것을 원칙으로 한다.
제2항 로마자 이외의 부호는 되도록 사용하지 않는다.

제2장 표기 일람

제1항 모음은 다음 각호와 같이 적는다.

1. 단모음

ㅏ	ㅓ	ㅗ	ㅜ	ㅡ	ㅣ	ㅐ	ㅔ	ㅚ	ㅟ
a	eo	o	u	eu	i	ae	e	oe	wi

2. 이중 모음

ㅑ	ㅕ	ㅛ	ㅠ	ㅒ	ㅖ	ㅘ	ㅙ	ㅝ	ㅞ	ㅢ
ya	yeo	yo	yu	yae	ye	wa	wae	wo	we	ui

[붙임 1] 'ㅢ'는 'ㅣ'로 소리 나더라도 'ui'로 적는다.
　　　　광희문 Gwanghuimun
[붙임 2] 장모음의 표기는 따로 하지 않는다.

제2항 자음은 다음 각호와 같이 적는다.

1. 파열음

ㄱ	ㄲ	ㅋ	ㄷ	ㄸ	ㅌ	ㅂ	ㅃ	ㅍ
g, k	kk	k	d, t	tt	t	b, p	pp	p

2. 파찰음

ㅈ	ㅉ	ㅊ
j	jj	ch

3. 마찰음

ㅅ	ㅆ	ㅎ
s	ss	h

4. 비음

ㄴ	ㅁ	ㅇ
n	m	ng

5. 유음

ㄹ
r, l

[붙임 1] 'ㄱ, ㄷ, ㅂ'은 모음 앞에서는 'g, d, b'로, 자음 앞이나 어말에서는 'k, t, p'로 적는다 ([ ] 안의 발음에 따라 표기함).

구미	Gumi	영동	Yeongdong	백암	Baegam
옥천	Okcheon	합덕	Hapdeok	호법	Hobeop
월곶[월곧]	Wolgot	벚꽃[벋꼳]	beotkkot	한밭[한받]	Hanbat

[붙임 2] 'ㄹ'은 모음 앞에서는 'r'로, 자음 앞이나 어말에서는 'l'로 적는다. 단, 'ㄹㄹ'은 'l l'로 적는다.

구리	Guri	설악	Seorak	칠곡	Chilgok
임실	Imsil	울릉	Ulleung	대관령[대괄령]	Daegwallyeong

제3장 표기상의 유의점

제1항 음운 변화가 일어날 때에는 변화의 결과에 따라 다음 각호와 같이 적는다.

1. 자음 사이에서 동화 작용이 일어나는 경우

백마[뱅마]	Baengma	신문로[신문노]	Sinmunno	종로[종노]	Jongno
왕십리[왕심니]	Wangsimni	별내[별래]	Byeollae	신라[실라]	Silla

2. 'ㄴ, ㄹ'이 덧나는 경우

학여울[항녀울]	Hangnyeoul	알약[알략]	allyak

3. 구개음화가 되는 경우

해돋이[해도지]	haedoji	같이[가치]	gachi	굳히다[구치다]	guchida

4. 'ㄱ, ㄷ, ㅂ, ㅈ'이 'ㅎ'과 합하여 거센소리로 소리나는 경우

좋고[조코]	joko	놓다[노타]	nota
잡혀[자펴]	japyeo	낳지[나치]	nachi

다만, 체언에서 'ㄱ, ㄷ, ㅂ' 뒤에 'ㅎ'이 따를 때에는 'ㅎ'을 밝혀 적는다.

| 묵호 | Mukho | 집현전 | Jiphyeonjeon |

[붙임] 된소리되기는 표기에 반영하지 않는다.

압구정	Apgujeong	낙동강	Nakdonggang	죽변	Jukbyeon
낙성대	Nakseongdae	합정	Hapjeong	팔당	Paldang
샛별	saetbyeol	울산	Ulsan		

제2항 발음상 혼동의 우려가 있을 때에는 음절 사이에 붙임표(-)를 쓸 수 있다.

| 중앙 | Jung-ang | 반구대 | Ban-gudae |
| 세운 | Se-un | 해운대 | Hae-undae |

제3항 고유 명사는 첫 글자를 대문자로 적는다.

| 부산 | Busan | 세종 | Sejong |

제4항 인명은 성과 이름의 순서로 띄어 쓴다. 이름은 붙여 쓰는 것을 원칙으로 하되 음절 사이에 붙임표(-)를 쓰는 것을 허용한다[( ) 안의 표기를 허용함].

| 민용하 | Min Yongha (Min Yong-ha) | 송나리 | Song Nari (Song Na-ri) |

1. 이름에서 일어나는 음운 변화는 표기에 반영하지 않는다.

| 한복남 | Han Boknam (Han Bok-nam) | 홍빛나 | Hong Bitna (Hong Bit-na) |

2. 성의 표기는 따로 정한다.

제5항 '도, 시, 군, 구, 읍, 면, 리, 동'의 행정 구역 단위와 '가'는 각각 'do, si, gun, gu, eup, myeon, ri, dong, ga'로 적고, 그 앞에는 붙임표(-)를 넣는다. 붙임표(-) 앞뒤에서 일어나는 음운 변화는 표기에 반영하지 않는다.

충청북도	Chungcheongbuk-do	제주도	Jeju-do	의정부시	Uijeongbu-si
양주군	Yangju-gun	도봉구	Dobong-gu	신창읍	Sinchang-eup
삼죽면	Samjuk-myeon	인왕리	Inwang-ri	당산동	Dangsan-dong
봉천 1동	Bongcheon 1(il)-dong	종로 2가	Jongno 2(i)-ga	퇴계로 3가	Toegyero 3(sam)-ga

[붙임] '시, 군, 읍'의 행정 구역 단위는 생략할 수 있다.

| 청주시 | Cheongju | 함평군 | Hampyeong | 순창읍 | Sunchang |

제6항 자연 지물명, 문화재명, 인공 축조물명은 붙임표(-) 없이 붙여 쓴다.

남산	Namsan	속리산	Songnisan	금강	Geumgang
독도	Dokdo	경복궁	Gyeongbokgung	무량수전	Muryangsujeon
연화교	Yeonhwagyo	극락전	Geungnakjeon	안압지	Anapji
남한산성	Namhansanseong	화랑대	Hwarangdae	불국사	Bulguksa
현충사	Hyeonchungsa	독립문	Dongnimmun	오죽헌	Ojukheon
촉석루	Chokseongnu	종묘	Jongmyo	다보탑	Dabotap

제7항 인명, 회사명, 단체명 등은 그동안 써 온 표기를 쓸 수 있다.

제8항 학술 연구 논문 등 특수 분야에서 한글 복원을 전제로 표기할 경우에는 한글 표기를 대상으로 적는다. 이때 글자 대응은 제2장을 따르되 'ㄱ, ㄷ, ㅂ, ㄹ'은 'g, d, b, l'로만 적는다. 음가 없는 'ㅇ'은 붙임표(-)로 표기하되 어두에서는 생략하는 것을 원칙으로 한다. 기타 분절의 필요가 있을 때에도 붙임표(-)를 쓴다.

집	jib	짚	jip	밖	bakk
값	gabs	붓꽃	buskkoch	먹는	meogneun
독립	doglib	문리	munli	물엿	mul-yeos
굳이	gud-i	좋다	johda	가곡	gagog
조랑말	jolangmal	없었습니다	eobs-eoss-seubnida		

기출분석

• 다음의 국어 로마자 표기 사례를 통해 알 수 있는 표기 원칙으로 옳은 것은?

> 광희문 Gwanghuimun
> 독립문 Dongnimmun
> 거북선 Geobukseon
> 대관령 Daegwallyeong

→ 전자(轉字)법이 아니라 전음(轉音)법을 원칙으로 한다.(○)
→ 'ㄱ'은 자음 앞에서 'k'로 표기한다.(○)
→ 'ㄹㄹ'로 소리나면 'ㅣㅣ'로 적는다.(○)

• 다음 중 로마자 표기법이 옳은 것은?
→ 삼죽면 : Samjuk-myeon(○)
→ 촉석루 : Chokseongnu(○)
→ 광희문 : Gwanghuimun(○)

• 로마자 표기가 옳은 것으로만 이루어진 것은?
→ Jeju(제주), Busan(부산), Daegu(대구)(○)
→ Daejeon(대전), Gimpo(김포), Yeouido(여의도)(○)
→ haedoji(해돋이), joko(좋고), allyak(알약)(○)

27 | 한자

1. 한자의 기원과 발전
한(漢)나라 '허신(許愼)'이라는 사람이 쓴 『說文解字(설문해자)』에서 '창힐'이라는 사람이 '새의 발자국 모양[鳥足之跡]'을 본 따서 만들었다고 전한다.

2. 한자의 3요소(三要素)
형(形 - 모양), 음(音 - 소리), 의(義 - 뜻)

3. 한자의 육서(六書)
① 독체자(獨體字) : 문(文)
- 상형(象形) : 사물의 모양을 본 뜬 글자, 사물의 형태를 구체적으로 모방해 만든 글자
  예 日(일), 月(월), 山(산), 川(천) 등
- 지사(指事) : 사물을 직접 가리키는 글자, 기호를 사용하여 추상적으로 지시하는 글자
  예 一(일), 二(이), 上(상), 下(하), 本(본) 등

② 합체자(合體字) : 자(字)
- 회의(會意) : 뜻과 뜻을 합하여 새로운 뜻을 나타낸 글자
  예 炎(염), 林(림), 明(명), 信(신), 武(무) 등
- 형성(形成) : 소리와 뜻을 분리하여 결합한 글자, 한자의 약 85%
  예 [변]淸, 媒//[방]頭, 勉//[두]草, 雪//[발]慈, 盛//[몸]間, 國 등

③ 확장(擴張) 또는 운용자(運用字)
- 전주(轉注) : 여러 소리나 뜻으로 쓰이는 글자, 본래의 의미에서 유추, 파생, 전용됨
  예 老(노), 考(고), 樂(락) 등
- 가차(假借) : 외래어 표기에 쓰이는 글자, 음이나 형태 등을 차용한 글자
  예 弗(불), 夫(부), 烏(오), 亞細亞(아세아), 堂堂(당당), 丁丁(정정)

4. 한자의 분류
① 형태상 : 고립어
② 계통상 : 인도지나어 또는 중국티벳어
③ 특성 : 시각적, 조어력이 강함

5. 수의 원형 쓰기
扌(手. 손이나 재주), 辶(辵. 쉬엄쉬엄 가다), 犭(犬. 짐승), 忄(心. 감정), 衤(衣. 옷), 月(肉. 신체), 灬(火. 불), 刂(刀. 칼)

6. 한자의 부수 기초

五(오. 二), 六(육. 八), 七(칠. 一), 九(구. 乙), 東(동. 木), 西(서. 西), 南(남. 十), 北(북. 匕), 乙(을. 乙), 來(래. 人), 成(성. 戈), 爲(위. 爪), 夢(몽. 夕), 街(가. 行), 舊(구. 臼), 歸(귀. 止)

7. 인칭 대명사

① 1인칭 대명사(나/우리) : 我(아), 吾(오), 予(여), 余(여), 自(자), 己(기), 朕(짐)
② 2인칭 대명사(너/그대) : 汝(여), 子(자), 君(군), 卿(경), 公(공), 兄(형)
③ 3인칭 대명사(그/그녀) : 其(기), 彼(피)

8. 한자어의 쓰임

① 與(여) – ○_____ (~에게 주다 • 授)
　　　　　_____○_____ (~와/과 • 又)
　　　　　_____○ (~인가/일까? • 乎)

② 之(지) – ○_____
　　　　　_____○
　　　　　_____○

③ 道(도) – ○_____
　　　　　_____○
　　　　　_____○

④ 而(이) – 그리고 (+긍정어)
　　　　　– 그러나 (+부정어)

9. 干支(간지) – 하늘과 땅의 이치

① 天干(천간) : 하늘의 이치 10개 → 갑, 을, 병, 정, 무, 기, 경, 신, 임, 계
② 地支(지지) : 땅의 이치 12개 → 자, 축, 인, 묘, 진, 사, 오, 미, 신, 유, 술, 해

[참고] 60갑자(甲子)로 따지면 2011년은 신묘(辛卯)년, 2012년은 임진(壬辰)년, 2013년은 계사(癸巳)년, 2014년은 갑오(甲午)년 이런 식으로 된다.

10. 지칭어

• 살아 계신 자기 아버지 : 가친, 엄친, 부친, 부주
• 살아 계신 자기 어머니 : 자친, 자가, 모주
• 살아 계신 남의 아버지 : 춘부장, 춘장, 춘당, 대인
• 살아 계신 남의 어머니 : 자당, 모당, 훤당, 대부인
• 살아 있는 자기 아들 : 가아, 가돈, 돈아
• 살아 있는 자기 딸 : 여식, 식비
• 살아 있는 남의 아들 : 영랑, 영윤, 영식
• 살아 있는 남의 딸 : 영양, 영애, 영교

11. 사서오경

① 4서 : 논어, 맹자, 중용, 대학
② 5경 : 시경, 서경, 역경, 예기, 춘추

12. 대학의 3강령과 8덕목

① 3강령 : 明明德(명명덕), 止於至善(지어지선), 親民(친민)
② 8덕목 : 格物(격물), 致知(치지), 誠意(성의), 正心(정심), 修身(수신), 齊家(제가), 治國(치국), 平天下(평천하)

13. 잘못 읽기 쉬운 한자음(괄호 안은 틀린 음)

- 可矜 가긍(가금)
- 戡定 감정(심정)
- 醵出 갹출(거출)
- 誇張 과장(오장)
- 教唆 교사(교준)
- 句讀 구두(구독)
- 詭辯 궤변(위변)
- 難澁 난삽(난습)
- 鹿皮 녹비(녹피)
- 撞着 당착(동착)
- 屯困 준곤(둔곤)
- 來往 내왕(내주)
- 蔓延 만연(만정)
- 明澄 명징(명증)
- 巫覡 무격(무현)
- 撲滅 박멸(복멸)
- 潑剌 발랄(발자)
- 不朽 불후(불구)
- 使嗾 사주(사족)
- 索漠 삭막(색한)
- 書簡 서간(서한)
- 殺到 쇄도(살도)
- 諡號 시호(익호)
- 謁見 알현(알견)
- 役割 역할(역활)

- 恪別 각별(격별)
- 降下 강하(항하)
- 揭示 게시(계시)
- 刮目 괄목(활목)
- 丘陵 구릉(구능)
- 句節 구절(귀절)
- 龜裂 균열(구열)
- 捏造 날조(훼조)
- 茶菓 다과(차과)
- 陶冶 도야(도치)
- 鈍濁 둔탁(돈탁)
- 掠奪 약탈(경탈)
- 邁進 매진(만진)
- 牡友 모우(목우)
- 拇印 무인(모인)
- 撲殺 박살(복살)
- 幇助 방조(봉조)
- 比喩 비유(벽유)
- 奢侈 사치(사다)
- 撒布 살포(산포)
- 洗滌 세척(세조)
- 水洗 수세(수선)
- 十方 시방(십방)
- 愛玩 애완(애원)
- 嗚咽 오열(명인)

- 姦慝 간특(간약)
- 改悛 개전(개준)
- 更迭 경질(갱질)
- 壞滅 괴멸(회멸)
- 口腔 구강(구공)
- 救恤 구휼(구혈)
- 近況 근황(근항)
- 捺印 날인(나인)
- 茶店 다점(차점)
- 瀆職 독직(속직)
- 登攀 등반(등거)
- 濾過 여과(노과)
- 驀進 맥진(막진)
- 木瓜 모과(목과)
- 未洽 미흡(미합)
- 頒布 반포(분포)
- 便秘 변비(편비)
- 沸騰 비등(불등)
- 詐欺 사기(사취)
- 相殺 상쇄(상살)
- 甦生 소생(갱생)
- 猜忌 시기(청기)
- 齷齪 악착(악족)
- 隘路 애로(익로)
- 汚辱 오욕(오진)

- 看做 간주(간고)
- 坑道 갱도(항도)
- 驚蟄 경칩(경첩)
- 攪亂 교란(각란)
- 口碑 구비(구패)
- 求愛 구애(구득)
- 拿捕 나포(합포)
- 內人 나인(내인)
- 團欒 단란(단락)
- 獨擅 독천(독단)
- 烙印 낙인(각인)
- 鹿茸 녹용(녹이)
- 萌芽 맹아(붕아)
- 杳然 묘연(향연)
- 剝奪 박탈(녹탈)
- 拔萃 발췌(발치)
- 兵站 병참(병점)
- 憑藉 빙자(빙적)
- 數數 삭삭(수수)
- 省略 생략(성략)
- 遡及 소급(삭급)
- 示唆 시사(시준)
- 斡旋 알선(간선)
- 惹起 야기(약기)
- 渦中 와중(과중)

- 訛傳 와전(화전)
- 窯業 요업(질업)
- 遊說 유세(유설)
- 弛緩 이완(치완)
- 一括 일괄(일활)
- 自刎 자문(자물)
- 奠幣 전폐(존폐)
- 造詣 조예(조지)
- 叱責 질책(힐책)
- 懺悔 참회(섬회)
- 闡明 천명(단명)
- 忖度 촌탁(촌도)
- 熾烈 치열(식열)
- 慟哭 통곡(동곡)
- 跛立 피립(파립)
- 平坦 평탄(평단)
- 標識 표지(표식)
- 肛門 항문(홍문)
- 諧謔 해학(개학)
- 荊棘 형극(형자)
- 滑走 활주(골주)
- 嗅覺 후각(취각)
- 恰似 흡사(합사)

- 緩和 완화(난화)
- 容喙 용훼(용탁)
- 吟味 음미(금미)
- 移徙 이사(이도)
- 一切 일체(일절)
- 暫定 잠정(참정)
- 點睛 점정(점청)
- 奏請 주청(진정)
- 桎梏 질곡(지고)
- 暢達 창달(장달)
- 尖端 첨단(연단)
- 秋毫 추호(추모)
- 彈劾 탄핵(탄효)
- 洞察 통찰(동찰)
- 辦得 판득(변득)
- 捕捉 포착(포촉)
- 風味 풍미(풍마)
- 行列 항렬(행렬)
- 享樂 향락(형락)
- 忽然 홀연(총연)
- 黃疸 황달(황단)
- 麾下 휘하(마하)

- 歪曲 왜곡(외곡)
- 雨雹 우박(우포)
- 凝結 응결(의결)
- 罹患 이환(나환)
- 剩餘 잉여(승도)
- 將帥 장수(장사)
- 措置 조치(차치)
- 躊躇 주저(수저)
- 執拗 집요(집유)
- 漲溢 창일(장익)
- 涕泣 체읍(제읍)
- 追悼 추도(추탁)
- 綻露 탄로(정로)
- 堆敲 퇴고(추고)
- 敗北 패배(패북)
- 褒賞 포상(보상)
- 割引 할인(활인)
- 降將 항장(강장)
- 現況 현황(현항)
- 花瓣 화판(화변)
- 恍惚 황홀(광홀)
- 恤兵 휼병(혈병)

- 凹凸 요철(요돌)
- 雲刻 운각(운핵)
- 義捐 의연(의손)
- 溺死 익사(약사)
- 孜孜 자자(고고)
- 裝塡 장전(장진)
- 稠密 조밀(주밀)
- 憎惡 증오(증악)
- 捉來 착래(촉래)
- 喘息 천식(단식)
- 諦念 체념(제념)
- 衷心 충심(애심)
- 攄得 터득(여득)
- 破綻 파탄(파정)
- 霸權 패권(파귀)
- 輻輳 폭주(복주)
- 陜川 합천(협천)
- 解弛 해이(해지)
- 絢爛 현란(순란)
- 廓然 확연(곽연)
- 嚆矢 효시(고시)
- 欣快 흔쾌(흠쾌)

> **기출분석**
>
> - 다음 한자어가 가리키는 대상이 옳은 것은?
>   → 춘부장(椿府丈) - 상대방의 아버지(O)
>   → 자당(慈堂) - 상대방의 어머니(O)
>   → 자형(姊兄) - 누나의 남편(O)
>
> - 한자어 표현을 제대로 이해한 것은?
>   → 법(法)에 저촉(抵觸)이 되다.
>   ⇒ "법에 걸리다."라는 말이다.(O)
>   → 촉수(觸手)를 엄금(嚴禁)하시오.
>   ⇒ "손대지 마시오."라는 말이다.(O)
>   → 장물(臟物)을 은닉(隱匿)하다.
>   ⇒ "범죄 행위로 부당하게 취득한 남의 물건을 숨기다."라는 말이다.(O)

28 | 순우리말

1. 물건의 단위

- 갓 : 조기, 굴비 따위의 해산물이나 고비, 고사리 따위를 묶은 단위, 해산물은 10마리, 나물 종류는 10모숨을 한 줄로 엮은 것
- 강다리 : 장작 100개비
- 갓바리 : 어린 가지가 서너 대 벌어져 난 산삼을 세는 단위
- 거리 : 오이나 가지 따위의 50개
- 고리 : 소주 10사발
- 고팽이 : 새끼나 줄 따위를 사리어 놓은 돌림
- 꿰미 : 노끈이나 꼬챙이 같은 것에 꿰어 놓은 물건을 세는 단위
- 끗 : 접어서 파는 천의 길이를 나타내는 단위 또는 화투나 투전과 같은 노름 따위에서 셈을 치는 점수는 나타내는 단위
- 님 : 바느질에 쓰는 토막 친 실을 세는 단위
- 담불 : 벼 100섬
- 두름 : 조기, 청어 따위를 10마리씩 두 줄로 묶은 20마리 또는 산나물을 10모숨으로 묶은 것
- 마지기 : 논밭의 넓이에 쓰이는 단위, 벼나 보리의 씨를 한 말 뿌릴 만한 넓이를 한 마지기라 함, 논은 약 150~300평, 밭은 약 100평 정도
- 매 : 젓가락 한 쌍
- 모숨 : 한 줌 분량의 긴 물건을 세는 단위
- 뭇 : 채소, 짚, 잎나무, 장작의 작은 묶음을 세는 단위, 생선 10마리, 미역 10장을 이르는 단위이기도 함
- 바람 : 실이나 새끼 같은 것의 한 발쯤 되는 길이
- 바리 : 마소에 잔뜩 실은 짐을 세는 단위
- 새 : 피륙의 날을 세는 단위로 한 새는 날실 여든 올
- 손 : 한 손에 잡을 만한 분량을 세는 단위로, 조기, 고등어, 배추 따위 한 손은 큰 것 하나와 작은 것 하나를 합한 것을 이르고, 미나리나 파 따위 한 손은 한 줌 분량을 이름
- 쌈 : 바늘 24개
- 우리 : 기와 2,000장
- 자밤 : 양념 따위를 엄지, 검지, 장지 세 손가락 끝으로 잡을 만한 분량
- 전 : 갈퀴나 낫 같은 것, 한쪽 손과 다른 한 손으로 한 번에 껴안을 정도의 땔나무의 분량
- 접 : 사과, 배 등 과일이나 무, 배추 등의 채소 100개
- 좨기 : 데친 나물이나 반죽한 가루를 둥글넓적하고 조그마하게 만든 덩이
- 죽 : 옷, 신, 그릇 따위의 10벌을 이르는 말
- 축 : 오징어 20마리
- 쾌 : 북어 20마리
- 톳 : 김 100장, 원래는 40장이었다고 함

2. 가축의 나이

- 하릅, 한습 : 한 살
- 세습, 사릅 : 세 살
- 다습 : 다섯 살
- 이롭 : 일곱 살
- 아습, 구릅 : 아홉 살
- 이듭, 두습 : 두 살
- 나릅 : 네 살
- 여습 : 여섯 살
- 여듭 : 여덟 살
- 열릅, 담불 : 열 살

3. 새끼 : 어미

- 가사리 : 돌고기
- 개호주 : 호랑이
- 굴뚝청어 : 청어
- 금승말 : 말
- 껄떼기 : 농어
- 능소니 : 곰
- 마래미 : 방어
- 모롱이 : 웅어, 숭어
- 물송치, 학배기 : 잠자리
- 설치 : 괴도라치
- 팽팽이 : 열목어
- 간자미 : 가오리
- 고도리 : 고등어
- 굼벵이 : 매미
- 꺼병이 : 꿩
- 노가리 : 명태
- 동어 : 숭어
- 며루 : 각다귀
- 모쟁이 : 숭어
- 발강이 : 잉어
- 초고리 : 매
- 풀치 : 갈치
- 귀다래기, 동부레기, 부룩소, 송치, 어스럭송아지 : 소
- 무녀리 : 한 태에 낳은 여러 마리의 새끼 가운데서 맨 먼저 나온 새끼
- 애소리 : 날짐승의 어린 새끼
- 솥발이 : 한 배에서 난 세 마리의 강아지
- 태성 : 이마가 흰 말

4. 직업

- 각수장이 : 조각을 업으로 삼는 사람
- 각지기 : 규장각에서 심부름하던 사람
- 갈개꾼 : 종이의 원료인 닥나무 껍질을 벗기는 사람
- 갈이장이 : 갈이틀(주로 나무나 또는 다른 재료를 깎거나 갈이를 하는 데 쓰이는 틀)로 나무 기구를 만드는 것을 업으로 삼는 사람
- 강도끼장이 : 강가에서 때림도끼를 가지고 뗏목이나 장작을 패는 일을 업으로 삼던 사람
- 갖바치 : 가죽신을 만드는 것을 업으로 삼던 사람
- 객공잡이 : 어떤 제품 하나를 만드는 데 그 시간이나 능률 따위에 따라 얼마씩 정한 삯을 받으며 일하는 사람

- 거간꾼 : 흥정을 붙이는 일을 업으로 삼는 사람
- 큰톱장이 : 큰 톱으로 재목을 켜는 것을 직업으로 하는 사람
- 고지기 : 관아의 창고를 보살피고 지키던 사람
- 공징이 : 귀신 소리라고 하는 휘파람 소리를 내면서 점을 치는 여자 점쟁이
- 관쇠 : 푸줏간을 내고 쇠고기를 파는 사람
- 굽갈리장수 : 나막신의 굽을 갈아 대는 일을 업으로 삼던 사람
- 궤지기 : 70세가 넘고 지위가 높은 벼슬아치에게 붙여 주던, 궤를 간수하던 사람
- 덕대 : 광주와 계약을 맺고 그 광산 일부를 맡아 채광하는 사람
- 도차지 : 세력가나 부잣집에서 주인의 지시에 따라 그 집 살림을 도맡아서 하는 사람
- 동산바치 : 채소, 과일, 화초 따위를 심어서 가꾸는 일을 직업으로 하는 사람
- 되깎이 : 중노릇하던 사람이 속인이 되었다가 다시 중이 된 사람
- 또드락장이 : 귀금속으로 세공품을 만드는 일을 업으로 삼는 사람
- 마사니 : 가을걷이 때에 마름을 대신해 곡식을 되던 사람
- 막장 : 갱도의 막다른 곳에서 광물을 캐는 일
- 망나니 : 사형을 집행할 때 죄인의 목을 베던 사람
- 모가비 : 당패나 선소리패를 이끄는 우두머리, 인부나 광대 같은 낮은 패의 우두머리, 탈놀이에서 감독, 연출 그리고 어려운 배역까지 모든 책임을 맡는 사람
- 미사리 : 산속에서 사는 몸에 털이 많은 자연의 사람
- 바라지 : 절에서 영혼을 위하여 시식할 때에 시식 법사가 앉아 송한 경문을 읽으면 옆에서 그 다음의 송구를 받아 읽는 사람, 또는 그 시식을 거들어 주는 사람
- ~바치 : 어떤 전문적인 기술을 갖고 있거나 무엇을 만드는 것을 업으로 삼는 사람
- 불목하니 : 절에서 밥 짓고 물 긷는 일을 맡아서 하는 사람
- 비바리 : 바다에서 해산물을 채취하는 일을 하는 처녀
- 삐리 : 아직 재주를 배우고 있는 초보 광대
- 쇠살쭈 : 소 시장에서 흥정을 붙이는 사람
- 수할치 : 매를 부리면서 매사냥을 지휘하는 사람
- 시겟장수 : 곡식을 마소에 싣고 다니며 파는 상인
- 신기료장수 : 헌 신을 깁는 것을 업으로 하는 사람
- 안저지 : 어린아이를 안아 돌보아 주는 일을 하는 여자 하인
- 여리꾼 : 손님을 끌어 흥정을 붙여 주고 상점 주인으로부터 얼마의 수수료를 받는 사람
- 칼자 : 지방 관청에서 음식을 만드는 일을 맡은 하인
- 파발꾼 : 공적 임무를 띠고 역참과 역참 사이에 연락을 다니던 사람
- 판수 : 점치는 일을 업으로 삼는 맹인
- 피장이 : 짐승의 가죽을 다루어 물건을 만드는 사람

5. 태도나 성격

- 가즈럽다 : 아무 것도 없으면서 가진 체하는 건방진 태도가 있다.
- 감궂다 : 음충맞게 험상궂다.
- 강구다 : 무엇을 주의하여 듣느라고 귀를 기울이다.
- 강다짐 : 까닭 없이 남을 억누르고 꾸짖는 것
- 강밭다 : 몹시 야박하고 인색하다.
- 강샘 : 연인이나 배우자에 대한 질투나 시새움
- 개염 : 부러운 마음으로 샘하여 탐내는 욕심
- 갱충쩍다 : 조심성이 없고 아둔하다.
- 갸기 : 몹시 얄밉게 보이는 거만한 태도
- 거탈 : 실상이 아닌, 다만 겉으로 나타나는 태도
- 결기 : 못마땅한 것을 참지 못하고 성을 내거나 딱 잘라 행동하는 성미
- 괘장 : 처음에는 그럴 듯이 하다가 갑자기 딴전을 부리는 것
- 괴란쩍다 : 얼굴이 붉어지도록 부끄러운 느낌이 있다.
- 굼슬겁다 : 성질이 서근서근하고 상냥하다.
- 궁량 : 사물을 처리하거나 밝히거나 하기 위하여 이리저리 깊이 헤아리는 생각
- 궁싯거리다 : 어찌할 바를 몰라 이리저리 머뭇거리다.
- 끌밋하다 : 차림새나 인물이 깨끗하고 미끈하여 시원하다.
- 남상거리다 : 얄미운 태도로 자꾸 넘어다보다.
- 낫낫하다 : 사물의 감촉이 몹시 연하고 부드러운 상태나 사람의 말과 글이 감칠맛이 있을 때 친절하게 사람을 대하는 태도
- 냉갈령 : 몹시 매정하고 쌀쌀한 태도
- 넉장뽑다 : 어떤 일이나 행동에 있어서 태도가 분명하지 않고 어물어물하다.
- 네뚜리 : 사람이나 물건을 업신여기어 대수롭지 않게 보는 것
- 두남두다 : 가엾게 여기어 돌보아 주다.
- 두루춘풍 : 누구에게나 모나지 않게 다 좋도록 인격으로 대하는 것
- 드살 : (북한말) 사람을 휘어잡아 다루는 힘
- 만수받이 : 매우 귀찮게 구는 말이나 행동을 싫증 내지 않고 좋게 잘 받아 주는 일
- 모대기다 : 어떤 문제나 생각이 풀리지 않아 고심하다. 괴롭거나 안타깝거나 하여 몸을 이리저리 뒤틀며 움직이다.
- 모르쇠 : 아무 것도 모르는 체하거나 모른다고 잡아떼는 일
- 몽태치다 : 남의 물건을 슬그머니 훔치어 가지다.
- 바르집다 : 덮어 두어야 할 다른 사람의 비밀을 여러 사람이 있는 자리에서 이야기하다.
- 발림수 : 비위를 맞추어 달래는 수단이나 꾀

- 발싸심 : 무슨 일을 하고 싶어서 애를 쓰며 들먹거리는 짓
- 배상부리다 : 거만스러운 태도로 몸을 아끼고 꾀만 부리다.
- 배참 : 꾸지람을 듣고 그 화풀이를 다른 데에 하는 것
- 뱀뱀이 : 예의나 도덕에 대한 교양, 곧 어른을 공경할 줄 아는 버릇
- 보깨다 : 뜻대로 되지 않아 마음이 번거롭게 자꾸 쓰이다.
- 비쌔다 : 수더분한 맛이 적어서 무슨 일에나 한데 어울리기를 싫어한다.
- 사날 : 거리낌 없이 저 하고 싶은 대로만 하는 태도, 또는 그러한 성미
- 산망 : 하는 짓이 까불까불하고 좀스러운 것
- 섟 : 서슬에 불끈 일어나는 감정
- 설레발 : 지나치게 서둘러 대며 부산하게 구는 짓
- 술속 : 엉큼한 마음의 속내
- 아망 : 아이들이 부리는 오기
- 알심 : 속으로 은근히 동정하는 마음, 보기보다는 야무진 힘
- 야로 : 남에게 숨기고 있는 우물쭈물한 셈속이나 수작
- 어리눅다 : 잘났으면서도 짐짓 못난 체하는 것
- 엉너리 : 남의 환심을 사기 위하여 어벌쩡하게 서두르는 짓
- 여탐 : 웃어른의 뜻을 미리 더듬거나 정중히 여쭈는 일
- 으질 : (북한말) 기질이 매우 약하고 웬만한 일에도 겁이나 두려움을 타는 성질
- 주니 : 몹시 지루함을 느끼는 싫증, 두렵거나 확고한 자신이 없어서 망설이는 마음
- 지닐총 : 한 번 듣거나 보거나 한 것을 잊지 않고 오래 지니는 재주
- 타발병 : 이러저러한 조건과 구실을 대어 타발을 하는 것이 버릇으로 된 태도
- 턱거리 : 남에게 무턱대고 억지로 떼를 쓸 만한 근거나 핑계
- 트레바리 : 까닭 없이 남의 말에 반대하기를 좋아하는 성격
- 틀거지 : 듬직하고 위엄이 있는 겉모양
- 포달 : 악을 쓰고 함부로 욕을 하며 대드는 암팡스러운 꼴
- 푸접 : 인정미나 붙임성을 이르는 말
- 피새 : 급하고 날카로워 걸핏하면 화를 잘 내는 성질
- 하리놀다 : 남을 헐뜯어 윗사람에게 일러바치다.
- 흐락 : 올바르게 정신을 쏟지 않고 장난으로 하는 짓

6. 기후

① 바람

- 가수알바람 : 서쪽에서 불어오는 바람
- 갈마바람 : 남서쪽에서 불어오는 바람으로 뱃사람들이 일컫는 말
- 강쇠바람 : 초가을에 동쪽에서 부는 센 바람
- 건들마 : 초가을에 남쪽에서 불어오는 선들선들한 바람
- 꽁무니바람 : 뒤쪽에서 불어오는 바람
- 꽃샘바람 : 봄에 꽃 피는 것을 시샘한다는 찬 바람
- 날파람 : 무엇이 빠르게 날아가는 결에 요란한 소리를 내며 나는 바람
- 남실바람 : 바람이 얼굴에 스침을 느끼며 나뭇잎이 흔들리는 바람, 바다에 잔물결이 뚜렷이 이는 상태의 바람세기
- 내기바람 : 산비탈 면을 따라 내리 부는 무덥고 메마른 바람
- 노대바람 : 나무뿌리가 송두리째 뽑히고 건물에 손해를 주며 풍랑이 대단히 심한 상태
- 높새바람 : 북동쪽에서 불어오는 바람, 산을 넘어 내리 부는 마르고 더운 바람
- 높하늬바람 : 북서풍으로 뱃사람의 말임
- 덴바람 : 된바람이라고도 하며 북풍을 가리킴
- 도새 : (북한말) 태풍
- 된마파람, 샛마파람 : 동남풍으로 뱃사람의 말임
- 된새바람 : 북동풍
- 마칼바람 : 북서풍
- 마파람 : 남풍, 앞바람이라고도 함
- 맞바람, 맞은바람 : 양쪽에서 마주 부는 바람
- 매운바람 : 살을 에는 듯 차갑게 부는 바람
- 명지바람 : 이른 봄 부드럽게 부는 바람으로 명주바람이라고도 함
- 몽고바람 : 몽고의 고비 사막으로부터 중국 만주와 북쪽을 향해서 부는 건조하고 센 바람
- 문바람 : 문이나 문틈으로 불어 들어오는 바람
- 뭍가잔바람 : (북한말) 밤에 차가워진 뭍으로부터 바다 쪽으로 부는 바람
- 박초바람 : 음력 5월에 부는 바람
- 보라 : 재넘이의 한 가지, 고원에서 생긴 찬 공기가 고기압에 밀려서 갑자기 불어 내려오는 차고 센 바람
- 살바람 : 좁은 틈새로 들어오는 바람
- 색바람 : 초가을에 선선히 부는 바람
- 샛바람 : 동풍을 가리키는 뱃사람들의 말, 농가에서는 동부새라고도 함
- 서릿바람 : 서리 내린 날 아침에 부는 바람
- 세칼 : (북한말) 북서쪽에서 불어오는 바람
- 소소리바람 : 초봄에 제법 차갑게 살 속으로 기어드는 차고 음산한 바람
- 손돌바람 : 음력 10월 20일경에 부는 몹시 추운 바람

- 싹쓸바람 : 육지의 모든 것을 싹 쓸어 갈 만큼 세차고 바다에서는 배가 뒤집힐 정도로 세게 부는 바람
- 아랫바람 : 물 아래쪽에서 부는 바람, 연 날릴 때 동풍을 이르는 말
- 옆바람 : 돛단배의 돛을 낚아채듯 불어 배를 움직이게 하는 바람
- 왜바람 : 일정한 방향 없이 이리저리 부는 바람
- 용숫바람 : 용수철 모양으로 뱅뱅 돌면서 하늘로 치솟는 바람, 토네이도
- 웃바람 : 겨울에 방 천장이나 벽 틈으로 들어오는 바람
- 피죽바람 : 모내기 철에 아침에는 동풍이 불고 저녁에는 북서풍이 부는 상태
- 하늬바람 : 서풍, 배를 타는 사람들은 갈바람 또는 가수알바람이라고도 함
- 황소바람 : 좁은 틈으로 세게 불어 드는 바람

② 비나 눈
- 가랑비 : 조금씩 내리는 비
- 개부심 : 장마에 큰물이 난 뒤 한동안 쉬었다가 몰아서 내리는 비
- 건들장마 : 초가을에 비가 쏟아지다가 번쩍 개고 또 오다가 다시 개는 장마
- 고치장마 : 초여름에 치는 누에를 올릴 무렵의 장맛비
- 그믐치 : 음력 그믐에 내리는 비나 눈
- 꿀비 : (북한말) 농작물이 자라는 데 매우 필요한 때에 맞추어 알맞게 내리는 비
- 누리 : 싸락눈보다 크고 단단한 덩이로 내리는 눈, 우박
- 는개 : 안개보다는 조금 굵고 이슬비보다는 가는 비
- 도둑눈 : 밤에 모르는 사이에 내린 눈
- 마른눈 : 비가 섞이지 않고 내리는 눈
- 먼지잼 : 비가 겨우 먼지나 날리지 않을 정도로 오는 것
- 못비(목비) : 모를 다 낼 만큼 충분히 오는 비
- 발비 : 빗방울의 발이 보이도록 굵게 내리는 비
- 백중물 : 백중날이나 그 전후에 많이 오는 비
- 보름치 : 음력 보름께에 비나 눈이 오는 날씨
- 보리장마 : 아직 본격적인 장마철에 들어서기 전 초여름인 보리가을을 할 무렵에 내리는 장맛비
- 봄시위 : (북한말) 봄철에 물이 나서 넘쳐흐르는 것 또는 그 큰물
- 악수 : 물을 끼얹듯이 아주 세차게 쏟아지는 비
- 여우비 : 볕이 난 날 잠깐 뿌리는 비
- 웃비 : 아직 우기가 있으나 한참 내리다 잠깐 그친 비
- 자국눈 : 겨우 발자국이 날 정도로 적게 내린 눈
- 작달비 : 굵직하고 거세게 퍼붓는 비
- 채찍비 : 굵은 줄기가 세찬 바람을 타고 휘몰아치며 좍좍 쏟아져 내리는 비

> 기출분석

- 밑줄 친 부분에 들어갈 단어로 가장 적절한 것은?

  > 피천 백 냥에 남의 깊은 속내까지 염탐할 작정이오? 변설이 번드레하기에 세상 물정에는 웬만큼 미립이 _____ 줄 알았더니마는…….

  → 트인(O)
  → 튼(O)
  → 환한(O)

- 다음 중 수량을 나타내는 단위가 옳은 것은?
  → 장작 한 바리(O)
  → 오이 두 거리(O)
  → 조기 여덟 손(O)
  → 북어 일곱 쾌(O)

- 다음 중 같은 동물의 명칭으로 짝을 이룬 것은?
  → 호랑이 – 개호주(O)
  → 꿩 – 꺼병이(O)
  → 명태 – 노가리(O)

29 | 고전 문학작품

1. 고대의 문학

① 서사문학

신화명	주요 내용	주제	출전
단군 신화	우리나라의 건국 신화로 홍익인간의 이념 제시	단군의 조선 건국	삼국유사
주몽 신화	동명왕의 출생에서부터 건국의 성업(聖業)까지를 묘사한 설화	고구려의 건국 과정	삼국유사
박혁거세 신화	나정(蘿井) 근처의 알에서 태어나 사람들의 추대로 임금이 된 박 씨의 시조 설화	신라 시조의 신이한 탄생과 신라의 건국	삼국유사
석탈해 신화	알에서 나와 남해왕의 사위가 되고 나중에 임금으로 추대된 석(昔) 씨의 시조 설화	탈해의 능력과 왕위 등극 과정	삼국사기
김알지 신화	시림(始林 : 鷄林)의 나무에 걸렸던 금궤에서 태어났다고 전해지는 경주 김(金) 씨의 시조 설화	김씨 부족의 시조 출현	삼국사기
수로왕 신화	알에서 태어난 6명의 아이들 중 가락국의 왕이 된 김해 김(金) 씨의 시조 설화	수로의 강림과 가락국의 건국	삼국유사

② 고대 가요

가요명	연대	작자	주요 내용	주제	출전
구지가	신라 유리왕	구간(九干)	주술적인 노래. 일명 「영신군가(迎新軍歌)」	수로왕의 강림 기원, 생명 탄생의 염원	삼국유사
해가(사)	신라 성덕왕	강릉의 백성들	수로부인(水路夫人)을 구원하기 위한 주술적인 노래.「구지가(龜旨歌)」의 아류	수로부인의 구출	삼국유사
공무도하가	고조선	백수광부의 처	물에 빠져 죽은 남편의 죽음을 애도	임을 여읜 슬픔, 남편의 죽음을 애도(哀悼)	해동역사
황조가	고구려 유리왕	유리왕	실연(失戀)의 슬픔을 노래	임을 여읜 슬픔(실연의 아픔)	삼국사기
정읍사	백제(百濟)	행상인의 처	남편을 근심하여 부른 노래. 국문으로 정착된 가장 오래된 노래	행상 나간 남편의 무사귀환(안전)을 기원	악학궤범

③ 향가

가요명	작자	연대	형식	주요 내용	주제	출전
서동요	백제 무왕	신라 진평왕	4구	서동이 선화공주를 얻기 위하여 궁중 주변의 아이들에게 부르게 한 동요(童謠). 참요 성격	선화공주에 대한 연정(戀情), 선화공주의 은밀한 사랑, 선화공주의 비행 풍자, 결혼계략	삼국유사
모죽지랑가	득오	신라 진평왕	8구	죽지랑의 고매한 인품을 사모하고, 인생의 무상을 노래한 만가(輓歌)	죽지랑에 대한 사모, 연모의 정	삼국유사
풍요	미상	신라 헌강왕	4구	양지(良志)가 영묘사의 장육존상을 만들 때 부역 온 남녀가 부른 노동요	공덕을 닦음으로써 극락왕생을 기원함	삼국유사
원왕생가	광덕	신라 효소왕	10구	왕생(往生)을 원하는 광덕의 불교적인 신앙심을 읊은 노래	극락왕생에 대한 간절한 염원	삼국유사
헌화가	견우노인	신라 성덕왕	4구	수로부인이 벼랑에 핀 철쭉꽃을 탐하기에, 소를 끌고 가던 노인이 꽃을 꺾어 바치며 부른 노래	배경설화의 등장인물(수로부인)이 고대 가요 「해가」와 같은 노래, 민요가 정착된 향가, 적극적 애정표현이 나타난 향가	삼국유사
원가	신충	신라 효성왕	10구	효성왕이 약속을 지키지 않으매, 노래를 지어 잣나무에 붙였다는 주가(呪歌)	약속을 못 지킨 임금에 대한 원망	삼국유사
혜성가	융천사	신라 경덕왕	10구	혜성이 심대성(心大星)을 범했을 때 이 노래를 지어 물리쳤다는 축사(逐邪)의 노래	혜성의 변괴를 없애고 왜병의 침략을 막음	삼국유사
도솔가	월명사	신라 경덕왕	4구	해가 둘이 나타나매 지어 불렀다는 산화공덕(散花功德)의 노래	산화공덕(散花功德)	삼국유사
제망매가	월명사	신라 경덕왕	10구	죽은 누이의 명복을 비는 재를 올릴 때 부른 추도의 노래	죽은 누이를 추도함	삼국유사
안민가	충담사	신라 경덕왕	10구	경덕왕의 요청으로 군(君)·신(臣)·민(民)이 알 바를 노래한 치국안민(治國安民)의 노래	치국(治國)을 위한 군(君)·신(臣)·민(民)의 유대 관계	삼국유사

작품명	작자	연대	형식	주요 내용	주제	출전
찬기파랑가	충담사	신라 경덕왕	10구	충담사가 기파랑의 높은 인품을 추모하여 부른 노래	기파랑에 대한 추모심	삼국유사
천수대비가	희명	신라 경덕왕	10구	희명이 실명(失明)한 자식을 위해 천수대비 앞에 나가 부른 불교 신앙의 노래	눈 뜨기를 기원함	삼국유사
우적가	영재	신라 원성왕	10구	영재가 도둑 떼를 만나, 이를 깨우치고 회개시켰다는 노래	도둑에 대한 교화(敎化)	삼국유사
처용가	처용	신라 헌강왕	8구	아내를 범한 역신(疫神)을 굴복시켰다는 무가(巫歌)	벽사진경(辟邪進慶 – 간사한 귀신을 물리치고 경사를 맞이함)의 소박한 민요에서 형성된 무가, 의식무(儀式舞) 또는 연희의 성격을 띠고 고려와 조선 시대까지 계속 전승되었음	삼국유사

④ 한문학

작품명	작자	연대	형식	주요 내용	주제	출전
여수장 우중문시	을지문덕	고구려 영양왕	한시	수(隋)의 우중문을 희롱한 오언시	적장 조롱과 적장의 우판 유도	삼국사기
치당태평송	진덕여왕	진덕여왕	한시	당의 태평을 기린 굴욕적인 외교의 시	진덕여왕이 당나라 태종에게 바친 당나라의 태평을 기림	삼국사기
화왕계	설총	신라 신문왕	설화	꽃을 의인화한 소설적 기록물의 효시인 산문	임금에 대한 경계	삼국사기
토황소격문	최치원	신라 헌강왕	한문	황소의 난 때 지어 문명을 떨침	황소의 죄과를 꾸짖고 투항할 것을 권고함	동문선
계원필경	최치원	신라 진선왕	문집	당에서 지은 원고를 고국에서 찬집함	표(表), 장(狀), 격(檄), 서(書), 위곡(委曲), 거첩(擧牒), 재사(齋詞), 제문(祭文), 소(疏), 계장(啓狀), 잡서(雜書), 시 등을 수록한 전 20권 4책으로 된 최초의 개인 문집	계원필경집
왕오 천축국전	혜초	신라 성덕왕	기행문	인도와 인근의 여러 나라를 기행하고 당나라에 돌아와 적은 기행문으로 3권으로 구성되어 있음	구도를 위해 천축국을 순례한 기행	왕오 천축국전
고승전	김대문	고종	전기	저명한 스님에 대한 전기를 적은 것	불교와 불교도에 대한 찬양	고승전

2. 고려의 문학

① 고려 가요

작품명	연대	작자	주요 내용	주제	출전
사모곡	미상	미상	곡조명 : 엇노리, '목주가'와 연관됨, 어머니 사랑을 예찬, 비교법	효심(孝心)	악장가사
상저가			방아를 찧으면서 부른 노동요, 촌부의 효성이 담김		시용향악보
동동	미상	미상	월령체(달거리 형식) 노래의 효시, 연정과 송축, 비련의 노래	송도(頌禱)	악학궤범
정석가			불가능한 상황 설정으로 만수무강 송축, 영원한 사랑을 노래		악장가사 시용향악보
처용가	미상	미상	향가 '처용가'에서 발전한 희곡적 노래	축사(逐邪)	악학궤범 악장가사
청산별곡	미상	미상	비애, 고독, 도피, 낙천적, 체념을 노래, 대칭구조	현실도피	악장가사 시용향악보
가시리	미상	미상	이별의 한(恨), 체념, 기다림의 전통적 여심(女心)을 노래, 일명 '귀호곡'	별리(別離)의 정한(情恨)	악장가사 시용향악보
서경별곡			이별을 거부하는 적극적 애정		악장가사
쌍화점	고려 충렬왕	미상	남녀상열지사	솔직한 사랑의 표현	악장가사 시용향악보
만전춘	미상	미상	남녀상열지사, '시조'의 형식을 보여 줌		악장가사 시용향악보
이상곡	고려 충숙왕	채홍철	남녀상열지사		악장가사
유구곡	미상	미상	'벌곡조'와 유사, 정치 풍자	애조(愛鳥)	시용향악보

② 경기체가

작품명	연대	작자	형식	주요 내용	주제	출전
한림별곡	고려 고종	한림제유	8연 3·3·4조	서부, 서적, 명필, 명주, 화훼(花卉), 음악, 누각, 추천(鞦韆)을 노래, 경기체가의 효시 〈한문과 국어〉	명문장과 금의의 문하생 찬양	악장가사 고려사 악지
관동별곡	고려 충숙왕	안축	8연 3·3·4조	관동의 절경을 읊음. 〈한문과 이두〉	선정다짐과 신선의 풍류	근재집 (謹齋集)
죽계별곡	고려 충숙왕	안축	5연	고향인 풍기 순흥의 절경을 읊음. 〈한문과 이두〉	죽계의 자연 경관과 신흥 사대부들의 의욕적인 생활 감정	근재집 (謹齋集)

③ 패관문학

작품	연대	작자	주요 내용
수이전	고려 문종	박인량	우리나라 최초의 설화집으로 본래 신라의 설화를 실었으나, 지금은 전하지 않고 「삼국유사(三國遺事)」, 「해동고승전(海東高僧傳)」, 「대동운부군옥(大東韻府群玉)」, 「필원잡기」 등에 실려 있음
백운소설	고려 고종	이규보	순연한 사화(史話)와 문담(文談)으로 이루어지며, 홍만종의 「시화총림(詩話叢林)」에 28편이 전해짐

파한집	고려 고종	이인로	동방 고대 제가(諸家)의 명문장이나 뛰어난 구절을 수록하고, 이에 사화·문담·기사와 자신의 작품 등을 섞은 것으로, 총 3권의 1책으로 되어 있음
보한집	고려 고종	최자	야사(野史)와 기녀(妓女)들의 얘기를 모아 놓은 것으로 파한집을 보(補)하기 위해서 서술된 것인데, 상·중·하 3권으로 구성되어 있음
역옹패설	고려 충혜왕	이제현	「익재난고」의 권말에 수록된 것으로, 이문(異聞), 기사(奇事), 설화(說話), 인물 등에 관한 기록을 담고 있을 뿐만 아니라, 동양시 일반에 대한 비평서로서의 역할도 하고 있는 전 4권으로 된 저서

④ 가전체 문학

작품	연대	작자	주요 내용	출전
국순전	고려 고종	임춘	술을 의인화하여 술이 사람에게 미치는 영향을 씀. 「국선생전」에 영향을 줌	동문선
국선생전	고려 고종	이규보	술을 의인화하여 군자(君子)의 처신을 경계함	동문선
공방전	고려 인종	임춘	엽전(葉錢)을 의인화하여 탐재(貪財)를 경계함	동문선
죽부인전	공민왕	이곡	죽부인을 의인화하여 절개(節槪)를 나타냄	동문선
저생전	고려 말	이첨	종이를 의인화함	동문선
정시자전	고려 말	석식영암	지팡이를 의인화하여 인세(人世)의 덕에 관하여 경계함	동문선
청강사자현부전	고려 고종	이규보	거북을 의인화하여 어진 사람의 행적을 그림	동문선
강감찬	고려 인종	최자	강감찬의 인품과 책략을 소개하고 있음	보한집
호랑이와 승려	고려 고종	최자	불교의 윤회 사상을 밑바탕에 깔고 불교 교화를 목적으로 함	보한집

3. 조선 전기의 문학

① 악장 문학작품

형식	작품명	연대	작자	주요 내용	출전
한시체	문덕곡	태조 2년	정도전	태조의 문덕을 찬양	악학궤범
	정동방곡	태조 2년	정도전	태조의 위화도 회군을 찬양	악학궤범 악장가사
	납씨가	태조 2년	정도전	태조가 야인을 격파한 무공을 찬양	악학궤범 악장가사 시용향악보
	봉황음	세종	윤회	조선의 문물과 왕가의 축수(祝壽)를 노래	악학궤범
속요체	신도가	태조 3년	정도전	태조의 덕과 한양의 경치를 찬양	악장가사
	유림가	미상	미상	유교 이념을 찬양	악장가사
	감군은	명종	상진	임금의 은덕을 감축(感祝)	악장가사
경기체가체	상대별곡	정종~태종	권근	조선의 제도 문물의 왕성함을 찬양	악장가사
	화산별곡	세종 7년	변계량	조선의 개국 창업을 찬양	악장가사
	오륜가	미상	미상	오륜에 대한 송가	악장가사
	연형제곡	미상	미상	형제의 우애를 가리고 조선의 문물 제도를 찬양	악장가사

신체	용비어천가	초간본 세종 29년	정인지 안지 권제	조선 6조의 건국 창업을 노래, 대구법	단행본
	월인천강지곡	세종 31년	세종	석보상절(釋譜詳節)의 석가 공덕을 보고 지은 석가모니(釋迦牟尼)의 찬송가	단행본

② 조선 전기 가사

작품	연대	작자	주요 내용
서왕가	고려 말	나옹 화상	중생에게 불교 귀의를 권장하는 내용임. 효시라는 설이 있으나 확실하지 않음
상춘곡	성종	정극인	태인(泰仁)에서의 은거 생활. 「불우헌집」에 수록
면앙정가	중종 19년	송순	향리인 담양에 면앙정(俛仰亭)을 짓고 나서, 그곳의 자연과 정취를 노래함. 성산별곡에 영향을 줌
관서별곡	명종 11년	백광홍	기산별곡(箕山別曲)과 향산별곡(香山別曲)으로 됨. 정철의 관동별곡에 영향
성산별곡	명종 15년	정철	성산의 자연미를 읊음. 「송강 가사」에 수록됨
관동별곡	선조 13년	정철	강원도 관찰사로 부임하여 그곳의 자연을 노래한 기행 가사
사미인곡	선조 18~22년	정철	충신연주지사. 창평에 귀양 가서 지음
속미인곡	선조 18~22년	정철	사미인곡의 후편. 두 여인의 문답으로 된 연군지사. 우리말 표현이 뛰어남

③ 조선 전기 한문 소설

작품	작자	주요 내용
금오신화	김시습	최초의 한문 소설. 구우의 전등신화에서 영향을 받음 「만복사저포기」, 「이생규장전」, 「취유부벽정기」, 「남염부주지」, 「용궁부연록」
화사	임제	국가와 군신을 꽃에 비유하여 치국 흥망의 역사를 기록한 의인체 한문 소설. 일설 남성중(南聖重)의 작품
수성지	임제	세상에 대한 불만과 현실에 대한 저주를 그린 의인체 한문 소설
원생몽유록	임제	생육신의 한 사람인 남효온의 처지를 슬퍼하여 쓴 전기 소설(傳奇小說). 세조의 왕위 찬탈을 배경으로 한 정치 권력의 모순을 폭로함

4. 조선 후기의 문학

① 조선 후기 주요 시조집

시조집	연대	편찬자	편수
청구영언	영조 4년	김천택(金天澤)	시조 998수 가사 17편
해동가요	영조 39년	김수장(金壽長)	시조 883수
고금가곡	미상	송계연월옹	시조 294수 가사 11편
병와가곡집(瓶窩歌曲集)	미상	이형상(李衡祥)	시조 1,109수
가곡원류	고종 13년	박효관·안민영	시조 839수

② 조선 후기 가사

작품	연대	작자	주요 내용
고공가	선조(임란 직후)	허전	나랏일을 농사에 비겨 관리들의 부패를 비판함. 각성 촉구
고공답주인가	임진왜란 이후	이원익	「고공가」의 답가. 나라를 다스리는 도리를 농사에 비유하여 풍자함
태평사	선조 31년	박인로	전쟁 가사. 왜구의 토벌과 태평을 갈구함
선상탄	선조 38년	박인로	임진왜란 뒤 전쟁의 비애와 평화를 추구한 가사
사제곡	광해군 3년	박인로	사제의 승경과 이덕형의 풍모를 읊음
누항사	광해군 3년	박인로	안빈낙도(安貧樂道)를 노래함
독락당	광해군 11년	박인로	독락당을 찾아 이언적을 추모하고 서원의 경치를 읊음
영남가	인조 13년	박인로	이근원의 선정을 백성들이 숭앙함을 표현함
노계가	인조 14년	박인로	지은이가 만년에 숨어 살던 '노계'의 경치를 읊음
일동장유가	영조 39년	김인겸	일본 통신사로 갔다가 견문한 바를 적은 장편 기행 가사
만언사	정조	안조원	추자도에 귀양 가서 노래한 장편 유배 가사
도산가	정조	조성신	도산의 정치와 퇴계 선생을 추모
농가월령가	헌종	정학유	농가의 연중 행사와 세시 풍속을 읊은 가사. 월령체. 교훈적
봉선화가	헌종	정일당	봉선화에 얽힌 여자의 정서를 노래
한양가	헌종 10년	한산거사	한양의 문물 제도를 읊음
북천가	철종 4년	김진형	명천에 귀양 생활을 하면서 견문을 쓴 유배 가사
연행가	고종 3년	홍순학	청나라 북경에서의 견문을 적은 장편 기행 가사

③ 고대 수필

분류	작품	연대	작자	주요 내용
일기(日記)	산성일기	인조	궁녀	병자호란을 중심으로 한 치욕적인 일면을 서술한 객관적 작품
	화성일기	정조 19년	이의평	능행(陵行)시 화성(수원)에 수행하여 왕대비의 화갑연에 참가했던 것을 일기로 엮은 것
	의유당일기	영조 48년	연안김씨	순조 29년 남편 이회찬이 함흥 판관에 부임하매, 따라가 그 부근의 명승 고적을 찾아다니며 보고 듣고 느낀 바를 적은 글
궁정 수상	계축일기(서궁록)	광해군	궁녀	광해군이 선조의 계비인 인목 대비의 아들 영창 대군을 죽이고 대비를 폐하여 서궁에 감금했던 사실을 일기체로 기록
	한중록	정조 20년~순조 4년	혜경궁 홍씨	남편 사도 세자의 비극과 궁중의 음모, 당쟁, 자신의 기구한 생애를 회갑 때 회고하여 적은 자서전적 회고록
	인현왕후전	숙종~정조	궁녀	인현 왕후의 폐비 사건과 숙종과 장희빈과의 관계를 그림. 사씨남정기는 같은 내용을 비유적으로 소설화한 작품
기행문	을병연행록	영조 41년	홍대용	한글로 적은 긴 연행록으로, 작자의 고백에서부터 역사 문헌의 비판에 이르기까지 백과사전적인 내용을 다룸
	무오연행록	정조 22년	서유문	서장관으로 중국에 갔다가, 그 견문·감상을 자세히 기록한 완전한 산문체 작품
서간	우념재수서	영조	이봉한	일본 통신사의 수행원으로 갔을 때 그 자당에게 보낸 편지
	한산유찰	영조~정조	양주조씨	이산중(李山重) 부인의 수기

제문	제문	숙종 45년	숙종	숙종의 막내 아들 연령군이 숙종이 승하하기 한 해 전에 세상을 떠났는데, 그 애통한 심회를 적은 글
	조침문	순조	유씨	자식 없는 미망인으로서 바느질로 생계를 도와 오다가 바늘을 부러뜨려 그 섭섭한 심회를 적은 글
전기	윤씨행장	숙종	김만중	김만중이 그의 모부인(母夫人)이 돌아가시자 그를 추념하여 생전의 행장(行狀)을 지어 여자 조카들에게 나누어 준 글
기타	어유야담	광해군	유몽인	선조에서 광해군까지의 유명·무명 인사들의 기행 일화를 모은 야담집으로 한문, 한글본이 있음
	규중칠우쟁론기	미상	미상	규중 부인들의 손에서 떨어지지 않는 바늘·자·가위·인두·다리미·실·골무 등의 쟁공(爭功)을 쓴 글
	요로원야화기	숙종 4년	박두세	당시 선비 사회의 병폐를 대화체로 파헤친 풍자 문학

④ 고대 소설

분류	작품명	연대	작자	주요 내용
사회 소설	홍길동전	광해군	허균	수호지(水滸誌) 등의 영향을 받음. 한글 창작 소설, 영웅 소설
	전우치전	미상	미상	「홍길동전」의 아류작(亞流作)
군담 소설	임진록	임란 이후	미상	한문본(漢文本)도 있음. 「삼국지연의」의 영향을 받음
	곽재우전	임란 이후	미상	「천간홍의 장군」이란 제목으로 출간
	임경업전	병란 이후	미상	「임장군전」이라고도 함. 전기적 소설
	박씨전	병란 이후	미상	병자호란을 배경으로 한 박씨 부인의 전기적 소설
염정 소설	춘향전	영조~정조	미상	완판본 열녀춘향수절가(完版本 烈女春香守節歌) 열녀 암행어사 설화(烈女 暗行御史 說話)
	옥단춘전	미상	미상	이혈룡과 기생 옥단춘의 사랑을 그림
	숙향전	영조~정조	미상	한문본(漢文本)도 있음
	숙영낭자전	미상	미상	한문본 재생연(漢文本 再生緣)
	운영전	선조	유영	원본은 한문본. 일명 「수성궁 몽유록」
	구운몽	숙종	김만중	한문본(漢文本)도 있음
	옥루몽	숙종	남익훈	구운몽(九雲夢)의 아류작(亞流作). 한문본도 있음
풍자 소설	배비장전	순조~철종	미상	양반의 위선 풍자. 배비장과 기생 애랑의 이야기
	이춘풍전	영조~정조	미상	무력한 남편과 거세된 양반을 풍자
가정 소설	사씨남정기	숙종 18년	김만중	숙종이 인현 왕후를 쫓아냄을 풍자한 것이라고도 함
	장화홍련전	숙종~철종	미상	권선징악을 주제로 함
설화 소설	심청전	미상	미상	연권녀(蓮權女)·효녀 지은(知恩) 설화. 도덕 소설
	장끼전	미상	미상	「웅치(雄稚傳)」라고도 함. 풍자 소설
	흥부전	미상	미상	「방이 설화」, 「박타는 처녀」에서 발견
	왕랑반혼전	현종 14년	보우(普雨)	고려 이래 민간에 전해 오던 불교 설화가 소설화된 것. 한문본도 있으며, 화엄사본이 가장 오래됨
한문 소설	호질	영조	박지원	도학자의 위선적인 생활 폭로
	허생전	영조	박지원	허생의 상행위(商行爲)를 통한 이용 후생의 실학 사상 반영
	양반전	영조	박지원	양반 사회의 허례허식 및 그 부패성의 폭로
	광문자전	영조	박지원	기만과 교만에 찬 양반 생활의 풍자
	예덕선생전	영조	박지원	직업 차별의 타파와 천인(賤人)의 성실성 예찬

30 | 근·현대 문학작품

1. 개화 가사

작품	연대	작자	형식	주요 내용
교훈가	1880	최제우	4·4조	인간 평등의 주장
동심가	1896	이중원	4·4조	나라사랑과 문명개화를 위해 합심해야 함
애국가	1896	김철영	4·4조	나라사랑과 문명개화를 위해 합심해야 함

2. 신체시

작품	연대	작자	주요 내용
해에게서 소년에게	1908	최남선	소년의 씩씩한 기상을 노래, 『소년』지의 권두시로 실림

3. 신소설

작품	작자	주요 내용
혈(血)의 누(淚)	이인직	최초의 신소설, 인습 타파, 자유 결혼, 계몽 주장
은세계(銀世界)	이인직	평등권, 자주 독립, 신교육 사상 고취, 정치 소설
귀(鬼)의 성(聲)	이인직	귀족 사회의 부패, 축첩 등의 폐습 폭로
치악산(雉岳山)	이인직	양반의 부패 폭로, 고부 간의 갈등을 그림
자유종(自由鍾)	이해조	부녀의 해방, 애국정신과 자유 교육 등을 토론 형식으로 쓴 정치 소설
금수회의록	안국선	동물들의 입을 빌려 인간 세계를 풍자한 우화 소설
안(雁)의 성(聲)	최찬식	인권 옹호, 자유 결혼을 다룸
추월색(秋月色)	최찬식	외국 유학 및 애정의 기복을 다룸

4. 1920년대 문학작품

① 시

작품	작자	특징
봄, 봄은 간다, 무덤, 낙엽, 악성	김억	창작 시집 『해파리의 노래』를 발간. 감상적인 경향에서 출발하여 민요에 관심을 가지면서 점차 정형시로 옮아감
진달래꽃, 산유화, 초혼	김소월	민요조의 서정시를 많이 남김. 주로 순수 서정시 쪽을 향해 있고 전원·자연에 귀착한 형태
오뇌(懊惱)의 청춘, 우유빛 거리	박종화	낭만적, 퇴폐적 경향의 작품을 썼는데, 1935년경부터는 역사 소설로 전환함. 『백조』, 『장미촌』의 동인
나의 침실로, 빼앗긴 들에도 봄은 오는가	이상화	탐미적이고 퇴폐적인 시 경향과 현실을 직시한 경향파적 세계가 순차적으로 나타남. 『백조』의 동인
불놀이, 빗소리, 봄, 달잡이, 채석장	주요한	『창조』, 『영대』를 통하여 초기에는 감상적인 작품을, 후기에는 민요에 관심을 기울이면서 건강한 정서의 작품을 씀
님의 침묵, 알 수 없어요, 나룻배와 행인	한용운	불교적인 명상을 통한 자연에의 몰입, 깊은 관조의 세계에서 오는 신비적 경향, 연가풍(戀歌風)의 서정성이 교묘히 결합된 산문시적 작풍(作風)이 특징

② 소설

작품	작자	특징
목숨, 배따라기, 태형(笞刑), 감자, 명문(明文), 광염 소나타	김동인	이광수의 계몽주의적 성향에 대립하여 순수문학을 주장하였으며 사실주의적 수법으로써 우수한 단편들을 남김
표본실의 청개구리, 묘지(만세전), 금반지, 전화, 조그만 일	염상섭	식민지의 암울한 상황에 처한 지식인의 고뇌, 도시 중산층의 일상생활 등을 사실주의 수법으로 그림
빈처, 운수 좋은 날, 술 권하는 사회, B사감과 러브레터	현진건	치밀한 구성과 객관적 묘사로 사실주의적 단편소설의 수작(秀作)을 남김
뽕, 물레방아, 벙어리 삼룡이	나도향	낭만적 감상주의 경향에서 출발. 섬세하고 세련된 감각의 소설을 씀
탈출기, 박돌의 죽음, 기아와 살육, 홍염(紅艶)	최서해	신경향파의 대표적 작자. 체험을 바탕으로 주로 하층민의 빈궁 문제를 다룸
생명의 봄, 화수분	전영택	작위적인 허구성을 배제하고 경험주의적인 미학화 및 인도주의의 연민적 인간애가 작품의 기조를 이룸

5. 1930년대 문학작품

① 시

작품	작자	특징	유파
모란이 피기까지는	김영랑	감각적인 시어를 고운 가락으로 표현	시문학파
떠나가는 배, 싸늘한 이마	박용철	생에 대한 회의가 주조를 이루고 감상적인 가락이 특색	
들국화, 실향의 화원	이하윤	해외 시의 소개와 서정시 운동, 『시문학』 동인	
외인촌, 추일서정, 설야, 와사등, 기항지	김광균	도시의 소시민층의 감정을 노래하여 모더니즘적 경향이 강한 시풍	모더니즘
달·포도·잎사귀, 바다로 가는 여인	장만영	농촌과 자연을 소재로 하여 감성과 시각적 심상을 기교적으로 표현	
오감도, 거울	이상	실험적인 초현실주의 작품을 시도함, 구인회에 참여하여 『시와 소설』 편집	
문둥이, 귀촉도, 춘향유문, 화사	서정주	인간의 원죄 의식과 생명성 탐구	생명파
생물, 황혼	김달진	눈으로 볼 수 있는 세계를 통해 인생의 의미 추구	
깃발, 생명의 서	유치환	생명의 의지와 형이상학적 색조에 허무적 요소가 짙음	
그 먼 나라를 알으십니까, 촛불	신석정	자연을 동경하는 목가적 시풍	전원파
파초, 진주만, 백설부, 내 마음은	김동명	전원적 정서와 민족적 비애를 노래	
남으로 창을 내겠소	김상용	『시원』을 통해 등단. 동양적 관조의 세계를 그림	기타
무녀(巫女)의 춤, 바라춤	신석초	동양적 허무 사상을 바탕으로 한 고전적 절제와 형식미를 갖춤. 『자오선』 동인	

② 소설

작품	작자	특징
봄봄, 동백꽃, 소나기, 금 따는 콩밭	김유정	'구인회' 동인. 사실주의적 경향, 토속적 유머
메밀꽃 필 무렵, 돈(豚), 산, 들, 분녀	이효석	소설을 시적 수필의 경지로 승화시킴
상록수, 직녀성, 영원의 미소	심훈	민족주의, 사실주의적 경향의 농촌 계몽 소설
제1과 제1장, 흙의 노예, 농민	이무영	농민 작자. 농촌을 소재로 한 사실주의적 경향
무녀도, 황토기, 산화	김동리	토속적, 신비주의적, 사실주의적 경향, 무속 신앙을 배경으로 함
모범 경작생, 목화씨 뿌릴 때	박영준	농민 작자. 농촌에서 취재한 사실주의적 경향
사하촌, 인간 단지	김정한	현실의 모순에 대항해 나가는 생존 양식의 추구
성황당, 줄곡제, 제신제, 파도	정비석	『동아 일보』로 등단. 순수 소설에서 대중 소설로 전환
적십자 병원장, 제3인간형, 북간도	안수길	『조선 문단』으로 등단. 민족적 비극의 서사적 전개
늪, 별, 기러기	황순원	범생명적인 휴머니즘의 추구, 『삼사 문학』, 『단층』 동인
날개, 종생기	이상	심리주의적 내면 묘사 기법인 '의식의 흐름' 추구
레디 메이드 인생, 치숙, 탁류, 태평천하	채만식	동반자 작자. 식민지 시대의 어두운 현실과 갈등을 투철한 사실성의 토대 위에서 그림

③ 희곡

작품	작자	특징
토막, 소, 자매, 마의 태자	유치진	사실주의적 경향에서 출발, 낭만주의적 경향으로 변모. 『극 예술 연구회』, 『구인회』 동인
무의도 기행, 동승(童僧)	함세덕	사실주의적, 낭만주의적 경향

④ 수필

작품	작자	특징
청추 수제	이희승	간결체로 선비 정신을 표현함
생활인의 철학, 백설부, 주부송, 매화찬 등	김진섭	철학적, 사색적인 중수필을 주로 씀. 복잡다기한 내용에 만연체가 도드라짐
신록 예찬, 나무, 페이터의 산문 등	이양하	관조적 태도로 개성적, 주관적 경수필을 주로 씀. 서구 수용 이론 소개

6. 1940년대 해방 전후 문학작품

① 시

작품	작자	특징
은수저	김광균	회화성에 기초한 이미지즘 시 창작
청록집	박두진 박목월 조지훈	일제 말 데뷔하였으나 국어 말살 정책으로 작품을 발표하지 못했던 3인이 해방에 즈음하여 발간
생명의 서, 바위, 울릉도	유치환	1930년대 생명파의 경향을 발전시킴

작품	작자	특징
슬픈 목가	신석정	대체로 전원적이고 명상적이나 해방 직후 현실 고발 경향의 시도 씀
귀촉도	서정주	'화사집'의 서구 지향성에서 탈피, 동양 정신이 강함
초적(草笛)	김상옥	전원적인 성격을 가짐. 개인 시조집
울릉도	유치환	해방의 감격과 민족의식의 고취를 주제로 다룸
하늘과 바람과 별과 시	윤동주	일제 말기의 암담한 현실을 기독교적 예언의 목소리로 극복. 저항시로 분류할 수 있음
해	박두진	광복의 기쁨을 기독교적 낙원의 회복이라는 주제와 연관시켜 표현한 박두진 최초의 개인 시집
노천명 시선	노천명	일제하의 암울한 현실 속에서 쓴 의지적이고 서정적인 작품
마음	김광섭	일제하의 시련과 고난, 광복의 기쁨을 다룸

② 소설

작품	작자	특징
역마(驛馬), 흥남철수(興南撤收), 사반의 십자가(十字架)	김동리	인간성, 민족주의적 순수문학을 옹호. 한국적 운명관과 구원의 문제를 추구. 좌익의 문학을 격렬하게 반대하면서 한국적이고, 토속적인 주제를 다루어 이후 우리 문학의 큰 줄기를 이룸
목넘이 마을의 개, 사나이, 독짓는 늙은이	황순원	함축성 있는 간결한 문장. 사물을 시적 어조나 서정적 분위기로 표현. 서정적, 시적인 주제로 일관하면서도 해방 직후의 사회 현실에 대해 중도적 입장에서 우리 민족의 동질감을 강조한 작품을 씀
임종(臨終), 삼팔선, 해방의 아들	염상섭	해방 후부터 주로 가정을 무대로 한 인륜 관계의 갈등 대립을 다룬 작품 발표. 당대의 정치 현실보다는 한 가정에서 벌어지는 세세한 일상을 담담하게 묘사함
논 이야기, 민족의 죄인, 미스터 방, 역로	채만식	해방 직후의 정치적 혼란을 지극히 비판적으로 풍자함. 허무주의적인 시각을 지녀 비판의 대상이 되기도 하나 당대의 모습을 날카롭게 제시한 측면도 있음

7. 1950년대 문학작품

① 시

작품	작자	특징
목마와 숙녀, 박인환 시선집	박인환	1946년 시작(時作). 광복 후의 혼란과 6·25전쟁 후의 초토를 배경으로 하여, 도시를 제재로 한 서정시 창작
가까이 할 수 없는 서적, 조그마한 세상의 지혜	김수영	광복 후 박인환 등과 모더니즘 시 창작. 1950년대에 이르러 새로운 의미의 서정 시인으로 등장
생명의 서, 보병과 더불어, 예루살렘의 닭	유치환	생활과 자연, 애련과 의지, 허무와 신 등을 노래하는 어조의 시
고원의 곡, 이단의 시	김상옥	섬세하고 영롱한 언어를 구사. 해방 후 시조보다 시 쪽으로 기울음
폐허에서, 적군 묘지, 초토의 시(시집)	구상	원산에서 시집 『응향(凝香)』의 동인으로 활약. 현실 고발이 작품의 주조를 이룸. 시의 생명을 기법보다 사상에 둠
상심하는 접목, 심상의 밝은 그림자	김광림	전통적 서정주의를 거부하고 저항 의식을 형상화한 시를 발표. 주지적 서정파라 불림
사랑을 위한 되풀이	전봉건	1950년대 이후 시작(詩作) 활동. 월간지 『현대 시학』을 간행
12음계, 음악, 민간인	김종삼	초현실주의 경향의 특이한 소재와 표현 기법의 단절 및 비약으로 주목

② 소설

작품	작자	특징
제3인간형	안수길	전쟁 체험, 극한 상황 속에서 '어떻게 살 것인가' 추구
카인의 후예	황순원	해방 직후 북한의 토지 개혁을 다룸
요한 시집, 원형의 전설, 비인 탄생	장용학	단편 『지동설』(1955)로 등단. 순수한 관념 세계를 정하여 상징과 우화, 유동적 문체가 특징. 실존주의적임
불꽃	선우휘	동인 문학상 수상. 1965년을 전후하여 보수적 입장으로 전환. 행동주의 문학을 지향함
비오는 날, 미해결의 장, 잉여 인간	손창섭	사실적 필치로 이상인격(異常人格)의 인간형을 그려 내어 1950년대의 불안한 시대 상황을 묘사
학마을 사람들, 오발탄	이범선	1955년 등단. 휴머니즘 시각으로 서민의 인정상 추구
유예, 황선 지대, 백지(白紙)의 기록	오상원	사회의식과 현실 감각이 뛰어나며, 시대에 대한 증언자로서의 역할을 수행하고자 하는 의식
암야행(暗夜行), 오분간, 바비도	김성한	장용학, 손창섭과 함께 한국 소설의 체질적 현대화에 기여. 현실 참여적인 성격이 강함
만조, 소묘, 나상	이호철	『탈향(脫享)』(1955)으로 등단. 초기의 서정적 리얼리즘의 추구에서 객관적 리얼리스트로 변모
희화(戱畵), 임진강의 민들레	강신재	여류 소설가. 도시적인 세련성과 감수성을 묘사
감정이 있는 심연, 빛의 계단	한무숙	여류 소설가. 섬세한 개인 심리 묘사

③ 희곡

작품	작자	특징
나도 인간이 되련다	유치진	「버드나무 선 동네 풍경」, 「빈민가」 등 사실주의 경향 작품들과, 「마의 태자」, 「자매」, 「제사」 등 낭만주의적인 작품을 남김
귀향, 불모지, 껍질이 깨지는 아픔 없이는	차범석	조선일보 신춘문예에 「밀주」가 당선(1955)되어 등단. 사실주의적인 경향의 희곡을 주로 지음
시집가는 날	오영진	한국적 해학과 풍자를 바탕으로 하여 아름다움과 진실을 추구

8. 1960년대 문학작품

① 시

작품	작자	특징	성격
동경, 성북동 비둘기	김광섭	생경한 관념 세계를 예술적으로 승화시킨 시 창작	순수 서정주의
혼야, 강강술래	이동주	『문예』지에 「황혼」, 「새댁」, 「혼야」 등으로 등단	전통적 서정주의
흥부의 가난	박재삼	전통적인 정서에 연결된 맑은 감수성 견지	전통적 서정주의
나비의 여행	정한모	순수한 동심의 세계를 그림	전통적 서정주의
광화문에서, 새	천상병	서정을 발판으로 한 신고전주의 경향	전통적 서정주의
농무(農舞)	신경림	『문학예술』에 「낮달」, 「갈대」 등이 추천되어 등단	현실 참여주의
오적, 황톳길, 들녘	김지하	사회 현실을 날카롭게 풍자·비판	현실 참여주의
이 공동의 아침에, 이농(離農)	이성부	개성과 생기 있는 남도적 향토색과 저항적인 현실의식을 기조로 함	현실 참여주의

작품	작자	특징	
처용단장(處容斷章)	김춘수	'순수시'의 극단적 형태로서 '무의미 시'를 주장하고 실천함	모더니즘의 변형
속의 바다, 의식(儀式)	전봉건	초기의 현실적인 관점에서 점차 초현실적인 언어 표현에 주력	
앙포스멜, 스와니 강이랑 요단 강이랑	김종삼	관념을 배제하고 사상적 이미지들로 내면세계를 표상함	
거대한 뿌리, 풀	김수영	참된 시민 의식적 시인으로서의 통찰과 안목을 발휘	비판적 현실인식
아니오, 껍데기는 가라	신동엽	강인한 참여 정신을 가지고 건실한 역사의식을 작품 속에 투영	

② 소설

작품	작자	특징
기습작전기, 설원 먼 길 연옥	강용준	단편 「철조망」이 『사상계』에 당선되어 등단. 전쟁의 상흔과 민족의 비극이 잘 조명되어 있음
나무들 비탈에 서다, 움직이는 성(城)	황순원	동인지 『창작』 발행. 서정적인 부문에서 모더니즘까지 폭넓은 활동
이풍헌, 해벽, 관촌수필(冠村)	이문구	「다갈라 불망비(不忘碑)」가 『현대 문학』 추천으로 등단
인간단지(人間團地), 모래톱 이야기	김정한	민중문학의 한 정통을 수립, 리얼리즘 소설의 정공법
부부, 길, 삼부녀	손창섭	착실한 사실적 필치로 이상인격(異常人格)의 인간형을 그려냄
판문점(板門店), 닳아지는 살들	이호철	소시민적인 안일과 권태를 보이면서도 현실 감각과 역사의식에 있어 꾸준한 성장
나신(裸身), 꺼삐딴 리	전광용	냉철한 사실적 시선으로 부조리를 고발하면서 인간의 존엄성의 끈질긴 생명력을 부각시킴
왕릉(王陵)과 주둔군(駐屯軍), 야호(夜壺)	하근찬	농촌 소재의 형상화에서 토착 정신으로, 도회지 서민의 생활상의 부조리로 이동되는 작품 세계
불신 시대, 표류도, 시장과 전장, 토지	박경리	초기에는 운명 앞에서 무너지는 약한 인간상을 그렸으나 후기에 사회와 현실 의식이 확대되고 기법과 제재도 다양하게 표출
임진강의 민들레	강신재	초기에는 현대 남녀들의 애정모럴을 추구. 이후 관점을 사회의식, 현실 의식으로 확대
무진기행, 싸게 사들이기	김승옥	『산문 시대』 동인. 인간관계가 중요한 주제로 부각. 밀도 있는 유려한 문체
소문의 벽, 퇴원, 병신과 머저리	이청준	현실과 이상의 차이, 그리고 그 속에서 일어나는 심리적 갈등을 집요하게 추구

CHAPTER 02 문학론

01 | 문학의 기초

01 문학의 기능으로 가장 바람직한 것은?

① 지적 쾌락을 통하여 감동의 세계로 몰아간다.
② 즐거운 감동과 함께 진리를 교시한다.
③ 윤리적 교훈을 주어 정신적 변화를 일으키게 한다.
④ 작가의 개성을 드러내어 인상을 간직하게 한다.

해설
② 문학은 쾌락적 기능과 교시적 기능을 갖는다.

문학의 3대 특성
- 항구성 : 문학에서 받은 쾌락적 감동의 정서는 시간과 시대를 초월하여 영원히 간직하게 된다(역사성).
- 보편성 : 인간의 정서와 감동은 근본적으로 동일하여 보편성을 지닌다(일반성).
- 개성 : 문학작품의 정서는 보편적이나, 작가의 주관적 체험과 정서는 독특한 것이므로 작품의 표현은 개성적이다(특수성).

02 1970년대 이후 한국 문단에서는 문학의 순수와 참여 논쟁이 오래 계속되었는데, 이는 문학의 어떤 두 측면을 얘기하는 것인가?

① 현실성과 역사성
② 역사성과 교훈성
③ 쾌락과 교훈성
④ 쾌락과 예술 지상주의

해설
- 문학의 순수 : 문학은 문학작품으로 존재하며, 작품을 통해서 독자에게 쾌락을 제공한다.
- 문학의 참여 : 문학은 문학 외적인 여러 상황과 긴밀하게 연결되어 있으므로 현실에 대해 적극적으로 발언하고 현실의 모순을 타개해 나가야 한다.

문학의 2대 기능
- 쾌락적 기능 : 독자를 즐겁게 하는 기능으로 쾌락설(快樂說)에 해당한다(문학의 순수성).
- 교시적 기능 : 작품을 통하여 독자를 가르치고 도덕적·윤리적 교훈을 주는 기능으로 교훈설(教訓說)에 해당한다(문학의 참여성).

03 문학이 일반 산문과 결정적으로 다른 점은?

① 설명 방법의 차이
② 논리성의 유무
③ 인생관의 차이
④ 형상화의 유무

> **해설**
> ④ 문학에서의 형상은 어떤 내용을 언어로써 실감 있는 모습으로 바꾸어 놓은 것으로 형상화 또는 구상화라고 하며, 형상화는 재료의 나열이 아니라 생명력이 있는 통일체를 이루는 것을 말한다.

04 문학의 5대 장르가 알맞게 나열된 것은?

① 시조, 연극, 소설, 희곡, 시나리오
② 시, 소설, 수필, 희곡, 평론
③ 서간, 일기, 소설, 가사, 비평
④ 연극, 희곡, 시나리오, 인형극, 비극

> **해설**
> **문학의 장르**
> • 2대 장르 : 운문, 산문
> • 3대 장르 : 시, 소설, 희곡
> • 4대 장르 : 시, 소설, 희곡, 수필
> • 5대 장르 : 시, 소설, 희곡, 수필, 평론
> • 6대 장르 : 시, 소설, 희곡, 수필, 평론, 시나리오
>
> **문학의 5대 장르**
> • 시 : 인간의 사상과 정서를 내포적, 운율적인 언어로 형상화하는 창작문학의 한 장르이다.
> • 소설 : 작가의 개인적 경험에 의해 짜인 허구적인 이야기와 서술적인 산문으로 인생을 표현하는 장르이다.
> • 희곡 : 연극을 할 수 있게 그 내용을 구체적으로 기록해 놓은 대본이며 설계도이다.
> • 수필 : 형식상의 제약이나 내용상의 제한을 받지 않고 인생에 대한 관조와 체험을 개성적인 문체로 표현하는 장르이다.
> • 평론 : 예술, 문화, 사회, 과학, 학술 등의 분야에 걸쳐 글쓴이의 비평적 견해를 이론적으로 체계를 세워 서술한 글이다.

정답 01 ② 02 ③ 03 ④ 04 ②

05 다음 시조(時調)에 쓰인 수사법(修辭法)이 바르게 묶인 것은?

> 구름빛도 가라앉고 섬들도 그림진다.
> 끓던 물도 검푸르게 잔잔히 숨더니만
> 어디서 살진 반달이 함(艦)을 따라 웃는고.
>
> — 이태극의 〈서해상의 낙조(落照)〉

① 영탄법 · 의인법
② 은유법 · 도치법
③ 설의법 · 의인법
④ 직유법 · 도치법

해설

- 영탄법 : 기쁨, 슬픔, 감동 등 감정을 강조하여 표현하는 방법(~ 함을 따라 웃는고)
- 의인법 : 사람 아닌 사물에 인격을 부여하여 사람처럼 표현하는 방법(살진 반달이 ~ 웃는고)

직유법
원관념과 보조관념을 '마치 ~처럼, 같이' 등의 연결어로 상응시키는 수사법이다.
- 꽃같이~
- 옹기들같이~
- 아이들처럼~

06 다음 중 '마음의 날개를 펴고'와 같은 수사법은?

① 모가지가 길어서 슬픈 짐승이여
② 소복한 백화는 한결같이 슬프게 서 있고
③ 이것은 소리 없는 아우성
④ 어디 닭 우는 소리 들렸으랴

해설
③ 은유법, ① 의인법 · 영탄법, ② 의인법, ④ 설의법

07 "귤이 회수를 건너면 탱자가 된다는 말이 있다."에 해당하는 수사법은?

① 환유법(換喩法)
② 풍유법(諷喩法)
③ 직유법(直喩法)
④ 점층법(漸層法)

> 해설
> **풍유법**
> 표면상으로는 엉뚱한 말인 듯하면서 그 말 속에 어떤 교훈적인 뜻을 담는 것으로, 원관념을 뒤에 숨기고 보조관념만으로 숨겨진 본래의 의미를 추측하게 하는 방법이다.

08 다음 중 역설적 표현을 사용한 문장은?

① 다시 가만히 귀 모으면 가까이 들리는 머언 발자취
② 먼 훗날 당신이 찾으시면 / 그때에 내 말이 잊었노라.
③ 황금의 꽃같이 굳고 빛나던 맹세
④ 이성은 투명하되 얼음과 같으며, 지혜는 날카로우나 갑 속에 든 칼이다.

> 해설
> ① 역설적 표현이란 겉으로 보기에 이치에 어긋나거나 모순되는 진술을 통하여 그 안에 포함된 중요한 진리를 표현하는 방법을 말한다[가까이 들리는 - 머언 발자취(모순적 표현)].

정답 05 ① 06 ③ 07 ② 08 ①

09 다음 글의 문체는?

> 청춘! 이는 듣기만 하여도 가슴이 설레는 말이다. 청춘! 너의 두 손을 가슴에 대고 물방아 같은 심장의 고동을 들어 보라. 청춘의 피는 끓는다.
> – 민태원의 〈청춘예찬〉

① 화려체　　　　　　　② 우유체
③ 강건체　　　　　　　④ 만연체

해설
- 강건체 : 굳세고 정열적이며 강직한 남성적인 문체로 강한 신념과 의지의 표현에 적당하다(기미독립선언서, 민태원의 '청춘예찬' 등).
- 우유체 : 문장이 부드럽고 순하고 우아함이 특색이며, 여성적인 문체로 주제 표현이 흐려지기 쉽다(이효석의 소설, 이병기와 피천득의 수필 등).
- 간결체 : 압축, 요약된 표현의 문체로 수식 없이 간결하게 쓰므로 선명한 느낌을 주지만 무미건조해지기 쉽다(김동인, 황순원 등의 소설).
- 화려체 : 수식과 운율을 동원하여 꾸밈이 많은 감정적인 문체이다(나도향의 '그믐달', 모윤숙의 '렌의 애가', 이효석의 '메밀꽃 필 무렵' 등).
- 만연체 : 자기의 뜻을 표현하기 위해 온갖 말을 총동원시키는 형태로, 이해는 쉬우나 뜻이 중첩되고 지리한 느낌을 줄 수도 있다(이광수, 염상섭의 소설 등).

10 '호흡의 장단'에 따라 분류한 문체는?

① 강건체　　　　　　　② 우유체
③ 간결체　　　　　　　④ 화려체

해설
문체의 분류
- 문장(호흡)의 장단에 따라 : 간결체, 만연체
- 표현의 강약에 따라 : 강건체, 우유체
- 수식의 정도에 따라 : 건조체, 화려체

11 다음 문학 용어의 풀이가 잘못된 것은?

① 딜레탕티즘(Dilettantism) – 취미에 의한 예술 애호의 태도
② 매너리즘(Mannerism) – 독창성을 상실한 상식적 예술의 경향
③ 리얼리즘(Realism) – 객관적 사실을 있는 그대로 정확하게 재현하려는 태도
④ 다다이즘(Dadaism) – 러시아의 우울 문학 경향

해설
다다이즘
1차 대전 직후 차라(Tzara) 등을 중심으로 일어난 유럽의 문학·미술 운동으로 일체의 제약을 거부하고 기존의 모든 질서를 파괴하는 무방향의 운동이며, 극단적인 반이성주의이다. 과거의 전통이나 현재의 모든 것에 대하여 반항, 조소, 파괴하려고 하였으나 아무것도 적극적으로 요구하는 것은 아니었다.

12 세계의 문예사조를 이끈 두 갈래의 큰 조류(潮流)는?

① 고전주의 – 낭만주의
② 헬레니즘 – 헤브라이즘
③ 사실주의 – 실존주의
④ 자연주의 – 이상주의

해설
세계의 문예사조

갈래	헬레니즘	헤브라이즘
발상지	그리스	히브리
근본 사상	인성 중시	신성 중시
특징	감성적, 개방적, 현세적, 지상적, 물질적, 육욕적, 자아본위적	영적, 덕성적, 금욕적, 이타적, 내세적, 정신적, 신성본위적
전개된 사상	고전주의, 사실주의, 자연주의	낭만주의, 상징주의, 유미주의

13 다음 문예사조의 설명으로 틀린 것은?

① 고전주의의 반동으로 낭만주의가 일어났다.
② 낭만주의의 반동으로 사실주의가 일어났다.
③ 사실주의의 반동으로 자연주의가 일어났다.
④ 2차 대전 후에 등장한 것이 실존주의이다.

해설
문예사조의 계보

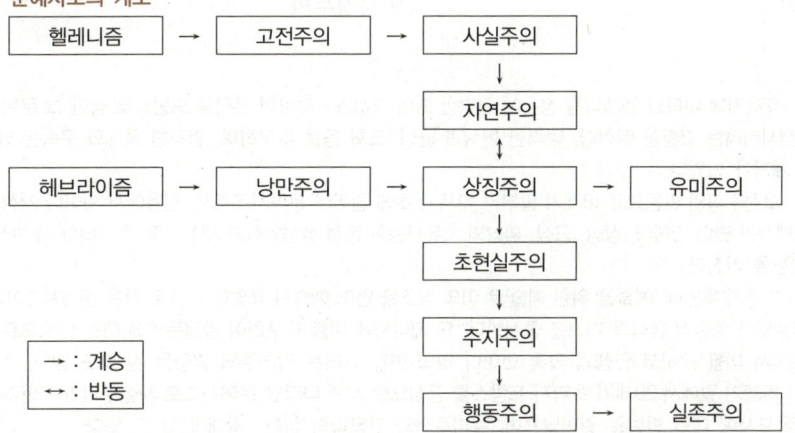

정답 09 ③ 10 ③ 11 ④ 12 ② 13 ③

14 다음 작가 중 '졸라이즘(Zolaism)' 계열에 속한 작가로만 묶인 것은?

① 주요한, 전영택
② 나도향, 채만식
③ 김동인, 염상섭
④ 김유정, 현진건

해설
졸라이즘(Zolaism) : 자연주의
김동인 - 「감자」, 염상섭 - 「표본실의 청개구리」

15 신성(神聖) 중시에서 벗어나 인간성을 중시하고, 인간적인 문화를 이룩하려는 문예사조는?

① 고전주의
② 실존주의
③ 인문주의
④ 탐미주의

해설
인문주의
- 중세의 신본주의에 반기를 들고 인간성 회복으로 인간 중심의 현실적 예술을 창조하려는 근대적 부흥운동(Renaissance)
- 휴머니즘의 표방
- 이상적 세계인 고대 부흥의 지향
- 자연과학 및 문학, 미술의 발달

16 다음은 어떤 문예사조에 대한 설명인가?

> 전통적인 원리·원칙에 절대의 가치를 두고 엄격한 형식과 균형을 생명으로 삼아 일종의 통제주의적·형식주의적 특징을 지니고 있다.

① 고전주의
② 낭만주의
③ 유미주의
④ 상징주의

해설
① 고전주의 : 17세기에 나타난 헬레니즘 정신에 입각한 고대 그리스·로마의 문학을 모범으로 삼아 그 문학적 가치를 계승·발전시키려는 경향을 말한다. 엄격한 형식과 균형, 조화 등을 추구하며, 엄격한 통제와 구속은 낭만주의를 일으키는 계기가 되었다.
② 낭만주의 : 고전주의의 반동으로 18세기 말부터 19세기 초에 일어난 문예사조로서, 전통에서 벗어나 개성을 중시하는 자기고백적인 면이 강하다. 상상, 공상, 환상의 자유분방한 동적 생성양식과 개성존중, 형식타파, 주관적, 주정적, 몽상적 성향을 가진다.
③ 유미주의 : 19세기 후반에 '예술을 위한 예술'로 미의 창조를 언어 예술의 유일한 목표로 삼은 문예사조이다. 인간적 의의와 내용보다 예술적 형식과 기교를 중시한다. 또 지나치게 미를 추구하여 물질문명에 대한 반역으로 괴악하고 괴기한 것에서 미를 구하고 인생의 암흑 면이나 악의 면을 그리는 악마주의 경향을 띨 수도 있다.
④ 상징주의 : 19세기 말에서 20세기 초까지 프랑스를 중심으로 시에 나타난 문예사조로 사실주의와 자연주의의 외면적, 객관적 묘사에 대한 반발로 일어났으며, 유미주의와 고답파의 심화·확대라 할 수 있다.

17 다음 중 낭만주의 문예사조의 특징과 관계가 먼 것은?

① 감성과 개성의 존중
② 음악성과 주관성
③ 통일과 조화
④ 꿈과 몽상의 추구

해설
낭만주의의 특징
- 엄격한 규칙·질서에서 벗어나 풍부한 상상력과 감정을 드러냄
- 미의 다양성을 지향함
- 무한의 이념을 추구하여 현실을 고양하려는 경향을 내포함
- 보편성보다는 개성을 존중한 자기 고백적인 면이 강함
- 음악적·주관적·감정적·동적인 생성양식

18 사회의 총체적 상황을 보면서 현실을 객관적으로 충실히 묘사하는 문학·예술의 원리는?

① 자연주의
② 구조주의
③ 사실주의
④ 실존주의

해설
사실주의의 분류
- 과학적 사실주의 : 졸라의 「나나」, 「목로주점」
- 예술적 사실주의 : 플로베르의 「보바리 부인」, 「성 앙투안느의 유혹」
- 사회적 사실주의 : 발자크의 「인간희극」, 스탕달의 「적과 흑」

사실주의
19세기 후반, 낭만주의에 대한 반동으로 프랑스에서 전개되었으며, 과학적인 공평한 태도로 실증적인 객관주의와 비개인성을 존중하는 문예사조이다. 현실의 완전한 묘사를 기도하고 인간과 동시에 외적인 자연까지도 대상으로 삼았다.

19 15~16세기의 유럽에서 일어난 것으로, 고대의 학예를 부활시킴으로써 중세 교회의 권위 아래 상실되어 가는 자연스러운 인간성을 회복하고자 했던 사상적 태도는?

① 인문주의
② 실존주의
③ 행동주의
④ 인도주의

해설
인문주의
르네상스 문학의 바탕을 이룬 일대 정신 운동으로 개인의 자각에 의거하여 중세의 신성본위 봉건 조직으로부터 인간을 해방하고, 본연의 인간성을 육성·발양하려는 사상이다. 근대문학은 이 사상의 이념에 의거한다.

정답 14 ③ 15 ③ 16 ① 17 ③ 18 ③ 19 ①

20 다음 중 실존주의 문학사상이 아닌 것은?

① 선험적(先驗的)인 본질이 인간이나 대상의 개별 보존(保存)보다 선행한다.
② 그 출발점은 인간의식과 심리과정에서 비롯된다.
③ 인간존재의 의미는 인간이 그 시점까지 살아온 생의 총합일 뿐이다.
④ 관심의 초점은 항상 존재의 문제인 본체론이다.

> **해설**
> **실존주의**
> 19세기 합리주의적 관념론이나 실증주의에 반대하여, 개인으로서의 인간의 주체적 존재성을 강조하는 철학 또는 문학 사상으로, 인간의 일반적 본질보다도 개개의 인간의 실존을 강조한다.

21 다음 중 사르트르의 사상(思想)과 무관한 것은?

① 실존은 본질에 선행한다.
② 실존주의는 휴머니즘이다.
③ 초인(超人)의 의지
④ 적극적 현실참여

> **해설**
> ③ 니체의 작품 「차라투스트라는 이렇게 말했다」에 나오는 차라투스트라의 사상과 관련된다.
> **J. P. 사르트르의 작품**
> 「구토」, 「존재와 무」, 「실존주의는 휴머니즘이다」, 「파리떼」, 「자유에의 길」

22 다음 중 초현실주의에 대한 설명이 아닌 것은?

① 프로이드의 정신분석의 영향을 받았다.
② 인간의 무의식의 영역을 탐구했다.
③ 문학작품으로는 엘뤼아르의 「고뇌의 수도」, 부르통의 「나자」 등이 있다.
④ 19세기 후반, 프랑스에서 낭만주의에 대한 반동으로 일어났다.

> **해설**
> ④ 19세기 후반, 프랑스에서 낭만주의에 대한 반동으로 전개된 것은 사실주의이다.

02 | 문학의 장르

01 다음은 "시는 언어의 예술이다."라는 언어의 속성을 도표화한 것이다. ㉠, ㉡, ㉢에 들어갈 것은?

```
언어 ─┬─ 음성 ─── 음악 ─────── ( ㉠ )
      └─ 의미 ─┬─ 개념 ─ 철학 ─ ( ㉡ )
                └─ 형상 ─ 그림 ─ ( ㉢ )
```

① ㉠ : 순수시 ㉡ : 서사시 ㉢ : 서정시
② ㉠ : 상징시 ㉡ : 서정시 ㉢ : 회화시
③ ㉠ : 낭만시 ㉡ : 관념시 ㉢ : 서정시
④ ㉠ : 순수시 ㉡ : 관념시 ㉢ : 회화시

해설

시의 요소
음악적 요소, 회화적 요소, 의미적 요소

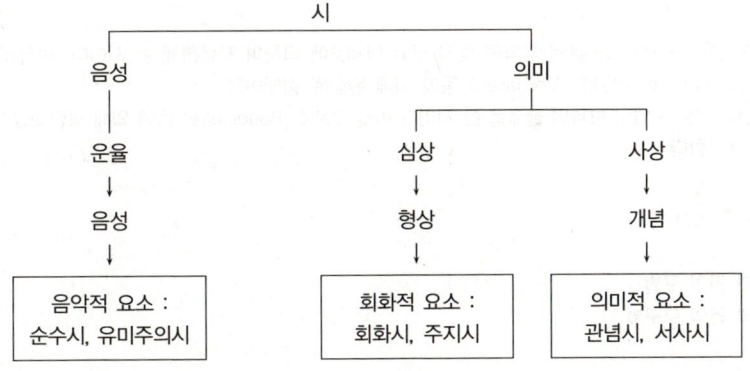

02 다음 중 변종 갈래인 것은?

① 시
② 시조
③ 소설
④ 희곡

해설

갈래의 유개념과 종개념
- 유개념 : 세계문학에 두루 통용되는 갈래이다. 장르류, 큰 갈래
  예 시, 소설, 수필, 희곡 등
- 종개념 : 큰 갈래가 지역과 시대에 따라 변형된 갈래이다. 장르종, 작은 갈래, 변종 갈래
  예 향가, 시조, 고려 가요, 가사 등

03 산문시(散文詩)와 자유시의 공통점은?

① 연과 행의 무구별(無區別)
② 연과 행의 구별
③ 내재율을 취하는 점
④ 리듬을 가지지 않는다는 점

해설

자유시와 산문시
- 자유시 : 시의 일정한 형태나 외형률의 제약을 받지 않고 내재율에 의하여 자유롭게 쓴 시이다. 미국의 휘트먼(W. Whitman), 프랑스 시인 베르하렌(E. Verharen) 등에 의해 완성된 형태이다.
- 산문시 : 행과 연의 구분이 없이 보통의 줄글로 쓴 시이다. 보들레르(C. Baudelaire) 등에 의해 확립되었다. 조지훈의 「봉황수」 등이 해당한다.

자유시와 산문시의 구별
- 공통점 : 내재율을 취한다.
- 구별의 기준
  - 자유시 : 행과 연의 구별
  - 산문시 : 행과 연의 무구별

04 시어(詩語)의 특성으로 가장 알맞은 것은?

① 지적·윤리적
② 추상적·서술적
③ 지시적·설명적
④ 함축적·내포적

해설

시의 언어
- 시인의 사상, 감정을 표출하는 함축적 의미의 언어이다.
- 함축성에 의존한다.
- 간접적이고 개인적이다.
- 비약적이거나 날카로운 것이 상례이다.
- 느낌, 태도, 해석을 나타내는 말이다.
- 객관적 사실보다는 표현을 중시하고 시의 감동을 높인다.

05 다음 중 심상(心象)이 전이(轉移)된 표현이 아닌 것은?

① 향기로운 님의 말소리에 귀먹고
② 흔들리는 종소리의 동그라미 속에서
③ 창문에 아롱지는 청자빛 빗소리
④ 머리맡에 찬물을 쏴아 퍼붓고는

> **해설**
> **심상이 전이된 표현**
> 두 종류 이상의 감각이 섞여서 하나의 효과를 나타내는 것을 말한다.
> ④ 청각적 심상과 촉각적 심상 병존
> ① 청각 → 후각(공감각적 심상)
> ② 청각 → 시각(공감각적 심상)
> ③ 청각 → 시각(공감각적 심상)

06 소설(小說)을 일반적으로 정의하면 다음 중 어느 것이 가장 타당한가?

① 인간에게 교훈과 경고를 주는 내용을 설화체로 쓴 산문문학
② 인간의 애정 관계를 흥미 있게 서술한 문학
③ 인간세계에 있을 수 있는 가공의 진실을 서술한 산문문학
④ 현실을 그대로 반영시킨 현실문학

> **해설**
> ③ 소설은 작가의 상상력으로 있음직한 사실을 꾸며낸 이야기이다.

07 소설의 지적(知的) 요소에 해당하지 않는 것은?

① 위트(Wit)　　　　② 환상(幻想)
③ 추리(推理)　　　　④ 반증(反證)

> **해설**
> ② 소설의 지적 요소로는 유머, 위트, 해부, 상징, 비약, 암시, 추리, 풍자, 해학, 반증 등이 있다.

정답 02 ② 03 ③ 04 ④ 05 ④ 06 ③ 07 ②

08 소설(小說)의 특성으로 가장 거리가 먼 것은?

① 허구성(虛構性)
② 모방성(模倣性)
③ 서사성(敍事性)
④ 주관성(主觀性)

> **해설**
> **소설의 특성**
> • 허구성 : 작가의 상상력을 통해 꾸며낸 가공적인 이야기이다.
> • 모방성 : 현실에서 제재를 취하며, 현실적 삶의 모습을 반영한다.
> • 서사성 : 인물, 사건, 배경 등을 갖춘 일정한 이야기이다.
> • 진실성 : 필연성과 개연성을 바탕으로 삶의 진실을 표현한다.
> • 객관성 : 객관적으로 서술되고 묘사되는 문학이다. 시가 주관적 문학임에 비하여, 소설은 객관적 문학이다.
> • 예술성 : 예술적 형식미를 지닌 언어 예술이다.
> • 산문성 : 산문으로 표현되는 문학이다.

09 소설에서 행동이나 대화를 통해서 인물의 성격을 묘사하는 방법은?

① 직접적 방법
② 간접적 방법
③ 분석적 방법
④ 암시적 방법

> **해설**
> **소설에서의 인물 표현 방법**
> • 직접적 방법 : 서술자가 직접적으로 인물의 특성을 요약 설명하는 방법, 분석적 제시 방법 – 설명적, 들려주는 방법
> • 간접적 방법 : 인물의 행동이나 대화를 통해 간접적으로 성격을 묘사하는 방법, 극적 제시 방법 – 묘사적, 보여주는 방법
> • 평면적 방법 : 성격이 변하지 않는 전형적이고 평면적인 인물을 제시하는 방법 – 해학이나 풍자에 적합
> • 입체적 방법 : 욕망의 가치가 변하고, 발전할 수 있는 개성적인 인물을 제시하는 방법 – 인간 내면을 다루는 현대 심리소설에 적합

10 단편소설과 장편소설의 가장 중요한 차이점은?

① 단편소설은 장편소설을 짧게 줄여 놓은 것이다.
② 단편소설은 순수문학이고 장편소설은 대중문학이다.
③ 단편소설은 장편소설의 일부분이다.
④ 단편소설은 인생의 단면을 그리고, 장편소설은 인생의 전면을 그린다.

> **해설**
> ④ 단편소설은 단일한 주제와 단일한 사건을 통해 단일한 효과를 거두며 단순 구성을 통하여 인생의 단면을 보여주는 데 반해, 장편소설은 사건이 방대하고 구성이 복합적이며 전개가 완만하고 길다.
>
> **단편소설의 특징**
> - 인생의 한 단면을 표현한다.
> - 사건, 효과, 주제, 구성 등이 단일하다.
> - 단순, 긴축 구성이다.
> - 문체의 집약적인 효과를 노려야 한다.
> - 언어의 구사가 압축적이다.

11 콩트의 정의로 적당한 것은?

① 단편소설의 별칭이다.
② 단편소설과 중편소설의 중간 성격을 띤 형식이다.
③ 짧은 소설 형식으로서 반전의 묘미에 역점을 둔다.
④ 길이와는 상관없이 반전의 묘미가 특징인 소설의 한 형식이다.

> **해설**
> **콩트(Conte)**
> - 인생의 한 단면을 짧고 재치 있게 묘사한 소설이다. 엽편소설로서 반전의 묘미에 역점을 둔다.
> - 가장 짧은 형식의 소설로, 200자 원고지 20~30장으로 이루어진다.
> - 지극히 단편적인 사상을 함축성 있게 다룬다.
> - 소설 작품으로 되기 이전에 짤막한 이야기를 지칭하는 개념으로도 쓰인다.

12 근대 소설의 특징이라고 할 수 없는 것은?

① 사건의 기록적인 면 추구
② 인간성의 탐구
③ 인간의 본질, 존재의식
④ 새로운 인간형의 발견과 창조

> **해설**
> ① 현대 소설의 특징으로는 다양한 현실의식과 지적인 탐구정신(探究精神)에 의해 새로운 문학이 전개된다는 점을 들 수 있다.
>
> **소설의 4대 특성**
> - 허구성, 산물성, 객관성, 사실성
> - 구성적인 이야기, 서술적인 이야기, 인생의 이야기, 창조적 이야기

정답 08 ④ 09 ② 10 ④ 11 ③ 12 ①

13 다음과 관계있는 소설의 시점은?

> 서술자가 외부 관찰자의 입장에서 이야기를 서술하는 방식으로 일체의 해설이나 평가 없이 독자의 판단에 맡기게 된다. 극적 효과 및 객관성 확보에 적합하며, 인물이나 사건을 있는 그대로 제시한다.

① 1인칭 주인공 시점
② 1인칭 관찰자 시점
③ 작가 관찰자 시점
④ 전지적 작가 시점

해설

1인칭 시점
작품에 '나'가 등장할 때
- '나'가 주인공 : 1인칭 주인공 시점 – 이상의 「날개」
- '나'가 관찰자 : 1인칭 관찰자 시점 – 주요섭의 「사랑방 손님과 어머니」

3인칭 시점
작품에 '이, 그, 고유명사' 등 3인칭 인물이 주인공일 때
- 등장인물의 외부 묘사 : 3인칭 작가 관찰자 시점 – 황순원의 「소나기」
- 등장인물의 내면 묘사 : 3인칭 전지적 작가 시점 – 박지원의 「허생전」

14 소설 작품 속에 작가의 개입이 가장 용이한 시점은?

① 1인칭 주인공 시점
② 1인칭 관찰자 시점
③ 3인칭 관찰자 시점
④ 전지적 작가 시점

해설

시점의 종류

서술자 \ 태도	사건에 대한 내면적 분석	사건에 대한 외부적 관찰
서술자와 등장인물이 동일	**1인칭 주인공 시점** (서술자=작중인물) • 주인공이 자신의 이야기를 하며 허구적이다. • 작중인물의 심리묘사에 적절하나, 객관성을 유지하기 어렵다.	**1인칭 관찰자 시점** (서술자=작중인물) • 주인공이 다른 인물에 관해 이야기한다. • 신뢰성과 현실성이 있으나, 전체적 시야가 제한적이다.
서술자와 등장인물이 다름	**전지적 작가 시점** • 장편에 알맞다. • 서술자(≠작중인물)가 모든 일을 이끌어간다.	**작가 관찰자 시점** 작가는 외부사항만 제시하고 인물의 내부에는 전혀 개입하지 않으므로 객관적이다.

15 허생전은 작가가 윤영이라는 노인의 말을 들은 것이라며 이야기가 시작되고 있다. 이와 같은 소설의 구성 방식은 무엇인가?

① 단순 구성
② 복합 구성
③ 액자식 구성
④ 피카레스크식 구성

해설
소설의 구성 방식
- 단순 구성 : 하나의 사건이 단일하고 단순하게 진행되므로 단일한 인상이 요구되는 단편소설에 쓰이는 기법이다.
- 복합 구성 : 두 개 이상의 사건이 교차되면서 진행되므로 장편소설에 쓰이는 기법이다.
- 액자식 구성 : 이야기가 이루어지는 상황(외부 이야기)과 주제와 관련된 이야기(내부 이야기)로 구성되는 방법으로 시점이 바뀐다.
- 피카레스크식 구성 : 독립된 이야기들이 하나의 주제 아래 구성되는 방법이며 동일 주인공이 서로 다른 이야기에 등장하기도 한다.

16 밑줄 친 부분의 풀이로 알맞은 것은?

> 수필은 인생과 사물에 대한 개인의 느낌과 사색을 비교적 자유로운 형식으로 쓴 대화적 산문이다.

① 독자와의 교감(交感)을 중시하는 문학이다.
② 희곡적 구성으로 이루어지는 문학이다.
③ 극적 대화가 삽입되는 문학이다.
④ 대화체의 문체를 중시하는 문학이다.

해설
① 수필은 '붓 가는 대로 쓰는 글', 곧 형식이나 내용의 제한이 없이 마음의 여유를 가지고 인생과 사물에 대한 느낌과 사색을 비교적 자유로운 형식으로 쓰는 글이기 때문에 독자와의 교감(交感 : 서로 맞대어 느낌)을 가장 중시한다.

정답 13 ③ 14 ④ 15 ③ 16 ①

17 수필의 특성으로 적절하지 않은 것은?

① 무형식의 형식
② 개성의 문학
③ 제재의 다양성
④ 간접적 전달성

> **해설**
> **수필의 특성**
> • 무형식의 자유로운 산문
> • 다양한 제재 및 특성
> • 개성적·고백적인 문학
> • 심미적·철학적인 문학
> • 유머·위트·비평 정신에 바탕을 둔 문학양식
> • 간결한 산문체 문학
> • 비전문적 문학
> • 실험적인 문학

18 "수필은 청춘의 글은 아니요, 서른여섯 살 중년 고개를 넘어선 사람의 글이다."에 해당하는 것은?

① 개성의 문학
② 무형식의 산문
③ 체험과 관조
④ 유머와 위트

> **해설**
> **피천득이 수필에서 밝히고 있는 수필의 특징**
> • 수필가 찰스 램은 언제나 램이면 된다. – 자기 고백적인 개성의 문학
> • 수필은 마음의 산책이다. 그 속에는 인생의 향취와 여담이 숨어 있는 것이다. – 심미성, 철학성
> • 수필이 비단이라면 번쩍거리지 않는 바탕에 약간의 무늬가 있는 것이다. 그 무늬는 읽은 사람의 얼굴에 미소를 띠게 한다. – 유머와 위트

19 희곡의 3요소와 연극의 3요소를 바르게 나열한 것은?

① 해설, 대사, 지문 – 희곡, 관객, 배우
② 해설, 인물, 대사 – 희곡, 무대, 관객
③ 지문, 해설, 인물 – 희곡, 관객, 배우
④ 지문, 해설, 대사 – 희곡, 무대, 배우

> **해설**
>
> **희곡의 3요소**
> - 해설 : 막이 오르기 전, 등장인물, 배경, 무대상황 및 장치제시 등을 설명한 글이다.
> - 대사 : 극 진행의 주된 방법이다.
> - 지문 : 등장인물의 동작, 표정, 심리, 배경, 효과 등을 지시한다.
>
> **연극의 3요소**
> - 희곡 : 작가가 자신의 사상과 감정을 무대의 상연을 전제로 쓴 글이다.
> - 관객 : 희곡을 감상하는 사람이다.
> - 배우 : 어떤 인물로 변하여 대사, 감정, 표정 등을 동작, 말로 표현하는 사람이다.
>
> **연극의 3일치 원칙**
> 시간, 장소, 행동의 일치

20 희곡이 연극과 다른 점은?

① 종합예술인 점
② 단일예술인 점
③ 시간예술인 점
④ 공간예술인 점

> **해설**
>
> **예술의 3대 분류**
> - 시간예술 : 문학·무용·음악과 같이 시간적 추이에 중점을 두는 운동적 예술
> - 공간예술 : 미술·조각·건축·공예 등과 같은 유형의 재료를 사용하여 시공에 호소하는 기계적이며 정지적인 예술
> - 종합예술 : 연극·영화·오페라와 같이 여러 부분의 단일예술이 합쳐져 종합적으로 이루어진 예술

정답 17 ④ 18 ③ 19 ① 20 ②

21 희곡과 소설을 비교했을 때, 공통점으로 연결할 수 없는 것은?

① 대화의 사용
② 성격의 묘사
③ 주제가 나타난다.
④ 표현의 기제

해설

희곡과 소설의 차이점

구분	희곡	소설
시제	현재형	과거형
등장인물	제약 받음	제약 없음
시·공간	제약 받음	제약 없음
전달과정	무대 상연을 전제	읽는 것을 전제
표현	대사	대화와 지문
인물의 심리분석	대사와 행동으로 간접적으로 표현됨	등장인물의 직접적이고 세세한 심리분석, 내면탐구가 가능

22 시나리오와 희곡의 차이점은?

① 공간과 시간의 이동이 자유롭다.
② 해설적 요소를 포함한다.
③ 종합예술의 대본이다.
④ 상연을 전제로 한다.

해설

① 희곡은 무대 상연을 전제로 하는 문학이므로 시간과 공간의 제약을 받지만, 시나리오는 영화 촬영을 목적으로 쓴 대본으로 시간적·공간적 제약을 덜 받는다.

23 시나리오만이 지니는 특징을 잘 말한 것은?

① 꿈과 낭만을 그린 세계가 표현된 글이다.
② 가공의 인물과 생활, 사건을 쓴 글이다.
③ 상연을 전제로 하는 글이다.
④ 영화 제작을 위해서 쓴 글이다.

해설
시나리오
- 영화의 대본으로, 영화로 상영(특수한 영상기법 사용)될 것을 전제로 쓴 글이다.
- 직접적인 문학이다.
- 행동의 문학이다.
- 화면(Cut)과 장면(Scene)을 단위로 한다.
- 시간과 공간의 제약을 희곡보다 적게 받는다.
- 대립되는 사상, 의지의 갈등을 본질로 하는 극적인 긴장감을 조성한다.

24 다음 중 사건을 암시한 기법으로 쓰이는 것은?

① 용암(溶暗)　　② 복선
③ 반전　　　　　④ 용명(溶明)

해설
복선
대사, 행동 또는 배경을 통하여 어느 사건이 다음 어느 대목의 사건 발생을 암시하는 기법으로, 작품 구성의 인과성, 필연성, 유기성을 이루게 한다.

25 시나리오의 구성요소가 아닌 것은?

① 해설　　　　　② 지문
③ 대사　　　　　④ 독백

해설
시나리오의 표현 형식
- 해설 : 희곡에서의 해설과 같은 부분으로 등장인물, 장소, 시간, 배경 등을 제시한다.
- 대사 : 대화, 독백, 방백이 있다.
- 지문 : 동작이나 표정의 지시, 음향이나 음악, 조명 등의 지시, 카메라 위치 지정 등이 해당된다.
- 장면표시 : 사건의 배경이 되는 장면의 설정이나 장면번호 S#1, S#2 등으로 표현한다.

정답　21 ④　22 ①　23 ③　24 ②　25 ④

26 영화·연극·소설 등에서 하나의 주제를 중심으로 몇 개의 독립한 짧은 이야기를 늘어놓아 한 편의 이야기를 만드는 구성 방법을 무엇이라 하는가?

① 피카레스크식 구성
② 복합 구성
③ 옴니버스식 구성
④ 산만 구성

해설
③ 옴니버스(Omnibus)식 구성 : 몇 개의 단편소설 또는 스케치 풍의 삽화를 전체적으로 일관된 분위기를 나타내도록 구성하는 것으로, 한 사람의 감독이 각각 제작하기도 하고 여러 명의 감독이 제작하기도 한다.

27 '화면을 점점 밝게'라는 뜻의 시나리오 용어는?

① I. O.
② I. I.
③ O. L.
④ F. I.

해설
④ F. I.(Fade-In) : 화면이 차차 밝아옴. 한 장면이 시작될 때만 씀

시나리오 용어
- 콘티뉴이티 : 영화의 촬영대본, 콘티
- 크랭크인(Crank In) : 촬영시작
- NAR(Narration) : 해설(내레이션)
- S#(Scene Number) : 장면번호
- F. O.(Fade-Out) : 화면이 차차 어두워짐. 한 장면이 끝날 때 씀
- O. L.(Overlap) : 하나의 장면 위에 다른 장면이 겹치면서 장면이 전환되는 것. 회상 또는 연속적인 사건의 진전을 나타낼 때 씀
- Ins(Insert) : 삽입화면
- W. O. : 한 화면을 갑자기 없애는 동시에 다음 화면을 지체 없이 빨리 나타내는 화면접속법으로 빠르고 기발한 느낌을 줌
- PAN(Panning) : 카메라를 상하 또는 좌우로 이동하는 것
- E.(Effect) : 음향효과
- Prologue : 영화나 연극의 첫머리에서 소개하는 말
- Epilogue : 영화나 연극의 마지막에 하는 맺음말
- Short : 컷(Cut)이라고도 함. 촬영된 한 장면
- M. : 효과음악(배경음악)
- I. I. : 화면이 중앙에서부터 차차 열림
- I. O. : 화면이 중앙으로 차차 닫힘
- O. E. : 이중 노출, 한 화면에 다른 화면이 동시에 나타나는 것

※ 다음 글을 읽고 물음에 답하시오(28~29).

> 요사이 우리 사회는 터진 봇물처럼 마구 흘러드는 외래 문명에 정신을 차리지 못할 지경이다. 세계화가 미국이라는 한 나라의 주도하에 이루어지고 있다. 일본은 얼마 전 영어를 아예 공용어로 채택하는 안을 검토한 바 있다. 문화 인류학자들은 이번 세기가 끝나기 전에 ㉠ <u>대부분의 언어들이 이 지구상에서 자취를 감출 것이라고 예측한다</u>. 언어를 잃는다는 것은 곧 그 언어로 세운 문화도 사라진다는 것을 의미한다. 우리가 그토록 긍지를 갖고 있는 우리말의 운명은 과연 어떻게 될 것인가.
>
> — 최재천의 〈황소개구리와 우리말〉

28 외래 문화와 우리 문화에 대해 글쓴이가 의도하는 바로 가장 적절한 것은?

① 우리 문화의 우수성을 확립하기 위해 외래 문화를 차단해야 한다.
② 우리 문화를 세계화하기 위해 외래 문화를 수용할 의지가 필요하다.
③ 외래 문화가 우리 문화에 뿌리를 내릴 수 없도록 원천적으로 막아야 한다.
④ 외래 문화에 의한 우리 문화의 상실을 막기 위해 우리 문화를 소중히 해야 한다.

해설
④ 본문은 비유와 유추를 통해 우리말(문화)을 지키기 위한 노력을 촉구하는 논설문이다.

29 밑줄 친 ㉠의 전제가 되는 언어의 성격은?

① 사회성
② 역사성
③ 자의성
④ 분절성

해설
② 언어에는 환경에 따라 끊임없이 생성·변화·사멸하는 역사성이 있다.

정답 26 ③ 27 ④ 28 ④ 29 ②

※ 다음 글을 읽고 물음에 답하시오(30~32).

> 할머니의 노여움은 거기에서 그치지 않았다. 그것 한 가지만으로도 하나밖에 없는 동생, 시동생을 끝까지 돌봐 줄 의사가 있는지 없는지 알 수 있다면서 정성의 기미가 보일 때까지 광과 장롱의 열쇠를 당신이 직접 맡아 관리하겠다고 선언해 버렸다.
> "경사시런 날 아적부텀 예펜네가 집 안에서 큰소리를 하면 될 일도 안 되는 벱이니께 이만침 혀 두고 참는다만, 후사는 ㉠ 느덜이 알어서들 혀라. 나는 손구락 하나 깐닥 않고 뒷전에서 귀경만 허고 있을란다."
> 말을 마치고 돌아서면서 할머니는 거듭 혀를 찼다.
> "큰자석이라고 있다는 것이 저 모냥이니 원, 쯧쯧."
> 할머니는 양쪽 팔을 화홰 내저으며 부리나케 안채로 향했다.
> "지지리 복도 못 타고난 년이지. 나만침 아덜, 메누리 복이 없는 년도 드물 것이여."
> 사랑채 앞을 지나면서 또 혼잣말을 했다. 말이 혼잣말이지 실상은 이웃에까지 들릴 고함에 가까운 소리였다. 할머니는 정말로 손가락 한 개도 까닥하지 않았다. 방문을 쾅 닫고 들어앉은 후로 밖에서 일어나는 일은 죽이 끊든 밥이 끊든 일절 상관하지 않았다. 그런 대신 봉창에 달린 작은 유리 너머로 늘 마당을 감시하면서 일일이 못마땅한 표정을 지어 보였다. 우리는 수대로 하나씩 빗자루나 연장 같은 걸 들고 나와 감시의 눈초리를 뒤통수에 느껴 가면서 마당도 쓸고 마루도 닦고 집 안팎의 거미줄도 걷었다.
>
> – 윤흥길의 〈장마〉

30 이 글의 서술상 특징으로 가장 적절한 것은?

① 유년의 체험을 서술자를 통하여 회상하는 방식으로 보여주고 있다.
② 서술자가 중심인물의 내면을 분석적으로 제시하고 있다.
③ 요약적 설명을 통해 주제를 직접적으로 제시하고 있다.
④ 대화를 통하여 인물 간의 갈등을 고조시켰다.

해설
① 이 소설은 서술자가 어린 시절에 있었던 일을 회상하는 방식으로 전개되고 있으며, 어린이의 시선으로 전개되므로 민족이 겪었던 비극적 상황을 부각시키는 면에서 효과적이다.

31 ㉠에 드러난 할머니의 심리로 적절한 것은?

① '이제 내가 할 일은 모두 다했으니 그냥 지켜보고 있는 수밖에.'
② '아들놈이 며느리 말만 듣고 내 말을 안 들으니 정말 괘씸해.'
③ '앞으로 저것들이 얼마나 정성을 다하는지 지켜봐야지.'
④ '너희들이 나를 어른으로만 대접해 봐, 내가 이러나.'

해설
③ ㉠은 앞에서 발생한 사건이 가족들이 정성을 다하지 않고 무관심했기 때문이라고 생각하는 할머니의 불만이 드러난 부분이다.

32 한국문학의 세계화라는 주제로 심포지엄을 열고자 한다. 다음의 밑줄 친 부분을 중심으로 이 작품에 대해 토론할 때, 그 내용으로 적절하지 않은 것은?

> 한국문학의 세계화는 두 가지 측면에서 접근할 수 있다. 첫째, 한국문학의 특수성을 어떻게 이해시킬 것인가. 둘째, 우리 문학이 지니고 있는 보편성을 어떻게 찾아내 드러낼 것인가이다. 두 가지 문제는 상호 보완적이지만 <u>첫 번째 문제를 먼저 해결해야 할 것이라고 본다.</u>

① 이 작품에 나타난 한국의 전통적 가족 제도 내의 인간관계를 어떻게 이해시킬 것인가.
② 이 작품에서 드러나는 인물들 사이의 심리적 갈등 양상을 어떻게 설명할 것인가.
③ 이 작품에 나오는 무속적(巫俗的) 전통에 대해 우리가 느끼는 정서를 어떻게 공감시킬 것인가.
④ 이 작품에 담겨 있는 사투리 특유의 어조를 어떻게 번역할 것인가.

해설
② 우리 문학만의 특성을 드러내는 요소를 찾아야 되는 것으로, 해당 내용은 토론에 적합하지 않다.

※ 다음 글을 읽고 물음에 답하시오(33~36).

> 장인님이 일어나라고 해도 내가 안 일어나니까 눈에 독이 올라서 저 편으로 힝하게 가더니 지게막대기를 들고 왔다. 그리고 그걸로 내 허리를 마치 들떠 넘기듯이 쿡 찍어서 넘기고 넘기고 했다. 밥을 잔뜩 먹어 딱딱한 배가 그럴 적마다 통겨지면서 ⓐ <u>밸창</u>이 꼿꼿한 것이 여간 켕기지 않았다. 그래도 안 일어나니까 이번에는 배를 지게막대기로 위에서 쿡쿡 찌르고 발길로 옆구리를 차고 했다. 장인님은 원체 ⓑ <u>심청</u>이 굳어서 그러지만 나도 저만 못하지 않게 배를 채었다. 아픈 것을 눈을 꽉 감고 넌 해라 난 재밌단 듯이 있었으나 볼기짝을 후려갈길 적에는 나도 모르는 결에 벌떡 일어나서 그 수염을 잡아챘다. 마는 내 골이 난 것이 아니라 정말은 아까부터 벽 뒤 울타리 구멍으로 점순이가 우리들의 꼴을 몰래 엿보고 있었기 때문이다.
> 가뜩이나 말 한 마디 톡톡히 못 한다고 바라보는데 매까지 잠자코 맞는 걸 보면 ⓒ <u>짜장</u> 바보로 알 게 아닌가. 또 점순이도 미워하는 이까짓 놈의 장인님하곤 아무것도 안 되니까 막 때려도 좋지만 사정 보아서 수염만 채고(제 원대로 했으니까 이때 점순이는 퍽 기뻤겠지.) 저기까지 잘 들리도록
> "㉠ <u>이걸 까셀라부다!</u>"
> 하고 소리를 쳤다.
> 장인님은 더 약이 바짝 올라서 잡은 참 지게막대기로 내 어깨를 그냥 내려 갈겼다. 정신이 다 아찔하다. 다시 고개를 들었을 때 그때엔 나도 온몸에 약이 올랐다. 이 녀석의 장인님을, 하고 눈에서 불이 퍽 나서 그 아래 밭 있는 ⓓ <u>넌 알</u>로 그대로 떠밀어 굴려 버렸다.
> "부려만 먹구 왜 성례 안 하지유?"
> 나는 이렇게 호령했다.
>
> — 김유정의 〈봄봄〉

33 다음 중 ㉠에 대한 설명으로 바른 것은?

① 잔뜩 약이 올라서 하는 말이다.
② 혼자서 마음 속으로 하는 말이다.
③ 진심과는 달리 억지로 지어내어 하는 말이다.
④ 누군가를 염두에 두고 허세(虛勢)를 부려 하는 말이다.

> **해설**
> ④ '나'는 점순이가 엿보고 있는 것을 알고 있으며, 그래서 사정을 보아 가면서도 짐짓 허세를 부려 소리치고 있음을 알 수 있다.

34 위 글의 해학성을 뒷받침하는 요소로 보기 어려운 것은?

① 예상치 못한 행동의 전개
② 상반되는 성격의 인물 등장
③ 간결한 독백체 문장의 사용
④ 희극적이고 과장된 상황 설정

> **해설**
> ③ 「봄봄」의 해학성은 데릴사위가 장인의 바짓가랑이를 잡아당기는 것과 같은 예상치 못한 행동, 의뭉스런 장인과 순박한 '나'의 성격 대비, 장인과 주인공이 번갈아 바짓가랑이를 잡아당기는 희극적이고 과장된 상황 설정, 익살스럽고 토속적인 어휘의 사용 등에 의해 형성되고 있다.

35 다음 중 ⓐ~ⓓ의 의미가 바른 것은?

① ⓐ : 창자, 배알
② ⓑ : 맑은 마음
③ ⓒ : 거짓으로
④ ⓓ : 이랑

> **해설**
> ⓑ '심술'의 사투리, ⓒ 정말로, ⓓ 둔덕

36 위 글에서 화자의 말투와 거리가 먼 것은?

① 고백체의 어투를 쓰고 있다.
② 주로 문어체를 구사하고 있다.
③ 비속어를 쓰기도 한다.
④ 설명하는 어투의 호흡은 긴 편이다.

> **해설**
> ② 주로 구어체를 쓰고 있다.

※ 다음 글을 읽고 물음에 답하시오(37~39).

> 말뚝이 : (가운데쯤에 나와서) 쉬이. (음악과 춤 멈춘다.) 양반 나오신다아! 양반이라고 하니까 노론, 소론, 호조, 병조, 옥당(玉堂)을 다 지내고 삼정승(三政丞), 육판서(六判書)를 다 지낸 퇴로 재상(退老宰相)으로 계신 양반인 줄 아지 마시오. 개잘량이라는 '양' 자에 개다리소반이라는 '반' 자 쓰는 양반이 나오신단 말이오.
> 양반들 : 야아, 이놈, 뭐야아!
> 말뚝이 : 아, 이 ⓐ양반들, 어찌 듣는지 모르갔소. 노론, 소론, 호조, 병조, 옥당을 다 지내고 삼정승, 육판서 다 지내고 퇴로 재상으로 계신 이 생원네 삼 형제분이 나오신다고 그리 하였소.
> 양반들 : (합창) 이 생원이라네. (굿거리장단으로 모두 춤을 춘다. 도령은 때때로 형들의 면상을 치며 논다. 끝까지 그런 행동을 한다.)
>
> — 〈봉산탈춤〉

37 위 글에 대한 설명으로 잘못된 것은?

① 해학과 풍자를 통해 근대적 시민 의식을 표현하고 있다.
② 조선 후기 유행했던 민속극이다.
③ 표현의 이중성이 나타나고 있다.
④ 무대와 객석은 엄격히 구별되어 있다.

해설
④ 봉산탈춤에서 무대와 객석은 엄격히 구별되어 있는 것이 아니라 자주 구별이 없이 넘나드는 구성을 취하고 있다.

38 다음 중 밑줄 친 단어가 ⓐ와 같은 의미로 쓰인 것은?

① <u>양반</u>은 조선시대에 문반(文班)과 무반(武班)을 아울러 이르는 말이다.
② 그 사람 참, 말과 몸가짐 딱 <u>양반</u>이네.
③ (말다툼을 할 때) 아, 이 <u>양반</u>아, 지금 그걸 말이라고 하는 거야.
④ 우리 집 바깥<u>양반</u>은 아직 안 돌아오셨답니다.

해설
③ 상대방을 존중하거나 홀대하여 부르는 말
① '양반'에 대한 사전적인 중심 의미
② 언행이 점잖은 사람
④ 자신의 남편을 이르는 말

39 위 글에 드러나 있지 않은 것은?

① 당시의 부패한 사회상을 엿볼 수 있다.
② 양반의 권위를 매우 조롱하고 있다.
③ 극 중 장소와 공연 장소가 일치하고 있다.
④ 언어유희와 일정한 리듬감을 통해 재미를 더하고 있다.

> **해설**
> ① 인용된 글은 말뚝이의 재담 부분으로서 양반에 대한 말뚝이의 희롱과 풍자가 중심이 되고 있지만, 당대의 부패한 사회상과 관련되는 내용은 없다. '취발이'가 등장하는 부분에서 부패한 사회상이 암시되나 본문에는 제시되고 있지 않다.

※ 다음 글을 읽고 물음에 답하시오(40~44).

유리(琉璃)에 ⓐ <u>차고 슬픈 것</u>이 어른거린다.
열없이 붙어 서서 입김을 흐리우니
길들은 양 ⓑ <u>언 날개</u>를 파다거린다.
㉠ <u>지우고 보고 지우고 보아도</u>
ⓒ <u>새까만 밤</u>이 밀려 나가고 밀려와 부딪히고,
㉡ <u>물 먹은 별이, 반짝, 보석(寶石)처럼 백힌다.</u>
밤에 홀로 유리를 닦는 것은
외로운 황홀한 심사이어니,
고흔 폐혈관(肺血管)이 찢어진 채로
아아, 늬는 ⓓ <u>산(山)ㅅ새</u>처럼 날러갔구나!

― 정지용의 〈유리창 1〉

---

40 위 글에서 지시하는 대상이 동일한 것으로 볼 수 없는 것은?

① 차고 슬픈 것　　② 언 날개
③ 물 먹은 별　　　④ 유리

> **해설**
> ④ 지시하는 시적 대상은 죽은 아들이다. '유리(琉璃)'는 죽은 아들과 시적 화자(아버지)를 연결시켜 주는 기능과 단절시키는 이중적 기능을 한다.

41 위 글에 대한 설명으로 옳지 않은 것은?

① 시각적 심상을 효과적으로 사용하고 있다.
② 대화 형식을 통해 극적인 느낌이 들도록 형상화하고 있다.
③ 감상적 정서를 절제하여 표현하고 있다.
④ 모순 어법을 구사하여 시어의 함축성을 높이고 있다.

해설
② 이 시는 대화적 형식과 관계가 없으며, 자식을 잃은 아버지의 슬픔을 애상적 어조로 담담하게 그리고 있다.

42 밑줄 친 ㉠에 담긴 의미에 대한 설명으로 적절한 것은?

① 화자가 얼른 날이 밝아 어둠이 물러가기를 바라고 있음을 알 수 있다.
② 화자와 아이를 가로막는 존재가 무엇인지를 알 수 있다.
③ 죽은 자식에 대한 그리움이 절실함을 알 수 있다.
④ 죽은 자식의 행동을 따라 해보고 있다.

해설
③ 유리창을 닦는 것은 유리창에 어른거리는 아이의 모습을 더 잘 볼 수 있도록 하기 위한 것이다.

43 밑줄 친 ㉡에 대한 설명으로 옳지 않은 것은?

① 화자의 눈에는 눈물이 고여 있다.
② '별, 보석'은 죽은 자식을 가리킨다.
③ 시적 대상과 감정적으로 거리를 두고 매우 객관적인 위치에서 슬픔을 조망하였다.
④ 죽은 아이의 영상을 비유적으로 표현하였다.

해설
③ ㉡에는 시적 화자의 감정이 대상에 이입되어 있다.

44 ⓐ~ⓓ 중 시적인 의미가 다른 하나는?

① ⓐ : 차고 슬픈 것
② ⓑ : 언 날개를 파다거린다
③ ⓒ : 새까만 밤
④ ⓓ : 산(山)ㅅ새

해설
ⓒ 죽은 자식과의 단절감을 비유함
ⓐ・ⓑ・ⓓ 죽은 자식을 비유적으로 표현함

정답 39 ① 40 ④ 41 ② 42 ③ 43 ③ 44 ③

※ 다음 글을 읽고 물음에 답하시오(45~50).

"조가의 집이 번창하려고?…… 하지만 ㉠ 꾸어 온 조상은 자기네 자손부터 돕는답디다."
상훈이는 불끈하여 소리를 높여서 또 무슨 말을 이으려다가 마루 끝에서 영감님의 기침 소리가 나는 바람에 좌우 방 안은 괴괴하여졌다.
"왜들 떠드니?"
화를 참는 못마땅한 강강한 목소리와 함께 건넌방 문이 활짝 열렸다. 방 안의 젊은 애들은 우중우중 일어서며 아랫목에 앉았던 상훈이는 윗목으로 내려섰다.
방 안에서는 더운 김이 서린 담배 연기가 뭉굿뭉굿 흘러나온다.
"이게 굴뚝 속이지, 젊은것들이 무슨 담배를 이렇게 피우며 주책없는 소리들만 씨부렁대는 거냐?"
영감은 방 안을 들어서며 우선 나무래 놓고 아랫목으로 가서 앉으며 자기의 발끈한 성미를 속으로 간정시키려는 듯이 목소리를 가라앉혀서,
"어서들 앉아라."
하고 무슨 잔소리를 꺼내려는지 ㉡ 판을 차린다. 영감은 제청을 다아 ㉢ 배설해 놓고 시간을 기다리느라고 사랑으로 나오다가 종형제 간의 말다툼을 가만히 듣고 섰다가 참을 수 없어 뛰어든 것이다.
"㉣ 너 어째 왔니? 오늘은 예배당에 안 가는 날이냐?"
영감은 얼굴이 발끈 취해 올라오며, 윗목에 숙이고 섰는 아들을 쏘아본다.
"어서 가거라! 여기는 너 올 데가 아니야! 이 자식아, 나이 오십 줄에 든 놈이 젊은것들을 앞에 놓고 철딱서니 없이 무엇이 어째고 어째? 조상을 꾸어 왔어? 꾸어 온 조상은 자기네 자손만 도와? 배지 못한 자식……!"
영감은 금시로 숨이 넘어가려는 사람처럼 헐떡거리며 벌건 목에 푸른 힘줄이 벌렁거린다. 상훈이는 여전히 고개를 숙이고 한 구석에 섰다.

– 염상섭의 〈삼대〉

45 다음 중 부자(父子) 간의 직접적인 갈등 요인으로 적절한 것은?

① 가문을 위조하려는 조의관의 행동
② 종교 문제를 둘러싼 가치관의 대립
③ 조의관의 봉건적인 권위주의
④ 제사 절차를 둘러싼 의견 대립

> 해설
> ① 사건의 발단은 족보 문제에서 비롯되었다.

46 다음 중 ㉠에 대한 설명으로 옳지 않은 것은?

① 조의관이 들으라고 일부러 한 말이다.
② 조의관에 대한 반감이 들어 있는 말이다.
③ 조의관과 조상훈이 갈등을 빚는 계기가 된다.
④ 조상훈의 가치관을 짐작할 수 있다.

> 해설
> ① ㉠은 조의관이 듣기를 기대하고 한 말은 아니다.

47 다음 중 ⓒ과 그 쓰임이 같은 문장은?

① 그녀는 어머니를 판에 박은 듯이 닮았다.
② 달걀 한 판에 얼마입니까?
③ 바둑을 여러 판이나 두었지만, 철수는 영호를 한 판도 이기지 못했다.
④ 판을 그렇게 크게 벌여 놓고, 이제 와서 도망치겠단 겁니까?

> **해설**
> ④ 일이 벌어진 자리나 장면
> ① 인쇄를 위한 글씨·그림 따위를 새긴 나뭇조각이나 쇳조각
> ② 달걀 서른 개를 오목오목하게 파인 종이나 플라스틱 판에 세워 담은 것을 세는 말
> ③ 승부를 겨루는 일의 수효를 세는 말

48 다음 중 ⓒ과 바꾸어 쓰기에 가장 적절한 것은?

① 시설(施設) ② 진설(陳設)
③ 건설(建設) ④ 위치(位置)

> **해설**
> ② 잔치나 제사 때, 법식에 따라서 상 위에 음식을 벌여 차림[= 배설(排設)]

49 이 소설을 희곡으로 각색할 때 ⓔ의 지문으로 가장 적절한 것은?

① (귀찮다는 듯이) ② (비꼬는 투로)
③ (화를 내며)   ④ (불쌍하다는 듯이)

> **해설**
> ③ '영감의 얼굴이 발끈 취해' 올라온 것으로 보아 영감은 화가 몹시 났다는 것을 알 수 있다.

50 다음은 위 글에서 밑줄 친 어휘에 대해 뜻풀이를 추리해 본 내용이다. 잘못된 것은?

① 강강한 – 영감님이 상훈에게 화를 내고, 못마땅하게 생각하는 점으로 미루어 보아, '높고 날카로운' 정도의 뜻이다.
② 간정시키려는 – 높은 목소리를 가라앉혔다는 내용으로 미루어 '진정시키려는' 정도의 의미로 풀이할 수 있다.
③ 배지– 조상을 꾸어 왔다고 말한 점으로 보아, '아이를 낳지 못하는' 정도의 뜻으로 볼 수 있다.
④ 힘줄이 벌렁거린다 – 외양 묘사를 통해 인물의 감정을 표현한 부분으로서, 조의관이 몹시 화가 나 있음을 알 수 있다.

> **해설**
> ③ '배지 못한 자식' = 배우지 못한 자식

정답 45 ① 46 ① 47 ④ 48 ② 49 ③ 50 ③

※ 다음 글을 읽고 물음에 답하시오(51~54).

나는 갑자기 다시 노인의 이야기가 두려워지고 있었다. 자리를 차고 일어나 다음 이야기를 가로막고 싶었다. 하지만 나는 이미 그럴 수가 없었다. 사지가 말을 들어 주지 않았다. 온몸이 마치 물을 먹은 솜처럼 무겁게 가라앉아 있었다. 몸을 어떻게 움직여 볼 수가 없었다. 형언하기 어려운 어떤 ㉠ 달콤한 슬픔, 달콤한 피곤기 같은 것이 나를 아득히 감싸 오고 있었다.
"어떻게 하기는야. ㉡ 넋이 나간 사람마냥 어둠 속에 한참이나 찻길만 바라보고 서 있을 수밖에야……. 그 허망한 마음을 어떻게 다 말할 수가 있을 거나……."
노인은 여전히 옛 얘기를 하듯 하는 그 차분하고 아득한 음성으로 그 날의 기억을 더듬어 나갔다.
"한참 그러고 서 있다 보니 찬바람에 정신이 좀 되돌아오더구나. 정신이 들어 보니 갈 길이 새삼 허망스럽지 않았겄냐. 지금까진 그래도 저하고 나하고 둘이서 함께 헤쳐 온 길인데 이참에는 그 길을 늙은것 혼자서 되돌아서려니……. 거기다 아직도 날은 어둡지야……. 그대로는 암만해도 길을 되돌아설 수가 없어 차부를 찾아 들어갔더니라. 한 식경이나 차부 안 나무 걸상에 웅크리고 앉아 있으려니 그제사 동녘 하늘이 훤해져 오더구나……. 그래서 또 혼자 서두를 것도 없는 길을 서둘러 나섰는디, 그때 일만은 언제까지도 잊혀질 수가 없을 것 같구나."
"길을 혼자 돌아가시던 때 일을 말씀이세요?"
"눈길을 혼자 돌아가다 보니 그 길엔 아직도 우리 둘 말고는 아무도 지나간 사람이 없지 않았겄냐. 눈발이 그친 신작로 눈 위에 저하고 나하고 둘이 걸어온 발자국만 나란히 이어져 있구나."
"그래서 어머님은 그 발자국 때문에 아들 생각이 더 간절하셨겠네요."

— 이청준의 〈눈길〉

51 위 글의 서술상의 특징에 대한 설명으로 가장 타당한 것은?

① 부수적인 인물인 '나'의 눈에 비친 외부 세계를 주로 다룬다.
② '나'가 자기 자신의 이야기를 서술한다.
③ 화자가 주인공의 행동을 직접 서술하고 있다.
④ 서술자는 인물들의 속마음을 다 알고 있다.

해설
① 1인칭 관찰자 시점
③·④ 전지적 작가 시점

52 위 글의 ㉠에 대한 설명으로 옳지 않은 것은?

① 역설적 표현이 쓰인 것이다.
② 아들이 어머니의 사랑을 깨달았다.
③ '노인'의 도움 없이 '나' 혼자 힘으로 살아가기 위해 생활고에 시달리고 있음을 표현한다.
④ 모순 형용의 표현법이 사용되었다.

해설
③ ㉠은 '나'의 심리 변화를 역설적으로 표현한 것으로, '달콤한' 것은 어머니의 사랑을 깨달은 것을, '슬픔'과 '피곤'은 어머니에게 못되게 행동한 것에 대한 자책감을 표현한다.

53 다음 중 밑줄 친 ㉡과 그 뜻이 비슷한 한자어는?

① 독수공방(獨守空房)
② 사고무친(四顧無親)
③ 망연자실(茫然自失)
④ 사면초가(四面楚歌)

해설
③ 정신적 충격 때문에 멍하니 정신을 잃음
① 여자가 남편 없이 혼자 밤을 지냄
② 사방을 돌아보아도 친척이 없다는 뜻으로, 의지할 만한 데가 전혀 없음을 이르는 말
④ 사방이 모두 적으로 둘러싸인 형국, 또는 누구의 도움도 받을 수 없는 고립된 상태

54 위 글에서 다음 중 아들에 대한 '노인'의 그리움을 환기시키는 것은?

① 차부
② 발자국
③ 찻길
④ 신작로

해설
② '발자국'은 '노인'으로 하여금 아들을 생각나게 하여 그리움에 젖게 만들고 있다.

정답 51 ② 52 ③ 53 ③ 54 ②

CHAPTER 03 문장작법

01 다음은 독서의 방법이다. 올바르지 않은 것은?

① 자기의 배경 지식을 제대로 활용한다.
② 문장의 판독에 치우친다.
③ 피상적으로 읽어서는 안 된다.
④ 글 속에 담겨 있는 내용을 이해하고 파악하는 데 주안점을 둔다.

해설
② 독서는 글에 대한 판독뿐 아니라, 문자로 기록된 글을 읽는 모든 행위와 더불어 글 속에 포함된 일정한 의미를 이해하는 것으로, 필자와 독자 사이의 의사소통을 의미한다.

02 효과적인 주제 설정 시 유의할 사항으로 알맞은 것은?

① 작은 범위를 명쾌하게 다룬다.
② 명확한 해결이나 단정을 피한다.
③ 광범위한 범위를 폭넓게 다룬다.
④ 추상적이고 개념적인 주제를 설정한다.

해설
주제 설정의 기준과 방법
- 자기가 관심을 가지고 있거나 능히 처리할 수 있는 주제여야 한다.
- 독자가 관심을 가지고 있는 주제로, 독자의 유형, 흥미, 지적 수준 등을 고려한다.
- 문장의 목적, 종류, 발표 지면, 발표 시간 등에 적합해야 한다.

03 다음은 주제와 설명 방법을 서로 연결한 것이다. 적당하지 않은 것은?

① 울릉도의 겨울 풍물 – 묘사
② 고등학생들이 즐겨 부르는 노래 – 서사
③ 조선시대 시조의 주제별 개관 – 분류
④ 고양이와 호랑이의 공통점과 차이점 – 비교·대조

> **해설**
> ② 고등학생들이 즐겨 부르는 노래 – 분석
>
> **서사**
> • 개념 : 일정한 시간 내에서 일어나는 사건이나 행위에 초점을 두는 진술 방식
> • 유의점
>   - 시간의 단위를 명확히 한다.
>   - 사건의 단계를 구분짓고, 그 이동 관계를 명확히 드러낸다.
>   - 시간의 흐름을 바꾸지 않는다.

04 다음은 하나의 문단을 구성하는 문장들을 순서 없이 늘어놓은 것이다. 아래 문장들 중에서 주제문으로 가장 적합한 것은?

① 불의 사용으로 인류는 다양한 음식 문화를 발전시키게 되었다.
② 불의 사용으로 인류는 문화사적 진보를 이루게 되었다.
③ 불의 사용은 제련된 금속 무기의 발달을 가져오게 하였다.
④ 불의 사용은 인간의 주거 가능 지역을 확장시켰다.

> **해설**
> ② 나머지 문장을 포괄하는 추상적 진술로서 주제문으로 적합하다. ①·③·④는 불의 사용이 인류에 미친 영향을 구체적으로 표현한 문장이다.
>
> **주제문 작성의 원칙**
> • 주어와 서술어를 갖춘 완전한 문장이어야 한다.
> • 평서문이어야 한다.
> • 하나의 주제만 담겨 있어야 한다.
> • 내용이 정확한 근거에 의해 증명 가능해야 한다.
> • 주제가 명료하게 표현되어야 한다.
> • 불필요한 구절('나는 ~라고 생각한다' 등)을 포함하지 않아야 한다.
> • 서술이 일관적이고, 모순되어서는 안 된다.

05 다음과 같은 설명 방법은 무엇에 속하는가?

> 조선의 백자를 외양, 빛깔, 재료, 제조법, 무늬 등으로 나누어 설명하겠다.

① 정의　　　　　　　　② 대조
③ 분류　　　　　　　　④ 분석

해설
④ 분석 : 하나의 대상이나 관념을 그 구성요소들로 나누어 설명하는 방법이다.

06 다음 예문에서 나타내고자 하는 것은?

> 이렇게 해서 짜인 전체, 다시 말하면 치밀한 내부조직을 가지고 있는 하나의 완성된 형체를 구조라고 한다.

① 사실　　　　　　　　② 단정
③ 개념　　　　　　　　④ 주장

해설
③ 개념 : 어떤 것에 대한 개략적인 뜻이나 내용, 여러 관념 속에서 공통된 요소를 뽑아내어 종합해서 얻은 하나의 보편적인 관념이다.

07 다음 글의 요지로 가장 적절한 것은?

> 인간의 창조적 활동은 각기 시대의 요구로서의 도전에 대한 응답의 몫을 담당하여 왔다. 이것이 다름 아닌 새로운 역사 형성의 추진력인 것이요, 힘을 북돋우어, 창조 과정에 있어서 실적을 거두고 있는 국가, 민족이 비로소 그의 주체성을 살리고 있는 것이다.

① 주체성 확립
② 새 역사 창조를 위한 노력
③ 창조 활동의 의의
④ 창조의 조건

해설
③ 이 글 첫 문장의 주어는 '인간의 창조적 활동'으로, 곧 이 글의 진술 대상이다. 이하 서술부에서는 중요성에 대하여 언급하고 있다.

08 다음 문장의 (　) 안에 가장 잘 어울리는 것은?

> 독서는 교향악과 같다. 독서는 (　)적 활동이다.

① 예술　　　　　　　　② 분석
③ 종합　　　　　　　　④ 감상

해설
③ 독서는 글 속의 정보와 이미 가지고 있는 지식을 통합하여 새로운 의미 체계를 세우는 행위이다.

09 다음 중에서 시문을 지을 때 자구를 생각하여 고치는 것을 무엇이라고 하는가?

① 교정　　　　　　　　② 수정
③ 개작　　　　　　　　④ 퇴고

해설
④ 의도한 주제와 서술이 끝난 원고가 일치할 수는 없다. 의도와 표현의 차이에서 퇴고의 필요성이 발생하며, 문장의 어구와 구조를 새롭게 고치고 문장에서의 의도와 표현을 일치시키는 것이 퇴고이다.

10 추상적인 내용을 구체적으로 설명하는 방법에 해당하는 것은?

① 정의　　　　　　　　② 분석
③ 분류　　　　　　　　④ 예시

해설
설명의 방법
- 확인・지정 : '그것은 무엇인가', '저 사람은 누구인가'와 같은 질문에 대한 대답으로, 한 대상을 지정하거나 확인하는 설명 방법이다.
- 비교・대조 : 두 사물이나 현상 등의 공통점이나 유사점을 찾아 설명하는 것은 '비교'이고, 차이점을 찾아 설명하는 것은 '대조'이다.
- 예시 : 일반적이거나 추상적・관념적인 것 또는 알기 어려운 것을 예를 들어 설명하는 방법이다.
- 분류・구분 : 작은 것(부분・종개념)들을 일정한 기준에 따라 큰 것(전체・유개념)을 향해 단계적으로 나아가며 설명하는 것을 '분류'라 하고, 그 역을 '구분'이라 한다.
- 분석 : 하나의 대상이나 관념을 그 구성요소들로 나누어 설명하는 방법이다.
- 정의 : 어떤 말이 가지고 있는 뜻을 설명하는 방법이다.

11 설명문에서 추상적 진술을 뒷받침하는 문장(구체적 진술)의 유형에 들지 않는 것은?

① 예시
② 논증
③ 비유
④ 상세화

> **해설**
> • 추상적 진술 : 비교, 비유, 예시, 대조 등을 사용하지 않고 대상을 설명하는 비묘사적 진술이다.
> • 구체적 진술 : 예시, 비유, 인용, 이유 제시, 상세화 등으로 대상을 설명하는 묘사적 진술이다.

12 다음 중 논증의 3대 요소가 아닌 것으로 묶인 것은?

㉠ 명제	㉡ 입론
㉢ 논거	㉣ 추론
㉤ 논리	

① ㉡, ㉣
② ㉠, ㉣
③ ㉡, ㉤
④ ㉠, ㉢

> **해설**
> 논증의 3대 요소
> 명제, 논거, 추론

13 '마침표' 사용법이 틀린 것은?

① 종결 어미의 서술형으로 끝나는 문장 끝에 쓴다.
② 표제어에 쓴다(예 서부 전선 이상 없다.).
③ 종결 어미의 명령형으로 끝나는 문장 끝에 쓴다.
④ 약자 뒤에 쓴다(예 Mr.).

> **해설**
> ② 마침표는 표제어나 표어에는 쓰지 않는다.

14 다음 문장에서 쉼표(,)가 들어가야 할 곳은?

> '시작이 ㉠ 반이라는 ㉡ 말이 있지만 ㉢ 나는 창작에 있어 시작이 전부라 ㉣ 해도 과언이 아니다.'

① ㉠
② ㉡
③ ㉢
④ ㉣

해설
③ 쉼표는 문장의 연결 관계를 분명히 하고자 할 때 절과 절 사이에 쓴다(한글 맞춤법 부록 참고).

쉼표
독립어(호칭, 응답어, 제시어, 감탄어, 접속 부사) 다음에 쓴다.
[예] 철수야, 선생님께서 부르신다.
  핵 전쟁, 이것이 인류를 전율케 한다.
  참, 놀라운 세상이 되어 버렸다.

15 문장 부호 중 큰 따옴표(" ")를 사용할 수 없는 경우는 어느 때인가?

① 말이나 사항을 특별히 강조할 때
② 직접 대화를 보일 때
③ 직접 인용할 때
④ 책, 작품 등의 제목을 표시할 때

해설
① 작은 따옴표(' ')를 사용한다.

16 다음 중 교정 부호가 잘못된 것은?

① 비뚤어진 – 바로 세움표
② 잘 뚜렷이 보임 – 자리 바꿈표
③ 줄이 고르지 – 줄 고름표
④ 가면서 이 보게 – 줄 바꿈표

해설
④ 내어쓰기를 하라는 표시이다. 줄 바꿈표는 ⌐ 이다.

17 인쇄교정기호에서 잘못된 것은?

① ∨ : 글자를 바로 세울 때
② ⌒ : 글자를 뺄 때
③ ⌐ : 별행으로 시작할 때
④ ⌐ : 왼쪽으로 보낼 때

해설
① 띄어쓰기를 하라는 표시이다.

18 문장을 형식에 따라 크게 두 종류로 나누면?

① 학술문과 일상문
② 운문과 산문
③ 서정문과 서사문
④ 이론문과 예술문

해설
② 문장은 형식, 즉 리듬(Rhythm)의 유무에 따라 크게 운문과 산문으로 나뉜다. 산문에는 이론문(논설문·설명문·기사문·서사문), 일반문(서경문·서정문·감상문), 예술문(소설·수필·희곡·시나리오), 실용문(서간문·공용문·광고문·식사문)이 있다.

19 글의 포괄식 구성에서 연역적 전개를 보이는 구성은?

① 열거식 구성
② 단계식 구성
③ 점층식 구성
④ 두괄식 구성

해설
포괄식 구성
- 두괄식 : 주제가 글의 앞부분에 나타난다(연역적 구성).
- 중괄식 : 주제가 가운데 나타난다.
- 미괄식 : 주제가 글의 끝부분에 나타난다(귀납적 구성).
- 양괄식 : 주제가 처음과 끝 모두에 나타난다.
- 단계식 구성 : 3단 구성, 4단 구성, 5단 구성
- 점층식 구성 : 발단 → 전개 → 절정 → 결말의 짜임

20 다음 글의 제목으로 보아 글의 구성 방식으로 적절하지 않은 것은?

① 수질 오염의 방지·대책 – 점층적 구성
② 제주도 지방의 풍물 – 공간적 구성
③ 교장 선생님의 당부의 말씀 – 열거식 구성
④ 이순신 장군의 일대기 – 시간적 구성

> **해설**
> ③ 논설문적인 성격을 띠므로 연역적 구성이나 귀납적 구성을 사용한다. 열거식 구성은 설명적인 글에서 사용되는 방식이다.

21 논설문의 특성이 아닌 것은?

① 시사성   ② 현실성
③ 비평성   ④ 전문성

> **해설**
> ④ 논설문은 자기의 사상이나 의견을 논리적으로 전개하고 주장을 논증하여 동의를 얻기 위한 글이다.

22 다음 (   ) 안에 들어갈 적합한 말은?

> 인간과 자유와의 근본적 관계에 대하여 무엇보다도 웅변적으로 이야기해 주고 있는 것은 성서 속에 있는 낙원추방의 신화이다. 신화도 인류역사의 시초는 선택이라는 행위에 있다고 말하고 있다. (   ), 신화는 이 최초의 자유의 행위가 얼마나 깊은 죄였으며, 또 그 결과로서의 고뇌가 얼마나 큰 것이었는가를 강조한다.

① 예컨대   ② 그러므로
③ 그러나   ④ 또는

> **해설**
> **문장의 접속**
> • 순접관계 : 그래서, 그러면, 그러니, 그리하여, 그리고
> • 역접관계 : 그렇지만, 그러나, 다만, 하지만, 반대로
> • 대등·병렬관계 : 또, 및, 또는, 혹은, 오히려, 그보다
> • 원인·결과관계 : 따라서, 그러므로, 드디어, 그런 만큼, 그래서, 왜냐하면
> • 첨가·보충관계 : 그리고, 단, 그 위에, 또한, 게다가, 뿐만 아니라
> • 비유·예시관계 : 예컨대, 이를테면, 말하자면
> • 환언·요약관계 : 곧, 즉, 결국, 전자는, 바꾸어 말하면, 요컨대
> • 전환관계 : 그런데, 그러면, 한편, 아무튼
> • 선택관계 : 아니면, 혹은, 또는

정답 17 ① 18 ② 19 ④ 20 ③ 21 ④ 22 ②

23 논설문의 요건으로 볼 수 없는 것은?

① 주장하는 바가 공정할 것
② 주장하는 근거가 확실할 것
③ 두괄식 문장으로 쓸 것
④ 사용하는 용어가 정확할 것

> **해설**
> **논설문의 요건**
> • 명제의 명료성 : 주장하는 내용이 뚜렷해야 한다.
> • 명제의 공정성 : 주장하는 바가 공정해야 한다.
> • 논거의 타당성 : 논거가 구체적이고 타당해야 한다.
> • 추론의 논리성 : 추론이 논리정연해야 한다.
> • 용어의 정확성 : 용어가 정확해야 한다.

24 논설문의 주제로 가장 알맞은 것은?

① 매화는 적설 속에서 피는 꽃이다.
② 「동백꽃」은 김유정의 작품이다.
③ 달나라는 참으로 아름다운 곳이다.
④ 문학은 현실에 참여해야 한다.

> **해설**
> ④ 논설문은 주제의 논지가 뚜렷해야 하며, 그 주제는 명제의 형식을 취하여 제재와 주장으로 이루어져야 한다. 그러므로 누구나 다 아는 단순한 사실이나 판단하기 곤란한 막연한 문제, 자기 능력이 미칠 수 없는 거창한 문제는 주제로서 적합하지 않다.

25 다음 중 논설문의 서론에서 나타나는 것이 아닌 것은?

① 집필 동기   ② 논거 제시
③ 집필 목적   ④ 논지 제시

> **해설**
> ② 논거 제시는 본론에서 다룬다.
> **논설문의 서론에서 다루는 내용**
> 글 전체에 대한 안내, 집필 동기, 목적, 문제 제기

26 논문을 쓸 때 피해야 하는 것은?

① 논리전개의 방법을 정한다.
② 공명정대하고 사견을 피해야 한다.
③ 문학적인 표현을 한다.
④ 실례를 충분히 들고 반증도 한다.

> **해설**
> ③ 논설문은 쓰여진 용어가 정확하고, 논리정연해야 하기 때문에 문학적인 표현은 적합하지 않다.

27 논설문의 증명 방법이 아닌 것은?

① 연역법 ② 귀납법
③ 예증법 ④ 도치법

> **해설**
> **논설문의 증명 방법**
> - 연역적 방법(두괄식 구성) : 일반적인 원리나 법칙을 내세운 다음 구체적인 특수사실을 들어 증명하는 방법이다.
> - 귀납적 방법(미괄식 구성) : 여러 가지 특수사실을 통해 일반적인 원리나 법칙을 끌어내는 방법이다.
> - 변증법적 방법 : 모순·대립되는 두 개념(정과 반)과 그 모순점을 부각시켜 고차적인 제3의 개념(합)으로 통일시키는 방법이다.
> - 예증법 : 적절한 예를 들어 설명함으로써 주장을 강하게 드러내는 방법이다.
> - 인용법 : 명구나 명언, 속담, 다른 책의 글을 인용하여 주장을 드러내는 방법이다.

28 편지나 물품 등을 받는 기관, 단체의 이름 아래 쓰는 말은?

① 혜존 ② 좌하
③ 인비 ④ 귀중

> **해설**
> ④ 귀중 : 편지를 받을 기관이나 단체의 이름 아래에 써서 상대편을 높이는 말이다.
> ① 혜존 : 자기의 저서나 작품을 증정할 때 '받아 간직하여 주십시오.'의 뜻으로 쓰는 말이다.
> ② 좌하 : 편지에서 상대방을 높여 그의 이름 아래 쓰는 말이다.
> ③ 인비 : '인사 비밀'의 준말이다.

정답 23 ③ 24 ④ 25 ② 26 ③ 27 ④ 28 ④

29 기사문이 갖추어야 할 성격으로서 가장 적절한 것은?

① 전문적·학술적인 표현
② 정서적·감정적인 표현
③ 주관적으로 설명하는 표현
④ 간결하고 객관적인 표현

해설

기사문의 특성
- 보도성(시사성) : 사실을 대중에게 전달하는 속성이 있다.
- 객관성 : 필자의 주관인 의견을 배제한다.
- 간략성 : 문장의 수식적인 미보다도 간결하고 인상적인 사실의 보도에 충실한다.
- 정확성 : 논리적으로 서술이 정확해야 하는 속성이 있다.
- 단시성 : 새로운 사실을 되도록 신속히 보도한다.

30 '공문서'는 기관에서 사용되는 문장이다. 공문서와 관계없는 것은?

① 명령서   ② 훈화
③ 예시   ④ 각서

해설

② 훈화 : 교훈의 일, 훈시하는 말
① 명령서 : 명령의 내용을 적은 문서
③ 예시 : 미리 보이거나 알림
④ 각서 : 전할 의견, 희망 따위를 적은 간단한 문서

31 다음 중 토론에 대한 설명이 잘못된 것은?

① 찬성과 반대의 대립되는 두 견해가 있다.
② 최선의 문제해결 방안을 모색한다.
③ 상대방의 논거의 모순을 지적할 수 있다.
④ 자기주장의 정당성과 합리성이 인정되도록 한다.

해설

토의와 토론
- 토의의 목적 : 최선의 문제해결 방안 모색 및 성안(成案)
- 토론의 목적 : 자기주장의 옳음을 상대방이 인정하도록 설득

32 다음에서 토론의 주제로 가장 적절한 것은?

① 내장산의 가을 경치
② 마을 문고의 설치 방법
③ 기계의 작동 원리
④ 농산물 수입 개방 여부

> **해설**
> ① 묘사
> ② 토의의 주제
> ③ 설명

33 다음 중 비공식적 모임에 적합한 토의형식은?

① 원탁토의(Round Table Discussion)
② 심포지엄(Symposium)
③ 패널(배심토의)
④ 포럼(공개토의)

> **해설**
> ① 심포지엄, 패널, 포럼은 공히 공개적인 장소(공식적인 석상)에서 공개토의로 진행되는 데 반해, 원탁토의(Round Table Discussion)는 10여 명 내외의 소규모 집단이 사회자 없이 자유롭게 상호 관심사에 대해 의견을 나누는 비공식적 모임이다.

34 내용 조직의 일반적인 원리 중 통일성의 원리와 관계가 깊은 것은?

① 단락의 핵심 어구를 반복해 사용한다.
② 지시어나 접속어구 등을 사용하여 유기적인 관계로 유지한다.
③ 한 단락에서 다루는 화제 혹은 중심 생각이 하나여야만 한다.
④ 하나의 단락은 중심 문장과 보조 내용을 모두 갖추고 있어야 한다.

> **해설**
> **통일성**
> 전체적으로 하나의 주제에 따라 내용을 조직하는 것으로서, 주제문과 뒷받침 문장 하나하나가 통일된 내용을 다루고 있어야 한다.

정답 29 ④ 30 ② 31 ② 32 ④ 33 ① 34 ③

35 다음 글에서 사용한 내용 조직의 방법은?

> 학생들의 독서 경향을 살펴보면, 교양을 높이거나 감동을 받거나 깨달음을 얻고자 하는 건전한 독서보다는, 기분을 전환하거나 심심풀이로 하는 독서가 많은 편입니다. 이러한 독서 경향은, 사색을 싫어하고 흥미만을 추구하는 풍조 때문이라고 생각합니다.

① 상하 관계　　　　② 열거 관계
③ 인과 관계　　　　④ 문제 해결

해설
인과에 의한 내용 전개
어떤 결과를 가져오게 한 힘, 또는 그 힘에 의해 결과적으로 초래된 현상을 중심으로 전개해 나가는 방법으로서, '왜'에 관한 사항에 관심을 둔다.

36 다음 중 신문 기사를 쓰기에 가장 적합한 내용 조직의 방법은?

① 열거 관계에 따른 내용 조직하기
② 시간과 공간에 따른 내용 조직하기
③ 비교나 대조에 따른 내용 조직하기
④ 원인과 결과에 따른 내용 조직하기

해설
④ 신문 기사를 쓰기에는 일반적으로 시간적 조직 방법이나 공간적 조직 방법보다는 논리적 관계에 따른 조직 방법이 적합하다. 인과 관계에 의한 내용 구성은 앞뒤 문장이 더 논리적으로 연결되어 있어서 통일성과 일관성이 더 강하게 느껴진다.

37 다음은 기사문 쓰기의 유의점에 대한 설명이다. 옳지 않은 것은?

① 육하원칙에 따라 쓴다.
② 정확한 사실을 써야 한다.
③ 문장은 간결하고 명료해야 한다.
④ 도표나 그림, 사진 등을 사용해서는 안 된다.

해설
④ 기사의 내용이 복잡하거나 이해하기 어려울 때에는 도표나 그림 등을 통해 그 내용을 효과적으로 전달하여 독자의 이해를 도울 수 있다.

38 다음에서 홑문장이 아닌 것은?

① 장미꽃이 활짝 피었다.
② 그 아이는 꽤 영리하다.
③ 철수와 영희가 학교에 갔다.
④ 그가 사실을 알지 못한다.

> **해설**
> ③ 접속 조사 '-와/과'에 의해 이어진 문장으로서, 겹문장에 속한다.

39 다음에서 겹문장이 아닌 것은?

① 철수는 어머니께 "엄마, 라면 좀 끓여 주실래요?"라고 여쭈어 보았다.
② 나는 신문에서 마라토너 황영조 선수가 바르셀로나 몬주익 언덕에서 금메달을 땄다는 소식을 들었다.
③ 우리는 새삼 그가 진정으로 우리 민족을 사랑했음을 느꼈다.
④ 그 나그네는 밤늦게 여인숙에 도착했다.

> **해설**
> ① 인용절을 안은 겹문장
> ② 관형절을 안은 겹문장
> ③ 명사절을 안은 겹문장

40 다음 문장에서 안긴 절로 짝지은 것은?

| 그는 나에게 철수가 다친 것을 아느냐고 물었다. |

① 인용절, 명사절   ② 인용절, 관형절
③ 명사절, 관형절   ④ 명사절, 부사절

> **해설**
> ① 지문은 인용절("철수가 다친 것을 아느냐고")과 명사절("다친 것")을 안고 있는 겹문장이다.

정답 35 ③ 36 ④ 37 ④ 38 ③ 39 ④ 40 ①

41 다음 글에 쓰인 전개 방법은?

> 그 두 사람이 씨름을 했다. 그들은 겉옷을 벗고 샅바를 맸다. 둘은 무릎을 꿇고 앉아서 똑같은 모양으로 샅바를 손으로 감아 잡았다. 드디어 천천히 버티며 일어나더니 심판이 손을 떼자마자 검은 샅바의 선수가 들어치기로 상대방을 단숨에 넘어뜨렸다.

① 서사 ② 인과
③ 유추 ④ 분석

해설
서사
일정한 시간 내에 일어난 일을 순서대로 전개하는 방법으로서, '무엇'에 관한 사항에 관심을 둔다.

42 다음 문장을 고친 것 중 적절하지 못한 것은?

① 나는 그가 범인이라고 생각된다. → 나는 그가 범인이라고 여겨진다.
② 나는 새삼 그의 정당했음을 깨달았다. → 나는 새삼 그가 정당했다는 사실을 깨달았다.
③ 심각한 문제는 우리 정부의 국제 경쟁력 낙후이다. → 심각한 문제는 우리 정부의 국제 경쟁력이 떨어진다는 것이다.
④ 그 노래는 멜로디가 매우 감미롭다는 것과 기타 연주가 매우 훌륭하다는 것이 특징이라는 것이다. → 그 노래는 멜로디가 매우 감미롭고 기타 연주가 훌륭한 것이 특징이다.

해설
① '-지다, 되다, 되어지다, 불리다'와 같은 불필요한 피동형은 능동형으로 고쳐 쓴다. → 나는 그가 범인이라고 생각한다.

43 다음 중 의미가 분명하고 자연스러운 문장은?

① 용감한 그의 아버지는 적군을 향해 돌진했다.
② 나는 영호와 종민이를 만났다.
③ 저것이 우리 어머니의 초상화이다.
④ 이것이 내 동생이 그린 그림이다.

해설
① 수식 관계에서 일어난 중의성
② 문장 구조의 모호함에 따른 중의성
③ 어휘적 중의성

44 밑줄 친 말 중 어법에 맞는 것은?

① 문을 열고 들어온 사람은 낯설은 얼굴이었다.
② 어느 새 악기를 다루는 솜씨가 부쩍 늘은 것 같다.
③ 다른 의견이 있는 사람은 서슴치 말고 손을 드십시오.
④ 공공장소에서는 큰소리로 떠드는 것을 삼가야 합니다.

> 해설
> ① 낯선 얼굴이었다.
> ② 는 것 같다.
> ③ 서슴지 말고

45 다음 중 의미의 중복이 없이 자연스러운 문장은?

① 남수는 어제 오후에 역전 앞에서 민지를 만나 영화를 보러 가기로 했었다.
② 인력 수급 문제의 해결안에 대해서는 더 이상 다시 재론할 여지가 없습니다.
③ 최근에 외교상 여러 가지 제반 문제 때문에 우리 정부는 난처한 입장에 처해 있다.
④ 남식이는 유기(鍮器)로 유명한 안성으로 여행을 떠났다.

> 해설
> ① '-전(前)'과 '앞'이 의미상 중복
> ② '다시'와 '재(再)'가 의미상 중복
> ③ '여러 가지'와 '제반(諸般)'이 의미상 중복

46 다음 ㉠~㉣ 중 고쳐 쓰지 않아도 되는 것은?

> 여 : 철수야, 너 박 선생님께서 빨리 교무실로 ㉠ 오래.
> 남 : 뭐, 박 선생님께서?
> 여 : 영어를 ㉡ 가르치시는 선생님 말이야.
> 남 : 아, 그 선생님. 그런데 왜 날 ㉢ 부르실까?
> 여 : 그건 잘 모르겠고, 하여튼 빨리 오라는 말씀이 ㉣ 계셨어.

① ㉠　　　　　　　　　② ㉡
③ ㉢　　　　　　　　　④ ㉣

> 해설
> ① 오라셔.
> ③ 부르실까?
> ④ 있으셨어.

47 필요한 성분을 제대로 갖춘 문장은?

① 공사가 언제 재개되고, 언제 개통될지 모른다.
② 나는 그들을 증오했고, 그들 또한 싫어했다.
③ 영호는 그저께 희수에게 생일 선물을 주었다.
④ 재희가 고시에 합격한 것은 기쁨이 되었다.

> **해설**
> ① '개통될지'의 주어가 없다.
> ② '싫어했다'의 목적어가 없다.
> ④ '기쁨의'의 관형어(누구의)가 없다.

48 다음 중 중복된 표현이 없이 자연스러운 문장은?

① 고목(枯木) 나무에 꽃이 필 리 없다.
② 어디선가 갑자기 고막을 찢는 듯한 폭음이 들려왔다.
③ 넓은 광장에 사람들이 많이 모여들었다.
④ 토요일 날 오후에 그녀를 만나기로 했다.

> **해설**
> ① '고목'의 '목(木)'과 '나무'의 중복
> ③ '넓은'과 '광장'의 '광(廣)'의 중복
> ④ '토요일'의 '일(日)'과 '날'의 중복

49 성분 간의 호응이 자연스럽게 이루어진 것은?

① 손님들이 거의 가버렸습니다.
② 정든 친구들과 헤어지려 하니 여간 슬프다.
③ 굶주림에 시달리는 전쟁 고아들의 참상을 차마 볼 수 없었다.
④ 내가 눈물을 흘린 것은 고국에 남겨 둔 자식들이 그립다.

> **해설**
> ① 거의 다('거의'는 부사어만 꾸밈)
> ② 여간 슬프지 않다.
> ④ 그립기 때문이다.

50 관형화·명사화한 표현이 자연스러운 것은?

① 우라늄의 다룸은 철저한 주의를 요한다.
② 윤동주가 살았던 용정의 풍경은 참 아름답다.
③ 길가에는 예쁜 아름다운 꽃들이 흐드러지게 피었다.
④ 이 수술은 후유증이 없는 안전한 고도의 정밀한 수술이다.

> **해설**
> ① 우라늄을 다루는 것은 철저한 주의를 요한다. → 우라늄을 다룰 때에는 철저히 주의해야 한다.
> ③ 길가에는 예쁜(아름다운) 꽃들이 흐드러지게 피었다.
> ④ 이 수술은 고도로 정밀하여, 후유증이 없고 안전하다.

51 다음 문장의 문제점을 바르게 지적한 것은?

> 특히 졸업생 여러분에게 당부하고 싶은 점은, 열정과 순수함을 잃지 말기를 바랍니다.

① '열정과' 앞에 '다름이 아니라'와 같은 말을 보충해야 한다.
② '특히'라는 부사어를 '당부하고' 앞으로 이동시켜 어순을 고쳐 써야 한다.
③ '점은'이라는 주어와 호응할 수 있게 서술어를 고쳐 써야 한다.
④ '내가'라는 주어를 넣어 '바랍니다'라는 서술어와 호응하게 해야 한다.

> **해설**
> ③ 지문의 서술어는 '바랍니다'인데, 이를 주어인 '당부하고 싶은 점은'과 호응할 수 있게 고쳐 써야 한다.

정답 47 ③ 48 ② 49 ③ 50 ② 51 ③

※ 다음 글을 읽고 물음에 답하시오(52~54).

> 다리를 쉴 겸, 스탬프북을 한 권 사서, 옆에 구비된 기념 인장을 찍으니, 그림과 함께 지면에 나타나는 세 글자가 명경대(明鏡臺)! ⓐ 부앙(俯仰)하여 천지에 ⓑ 참괴(慙愧)함이 없는 공명한 심경을 명경지수(明鏡止水)라고 이르나니, 명경대란 흐르는 물조차 머무르게 하는 곳이란 말인가! 아니면, 지니고 온 악심(惡心)을 여기서만은 정(淨)하게 하지 아니치 못하는 곳이 바로 명경대란 말인가! 아무러나 아름다운 이름이라고 생각하며 찻집을 나와 수십 보를 바위로 올라가니, 깊고 푸른 황천담(黃泉潭)을 발 밑에 굽어보며 반공(半空)에 ⓒ 외연(巍然)히 솟은 층암 절벽이 우뚝 마주 선다. 명경대였다. 틀림없는 화장경(化粧鏡) 그대로였다. 옛날의 죄의 유무를 이 명경(明鏡)에 비추면, 그 밑에 흐르는 황천담에 죄의 ⓓ 영자(影子)가 반영되었다고 길잡이는 말한다.
> 명경! 세상에 거울처럼 두려운 물건이 다신들 있을 수 있을까? 인간 비극은 거울이 발명되면서 비롯했고, 인류 문화의 근원은 거울에서 출발했다고 하면 나의 지나친 ㉠ 억설(臆說)일까? 백 번 놀라도 ⓔ 유부족(猶不足)일 거울의 요술을 아무런 두려움도 없이 일상으로 대하게 되었다는 것은 또 얼마나 ⓕ 가경(可驚)할 일인가!
> 신라조 최후의 왕자인 마의 태자는 시방 내가 서 있는 바로 이 바위 위에 꿇어 엎드려, 명경대를 우러러보며 오랜 세월을 두고 나무아미타불을 염송했다고 한다. ⓖ 운상기품(雲上氣稟)에 무슨 죄가 있으랴만, ⓗ 등극하실 몸에 마의(麻衣)를 감지 않으면 안 되었다는 것이 이미 불법(佛法)이 말하는 전생의 연(緣)일는지 모른다.

52 위 글에서 밑줄 친 ⓐ~ⓓ를 풀어 쓴 것 중 적절하지 않은 것은?

① ⓐ : 온 누리를 굽어보고 하늘을 우러러봄
② ⓑ : 끔찍하고 괴이함
③ ⓒ : 우뚝하게, 높게
④ ⓓ : 그림자

해설
ⓑ 참괴(慙愧) : 부끄럽게 여김

53 다음 중 밑줄 친 ㉠과 그 의미가 가장 비슷한 한자 성어는?

① 견강부회(牽强附會)
② 청산유수(靑山流水)
③ 점입가경(漸入佳境)
④ 과유불급(過猶不及)

해설
① 가당치도 않은 말을 억지로 끌어다 대어 조리에 닿도록 함
② 말을 거침없이 잘하는 모양이나 그렇게 하는 말
③ 갈수록 더욱 좋거나 재미있는 경지(境地)로 들어감, 또는 그 모양
④ 지나침은 미치지 못함과 같다는 뜻으로, 중용(中庸)이 중요함을 이르는 말

54 다음 ⓔ~ⓗ의 뜻풀이 중 바르지 않은 것은?

① ⓔ 오히려 부족함
② ⓕ 가히 놀랄 만한
③ ⓖ 구름처럼 무한히 자유로운 은거 생활
④ ⓗ 왕위에 오름

해설
ⓖ 운상기품(雲上氣稟)은 속됨을 벗어난 고상한 기품, 곧 왕족의 기품을 뜻한다.

55 인쇄 매체 언어에 대한 설명으로 적절한 것은?

① 신문은 정보를 가공·변형하는 편집 과정을 거치기 때문에 독자는 신문이 제공하는 정보를 비판적으로 수용하여야 한다.
② 신문에 담긴 정보는 비교적 상세하고 구체적이어서 독자는 그 정보를 그대로 사용해도 된다.
③ 신문 기사는 육하원칙에 의한 사실을 전달하는 것이 목적이므로 기자 개인의 의견은 무시하고 읽어도 좋다.
④ 신문 기사는 제목 선정과 구성 방법, 관련 기사의 제시 방법이 다르더라도 독자들은 똑같은 정보를 제공받게 된다.

해설
① 기사문은 정보를 가공·변형하는 편집의 과정을 거치고 육하원칙을 기본 원리로 하지만, 제목 선정 및 구성 방법, 인용 방법, 관련 사진의 제시 방법 등에 따라 동일한 사실도 독자들에게 다양하게 비추어질 수 있으므로 독자는 비판적인 자세로 정보를 받아들여야 한다.

※ 다음 글을 읽고 물음에 답하시오(56~57).

무엇이 가치가 있고 의미가 있는 것인지 알 수가 없기 때문에, '정보가 많아질수록 의미는 적어진다.'는 말도 나온다. ㉠ 정보의 물신화(物神化)를 우려한 언명(言明)이다. 정보의 물신화란 정보가 사람과 사람 사이의 진실과 신뢰를 배제한 채 마치 상품처럼 유통되는 상황을 가리킨다. 여기서 정보 자체는 도구와 조작의 대상으로 여겨지기 십상이며, 진실과 신뢰는 더욱 불가능해진다. 따라서 정보의 물신화에 맞서 진실과 신뢰의 가치를 지키는 일, 바로 이것이 ㉡ 신매체 시대에 우리에게 주어진 중요한 과제 중 하나로 설정되어야만 하리라.

— 김성기의 〈뉴미디어 시대의 슬픈 민주주의〉

56 다음 중 위 글에서 밑줄 친 ㉠의 사례로 적절하지 않은 것은?

① 일부러 매체에 거짓 정보를 흘려 주식 가격을 조작한 후 이득을 얻는다.
② 정부 기관이 홈페이지를 통해 정책 사업을 홍보한다.
③ 대학생에게 돈을 받고 과제물이나 논문 등을 판매한다.
④ 소비자를 유혹하기 위해 스팸 메일(Spam Mail)을 보낸다.

해설
② 정보의 물신화란 정보를 물질화하여 숭배한다는 뜻이다. 정보화 사회에서는 정보를 이용하여 돈을 벌 수 있고, 사회적 지위를 누릴 수도 있다. 정보의 물신화의 악영향 때문에 이러한 이득을 얻기 위해 비인간적이고 비도덕적인 행위를 하게 된다.

57 위 글에서 말하는 ㉡의 예시로 보기 힘든 것은?

① 전자 신문
② 휴대 전화의 인터넷 서비스
③ 교양 서적
④ DVD(Digital Versatile Disc)

해설
③ 서적은 예전부터 있어 온 매체이며, 기술상으로 최신 전자 기술을 바탕으로 하는 '신매체'로 보기는 어렵다.

58 텔레비전 방송 매체 언어의 특징을 설명한 것으로 적절하지 않은 것은?

① 발신자와 수신자의 관계가 쌍방향적이다.
② 광고에 적용되는 이야기 구성 및 비유의 사용 방식은 창조적인 언어 활동의 사례가 된다.
③ 방송 매체 언어는 말(문자)과 소리, 영상 등이 복합적 관계를 맺으며 정보를 제시한다.
④ 방송 매체 언어는 뉴스, 드라마, 광고 등 다양한 장르가 혼합되어 있다.

해설
① 방송 매체 언어는 말(문자)과 소리, 영상 등이 복합적 관계를 맺고 있으며, 일방향적이다.

59 인터넷 언어의 특성으로 볼 수 없는 것은?

① 많은 의사소통은 이야기 방식으로 생각을 표현하는 경향이 강하다.
② 사이버 공간의 문학작품들은 현실과 동떨어진 비일상적 이야기를 다루는 경향이 있다.
③ 인터넷 언어의 고유 특성 중 하나는 상호 작용성이라 할 수 있다.
④ 인터넷 이용자들은 상형 문자의 방식을 선택해 문자 자체를 이미지화하기도 한다.

해설
② 인터넷 언어는 양방향적, 시간과 공간의 극복, 이야기 형식으로 표현, 문자의 시각화, 새로운 자기 창조, 개인화 성향 등의 특징을 보인다. 그러므로 사이버 공간의 문학작품이라고 해도 현실을 외면한 이야기가 될 수 없다.

정답 56 ② 57 ③ 58 ① 59 ②

※ 다음 글을 읽고 물음에 답하시오(60~63).

우리는 대체로 머리끝에서 발끝까지를 서양식(西洋式)으로 꾸미고 있다. "㉠ 목은 잘라도 머리털은 못 자른다."고 하던 ㉡ 구한말의 비분강개(悲憤慷慨)를 잊은 지 오래다. 외양뿐 아니라, 우리가 신봉(信奉)하는 종교, 우리가 따르는 사상, 우리가 즐기는 예술, 이 모든 것이 대체로 서양적인 것이다. 우리가 연구하는 학문 또한 예외가 아니다. ㉢ 피와 뼈와 살을 조상에게서 물려받았을 뿐, 문화라고 일컬을 수 있는 거의 모든 것이 서양에서 받아들인 것들인 듯싶다. 이러한 현실을 앞에 놓고서 민족 문화의 전통을 찾고 이를 계승하자고 한다면, 이것은 편협한 배타주의(排他主義)나 국수주의(國粹主義)로 오인(誤認)되기에 알맞은 이야기가 될 것 같다.

— 이기백의 〈민족문화의 전통과 계승〉

60 다음 중 ㉠을 인용한 효과로 가장 적절한 것은?

① 주체성을 상실한 현재 상황을 비판함
② 조선시대 선비들의 강한 기개를 강조함
③ 유교의 효 사상을 강조함
④ 외래 문화의 능동적 수용을 주장함

해설
① ㉠을 인용하여 주체성을 상실한 현재 상황을 비판하고 있다.

61 다음 중 지은이가 ㉡과 같이 말한 의도로 가장 적절한 것은?

① 전통은 계승하기 어려움을 말하려고
② 절개를 지키지 못하는 현실을 비판하려고
③ 문화적 주체성이 부족함을 비판하기 위해
④ 외래 문화의 유입을 피할 수 없음을 밝히려고

해설
③ ㉡의 '비분강개'는 우리의 고유한 문화를 지키기 위한 분노였다.

62 위와 같은 글을 쓰는 목적으로 가장 타당한 것은?

① 자유로운 분위기 속에서 독자와 글쓴이 사이에 정서적 친근감을 높인다.
② 독자를 설득해 독자의 생각에 변화를 준다.
③ 독자가 필요로 하는 정보를 제공한다.
④ 독자에게 감동과 재미를 준다.

> **해설**
> ① 편지글의 목적
> ③ 설명문의 목적
> ④ 시, 소설 등 문학작품의 목적

63 다음 중 ⓒ과 같은 표현법이 사용된 것은?

① 아빠 뭉게구름이 에헴 하고 헛기침을 합니다.
② 그대 눈동자는 고요한 가을밤
③ 문풍지 너머로 매서운 겨울이 칼소리를 내며 다가온다.
④ 펜은 칼보다 강하다.

> **해설**
> ④ 대유법, ① 의인법, ② 은유법, ③ 활유법
> **대유법**
> 사물의 명칭을 직접 쓰지 않고 사물의 일부나 특징을 들어서 그 자체나 전체를 나타내는 비유법이다.

※ 다음 글을 읽고 물음에 답하시오(64~67).

> 우리는 ㉠ 인습을 버려야 할 것이라고는 생각하지만, 계승해야 할 것이라고는 생각하지 않는다. 여기서 우리는, 과거에서 이어 온 것을 ㉡ 객관화하고, 이를 비판하는 입장에 서야 할 필요를 느끼게 된다. 그 비판을 통해서 ㉢ 현재의 문화 창조에 이바지할 수 있다고 생각되는 것만을 우리는 전통이라고 불러야 할 것이다. 이같이, 전통은 인습과 구별될 뿐더러, 또 단순한 유물과도 구별되어야 한다. 현재의 문화 창조와 관계가 없는 것을 우리는 문화적 전통이라고 부를 수가 없기 때문이다.
> – 이기백의 〈민족문화의 전통과 계승〉

64 위 글의 ㉠의 의미를 드러내기에 가장 적절한 표현은?

① 우리의 선배들이 세운 좋은 전통을 이어 받자.
② 희망찬 미래를 위해서 과거의 것에 얽매이지 말자.
③ 우리 선조들은 어른을 공경하는 아름다운 전통을 갖고 있다.
④ 50년의 전통을 자랑하는 우리 학교는 새로운 도약을 준비하고 있다.

> **해설**
> ② 과거로부터 이어져 온 것 중에 현재의 문화 창조에 이바지할 수 없는 것은 인습이다.

정답 60 ① 61 ③ 62 ② 63 ④ 64 ②

65 다음 중 ⓒ이 가장 잘 드러난 것은?

① 외국 문화의 무분별한 수용을 경계한다.
② 물질적인 가치보다는 정신적인 가치가 더 중요하다.
③ 고어에서 현재 사용할 수 있는 어휘가 없는가를 찾는다.
④ 과학적 분석의 차원에서 연구 검토하도록 한다.

> **해설**
> ③ 과거의 가치 있는 것을 찾는다(가치에 보편 타당성 부여).

66 다음 중 ⓒ의 자세로 가장 알맞은 것은?

① 어느 민족이나 과거에 어둡고 불행했던 역사가 있다.
② 과거의 문제에 연연하기보다는 미래를 위해 최선을 다하는 것이 중요하다.
③ 부정에 대한 단죄가 이루어지지 않으면 또 다른 부정을 막을 수 없다.
④ 모든 일은 반드시 시시비비(是是非非)를 가리고, 잘못된 일이 있으면 바로잡아야 할 것이다.

> **해설**
> ② 현재의 문화 창조에 이바지하고, 미래에 발전을 가져올 수 있는 태도가 중요하다.

67 위 글에 대한 설명으로 적절한 것은?

① 사건을 시간의 흐름에 따라서 진행하고 있다.
② 대상을 마치 그림을 그리듯이 묘사하고 있다.
③ 복잡한 내용을 개별적 요소나 성질로 나누어 설명하고 있다.
④ 자신의 견해가 타당함을 논증(論證)하고 있다.

> **해설**
> ④ 이 글은 자신의 견해를 주장하고, 그 주장의 타당함을 입증한 논증적 논설문이다.

※ 다음 글을 읽고 물음에 답하시오(68~70).

> ⓐ 내금강 역사(驛舍)에 도착.
> 어느 외국인의 산장을 그대로 떠다 놓은 듯이 멋진 양관(洋館). 외금강역과 아울러 이 한국식 내금강역은 산을 찾아오는 사람에게 무한 정다운 호대조(好對照)의 두 건물이다. 내(內)와 외(外)를 여실히 상징한 것이 더 좋았다.
> 십삼 야월(夜月)의 달빛 차겁게 넘실거리는 역 광장에 나서니, 심산의 밤이라 과시(果是) 바람은 세찬데, 별안간 ⓑ 계간(溪澗)을 흐르는 물소리가 정신을 빼앗을 듯 소란하여 추위는 한층 뼈에 스민다. 장안사로 향하여 몇 걸음 걸어가며 고개를 드니, 산과 산들이 병풍처럼 사방에 우쭐우쭐 둘러선다. 기쓰고 찾아온 바로 저 산이 아니었던가 하고 금세 어루만져 보고 싶은 충동을 느끼며, 힘껏 호흡을 들이마시니, ⓒ <u>어느덧 간장(肝臟)도 청수에 씻기운 듯 맑아 온다.</u> 청계를 끼고 물소리를 즐기며 걸어가기 십 분쯤, ⓓ <u>문득 발부리에 나타나는 단청(丹靑)된 다리는 이름부터 격에 어울려 함부로 건너기조차 외람된 문선교(問仙橋)!</u>
> – 정비석의 〈산정무한〉

68 다음 중 위 글의 표현 방법에 대한 설명으로 적절하지 않은 것은?

① 현재형의 시제를 사용함으로써 현장감을 높이고 있다.
② 주관을 철저히 배제하고 객관적·중립적인 입장에서 대상을 바라보고 있다.
③ 견문을 제시하고 지은이의 감상을 덧붙이고 있다.
④ 여정에 따라 추보식 구성 방식을 사용하고 있다.

> **해설**
> ② 인용된 글은 객관적이기보다는 주관적인 묘사를 주로 사용하고 있다.

69 다음 중 위 글의 내용과 일치하는 것은?

① 지은이가 금강산을 찾은 계절은 몹시 추운 겨울이다.
② 지은이가 금강산을 찾은 것은 속세를 벗어나 선경(仙境)을 찾기 위해서이다.
③ 외금강 역사는 서양식 건물이다.
④ 지은이는 문선교에 얽힌 한시를 오래 전부터 알고 있었다.

> **해설**
> ③ 지은이는 외금강역을 보고 '어느 외국인의 산장을 그대로 떠다 놓은 듯이 멋진 양관(洋館)'이라고 하였다.

70 다음 중 ㉠~㉣에 대한 설명으로 옳지 않은 것은?

① ㉠ : 내금강 역사(驛舍)에 도착하기 이전까지의 구체적인 여정을 생략하고 간결하게 표현하였다.
② ㉡ : 특정한 감각을 다른 감각으로 전이시키는 공감각적 표현을 사용하고 있다.
③ ㉢ : 산의 정기로 온몸과 마음이 상쾌하다는 의미이다.
④ ㉣ : 필요 없는 요소를 배제하여 깔끔하게 표현하고 있다.

> **해설**
> ④ ㉣은 '갑자기 문선교라는 다리가 나타났다'는 내용을 격조에 어울리는 수식어를 사용하여 유창하게 표현한 것이다.

※ 다음 글을 읽고 물음에 답하시오(71~74).

> 한국에서는 개울가 어디를 가나 평평한 돌 위에 쪼그리고 앉아 빨래하는 여자들을 볼 수 있다. ㉠ 이들은 더러운 옷을 물에 담갔다가 건져 내 쥐어짠 다음, 평평한 돌 위에 올려놓고 납작한 방망이로 두드린다. 이에 앞서 나뭇재로 만든 잿물에 빨래를 흠뻑 적시기도 한다. 빨래가 끝나면 홍두깨에 빨래를 감아 놓고 곤봉 모양의 방망이로 얼마 동안 짧고 빠르게 다듬이질을 하고, 이어서 햇볕이 쨍쨍 비칠 때 널어서 말린 다음 쌀로 만든 풀을 살짝 먹인다. 이런 과정을 거치면 흔한 흰 무명 천도 희부연 공단처럼 눈부시게 하얀색을 띠는데, 그 흰 빛깔을 보면서 나는 항상 산상에서 거룩하게 변모한 예수의 광채 나는 옷을 두고 "㉡ 그 누구도 그렇게 희게 할 수 없을 만큼 심히 희어졌더라."라고 말한 ㉢ 마가복음서의 구절(9장 3절)을 상기하게 된다. 이런 흰 옷, 특히 겨울에 입는 흰 솜옷 때문에 여자들은 아주 힘들고 끊임없는 노동을 하지 않으면 안 된다. 두루마기는 빨래를 한 다음 매번 뜯었다가 다시 꿰매야 하는데, 긴 솔기 중 어떤 것은 풀로 붙이기도 하지만, 그래도 대부분은 바느질을 해야 한다.
> – 이사벨라 버드 비숍의 〈외국인의 눈에 비친 19세기 말의 한국〉

71 밑줄 친 ㉠에 쓰인 것과 유사한 전개 방식을 사용하기에 적당한 주제는?

① 연극과 영화의 차이점
② 집짓기의 과정
③ 추운 겨울날의 산골 풍경
④ 절약 정신의 실천 사례 제시

> **해설**
> ② '과정'은 어떤 특정한 결말이나 결과를 가져오게 하는 일련의 행동, 변화, 기능, 단계, 작용 등에 초점을 두고 글을 전개하는 방법이다.

72 지은이가 밑줄 친 ⓒ을 인용한 의도로 가장 적절한 것은?

① 한국인들의 순수한 마음을 강조하기 위해
② 자신이 기독교인이라는 것을 강조하기 위해
③ 빨래가 매우 희다는 것을 나타내기 위해
④ 한국 여성의 희생정신을 드러내기 위해

> **해설**
> ③ 지은이는 빨래를 한 천의 인상적인 흰빛을 강조하기 위해서 성경의 한 구절을 인용하였다.

73 다음 중 밑줄 친 ⓒ을 인용한 효과로 가장 적절한 것은?

① 종교적인 경건한 분위기 조성
② 글쓴이의 기독교에 대한 신앙심 강조
③ 한국식 빨래의 깨끗함에 대한 글쓴이의 감탄 강조
④ 서양의 빨래 풍속 소개

> **해설**
> ③ 풀을 먹인 옷감의 하얀색에 대해 지은이가 느끼는 신비로움과 경탄을 효과적으로 나타내기 위해 성경의 한 구절을 인용하였다.

74 다음 중 위와 같은 글의 특징으로 가장 알맞은 것은?

① 대화와 묘사를 통한 내용 전달
② 압축적인 언어 표현
③ 객관적인 관찰과 정확한 묘사
④ 감정의 직설적인 표출

> **해설**
> ③ 이 글은 연구 기행문 성격을 띠는 수필로서, 글쓴이의 경험을 바탕으로 한 객관적 관찰과 묘사를 통해 글이 전개되고 있다.

정답 70 ④ 71 ② 72 ③ 73 ③ 74 ③

CHAPTER 04 바른 국어생활

01 다음 중 어문 규정에 관한 내용으로 바르지 않은 것은?

① 한글 맞춤법은 표준어를 소리대로 적되, 어법에 맞도록 함을 원칙으로 한다.
② 표준 발음법은 표준어의 실제 발음을 따른다.
③ 외래어 표기의 받침은 'ㄱ, ㄴ, ㄹ, ㅁ, ㅂ, ㅅ, ㅇ'만을 쓴다.
④ 국어의 로마자 표기는 한글 맞춤법에 따라 적는다.

해설
④ 국어의 로마자 표기는 국어의 표준 발음법에 따라 적는 것이 원칙이다.

02 다음 중 한글 맞춤법 규정에 맞는 것은?

① 한글 맞춤법은 서울 지역어를 소리대로 적되 어순에 맞도록 함을 원칙으로 한다.
② 한글 맞춤법은 표준어를 소리대로 적되 실용성에 맞도록 함을 원칙으로 한다.
③ 한글 맞춤법은 서울 지역어를 소리대로 적되 어법에 맞도록 함을 원칙으로 한다.
④ 한글 맞춤법은 표준어를 소리대로 적되 어법에 맞도록 함을 원칙으로 한다.

해설
한글 맞춤법 제1장 총칙
제1항 한글 맞춤법은 표준어를 소리대로 적되, 어법에 맞도록 함을 원칙으로 한다.
제2항 문장의 각 단어는 띄어 씀을 원칙으로 한다.
제3항 외래어는 '외래어 표기법'에 따라 적는다.

03 다음 중 어문 규정에 맞게 쓰인 것은?

① 맞춤법 - 얼룩이, 뻐꾸기
② 표준 발음 - 결단력[결딴력]
③ 띄어쓰기 - 그녀는 이제 스물일곱 살을 막 넘겼다.
④ 외래어 표기 - flash → 플래쉬

해설

③ 수를 적을 때에는 '만(萬)' 단위로 띄어 쓰므로 '스물일곱'은 붙여 쓰고, 단위를 나타내는 명사 '살'은 띄어 쓴다. 따라서 '스물일곱 살'로 쓰는 것이 옳다. → 한글 맞춤법 제43항 및 제44항

① '하다'나 '-거리다'가 붙을 수 없는 어근에 '-이'나 또는 다른 모음으로 시작되는 접미사가 붙어서 명사가 된 것은 그 원형을 밝히어 적지 않으므로, '얼루기'가 옳은 표기이다. → 한글 맞춤법 제23항

② 결단력[결딴녁]이 옳은 발음이다. 'ㄴ'은 'ㄹ'의 앞이나 뒤에서 [ㄹ]로 발음하지만, 다음과 같은 단어들은 'ㄹ'을 [ㄴ]으로 발음한다. → 표준 발음법 제20항

　[예] 결단력[결딴녁], 의견란[의견난], 임진란[임진난], 생산량[생산냥], 상견례[상견녜], 입원료[이붠뇨] 등

④ 어말의 [ʃ]는 '시'로 적어야 하므로, '플래시'로 적어야 한다. → 외래어 표기법 제3장 제3항

04 다음 밑줄 친 표현이 어문 규정에 맞는 것은?

① 그 사람은 예의가 <u>발라서</u> 면접에서 좋은 점수를 받았다.
② 목걸이가 떨어지면서 끊어지는 바람에 구슬들이 <u>낱알</u>로 흩어졌다.
③ 독창적인 연구가 대우받는 사회에서는 <u>짜집기</u> 논문이 발붙일 수 없다.
④ <u>등교길</u>에 친구와 만나 함께 학교에 갔다.

해설

① '바르다'는 '바르니, 발라' 등으로 활용되므로, '사리나 도리에 맞다'의 '발라서'는 옳은 표현이다.
② '하나하나 따로따로의 알'을 이르는 말은 '낱알'이다.
　cf. 낟알 : 껍질을 벗기지 않은 곡식의 알맹이
③ 짜깁기 : 짜깁는 일
④ 순우리말과 한자어로 된 합성어로서 앞말이 모음으로 끝난 경우에는 사이시옷을 받치어 적어야 하므로 '등굣길'로 표기해야 한다.

05 밑줄 친 단어의 사용이 알맞은 것은?

① 그녀는 지금 임신을 하여 <u>홑몸</u>이 아니다.
② <u>널따란</u> 바위에 걸터앉았다.
③ 집안을 <u>깨끗히</u> 청소했다.
④ 사업의 실패로 집안이 <u>풍지박산</u>이 났다.

해설

② '널따란'은 소리대로 적는 것이 옳다. → 한글 맞춤법 제21항
① 아이를 배지 않은 몸은 '홑몸'이다.
③ '-하다'가 붙는 어근에 '-히'나 '-이'가 붙어서 부사가 되는 경우에는, 그 어근이나 부사의 원형을 밝혀 적어야 하므로 '깨끗이'가 옳은 표기이다. → 한글 맞춤법 제25항
④ 사방으로 날아 흩어지는 것은 '풍비박산'이다.

정답   01 ④   02 ④   03 ③   04 ①   05 ②

06 다음은 한글 맞춤법의 총칙이다. 이 규정에 맞는 것은?

> 제1항 한글 맞춤법은 표준어를 소리대로 적되, 어법에 맞도록 함을 원칙으로 한다.
> 제2항 문장의 각 단어는 띄어 씀을 원칙으로 한다.
> 제3항 외래어는 '외래어 표기법'에 따라 적는다.

① '너 마저'는 '너마저'로 붙여 써야 한다.
② '입원료'는 [이붠료]로 발음한다.
③ '구경만 할뿐'에서의 '뿐'은 앞말과 붙여 써야 한다.
④ 'juice'는 '쥬스'로 표기한다.

해설
① '마저'는 '이미 어떤 것이 포함되고 그 위에 더함의 뜻을 나타내는, 즉 하나 남은 마지막'을 나타내는 보조사로, 조사는 그 앞말에 붙여 쓰는 것이 원칙이므로 '너마저'로 쓰는 것은 옳은 표기이다. → 한글 맞춤법 제41항
 예 꽃마저, 꽃밖에, 꽃에서부터, 꽃이나마, 꽃처럼, 어디까지나
② 'ㄹ'은 [ㄴ]으로 발음하므로 [이붠뇨]가 옳은 발음이다. → 표준 발음법 제20항
③ '뿐'이 의존 명사로 쓰일 때에는 띄어 써야 하므로 '할 뿐'으로 띄어 써야 한다. → 한글 맞춤법 제42항
④ 'ㅈ' 다음에는 이중 모음을 쓰지 않는 것이 원칙이므로 '주스'로 표기해야 한다.

07 다음 중 혼동하기 쉬운 단어를 구별하여 사용한 예로 잘못된 것은?

① 파도가 뱃전에 <u>부딪쳤다</u>.
  한눈을 팔다가 전봇대에 머리를 <u>부딪혔다</u>.
② 영화를 보면서 <u>시간</u>을 보냈다.
  약속한 <u>시각</u>에 맞추어 모임 장소에 나갔다.
③ 소에 <u>받혀</u> 크게 다쳤다.
  젓국을 <u>밭쳐</u> 놓았다.
④ 이 안은 수차례의 <u>협의</u> 끝에 마련한 것이다.
  예상 밖으로 노사 간의 <u>합의</u>가 쉽게 이루어졌다.

해설
① '부딪히다'는 '예상하지 못한 일이나 상황 따위에 직면하다.' 또는 '부딪다'의 피동으로 쓰이는 말이며, '부딪치다'는 '무엇과 무엇이 힘 있게 마주 닿거나 마주 대다'를 의미하는 '부딪다'의 강조이다. 따라서 '파도가 뱃전에 부딪혔다.', '한눈을 팔다가 전봇대에 머리를 부딪쳤다.'로 써야 한다.
② • 시간(時間) : 어떤 시각에서 다른 시각까지의 동안, 또는 그 길이
  • 시각(時刻) : 시간의 어느 한 시점, 또는 짧은 시간
③ • 받히다 : '뿔이나 머리 따위로 세차게 부딪치다.'의 의미인 '받다'의 피동
  • 밭치다 : '건더기와 액체가 섞인 것을 체나 거르기 장치에 따라서 액체만을 따로 받아 내다.'의 의미인 '밭다'의 강조
④ • 협의(協議) : 여러 사람이 모여 서로 의논함
  • 합의(合意) : 서로 의견이 일치함, 또는 그 의견

08 다음 중 맞춤법이 틀린 것은?

① 약을 달이다. – 옷을 다리다.
② 목숨을 바치다. – 책받침을 받치다.
③ 철수와 영희가 싸움을 벌이다. – 책상 사이를 벌리다.
④ 우표를 부치다. – 편지를 붙이다.

> **해설**
> ④ 우표를 붙이다. – 편지를 부치다.
> • 부치다 : 남을 시켜 편지·물건을 보내다. 번철에 빈대떡 등을 익혀 만들다.
> • 붙이다 : 서로 맞닿아서 떨어지지 않게 하다. 서로 맞닿게 하다.
> ① • 달이다 : 약제에 물을 부어 끓이다. 끓여 진하게 하다.
> • 다리다 : 다리미로 구겨진 주름살을 문질러 펴다.
> ② • 바치다 : 마음과 몸을 내놓다. 세금·공납금 등을 내다.
> • 받치다 : 우산이나 양산을 펴 들다. 어떤 물건의 밑이나 안에 다른 물건을 대다.
> ③ • 벌이다 : 일을 베풀어 놓다. 가게를 차리다. 물건을 늘어놓다.
> • 벌리다 : 둘 사이를 넓히다.

09 다음 중 맞춤법이 잘못된 것은?

① 교실 문을 잘 잠가야 한다.
② 최근에 담근 김치이다.
③ 가든지 오든지 마음대로 해라.
④ 요즘 새로운 사업을 벌리느라 바쁘게 지내고 있다.

> **해설**
> ④ 일을 계획하여 시작하거나 펼쳐 놓는 것은 '벌이다'이므로, '사업을 벌이느라'가 옳은 표현이다.
> ① 잠그다는 '여닫는 물건을 열지 못하게 빗장을 걸거나 자물쇠를 채우다.'의 의미로, '잠그니, 잠가' 등으로 활용된다.
> ② 담그다는 '술·김치·장·젓갈 등을 만들 때 그 원료에 물을 부어 익도록 그릇에 넣다.'의 의미로 '담그니, 담가' 등으로 활용된다.
> ③ 지난 일을 나타내는 어미는 '-더라, -던'으로 적고, 물건이나 일의 내용을 가리지 아니하다의 의미를 나타내는 조사와 어미는 '-든지'로 적는다.

10 다음 중 단어의 쓰임이 바르지 않은 것은?

① 생선을 조리다. / 마음을 졸이다.
② 배추를 저리다. / 다리가 절이다.
③ 벌써 일을 마쳤다. / 여러 문제를 더 맞혔다.
④ 눈물을 걷잡을 수 없다. / 겉잡아서 이틀 걸린다.

> **해설**
> ② 배추를 절이다. / 다리가 저리다.
> • 저리다 : 살이나 뼈마디가 오래 눌려서 피가 잘 통하지 않아 힘이 없고 감각이 둔하게 되다.
> • 절이다 : 소금이나 식초 따위를 먹여서 절게 하다.

11 다음 중 맞춤법이 틀린 것은?

① 엊그제
② 옛부터
③ 인사말
④ 애송이

해설
② '부터'는 조사로 체언 뒤에 붙는 것이 일반적인데, '옛'은 명사가 아닌 관형사이기 때문에 조사가 결합할 수 없다. 때문에 명사 '예'에 '부터'가 결합한 '예부터'가 맞는 말이다.

12 밑줄 친 단어가 바르게 쓰인 것은?

① 치약을 사니 <u>치솔</u>을 덤으로 받았다.
② <u>금세</u> 소문이 퍼졌다.
③ 토끼가 <u>깡충깡충</u> 뛰어 갔다.
④ 시험은 잘 <u>치뤘니</u>?

해설
② '금세'는 '지금 바로'라는 뜻의 '금시(今時)에'가 줄어든 구어체로 옳은 표현이다.
① '칫솔'은 한자어 '치(齒)'와 순우리말인 '솔'로 이루어진 합성어이므로, 사이시옷을 받치어 '칫솔'로 적는 것이 옳은 표기이다. → 한글 맞춤법 제4장 제30항
③ 양성 모음이 음성 모음으로 바뀌어 굳어진 것은 음성 모음 형태를 표준어로 삼으므로, '깡충깡충'이 옳은 표기이다 (큰말은 '껑충껑충'임). → 표준어 사정 원칙 제2장 제8항
④ '무슨 일을 겪어 내다. 또는 주어야 할 돈을 내주다.'라는 뜻의 동사는 '치르다'이므로 '치렀니'가 옳은 표현이다.

13 다음 중 '사이시옷'의 쓰임이 바르지 않은 것은?

① 반짓고리
② 조갯살
③ 머릿방
④ 아랫방

해설
① 사이시옷은 순우리말로 된 합성어로서 앞말이 모음으로 끝난 경우, 순우리말과 한자어로 된 합성어로서 앞말이 모음으로 끝난 경우, 두 음절로 된 한자어 '곳간(庫間), 셋방(貰房), 숫자(數字), 찻간(車間), 툇간(退間), 횟수(回數)'의 경우에 받치어 적는다. '반짇고리'는 'ㅅ'이 아닌 'ㄷ'을 받치어 적어야 한다.
② 순우리말로 된 합성어로서 뒷말의 첫소리가 된소리로 나므로 사이시옷을 받치어 적는다.
③·④ 순우리말과 한자어로 된 합성어로서 뒷말의 첫소리가 된소리로 나므로 사이시옷을 받치어 적는다.

14 다음 중 사이시옷을 잘못 사용한 것은?

① 댓가
② 나룻배
③ 횟수
④ 아랫니

해설
①·③ 사이시옷은 순우리말로 된 합성어로서 앞말이 모음으로 끝나는 경우, 순우리말과 한자어로 된 합성어로서 앞말이 모음으로 끝난 경우, 또 두 음절로 된 한자어 '곳간(庫間), 셋방(貰房), 숫자(數字), 찻간(車間), 툇간(退間), 횟수(回數)'에만 받치어 적는다. 따라서 '대가(代價)'는 사이시옷을 붙일 수 없다.
② 순우리말로 된 합성어로서 뒷말의 첫소리가 된소리로 난다.
④ 순우리말로 된 합성어로서 뒷말의 첫소리 'ㄴ, ㅁ' 앞에서 'ㄴ' 소리가 덧난다.

15 밑줄 친 말이 바르게 쓰이지 않은 것은?

① 칠판에는 휴강이라고 씌여 있었다.
② 부모님의 뜻을 좇아 선생님이 되었다.
③ 나는 집으로 가기 전에 서점에 들렀다.
④ 이런 금을 가지고 다니다가는 도둑에게 빼앗기기 십상이다.

해설
① '쓰이다'는 기본형 '쓰다'의 피동으로, 모음 'ㅡ' 뒤에 '이어'가 어울려 줄어질 적에는 준 대로 적는 것이 원칙이다. 따라서 '씌어' 또는 '쓰여'로 적어야 한다.
② '남의 말이나 뜻을 따르다, 남의 뒤를 따르다'의 의미를 가진 말은 '좇다'이다.
③ '들러'는 '들르다'의 어간 '들르-'에 연결 어미 '-어'가 붙어 'ㅡ'가 탈락한 형태로 '지나는 길에 잠깐 거치다'의 의미를 지닌다.
④ '십상'은 '십상팔구(十常八九)'의 줄임말로 '열 가운데 여덟이나 아홉이 모두 그러하다'는 의미의 말이다.

16 밑줄 친 말의 쓰임이 바르지 않은 것은?

① 어머니는 미소를 띠고 말씀하셨다.
② 얼굴에 홍조를 띠고 있다.
③ 눈에 띠는 행동을 하지 마라.
④ 그는 중요한 임무를 띠고 파견되었다.

해설
③ '눈에 들어오다. 또는 발견되다'의 의미를 가진 말은 '뜨이다'이므로, '눈에 띄는'으로 써야 한다.
① 감정이나 기운 따위를 나타내다.
② 빛깔을 조금 가지다.
④ 용무·직책·사명을 가지다.

정답 11 ② 12 ② 13 ① 14 ① 15 ① 16 ③

17 다음 밑줄 친 어휘를 바르게 사용한 것은?

① 나는 아버지를 일찍 <u>여위었다</u>.
② 사과가 붉은 빛을 <u>띄고</u> 있다.
③ 벽에 포스터를 <u>부쳤다</u>.
④ 마을 회관에서 큰 잔치를 <u>벌였다</u>.

> **해설**
> ④ 일을 계획하여 시작하거나 펼쳐 놓는 것은 '벌이다'이므로 '벌였다'는 옳은 표현이다.
> ① 죽어서 이별하는 것은 '여의다'이므로, '여의었다'가 옳은 표현이다.
> ② 빛깔을 조금 가지는 것은 '띠다'이므로, '띠고'가 옳은 표현이다.
> ③ 서로 맞닿아서 떨어지지 않게 하는 것은 '붙이다'이므로, '붙였다'가 옳은 표현이다.

※ 다음 중 표준어 표기가 바르게 된 것끼리 묶인 것을 고르시오(18~19).

18
① 육개장, 뚝배기
② 어쨋던, 코빼기
③ 나뭇꾼, 뒤꿈치
④ 통털어, 때깔

> **해설**
> ② 어쨌든, ③ 나무꾼, ④ 통틀어

19
① 부주, 삼촌
② 재떨이, 강낭콩
③ 깍쟁이, 허드래
④ 호루라기, 웃목

> **해설**
> ① 부조, ③ 허드레, ④ 윗목

20 밑줄 친 조사의 쓰임이 잘못된 것은?

① 그것은 <u>교사로서</u> 할 일이 아니다.
② 이 문제는 <u>너로써</u> 시작되었다.
③ 이제는 <u>눈물로써</u> 호소하는 수밖에 없다.
④ <u>쌀로써</u> 떡을 만든다.

> **해설**
> ② 지위나 신분 또는 자격을 나타낼 때에는 '~로서', 어떤 물건의 재료나 원료를 나타낼 때에는 '~로써'를 써야 한다. 따라서 '너로서'가 바른 쓰임이다.

21 밑줄 친 단어의 띄어쓰기가 바른 것은?

① 네가 <u>뜻한바를</u> 알겠다.
② 그는 유난히 <u>잘난체를</u> 하였다.
③ 집을 <u>대궐 만큼</u> 크게 지었다.
④ <u>새 옷을</u> 입으니 기분이 좋다.

> **해설**
> ①·② '바'와 '체'는 의존 명사이므로 띄어 써야 한다. → 한글 맞춤법 제42항
> ③ '만큼'이 조사로 쓰였으므로 '대궐만큼'으로 붙여 써야 한다. → 한글 맞춤법 제41항

22 다음 밑줄 친 부분의 띄어쓰기가 바르지 않은 것은?

① 시간만 <u>보냈다 뿐이지</u> 한 일은 없다.
② <u>서울과 인천 간</u> 급행열차
③ 과일에는 <u>사과, 복숭아, 귤 들</u>이 있다.
④ 그녀는 <u>노래 부르는데도</u> 소질이 있다.

> **해설**
> ④ '처소, 것' 등을 나타내는 '데'는 의존 명사이므로 띄어 써야 한다.
> ① '보냈다 뿐이지'에서의 '뿐'은 '다만 어떠하거나 어찌할 따름'을 의미하는 의존 명사로 쓰였으므로 띄어 써야 한다.
> ② '서울과 인천 간'에서의 '간'은 '한 대상에서 다른 대상까지의 사이'를 의미하는 의존 명사이므로 띄어 써야 한다.
> ③ 두 개 이상의 사물을 벌여 말할 때 맨 끝에 쓰이어, 그 여러 사물을 모두 가리키거나 또 그 밖에 같은 종류의 사물이 더 있음을 뜻하는 '들'은 의존 명사이므로 띄어 써야 한다.

23 다음 중 띄어쓰기가 바른 것은?

① 천 원밖에
② 사과는 커녕
③ 철수 뿐이었다.
④ 떠난지

> **해설**
> ① 단위를 나타내는 의존 명사는 띄어 쓰며 '밖에'는 조사이므로 앞말과 붙여 쓴다.
> ②·③ '커녕'과 '뿐'은 조사로 쓰였으므로 앞말에 붙여 써야 한다.
> ④ 의존 명사는 띄어 써야 하므로 '떠난 지'가 옳다.

정답 17 ④ 18 ① 19 ② 20 ② 21 ④ 22 ④ 23 ①

24 다음 중 띄어쓰기가 바르지 않은 것은?

① 인사는커녕
② 아는 대로 말하다.
③ 차 한 대
④ "알았어."라고

> **해설**
> ④ '라고'는 앞말이 직접 인용되는 말임을 나타내는 격조사이므로 붙여 써야 한다.
> ① '커녕'은 그것이 결합되는 체언이 지니는 문법적 기능을 표시하는 조사이므로 앞 단어에 붙여 쓴다. → 한글 맞춤법 제5장 제41항
> ② '아는 대로'에서의 '대로'는 용언의 관형사형 뒤에서 '그와 같이'라는 의미를 나타내는 의존 명사이므로 띄어 쓴다. → 한글 맞춤법 제5장 제42항
> ③ 단위를 나타내는 명사는 띄어 쓴다. → 한글 맞춤법 제5장 제43항
> 예 한 개, 집 한 채, 금 서 돈, 옷 한 벌, 열 살 등

※ 다음 중 띄어쓰기가 바르게 된 것을 고르시오(25~27).

25
① 여기까지 입니다.
② 그럴 수 밖에 없다.
③ 약속대로 했다.
④ 열심히 했을뿐이다.

> **해설**
> ① 여기까지입니다. ② 그럴 수밖에 없다. ④ 열심히 했을 뿐이다.

26
① 네가 뜻한바를 이제야 알겠다.
② 비가 내리면 좋을 텐데.
③ 이제 나도 사랑을 할거야.
④ 넌 내가 그 일을 할줄 아니.

> **해설**
> ② 관형형 어미 다음에 오는 의존 명사는 띄어 써야 하므로, ① 뜻한∨바, ③ 할∨거야, ④ 할∨줄로 띄어 쓴다.

27
① 3천여명
② 제1차
③ 첫번째
④ 그것 밖에 모른다.

> **해설**
> ② 단위를 나타내는 명사는 띄어 써야 하므로, '제1 차'는 옳은 표기이며, 다만, 순서를 나타내는 경우나 숫자와 어울리어 쓰이는 경우에는 붙여 쓸 수도 있으므로 '제1차' 역시 바른 표기이다.
> ① 3천여 명(의존 명사), ③ 첫 번째(의존 명사), ④ 그것밖에 모른다(조사).

28 다음 중 복수 표준어가 아닌 것은?

① 뒷갈망 / 뒷감당
② 교정보다 / 준보다
③ 넝쿨 / 덩굴
④ 부스러기 / 부스럭지

> **해설**
> ④ 의미가 똑같은 형태가 몇 가지 있을 경우, 그중 어느 하나가 압도적으로 널리 쓰이면, 그 단어만을 표준어로 삼는다.
> → 표준어 사정 원칙 제3장 제25항

29 다음 한자어를 맞춤법에 맞게 표기한 것은?

① 合格率 – 합격율
② 戀戀不忘 – 연련불망
③ 命中率 – 명중률
④ 百分率 – 백분률

> **해설**
> ① 한자음 '류'가 단어의 첫머리에 올 적에는 '유'로 적어야 하지만, 단어의 첫머리 이외에는 본음대로 적는 것이 원칙이므로 '합격률'이 옳은 표기이다. → 한글 맞춤법 제11항
> ② 한 단어 안에서 같은 음절이나 비슷한 음절이 겹쳐 나는 부분은 같은 글자로 적어야 하므로 '연연불망'으로 적어야 한다. → 한글 맞춤법 제13항
> ④ 모음이나 'ㄴ' 받침 뒤에 이어지는 '렬, 률'은 '열, 율'로 적어야 하므로, '백분율'이 옳은 표기이다. → 한글 맞춤법 제11항

30 다음 중 표준어인 것은?

① 웃목   ② 귀절
③ 삼짓날   ④ 으레

> **해설**
> ④ 으레 : 두말할 것 없이 당연히 → 표준어 사정 원칙 제10항
> ① '웃' 및 '윗'은 명사 '위'에 맞추어 '윗'으로 통일하므로, '윗목'이 표준어이다. → 표준어 사정 원칙 제12항
> ② 한자 '구(句)'가 붙어서 이루어진 단어는 '귀'로 읽는 것을 인정하지 아니하고, '구'로 통일하므로 '구절'이 바른 표기이다. → 표준어 사정 원칙 제13항
> ③ 끝소리가 'ㄹ'인 말과 딴 말이 어울릴 적에 'ㄹ' 소리가 'ㄷ' 소리로 나는 것은 'ㄷ'으로 적어야 하므로 '삼짇날'이 바른 표기이다. → 한글 맞춤법 제29항

31 밑줄 친 어휘의 쓰임이 바르지 않은 것은?

① <u>객쩍은</u> 소리 말고 사실대로 말해라.
② 수출량을 더 <u>늘렸다</u>.
③ 화덕에 솥을 <u>앉쳤다</u>.
④ 길에서 지갑을 <u>잃어버렸다</u>.

> **해설**
> ③ '올려놓다, 걸쳐 놓다'는 '앉히다'이므로, '앉혔다'가 바른 표기이다.

32 다음 중 표준어 사용이 올바른 것은?

① 통일은 우리의 바람이다.
② 많은 사람들을 실고 가던 버스가 비탈길에 전복되었다.
③ 그는 오랫만에 나를 보고 무척 반가워했다.
④ 나는 서점에 들려 오후 세 시에 집으로 왔다.

> **해설**
> ② 어떤 곳을 가기 위하여 차, 배, 비행기 따위의 탈것에 오르다는 '싣다'이므로, '싣고'가 바른 표기이다.
> ③ '오래간만'의 준말이므로 '오랜만에'로 써야 한다.
> ④ 지나는 길에 잠깐 거치는 것은 '들르다'이므로, '들러'로 써야 한다.

33 밑줄 친 단어의 표기가 바른 것은?

① 아이가 사탕을 한 <u>옹큼</u> 집었다.
② 그에게 부탁을 하기가 <u>아니꼬왔지만</u> 아쉬우니 어쩔 수 없는 일이었다.
③ 아물아물 <u>아지랭이</u>가 피어 올랐다.
④ 나는 다른 이의 <u>끄나풀</u>이 되었다.

> **해설**
> ④ 끄나풀 : 길지 않은 끈의 나부랭이, 남의 앞잡이 노릇을 하는 사람
> ① 움큼 : 손으로 한 줌 쥔 분량
> ② '아니꼽다'는 '비위가 뒤집혀 구역이 날 듯하다. 같잖은 언행이 눈에 거슬려 불쾌하다.'의 의미로 '아니꼬워'로 활용된다.
> ③ 맑은 봄날 공중에 아른거리는 공기 현상은 '아지랑이'이다.

34 다음 중 표준 발음이 옳은 것은?

① 늑막염[능마겸]　　　② 물난리[물랄리]
③ 늙지[늘찌]　　　　　④ 맑다[말따]

> **해설**
> ② 'ㄴ'은 'ㄹ'의 앞이나 뒤에서 [ㄹ]로 발음한다. → 표준 발음법 제20항
> ① 합성어 및 파생어에서, 앞 단어나 접두사의 끝이 자음이고 뒤 단어나 접미사의 첫음절이 '이, 야, 여, 요, 유'인 경우에는, 'ㄴ' 음을 첨가하여 [니, 냐, 녀, 뇨, 뉴]로 발음하므로 [능망념]으로 발음해야 한다. → 표준 발음법 제29항
> ③·④ 겹받침 'ㄺ, ㄻ, ㄿ'은 어말 또는 자음 앞에서 각각 [ㄱ, ㅁ, ㅂ]으로 발음하므로, [늑찌], [막따]로 각각 발음해야 한다. → 표준 발음법 제11항

35 다음 중 표준 발음이 잘못된 것은?

① 홑이불[호디불]　　　② 핥다[할따]
③ 입원료[이붠뇨]　　　④ 먹는[멍는]

> **해설**
> ① 합성어 및 파생어에서, 앞 단어나 접두사의 끝이 자음이고 뒤 단어나 접미사의 첫음절이 '이, 야, 여, 요, 유'인 경우에는, 'ㄴ' 음을 첨가하여 [니, 냐, 녀, 뇨, 뉴]로 발음하므로 '홑이불[혼니불]'이 옳은 발음이다. → 표준 발음법 제29항
> ② 어간 받침 'ㄼ, ㅀ' 뒤에 결합되는 어미의 첫소리 'ㄱ, ㄷ, ㅅ, ㅈ'은 된소리로 발음한다. → 표준 발음법 제25항
> ③ '입원료, 의견란, 임진란, 상견례, 결단력' 등은 'ㄹ'을 [ㄴ]으로 발음한다. → 표준 발음법 제20항
> ④ 받침 'ㄱ, ㄷ, ㅂ'은 'ㄴ, ㅁ' 앞에서 [ㅇ, ㄴ, ㅁ]으로 발음한다. → 표준 발음법 제18항

36 다음 중 발음이 잘못된 것은?

① 밭 아래[바다래], 맛없다[마덥따]
② 넓게[널께], 헛웃음[허두슴]
③ 벼훑이[벼훌치], 꽃 위[꼬뒤]
④ 겉옷[거돋], 값있는[갑씬는]

> **해설**
> ④ 받침 뒤에 모음 'ㅏ, ㅓ, ㅗ, ㅜ, ㅟ' 들로 시작되는 실질 형태소가 연결되는 경우에는, 대표음으로 바꾸어서 뒤 음절 첫소리로 옮겨 발음하는데, 겹받침의 경우에는, 그중 하나만을 옮겨 발음한다. 따라서 '값있는[가빈는]'으로 발음해야 한다. → 표준 발음법 제15항

37 다음 중 표준 발음인 것은?

① 밟고[발꼬]
② 밟지[발찌]
③ 넓죽하다[널쭈카다]
④ 떫다[떨 : 따]

> **해설**
> ④ 겹받침 'ㄼ'은 어말 또는 자음 앞에서 [ㄹ]로 발음하므로 [떨 : 따]는 옳은 발음이다. → 표준 발음법 제10항
> ①·② '밟-'은 자음 앞에서 [밥]으로 발음하므로 [밥 : 꼬], [밥 : 찌]가 옳은 발음이다. → 표준 발음법 제10항
> ③ [넙쭈카다]가 옳은 발음이다. → 표준 발음법 제10항

38 다음의 단어 중 된소리로 발음하는 것은?

① 효과
② 교과서
③ 창구
④ 초점

> **해설**
> ④ 사이시옷을 표기하지 않지만 [초쩜]으로 발음한다.

39 다음 중 외래어 표기가 바르지 않은 것은?

① 넌센스
② 슈퍼마켓
③ 판타지
④ 오리지널

> **해설**
> ① 'nonsence[nɑnsens]'는 'o'의 발음이 [ɑ]이므로 '난센스'로 표기해야 한다.
> ② 이미 굳어진 외래어는 관용을 존중하므로, '슈퍼마켓'으로 표기한다. → 외래어 표기법 제5항
> ③ 외래어의 1 음운은 원칙적으로 1 기호로 대응하므로, 'f'는 'ㅍ'으로 표기한다. → 외래어 표기법 제2항
> ④ 잘못된 일본식의 발음으로 'ㅓ' 모음 대신 'ㅏ'로 잘못 발음하는 경우가 있는데, '오리지널'이 바른 표기이다.

40 다음 중 밑줄 친 외래어 표기가 맞는 것은?

① 서류가 캐비닛에 들어 있다.
② 그는 노래를 잘 불러 앵콜 신청을 받았다.
③ 북한 사람들은 김일성 뱃지를 달고 다닌다.
④ 그는 링게르를 맞고 기력을 되찾았다.

> **해설**
> ① 외래어는 외래어 원음을 최대한 고려하여 본래 발음에 가깝게 표기하므로 '캐비닛(cabinet)'은 옳은 표기이다.
> ② 앵콜 → 앙코르, ③ 뱃지 → 배지, ④ 링게르 → 링거

41 다음 외래어 표기가 옳은 것들로 나열된 것은?

㉠ 도너츠	㉡ 콘텐츠
㉢ 내레이션	㉣ 모짜르트
㉤ 모르핀	㉥ 싱가폴

① ㉠, ㉡, ㉥
② ㉡, ㉢, ㉥
③ ㉡, ㉢, ㉤
④ ㉢, ㉣, ㉤

해설
③ 영어의 경우 전통적으로 써 온 것들은 영국식 발음을 기준으로 하기 때문에 '콘텐츠'는 옳은 표기이다. 또 'narration[næreˊiʃən]'으로 발음되는 것을 고려해 '내레이션', 'r'은 자음 앞에서는 '르'로 표기하므로 '모르핀(morphine[mɔːrfiːn])'으로 표기해야 한다.
㉠ 도너츠 → 도넛
㉣ 모짜르트 → 모차르트
㉥ 싱가폴 → 싱가포르

42 다음 중 로마자 표기가 바른 것은?

① 강원도 – Kangwon-do
② 경상북도 – Gyungsangbuk-do
③ 충청남도 – Chungcheongnam-do
④ 전라북도 – Jeonlabuk-do

해설
① 첫음절 'ㄱ'은 모음 앞에서는 'g'로 표기해야 하므로, 'Gangwon-do'가 옳은 표기이다. → 로마자 표기법 제2장 제2항
② '경'의 'ㅕ'는 'yeo'이므로 'Gyeongsangbuk-do'로 표기해야 한다.
④ 로마자는 국어의 표준 발음법에 따라 적어야 하므로 [절라북도]로 발음되는 것을 고려해 'Jeollabuk-do'로 쓴다.

43 다음 로마자 표기가 바르지 않은 것은?

① 속리산 – Soklisan
② 종묘 – Jongmyo
③ 낙동강 – Nakdonggang
④ 종로 – Jongno

해설
① 속리산은 [송니산]으로 발음되므로 'Songnisan'으로 표기해야 한다.
③ 된소리는 표기에 반영하지 않는다.
④ [종노]로 발음된다.

현대문법

01 | 총론

01 언어의 특성과 거리가 먼 것은?
① 사회성　　　　　　　　② 체계성
③ 연속성　　　　　　　　④ 자의성

해설
언어의 특성
- 언어의 기호성 : 일정한 내용[시니피에(Signifie)]을 일정한 언어형식[시니피앙(Signifiant)]에 담은 연합된 기호
- 언어의 자의성 : 언어의 형식(음성, 문자)과 내용(의미) 사이에는 필연적인 관계가 없다.

　예　나무(의미) ⟶ 나무[namu]　한국어
　　　　　　　↑　tree[tri :]　영어(음성)
　　　　　　　　　木[mu]　중국어
　　　임의적 관계

- 언어의 사회성 : 언어는 개인이 마음대로 바꿀 수 없는 사회적 약속이다[언어의 불역성(不易性)].
- 언어의 역사성 : 언어는 시대에 따라 신생·성장·사멸하는 가역성(可易性)을 가진다.
  - 신생 : 컴퓨터, 지하철, 신도시, 총알 택시
  - 사멸 : 강[江], 온[百], 즈믄[千], 슈룹[우산], 나조[저녁], …
- 언어의 체계성 : 언어는 일정한 구조와 규칙과 체계를 이루어 서로 유기적인 관계를 맺고 있다[유기성(有機性)].
- 언어의 불연속성 : 현실 세계의 사물은 연속적이지만, 그것을 표현하는 언어는 불연속적이다.
  　예　무지개(나눌 수 없는 자연 현상) - [현실 세계] → (빨강, 주황, 노랑, …) - [언어의 세계]
- 언어의 창조성 : 언어는 신생·성장·사멸의 과정을 거쳐 언제나 새로운 말의 창조가 이루어진다.
- 언어의 객관성 : 사회성+역사성

02 뻐꾹새 소리를 '뻐꾹뻐꾹'이라고 쓰는 것은 언어의 어떤 성격을 말함인가?
① 자의성(恣意性)　　　　② 필연성
③ 창조성　　　　　　　　④ 형식성(形式性)

해설
② 언어기호는 대부분 자의적 성격을 띠지만, 어느 정도 자연성과 유연성을 갖추고 있는 것들이 있다. 의성어는 필연적인 기호이다.

03 "사람은 언어로써 자기의 사상과 감정을 전달한다."는 글의 주제는?

① 언어의 기원 ② 언어의 감정
③ 언어의 효과 ④ 언어의 기능

> **해설**
> **언어의 기능**
> • 정서적 기능 : 감정이나 태도를 표현하거나 자극하는 정적인 기능
>   – 표현 기능 : 발화자의 감정과 태도를 나타내는 기능
>   – 미적 기능 : 언어적 작품 자체를 위하여 사용되는 시적 기능
> • 통달적 기능 : 화자가 자기의 생각이나 느낌을 청자에게 알리는 기능
>   – 정보 기능
>   – 지시 기능

04 음성언어와 문자언어의 다른 점을 잘못 말한 것은?

① 음성언어는 말소리로 표시되고, 문자언어는 부호로 표시된다.
② 음성언어는 환경에 따라 기능을 발휘하지 못하나, 문자언어는 환경의 제약을 받지 않는다.
③ 음성언어는 청각을 통하여 전달되고, 문자언어는 시각을 통하여 전달된다.
④ 음성언어는 공간적·시간적 제약을 받으나, 문자언어는 그렇지 않다.

> **해설**
> **음성언어와 문자언어**
>
> | 구분 | 음성언어(1차적 언어) | 문자언어(2차적 언어) |
> | --- | --- | --- |
> | 시간성 | 오래 보존할 수 없다. | 오래 보존할 수 있다. |
> | 공간성 | 멀리 전달할 수 없다. | 멀리 전달할 수 있다. |
> | 직접성 | 직접 문답할 수 있다. | 직접 문답할 수 없다. |

05 다음에서 우랄·알타이어의 공통적인 특징에 들지 않는 것은?

① 모음조화 현상이 있다.
② 두음 법칙과 끝소리법칙이 있다.
③ 말의 형태로 보아 첨가어(부착어)에 해당한다.
④ 주어–서술어–목적어의 어순을 갖는다.

> **해설**
> ④ 우랄·알타이어의 어순은 주어–목적어–서술어의 순이다.
>
> **알타이 어족의 특징**
> • 모음조화 현상
> • 두음 법칙
> • 끝소리법칙
> • 단어의 성 구별이나, 관사·관계대명사가 없다.
> • 주어+목적어+서술어의 순서가 원칙으로, 수식어는 피수식어 앞에 온다.

정답 01 ③ 02 ② 03 ④ 04 ② 05 ④

06 다음 중 국어의 특징과 관계없는 것은?

① 모음조화 현상이 있다.
② 두음 법칙이 있다.
③ 문법적 기능은 조사와 어미에 의해 나타난다.
④ 수식어가 피수식어 뒤에 놓인다.

> **해설**
> **국어의 특징**
> • 국어에서 수식어는 피수식어 앞에 놓인다.
> • 국어에서 대부분의 문법적 기능을 담당하는 요소는 조사와 어미로, 문법적 활용범위가 넓다.
> • 15세기 국어에서는 모음조화가 엄격히 지켜졌으나, 음의 소실, 한자어와의 혼용 등으로 현대에 와서 많이 완화되어 의성어, 의태어, 용언의 활용 등에서 부분적으로 지켜지고 있다.

07 형태소의 결합 유형에 따라 언어를 굴절어, 교착어, 고립어 등으로 나눈다. 한국어는 교착어에 포함되는데 교착어의 가장 큰 특징은 무엇인가?

① 어형 변화가 없다.
② 접사를 이용하여 새로운 단어를 만들 수 있다.
③ 하나의 형태에 여러 형태소가 응결되어 있다.
④ 조사나 접사 따위를 붙여 문법적 관계를 나타낸다.

> **해설**
> **언어의 형태상 갈래**
>
> | 구분 | 문법적 관계표시 | 보기 |
> | --- | --- | --- |
> | 첨가어 | 조사(助詞)와 어미의 첨가 | 한국어, 알타이어, 우랄어, 말레이어 등 |
> | 굴절어 | 어형(語形)의 변화(굴절) | 독일어, 프랑스어 등 인도-유럽어족 |
> | 고립어 | 어순의 변화 | 중국어 |
> | 포합어 | 단어가 문장으로 쓰임 | 아메리카, 인디언어, 에스키모어 |

08 동사가 중심이 되고 그 앞뒤에 인칭(人稱)을 나타내는 형태부들과 보어에 해당되는 말들이 결합되어 한 문장처럼 된 말은?

① 고립어　　　　　　　　② 첨가어
③ 굴절어　　　　　　　　④ 포합어

해설

언어의 형태상 분류

갈래	특징	해당 언어
고립어 (독립어, 위치어)	문법적 관계를 보이는 형태소가 없고, 말이 차지하는 문장 속의 위치로 그 말의 문법적 관계가 결정되는 언어	중국어, 인도-차이나 어족
첨가어 (교착어, 부착어)	조사, 어미, 접사 따위의 허사가 실사에 붙어 그 말의 문법적 관계를 보이는 언어	터키어, 한국어, 우랄알타이 어족, 오스트레일리아 어족, 드라비다 어족, 말라야-폴리네시아 어족
굴절어 (곡절어, 곡미어)	실사와 허사가 하나로 녹아 엉기었거나 아주 밀접한 관계에 있으면서 어형의 굴절로 문법적 관계를 나타내는 언어	인도-게르만 어족, 햄-셈 어족
포합어	한 음성의 연결단어(Combining Unit) 안에 여러 성분들이 포함되는 언어. 語와 文의 구별이 거의 없는 음성연결체	아이누어, 멕시코어, 바스크어
집합어	문장 성분들이 포합어의 경우보다 더 강하게 집합성, 종합성을 띠어 완전한 한 문장을 이루는 언어	남북아메리카 인디언의 말, 아프리카 어족, 에스키모어, 아즈텍어

09 국어의 명칭변천 과정이 바르게 된 것은?

① 훈민정음 - 정음(正音) - 언문 - 국문 - 한글
② 훈민정음 - 언문 - 정음 - 국문 - 한글
③ 훈민정음 - 정음 - 언문(諺文) - 한글 - 국문
④ 훈민정음 - 언문 - 정음 - 한글 - 국문(國文)

해설

한글 명칭의 변동
- 훈민정음 : '백성을 가르치는 올바른 소리'란 뜻으로 최초의 명칭이며 줄여서 '정음'이라 한다.
- 언문 : 훈민정음 창제 당시부터 개화기까지 한문을 '진서'라 부르는 데 대하여 우리글을 낮추어 부르던 이름이다.
- 반절 : 최세진의 〈훈몽자회〉에서 비롯된 명칭으로 한글을 한자의 음과 훈을 적는 발음기호 정도로 인식한 데서 나온 이름이다.
- 국서 : 김만중의 〈서포만필〉에서 처음 보이며, 숙종 말엽까지 쓰였다.
- 국문 : 갑오경장 이후 국어의 존엄성을 자각하기 시작한 후부터 쓰인 이름이다.
- 한글 : 주시경이 처음으로 명명한 이래 오늘날까지 사용되는 이름으로 '위대한 글, 하나의 글, 한민족의 글'이란 뜻이다.
- 기타 : '가갸글, 기역니은, 암클, 조선어, 언서, 언자' 등으로 불리기도 했는데, 이는 우리글을 자각하기 이전에 낮추어 부르던 이름이다.

10 훈민정음 반포 당시의 자모 수는?

① 자음-14, 모음-10
② 자음-19, 모음-21
③ 자음-23, 모음-11
④ 자음-17, 모음-11

> **해설**
> ④ 세종 28년(1446)에 반포된 훈민정음의 글자 수는 28자였으며, '훈민정음 해례본'의 예의에서는 초성 17자와 중성 11자를 일정한 순서대로 배열하였다.

11 다음 중 국어 순화의 대상이 되는 말은?

① 호랑이가 <u>아가리</u>를 떡 벌렸다.
② 고사에는 돼지 <u>대가리</u>를 놓곤 한다.
③ 그는 직장에서 <u>모가지</u>가 떨어졌다.
④ <u>주둥이</u>가 넓은 병을 사 오너라.

> **해설**
> ① 아가리 : '짐승의 입'을 일컬을 때는 비어가 아니다.
> ② 대가리 : '짐승의 머리'를 일컬을 때는 비어가 아니다.
> ④ 주둥이 : '병의 입'을 일컬을 때는 비어가 아니다.

02 | 형태론

01 조사(助詞)는 어떤 형태소인가?

① 실질·자립 형태소
② 실질·의존 형태소
③ 형식·자립 형태소
④ 형식·의존 형태소

> **해설**
> **형태소의 종류**
> • 자립 형태소 : 체언, 수식언, 감탄사
> • 의존 형태소 : 어말 어미, 조사, 접사, 용언의 어간, 선어말 어미
> • 실질 형태소 : 체언, 수식언, 감탄사, 용언의 어간
> • 형식 형태소 : 어말 어미, 조사, 접사, 선어말 어미

02 '앵두꽃이 핀 울타리 밑에서 삽살개가 졸고 있다.'의 문장은 몇 개의 단어로 구성되어 있는가?
① 10 ② 8
③ 15 ④ 7

해설
① 앵두꽃/이/핀/울타리/밑/에서/삽살개/가/졸고/있다.

03 다음 문장에는 '한 어절이 그대로 한 단어가 되는 말'이 몇 개가 들어 있는가?

> 바람은 달과 달라 변덕 많은 믿지 못할 친구이다.

① 3개 ② 4개
③ 5개 ④ 6개

해설
③ /달라/, /변덕/, /많은/, /믿지/, /못할/

04 품사분류의 기준이 되는 것만으로 바르게 나열된 것은?
① 단어・형태・장단 ② 기능・명칭・구성
③ 용도・의미・명칭 ④ 의미・형태・기능

해설
④ 국어의 품사는 문장 안에서 단어가 담당하는 기능, 단어의 형태, 단어가 나타내는 의미, 이 3가지를 기준으로 하여 나눈다.

05 밑줄 친 부분 중 그것이 가리키는 대상이 가장 분명한 것은?
① 그 책은 제 책 중 <u>하나</u>이다.
② 철수는 어제 <u>여기</u>에서 지냈다.
③ <u>우리</u>는 언제나 최선을 다하고 있다.
④ <u>누구</u>든지 배우고 싶으면 와라.

해설
②・③・④는 가리키는 대상이 명시되어 있지 않은데, ①은 가리키는 대상이 '책'으로 분명히 명시되어 있다.

정답 10 ④ 11 ③ / 01 ④ 02 ① 03 ③ 04 ④ 05 ①

06 밑줄 친 '우리'의 쓰임이 다른 하나는?

① <u>우리</u>는 너희들과 의견을 같이할 수 없다.
② <u>우리</u> 모두 힘을 모읍시다.
③ 순이야, <u>우리</u>는 소풍 간다.
④ <u>우리</u>가 자랄 때는 보릿고개가 힘들었다.

해설
①·③·④의 '우리'에는 듣는 이가 제외되어 있다.

07 다음의 밑줄 친 말 가운데 수사(數詞)로 쓰인 것은?

① <u>하루</u>가 멀다 하고 찾아다녔다.
② 나는 너를 <u>두</u> 번째 방문하였다.
③ 우리는 <u>둘</u>이 가고, 너희는 셋이 갔다.
④ <u>한</u> 학생이 나에게 찾아왔다.

해설
수사
사물의 수량이나 순서를 가리키는 말
• 양수사 : 수량을 나타내는 수사로, '둘, 셋, 다섯, 이, 삼, 오' 등이 있다.
• 서수사 : 순서를 나타내는 수사로, '첫째, 둘째, 제일, 제이' 등이 있다.

08 다음 밑줄 친 조사 중 내용상 성격이 다른 하나는?

① 아버지<u>께서</u> 신문을 보신다.
② 그는 사람<u>이</u> 아니다.
③ 우리 학교<u>에서</u> 우승했다.
④ 아! 나<u>의</u> 끝없는 사랑하는 조선 민족아!

해설
② 보격 조사
① 높임의 주격 조사
③ 단체 주격 조사
④ 의미상 주격 조사

09 다음 중 조사 '로서'와 '로써'의 쓰임이 잘못된 것은?

① 우리 민족은 쌀<u>로써</u> 주식을 삼는다.
② 우리 국민은 국민<u>으로서</u>의 직분을 다해야 한다.
③ 우리 모든 국민은 죽음<u>으로서</u> 나라를 지키자.
④ 그것이 한국 학생<u>으로서</u> 할 짓이냐.

> **해설**
> **로서와 로써의 차이**
> • ~로서(자격격) : 사람 아래 신분, 자격을 나타낸다.
> • ~로써(기구격) : 도구, 기구, 수단, 이유 등을 나타낸다.

10 다음에서 '안' 부정문만이 이룰 수 있는 용언은?

① 견디다　　　　　　　　② 보다
③ 알다　　　　　　　　　④ 슬프다

> **해설**
> ④ 형용사로서 '못' 부정문에 쓰이지 않는다.
> ①·③ '못' 부정문만 가능하다.
> ② 동사로서 '안' 부정문과 '못' 부정문 모두 가능하다.

11 다음 중 명령문(命令文)으로 바꾸어 쓸 수 없는 것은?

① 철수가 집에 간다.　　　② 나뭇잎이 하늘거린다.
③ 밥을 먹는다.　　　　　　④ 공부하지 않는다.

> **해설**
> ② 자연물의 움직임인 작용동사는 명령문, 청유문에 쓰일 수 없다.

12 다음 글은 문법과 의미 면에서 잘못된 문장이다. 이를 알맞은 낱말을 넣어 가장 바르게 고친 것은?

> 우리는 노래와 춤을 추었다.

① 우리는 노래를 부르고, 춤을 추었다.
② 우리는 노래와 춤을 추고 불렀다.
③ 우리는 노래 및 춤을 추었다.
④ 우리는 노래를, 춤을 부르고 추었다.

> **해설**
> ① '추다'는 '노래'와 어울리지 않는 용언이다. '노래'라는 체언은 용언인 '부르다'를 취하여야 한다.

정답 06 ② 07 ③ 08 ② 09 ③ 10 ④ 11 ② 12 ①

13 명령문이나 청유문에 올 수 없는 연결 어미는?

① -고 ② -아서/-어서
③ -니(까) ④ -도록

해설
② '-아서/-어서'는 이유를 나타내는 연결 어미
  예 배가 고파서 밥을 먹어라.(×)
    배가 고파서 밥을 먹자.(×)

14 불규칙 용언의 예를 잘못 든 것은?

① 'ㅎ' : 파랗다, 노란, 하얀, 까맣다
② 'ㅅ' : 낫다, 이은, 짓다, 저어서, 솟다
③ 'ㅂ' : 굽다, 누워서, 가벼운, 아름다워
④ '여' : 깨끗한, 착하다, 부지런해서, 공부하다

해설
② '솟다'는 규칙 동사이다.

15 다음 밑줄 친 부분 중 성격이 다른 하나는?

① 먹어 보다 ② 웃어 보다
③ 울어 버리다 ④ 벗어 걸다

해설
①·②·③ 보조적 연결 어미
④ 대등적 연결 어미

16 다음에서 주어(主語)가 1인칭일 때 사용될 수 없는 형태소는?

① 미래의 '-겠-' ② 과거의 '-었-'
③ 현재의 '-는-' ④ 회상의 '-더-'

해설
④ 철수는 어제 집에서 공부하더라.(○)
  나는 어제 집에서 공부하더라.(×)

17 "새 시대, 새 역사"에 쓰인 '새'의 품사(品詞)는?

① 명사　　　　　　　　　② 관형사
③ 형용사　　　　　　　　④ 조사

해설
② '새 옷, 순 매출액, 맨 먼저' 등의 '새, 순, 맨' 등은 관형사이다.

18 다음 중 밑줄 그은 말이 부사가 아닌 것은?

① 밥은 <u>고사하고</u> 죽도 먹기 힘들다.
② 네가 한 일은 <u>비교적</u> 잘 되었다.
③ <u>스스로가</u> 해결할 수 있어야 한다.
④ <u>기껏해야</u> 십 리밖에 더 갔을까?

해설
①·②·④ '기껏해야, 고사하고, 불구하고, 가급적, 내지, …' 등은 이미 부사로 굳어진 말이다.

19 다음에서 독립성이 강한 품사는?

① 명사　　　　　　　　　② 대명사
③ 감탄사　　　　　　　　④ 동사

해설
③ 감탄사는 독립적으로 쓰이며 다른 성분과의 관계가 적다. 각 품사의 자립성의 정도는 감탄사＞체언＞부사＞관형사의 순이다.

20 다음 중 문장의 접속어(接續語)가 바르게 짝지어지지 않은 것은?

① 순접관계 – 그러므로
② 병렬관계 – 말하자면
③ 역접관계 – 그러나
④ 첨가관계 – 더욱이

해설
② 병렬관계 : 또는, 혹은, 그리고, 및, 한편

정답　13 ②　14 ②　15 ④　16 ④　17 ②　18 ③　19 ③　20 ②

21 다음 중 2가지 품사의 기능을 갖지 않는 단어는?

① 처럼
② 같이
③ 보다
④ 만큼

> **해설**
> ① '처럼'은 '~과 같이', '~모양으로'를 뜻하는 비교격 조사이다.
> ② 바보같이 정신을 잃었다.(조사)
>   나랑 같이 가자.(부사)
> ③ 보다 아름다운 마음(부사)
>   너보다 예쁘다.(조사)
> ④ 너만큼 바보도 없다.(조사)
>   사랑한 만큼(의존 명사)

22 다음에서 타동사가 쓰인 문장(文章)은?

① 드디어 고대하던 봄이 왔구나.
② 네가 벌써 대학생이 되었구나.
③ 오늘은 등산하기에 좋지 않군요.
④ 타고 남은 재가 다시 기름이 됩니다.

> **해설**
> ① 목적어를 취하는 동사가 타동사이다. '고대하던'의 목적어는 '봄'이다.

23 "나 보기가 역겨워 / 가실 때에는"에서 밑줄 친 '보기'와 다음 중 품사가 같은 것은?

① 보기 중에서 골라라.
② 고개를 넘어 간다.
③ 사뿐히 즈려 밟고
④ 닐라와 시름 한 나도

> **해설**
> ① 명사, ② 동사, ③ 부사, ④ 형용사

24 낱말은 그 짜임새로 보아 단순어(單純語), 파생어(派生語), 합성어(合成語)의 3가지 종류가 있다. 다음에서 파생어로만 짝지어진 것은?

① 숫처녀, 늙다리, 맨손
② 맨손, 부삽, 치솟다
③ 갓스물, 초하루, 부삽
④ 덧신, 애당초, 돌아가다

> **해설**
> • 파생어 : 숫처녀, 늙다리, 맨손, 치솟다, 초하루, 덧신, 애당초
> • 합성어 : 들꽃, 부삽, 돌아가다
>
> **단일어와 복합어**
> • 단일어 : 단일 형태소로 이루어진 단어 예 집, 떡, 사랑, 노래, 먹었다, 울다, 몹시, 매우
> • 복합어
> – 파생어 : 실질 형태소에 형식 형태소가 붙은 말(어근＋접사 또는 접사＋어근) 예 맨손, 들볶다, 시퍼렇다, 선생님, 사랑하다
> – 합성어 : 2개의 실질 형태소로 이루어진 말(어근＋어근) 예 해돋이, 새해, 큰형, 길짐승, 손쉽다

25 '무덤'을 '묻엄'으로 쓸 수 없는 이유는?

① '묻엄'과 '묻다'와는 어원이 다르기 때문에
② '엄'이라는 말조각이 어간에 두루 붙는 일반성이 없기 때문에
③ '묻'이라는 어간은 있을 수 없기 때문에
④ '물음'과 혼동을 피하기 위해서

> **해설**
> ② 어간＋접미사에서 다른 품사로 바뀐 것 중 '주검, 너머, 마개, 무덤, 귀머거리' 등은 그 어간의 원형을 밝혀 적지 않는다.

26 다음 첩어 중 의성어(擬聲語)도 의태어(擬態語)도 아닌 것은?

① 알쏭달쏭   ② 뭉게뭉게
③ 어슬렁어슬렁   ④ 딸랑딸랑

> **해설**
> ① '알쏭'은 형용사인 '아리송하다'가 어원이다.
> ②·③ 의태어, ④ 의성어

27 다음 단어 중에서 합성어(合成語)는?

① 먹이 ② 사람
③ 덮개 ④ 달걀

> **해설**
> ④ 달걀 : '닭의 알'이므로, 둘 이상의 실질 형태소가 결합된 합성어이다.
> ①·③ 파생어(파생 명사 : 동사 → 명사)
> ② 단일어

03 | 통사론

01 "헌 차가 <u>아주 새</u> 차가 되었다."에서 밑줄 친 부분은 무슨 구인가?

① 관형구 ② 서술구
③ 동사구 ④ 명사구

> **해설**
> ④ '아주 새'는 관형구로, 중심 명사 '차'를 수식함으로써 명사구를 이룬다.
> **구(句)**
> 중심이 되는 말과 그것에 부속되는 말들을 한데 묶어서 일컫는 말

02 "마치 사진기가 인물이나 풍경을 <u>촬영하듯이</u>, 문학이 현실을 그대로 묘사하지는 않는다."에서 밑줄 친 부분은?

① 주어절 ② 부사절
③ 목적절 ④ 관형절

> **해설**
> **절(節)**
> 한 문장(안은 문장)의 재료가 된 하나의 온전한 문장(안긴 문장)을 일컫는 말

03 다음 문장의 서술어 중 '두 자리 서술어'가 아닌 것은?

① 노란 개나리가 많이 피었다.
② 힘이 센 철수는 결코 바보가 아니다.
③ 이곳의 기후는 농사에 적합하다.
④ 많은 일꾼들이 큰 바위를 움직인다.

> **해설**
>
> 서술어의 자릿수
> - 한 자리 서술어 : <u>형용사, 자동사</u> → 주어를 요구
>   [예] 예쁜 꽃이 피었다.
> - 두 자리 서술어 : <u>타동사</u> → 주어, 목적어를 요구
>   [예] 청산이 우리를 부른다.
>   - <u>아니다, 되다</u> → 주어, 보어를 요구
>   [예] 내린 눈이 모두 빙판이 되었습니다.
>   - <u>두 자리 동사</u> → 주어, 부사어를 요구
>   [예] 우리는 집으로 향했다.
> - 세 자리 서술어 : <u>수여동사</u> → 주어, 목적어, 부사어를 요구
>   [예] 그가 나에게 꽃을 주었다.

04 다음 문장에서 전체의 목적어를 지적하면 어느 것이 맞는가?

> 오등은 자에 아 조선의 독립국임과 자주민임을 선언하노라.

① 아 조선의 독립국임과 자주민임을
② 조선의 독립국임과 자주민임을
③ 독립국임과 자주민임을
④ 자주민임을

> **해설**
>
> ① 명사절이나 명사구 또는 문장도 목적격 조사가 붙으면 목적어가 될 수 있다.

정답 27 ④ / 01 ④ 02 ② 03 ① 04 ①

05 관형어를 부사어와 비교할 때 다른 점을 설명한 것은?

① 부속 성분이다.
② 단독적으로 사용될 수 없다.
③ 뒤에 나오는 말을 꾸며준다.
④ 몇 개가 겹쳐서 사용될 수 있다.

해설
관형어와 부사어의 차이점
• 관형어
 – 자리를 옮기기 어렵다.
 – 절대로 단독으로 쓰일 수가 없다.
 – 체언만을 꾸민다.
• 부사어
 – 자리를 비교적 쉽게 옮길 수 있다.
 – 문맥이 주어지면 단독으로 쓰일 수 있다.
 – 체언, 용언 또는 부사 자체 및 관형사 등도 꾸밀 수 있다.

06 다음 중 독립어가 아닌 것은?

① 예, 알았습니다.
② 청춘, 이는 듣기만 하여도 가슴이 설레는 말이다.
③ 내일 또는 모레쯤에는 올 거야.
④ 봄이 왔다. 그러나 날씨는 아직도 춥다.

해설
독립어의 성립
• 감탄사
• 체언(유정명사)+호격 조사
• 제시어
• 접속 부사(문장부사에 한함)

07 다음 중 가장 자연스러운 문장은?

① 형은 야구를 좋아했고, 누나의 취미는 탁구였다.
② 날씨가 흐려지더니 비와 바람이 불었다.
③ 모두 자기들 주장만이 옳다라고 우기며 타협하려 하지 않았다.
④ 거리에서 구걸하는 거지에게 너는 살아서 무엇하느냐고 하루 빨리 죽으라고 한다면, 그는 인생을 안다고 말할 수 없다.

> 해설
> ① 대등적으로 이어지는 문장이 서로 다른 구조의 문장으로 되어 있는 경우 어색한 느낌을 준다. → "형은 야구를 좋아했고, 누나는 탁구를 좋아했다."
> ② 서술어 공유의 오류로 어색한 느낌을 준다. → "날씨가 흐려지더니 비가 내리고 바람이 불었다."
> ③ 간접 인용에는 '~는, ~고'를 사용하고, 직접 인용에는 '~라는, ~라고'를 사용한다. → "모두 자기들 주장만이 옳다고 우기며 타협하려 하지 않았다."

08 다음 중 명사구와 거리가 먼 것은?

① <u>새빨간 꽃들이</u> 많이 피어 있다.
② 너는 <u>뛰어난 인물은</u> 아니다.
③ 사람이란 모름지기 <u>위대한 희망을</u> 가지고 살아야 한다.
④ <u>열심히 노력하는</u> 사람만이 언젠가는 성공할 것이다.

> 해설
> ④ 열심히 노력하는(관형어구)
> ① 새빨간 꽃들이(주어구)
> ② 뛰어난 인물은(보어구)
> ③ 위대한 희망을(목적어구)

정답 05 ② 06 ③ 07 ④ 08 ④

09 의문문의 종류가 바르게 제시된 것은?

① 판정 의문문 - 너 무엇 하니.
② 확인 의문문 - 너처럼 착한 애가 또 있을까.
③ 명령 의문문 - 너 공부 좀 해야지.
④ 설명 의문문 - 그것은 눈감아 줄까.

> **해설**
> ① 설명 의문문
> ② 감탄 의문문
> ④ 판정 의문문

10 다음에서 '못' 부정문을 이룰 수 있는 용언은?

① 아프다   ② 깨닫다
③ 앓다   ④ 모르다

> **해설**
> ② '안' 부정문은 주어가 유정명사일 때 주로 주어의 의지를 나타낸다. 따라서 '견디다, 알다, 깨닫다……' 등은 주어의 의지가 작용할 수 없는 말들이기 때문에 '못' 부정문에 쓰인다.

11 다음의 예문은 몇 개의 홑문장으로 나뉘는가?

| 지도를 살펴보면, 우리가 살고 있는 마을은 전라도의 서남쪽 끝에 위치한다. |

① 1개   ② 2개
③ 3개   ④ 4개

> **해설**
> **홑문장**
> 하나의 문장이 구성되기 위해서는 최소한 한 개의 서술어와 그 서술어에 대한 주어가 있어야 하는데, 이러한 주어와 서술어의 관계가 한 번만 맺어져 있는 문장 짜임새를 말한다.
> • <u>(우리가)</u> 지도를 <u>살펴보면</u>
>   주어   서술어
> • <u>우리가</u> <u>살고 있는</u>
>   주어   서술어
> • <u>마을은</u> …… <u>위치한다.</u>
>   주어   서술어

12 '문장 속의 문장'에 해당하지 않는 것은?
① 누군가가 부르짖는 소리가 들린다.
② 아무도 그가 사장임을 믿지 않는다.
③ 저 차는 소리도 없이 굴러가는구나.
④ 서울과 부산에서 사람들이 왔습니다.

> **해설**
> ④ 문장 속의 문장은 문장 속에 다른 홑문장이 성분으로 들어가 있다.
>
> **안기는 문장의 유형**
> • 명사절로 안김 → 철수가 축구에 소질이 있음이 밝혀졌다.
> • 관형절로 안김 → 그분이 노벨상을 타게 되었다는 소문이 있다.
> • 서술절로 안김 → 이 책은 글씨가 너무 잘다.
> • 부사절로 안김 → 산 그림자가 소리도 없이 다가온다.
> • 인용절로 안김 → 나는 철수의 말이 옳다고 생각했다.

13 다음 중 어법에 맞고 표현이 정확한 것은?
① 그녀는 뚱뚱하지만 귀염성이 있다.
② 우리들은 즐거워 노래와 춤을 추었다.
③ 우리는 항상 옳바르게 살아가야 한다.
④ 나에게 중요한 것은 열심히 공부해야 한다.

> **해설**
> ② 서술어 공유의 오류로서 '노래를 부르고, 춤을 추었다'가 옳다.
> ③ 옳바르게 → 올바르게(접두사)
> ④ 주술의 호응 : ~것은 ~것이다. → 열심히 공부해야 한다는 것이다.

14 이어진 문장이 아닌 것은?
① 영희가 예쁜 꽃 한 송이를 주었다.
② 그가 물어보기에 그냥 대답했을 뿐입니다.
③ 눈은 내리지만 갈 길을 가야 해.
④ 이번 대회는 서울과 인천에서 열린다.

> **해설**
> **이어진 문장**
> 2개 이상의 홑문장이 연결 어미에 의해 결합된 것으로 대등하게 이어진 것과 종속적으로 이어진 것이 있다.
> 예 철수는 서울로 갔고, 철호는 부산으로 갔다.(대등적)
>   서리가 내리면 나뭇잎이 빨갛게 물든다.(종속적)
> • 문장의 이어짐 : 두 문장으로 분리할 수 있다.
>   예 서울과 부산은 인구가 많다. - 서울은 인구가 많다. 부산은 인구가 많다.
> • 단어의 이어짐 : 두 문장으로 분리할 수 없다.
>   예 철수와 영철이는 닮았다.

15 다음 중 문장 성분의 호응이 적절하게 이루어진 문장은?

① 네 얼굴은 전에 비해 그다지 좋아 보이는구나.
② 세화는 바야흐로 노래를 불렀다.
③ 이왕 대학에 입학했다 하더라도 열심히 공부하여 끝을 봐야 하지 않겠니?
④ 어머니께서 그 사람만은 안 된다고 하시는 이유를 저는 이해할 수 없습니다.

> **해설**
> ① 네 얼굴은 전에 비해 그다지 좋아 보이지 않는구나.
> ② 세화는 바야흐로 노래를 부르려 한다.
> ③ 이왕 대학에 입학했으니 열심히 공부하여 끝을 봐야 하지 않겠니?

16 다음 문장에 쓰인 '은/는'이 가장 자연스러운 것은?

① 호랑이는 죽어서 가죽을 남기고, 사람은 죽어서 이름을 남긴다.
② 원시 시대부터 인간은 끊임없는 발전을 거듭해 온 것은 우리가 인정해야 하는 사실이다.
③ 개성은 문화를 흡수하여 자기의 숨은 여러 능력을 계발하고 발달시키는 데서 교양은 형성된다.
④ 고속 버스를 타고 우리는 날씨 걱정을 해야 했다. 장마철의 중반에 우리는 여행을 떠났으니 당연하였다.

> **해설**
> ② 인간은 → 인간이
> ③ 개성은 → 개성이
> ④ 장마철의 중반에 우리는 → 장마철의 중반에 우리가

17 다음 문장에서 성분의 겹침으로 인해 생략된 말은?

> 그는 권총을 꺼내더니 경찰에게 주었다.

① 그는
② 권총을
③ 경찰에게
④ 그는, 권총을

해설
④ 우리나라 말은 주어, 목적어 등이 생략되는 일이 많다.

04 | 음운론

01 음성과 음운의 설명으로 잘못된 것은?

① 음성은 개인적이고, 음운은 사회적이다.
② 음성은 수가 많고, 음운은 수가 적다.
③ 음성은 추상적 소리이고, 음운은 구체적 소리이다.
④ 음성은 물리적 소리이고, 음운은 추상적 소리이다.

해설
음성과 음운의 비교

음성	음운
발음기관을 통하여 실제로 발음되는 물리적 소리	머릿속에 기억되어 있는 심리적이고 관념적인 소리
각자의 느낌의 차이로 실제 발음도 달라지는 개별적이고 구체적인 소리	모든 사람이 동일한 음가로 생각하고 있는 보편적이고 추상적인 소리
실제 발음은 문자로 일일이 기록할 수 없이 다양하고 순간적이며 임시적인 소리	문자로 나타낼 수 있도록 그 수가 한정되어 있으며, 역사적이며 전통적인 소리
말의 뜻의 차이를 구별할 수 없는 비변별적인 소리	말의 뜻과 관계가 있어 뜻의 차이를 나타내는 변별적인 소리

02 음운에 대한 올바른 설명은?

① 심리적이며 관념적인 소리
② 실제로 발음되는 구체적인 소리
③ 물리적·개별적인 소리
④ 문자로 일일이 기록할 수 없을 만큼 그 수가 다양한 소리

해설
① 음운은 말의 뜻을 구별해 주는 소리의 단위로서 심리적, 관념적, 추상적이며 변별적인 말소리이다.
②·③·④ 음성에 대한 설명이다.

03 국어의 자음은 무엇을 본떠서 만들었는가?

① 음양오행
② 산·천·초·목
③ 천·지·인
④ 발음기관

해설
오음(五音)
• 아음 : 혀뿌리가 연구개를 막는 모양
• 설음 : 발음할 때 혀끝이 윗잇몸에 닿는 모양
• 순음 : 입술모양
• 치음 : 치아의 모양
• 후음 : 목구멍 모양

04 한글의 자모 명칭으로 바르지 않은 것은?

① ㄱ(기역)
② ㄹ(리을)
③ ㅅ(시옷)
④ ㄸ(쌍디귿)

해설
1933년 '한글 맞춤법 통일안' 이후부터 지금까지의 자모의 명칭
1. 자음 : ㄱ(기역), ㄴ(니은), ㄷ(디귿), ㄹ(리을), ㅁ(미음), ㅂ(비읍), ㅅ(시옷), ㅇ(이응), ㅈ(지읒), ㅊ(치읓), ㅋ(키읔), ㅌ(티읕), ㅍ(피읖), ㅎ(히읗) - 14자
2. 모음 : ㅏ(아), ㅑ(야), ㅓ(어), ㅕ(여), ㅗ(오), ㅛ(요), ㅜ(우), ㅠ(유), ㅡ(으), ㅣ(이) - 10자

05 다음 낱말 중 소리의 장단(長短)이 바르게 구별된 것은?

① 말 : (言), 말(馬)
② 눈 : (眼), 눈(雪)
③ 밤 : (夜), 밤(栗)
④ 성 : 인(成人), 성인(聖人)

해설
소리의 길이

- 가정(家庭) / 가 : 정(假定)
- 말(馬, 斗) / 말 : (言)
- 밤(夜) / 밤 : (栗)
- 솔(松) / 솔 : (옷솔)

- 굴(貝類) / 굴 : (屈)
- 무력(無力) / 무 : 력(武力)
- 배(梨) / 배 : (倍)
- 장(市場) / 장 : (臟)

- 눈(眼) / 눈 : (雪)
- 묻다(埋) / 묻 : 다(問)
- 벌(罰) / 벌 : (蜂)
- 적다(記錄) / 적 : 다(少量)

- 돌(生日) / 돌 : (石)
- 발(足) / 발 : (簾)
- 사신(私信) / 사 : 신(使臣)
- 성인(成人) / 성 : 인(聖人)

06 다음 중 구개음화(口蓋音化)에 대해 잘못 말한 것은?

① 동화를 일으키는 것은 'ㅣ'나 반모음 'ㅣ'다.
② 모음의 영향을 받아 자음이 변한다.
③ 역행 동화이며 불완전 동화이다.
④ 맞춤법으로는 음운 변화 후의 형태를 적는다.

해설
구개음화
끝소리가 'ㄷ, ㅌ'인 형태소가 'ㅣ'나 반모음 'ㅣ'로 시작되는 형식 형태소와 만나서 구개음 'ㅈ, ㅊ'으로 발음되는 현상이다.
표준 발음으로 인정되는 구개음화
ㄷ, ㅌ + 이 → ㅈ, ㅊ[해돋이(해도지), 같이(가치)]
방언에서의 구개음화
- ㄱ → ㅈ : 길 → 질
- ㄲ → ㅉ : 끼다 → 찌다
- ㅋ → ㅊ : 키 → 치
- ㅎ → ㅅ : 힘 → 심, 형님 → 셩님 → 성님

정답 02 ① 03 ④ 04 ① 05 ① 06 ④

07 밑줄 친 글자 중에서 반드시 두음 법칙(頭音 法則)에 따라 적어야 할 것은?

① 신<u>립</u>(사람 이름)
② 대한교<u>련</u>('대한교육연합회'의 준말)
③ 연<u>리</u>율(年利率)
④ 광한<u>루</u>(廣寒樓)

해설

③ 접두사처럼 쓰이는 한자가 붙어서 된 말이나 합성어에서, 뒷말의 첫소리가 'ㄴ' 또는 'ㄹ' 소리로 나더라도 두음 법칙에 따라 적는다. → 한글 맞춤법 제11항 붙임 4
① 외자로 된 이름을 성에 붙여 쓸 경우에도 본음대로 적을 수 있다. → 한글 맞춤법 제11항 붙임 2
② 준말에서 본음으로 소리 나는 것은 본음대로 적는다. → 한글 맞춤법 제11항 붙임 3
④ 한자음 '랴, 례, 료, 뢰, 루, 르'가 단어의 첫머리에 올 적에는, 두음 법칙에 따라 '나, 내, 노, 뇌, 누, 느'로 적는다. 단어의 첫머리 이외의 경우에는 본음대로 적는다. → 한글 맞춤법 제12항 붙임 1

08 다음 중 'ㅣ'모음동화(母音同化)가 아닌 것은?

① 깨우다   ② 애기
③ 손잽이   ④ 에미

해설

모음동화
모음 'ㅏ, ㅓ, ㅗ, ㅜ'가 전설 모음 'ㅣ'를 만나 'ㅐ, ㅔ, ㅚ, ㅟ'로 변하는 현상이다. 이러한 발음은 아주 변하여 굳어진 말(새끼, 재미, 새기다, 내리다…)을 제외하고는 표준 발음으로 인정하지 않으므로 모두 원형대로 쓰고 읽어야 한다.

09 사이시옷 표기가 틀린 것은?

① 곳간(庫間)   ② 셋방(貰房)
③ 찻간(車間)   ④ 갓법(加法)

해설

④ 현행 맞춤법 규정상, 두 음절로 된 한자어 중에서는 다음 6개의 단어에만 사잇소리를 인정한다.
→ 곳간(庫間), 찻간(車間), 셋방(貰房), 툇간(退間), 숫자(數字), 횟수(回數)

10 '값있는'을 소리 나는 대로 표기하면?

① 갑싣는   ② 갑인는
③ 가빈는   ④ 가비슨

해설

③ 값있는 → 갑인는 → 가빈는

11 다음 중 공통된 음운 현상이 일어나지 않는 것은?

① 진리(眞理)　　　　② 희로애락(喜怒哀樂)
③ 한아름　　　　　　④ 곤란(困難)

> **해설**
> ① '진리'가 '질리'로 소리 나는 것은 두 자음이 이어 소리 날 때 앞의 자음이 뒤의 자음을 닮아 소리 나는 현상으로 역행 동화이다.
> ②·③·④ 활음조 현상

05 | 의미론

01 주어진 한 쌍(雙)의 단어가 어떤 관계의 예인지 밝혀 보았다. 잘못된 것은?

① 크다 : 작다 → 반의 관계
② 배(腹) : 배(梨) → 이의 관계
③ 꽃 : 진달래 → 하의 관계
④ 백반 : 식사 → 동의 관계

> **해설**
> ④ '백반(白飯)'의 동의어는 '흰밥'이다.

02 다음 괄호 안에 알맞은 단어는?

| 용기 : 투사 = 지혜 : ( ) |

① 철학자　　　　　　② 소설가
③ 조련사　　　　　　④ 점술가

> **해설**
> ② 소설가 - 상상력
> ③ 조련사 - 기술
> ④ 점술가 - 예언

정답　07 ③　08 ①　09 ④　10 ③　11 ① / 01 ④　02 ①

03 다음 밑줄 친 부분의 뜻과 같이 쓰인 것은?

> 이 가구는 많은 사람의 <u>손</u>을 거쳐 이루어졌다.

① 사기꾼의 손에 놀아나다.
② 농사철에는 손이 부족하다.
③ 집안의 운명은 나의 손에 달려 있다.
④ 일제의 손에 빼앗겨 국권을 잃은 지 36년!

> [해설]
> ② '노동력'의 뜻
> ① '농간'의 뜻
> ③ '능력'의 뜻
> ④ '세력'의 뜻

04 다음 중 밑줄 친 단어의 쓰임이 적절하지 않은 것은?

① 그는 <u>서슴지</u> 않고 들어왔다.
② 오늘 일은 <u>반드시</u> 오늘 한다.
③ <u>모름지기</u> 국산품을 써야 한다.
④ 너는 행동을 <u>삼가하고</u> 입을 조심하라.

> [해설]
> ④ 삼가하고 → 삼가고, 기본형이 '삼가다'이기 때문이다.

05 다음 중 의미가 2가지 이상으로 해석될 수 있는 문장은?

① 이것이 우리 아버지께서 그리신 그림이다.
② 정식이는 자기의 차에 영호를 태웠다.
③ 모든 국민은 집회의 자유를 가진다.
④ 초대받은 손님이 모두 오지 않았다.

> [해설]
> ④ 초대받은 손님 중 몇 사람만 오고 일부는 아직 오지 않았다.
>   초대받은 모든 손님이 오지 않았다(그래서 아무도 없다).

CHAPTER 06 고전문법

01 언어는 끊임없이 변화하는 성질을 지니고 있는데 이를 지칭하는 말은?

① 자의성
② 사회성
③ 역사성
④ 기호성

> **해설**
> ① 언어의 내용과 형식은 임의로 결합한다.
> ② 언어는 그것을 사용하는 사람들[언중(言衆)] 사이의 약속이다.
> ④ 언어는 음성과 의미로 이루어진 일종의 기호이다.

02 우리 조상들이 우리말을 표기하는 데 한자를 빌려 쓰게 된 배경과 거리가 먼 것은?

① 삼국이 한자를 통치의 수단으로 사용했다.
② 우리말을 표기하고자 하는 노력이 계속되고 있었다.
③ 고대에는 우리말을 기록하는 글자 체계가 없었다.
④ 효율적인 의사 전달을 위해 한자의 표의적인 기능이 필요했다.

> **해설**
> ④ 외래 문자인 한자를 통해 우리말의 소리를 효율적으로 표기하기는 어렵기 때문에 음차와 훈차를 병용한 것이다.

03 훈민정음의 자음과 모음의 기본자의 제자원리를 말한 것으로 옳은 것은?

① 가획
② 합성
③ 상형
④ 음절 합자

> **해설**
> ③ 자음은 발음기관을 상형(象形)하고, 모음은 천(天), 지(地), 인(人)을 상형(象形)하였다.

정답 03 ② 04 ④ 05 ④ / 01 ③ 02 ④ 03 ③

04 훈민정음의 기본글자 중 불청불탁음이 아닌 것은?

① ㄱ ② ㅇ
③ ㅿ ④ ㅁ

해설
① 불청불탁음은 울림소리로서 'ㄴ, ㄹ, ㅁ, ㅇ, ㅿ, ㆁ'이다.

05 훈민정음의 자음의 기본자만으로 된 것은?

① ㄱ, ㄷ, ㅂ, ㅅ, ㅇ ② ㄱ, ㄴ, ㅁ, ㅅ, ㅇ
③ ㄱ, ㄴ, ㅂ, ㅈ, ㅇ ④ ㄱ, ㄴ, ㅂ, ㅅ, ㅇ

해설
훈민정음의 자음
- 기본자 : ㄱ, ㄴ, ㅁ, ㅅ, ㅇ
- 가획자 : ㅋ, ㄷ, ㅌ, ㅂ, ㅍ, ㅈ, ㅊ, ㆆ, ㅎ
- 이체자 : ㆁ, ㄹ, ㅿ

06 「훈민정음 예의」의 '어지(御旨)' 부분에 나타난 3가지 정신과 관계없는 것은?

① 자주 ② 애민
③ 실용 ④ 애국

해설
④ 「훈민정음」의 '어지(御旨)'에서 창제 목적을 자주, 애민, 실용이라고 밝혔다.

07 훈민정음 28자에 속하지 않는 것은?

① ㆁ ② ㅿ
③ ㅸ ④ ㆆ

해설
훈민정음 28자
- 초성(17자) : ㄱ, ㅋ, ㆁ / ㄴ, ㄷ, ㅌ, ㄹ / ㅁ, ㅂ, ㅍ / ㅅ, ㅈ, ㅊ, ㅿ / ㅇ, ㆆ, ㅎ
- 중성(11자) : ㆍ, ㅡ, ㅣ / ㅗ, ㅏ, ㅜ, ㅓ / ㅛ, ㅑ, ㅠ, ㅕ

08 훈민정음의 해례본(解例本)의 체제 중에서 해례(解例) 부분에 해당하는 것은?

① 어지(御旨)   ② 음가(音價)
③ 용자례(用字例)   ④ 성음법(聲音法)

해설
③ 어지(御旨), 음가(音價), 성음법(聲音法)은 예의(例義) 부분에 해당한다.

해례의 구성
제자해, 초성해, 중성해, 종성해, 합자해, 용자례

09 자음에 모음을 붙여 써서 한 음절이 되게 하는 것은?

① 부서(附書)   ② 병서(竝書)
③ 연서(連書)   ④ 연철(連綴)

해설
① 자음에 모음을 붙여 쓰는 방법 예 ᄀ롬
② 옆으로 나란히 쓰기
③ 밑으로 이어서 쓰기
④ 이어적기

10 훈민정음은 초성 17자, 중성 11자 모두 28자였으나, 오늘날은 초성 14자, 중성 10자 모두 24자이다. 없어진 글자의 시대 순으로 알맞은 것은?

① ᅘ → ㆁ → ㅿ → ㆍ   ② ㆍ → ᅘ → ㅿ → ㆁ
③ ㆍ → ㅿ → ᅘ → ㆁ   ④ ᅘ → ㅿ → ㆁ → ㆍ

해설
소실 문자의 소멸 시기
- ᅘ : 15세기 중엽
- ㅿ : 16세기 중엽
- ㆁ : 16세기 말
- ㆍ : 18세기 초

11 다음 옛 글자 중에서 글자 모양만 변했고 음가는 그대로 있는 것은 어느 것인가?

① ㅸ   ② ᅘ
③ ㅿ   ④ ㆁ

해설
④ 옛이응(ㆁ)은 현대어의 'ㅇ'으로 글자의 모양만 바뀌고 그 음가는 그대로 남아 있다.

정답 04 ① 05 ② 06 ④ 07 ③ 08 ③ 09 ① 10 ④ 11 ④

12 '믈>물, 블>불, 플>풀'로 되는 음운 현상은?

① 전설모음화　　　　　② 원순모음화
③ 구개음화　　　　　　④ 민간어원설

> **해설**
> ② 원순모음화는 순음 밑의 'ㅡ'가 설음이나 치음 위에서 'ㅜ'로 변하는 현상이다.

13 다음 고어(古語)의 풀이가 틀린 것은?

① 어엿브다>불쌍하다
② 나조히>낮에
③ 온>百
④ 졈다>어리다

> **해설**
> ② 나조ㅎ[夕] + 익(특수처소격 조사) : 저녁에

14 중세 국어(15세기)에서 두음 법칙에 해당하지 않는 음운은?

① ㅿ　　　　　　　　② ㅸ
③ ㄹ　　　　　　　　④ ㄴ

> **해설**
> • 중세 국어 : ㆁ, ㅸ, ㅿ, ㄹ
> • 현대 국어 : ㄴ, 겹자음

15 다음 고어(古語)의 뜻에 해당하는 한자가 잘못된 것은?

① 쇼[牛]　　　　　　② 물[言]
③ 둏다[好]　　　　　④ 여름[實]

> **해설**
> ② 물[馬], 말[言]

16 다음에서 말하고 있는 받침 법칙의 예가 보이지 않는 것은?

> 세종대왕 때 만들어진 용비어천가나 월인천강지곡에는 그 낱말이 가진 뜻을 살리기 위하여 'ㅋ, ㅎ'을 제외한 모든 첫소리가 끝소리에도 쓰였었다.

① 곶디고 새 닙 나니 녹음이 질렷는디
② 곶 됴코 여름 하느니
③ 이본남기새 닢 나니이다
④ 太平之業이 빛나시니이다

해설
① '곶, 닙'은 8종성가족용
종성부용초성(終聲復用初聲)
종성은 다시 만들지 않고 초성을 다시 쓰되, 8종성가족용(八終聲可足用)이라 하여 'ㄱ, ㄴ, ㄷ, ㄹ, ㅁ, ㅂ, ㅅ, ㆁ'으로 종성을 표기하게 하는 종성표기규정

17 훈민정음에 대한 설명 중 바르지 않은 것은?

① 창제 목적은 자주·애민·실용 정신의 구현이다.
② 자음은 발음기관의 모양을 본떠서 만들었다.
③ 현대어에서 쓰지 않는 규정은 부서법이다.
④ 모음은 '天, 地, 人'의 삼재(三才)를 본떴다.

해설
③ 현대 국어에서 쓰이지 않는 규정은 연서법이다.

18 조선 후기 국어의 특색이 아닌 것은?

① 모음조화 현상이 뚜렷해졌다.
② 'ㅿ, ㆁ'이 쓰이지 않았다.
③ 음운의 간이화 현상이 나타났다.
④ 낱말은 차차 강하게 발음되어 가는 경향이 있다.

해설
① 17~18세기에 'ㆍ'의 음가가 소멸되면서 'ㆍ'와 'ㅡ'의 대립이 없어져 모음조화가 문란해졌다.

※ 다음 글을 읽고 물음에 답하시오(19~21).

> ㉠ 善化公主主隱(선화공주주은)
> 他密只嫁良置古(타밀지가양치고)
> 薯童房乙(서동방을)
> 夜矣卯乙抱遣去如(야의원을포견거여)
>
> — 서동(백제 무왕)의 〈서동요〉

19 위 글에 대한 설명으로 옳지 않은 것은?

① 현재 남아 있는 향가 중 가장 오래된 것이다.
② 참요적(讖謠的) 성격을 보인다.
③ 동요가 정착된 4구체 형식이다.
④ 누가 지었는지 알 수 없다.

해설
④ 「서동요」는 백제의 무왕이 지은 향가이다.

20 다음 중 밑줄 친 ㉠에 대한 설명으로 적절하지 않은 것은?

① 우리말의 어순에 따라서 향찰(鄕札)로 표기되었다.
② 조사를 한자의 뜻을 빌려 표기하였다.
③ 고유 명사를 한자의 음을 빌려 표기하였다.
④ "主主"는 같은 한자이지만 다른 방식으로 표기된 것이다.

해설
② 우리말의 조사는 한자의 음을 빌려서 표기하고 있다.

21 위 글의 표기 방식에 대한 다음 설명 중 옳지 않은 것은?

① "善化公主"는 한자음을 빌려 표기한 것이다.
② "隱"은 우리말의 보조사인 '-은/는'을 표기한 것이다.
③ "他, 嫁, 夜, 去" 등은 한자의 뜻을 빌려 표기한 것이다.
④ "薯童房乙"에서 '乙'은 문법적 기능이 아닌 실질적 의미를 나타낸다.

해설
④ '乙'은 새(Bird)를 뜻하며 '을'이라고 읽는데, 우리말의 목적격 조사 '-을/를'을 표기하므로 문법적 기능을 담당한다.

※ 다음 글을 읽고 물음에 답하시오(22~30).

> 나·랏 ⓐ:말쓰미 中듕國·귁에 달·아, ⓑ文문字·쭝·와·로 ㉠ 서르 ᄉᆞᄆᆞᆺ·디 아·니홀·씨, ·이런 젼·ᄎᆞ·로 어·린 百·빅姓·셩·이 ㉡ 니르·고·져·흟 배 이·셔·도, ᄆᆞ·ᄎᆞᆷ :내 제·ᄠᅳ·들 ㉢ 시·러 펴·디 :몯홇·노·미 하·니·라. ·내·이·ᄅᆞᆯ 爲·윙·ᄒᆞ·야 :어엿·비 너·겨, ·새·로·스·믈 여·듧字·쭝·ᄅᆞᆯ 밍·ᄀᆞ노·니, :사ᄅᆞᆷ :마·다 :히·여 ㉣:수·ᄫᅵ니·겨·날·로·ᄡᅮ·메 便뼌安한·킈 ᄒᆞ·고·져 홇ᄯᆞᄅᆞ·미니·라.
>
> – 〈훈민정음〉의 '세종어제 훈민정음'

22 ㉠~㉣의 뜻풀이 중 바르지 않은 것은?

① ㉠: 서로 통하지 아니하여서
② ㉡: 말하고자 하는 바가 있어도
③ ㉢: 능히 펴지
④ ㉣: 쉽게 이기고

해설
㉣ 쉽게 익혀(배워)

23 위 글에 대한 설명으로 적절하지 않은 것은?

① 훈민정음의 과학적인 우수성을 밝히고 있다.
② 주체적·자주적인 의식이 반영되어 있다.
③ "스믈여듧쭝"를 창제한 이유가 드러나 있다.
④ 한자를 잘 모르는 백성을 아끼는 마음이 드러나 있다.

해설
① 인용된 내용에서는 '한글의 과학적 우수성'을 확인할 수 없다.

24 다음 중 위 글에서 확인할 수 있는 국어의 특질이 아닌 것은?

① 모음조화를 지키고 있다.
② 종성부용초성의 원칙을 따르고 있다.
③ 방점은 성조를 표기하기 위한 것이다.
④ 구개음화 현상이 아직 일어나지 않았다.

해설
② 종성부용초성을 따랐다면 본문 중 'ᄉᆞᄆᆞᆺ디'가 'ᄉᆞᄆᆞᆾ디'라고 표기되었어야 한다.

25 위 글의 음운·표기상의 특징에 대한 설명으로 적절하지 않은 것은?

① 원순모음화 현상이 지켜지고 있다.
② 연철(이어적기)과 분철(끊어적기)의 표기 방식이 함께 나타나고 있다.
③ 한자어와 순우리말의 표기 방식이 다른 점이 있다.
④ 음의 억양과 높낮이, 장단을 차별하여 표기하는 방식이 나타나 있다.

> **해설**
> ① 원순모음화 현상(양순음 'ㅂ, ㅃ, ㅍ, ㅁ' 밑의 'ㅡ' 모음이 설음이나 치음 위에서 'ㅜ, ㅗ'로 변하는 현상)이 진행되고 있다면 본문에서 '서르, 스믈'은 '서로, 스물'로 표기되었어야 한다.

26 다음 중 위 글의 "어엿비"와 품사 전성 과정이 동일한 낱말은?

① 몯훓
② 밍ᄀ노니
③ 수비
④ 뿌메

> **해설**
> ③ '어엿비'와 '수비'는 모두 '형용사 어간 + 부사 파생 접사 → 부사'라는 과정을 동일하게 밟고 있는 단어이다.
> • 어엿브(어간) + 이(접사) > 어엿비(부사)
> • 쉽(어간) + 이(접사) > 쉬비(동음 생략) > 수비(부사)

27 밑줄 친 낱말이 ⓐ와 같은 의미로 사용된 것은?

① 어른 말씀을 잘 들으면 자다가도 떡이 생긴다.
② 나는 미국 사람의 말을 알아듣지 못했다.
③ 발 없는 말이 천 리를 간다.
④ 안내원의 말씨가 금세 공손해졌다.

> **해설**
> ② ⓐ는 한 민족이 두루 쓰는 언어를 의미하고 있다.

28 ⓑ에 나타난 한자음 표기에 관한 설명으로 옳지 못한 것은?

① 우리말에 없는 음도 표기했다.
② 중국의 원음에 가깝게 표기하려던 이상적인 음이다.
③ 당시 실제 현실에서 사용되었던 음이다.
④ 받침이 없는 한자어에는 음가가 없는 'ㅇ'음을 사용했다.

> **해설**
> ③『동국정운』식 한자음 표기법은 현실에서 사용하던 현실음이 아니라 인위적으로 표준화시킨 이상음이다. 현실 한자음과 거리가 먼 인위적으로 표준화된 가상적인 한자음이므로 성종 이후에는 쓰이지 않았다.

29 "ᄆᆞ・ᄎᆞᆷ :내제・ᄠᅳ・들 시・러 펴・디 :몯홇・노・미 하・니・라"의 처지를 가장 잘 표현한 속담은?

① 자다가 봉창 두드린다.
② 수염이 석 자라도 먹어야 양반이다.
③ 고슴도치도 제 새끼는 함함하다고 한다.
④ 벙어리 냉가슴 앓듯

> **해설**
> ④ 남에게 말 못 할 걱정거리가 있으면서도 혼자 속을 태우고 있는 것을 비유하는 말

30 위 글의 "나・랏 :말ᄊᆞ미"에서 현대에 이르러 장음(長音)이 된 것은?

① 나
② ・랏
③ :말
④ 미

> **해설**
> ③ 방점 2개로 표기한 상성이었던 음절의 모음은 대부분 장모음(長母音)이기도 했기 때문에 성조가 소멸한 현재에도 장모음으로 발음된다.

정답 25 ① 26 ③ 27 ② 28 ③ 29 ④ 30 ③

※ **다음 글을 읽고 물음에 답하시오(31~33).**

> ᄀᆞᄅᆞ미 프ᄅᆞ니 ⓐ 새 더욱 ㉠ <u>희오</u>,
> 뫼히 퍼러ᄒᆞ니 곳 비치 블 븓ᄂᆞᆫ 둣도다.
> 옰보니 본ᄃᆡᆫ 쏘 디나가ᄂᆞ니,
> 어느 나리 이 도라갈 ㉡ <u>희오</u>.
>
> – 두보의 〈절구(絶句)〉

31 두시를 언해한 초간본이다. 형식이 알맞은 것은?

① 五言古詩
② 五言絶句
③ 五言律詩
④ 七言古詩

<u>해설</u>
② 두보(杜甫, 712~770)의 두시언해(杜詩諺解) 초간본인 절구(絶句)로, 형식은 운자(韻字) '燃, 年'을 가진 오언절구(五言絶句)이다.

32 ㉠과 ㉡의 '희오'의 한자가 알맞은 것은?

① 白 – 年
② 白 – 日
③ 年 – 白
④ 百 – 年

<u>해설</u>
㉠ 희고[白]
㉡ 해[年]인가

33 ⓐ '새'의 격은?

① zero 주격
② 관형격
③ 부사격
④ 서술격

<u>해설</u>
① '새가'의 뜻, 새 + zero 주격(' ㅣ' 모음으로 끝난 체언 뒤에 쓰임)

※ 다음 글을 읽고 물음에 답하시오(34~35).

> 불휘 기픈 남ᄀᆞᆫ ᄇᆞᄅᆞ매 아니 뮐ᄊᆡ 곶 됴코 ㉠ <u>여름</u> 하ᄂᆞ니.
> ᄉᆡ미 기픈 므른 ᄀᆞ므래 아니 그츨ᄊᆡ, ㉡ <u>내히</u> 이러 바ᄅᆞ래 가ᄂᆞ니.
> – 〈용비어천가〉 제2장

34 ㉠은 '열다'에서 전성한 명사이다. '열다'의 제1명사형은 어떻게 되는가?

① 얼음 ② 여름
③ 열음 ④ 여룸

해설
② '열다'의 명사형은 '열 + 우 + ㅁ' → '여룸'이다.

명사형
용언의 어간 + 삽입모음(오/우) + ㅁ

35 ㉡을 목적어로 바꾸면 '이러'는 어떻게 달라지는가?

① 일어 ② 일리어
③ 일우어 ④ 이루어

해설
③ '내히'를 목적어로 바꾸면 '내홀', '이러'를 타동사로 바꾸면 '일우어(일워)'가 된다. 'ㄹ' 받침 용언은 사동접사 '우'를 취한 후 분철표기한다.

정답 31 ② 32 ① 33 ① 34 ② 35 ③

※ 다음 글을 읽고 물음에 답하시오(36~42).

(가) 홍식이 거록ᄒᆞ야 붉은 긔운이 하놀을 뛰노더니 이랑이 소릴을 놉히ᄒᆞ야 나를 불러 져긔 믈밋츨 보라 ⓐ <u>웨거늘</u> 급히 눈을 드러 보니 믈밋 홍운을 ⓑ <u>헤앗고</u> 큰 실오리 ᄀᆞᄐᆞᆫ 줄이 붉기 더옥 긔이ᄒᆞ며 긔운이 진홍 ᄀᆞᄐᆞᆫ 것이 추추 나 손바닥 너빅 ᄀᆞᄐᆞᆫ 것이 그믐밤의 보는 ㉠ <u>숫불빗</u> ᄀᆞ더라. 추추 나오더니 그 우ᄒᆞ로 적은 ㉡ <u>회오리밤</u> ᄀᆞᄐᆞᆫ 것이 붉기 호박 구술 ᄀᆞ고 ᄆᆞᆰ고 통낭ᄒᆞ기는 ㉢ <u>호박도곤</u> 더 곱더라

(나) 그 붉은 우ᄒᆞ로 흘흘 움즉여 도ᄂᆞᆫᄃᆡ 처엄 낫던 붉은 긔운이 빅지 반 쟝 너빅 만치 반ᄃᆞ시 비최며 ㉣ <u>밤</u> ᄀᆞ던 긔운이 히되야 추추 커 가며 ㉤ <u>큰 징반</u>만 하여 븕웃븕웃 번듯번듯 뛰놀며 적식이 왼 바다희 씨치며 몬져 븕은 긔운이 추추 가시며 히 흔들며 뛰놀기 더욱 ᄌᆞ로 ᄒᆞ며 항 ᄀᆞ고 독 ᄀᆞᄐᆞᆫ 것이 좌우로 뛰놀며 황홀이 번득여 냥목이 어즐ᄒᆞ며 붉은 긔운이 명낭ᄒᆞ야 첫 홍식을 헤앗고 텬듕의 징반 ᄀᆞᄐᆞᆫ 것이 ㉥ <u>수레박희</u> ᄀᆞᄐᆞ야 믈 속으로셔 치미러 밧치ᄃᆞ시 올나 븟흐며 항독 ᄀᆞᄐᆞᆫ 긔운이 ⓓ <u>스러디고</u> 처엄 붉어 것츨 빗최던 거슨 모혀 ㉦ <u>소혀텨</u>로 드리워 믈 속의 풍덩 싸지는ᄃᆞᆺ 시브더라 일식이 됴요ᄒᆞ며 믈결의 붉은 긔운이 추추 가시며 일광이 쳥낭하니 만고 텬하의 그런 장관은 딕두할ᄃᆡ 업슬 둣ᄒᆞ더라

— 의유당의 〈동명일기〉

36 위 글의 주제로 가장 적절한 것은?

① 일출의 장관　　② 바다의 위엄
③ 일몰의 아쉬움　④ 월출의 신비한 분위기

[해설]
① 이 글은 비유를 통해 일출의 아름다움을 묘사하고 있다.

37 다음 중 ⓐ~ⓓ의 뜻풀이로 적절하지 않은 것은?

① ⓐ : 외치거늘　　② ⓑ : 헤치고
③ ⓒ : 호박보다　　④ ⓓ : 쓰러지고

[해설]
ⓓ (사라져) 없어지고

38 ㉠~㉥ 중, 묘사 대상이 같은 것끼리 바르게 나열된 것은?

① ㉠, ㉡, ㉢　　② ㉡, ㉢, ㉥
③ ㉡, ㉤, ㉥　　④ ㉡, ㉣, ㉥

[해설]
③ '회오리밤, 큰 징반, 수레박희'의 원관념은 '해'이다.

39 위 글을 통해 알 수 있는 문법적 사실이 아닌 것은?
① 성조를 표시하는 방점이 사라졌다.
② 'ㆁ, ㆆ, ㅿ' 등이 사라졌다.
③ 이어적기가 확대되었다.
④ 명사형 어미인 '-기'가 쓰였다.

해설
③ '눈을, 것이, 번득여' 등 끊어적기(분철)가 확대되어 쓰이고 있다.

40 위 글에 대한 설명으로 바르지 못한 것은?
① 시간의 흐름에 따른 전개를 보이고 있다.
② 순수한 우리말을 사용하고 대상을 사실적으로 묘사하고 있다.
③ 어떤 대상에 대한 독자의 이해를 돕기 위한 글이다.
④ 다양한 수사법을 활용하여 지은이의 개성을 보이고 있다.

해설
③ 설명문에 대한 설명이며, 이 글은 수필 기행문이다.

41 (가) 글에서 문맥상 '그믐밤의 보는 숫불빗 ㄱ더라'의 의미로 바른 것은?
① 무척 기이하다.   ② 무척 작고 아름답다.
③ 무척 붉고 선명하다.   ④ 아직도 어두운 상태이다.

해설
③ 그믐밤이므로 어둠이 짙어 숯불빛은 매우 선명하고 붉게 보일 것이다.

42 (나) 글에서 '믈 속의 풍덩 싸지는듯 시브더라'는 어떤 광경을 묘사한 것인가?
① 해가 완전히 공중에 솟은 광경
② 해가 수평선에 반쯤 솟은 모습
③ 해가 떠오르려고 하는 순간
④ 해 주변에 안개가 피어오르는 장면

해설
① (나) 글은 해돋이의 장관을 묘사하고 있다.

정답 36 ① 37 ④ 38 ② 39 ③ 40 ③ 41 ③ 42 ①

※ 다음 글을 읽고 물음에 답하시오(43~49).

(가) 우리신문이 한문은 아니쓰고 다만 국문으로만 쓰는 거슨 샹하귀쳔이 다보게 ⓐ <u>홈이라</u> 또 국문을 이러케 귀졀을 쩨여 쓴즉 아모라도 이신문 보기가 쉽고 신문속에 잇는 말을 자셰이 알어 보게 ⓑ <u>홈이라</u>

(나) 각국에셔는 사롬들이 남녀 무론ᄒ고 본국 국문을 몬저 빅화 능통ᄒ 후에야 외국 글을 빅오는 법인디 죠션셔는 죠션 국문은 아니 빅오드리도 한문만 공부ᄒ는 싸둙에 국문을 잘 아는 사람이 ⓒ <u>드물미라</u> 죠션 국문ᄒ고 한문ᄒ고 비교하여 보면 죠션국문이 한문 보다 얼마가 나흔거시 무어신고ᄒ니 쳣지는 빅호기가 쉬흔이 됴흔 글이요 둘지는 이글이 죠션 글이니 죠션 인민들이 알어셔 백스(百事)을 한문디신 국문으로 써야 샹하 귀쳔이 모도 보고 알어보기가 쉬흘터이라 한문만 늘써 버릇ᄒ고 국문은 폐ᄒ는 싸둙에 ㉮ <u>국문만쓴 글을 죠션 인민이 도로혀 잘 아러보지못ᄒ고</u> 한문을 잘알아보니 그게 엇지 한심치 아니ᄒ리요

(다) 또 국문을 알아보기가 어려운건 다름이 아니라 쳣지는 말마듸을 쩨이지 아니ᄒ고 그져 줄줄닉려 쓰는 싸둙에 ㉯ <u>글자가 우희 부터는지 아릭부터는지 몰나셔</u> 몃번 일거 본후에야 글즈가 어딕부터는지 비로소 알고 일그니 국문으로 쓴편지 흔장을 보자ᄒ면 한문으로 쓴것보다 더듸보고 또 그나마 국문을 자조 아니 쓰는 고로 셔툴어셔 ⓓ <u>잘못봄이라</u> 그런고로 정부에셔 닉리는 명녕과 국가 문젹(文籍)을 한문으로만 쓴즉 한문못ᄒ는 인민은 ㉠ <u>나모 말만 듯고</u> 무숨 명녕(命令)인줄 알고 이편에 친이 ㉡ <u>그글을 못보니</u> 그사롬은 무단이 병신이 됨이라

(라) 한문 못 ᄒ다고 그사롬이 무식흔사롬이 아니라 국문만 잘ᄒ고 다른 물졍과 학문이잇스면 그사롬은 한문만ᄒ고 다른 물졍과 학문이 업는 사롬보다 유식ᄒ고 ⓒ <u>놉흔 사롬이 되는 법이라.</u> 죠션 부인네도 국문을 잘ᄒ고 각식 물졍과 학문을 빅화 소견이 놉고 힝실이 졍직ᄒ면 무론 빈부 귀쳔 간에 그부인이 한문은 잘ᄒ고도 다른것 몰으는 귀족 남즈 보다 놉흔 사롬이 되는 법이라

(마) 우리 신문은 빈부 귀쳔을 다름업시 이신문을 보고 외국 물졍과 ⓔ <u>닉지 ᄉ졍을</u> 알게 ᄒ랴는 뜻시니 남녀 노소 샹하 귀쳔 간에 우리 신문을 ᄒ로 걸너 몃돌간 보면 새지각과 새학문이 싱길걸 미리 아노라
— 〈독립신문 창간사〉

43 다음 중 위 글에 대한 설명으로 바르지 못한 것은?

① 신문 발행의 취지를 밝히고 있다.
② 언문일치가 이루어지지 않고 있다.
③ 자주 정신과 박애 정신이 나타나고 있다.
④ 한글이 실용적인 문자임을 주장하고 있다.

해설
③ 자주 정신과 평등 정신이 나타나 있다고 보아야 한다.
② '~노라', '~이라' 등의 문어체를 사용하고 있는 것을 볼 때, 언문일치가 이루어지지 않고 있음이 나타난다.

44 위 글에 드러난 한글 전용의 궁극적인 이유를 가장 바르게 설명한 것은?

① 국내외 소식을 가장 빨리 접할 수 있기에
② 모든 국민이 쉽게 신문을 볼 수 있으므로
③ 생활 정보를 가장 빠르게 습득할 수 있기에
④ 정부와 국민 간에 정보 공유를 위해서

> **해설**
> ② 독립신문이 한글 전용을 하는 이유는 남녀노소와 상하귀천을 가리지 않고 누구나 쉽게 신문을 볼 수 있도록 하기 위함이다.

45 다음 중 밑줄 친 ㉠~㉣에 대한 설명으로 옳지 않은 것은?

① ㉠ : 개인적인 사투리를 소리 나는 대로 적은 것이다.
② ㉡ : 그 글을 읽고 이해하지 못한다는 뜻이다.
③ ㉢ : '높음'의 기준은 신분을 가리킨다.
④ ㉣ : '국내'라는 말로 바꾸어 쓸 수 있다.

> **해설**
> ③ '물정과 학문'이 있는 것을 전제로 하므로 '지식, 교양' 등이 높다는 뜻이다.

46 (나) 글에서 밑줄 친 ㉮와 가장 잘 어울리는 한자 숙어는?

① 언어도단(言語道斷)
② 동족방뇨(凍足放尿)
③ 본말전도(本末顚倒)
④ 수구초심(首丘初心)

> **해설**
> ③ 우리나라 사람이 한글은 잘 모르고 중국 문자인 한문만 잘 아는 것은 중요한 것과 덜 중요한 것이 바뀐 것이다.

정답 43 ③ 44 ② 45 ③ 46 ③

47 다음의 문장을 세로쓰기로 적었을 때, (다) 글의 밑줄 친 ㉣의 예로서 가장 적절한 것은?

① 아버지가방에들어가셨다.
② 할머니께서돌아가셨다.
③ 철수와민희가울고있습니다.
④ 도둑이시계를훔치다가붙잡혔습니다.

> **해설**
> ① 끊어 읽기에 따라 의미가 달라지는 예를 찾아보도록 한다.

48 밑줄 친 ⓐ~ⓓ를 문맥에 맞게 현대적인 표현으로 바꾸어 쓸 때, 바르지 못한 것은?

① ⓐ : 하려는 것이다.
② ⓑ : 되는 것이 좋다.
③ ⓒ : 드물다.
④ ⓓ : 잘 못 보기 때문이다.

> **해설**
> ② ⓑ는 '될 것이다'로 보는 것이 바른 표현이다.
> ③ ⓒ는 문맥상 단정적인 내용이므로 '드물다'라는 표현이 어울린다.

49 위 글의 표기법에 대한 설명 중 옳지 않은 것은?

① 'ㅅ'계 합용병서법이 남아 있다.
② 고유어를 많이 사용하여 고유한 우리말을 보존하려 하였다.
③ 띄어쓰기를 하여 가독성을 높이려 하였다.
④ 그 음가는 사라졌지만, '·(아래아)'가 쓰이고 있다.

> **해설**
> ② '독립신문'은 한글로 표기되었지만 한자를 많이 사용하였고, 고유어를 많이 사용하였다고 보기는 어렵다.

CHAPTER 07 국문학사

01 / 02 | 국문학사 개요, 고대문학 전기 작품의 이해

01 신라 때에 발생하여 고려 때에 성행하였던 연중행사의 하나로 토속신에게 제사 지내는 의식을 무엇이라 하는가?

① 나례   ② 가면극
③ 오기   ④ 팔관회

해설

④ 팔관회 : 고려 때 중경과 서경에서 토속신에게 제사 지내던 의식, 팔관이란 천령, 오악, 명천과 용신을 섬기고 도·음 등의 8죄악을 금폐함을 말한다.
① 나례 : 고려 초에 시작되어 조선시대로 계승된 것으로 잡귀를 물리치기 위해 거행하는 의식으로, 나례를 관장하는 나례도감이 있었다. 나중에는 처용가를 부르고 처용무를 추면서 하게 되었다.
② 가면극 : 연극의 모태, 「삼국유사」에 의하면 고구려에 산신무, 백제에 기악이 있었다고 하나 그 내용을 짐작할 수 있는 것은 신라의 검무·처용무·무애무·오지 등이다.
③ 오기 : 최치원의 「향악잡영오수」라는 시에서 보이는 금환, 월전, 대면, 속독, 산예로, 이는 중국 계통의 가면극이라 생각된다.

02 온달·박제상·설씨녀·백결선생 등 한국 고대의 소중한 문학적 이야기들이 실려 전하는 책은?

① 「유기(留記)」   ② 「서기(書記)」
③ 「국사(國史)」   ④ 「삼국사기(三國史記)」

해설

④ 「삼국사기」 : 인종 23년(1145)에 김부식이 편찬하여 삼국의 정사·본기·연표·지·열전으로 구성되어 있으며 설화도 실려 있다. 5권 10책으로 삼국유사와 더불어 우리나라 최고의 사서이다. 온달·박제상·설씨녀·백결선생 이야기는 「삼국사기」 열부편(列傳篇)에 실려 있다.
① 「유기」 : 고구려의 국사책. 영양왕 11년(600)에 이문진이 신집(新集) 5권으로 편찬하였으나 전하지 않는다.
② 「서기」 : 백제 근초고왕 때 박사 고흥이 편찬한 국사책. 현재 전하지 않는다.
③ 「국사」 : 신라 진흥왕 6년(545)에 거칠부가 왕명에 의해 편찬한 국사책. 현재 전하지 않는다.

정답 47 ① 48 ② 49 ② / 01 ④ 02 ④

03 서사문학에 대해 잘못 말한 것은?

① 소설(小說)의 씨앗이 되었다.
② 민족적 서정시(敍情詩)가 된다.
③ 구비문학(口碑文學)으로 다루어진다.
④ 유동성(流動性)이 아주 많은 문학이다.

해설
② 고대 가요에 대한 설명이며, 최초의 서정시는 고조선의 공무도하가이다.

04 설화문학과 관계없는 항목은?

① 신화·전설·고담·동화·우화·잡설 같은 것의 총칭이다.
② 그 발생이 자연적·집단적이며 한민족의 생활, 감정, 풍습 등을 흥미본위로 기초하여 연구해 전승되었다.
③ 형식이 서사적이다.
④ 형식이 서정적이다.

해설
설화문학의 특징
• 민족적·평민적인 내용으로 한민족의 생활, 감정과 풍습이 단적으로 드러난다.
• 상상적·공상적이며, 서사적인 형식을 갖는다.
• 서사적·전기적·우화적·전승적인 요소를 갖추고 있다.
• 한민족 사이에서 구전되어 온 문학이다.

05 설화의 문학적 의의로 가장 중요한 것은?

① 서사(敍事)문학의 발달을 촉진시켰다.
② 산문(散文)문학의 폭을 확대시켰다.
③ 소설문학의 근원이 되었다.
④ 평민(平民)문학의 토대가 되었다.

해설
③ 설화는 소설문학의 기원을 이룬다는 점에서 국문학사상 의의가 있다.

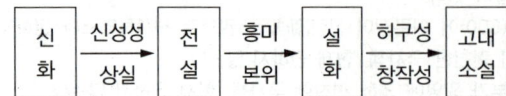

06 다음의 고대 소설 가운데 알맞은 근원설화(根源說話)와 연결된 것이 아닌 것은?

① 「토끼전(별주부전)」 - 귀토설화
② 「콩쥐팥쥐전」 - 신데렐라계 설화
③ 「흥부전」 - 손순매아 설화
④ 「춘향전」 - 도미의 아내 이야기

해설
③ 「흥부전」은 방이설화를 배경으로 한다.

07 다음 중 '해와 달'의 설화에 해당하는 것은?

① 연오랑세오녀　　　　　② 호원(虎願)
③ 화사(花史)　　　　　　④ 연권녀(連權女)설화

해설
① 연오랑과 세오녀가 일본에 가서 왕과 왕비가 되었다는 일월설화이다.

08 다음 고대 시가의 설명이 잘못된 것은?

① 「공무도하가(公無渡河歌)」 - 익사한 남편을 애도
② 「황조가(黃鳥歌)」 - 아내를 잃은 외로운 마음
③ 「정읍사(井邑詞)」 - 달의 아름다움을 노래
④ 「구지가(龜旨歌)」 - 주술적인 영신가

해설
③ 「정읍사」는 행상 나간 남편의 무사함을 기원하는 내용으로 현존하는 백제 유일의 가요로, 「악학궤범」 '권5'에 수록되어 있다.

09 고대 가요의 특징에 해당되지 않는 것은?

① 원시종합예술에서 분화(分化)되었다.
② 설화 속에 작품이 전해지는 기록문학이다.
③ 주술적이며 집단 서사시가가 많다.
④ 부전가요가 많다.

해설
고대 가요의 특징
• 집단적이고 서사적인 원시종합예술에서 개인적인 시가로 분리·발전하면서 고대 가요가 형성되었다.
• 고대 가요가 배경 설화와 함께 전하는 것은 서사문학과 완전히 분리되지 않았음을 알 수 있는 증거이다.
• 한역되어 전하는 작품이 몇 수에 불과해 정확한 특성을 알 수 없다.

정답 03 ② 04 ④ 05 ③ 06 ③ 07 ① 08 ③ 09 ③

10 다음 중 작품과 출전의 연결이 잘못된 것은?

① 「공무도하가」 – 「해동역사」
② 「황조가」 – 「삼국사기」
③ 「구지가」 – 「삼국유사」
④ 「정읍사」 – 「악장가사」

해설

고대 서정시

작품명	작자	출전	내용
구지가	구간	삼국유사	주술적인 노래, 노동요
황조가	유리왕	삼국사기	실연의 슬픔을 노래
공무도하가	백수광부의 아내	해동역사	물에 빠져 죽은 남편의 죽음을 슬퍼한 노래
정읍사	행상인의 아내	악학궤범	구전되다가 국문으로 정착된 최고의 시가

11 고대 시가에서 '노동요'라 할 수 있는 것은?

① 「황조가」
② 「도솔가」
③ 「공후인」
④ 「구지가」

해설

④ 「구지가」는 「영신군가」 또는 「영신가」라고 한다. 가락국의 시조인 수로왕을 맞기 위해 구지봉에서 흙을 파며 구간과 중서가 부른 주술적인 노래로서, 주관적 감정을 표출하는 본격적인 서정시 이전의 몸 운동을 수반하는 군가(群歌), 노동요(勞動謠)의 성격을 띤다. 아류작으로는 「해가사」가 있다.

12 다음 작품 중 고구려 가요는?

① 「황조가(黃鳥歌)」
② 「구지가(龜旨歌)」
③ 「정읍사(井邑詞)」
④ 「처용가(處容歌)」

해설

① 황조가(고구려 유리왕) : 실연의 슬픔을 노래함 – 「삼국사기」
② 구지가(신라 유리왕) : 군왕 강림을 기원하는 주술적인 노래 – 「삼국유사」
③ 정읍사(백제) : 행상 나간 남편의 늦은 귀가를 염려하여 지은 유일한 백제 가요, 구전되다가 국문으로 기록된 최고(最古)의 노래 – 「악학궤범」
④ 처용가(신라 헌강왕) : 역신이 아내를 범하므로 이 노래로써 굴복시켰다는 무가 – 「삼국유사」

13 향가에 대한 설명으로 잘못된 것은?
① 중국시에 대한 우리나라의 독특한 시가(詩歌)란 뜻이다.
② 실려 있는 문헌은 삼국사기와 균여전이다.
③ 이두식 문자로 표기된 시가(詩歌)이다.
④ 대부분을 이루는 10구체는 격조 높은 서정시가로 세련된 수사와 투철한 시정신을 구비하고 있다.

해설
향가
- 정의 : 본래 중국의 노래에 대한 우리의 노래를 의미하는데, 오늘날에는 한자의 음과 뜻을 빌어서 표기된 신라의 노래를 말한다.
- 형식 : 4·8·10구체
- 향가집 : 「삼대목」. 각간 위홍과 대구화상이 편찬했으나 현재 전해지지 않는다.
- 작자 : 화가·승려 등 지배계층
- 현전향가 : 「삼국유사」의 14수, 「균여전」의 11수
- 의의 : 우리나라 시가의 완성된 형태로서 본격적 기록문학의 효시이다.

14 다음 향가 중 8구 형식으로 된 것은?
① 「헌화가」   ② 「처용가」
③ 「서동요」   ④ 「제망매가」

해설
향가의 형식
- 4구체 향가 : 「서동요」, 「풍요」, 「헌화가」, 「도솔가」
- 8구체 향가 : 「모죽지랑가」, 「원가」, 「처용가」
- 10구체 향가 : 「혜성가」, 「원왕생가」, 「제망매가」, 「찬기파랑가」, 「안민가」, 「도천수관음가」, 「우적가」, 「보현십원가」

15 고대 시가에서 노동요라 할 수 있는 것은?
① 「황조가」   ② 「도솔가」
③ 「공후인」   ④ 「풍요」

해설
④ 「풍요」는 4구체 향가로서, 양지가 영묘사 장육존상을 주조할 때 장안의 남녀들이 진흙을 나르며 부른 노동요이다.

03 | 고대문학 후기 작품의 이해

01 고려시대를 국문학사상 공백기라고 말하는데, 가장 큰 이유는?

① 한문학의 번성 때문에
② 훈민정음 창제 이전이므로
③ 향찰문자의 소멸 때문에
④ 문학이 문자로 정착하지 못하여

해설
④ 고려는 신라문화를 계승하고 대륙문화를 수입하였다. 이러한 중국문물의 수입과 표기문자의 부재로 구비문학으로 존재하거나 한문으로 번역되어 그 명맥이 유지되는 작품이 많았기 때문에 국문학사상 고려시대는 공백기에 해당한다.

02 다음 중 고려시대의 국문학 장르가 아닌 것은?

① 경기체가
② 시조
③ 악장
④ 가전체

해설
③ 악장은 조선 건국의 정당성과 합리성을 찾고 왕가의 무궁한 발전을 송축한 노래로, 조선 초기에 발생하여 잠시 쓰이다가 곧 소멸되었다.

고려문학(고려 건국에서 멸망까지의 문학)
- 과거제도의 실시와 불교의 융성으로 한문학이 발달하였다.
- 향가는 쇠퇴하고, 평민문학인 고려 가요와 귀족문학인 경기체가·시조·패관문학·가전체 등이 발생하였다.

03 고려에 와서 향가가 쇠퇴하게 된 원인과 관계없는 것은?

① 귀족들에 의한 한문학의 발달
② 향찰로 무리한 표기를 했기 때문에
③ 사대사상 때문에
④ 향가문학에 대한 싫증으로 새로운 시형(詩形)을 모색하였다.

해설
④ 고려시대는 한문학의 전성시대로 고유문학인 향가가 위축되고, 한문학이 귀족계급에 의하여 발달되었다.

04 송나라 서장관(書狀官) 손목이 12세기 초에 고려에 들어와 당시 고려사회의 통용 어휘 353개를 채집, 한자로 적어 놓은 책은?

① 「고려도경(高麗圖經)」
② 「박통사(朴通事)」
③ 「계림유사(鷄林類事)」
④ 「화이역어(華夷譯語)」

> **해설**
> ③ 「계림유사」 : 고려 숙종 8년경(1103~1104)에 송나라 손목이 지은 책. 본래는 3권으로 토풍, 조제, 방언의 3부와 부록 표문집으로 되어 있었으나 오늘날 전해지는 것은 방언부와 토풍, 조제의 일부분이며, 이것도 명나라 때에 편찬된 설부(일종의 백과사서와 비슷한 총서)의 한 편으로 끼여서 전해 온다. 고려어 353개를 중국자음으로 사음한 어휘가 수록된 어학서이다.
> ① 「고려도경」 : 송나라 서긍이 고려 인종 2년(1124)에 완성한 고려에 관한 견문록
> ② 「박통사」 : 작자 미상의 중국어 학습서
> ④ 「화이역어」 : 14세기~18·19세기경에 편찬된 중국어와 외국어와의 대역 어휘집

05 고려 속요와 경기체가의 공통점은?

① 향유 계층이 동일하다.
② 3·3·2조의 음수율을 가졌다.
③ 남녀 간의 애정을 묘사한 작품이 많다.
④ 대체로 분장체이며, 후렴구를 가졌다.

> **해설**
> **고려 속요와 경기체가의 비교**
>
> | 분류 | 장가(속요) | 경기체가 |
> | --- | --- | --- |
> | 표기 | 한글 | 한자문구의 나열(부분적으로 이두가 쓰임) |
> | 형식 | • 분절체이며, 후렴구가 발달
• 3·3·2조, 3·3·4조, 4·4·4조 등의 음수율 | • 분절체이며, "경긔 엇더ᄒ니잇고"의 후렴구가 있음
• 3·3·4조의 음수율 |
> | 내용 | • 주로 남녀 간의 사랑을 노래
• 현세적, 향락적 | • 퇴폐적이고 향락적
• 현실도피적 |
> | 기간 | 고려 중엽~고려 말엽 | 고려 고종~조선 선조 |
> | 영향 | 속요 → 시조 | 경기체가 → 악장 → 가사 |

정답 01 ④ 02 ③ 03 ④ 04 ③ 05 ④

06 다음 책 중에서 고려 가요가 가장 많이 전해지는 책은?

① 「악학궤범」　　　　　② 「악장가사」
③ 「동문선」　　　　　　④ 「고려사 악지」

해설
② 「악장가사」는 가장 오래된 가집으로, 남녀상열지사로 제외되었던 고려 가요가 가장 많이 실려 있다. 다른 가집에 실려 있지 않은 「정석가」, 「청산별곡」, 「사모곡」, 「쌍화점」, 「이상곡」, 「가시리」, 「만전춘」 등도 실려 있다.

07 남녀상열지사에 속하지 않는 고려 가요는?

① 「만전춘」　　　　　　② 「쌍화점」
③ 「이상곡」　　　　　　④ 「청산별곡」

해설
④ 「청산별곡」은 삶의 고뇌와 비애, 실연의 슬픔을 노래한 고려 가요로 비유성과 문학성이 뛰어난 작품이다.
남녀상열지사
고려 속요의 내용 중 남녀 간의 뜨거운 사랑을 읊은 표현이 노골적인 '남녀가 서로 좋아하는 내용의 가사'를 말한다. '음사(淫事) 비리지사(鄙俚之詞)'라고도 한다. 「만전춘」, 「쌍화점」, 「이상곡」 등이 여기에 속한다.

08 다음 고려 가요 중에서 향가의 형식을 띠고 있는 것은 어느 것인가?

① 「정석가」　　　　　　② 「정과정」
③ 「서경별곡」　　　　　④ 「청산별곡」

해설
② 향가계 고려 가요에는 「도이장가」, 「정과정」이 있는데, 「도이장가」는 향가에 가깝고 「정과정」은 고려 가요에 가깝다.

09 세시풍속(歲時風俗)과 관계있는 노래는?

① 「동동(動動)」　　　　② 「가시리」
③ 「청산별곡(靑山別曲)」　④ 「유구곡(維鳩曲)」

해설
「동동」
- 월별로 남녀 간 애정을 노래. 월령체의 효시
- 조선 후기 가사인 「농가월령가」에 영향을 주었다.
- 세시풍속이 나타나 있는 달은 2월(연등회), 5월(단오), 6월(유두), 7월(백중), 8월(한가위), 9월(중앙절)이다.

10 영향을 주고받은 작품의 연결이 잘못된 것은?

① 「목주가」 → 「사모곡」
② 「삼진작」 → 「정과정곡」
③ 「예성강곡」 → 「서경별곡」
④ 「화왕계」 → 「화사」

> **해설**
> ② 「삼진작(三眞勺)」은 「정과정곡(鄭瓜亭曲)」의 악곡 명칭이다.

11 고려 때의 노래인 「사모곡」에서 어머니의 사랑은 무엇에 비유되고 있나?

① 지게   ② 호미
③ 낫   ④ 칼

> **해설**
> ③ 낫 : 어머니의 사랑
> ② 호미 : 아버지의 사랑

12 다음 중 주제가 유사한 것끼리 묶이지 않은 것은?

① 「사모곡」 – 「상저가」
② 「만전춘」 – 「쌍화점(雙花占)」
③ 「모죽지랑가」 – 「찬기파랑가」
④ 「유구곡」 – 「정석가」

> **해설**
> ④ 「유구곡」: 정치 풍자, 「정석가」: 영원한 사랑
> ① 「사모곡」 – 「상저가」: 효를 노래함
> ② 「만전춘」 – 「쌍화점」: 남녀상열지사
> ③ 「모죽지랑가」 – 「찬기파랑가」: 추모하여 부른 노래

13 다음 중 경기체가를 옳게 설명한 것은?

① 한문으로만 지었다는 면에서 고려의 속요와 대조를 이룬다.
② 일반 서민이 작품 창작에 관여한 서민문학이다.
③ 후절의 경기하여(景機何如)는 다른 말이 들어갈 수도 있다.
④ 신흥사대부층의 득의(得意)에 찬 화려함과 자기과시(自己誇示)의 문학이다.

해설
경기체가
- 별곡체 시가로서 고려 중기 귀족 문인들 사이에서 발생한 독특한 형태의 정형시
- 형식
  - 분절체
  - '경긔 엇더ᄒ니잇고'의 후렴구
  - 3·3·4조의 3음보
  - 한문과 이두로 표기
- 내용 : 고답적, 퇴폐적, 향락적, 현실도피적

14 경기체가가 아닌 것은?

① 「관동별곡」
② 「죽계별곡」
③ 「한림별곡」
④ 「청산별곡」

해설
고려시대 경기체가 작품

작품명	작가	내용
한림별곡	한림유계	현존하는 최초의 경기체가 작품
관동별곡	안축	정철의 가사문학과 동일한 제명
죽계별곡	안축	죽계의 경치를 읊음

조선시대 경기체가 작품
「상대별곡」·「화산별곡」·「불우헌곡」·「화전별곡」·「도덕가」·「독락팔곡」(최후의 경기체가 작품)

15 평민문학에 속하지 않는 것은?

① 「서경별곡」
② 「한림별곡」
③ 「청산별곡」
④ 「만전춘」

해설
② 경기체가로서 귀족계급에 의해 발달된 귀족문학이다.
①·③·④ 고려 속요로서 평민층에 의해 향수, 구전된 평민문학이다.

16 고려문학 전기의 설화문학은 고려에 그대로 계승되어 어떤 설화집이 나오기에 이르렀는가?

① 박인량의 「수이전」
② 임춘의 「국순전(麴醇傳)」
③ 이규보의 「국선생전」
④ 이인로의 「파한집」

> **해설**
> 「수이전(殊異傳)」
> • 고려 문종 때 박인량이 지은 최초의 순수설화
> • 현재 부전

17 다음 글은 무엇을 설명하는 것인가?

> 이것은 우리의 성정에 잘 맞는, 생명력이 강한 시형이라고 할 수 있다. 이것이 조선조를 거쳐서 오늘에 계승되고 있는 것은 우연(偶然)이 아닌 것이다.

① 장가(長歌)
② 향가(鄕歌)
③ 시조(時調)
④ 경기체가(景幾體歌)

> **해설**
> 시조(時調)
> • 향가에 연원을 두고 고려 속요의 분장 과정에서 발생하여 현재까지 이어 온 대표적인 정형시이다.
> • 형식 : 3장 6구 45자, 3·4(4·4)조 4음보
> • 의의 : 우리나라 고유의 정형시이며 대표적 문학 장르이다.

18 시조의 정형성과 관계없는 것은?

① 음보
② 자수(字數)
③ 구수(句數)
④ 후렴구

> **해설**
> ④ 시조에 있어서 정형성이란 고정된 형식을 말하는데 시조는 3장 6구(句) 12음보(각장 4음보) 45자(字) 내외로 이루어져 있다. 후렴구는 고려 가요 및 경기체가에 해당된다.

19 중국 전래 가면극으로 고려 때부터 제야에 궁중에서 새해맞이 행사로 마귀와 귀신을 쫓는 뜻에서 가면을 쓰고 처용무를 추면서 하는 의식을 무엇이라 하는가?

① 팔관회
② 연등회
③ 나례(儺禮)
④ 산대잡극(山臺雜劇)

> 해설
> ③ 나례 : 제야(除夜)에 궁중에서 마귀와 귀신을 쫓아내는 행사
> ① 팔관회 : 고려 때 중경과 서경에서 토속신에게 제사 지내던 의식, 팔관이란 천령, 오악, 명천과 용신을 섬기고 도·음 등의 8죄악을 금폐함을 말한다.
> ② 연등회 : 석가모니의 탄생일에 불을 켜고 복을 비는 의식. 신라 때에 비롯되어, 고려 태조 때에는 정월 대보름날 행하여지다가 현종 1년에 2월 보름날로 바뀌었다.
> ④ 산대잡극 : 고려 말에 발생한 우리나라의 대표적인 가면극

20 산대도감극의 설명에 맞지 않는 것은?

① 고려시대에 발생하여 조선시대에 성행했다.
② 총 12막으로 된 일종의 가면극이다.
③ 현재는 봉산탈춤, 오광대극이 남아 있다.
④ 산대극과 많은 차이가 있다.

> 해설
> ④ 고려 때 가면극은 산대잡극으로 집대성되고 후에 산대도감극으로 발전되었다.

21 한문을 사용한 서사시(敍事詩)로 중국과 우리나라의 역대 사적을 기록한 책은?

① 「제왕운기(帝王韻紀)」 ② 「동명왕편」
③ 「역대가(歷代歌)」 ④ 「삼국사기」

> 해설
> ① 「제왕운기」는 고려 말 충렬왕 때의 이승휴의 작품이다.

고려의 한문학 주요 작품

작품	연대	작가	내용
동명왕편	고종	이규보	서사시. 26세 때 작품. 동명왕의 영웅적 행위를 오언의 운문체로 엮음. 「동국이상국집」에 전한다.
제왕운기	충렬왕	이승휴	서사시. 상하 2권. 상권에는 중국 역대 사적을 칠언시로, 하권에는 우리나라 역대 사적을 칠언시와 오언시로 엮었다.
동국이상국집	고종	이규보	문집. 전 53권. 전집은 부·시·송 등이, 후집은 시·찬·서·기 등이 수록되어 있다.
익재난고	공민왕	이제현	문집. 고려사를 보충하는 자료로 유명하며 특히 「소악부」에는 고려 속요가 한역되어 있다.
해동고승전	고종 2년 (1215)	각훈	전기. 고구려·신라 때의 고승의 전기를 왕명으로 편찬하였다.
백운소설	고종	이규보	삼국시대부터 이규보 당대까지의 시인들과 시에 대한 시화 및 잡기이다. 조선 때 홍만종이 엮은 「시화총림」에 28편이 수록되어 전한다.
역옹패설	공민왕	이제현	전후 4권의 글로 사화, 시화, 시사의 내용을 담았다.

04 | 조선 전기 문학작품의 이해

01 훈민정음 창제가 국문학사에 미친 가장 큰 의의는?

① 구전문학의 정착
② 참다운 국문학의 형성
③ 한문학의 쇠퇴
④ 문학의 대중화

해설
② 훈민정음 창제의 가장 큰 의의는 우리 고유글자의 발명으로 진정한 의미의 국문학이 확립된 것이라 할 수 있다.
훈민정음의 창제 의의
- 구비문학의 문자 정착
- 경서, 불경의 국역 사업
- 진정한 국문학의 발전
- 경기체가의 소멸과 시조, 가사문학의 확립
- 패관문학의 발전에 의한 소설문학 확립

02 다음 작품 중 악장의 형식이 이질적인 것은?

① 「정동방곡」　　② 「납씨가」
③ 「봉황음」　　　④ 「감군은」

해설
악장의 형식
- 경기체가체(별곡체)
  - 경기체가처럼 '경(景)긔 엇더ᄒ니잇고'란 후렴구를 지닌 악장의 형식
  - 「상대별곡」, 「화산별곡」, 「오륜가」, 「연형제곡」
- 한시체
  - 한시에 토를 단 형식
  - 「납씨가」, 「정동방곡」, 「문덕곡」, 「근천정」, 「수명명」, 「봉황음」
- 속요체(장가체)
  - 고려 속요와 같이 후렴구를 지닌 형식
  - 「신도가」, 「감군은」, 「유림가」
- 신체(악장체)
  - 우리말에 의해 제작된 2절 4구의 형식
  - 「용비어천가」, 「월인천강지곡」

정답 20 ④　21 ①　/　01 ②　02 ④

03 다음은 「용비어천가」에 대한 설명이다. 잘못된 것은?

① 한글로 된 최초의 장편 서정시이다.
② 악장문학의 대표적 작품이다.
③ 대체로 4구 2절 형식이며, 125장으로 되어 있다.
④ 주석은 역사와 지리연구에 좋은 자료가 된다.

> **해설**
> ① 「용비어천가」는 한글로 쓰여진 최초의 장편 서사시이다.

04 「악학궤범」과 관계없는 것은?

① 조선 성종 24년 엮음
② 성현, 유자광, 신말평 등이 편찬
③ 국조사장이라고도 함
④ 곡조, 당악, 아악, 향악에 대한 치설과 악기, 관복, 연주 순서 등을 자세히 기록

> **해설**
> ③ 「악장가사」를 「국조사장(國朝詞章)」이라고도 한다. 「악학궤범」은 성종 24년 성현, 유자광, 신말평 등이 왕명에 의해 편찬한 것이다. 곡조, 당악, 아악, 향악에 대한 치설과 악기, 관복, 연주 순서가 자세히 기록되어 있다.

05 다음에서 서정가사의 백미(白眉)라고 평가받는 작품은?

① 「상춘곡」 ② 「성산별곡」
③ 「사미인곡」 ④ 「선상탄」

> **해설**
> ③ 「사미인곡」 : 임을 그리는 정에 비겨 충신연군의 뜻을 노래한 정철의 작품, 충신연주지사

06 정철의 「관동별곡」의 한 구절 '江湖애 病이 깁퍼 竹林의 누엇더니'에서 병(病)과 관계 깊은 것은?

① 수구초심
② 천석고황
③ 연군지심
④ 인생무상

해설
② 천석고황(泉石膏肓) : '천석'은 산수의 경치, '고황'은 고치지 못할 고질병. 세속을 떠나 자연 속에 살고 싶은 마음이 고칠 수 없는 병처럼 굳어졌음을 뜻함. 연하고질과 비슷한 말
① 수구초심(首丘初心) : 여우가 죽을 때 제가 살던 언덕 쪽으로 머리를 돌린다는 뜻. 고향이나 근본을 잊지 않음을 가리키는 말
③ 연군지심(戀君之心) : 임금을 사랑하는 마음
④ 인생무상(人生無常) : 덧없는 인생

07 다음 중 송순의 「면앙정가」의 영향을 받아 쓴 송강 정철의 작품은?

① 「성산별곡」
② 「규원가」
③ 「환산별곡」
④ 「상춘곡」

해설
① 「상춘곡」(성종 1년, 정극인) → 「면앙정가」(중종 19년, 송순) → 「관서별곡」(명종 11년, 백광홍, 정철의 「관동별곡」에 영향을 줌) → 「환산별곡」(명종 1년, 이황) → 「성산별곡」(명종 15년, 정철) → 「관동별곡」(선조 13년, 정철) → 「사미인곡」·「속미인곡」(선조 18년~22년, 정철) → 「규원가」(선조 때 – 연대 미상, 허난설헌)

08 「상춘곡」의 영향을 받아 송순이 자연의 아름다운 풍경을 읊은 가사는?

① 「죽계별곡」
② 「관서별곡」
③ 「면앙정가」
④ 「사미인곡」

해설
7번 해설 참고

정답 03 ① 04 ③ 05 ③ 06 ② 07 ① 08 ③

09 시가(詩歌)의 발생순서가 옳게 된 것은?

① 향가 → 속요 → 시조 → 가사
② 향가 → 별곡 → 가사 → 시조
③ 별곡 → 향가 → 가사 → 시조
④ 속요 → 향가 → 시조 → 가사

해설
시가(詩歌)
- 향가 : 신라시대의 노래. 향찰 표기. 현재 25수가 전한다.
- 속요 : 고려시대 평민들이 즐겨 부르던 민요적 시가. 장가, 여요
- 시조 : 고려 중엽에 발생하여 말엽에 완성, 조선시대에 성행한 우리 고유의 정형시
- 가사 : 고려 말에 경기체가가 쇠퇴하면서 시조가 형태를 갖추어 갈 무렵 나타난 장르. 3·4, 4·4조의 연속체

10 고대 소설의 특성과 관계가 없는 것은?

① 주인공의 일대기가 많다.
② 판소리의 소설화를 볼 수 있다.
③ 조선조 초기에 작품이 주로 나왔다.
④ 권선징악적인 내용을 담고 있다.

해설
③ 고대 소설은 조선조 중기 이후에 많은 작품이 쓰여졌으며, 영·정조 시대에 와서 전성기를 이루었다.
고대 소설의 특징
- 주제 : 권선징악
- 인물 : 전형적, 평면적, 유형적
- 사상 : 유·불·선 사상 및 무속신앙
- 문체 : 운문체, 문어체, 설화체
- 작가 : 대부분 미상
- 구성 : 추보식, 평면적, 전기적, 인위적 결말, 해피엔딩
- 사건 : 우연적, 비현실적

11 다음 중에서 우리나라 최초의 한문 소설인 김시습의 「금오신화」에 실린 작품이 아닌 것은?

① 「취유부벽정기」
② 「만복사저포기」
③ 「용궁부연록」
④ 「원생몽유록」

해설
④ 원생몽유록(元生夢遊錄) : 선조 때 임제가 지은 한문 소설, 생육신(生六臣)인 남효온의 처지를 슬퍼하여 쓴 전기(傳奇) 소설이다.

금오신화
최초의 한문 소설, 단편집으로 「만복사저포기」, 「이생규장전」, 「취유부벽정기」, 「남염부주지」, 「용궁부연록」 다섯 편을 전하고 있다. 중국 명나라 구우가 지은 「전등신화」의 영향을 받았다.

05 | 조선 후기 문학작품의 이해

01 조선 후기 국문학상의 특징으로 보기 어려운 것은?

① 평민의식의 각성
② 순정문학의 발달
③ 사설시조의 등장
④ 실학사상의 도입

해설
조선 후기 문학의 경향
• 평민문학의 발달(판소리, 탈춤, 사설시조)
• 현실 중심의 문학(성리학 → 실학)
• 산문문학의 발달(형식 → 내용)
• 서사문학의 발달

02 왕공(王公), 귀족(貴族)으로부터 서인(庶人), 천노(賤奴)에 이르기까지 널리 애호했던 범민족문학이라고 할 만한 것은?

① 판소리
② 시조
③ 고속가(古俗歌)
④ 잡가

해설
② 향가나 경기체가는 귀족들의 전유물이었고 고려 속요는 평민적인 성격을 가진 반면, 시조는 다양한 계층을 작가군으로 갖는 범민족적인 문학장르이다. 현재까지도 그 맥이 이어져 오고 있다.

03 사설시조의 특징이 아닌 것은?

① 허사(虛辭)를 배제한다.
② 구체적인 일상생활에서 소재를 취한다.
③ 강렬한 애정과 꾸밈없는 자기 폭로이다.
④ 임란 후 평민문학의 대표적 장르이다.

> **해설**
> ① 허사('어즈버', '아마도', '하노라' 등)를 배제하는 것은 현대시조의 특징이다.

04 조선 전·후기 문학의 특성 변화를 다음과 같이 도식화했다. 사실과 다른 것은?

① 한문, 기록문학 → 국문, 구비문학 중심으로
② 유교적, 형식적 → 현실적, 풍자적 주제로
③ 관념적 성리학 → 실천적 실학사상으로
④ 운문 중심 → 산문 중심의 문학 장르로

> **해설**
> **조선 전기 문학의 특성**
> • 훈민정음의 창제로 구전문학이 정착되었으며 활발한 언해사업으로 지식의 대중화를 이루었다.
> • 운문문학이 주류를 이루어 시조, 악장, 경기체가, 가사 등이 창작되었고, 내용 면에서는 유교적 이념과 상류사회의 생활이 중심이 되어 평민의 참여는 거의 없었다.
> • 시조와 악장, 경기체가와 가사 등이 발달하였는데, 고려시대 경기체가의 영향을 받은 악장은 조선 초기에 성행하였다.
> • 고려 속요와 경기체가 등의 영향을 받은 가사가 발생하여 시조와 함께 조선 전기 시가문학의 양대 산맥을 이루어 조선 후기까지 이어졌다.
> • 설화가 발전된 형태인 패관과 가전체, 판소리계의 사설이 중국소설의 영향과 더불어 소설을 발생시켰다.
> • 한문으로 글을 짓는 일이 일반화되어 고려시대의 맥을 이은 시(詩), 시화(詩話), 인물전(人物傳), 가전(假傳) 등의 많은 작품이 나왔고, 한문 소설도 발생하였다.
>
> **조선 후기 문학의 특성**
> • 양반들의 무능함이 폭로되고 평민들이 각성하여 평민문학(풍자문학, 생활문학)이 확립되었다.
> • 사색당쟁으로 문인들이 산림(山林)에 묻혀 학문이나 문학에 몰두하게 되었다.
> • 성리학과 운문 중심의 문학에서 실학과 산문 중심의 문학으로 바뀌었다.
> • 실학의 대두로 성리학에 반기를 들고, 현실주의적인 산문문학의 발달을 보게 되었다(사설시조, 평민가사, 내방가사, 소설, 판소리 등).
> • 평민문학의 대두로 소설이 발달하였고 판소리라는 문학형식이 나오게 되었으며, 평민가단의 형성과 더불어「청구영언」,「해동가요」등의 시가집이 새로 편찬되었다.
> • 국문소설이 크게 번성하였다.
> • 시가문학의 산문경향으로 가사는 변격 정형가사로, 시조는 엇시조, 사설시조, 연시조로 바뀌어 갔다.
> • 실학의 영향으로 기행가사가 발달했고, 내간체와 교방, 내간 등의 여류문학이 발달하였다.

05 다음 중 고산 윤선도의 작품만으로 묶인 것은 어느 것인가?

① 견회요, 산중신곡, 산중속신곡, 어부사시사
② 어부사, 오륜가, 산중신곡, 강호연군가
③ 누항사, 선상탄, 사제곡, 독락당
④ 오륜가, 강호연군가, 산중신곡, 어부사시사

> **해설**
> ① 고산 윤선도의 작품은 이 외에 몽천요, 우후요 등이 있다.

06 다음 책들과 관계있는 문학형태는?

| • 청구영언 | • 해동가요 | • 가곡원류 |

① 향가   ② 경기체가
③ 신체시   ④ 시조

> **해설**
> • 3대 고시조집 : 「청구영언」, 「해동가요」, 「가곡원류」
> • 4대 고시조집 : 「청구영언」, 「해동가요」, 「가곡원류」, 「병와가곡집」

07 다음 중 시조를 곡조에 따라 분류 수록한 시가집은?

① 「해동가요」   ② 「고금가곡」
③ 「청구영언」   ④ 「병와가곡집(甁窩歌曲集)」

> **해설**
> ③ 「청구영언」: 최고(最古)의 시조집
> • 곡조별 편찬 : 「청구영언」, 「가곡원류」, 「남훈태평가」, 「화원악보」
> • 작가별 편찬 : 「해동가요」, 「병와가곡집」, 「동가선」
> • 주제별 편찬 : 「고금가곡」

08 가사와 시조의 형식상 공통점은?

① 삼장형식(三章形式)
② 3음보(音步)
③ 가사의 최종행과 시조의 종장 일치
④ 점층적 구성

> **해설**
> **가사와 시조**
> • 공통점
>   – 기본음수율, 음보율, 작자층이 비슷하다.
>   – 가사의 낙구 부분이 시조의 종장과 유사하다.
> • 차이점 : 가사는 교술장르, 시조는 서정장르이다.

09 다음 중 고대 소설의 특징으로 옳은 것은?

① 구어체 문장을 주로 서술하였다.
② 현실적인 내용을 주로 담고 있다.
③ 조선 중기 이후의 작품이 주로 나왔다.
④ 판소리의 소설화를 볼 수 있다.

> **해설**
> **고대 소설**
> 조선시대의 소설을 말하며, 영·정조 이후 전성기를 맞았다.
> • 주제 : 권선징악
> • 배경 : 평민소설 – 한국, 양반소설·궁중소설 – 중국
> • 구성 : 일대기적 구성, 행복한 결말
> • 사건 : 비현실적, 우연적
> • 사상 : 무격신앙, 유교, 불교, 도교 등
> • 인물 : 전형적, 평면적 인물을 작가가 주로 직접 제시함
> • 문체 : 운문체, 구송체(口誦體)

10 「홍길동전」에 대한 설명으로 바르지 못한 것은?

① 주제는 '적서차별 타파'이다.
② 전기적 성격에서 탈피하였다.
③ 임진왜란 뒤의 혼란한 사회상을 배경으로 나타냈다.
④ 해외진출과 이상국 건설이라는 면에서 「허생전」에 맥이 닿는다.

해설

배경 사상
- 봉건제도의 모순과 적서차별에 대한 비판 의식
- 학정에 대한 서민적 고발정신
- 「수호지」 등의 영향을 받은 허균의 사회소설, 최초의 국문소설

역사적 배경
- 조선 후기 팽배한 서민 정신
- 임진왜란 뒤의 혼란한 사회상
- 중국소설 「수호지」, 「삼국지연의」 등의 영향
- ※ 사회소설 : 사회변혁을 추리하거나 사회변동 과정을 그린 소설. 「홍길동전」, 「전우치전」

11 「임진록」처럼 역사적 사실에 대한 보상심리에서 쓰인 것은?

① 「유충렬전」
② 「조웅전」
③ 「전우치전」
④ 「박씨전」

해설

군담소설의 유형
- 실전담류 : 실제 전쟁 기록. 「징비록」
- 역사 군담류 : 역사적 사건을 소설화함. 「임진록」, 「박씨전」
- 창작 군담류 : 가공적 영웅을 주인공으로 함. 「유충렬전」, 「이대봉전」

정답 08 ③ 09 ④ 10 ② 11 ④

12 다음 중에서 '애정소설(愛情小說)'이 아닌 것은?

① 「숙향전」 ② 「흥부전」
③ 「옥루몽」 ④ 「구운몽」

> **해설**
> **조선 후기 연애소설(염정소설)**

작품명	작자	내용
운영전	미상	• 궁녀 운영과 김진사의 비극적 사랑을 그림 • 고대 소설 중 유일한 비극소설 • 일명 「수성궁몽유록」
구운몽	김만중	인생무상을 주제로 한 몽자류 소설
옥루몽	미상	「구운몽」의 아류작
춘향전	미상	이몽룡과 성춘향의 사랑을 그린 판소리계 소설
숙향전	미상	「춘향전」의 아류전

13 고대 소설 「춘향전」에 관한 설명 중 맞지 않는 것은?

① 계급 타파를 주장하였다.
② 조선 전기에 제작된 소설이다.
③ 사랑을 주제로 한 소설이다.
④ 판소리로서 창극으로 분화되기도 했다.

> **해설**
> ② 영조, 정조 전후의 작품으로 추정되고 있다.

14 연암 박지원의 소설로 상업경제 사상을 고취하여 이상적인 나라를 건설하려는 사상을 보인 작품은?

① 「호질」 ② 「양반전」
③ 「허생전」 ④ 「광문자전」

> **해설**
> ③ 허생전은 연암 박지원이 지은 한문 소설로 주인공 허생원을 통하여 당시의 경제체제를 비판하고 근대의 자본주의 사상을 시사하고 있다.
> • 「호질」 : 당시 유생들의 위선적인 도덕생활을 풍자함
> • 「양반전」 : 대표작, 양반의 위선과 부패를 폭로함
> • 「광문자전」 : 주인공 거지 광문의 인간성을 그린 작품
> • 「마장전」 : 유신이라는 늙은이의 일화를 중심으로 양반을 희롱하고 세상사람을 훈계함

15 다음은 판소리에 쓰이는 용어이다. 설명이 올바른 것은?

① 아니리 – 창이 아닌 말로, 창 도중에 하는 이야기
② 추임새 – 노래를 부르면서 하는 몸짓
③ 광대 – 북 치는 사람
④ 휘모리 – 소리가 가장 느린 곡조

> **해설**
> ② 추임새 : 광대의 흥을 돋우고 관객의 반응을 대변하는 고수와 관객의 탄성
> ③ 광대 : 연기를 하는 사람(창, 아니리, 발림을 함)
> ④ 휘모리 : 소리가 가장 빠른 곡조
>
> **판소리 장단**
> • 진양조 : 가장 느린 곡조. 슬픈 장면을 연창할 경우
> • 중모리 : 중간 빠르기의 곡조. 안정감을 줌
> • 중중모리 : 중모리보다 조금 빠른 곡조. 흥겨움과 우아한 느낌
> • 자진모리 : 빠른 곡조. 명랑하고 상쾌한 느낌
> • 휘모리 : 가장 빠른 곡조. 흥분과 긴장감을 느낌
> • 엇모리 : 평조음. 기본 장단에 대한 엇장단. 평화스러움과 경쾌한 분위기를 느낌

16 판소리 12마당과 관계가 없는 것은?

① 「흥부가」   ② 「적벽가」
③ 「춘향가」   ④ 「헌화가」

> **해설**
> • 판소리 12마당(정노식의 「조선 창극사」) : 「춘향가」, 「심청가」, 「흥부가(박타령, 흥보가)」, 「수궁가(토끼 타령)」, 「적벽가(화용도 타령)」, 「변강쇠 타령(가루지기 타령)」, 「배비장 타령」, 「강릉매화 타령」, 「옹고집 타령」, 「장끼 타령」, 「무숙이 타령」, 「숙영낭자 타령」
> • 판소리 6마당 : 「춘향가」, 「심청가」, 「흥부가」, 「적벽가」, 「수궁가」, 「변강쇠 타령」
> • 판소리 5마당 : 「춘향가」, 「심청가」, 「흥부가」, 「적벽가」, 「수궁가」

17 민속극의 특성과 거리가 먼 것은?

① 민중성   ② 교술성
③ 해학성   ④ 폭로성

> **해설**
> **민속극의 특성**
> 민중성, 골계성, 축제성, 해학성, 비판성, 오락성, 폭로성

정답 12 ② 13 ② 14 ③ 15 ① 16 ④ 17 ②

18 다음 중 탈춤에 해당되지 않는 것은?
① 봉산 탈춤
② 꼭두각시 인형
③ 고성 오광대놀이
④ 동래야유

> **해설**
> ② 꼭두각시 인형 : 전래하는 우리나라 유일의 민속 인형극으로서, 양반 계층에 대한 평민들의 비판을 소재로 남사당 패에 의해 연희되었다.

06 | 근·현대 문학작품의 이해

01 신문학 최초의 시가(詩歌) 형태는?
① 신체시
② 자유시
③ 창가가사
④ 현대시조

> **해설**
> **창가가사**
> • 개화가사가 찬송가, 학교 교가 등의 영향을 입어 변모된 형식의 노래. 창가란 음곡을 붙여 노래 부른다는 데서 생긴 명칭이다.
> • 내용 : 애국사상, 개화사상, 독립사상, 신교육 사상 등
> • 주요 발표지 :「독립신문」,「소년」,「청춘」등
> • 의의 : 가사가 신체시로 넘어가는 데 있어서 교량 구실을 했다.
> • 작품 :「경부철도가」,「한양가」,「대한조선」,「태백산가」,「세계일주가」,「표모가」,「권학가」등

02 최초의 언문일치 문장과 관계있는 것은?
①「심춘순례」
②「서유견문」
③「백두산근참기」
④「금강예찬」

> **해설**
> ② 서유견문(西遊見聞) : 서양 문명의 견문을 본격적으로 소개하고, 언문일치를 지향한 최초의 국한문 혼용체 문장을 사용하고 있다.

03 다음 중 고대 소설과 신소설의 비슷한 점은?
① 등장인물의 정형성
② 제재의 현실성
③ 개화의식의 고취
④ 언문일치의 문장

> **해설**
> ① 신소설은 과도기적 역할을 하던 소설로, 인물의 성격의 정형성과 사건의 우연성이라는 점에서 고대 소설과 비슷하다.
> • 고대 소설 : 권선징악, 비현실적, 운문체, 상투어 사용
> • 신소설 : 개화 계몽사상, 현실적, 언문일치의 시작
> • 현대 소설 : 새로운 인간성 탐구, 진실적, 언문일치의 완성

04 신소설의 특징과 거리가 먼 것은?

① 갑오개혁 이전의 소설문학에 대립된 개념이다.
② 서술이 설화적이며 비현실적 소재가 많다.
③ 근대적인 개화, 계몽사상을 내용으로 한다.
④ 창작 신소설, 번안 신소설, 개작 신소설이 있다.

> **해설**
> ② 고대 소설의 특징이다.
> **신소설**
> • 갑오개혁 이전의 소설에 대하여 새로운 내용·형식·문체로 이루어진 소설
> • 형식 : 언문일치에 가까운 문장, 묘사적인 표현
> • 내용 : 개화, 계몽, 자주독립, 자유연애 등
> • 의의 : 고대 소설과 현대 소설의 교량적 역할을 함. 사건 중심의 소설로 변모함. 개화사상의 고취

05 우리나라 소설의 시대에 따른 주제의 변천양상(變遷樣相)이 잘못 연결된 것은?

① 고대 소설 – 무비판적, 권선징악
② 신소설 – 개화의식, 신문명 찬양
③ 근대 소설 – 인습 및 미신 타파
④ 현대 소설 – 민족 및 이데올로기

> **해설**
> **고대 소설·신소설·현대 소설의 비교**
>
> | 분류 | 고대 소설 | 신소설 | 현대 소설 |
> |---|---|---|---|
> | 주제 | 권선징악 | 계몽사상 | 새 인간형의 강조 |
> | 제재 | 주인공의 일대기 | 한 과제를 다루려 함 | 한 과제의 필연적인 전개 |
> | 세계 | 비현실적 | 현실적 | 진실의 전개 |
> | 결말 | 해피엔드 | 해피엔드가 많음 | 해피엔드가 적음 |
> | 문체 | 운문적이며 상투어가 많음 | 언문일치체의 추구 | 완전한 언문일치 |

정답 18 ② / 01 ③ 02 ② 03 ① 04 ② 05 ④

06 1905년 을사보호조약이 체결되자 「시일야방성대곡(是日也放聲大哭)」이란 글을 실은 신문과 그 글을 쓴 이가 옳게 연결된 것은?

① 「만세보」 – 오세창
② 「황성신문」 – 장지연
③ 「한성순보」 – 최남선
④ 「독립신문」 – 서재필

해설
② 「황성신문」은 이 글로 인하여 폐간되었다.

07 주시경(周時經)이 독립신문사 내에 설립한 한글 철자법에 관한 연구회 명칭은?

① 국어연구소
② 국문동식회
③ 조선어학회
④ 광문회

해설
② 국문동식회(國文同式會) : 건양 1년(1896) 5월에 주시경이 독립신문사 내에 설립한 한글 철자에 관한 연구회로서 한글 표기의 통일과 연구를 주로 했으며, 처음 이름은 "조선문동식회"였다. 1906년 겨울에 해체되었다.
① 국어연구소 : 1907년 학부 내에 개설한 국문통일을 위한 국어국문연구기관이다.
③ 조선어학회 : 조선어연구회(1921), 조선어학회(1931), 한글학회(1949)
④ 광문회(光文會) : 1910년 10월 최남선이 창립한 한국고전 간행기관으로 고전의 보존과 이해를 돕는 데 목적을 두었다.

08 1910년대의 설명으로 알맞지 않은 것은?

① 2인 문단 시대
② 현대문학의 발생기
③ 계몽문학적 성격
④ 완전한 언문일치

해설
현대문학 제1기(1908년~3·1운동) : 2인 문단 시대(이광수, 최남선)
• 사상 및 사조 : 계몽사상, 근대적 인간상의 형상화, 신교육
• 문학 장르 : 신체시, 근대 소설, 자유시
• 작가 및 동인지 : 이광수, 최남선, 「태서문예 신보」

09 신체시에 대해 잘못 말한 것은?

① 내용은 개화의식, 자주독립, 신교육, 남녀평등사상 등이었다.
② 신체시는 근대시를 산출시키는 과도기적인 형태이다.
③ 당대 사회의 필요를 시문체로 표현하고자 했던 문학양식이다.
④ 몇 가지 특정된 율조(律調)에 의해 제작되었다.

해설
신체시
• 정의 : 갑오개혁 이후에 나타난 새로운 형태의 시
• 형식 : 창가의 정형률이나 반복적 리듬을 지양하고 구어체를 사용
• 내용 : 개화사상, 신교육사상 고취, 남녀평등사상, 자주독립사상 등 계몽적 내용
• 의의 : 근대시로 가는 과도기적 형태
• 최초의 작품 : 최남선의 「해(海)에게서 소년(少年)에게」(1908년 「소년」 창간호)

10 우리나라 최초의 개인 시조집은?

① 「시조유취」　　　　② 「청구영언」
③ 「백팔번뇌」　　　　④ 「오뇌의 무도」

해설
③ 「백팔번뇌」 : 최남선의 작품집으로 최초의 개인 창작 시조집. 시조부흥운동에 큰 몫을 한 작품집이다.

11 우리나라의 고시조를 현대에 와서 「시조유취(時調類聚)」란 이름 아래 주제 또는 소재별로 정리한 사람은?

① 이광수　　　　② 이병기
③ 이은상　　　　④ 최남선

해설
④ 「시조유취」 : 육당 최남선이 1928년에 그동안의 고시조를 거의 총망라하여 내용별로 엮은 시조집이다.

정답　06 ②　07 ②　08 ④　09 ④　10 ③　11 ④

12 다음 중 이광수의 작품이 아닌 것은?

① 「윤광호(尹光浩)」　　　② 「어린 벗에게」
③ 「이차돈의 사(死)」　　　④ 「빈처」

> **해설**
> 춘원 이광수의 주요 작품
> • 장편 : 「무정」(「매일신보」, 최초의 장편소설), 「재생」, 「마의 태자」, 「세종대왕」, 「혁명가의 아내」, 「단종애사」, 「흙」, 「이순신」, 「사랑」, 「원효대사」, 「이차돈의 사」
> • 단편 : 「어린 희생」(소년, 최초의 현대 단편소설), 「혈서」, 「어떤 아침」, 「허생전」, 「무명」, 「꿈」, 「윤광호」, 「어린 벗에게」

13 우리나라 현대문학사상 1920년대를 흔히 무슨 시대라 일컫는가?

① 창가, 신소설의 발생 시대
② 육당, 춘원의 2인 문단 시대
③ 다수 동인지 문단 시대
④ 사회적 동인지 문단 시대

> **해설**
> 현대문학 제2기(1920년대) - 다수 동인지 문단 시대
> • 사상 및 사조 : 낭만주의, 사실주의, 사회주의 등 문예사조 유입
> • 문학 장르 : 자유시, 근대 소설의 본격적 시도
> • 작가 : 「창조」, 「폐허」, 「백조」, 「금성」, 「개벽」, 「영대」, 「조선문단」 등의 동인들

14 우리나라 최초의 시 전문 동인지는?

① 「장미촌」　　　② 「백조」
③ 「자오선」　　　④ 「시문학」

> **해설**
> ① 장미촌 : 「폐허」와 「백조」의 교량적 역할을 함
>
> **시 전문지**
>
> | 지명 | 동인 | 주요 사항 |
> | --- | --- | --- |
> | 장미촌(1921년) | 박종화, 노자영 | 최초의 시 전문 동인지 |
> | 금성(1923년) | 양주동, 이장희 | 낭만적 경향 |

15 1920년대에 대립적(對立的) 경향을 보인 문예지로 바르게 묶인 것은?

① 「창조」 – 「영대」
② 「백조」 – 「장미촌」
③ 「폐허」 – 「금성」
④ 「개벽」 – 「조선문단」

> 해설
> 대립 잡지

지명	동인	주요 사항
개벽 (1920년)	김기진, 박영희	• 월간 교양잡지 • 계급주의 표방
조선문단 (1924년)	이광수, 방인근	• 동인지의 성격을 탈피한 최초의 종합잡지 • 신인추천제 실시 • 민족주의 표방

16 다음의 동인지(同人誌)와 그 대표 동인들이 틀린 것은?

① 「창조」 – 김동인, 주요한 등
② 「폐허」 – 염상섭, 오상순 등
③ 「백조」 – 김소월, 김억 등
④ 「시인부락」 – 서정주, 김동리 등

> 해설
> 1920년대 3대 문예동인지

지명	동인	주요 사항
창조 (1919년)	김동인, 주요한, 전영택, 김환	• 최초의 순수문예동인지 • 근대문학 개척에 이바지 • 완전한 언문일치체 문장 확립 • 시에서는 상징주의, 소설에서는 사실주의 • 창간호에 「불놀이」와 「약한 자의 슬픔」이 실림
폐허 (1920년)	황석우, 염상섭, 김억, 오상순	• 퇴폐주의, 상징주의, 자연주의, 허무주의의 경향 • 「백조」와 더불어 20년대 퇴폐적 낭만주의 주도
백조 (1922년)	홍사용, 나도향, 이상화, 현진건, 박종화	• 염세적, 현실도피적, 퇴폐적 낭만주의 • 가장 활발한 시 창작활동이 이루어진 문예지

정답 12 ④ 13 ③ 14 ① 15 ④ 16 ③

17 1920년대 문예지의 발행 순서가 맞는 것은?

① 「백조」 – 「조선문단」 – 「장미촌」 – 「폐허」 – 「창조」
② 「조선문단」 – 「창조」 – 「백조」 – 「폐허」 – 「장미촌」
③ 「폐허」 – 「창조」 – 「장미촌」 – 「백조」 – 「조선문단」
④ 「창조」 – 「폐허」 – 「장미촌」 – 「백조」 – 「조선문단」

> **해설**
> ④ 「창조」(1919) – 「폐허」(1920) – 「장미촌」(1921) – 「백조」(1922) – 「금성」(1923) – 「조선문단」(1924)

18 다음 중 문예지가 한국 현대시의 흐름과 일치하게 배열된 것은?

① 「시문학」 – 「시인부락」 – 「청록집」 – 「창조」 – 「백조」
② 「백조」 – 「시문학」 – 「시인부락」 – 「청록집」 – 「창조」
③ 「청록집」 – 「창조」 – 「백조」 – 「시문학」 – 「시인부락」
④ 「창조」 – 「백조」 – 「시문학」 – 「시인부락」 – 「청록집」

> **해설**
> ④ 「창조」(1919) – 「백조」(1922) – 「시문학」(1930) – 「시인부락」(1936) – 「청록집」(1940)

19 단편소설가로서 사실주의 문학을 집대성한 작가는?

① 나도향
② 현진건
③ 박종화
④ 주요한

> **해설**
> ② 현진건은 사실주의 경향의 작품(「빈처」, 「술 권하는 사회」)을 썼으며, 한국의 모파상이라 불린다. 그 외에 「운수 좋은 날」, 「불」, 「B사감과 러브레터」 등의 작품을 남겼다.

20 만해(萬海) 한용운에 관한 설명으로 옳지 않은 것은?

① 3·1운동의 주역으로서 33인 가운데 한 분이다.
② 「조선독립이유서」는 그가 옥중에서 집필한 명논설이다.
③ 신문화 개척에 이바지한 월간 종합지 「청춘」을 발간하였다.
④ 불교의 계몽과 유신을 위해 「유심(惟心)」이란 잡지를 간행하였다.

> **해설**
> ③ 「청춘」을 발간한 사람은 최남선이다.

21 김기진은 사건의 내용을 간결하게 압축시킨 시를 '단편 서사시'라 불렀다. '단편 서사시'와 관계가 없는 것은?

① 국민문학파의 역사주의에 대응하여 나온 양식이다.
② 시에서 리얼리즘을 추구하였다.
③ 임화가 대표적인 선구자이다.
④ KAPF의 대중화론과 관계가 있다.

해설
① 프로문학파에 대한 내용이다.
- 신경향파 문학 : 1923년경 사회주의적 정치성을 띤 문학으로서 하층민의 빈궁을 소재로 계급 의식을 내세운 문학이다. 박영희, 김기진, 최학송, 주요섭 등에 의해 「개벽」지를 중심으로 전개되었다.
- 국민문학파 : 프로문학의 세력과 대항하여 민족주의 문학을 주장하고 전통을 존중하여 국민적인 공동 의식을 중시하던 문학활동을 말한다.

22 다음 시인들에 대한 설명이 잘못된 것은?

① 이상화 - 「빼앗긴 들에도 봄은 오는가」, 저항 시인
② 김소월 - 「진달래」, 전통 시인
③ 서정주 - 「화사집」, 생명파 시인
④ 이상 - 「오감도」, 낭만주의 시인

해설
④ 이상은 초현실주의 계열의 작품들을 발표하였고 신심리주의적 기법의 소설을 썼다.

23 1930년대의 문학적 상황과 관련이 없는 것은?

① 앞 시대의 목적문학이 지닌 도식성, 정치성, 편중성, 이념지향성을 거부하는 경향을 보였다.
② 이상의 의식분열, 생명파의 존재탐구, 이효석의 탐미주의 경향이 있었다.
③ 국민문학파와 프로문학파의 대립적 활동이 있었다.
④ 시문학파의 순수문학 활동이 있었다.

해설
③ 국민문학파(민족주의)와 프로문학파(사회주의)의 대립은 1920년대의 문학적 상황이다.

정답 17 ④ 18 ④ 19 ② 20 ③ 21 ① 22 ④ 23 ③

24 다음 중 1930년대 시문학파와 가장 관련이 적은 것은?

① 정치적 목적의식의 배제 ② 순수 서정성 위주
③ 언어의 조탁 ④ 자동기술법

> **해설**
> 시문학파의 특성
> • 목적의식의 배격
> • 세련된 언어 미학 창조
> • 시의 감상적 요소 배제, 섬세한 정서의 순화
> • 시어의 음악성 중시

25 작가와 작품의 연결이 옳지 않은 것은?

① 안국선 – 「금수회의록」
② 김동리 – 「독 짓는 늙은이」
③ 김동인 – 「운현궁의 봄」
④ 최인훈 – 「광장」

> **해설**
> ② 황순원의 대표작으로 「소나기」, 「학」, 「별」, 「카인의 후예」, 「나무들 비탈에 서다」, 「인간접목」, 「독 짓는 늙은이」 등이 있다.

26 1930년대 한국문학의 주류로서 일어서기 시작한 순수문학을 표방하고 나선 잡지는?

① 「인문평론」 ② 「시인부락(詩人部落)」
③ 「시문학」 ④ 「백조(白潮)」

> **해설**
> 1930년대의 동인지
>
> | 지명 | 동인 | 주요 사항 |
> |---|---|---|
> | 시문학 (1930년) | 박용철, 김영랑, 정인보, 신석정 | 시 동인지 순수시 운동의 모태가 됨 |
> | 삼사문학 (1934년) | 신백수, 조풍연, 이시우 | 주지주의와 초현실주의 경향 |
> | 시원 (1935년) | 모윤숙, 노천명, 김상용, 김광섭 | 순수문학 옹호한 시 동인지 여류 문단 형성 |
> | 시인부락 (1936년) | 서정주, 김동리, 김달진, 오장환 | 생명파의 문예지 |
> | 자오선 (1937년) | 서정주, 신석초, 윤곤강, 이육사, 김광균 | 시 전문 동인지 |

27 시·소설 중심의 순문예지로서 청록파 시인 등 많은 신인을 발굴해 내는 업적을 남긴 잡지의 이름은?

① 「백조」 ② 「문장」
③ 「인문평론」 ④ 「시인부락」

해설
일제 말의 2대 문예지

지명	주요 사항
문장 (1939년)	• 동양적인 문예지 • 「조선문단」에 이어 신인추천제도 실시 • 배출된 작가 : 조지훈, 박목월, 박두진, 김상옥, 이호우, 임옥인, 최태웅
인문평론 (1939년)	• 서구적인 문예지 • 최재서가 중심이 된 평론 중심의 문예지

28 서정주와 유치환의 공통점은?

① 모더니즘 추구 ② 민족의식 고취
③ 불교정신 ④ 생명의식의 탐구

해설
④ 서정주와 유치환은 '생명파'의 동인이다.

29 다음 괄호 속에 들어갈 알맞은 사람끼리 연결된 것은?

(㉠)의 향토색이 짙은 순수한 산수(山水)의 서경, (㉡)의 선미 깃들인 고아한 풍류는 가히 당대의 일품(逸品)이다.

① ㉠ : 김소월, ㉡ : 서정주
② ㉠ : 박목월, ㉡ : 조지훈
③ ㉠ : 유치환, ㉡ : 서정주
④ ㉠ : 박두진, ㉡ : 박목월

해설
② 청록파 시인들의 시풍을 설명한 글이다. 박목월은 향토적, 조지훈은 불교적인 색채를 특징으로 한다.
청록파
• 조지훈, 박목월, 박두진 등의 합동시집 「청록집」을 간행한 데서 하나의 유파로 성립하였다.
• '자연탐구'의 공통점에 의해 자연파라 불린다.
• 경향
  – 조지훈 : 회고적, 민족적
  – 박목월 : 한국적 자연과 전통적 정서의 현대화
  – 박두진 : 기독교 사상을 바탕으로 자연과의 교감을 노래함

30 1930년대 '브나로드' 운동의 시대적 조류를 반영한 작품이 아닌 것은?

① 이광수의 「흙」　　　　② 심훈의 「상록수」
③ 김유정의 「동백꽃」　　　④ 이무영의 「흙의 노래」

> **해설**
> ③ '브나로드' 운동을 반영한 작품은 농촌계몽문학이다.

31 소설 작품과 성격, 작가가 잘못 연결된 것은?

① 「태평천하」 - 계몽적 - 전광용
② 「무녀도」 - 토속적 - 김동리
③ 「메밀꽃 필 무렵」 - 서정적 - 이효석
④ 「동백꽃」 - 해학적 - 김유정

> **해설**
> ① 「태평천하」는 사실주의적 풍자적 소설로, 작가는 채만식이다.

32 해방 이후 최초로 발행된 순 문예지 이름은?

① 「문장」　　　　　　　② 「문예월간」
③ 「문예」　　　　　　　④ 「삼천리 문학」

> **해설**
> **1940년대의 문예지**
> - **백미(白眉)**: 김송이 주간하고, 유주현·박연희 등이 편집했던 종합지. 1945년 12월에 창간되어 6·25 직전까지 발간되었다. 민족주의 문학을 옹호(擁護), 육성했다.
> - **문예(文藝)**: 1949년 8월에 창간, 6·25 때에도 전시판을 내었으며 「현대문학」으로 이어진 문예지. 모윤숙이 발행하고 김동리, 조연현이 편집을 맡았다. 추천제를 실시하여 신인을 발굴했다.
>
> **1950년대의 문예지**
>
> | 지명 | 주요 사항 |
> | --- | --- |
> | 사상계
(1953년) | • 장준하의 주재로 창간된 월간 종합교양지
• 자유당 치하 독재에 항거하는 논문 등 발간 |
> | 문학예술
(1954년) | • 외국 작품과 평론을 실음
• 신경림, 이호철, 선우휘, 이어령 등을 배출 |
> | 현대문학
(1955년) | • 우리 문학사상 최장수 문예지
• 추천제, 현대문학상제 |

33 다음 소설 중 분단의 비극을 등장인물의 회상을 중심으로 처리하고 있는 것은?

① 「광장」
② 「수라도(修羅道)」
③ 「목넘이 마을의 개」
④ 「꺼삐딴 리」

해설
광장(廣場)
최인훈이 1960년에 발표한 작품으로, 주인공 이명준이 인간적 확증을 얻기 위해 남과 북을 오가며 몸부림치지만 실패하고 결국 '타고르'호에서 자살한다는 내용이다. 주인공을 통해 비극(悲劇)을 형상화(形象化)하고 있다.

34 다음 작품의 성격이 잘못 연결된 것은?

① 「요한시집」 - 실존적 자각을 통한 도덕적 갈등
② 「오발탄」 - 빈곤과 삶의 관계 해명
③ 「불꽃」 - 광복 당시 분열상의 비극적 국면
④ 「암흑시대」 - 신의 질서에 저항한 인간 승리

해설
④ 「암흑시대」: 세속적 삶의 모순(박경리의 작품)

35 1930년대에 들어서서 일어난 시단의 새로운 운동은?

① 순수시 운동
② 현실인식
③ 일제 저항
④ 브나로드 운동

해설
① 이 시기에는 현실과의 직접 충동을 피하고 순수문학을 지향함으로써 문학의 비약적인 성장을 보였다.

정답 30 ③ 31 ① 32 ③ 33 ① 34 ④ 35 ①

36 각 문학 유파에 대한 설명으로 적절하지 않은 것은?

① 시문학파(詩文學派) – '시는 언어예술'이라는 점을 인식하여, 순수문학을 옹호하였고 한국적, 전통적 시를 추구한 시파
② 청록파(靑鹿派) – 자연을 노래하는 시풍이 비슷한, 1939년에 '문장'을 통해 등단한 시파
③ 동반자작가(同伴者作家) – KAPF 문학파에 참가하면서도, 계급주의를 표방하지는 않았던 작가군
④ 주지시파(主知詩派) – 언어의 회화성, 서구적 취향을 중시한 반낭만주의적 시파

해설
③ '동반자작가'는 KAPF 문학에는 참가하지 않으면서, 계급주의를 표방한 작가군을 말한다.

37 1930년대에 전원문학을 지향한 문인군(文人群)은 어느 항목인가?

① 이상 – 이효석 – 채만식 – 김소월
② 염상섭 – 나도향 – 김유정 – 김이석
③ 이무영 – 김상용 – 김동명 – 신석정
④ 이광수 – 김동인 – 현진건 – 심훈

해설
• 이무영 : 주로 농사를 지으면서 농민소설을 썼다(「흙의 노래」, 「농민」, 「제1과 제1장」).
• 김상용 : 관조적이면서 자연에 밀착되어 있는 내용을 담은 시들을 썼다.
• 김동명 : 전원에 살면서 자연물을 소재로 한 시를 많이 썼다. 우국의 고뇌와 정열을 전원적 이미지로써 표현하였다.
• 신석정 : 주로 농촌에 살면서 자연에 귀의하는 작품의 시를 발표하였다.

38 청록파 시인들의 공통된 작품 내용과 가장 가까운 것은?

① 인간 생명의 존엄 ② 의식의 흐름
③ 동양적 자연관의 표출 ④ 해학과 반어의 기교

해설
청록파
• 특징 : 동인지 「청록집」(1946)을 중심으로 활동하며 자연에 동화된 인간과 자연을 주제로 한다.
• 시인
  – 박목월 : 자연과의 동화, 전통적 정서의 현대화, 향토적 서정세계를 다룸. 「불국사」, 「청노루」, 「산그늘」, 「나그네」 등
  – 박두진 : 기독교 사상을 바탕으로 자연과의 교감을 노래함. 「해」, 「묘지송」 등
  – 조지훈 : 불교적, 민족적, 회고적인 어조로 선과 지사적 기풍을 견지. 「승무」, 「고풍의상」 등

39 한국문학의 전통적 특성이라 할 수 없는 것은?

① 도덕미　　　　　　　　② 해학미
③ 비장미(悲壯美)　　　　 ④ 관조미(觀照美)

> **해설**
> ④ 우리나라는 유교 이념의 강력한 영향하에 있었기 때문에 경세적이거나 삼강오륜적인 요소를 강조하는 작품들이 많고, 잦은 전쟁과 끊임없는 외세의 침략으로 말미암은 고통을 다룬 작품들도 많다.

40 한국문학의 배경사상으로 가장 타당한 것은?

① 선적(禪的) 도교
② 토착적(土着的) 불교
③ 전통적 유교
④ 무속적 유·불·선(儒佛仙)

> **해설**
> ④ 한국문학은 무격신앙을 바탕으로 하고 유·불·선 사상이 교묘히 융합되었다. 또 이 세 사상 중 특정 시기에 한 사상이 집중적으로 영향을 끼칠 때도 있었고, 서로 혼합되어 영향을 끼칠 때도 있었다.

고전문학과 현대문학의 차이점

구분	고전문학	현대문학
시기	상고시대~19세기 초엽까지의 문학	19세기 후반(갑오개혁을 기점으로) 이후 현재까지의 문학
기조	동양적 토양	서구적인 영향
사상	토속적 신앙에 근거하여 도교, 유교, 불교 등의 영향을 받음	서구 문물과의 접촉, 근대화의 과정 속에서 기독교, 인문주의 등의 서구사상에 접촉

41 다음은 우리나라 국문학사상 형식별 최초의 작품들이다. 틀린 것은?

① 「금오신화」　　　　　　② 「상춘곡」
③ 「면앙정가」　　　　　　④ 「만분가」

> **해설**
> ③ 중종 19년에 등장한 전기 가사로, 정철의 「성산별곡」에 영향을 줌
> ① 최초의 한문 소설
> ② 최초의 가사
> ④ 유배가사의 효시

정답 36 ③　37 ③　38 ③　39 ④　40 ④　41 ③

※ 다음 글을 읽고 물음에 답하시오(42~45).

우러라 우러라 새여 자고 니러 우러라 새여.
㉠ 널라와 시름 한 나도 자고 니러 우니로라.
얄리얄리 얄라셩 얄라리 얄라

가던 새 가던 새 본다 믈 아래 가던 새 본다.
잉 무든 장글란 가지고 믈 아래 가던 새 본다.
얄리얄리 얄라셩 얄라리 얄라

㉡ 이링공 뎌링공 ᄒᆞ야 나즈란 디내와손뎌.
오리도 가리도 업슨 바므란 쏘엇디 호리라.
얄리얄리 얄라셩 얄라리 얄라

— 작자 미상의 〈청산별곡〉

42 위 글에서 후렴구가 나타내는 효과가 아닌 것은?

① 악기의 소리를 흉내 낸 의성어로서, 흥을 돕는 구실을 한다.
② 'ㄹ, ㅇ' 같은 유음을 사용해 명랑하고 부드러운 느낌을 준다.
③ 염세적인 분위기를 고조시킨다.
④ 내용에서는 괴로움을 노래하지만 후렴구는 명랑한 느낌을 주기 때문에 묘한 대비를 이룬다.

해설
③「청산별곡」본문은 삶의 비애를 노래하고 있지만, 이를 후렴구의 경쾌한 분위기와 연결시키면 시적 화자는 그런 괴로움에서 벗어나고 싶어 하는 것을 짐작할 수 있다. 즉, 낙천적인 기질을 반영하고 있다.

43 밑줄 친 ㉠의 현대어 해석으로 가장 바른 것은?

① 너와 함께 걱정한 나도
② 너처럼 시름이 큰 나도
③ 너보다 시름이 큰 나도
④ 너를 걱정하는 나도

해설
• '-라와' : '-보다'(비교 부사격 조사)
• 한 : 큰, 많은, 넓은

44 밑줄 친 ㉡을 통해 알 수 있는 서정적 자아의 처지와 가장 관계가 깊은 한자성어는?

① 유구무언(有口無言)
② 전전반측(輾轉反側)
③ 안빈낙도(安貧樂道)
④ 수구초심(首丘初心)

> 해설
> ② 근심이나 걱정거리 때문에 누워서 이리저리 뒤척이며 잠을 이루지 못함

45 위 글에 대한 설명으로 적절하지 않은 것은?

① 전체의 내용은 '청산의 노래'와 '바다의 노래'로 구조화되어 있다.
② 고려 평민 계층의 생활상과 세계관이 잘 드러나 있다.
③ 입에서 입으로 전해지다가 조선시대에 기록되었다.
④ 현실의 괴로움을 극복하려는 강한 의지가 돋보인다.

> 해설
> ④ 현실에 대한 체념을 읽을 수는 있지만, 구체적인 현실 극복의 강한 의지는 보이지 않는다.

※ 다음 글을 읽고 물음에 답하시오(46~48).

(가) ㉠ 우는 거시 벅구기가 프른 거시 버들숩가
 이어라 이어라
 漁어村촌 두어 집이 닛 속의 나락들락
 至지匊국悤총 至지匊국悤총 ㉡ 於어思사臥와
 말가흔 기픈 소희 온간 고기 뛰노느다
(나) 년닙희 밥 싸두고 반찬으란 쟝만 마라
 닫 드러라 닫 드러라
 靑청篛약笠립은 써 잇노라, 綠녹蓑사衣의 가져오냐
 至지匊국悤총 至지匊국悤총 於어思사臥와
 無무心심혼 白백鷗구는 내 좃는가 제 좃는가

— 윤선도의 〈어부사시사〉

46 위 글 「어부사시사」에 대한 설명으로 옳지 않은 것은?

① 어미 활용과 어휘 선택에서 우리말의 아름다움을 잘 살리고 있다.
② 「오우가」와 더불어 고산(孤山) 윤선도의 대표작으로 평가받고 있다.
③ 춘하추동 각 10수씩 계절에 맞춰 모두 40수로 된 연시조이다.
④ 후렴구를 제외하면 일반적인 평시조의 음수율을 지키고 있다.

> 해설
> ④ 여음구를 제외하면 3장 6구의 평시조 형식과 일치하며, 종장은 일반적인 평시조의 음수율에서 벗어나 있다.

정답 42 ③ 43 ③ 44 ② 45 ④ 46 ④

47 밑줄 친 ㉠에 대한 설명으로 적절하지 않은 것은?

① 대조적인 청각적 심상을 구사한다.
② 어촌의 봄 풍경을 노래한다.
③ 대구법을 사용해 표현의 묘미를 살렸다.
④ 계절감이 잘 드러나는 소재를 사용했다.

> **해설**
> ① ㉠에는 평화로운 봄 경치가 잘 드러나 있으며, 시각적 심상과 청각적 심상이 조화를 이루고 있다.

48 다음 중 ㉡과 같은 방법으로 만들어진 한자어가 아닌 것은?

① 프랑스 → 불란서(佛蘭西)
② 스페인 → 서반아(西班牙)
③ 이탈리아 → 이태리(伊太利)
④ 윗돌파지 → 상석리(上石里)

> **해설**
> ㉡은 뱃사람들이 노를 저으며 외치는 "어기여차, 어여차!" 소리를 흉내 낸 음차(音借) 표기이다. ④는 순우리말을 한자로 표기한 훈차(訓借) 표기이다.

※ 다음 글을 읽고 물음에 답하시오(49~52).

나 보기가 역겨워
가실 때에는
㉠ 말없이 고이 보내 드리우리다.

영변(寧邊)에 약산(藥山)
ⓐ 진달래꽃
㉡ 아름 따다 가실 길에 뿌리우리다.

가시는 걸음 걸음
놓인 그 꽃을
㉢ 사뿐히 즈려 밟고 가시옵소서.

나 보기가 역겨워
가실 때에는
㉣ 죽어도 아니 눈물 흘리우리다.

— 김소월의 〈진달래꽃〉

49 다음 중 위 작품에 대한 설명으로 적절하지 않은 것은?
① 이별의 정서를 3음보의 민요조 율격에 담아 표현하고 있다.
② 식민 통치라는 시대적 현실로부터 오는 고뇌와 슬픔이 바탕에 깔려 있다.
③ 시적 자아의 정서를 자연물에 의탁하여 표현하고 있다.
④ 함축적인 시어를 사용하여 표현하고자 하는 의도를 강조하고 있다.

> **해설**
> ② 이 시는 사랑하는 임과의 이별의 정한(情恨)을 노래한 시이다.

50 다음 중 밑줄 친 ⓐ의 상징적인 의미로 볼 수 있는 것은?
① 살아남은 자의 부끄러움　② 순수한 영혼의 표상
③ 임을 향한 축복　④ 시련 극복의 굳센 의지

> **해설**
> ③ '꽃'은 이별의 정한을 표시하는 전통적인 사물로서, 이 시에서는 시적 화자의 분신이며 임을 향한 변함없는 사랑을 상징한다. 또한 떠나는 임에 대한 축복이라는 함축적인 의미도 지닌다.

51 ㉠~㉣에 대한 다음 설명 중 옳지 않은 것은?
① ㉠ : 겉으로는 체념하고 있지만 원망의 감정이 담겨 있다.
② ㉡ : 떠나는 임을 오히려 축복해 주는 뜨거운 사랑을 담고 있다.
③ ㉢ : 떠나는 사람(임)에게 자신을 확인시켜서 마음이 돌아서기를 기대하는 심정을 느낄 수 있다.
④ ㉣ : 속으로 몹시 울겠다는 뜻을 반어적으로 표현하고 있다.

> **해설**
> ① 원망이 아니라 인종(忍從)과 체념을 나타낸다.

52 위 시에서 음악성을 돋보이게 하는 요소와 거리가 먼 것은?
① 경어체의 사용　② 7·5조의 음수율
③ 3음보의 율격　④ '~우리다'라는 각운

> **해설**
> ① 경어체를 통한 여성적 어조에는 비애, 기다림, 복종 등의 의미가 내포되어 있지만 운율 등 시의 음악성과는 직접적인 관련이 없다.

※ 다음 글을 읽고 물음에 답하시오(53~58).

> 까마득한 날에
> 하늘이 처음 열리고
> 어데 닭 우는 소리 들렸으랴
>
> 모든 산맥(山脈)들이
> 바다를 연모(戀慕)해 휘달릴 때도
> 참아 이곳을 범(犯)하던 못하였으리라
>
> 끊임없는 광음(光陰)을
> 부지런한 계절(季節)이 피여선 지고
> 큰 강물이 비로소 길을 열었다
>
> 지금 눈 나리고
> ㉠ 매화 향기(梅花香氣) 홀로 아득하니
> 내 여기 가난한 노래의 씨를 뿌려라
> 다시 천고(千古)의 뒤에
> 백마(白馬) 타고 오는 초인(超人)이 있어
> 이 광야(曠野)에서 목놓아 부르게 하리라
>
> — 이육사의 〈광야〉

53 위 글에 대한 설명으로 적절하지 않은 것은?

① 역사적인 현실 문제를 개인의 경험에 투영해 시상을 전개하였다.
② 시간의 흐름에 따라 시상을 전개하였다.
③ 남성적 어조는 화자의 굳은 의지를 보여준다.
④ 자기희생적인 의지를 상징적인 시어를 통해 노래하였다.

해설
① 개인적인 경험에 투영시키지는 않았다.

54 위 시의 흐름으로 보아 긴밀하게 연결되는 이미지끼리 연결된 것은?

① 하늘 – 바다 – 강물
② 산맥 – 눈 – 매화 향기
③ 닭 – 광음 – 광야
④ 까마득한 날 – 지금 – 천고의 뒤

해설
④ 이 시는 '과거 – 현재 – 미래'의 순서로 시상이 전개되고 있다.

55 밑줄 친 ㉠에 대한 설명으로 가장 적절한 것은?

① 암울한 현실을 상징한다.
② 연약하고 고독한 존재이다.
③ 강인한 지조를 가진 존재를 형상화한 것이다.
④ 너무나도 깨지기 쉬운 희망을 비유한다.

> **해설**
> ③ 이 시에서 '매화'는 눈 내리는 냉혹한 현실 속에서도 꽃을 피우고 향기가 있을 만큼 강인한 존재, 조국의 광복을 비유한다.

56 위 시에 대한 설명으로 가장 적절한 것은?

① 이상 세계를 향한 동경과 좌절을 대조적으로 드러내고 있다.
② 자연물에 인격을 부여하여 예찬의 정서를 표현하였다.
③ 미래의 인간 현실에 대한 비판적 어조가 드러나 있다.
④ 냉혹한 현실 상황에 대한 저항적 인식을 드러내고 있다.

> **해설**
> ④ 시적 화자는 선구자 의식을 지닌 존재로서, 냉혹한 현실에 저항하고 자신을 기꺼이 희생하며 초인을 기다리고 있다.

57 다음 중 '광야'의 의미로 가장 적절한 것은?

① 현실로부터 유리된 피난처
② 원시적인 신비함을 지닌 공간
③ 고통과 시련의 현장
④ 민족사가 시작된 역사의 현장

> **해설**
> ④ '광야'는 태초의 신성한 공간이며 우리 민족의 역사가 태동한 삶의 터전이다.

58 이 시의 시적 화자에 대한 설명으로 알맞지 않은 것은?

① 선비적 기질의 남성이다.
② 현실의 상황에 절망하고 있다.
③ 광야의 과거를 회고하고 있다.
④ 미래의 위대한 후손을 기대한다.

> **해설**
> ② 이 시는 현실의 혹독함에 절망하지 않고, 민족의 역사를 꽃피울 미래를 지향하고 있다.

정답 53 ① 54 ④ 55 ③ 56 ④ 57 ④ 58 ②

※ 다음 글을 읽고 물음에 답하시오(59~63).

> 아아, 新天地(신천지)가 眼前(안전)에 展開(전개)되도다. ㉠ 威力(위력)의 時代(시대)가 去(거)하고 道義(도의)의 時代(시대)가 來(내)하도다. 過去(과거) 全世紀(전세기)에 鍊磨長養(연마장양)된 人道的(인도적) 精神(정신)이 바야흐로 新文明(신문명)의 曙光(서광)을 人類(인류)의 歷史(역사)에 投射(투사)하기 始(시)하도다. 新春(신춘)이 世界(세계)에 來(내)하야 萬物(만물)의 回蘇(회소)를 催促(최촉)하는도다. 凍氷寒雪(동빙한설)에 呼吸(호흡)을 閉蟄(폐칩)한 것이 彼一時(피일시)의 ㉡ 勢(세)ㅣ라 하면, 和風暖陽(화풍난양)에 氣脈(기맥)을 振舒(진서)함은 此一時(차일시)의 勢(세)ㅣ니, 天地(천지)의 復運(복운)에 際(제)하고 世界(세계)의 變潮(변조)를 乘(승)한 吾人(오인)은 아모 躊躇(주저)할 것 업스며, 아모 忌憚(기탄)할 것 업도다. 我(아)의 固有(고유)한 自由權(자유권)을 護全(호전)하야 生旺(생왕)의 樂(낙)을 飽享(포향)할 것이며, 我(아)의 自足(자족)한 獨創力(독창력)을 發揮(발휘)하야 春滿(춘만)한 大界(대계)에 ㉢ 民族的(민족적) 精華(정화)를 結紐(결뉴)할지로다.
>
> – 최남선이 기초한 민족대표 33인의 〈기미 독립 선언서〉

59 다음 중 위 글에 대한 설명으로 적절하지 않은 것은?

① 독립에 대한 의지와 굳센 확신을 드러내고 있다.
② 한문이 주(主)를 이루고 한글이 이에 따르는 한주국종체(漢主國從體)를 사용하였다.
③ 지은이의 의견을 가능한 한 배제하였다.
④ 비폭력주의를 기본으로 삼고 있다.

해설
③ 이 글은 '독립의 정당성'을 주장한 논설문으로서, 지은이의 의견이 강하게 드러나 있다.

60 다음 중 위 글의 표현상의 특징으로 적절하지 않은 것은?

① 객관적인 사실에 근거하여 주장을 내세웠다.
② 감정적 요소를 철저히 배제하고 지적인 사고에 바탕을 두어 내용을 전개하였다.
③ 언문일치(言文一致) 운동의 과도기에 나온 글이므로 국한문 혼용체이다.
④ 의지적이고 장중한 어조로 설득력을 높였다.

해설
② 이 글은 논리적이면서도 감정에 호소하여 독자들의 행동을 촉구하고 있는 선언문이다.

61 위 글에서 밑줄 친 ㉠을 비유적으로 표현한 말로 가장 적절한 것은?

① 신문명(新文明)
② 만물(萬物)의 회소(回蘇)
③ 동빙한설(凍氷寒雪)
④ 화풍난양(和風暖陽)

> 해설
> ③ ㉠은 침략주의, 제국주의의 시대를 의미하며, 동빙한설은 혹독한 추위처럼 매서운 일제의 제국주의를 의미한다.

62 밑줄 친 ㉡과 그 의미가 가장 가까운 것은?

① 권세(權勢) ② 추세(趨勢)
③ 위세(威勢) ④ 태세(態勢)

> 해설
> ② 추세(趨勢) : 대세의 흐름이나 경향, 대세가 향하는 바나 그 형편

63 다음 중 ㉢의 문맥적 의미로 가장 적당한 것은?

① 민족의 역사 ② 민족적 긍지
③ 민족의 문화 ④ 민족의 독립

> 해설
> ③ 정화(精華)란 '깨끗하고 순수한 부분'을 의미하므로, ㉢의 앞부분에 있는 "독창력을 발휘하야"와 가장 잘 어울릴 수 있는 것은 '민족의 문화'이다.

※ 다음 글을 읽고 물음에 답하시오(64~68).

참의 고경명은 광쥐 사룸이니 임진왜난의 의병을 슈챵ᄒ야 금산 도적글 티다가 패ᄒ여 아ᄃᆯ인후와 막하 사룸 뉴핑노 안영으로 ᄒ가지로 죽다. 댱ᄌ 죵휘 원슈 갑ᄑ려 군을 닐와다 진쥐가 죽다. 처엄의 경명의 주검을 거두워 금산 묏가온대 가만이 무덧더니 마ᄋᆞ날 밧긔 처엄으로 념슙ᄒ니 ᄂᆞᆺ비치 산ᄃᆞᆺᄒ더라. 영장호매 긴 므지게 무뎀 넙픠셔 니러나 비치 슈샹ᄒ니 사룸이 니로ᄃᆡ 튱분의 감동ᄒ 배라 하더라. 쇼경대왕이 명ᄒ샤 졍녀ᄒ시고 광쥐다가 졔홀 집을 셰시고 집 일홈을 포튱이라 ᄒ시고 관원 보내샤 졔ᄒ시고 증좌찬성 ᄒ시니라.
― 〈동국신속삼강행실도(東國新續三綱行實圖)〉 중 '경명충렬(敬命忠烈)'

64 위 글에 나타난 언어 표기의 특징으로 적절하지 않은 것은?

① 사잇소리 'ㅅ'이 사용되었다.
② 구개음화가 일어나지 않았다.
③ 표기법상 끊어적기가 완전히 정착되었다.
④ 과거 시제 형태소 '-엇-'이 사용되었다.

> **해설**
> ③ 끊어적기('사룸이니')와 이어적기('무덧더니') 및 과도기적 표기법인 거듭적기('도적글')의 혼용이 나타난다.

65 위 글에 쓰인 단어의 뜻풀이가 옳지 않은 것은?

① 슈챵ᄒ야 – 우두머리가 되어 의병을 일으켜
② 막하 – 부하 장수
③ 묏가온대 – 묘(墓) 가운데
④ 셰시고 – 세우시고

> **해설**
> ③ 묏가온대 : 산중(山中)에

66 위 글에 대한 다음 설명 중 옳지 않은 것은?

① 임진왜란 후 피폐한 국민 도의(道義)의 회복을 목적으로 삼았다.
② 광해군의 왕명을 따라 편찬한 것이다.
③ 한문으로 적고 한글로 풀이하였다.
④ 사대부들의 국난 극복의 지혜를 내용으로 담았다.

> **해설**
> ④ 이 글은 계급이나 성별에 차별을 두지 않고 충신, 효자, 열녀 등의 본받을 만한 행적을 기록한 글이다.

67 위 글의 서술상 특징을 바르게 지적한 것은?

① 객관적인 입장에서 사실만을 전달하고 있다.
② 사건의 전말을 손에 잡힐 듯 소상하게 전한다.
③ 향토색 짙은 어휘를 구사하여 현장감을 살리고 있다.
④ 사실의 전달보다는 의견 제시에 주력하였다.

> **해설**
> ① 이 글은 구체적 행적을 사실적으로 간략하게 기술할 뿐 집필 의도는 겉에 드러나 있지 않으며, 객관적인 시선을 유지하고 있다.

68 위 글의 표기상의 특징을 잘못 지적한 것은?

① 성조를 나타내던 방점(傍點)을 사용하지 않았다.
② 이어적기와 끊어적기를 혼용하고 있다.
③ 모음 'ㆍ'를 사용하고 있다.
④ 모음조화(母音調和) 현상이 철저하게 지켜지고 있다.

> **해설**
> ④ 모음조화의 문란이 나타난다.

정답 64 ③ 65 ③ 66 ④ 67 ① 68 ④

CHAPTER 08 한자와 한문

01 | 한자의 이해

01 다음 중 形聲字끼리 모은 것은?
① 山, 日, 川
② 月, 馬, 鳥
③ 河, 天, 本
④ 河, 江, 花

해설
④ 形聲, ①·② 象形, ③ 指事

02 한자의 부수(部首)가 아닌 것은?
① 見
② 香
③ 亦
④ 用

해설
③ 돼지해머리부(亠)
①·②·④ 제부수

03 部首를 맞게 지적한 것은?
① 兒 - 儿
② 舍 - 人
③ 冊 - 一
④ 矣 - 厶

해설
部首를 혼동하기 쉬운 글자
九(乙), 也(乙), 之(丿), 以(人), 巨(工), 來(人), 年(干), 衷(衣), 成(戈), 南(十), 民(氏), 夜(夕), 恭(心), 甚(甘), 爲(爪), 巡(巛), 酒(酉), 承(手), 業(木), 象(豕), 與(臼), 歸(止), 燕(口), 亂(乙)

04 다음 중 '郡'과 '求'의 部首字로 맞게 연결된 것은?

① 尹 – 十   ② 口 – 火
③ 阜 – 手   ④ 邑 – 水

> **해설**
> • 阝(오른쪽) = 邑(고을읍방)
> • 阝(왼쪽) = 阜(언덕부변)

05 다음 중 글자의 획수(劃數)가 틀리게 쓰인 것은?

① 成 – 7획   ② 實 – 14획
③ 亞 – 8획   ④ 乏 – 5획

> **해설**
> **획수를 잘못 알기 쉬운 한자**
> 1획(乙), 2획(了, 乃), 3획(弓, 也), 4획(互, 片), 5획(世, 出), 6획(成, 仰, 糸), 7획(卵, 弟), 8획(延, 承), 9획(幽, 飛), 10획(核, 弱), 11획(途, 麥)

06 다음에서 '過'가 '지나치다'라는 뜻으로 쓰이지 않은 것은?

① 過保護   ② 過速
③ 過誤   ④ 過飮

> **해설**
> **過**
> • 지날 과 : 過勞, 過度 등
> • 예전 과 : 過去 등
> • 잘못할 과, 허물 과 : 過失 등

07 다음 중 '疾'을 '미워하다'로 새겨야 할 말은?

① 疾患   ② 痼疾
③ 疾走   ④ 疾視

> **해설**
> ④ 미워할 질, ①·② 병 질, ③ 빠를 질

정답 01 ④ 02 ③ 03 ① 04 ④ 05 ① 06 ③ 07 ④

08 '非'자가 '是是非非'에서의 뜻과 같이 쓰인 것은?

① 非行　　　　　　　② 非難
③ 非農家　　　　　　④ 非禮

해설
'是是非非'는 서로 옳고 그름을 따지며 다툰다는 뜻으로 여기서 '非'의 쓰임은 '그릇되다, 좋지 않다, 나쁘다'의 의미이다.
① 비행 : 그릇된 행동
② 비난 : 남의 잘못을 험담함
③ 비농가 : 농가가 아님
④ 비례 : 예의에 어긋남

09 '全國土의 要塞化'에서 '塞'자와 같은 뜻과 음으로 쓰인 낱말은?

① 邊塞　　　　　　　② 梗塞
③ 窮塞　　　　　　　④ 閉塞

해설
塞 : 변방 새, 막을 색
① 변새 : 변방에 있는 요새
② 경색 : 사물이 잘 융통되지 않고 막힘
③ 궁색 : 아주 가난함
④ 폐색 : 닫아 막힘

10 다음에서 밑줄 친 한자의 음이 나머지 셋과 다른 하나는?

① 索引　　　　　　　② 索漠
③ 索出　　　　　　　④ 摸索

해설
索 : '동아줄, 헤어지다, 쓸쓸하다'의 의미로 쓰일 때는 독음이 '삭'이고, '찾다, 더듬다'의 의미로 쓰일 때는 '색'으로 읽어야 한다.
② 삭막, ① 색인, ③ 색출, ④ 모색

11 밑줄 친 한자(漢字)의 발음이 서로 같은 것은?

① 安易 – 貿易
② 勝負 – 負債
③ 變更 – 更新
④ 省略 – 省察

해설

① 易 ┌ 쉬울 이 : 安易(안이)
     └ 바꿀 역 : 貿易(무역)
② 負 ┌ 패할 부 : 勝負(승부)
     └ 짐질 부 : 負債(부채)
③ 更 ┌ 고칠 경 : 變更(변경)
     └ 다시 갱 : 更新(갱신)
④ 省 ┌ 덜 생 : 省略(생략)
     └ 살필 성 : 省察(성찰)

12 '減殺'의 독음으로 올바른 것은?

① 감살
② 감쇄
③ 함살
④ 함쇄

해설

② 減 : 덜 감, 殺 : 빠를 쇄, 죽일 살

13 '綽綽'의 독음으로 올바른 것은?

① 도도
② 탁탁
③ 작작
④ 초초

해설

③ 綽 : 너그러울 작

14 '否塞'과 '諧謔'의 독음이 모두 바르게 된 것은?

① 비색, 해학
② 부새, 개학
③ 부색, 해학
④ 비색, 개학

해설

• 否 : 아닐 부, 막힐 비, 塞 : 막힐 색, 변방 새
• 諧 : 화할 해, 謔 : 희롱할 학

15 우리의 **慣習音**이 아닌 **漢字原音**대로 쓰이는 것은?

① 牧丹　　　　　　　② 四月初八日
③ 十月　　　　　　　④ 宅內

> **해설**
> ④ 댁내
> ① 목단 → 모란
> ② 사월초팔일 → 사월초파일
> ③ 십월 → 시월

16 '便宜'의 '便'과 讀音이 같지 않은 것은?

① 不便　　　　　　　② 便器
③ 便法　　　　　　　④ 便利

> **해설**
> 便 : 편할 편, 오줌·똥 변
> ② 변기, ① 불편, ③ 편법, ④ 편리

17 '識'의 讀音이 같지 않은 것은?

① 標識　　　　　　　② 常識
③ 良識　　　　　　　④ 博識

> **해설**
> 識 : 알 식, 기록할 지
> ① 표지, ② 상식, ③ 양식, ④ 박식

18 '不'은 '불, 부' 두 가지로 읽는다. 다음 항목 중 모두 '부'로 읽어야 할 것은?

① 不全·不幸·不自由·不道德
② 不正·不德·不同·不當
③ 不當·不適·不景氣·不調和
④ 不信·不便·不正·不敬

> **해설**
> ② '不'은 ㄷ, ㅈ 앞에서는 '부'로 읽는다.

19 讀音이 모두 맞게 연결된 것은?

① 鹿茸(녹용) - 冬眠(동민)
② 滿腔(만강) - 分泌(분필)
③ 娑婆(사바) - 軋轢(알력)
④ 自矜(자긍) - 慙愧(참귀)

해설
① 冬眠(동면), ② 分泌(분비), ④ 慙愧(참괴)

20 다음 중 漢字의 讀音으로 맞지 않은 것은?

① 拓本(탁본) - 派遣(파견)
② 佳句(가구) - 懦弱(유약)
③ 茶店(차점) - 邁進(만진)
④ 撲滅(박멸) - 奢侈(사치)

해설
③ 茶店(다점) - 邁進(매진)

21 다음 단어의 讀音이 바르게 배열된 것은?

| 隘路, 沮止, 曇天, 稗官, 反駁 |

① 익로, 저지, 운천, 패관, 반교
② 애로, 저지, 담천, 패관, 반박
③ 애로, 조지, 운천, 피관, 반박
④ 익로, 조지, 담천, 피관, 반교

해설
- 隘路(애로) : 좁은 길
- 沮止(저지) : 막아서 그치게 함
- 曇天(담천) : 흐린 하늘
- 稗官(패관) : 민간에서 전해 내려오는 이야기 등을 수집하고 기록하던 관리
- 反駁(반박) : 다른 사람의 주장에 반하여 논박함

정답 15 ④ 16 ② 17 ① 18 ② 19 ③ 20 ③ 21 ②

22 다음 중 잘못 쓰인 漢字가 있는 문장은?

① 현재 全世界 經濟狀況이 매우 안 좋다.
② 겨울철에는 특히 老後化된 溫水管 破裂을 조심해야 한다.
③ 이번 修學能力試驗에서는 특히 言語領域이 많이 어려웠다.
④ 앞으로는 水素自動車가 大勢를 이룰 것이다.

> **해설**
> ② 老後化 → 老朽化(오래되어 썩게 됨)

23 다음은 나이를 나타내는 한자어이다. 바르게 연결된 것은?

① 지천명(知天命) - 40세
② 고희(古稀) - 50세
③ 약관(弱冠) - 15세
④ 관세(冠歲) - 20세

> **해설**
> ① 지천명(知天命) - 50세
> ② 고희(古稀) - 70세
> ③ 약관(弱冠) - 20세

24 다음을 漢字로 바르게 쓴 것은?

취업자, 매일, 계약자, 국민연금, 수수료

① 就業者, 每日, 契約者, 國民年金, 手數料
② 就業者, 梅日, 契約者, 國民軟禁, 手數料
③ 就業子, 每日, 契約子, 國民年金, 手數料
④ 就業者, 每日, 契約者, 國民年金, 收受料

25 다음 한자를 바르게 쓴 문장은?

① 年末定算을 할 때가 다가오고 있다.
② 땅속에는 수많은 微生物이 산다.
③ 현재 우리나라에는 다양한 國家의 多文化家丁 아이들이 있다.
④ 오늘날 世系는 하나의 共同體로 이루어졌다.

> 해설
> ① 年末定算 → 年末精算
> ③ 多文化家丁 → 多文化家庭
> ④ 世系 → 世界

26 다음 문장의 괄호 안에 들어갈 漢字語로 적절한 것은?

> 모든 國民은 人間으로서의 (　)과 (　)를 가지며, (　)을 (　)할 權利를 가진다.

① 尊嚴, 價値, 幸福, 追求
② 存嚴, 價値, 幸福, 推究
③ 尊嚴, 假齒, 行福, 追求
④ 存嚴, 價置, 行福, 抽求

> 해설
> • 尊嚴(존엄) : 높고 엄숙함 예 尊嚴性
> • 價値(가치) : 주관의 뜻을 만족시키는 객관적 당위 예 價値判斷
> • 幸福(행복) : 생활에 대해 만족하고 보람을 느끼는 상태 예 幸福感, 幸福主義
> • 追求(추구) : 쫓아 구함 예 幸福追求權

27 다음 文章에서 밑줄 친 부분의 漢字가 올바른 항목은?

> <u>혼인</u>과 가족생활은 개인의 존엄과 <u>양성</u>의 평등을 기초로 성립되고 <u>유지</u>되어야 한다.

① 閽人 - 良聲 - 劉摯
② 混仁 - 兩聖 - 柳枝
③ 渾仁 - 兩城 - 留支
④ 婚姻 - 兩性 - 維持

28 다음에서 밑줄 친 곳을 바르게 적은 것은?

> 正義社會 구현을 위해 不正을 <u>척결</u>하여 <u>기강</u>을 쇄신하자.

① 斥決 – 紀綱
② 拓抉 – 記綱
③ 剔抉 – 記綱
④ 剔抉 – 紀綱

해설
- 剔抉(척결) : 뼈와 살을 긁어내고 도려낸다는 뜻으로, 무엇을 깨끗이 후벼 파거나 도려냄을 이르는 말이다. 부정, 모순, 결함 등이 있는 현상이나 근원을 송두리째 파헤쳐 깨끗이 없앤다는 의미로 쓰인다.
- 紀綱(기강) : 으뜸이 되는 중요한 규율과 질서를 뜻한다.

29 다음 漢字語 중 '讀書'와 같은 구조로 된 것은?
① 天地
② 立身
③ 山川
④ 明月

해설
讀書 : 술어 + 목적어
② 술목관계, ① 대등관계, ③ 대등관계, ④ 수식관계

30 다음의 漢字語에서 竝列(또는 對等)의 구조로만 이루어진 것은?
① 難易, 老少
② 讀書, 作文
③ 素質, 乾畓
④ 歸農, 下鄕

해설
② 述目關係
③ 修飾關係
④ 述補關係

31 한자어의 구조상 공통되는 것끼리 연결되지 않은 것은?
① 年少 – 非禮
② 妻子 – 車馬
③ 流水 – 白雪
④ 成事 – 殺生

해설
- 年少 : 주술관계
- 非禮 : 술보관계

02 | 한문의 이해

01 '反哺'라는 한자성어가 갖는 교훈성은?

① 부모의 은혜를 잊지 말라는 뜻
② 반역의 뜻을 갖지 말라는 뜻
③ 계획을 자주 바꾸지 말라는 뜻
④ 남을 배려하라는 뜻

> **해설**
> ① 반포(反哺) : 까마귀의 새끼가 자라서 먹이를 물어다가 늙은 어미에게 먹인다는 뜻으로, 자식이 자라서 늙은 부모를 봉양함 또는 은혜를 갚음을 비유하여 이르는 말이다(반포보은, 반포지효).

02 "죽은 뒤에도 은혜를 갚는다"는 뜻의 한자성어로 쓰이는 단어는?

① 犬馬之勞 ② 刮目相對
③ 管鮑之交 ④ 結草報恩

> **해설**
> ④ 결초보은 : 죽은 뒤에라도 은혜를 잊지 않고 갚음
> ① 견마지로 : '개나 말 정도의 하찮은 힘'이라는 뜻으로, 윗사람에게 충성을 다하는 자신의 노력을 낮추어 이르는 말
> ② 괄목상대 : '눈을 비비고 상대편을 본다'는 뜻으로, 남의 학식이나 재주가 놀랄 만큼 부쩍 늚을 이르는 말
> ③ 관포지교 : '관중과 포숙의 사귐'이라는 뜻으로, 우정이 아주 돈독한 친구 관계를 이르는 말

03 다음 문장의 밑줄 친 부분과 의미가 상통하지 않는 것은?

> 나는 사람 사이에 **處**하기를 즐거워하고 사람을 그리워하는 **甲男乙女**이다.

① 匹夫匹婦 ② 善男善女
③ 愚夫愚婦 ④ 南男北女

> **해설**
> ④ 남남북녀(南男北女) : 남쪽에는 남자가, 북쪽에는 여자가 예쁘고 잘생겼다는 뜻이다.

04 작은 일에 치중하다가 큰 일을 망친다는 뜻의 한자성어는?

① 矯角殺牛 ② 牽強附會
③ 緣木求魚 ④ 寸鐵殺人

> **해설**
> ① 교각살우 : 소뿔 고치려다 소를 잡는다는 뜻으로, 잘못된 점을 고치려다가 그 방법이 지나쳐 오히려 일을 그르침
> ② 견강부회 : 말을 억지로 끌어다가 이치에 맞추어 댐
> ③ 연목구어 : 나무에 올라가 고기를 구하듯 불가능한 일을 하고자 할 때를 비유
> ④ 촌철살인 : 말 한마디로 어떤 일의 급소를 찔러 사람을 감동시킴

05 亡國에 대한 한탄을 가리키는 한자성어는?

① 亡羊之歎 ② 風樹之嘆
③ 髀肉之歎 ④ 麥秀之歎

> **해설**
> ④ 맥수지탄 : 나라의 멸망을 한탄함
> ① 망양지탄 : 학문의 길이 다방면으로 갈려 진리를 얻기 어려움을 한탄함
> ② 풍수지탄 : 부모가 이미 세상을 떠나 효도를 할 수 없음을 한탄함
> ③ 비육지탄 : 실력을 발휘하여 공을 세울 기회를 잃고 허송세월하는 것을 탄식함

06 "친구가 잘되면 내가 즐겁다"의 한자성어는?

① 同病相憐 ② 松茂栢悅
③ 脣亡齒寒 ④ 金蘭之交

> **해설**
> ② 송무백열 : 남이 잘되는 일을 기뻐한다.
> ① 동병상련 : 같은 병의 환자끼리 서로 가엾게 여긴다. 어려운 사람끼리 동정하고 돕는다.
> ③ 순망치한 : 가까운 사이의 하나가 망하면 다른 한편도 온전하기 어렵다.
> ④ 금난지교 : 두 사람 간에 서로 마음이 맞고 교분이 두터워서 아무리 어려운 일이라도 해나갈 만큼 우정이 깊다.

07 "滅私奉公"과 상대적인 한자성어는?

① 憑公榮私　　　　　② 我田引水
③ 先公後私　　　　　④ 易地思之

> **해설**
> 멸사봉공(滅私奉公) : 사를 버리고 공을 위하여 힘써 일함
> ① 빙공영사(憑公榮私) : 관청이나 공공의 일을 이용하여 개인의 이익을 꾀함

08 "아침 저녁으로 부모님께 문안 드림"의 뜻을 가진 한자성어는?

① 昏定晨省　　　　　② 朝令暮改
③ 溫故知新　　　　　④ 金石盟約

> **해설**
> ② 조령모개 : 법령을 자꾸 고쳐서 딱 정하기 어려움
> ③ 온고지신 : 옛것을 익히고 나아가서 새것을 익힘
> ④ 금석맹약 : 금석과 같이 굳은 맹약

09 '錦上添花'와 상대적 뜻으로 쓰이는 것은?

① 錦衣還鄕　　　　　② 身言書判
③ 群鷄一鶴　　　　　④ 雪上加霜

> **해설**
> 금상첨화(錦上添花) : 좋고 아름다운 것에 더 좋고 아름다운 일이 더하여짐 ↔ 설상가상
> ④ 설상가상 : 눈 위에 서리가 덮인다는 뜻으로 난처한 일이나 불행이 잇달아 일어남
> ① 금의환향 : 벼슬하여 혹은 성공하여 고향에 돌아옴
> ② 신언서판 : 인물을 선택하는 표준으로 삼던 네 가지. 곧 신수, 말씨, 글씨, 판단력
> ③ 군계일학 : 닭의 무리 가운데서 한 마리 학이란 뜻으로 여럿 가운데서 가장 뛰어난 사람

10 다음 한자성어에서 ( )에 알맞은 한자는?

三旬( )食

① 九　　　　　　　　② 六
③ 二　　　　　　　　④ 三

> **해설**
> ① 삼순구식(三旬九食) : 한 달(三旬)에 아홉 끼를 먹는다(九食)는 뜻으로 빈궁하여 먹을 것이 부족함을 이른다.

정답 04 ①　05 ④　06 ②　07 ①　08 ①　09 ④　10 ①

11 '우연한 일로 남의 혐의를 받게 됨'을 비유한 말은?

① 吳越同舟　　　　② 賊反荷杖
③ 漁父之利　　　　④ 烏飛梨落

해설
④ 오비이락 : 아무 상관없는 일이 같이 일어나 억울하게 의심을 받거나 난처하게 된다는 말이다.
① 오월동주 : 서로 나쁜 사이일지라도 이익을 위하여서는 한자리에 같이 행동한다.
② 적반하장 : 잘못된 사람이 도리어 잘한 사람을 꾸중한다.
③ 어부지리 : 양쪽이 서로 다툴 때 제삼자가 와서 이익을 본다.

12 새로운 변화에 따를 줄 모르고 옛날 생각만으로 어리석게 행동하는 것은?

① 곡학아세(曲學阿世)　　　　② 각주구검(刻舟求劍)
③ 어부지리(漁父之利)　　　　④ 온고지신(溫故知新)

해설
② 배를 타고 나루를 건너다가 물속에 칼을 떨어뜨리고 배가 움직이고 있는 것은 생각하지도 않고 뱃전에 칼자국을 내어 표시해 두었다가 뒤에 칼을 찾을 정도로 시세의 추이에 융통성이 없음을 비유한 말
① 옳지 못한 학문을 하여 세속의 인기(人氣)를 끌려 함
③ 황새가 방 조개를 먹으려다 그 주둥이를 조개껍질에 잡혀 서로 다투는 중 어부가 지나가다 보고 둘 다 잡았다는 이야기에서 나온 말로, 양자(兩者)가 다투는 통에 제삼자가 이익을 보게 됨을 이름
④ 옛것을 익혀 새로운 것을 앎

13 '김 주사는 박 과장 앞에서 일부러 쾌활하게 웃으며 힘써 재미있는 이야기를 꾸며 비위를 맞추고 있었다'의 내용과 통하는 한자성어는?

① 面從腹背　　　　② 巧言令色
③ 前人未踏　　　　④ 衆口鑠金

해설
② 교언영색 : 교묘한 말과 애교 있는 낯빛으로 남의 기분을 사려고 함

14 다음 내용에 해당하는 한자성어는?

> 나무는 볼 수 있으나 숲은 보지 못한다.

① 東奔西走　　　　② 自家撞着
③ 走馬看山　　　　④ 無爲徒食

해설
③ 주마간산 : 사물의 겉만을 대강 보고 지난다.
① 동분서주 : 이리저리 바쁘게 돌아다닌다.
② 자가당착 : 같은 사람의 말이나 행동이 앞뒤가 맞지 아니한다(모순).
④ 무위도식 : 아무 하는 일도 없이 먹고 놀기만 한다.

15 '삼 밭에 쑥(蓬生麻中)'이라는 말의 뜻은?
① 일석이조의 효과가 있다.
② 공든 탑이 무너지랴와 유사한 뜻
③ 착한 일을 많이 하면 언젠가는 보답이 있다.
④ 착한 벗을 사귀면 자기도 착하여진다.

해설
④ 삼 밭에 쑥 : 삼 밭에서 난 쑥대는 삼대를 닮아 자연히 곧게 자란다는 뜻으로, 환경이 좋은 가운데서 자라나는 것을 뜻한다.

16 '職責을 다하지 못하면서 한갓 자리만 차지하고 祿만 받는 것'을 뜻하는 것은?
① 食少事煩　　② 守株待兎
③ 尸位素餐　　④ 金城湯池

해설
③ 시위소찬 : 공이 없이 한갓 자리만 차지하고 녹을 먹는 일
① 식소사번 : 먹을 것은 적고 일만 복잡함
② 수주대토 : 구습에 얽매고 고지식하고 융통성이 없음
④ 금성탕지 : 모든 조건이 갖추어진 요긴한 곳

17 다음 중 뜻이 비슷한 것끼리 연결되지 않은 것은?
① 群鷄一鶴 - 白眉　　② 張三李四 - 凡人
③ 錦衣夜行 - 出世　　④ 解衣推食 - 惠施

해설
③ 금의야행(錦衣夜行) : 비단옷을 입고 밤길을 걷는다는 뜻으로, 아무 보람이 없는 행동을 이르는 말이다.
① 군계일학(群鷄一鶴) : 닭의 무리 속에 있는 한 마리의 학이라는 뜻으로, 여러 사람 가운데 뛰어난 사람을 일컫는 말이다.
② 장삼이사(張三李四) : 장씨의 셋째 아들과 이씨의 넷째 아들이라는 뜻으로, 평범한 보통 사람을 이르는 말이다.
④ 해의추식(解衣推食) : 자기의 밥과 옷을 남에게 준다는 뜻으로, 좋은 일을 베푸는 것을 이른다.

18 뜻이 비슷한 것끼리 연결되지 않은 것은?

① 百尺竿頭 – 累卵之危
② 塞翁之馬 – 犬馬之勞
③ 南柯一夢 – 一場春夢
④ 管鮑之交 – 金蘭之契

> **해설**
> ② 새옹지마 : 인생의 길흉화복은 변화가 많아서 예측하기가 어려움
>   견마지로 : 윗사람에게 충성을 다하는 자신의 노력을 낮추어 이르는 말
> ① 백척간두 – 누란지위 : 매우 위태로운 상태
> ③ 남가일몽 – 일장춘몽 : 헛된 영화나 덧없는 일
> ④ 관포지교 – 금란지계 : 매우 친한 친구 사이의 사귐

19 다음 한자성어의 풀이가 옳지 않은 것은?

① 切磋琢磨 – 학문과 덕이 많음
② 群鷄一鶴 – 여러 사람 가운데서 뛰어난 사람
③ 首丘初心 – 자기의 고향을 몹시 그리워함
④ 萬頃蒼波 – 한없이 넓은 푸른 바다

> **해설**
> **절차탁마(切磋琢磨)**
> • 옥돌을 쪼고 갈아서 빛을 냄
> • 학문이나 인격을 수련 · 연마함

20 다음 중 한자성어의 설명이 잘못 연결된 것은?

① 拘尾續貂 – 앞선 관리의 무능함을 비유
② 駟不及舌 – 소문이 빠름을 말함
③ 水魚之交 – 매우 절친한 사이를 이름
④ 簞食瓢飮 – 소박한 생활을 비유

> **해설**
> ① 구미속초 : 담비의 꼬리가 모자라 개 꼬리를 잇는다는 뜻으로, 벼슬을 함부로 줌을 비유하여 이르거나, 훌륭한 것에 보잘 것 없는 것이 잇달음을 이른다.

21 다음 (가)와 (나)의 연결이 잘못된 것은?

	(가)	(나)
①	낫 놓고 기역자 모른다.	目不識丁
②	소 잃고 외양간 고친다.	死後藥方文
③	열 번 찍어 안 넘어가는 나무가 없다.	磨斧爲針
④	범 모르는 하룻강아지	養虎遺患

해설
④ 양호유환(養虎遺患) : 범을 길러 후환을 남긴다는 뜻으로 화근을 길러, 근심을 남김을 비유한 말이다.

22 다음 속담과 한자성어의 연결이 잘못된 것은?

① 矯角殺牛 - 기와 한 장 아끼다가 대들보 썩힌다.
② 靑出於藍 - 나중 난 뿔이 우뚝하다.
③ 錦衣夜行 - 비단옷 입고 밤 나들이 한다.
④ 狐假虎威 - 하룻강아지 범 무서운 줄 모른다.

해설
④ 호가호위(狐假虎威) : 다른 사람의 권세를 빌어 위세를 부림을 비유한 말이다.

23 한자성어에 해당하는 속담이 잘못된 것은?

① 姑息之計 - 언 발에 오줌 누기
② 雪上加霜 - 엎친 데 덮치기
③ 草綠同色 - 가재는 게 편
④ 十匙一飯 - 수염이 석 자라도 먹어야 양반

해설
④ 십시일반(十匙一飯) : 열 명이 한 숟가락씩 보태면 한 사람이 먹을 밥이 됨

정답 18 ② 19 ① 20 ① 21 ④ 22 ④ 23 ④

MEMO

인재시교(因材施敎) - 논어(論語)
자질에 맞춰 가르침을 베푼다.

PART 2

최신상식

CHAPTER 01　주요 국제 Awards
CHAPTER 02　최신시사용어

CHAPTER 01 | 주요 국제 Awards

01 | 노벨상

수상 부문		생리의학, 물리학, 화학, 경제학, 문학, 평화
주최		스웨덴 왕립과학아카데미, 노르웨이 노벨위원회
시작연도		1901년
시상식 장소		스웨덴 스톡홀름(단, 평화상은 노르웨이 오슬로)
시상식 일정		매년 12월 10일
심사	생리의학	카롤린스카 의학연구소
	물리학, 화학, 경제학	스웨덴 왕립과학아카데미
	문학	스웨덴 아카데미(한림원)
	평화	노르웨이 노벨위원회

01 노벨생리의학상

빅터 앰브로스

게리 러브컨

노벨위원회는 2024 노벨생리의학상 수상자로 분자 생물학자인 미국 매사추세츠 의대교수 빅터 앰브로스와 하버드 의대 교수 게리 러브컨을 선정했다. 노벨위원회는 "암을 포함한 난치병을 고칠 수 있는 차세대 치료제의 비밀 열쇠로 여겨지는 miRNA를 발견해 인류가 난치병 정복에 한 걸음 더 다가가는 데 기여했기에 노벨의학상을 시상한다"라고 선정 이유를 밝혔다. 유전자는 세포의 증식과 분화, 면역반응, 노화와 질병 등에 관여하는 정보를 담고 있다. miRNA를 활용해 유전자 발현을 인위적으로 조절할 수 있게 되면 효과적인 치료제가 없는 난치병과 유전 질환 치료를 시도할 수 있으며, 항노화 기술도 현실화할 수 있을 것으로 기대된다.

02 노벨물리학상

존 홉필드

제프리 힌턴

노벨물리학상은 미국 프린스턴대 명예 교수 존 홉필드와 캐나다 토론토대 교수 제프리 힌턴에게 수여되었다. 노벨위원회는 '인공신경망을 이용한 머신러닝을 가능케 하는 기반 발견 및 발명'과 관련한 공로를 높이 평가하며, AI 머신러닝(기계학습)의 기초를 확립한 홉필드와 힌턴을 수상자로 발표하였다. 하지만 힌턴이 "내 연구를 후회한다"고 밝혀 눈길을 끌었다. 수상 소식이 알려진 직후 그는 "AI가 초래할 수 있는 수많은 나쁜 결과에 대해 걱정해야만 한다"면서 "인간보다 더 똑똑해질 경우 초래할 결과에 대해 우려하고 있다"고 말했다. AI의 잠재적인 위험에 대비하기 위해 빅테크들이 AI를 통제하는 이슈에 더 많은 연구 자원을 쏟아 부어야 한다는 진단도 나왔다.

03 노벨화학상

데미스 하사비스

데이비드 베이커

존 점퍼

인공지능 분야에서 노벨물리학상에 이어 노벨화학상의 수여도 발표되었다. 알파고로 인공지능 역사에 새로운 획은 그었던 구글 딥마인드의 CEO 데미스 하사비스와, 수석 연구원 존 점퍼가 단백질 구조 예측, 오픈소스 AI 플랫폼 '알파폴드 2'의 개발로, 그리고 워싱턴 대학교 교수 데이비드 베이커가 단백질의 복잡한 구조의 예측과 설계의 혁신적인 기여로 노벨화학상 수상의 영예를 안았다. 이들의 연구는 생명체의 화학적 도구인 단백질의 구조와 기능을 이해하고 활용하는 데 있어 놀라운 진보를 이루었으며, 새로운 질병 치료제 개발, 효과적인 백신 설계, 환경오염 물질 분해 등 다양한 분야에 활용될 수 있다.

04 노벨경제학상

| 다론 아제모을루 | 사이먼 존슨 | 제임스 A. 로빈슨 |

노벨경제학상 수상자로는 국가 간 부의 차이를 연구한 다론 아제모을루, 사이먼 존슨, 제임스 A. 로빈슨에게 돌아갔다. 스웨덴 왕립과학원 노벨위원회는 "세 교수는 왜 어떤 국가는 부유하고 어떤 국가는 가난한지에 대한 새로운 통찰력을 제공했다"며 "국가 간 소득 차이를 줄이는 것은 우리 시대의 가장 큰 과제 중 하나인데, 수상자들은 이를 달성하기 위해 사회 제도의 중요성을 입증했다"는 선정 이유를 밝혔다.

05 노벨문학상

한강

2024년 노벨문학상의 영예는 우리나라 소설가 한강에게 돌아갔다. 한국인이 노벨상을 수상한 것은 2000년 평화상을 탄 김대중 전 대통령에 이어 두 번째다. 한림원은 한강의 작품 세계를 "역사적 트라우마에 맞서고 인간의 삶의 연약함을 드러낸 강렬한 시적 산문"이라고 표현하며 선정 이유를 밝혔다. 한강은 인간의 폭력성과 그에 따른 삶의 비극성을 집요하게 탐구해 온 작가로 꼽힌다. '채식주의자' 외의 대표작은 광주민주화운동을 배경으로 한 '소년이 온다', 말을 잃어가는 여자와 시력을 잃어가는 남자의 만남을 그린 '희랍어 시간' 등이 있다.

06 노벨평화상

니혼 히단쿄

노벨평화상은 핵무기 없는 세상을 만들기 위한 노력을 한 공로로 일본의 원폭피해자 단체에 돌아갔다. 노르웨이 노벨위원회는 평화상 수상자로 일본의 원폭피해자단체협의회(日本被團協·니혼 히단쿄)를 선정했으며, 선정 이유로는 "이 단체가 핵무기 없는 세상을 만들기 위한 노력과 증언을 통해 핵무기가 다시는 사용돼서는 안 된다는 것을 호소했다"라고 밝혔다. 니혼 히단쿄는 1956년에 일본 내 피폭자 협회와 태평양 지역 핵무기 실험 피해자들이 결성했으며, 일본에서 가장 크고 영향력 있는 피폭자 단체다.

02 | 세계 3대 영화제

01 베니스 영화제

개최 장소	이탈리아 베네치아
개최 시기	매년 8월 말~9월 초
시작 연도	1932년

〈2024 제81회 수상내역〉

- 황금사자상

〈더 룸 넥스트 도어〉   페드로 알모도바르

스페인 페드로 알모도바르 감독의 첫 영어 장편 영화 〈더 룸 넥스트 도어〉가 제81회 베니스 영화제에서 최고 영예에 해당하는 황금사자상을 안았다. 로이터 통신, 더 가디언 등 외신에 따르면 이 작품은 영화제에서 처음 상영된 후 무려 18분간 기립박수를 받았다. 〈더 룸 넥스트 도어〉는 미국 작가 시그리드 누네즈의 소설 '어떻게 지내요'를 원작으로 한다. 베스트셀러 작가인 잉그리드가 오랫동안 연락이 끊겼던 친구이자 과거 같은 잡지사에서 일했던 종군기자 마사와 수년 만에 재회하면서 벌어지는 이야기이다.

- 심사위원대상/감독상

〈베르밀리오〉   브래디 코베

심사위원대상은 이탈리아 마우라 델페로 감독의 〈베르밀리오〉가 수상했고, 감독상은 〈더 브루털리스트〉를 감독한 브래디 코베에게 돌아갔다. 〈베르밀리오〉는 이탈리아, 프랑스, 벨기에 합작 영화로, 제2차 세계대전 마지막 해 이탈리아 알프스를 배경으로 일어난 사건들을 그렸다. 〈더 브루털리스트〉는 헝가리 건축가와 홀로코스트 생존자의 사연을 그린 영화다.

- 남우주연상/여우주연상

뱅상 랭동   니콜 키드먼

남우주연상은 〈더 콰이어트 선〉의 뱅상 랭동이, 여우주연상은 〈베이비걸〉의 니콜 키드먼이 받았다. 〈더 콰이어트 선〉은 전체주의적 사상에 물들어 폭력적으로 변해가는 아들로 인해 커다란 비극을 맞는 가족에 대한 이야기이다. 〈베이비걸〉은 젊은 인턴과 불륜을 저지르면서 자신의 경력과 가족을 위험에 빠트리는 성공한 여성 사업가의 이야기를 그린다.

02 칸 영화제

개최 장소	프랑스 남부의 도시 칸
개최 시기	매년 5월
시작 연도	1946년

〈2025 제78회 수상내역〉

- 황금종려상

〈언 심플 액시던트〉　　자파르 파나히

최고 영예의 황금종려상은 이란을 대표하는 거장 영화감독 자파르 파나히의 신작 〈언 심플 액시던트〉의 영광으로 돌아갔다. 이 작품은 파나히 감독이 지난 2002년 구금됐다가 석방된 후 처음으로 만든 신작으로 전해졌다. 파나히 감독은 수상 소감에서 "모든 문제를 제쳐두고 지금 가장 중요한 건 우리나라(이란)의 자유"라고 외쳤다. 〈언 심플 액시던트〉는 정치범으로 수감됐던 한 남자가 감옥에서 자신을 괴롭힌 경찰과 닮은 사람을 마주치면서 일어나는 일을 그린다.

- 심사위원대상/감독상

〈센티멘탈 밸류〉　　클레버 멘돈카 필호

심사위원대상은 덴마크 출신 노르웨이 감독 요아킴 트리에의 신작 〈센티멘탈 밸류〉가 수상했고, 감독상은 〈더 시크릿 에이전트〉를 감독한 클레버 멘돈카 필호에게 돌아갔다. 〈센티멘탈 밸류〉는 유명 영화감독인 아버지와 사이가 소원해진 두 자매를 통해 가족의 복잡한 심리와 영화라는 예술이 주는 심리적 치료의 가치를 섬세하고 우아한 연출로 담아낸 작품이다. 〈더 시크릿 에이전트〉는 브라질 독재정권 말기를 배경으로 과거를 잊고 고향으로 돌아온 한 남자가 또다시 정치적 트라우마를 겪는 이야기이다.

- 남우주연상/여우주연상

와그너 모라　　나디아 멜리티

영화 〈더 시크릿 에이전트〉는 감독상에 이어 남우주연상의 영광도 안았다. 남우주연상을 수상한 와그너 모라는 미국 드라마, 할리우드 영화 등으로 얼굴을 알린 배우이다. 여우주연상은 이번이 영화 데뷔작인 23세의 프랑스 배우 나디아 멜리티가 〈더 리틀 시스터〉에서의 연기로 수상했다. 〈더 리틀 시스터〉는 프랑스계 알제리인 가족의 막내딸 파티마가 자신만의 길을 찾아가는 여정을 그린 작품이다.

03 베를린 영화제

개최 장소	독일 베를린
개최 시기	매년 2월 중순
시작 연도	1951년

〈2025 제75회 수상내역〉

- **황금곰상**

〈드림즈〉

다그 요한 하우거루드

최고작품상인 황금곰상은 〈드림즈〉를 연출한 노르웨이 감독 다그 요한 하우거루드에게 돌아갔다. 〈드림즈〉는 여교사와 사랑에 빠진 17살 소녀가 자신의 경험과 감정을 기록한 글을 어머니와 할머니가 발견하면서 벌어지는 이야기를 다룬다. 심사위원장을 맡은 토드 헤인스 감독은 "욕망의 원동력과 그 결과물, 욕망에 사로잡힌 사람에게 우리가 느끼는 질투를 탐구한다. 날카로운 관찰과 인내심 있는 카메라, 흠잡을 데 없는 연기로 글 쓰는 행위 자체에 주목하게 만든다"고 평가했다.

- **심사위원대상/감독상**

〈더 블루 트레일〉

휘 멍

심사위원대상은 브라질 감독 가브리엘 마스카로가 연출한 〈더 블루 트레일〉이 수상했으며, 감독상은 〈리빙 더 랜드〉를 연출한 중국 감독 휘 멍에게 돌아갔다. 〈더 블루 트레일〉은 75세 이상 시민을 노인 주거 지역에 격리하는 디스토피아 세계에서 운명에 저항하는 77세 노인의 여정을 그렸다. 〈리빙 더 랜드〉는 경제성장과 사회변화의 시작 단계인 1991년, 중국 농촌의 가난한 대가족의 사연을 그렸다.

- **주연상/조연상**

로즈 번

앤드류 스캇

주연상은 마리 브론스타인 감독의 〈이프 아이 해드 레그스 아이드 킥 유〉에서 열연한 로즈 번이 수상했다. 〈이프 아이 해드 레그스 아이드 킥 유〉는 남편이 부재중인 가운데 자녀의 원인불명의 질병과 마주하게 된 주인공이 살인사건과 더불어 치료사와의 갈등을 겪으며 삶의 복잡한 문제를 헤쳐나가는 이야기를 그렸다. 조연상은 리처드 링클레이터 감독의 〈블루 문〉에 출연한 앤드류 스캇이 받았다. 〈블루 문〉은 작사가 로렌츠 하트의 삶을 다룬 작품이다.

CHAPTER 02 최신시사용어

01 | 정치·국제·법률

01 계엄령
전시·사변 등 국가 비상사태 시 법률이 정하는 바에 따라 선포하는 국가긴급권

전시나 사변 또는 이에 준하는 국가 비상사태가 발생하는 경우 군사상의 필요나 공공의 안녕질서를 유지하기 위해 법률이 정하는 바에 따라 선포하는 국가긴급권으로 대통령의 고유 권한이다. 헌법 제77조 및 계엄법에 따라 대통령은 국무회의의 의결을 통해 비상계엄 또는 경비계엄을 선포할 수 있고, 국방부 장관과 행정안전부 장관이 이를 건의할 수 있다. 계엄령이 선포되면 해당 지역 내 행정권·사법권이 군에 이관되며, 헌법에 보장된 국민의 기본권을 제한할 수 있다. 다만 계엄을 선포할 때는 지체 없이 국회에 통고해야 하며, 국회가 재적의원 과반수 찬성으로 계엄 해제를 요구하면 대통령은 이를 해제해야 한다.

> **역대 계엄령**
> 1948년 대한민국 정부 수립 이후 17번의 계엄령이 선포됐다. 최초의 비상계엄은 1948년 10월 발생한 여순사건 당시 선포됐으며, 제주 4·3 사건, 6·25 전쟁 등에도 계엄령이 발동됐다. 1960년대 이후에는 4·19 혁명(1960), 5·16 군사정변(1961), 6·3 항쟁(1964), 10월 유신(1972), 10·26 사태(1979) 등 정치적으로 혼란한 상황에서 수차례 선포됐다. 1987년 개정된 현행 헌법에서 계엄 발동요건을 엄격히 제한하고 국회 재적의원 과반수 찬성으로 계엄 해제가 가능하도록 하면서 40년 넘게 계엄령 선포가 이루어지지 않았으나, 2024년 12월 3일 윤석열 전 대통령이 비상계엄을 선포하고 국회 무력화를 시도해 큰 파장이 일었다.

02 법률안 재의요구권
대통령이 국회에서 의결한 법률안을 거부할 수 있는 권리

대통령의 고유 권한으로 '법률안 거부권'이라고도 불린다. 대통령이 국회에서 의결한 법률안을 거부할 수 있는 권리다. 즉, "국회가 의결한 이 법률안에는 문제가 있으니 다시 논의하라"라는 의미다. 법률안에 대해 국회와 정부 간 대립이 있을 때 정부가 대응할 수 있는 가장 강력한 수단이다. 대통령은 15일 내에 법률안에 이의서를 붙여 국회로 돌려보내야 하는데, 국회로 돌아온 법률안은 재의결해서 재적의원 과반수 출석과 3분의 2 이상이 찬성해야 확정된다. 엄격한 조건 때문에 국회로 돌아온 법안은 결국 폐기되기 쉽다. 다만 대통령은 이 거부권을 법률안이 아닌 예산안에는 행사할 수 없다.

03 출생통보제

의료기관이 아이 출생사실을 의무적으로 지방자치단체에 통보하도록 하는 제도

부모가 고의로 출생신고를 누락해 '유령아동'이 생기지 않도록 의료기관이 출생정보를 건강보험심사평가원(심평원)을 통해 지방자치단체(지자체)에 통보하고, 필요한 경우에 한해 지자체가 출생신고를 할 수 있도록 하는 제도다. 2024년 7월 19일부터 시행됐으며, 의료기관은 모친의 이름과 주민등록번호, 아이의 성별과 출생연월일시 등을 진료기록부에 기재해야 한다. 의료기관장은 출생일로부터 14일 안에 심평원에 출생정보를 통보하고, 심평원은 곧바로 모친의 주소지 시·읍·면장에 이를 전달해야 한다. 한편 정부·국회는 미혼모나 미성년 임산부 등 사회·경제적 위기에 놓인 산모가 신원을 숨기고 출산해도 정부가 출생신고를 할 수 있는 '보호출산제'도 함께 도입하기로 했다.

04 김용균법

산업재해 방지를 위해 산업현장 안전과 기업의 책임을 대폭 강화하는 법안

2018년에 태안화력발전소 비정규직 노동자였던 故 김용균 씨 사망사건 이후 입법 논의가 시작되어 고인의 이름을 따서 발의된 법안이다. 故 김용균 씨 사망은 원청관리자가 하청노동자에게 직접 업무지시를 내린 불법파견 때문에 발생한 것으로 밝혀져 '죽음의 외주화' 논란을 일으켰다. 이 사건의 원인이 안전관련 법안의 한계에서 비롯되었다는 사회적 합의에 따라 산업안전규제 강화를 골자로 하는 산업안전보건법이 2020년에 개정되었고, 이후 산업재해를 발생시킨 기업에 징벌적 책임을 부과하는 중대재해처벌법이 2021년에 입법됐다.

산업안전보건법 개정안(산업안전법)
산업현장의 안전규제를 대폭 강화하는 방안을 골자로 발의된 법안으로 2020년 1월 16일부터 시행됐다. 주요 내용은 노동자 안전보건 조치 의무 위반 시 사업주에 대한 처벌을 강화하고 하청 가능한 사업의 종류를 축소시키는 것 등이다. 특히 도급인 산업재해 예방 조치 의무가 확대되고 사업장이 이를 위반할 경우 3년 이하의 징역 또는 3,000만 원 이하의 벌금에 처하도록 처벌수준을 강화해 위험의 외주화를 방지했다.

중대재해 처벌 등에 관한 법률(중대재해처벌법)
산업안전법이 산업현장의 안전규제를 대폭 강화했다면 중대재해처벌법은 더 나아가 경영책임자와 기업에 징벌적 손해배상책임을 부과한다. 중대한 인명피해를 주는 산업재해가 발생했을 경우 경영책임자 등 사업주에 대한 형사처벌을 강화하는 내용이 핵심이다. 이에 따라 노동자가 사망하는 산업재해가 발생했을 때 안전조치 의무를 미흡하게 이행한 경영책임자에게 징역 1년 이상, 벌금 10억 원 이하의 처벌을 내릴 수 있으며, 법인이나 기관도 50억 원 이하의 벌금형에 처할 수 있다. 2022년부터 시행됐으며 상시근로자가 50인 미만 사업장에서는 2024년 1월 27일(공포 후 3년이 경과한 날)부터 시행됐다. 단, 5인 미만 사업장에는 적용하지 않는다.

05 9·19 남북군사합의
남북이 일체의 군사적 적대행위를 전면 중지하기로 한 합의

2018년 9월 평양 남북정상회담에서 남북이 일체의 군사적 적대행위를 전면 중지하기로 한 합의다. 같은 해 4월 판문점 정상회담에서 발표한 '판문점 선언'의 내용을 이행하기로 한 것이다. 지상과 해상, 공중을 비롯한 모든 공간에서 군사적 긴장과 충돌의 근원이 되는 상대방에 대한 일체의 적대행위를 전면 중지하기로 했다. 그러나 윤석열 정부 들어 북한이 북방한계선(NLL) 이남에 탄도 미사일을 발사하는 등 도발수위를 높이고, 우리나라도 이에 군사적으로 맞대응하면서 합의가 무용지물이 되었다는 평가가 나오기 시작했다. 결국 북한이 2023년 11월 합의 전면폐기를 선언한 데 이어 2024년 6월 4일 우리나라 국무회의에서도 군사합의 전체의 효력을 정지하는 안건이 통과하면서 남북 간 긴장 수위가 다시 높아졌다.

06 법인차 전용번호판 제도
법인차에 연두색 전용번호판을 부착하도록 한 제도

국토교통부가 법인승용차 전용번호판 도입을 위한 '자동차 등록번호판 등의 기준에 관한 고시' 개정안을 행정예고함에 따라 2024년부터 시행된 제도다. 이에 따라 공공·민간법인이 신규·변경 등록하는 '8,000만원 이상의 업무용 승용차'는 연두색 전용번호판을 부착해야 한다. 신차는 출고가, 중고차는 취득가를 기준으로 한다. 전용번호판은 법인차에 일반번호판과 구별되는 색상번호판을 배정해 법인들이 스스로 업무용 차량을 용도에 맞게 운영하도록 유도하기 위해 추진된 것으로, 세제혜택 등을 위해 법인명의로 고가의 차량을 구입 또는 리스한 뒤 사적으로 이용하는 문제를 막기 위해 도입됐다.

07 머그샷 Mug Shot
범죄자의 현재 인상착의를 기록한 사진

피의자를 식별하기 위해 구치소, 교도소에 구금될 때 촬영하는 얼굴 사진이다. '머그(Mug)'는 정식 법률 용어는 아니며, 영어에서 얼굴을 속되게 이르는 말이기도 해 이러한 명칭이 생겼다. 피의자의 정면과 측면을 촬영하며, 재판에서 최종 무죄판결이 나더라도 폐기되지 않고 보존된다. 미국은 머그샷을 일반에 공개하는 것이 합법이었으나 우리나라에서는 불법이었다. 그러나 2023년 들어 '부산 돌려차기 사건'과 '또래 살인 사건' 등 강력범죄로 사회적 불안감이 높아지면서 중대범죄자에 대한 신상공개제도의 실효성이 도마에 올랐다. 이에 정부와 여당은 머그샷을 공개하는 내용을 포함한 특별법 제정을 추진해 통과시켰고, 2024년부터 특정 중대범죄를 저지른 경우 피의자의 얼굴을 공개할 수 있게 됐다.

08 학교폭력 근절 종합대책
학교폭력 가해학생의 처분결과를 입시에 의무 반영하는 내용을 골자로 한 대책

국가수사본부장에 임명됐다가 낙마한 정순신 변호사 아들의 학교폭력(학폭) 사건 논란을 계기로 2023년 4월 12일 정부가 11년 만에 새롭게 발표한 학폭 근절 종합대책을 말한다. 중대한 학폭 사건에 엄정하게 대처하고 피해학생을 중심으로 한 보호조치 개선을 목적으로 한다. 이에 2025년 기준 고등학교 3학년 학생들이 치르게 될 2026학년도 대입부터 학폭 가해학생에 대한 처분결과가 수시는 물론 수능 점수 위주인 정시 전형에도 의무적으로 반영된다. 또 학교생활기록부(생기부) 보존기간이 졸업 후 2년에서 최대 4년으로 연장돼 중대한 처분결과는 대입은 물론 취업에도 영향을 미칠 수 있게 됐다.

09 노란봉투법
노조의 파업으로 발생한 손실에 대한 사측의 손해배상을 제한하는 내용 등을 담은 법안

기업이 노조의 파업으로 발생한 손실에 대해 무분별한 손해배상소송 제기와 가압류 집행을 제한하는 등의 내용을 담은 법안이다. 사용자(기업)가 불법 파업으로 인한 손해배상을 청구할 때 사용자의 입증 책임과 더 엄격한 기준을 두었다. 또 사용자의 범위를 '근로조건에 실질적 지배력 또는 영향력이 있는 자'로 확대했는데, 이로써 대기업과 하청업체 같은 간접고용 관계에서도 교섭과 노동쟁의가 가능해질 것으로 전망됐다. 노란봉투법은 21대 국회에서 정부·여당·제계와 야당·노동계의 첨예한 대립 끝에 국회를 통과했으나, 윤석열 전 대통령이 거부권을 행사하며 국회로 돌아왔고 결국 재심의 끝에 폐기됐다.

10 칩4 Chip4
미국이 한국, 일본, 대만에 제안한 반도체동맹

2022년 3월 조 바이든 미국 대통령이 한국, 일본, 대만과 함께 안정적인 반도체 생산·공급망 형성을 목표로 제안한 반도체동맹으로 미국에서는 '팹4(Fab4)'라고 표기한다. '칩'은 반도체를, '4'는 총 동맹국의 수를 의미한다. 이는 미국이 추진한 프렌드쇼어링 전략에 따른 것으로 중국을 배제한 채 반도체 공급망을 구축하겠다는 의도로 풀이됐다. 미국은 반도체 제조공정 중 설계가 전문화된 인텔, 퀄컴, 엔비디아 등 대표적인 팹리스 업체들이 있고, 대만과 한국은 각각 TSMC, 삼성전자가 팹리스 업체가 설계한 반도체를 생산·공급하는 파운드리 분야에서 1, 2위를 다투고 있다. 일본 역시 반도체 소재시장에서 큰 비중을 차지한다.

11 디리스킹 De-risking
중국에 대한 외교적·경제적 의존도를 낮춰 위험요소를 줄이겠다는 서방의 전략

종래까지 미국을 비롯한 서방국가들은 대체로 중국과 거리를 두고 공급망에서 배제하는 '디커플링(De-coupling, 탈동조화)' 전략을 택해 왔다. 그러나 2023년에 들어서는 중국과의 긴장을 완화하고 조금 더 유연한 관계로 전환하는 디리스킹 전략을 취하려는 움직임을 보였다. 디리스킹은 '위험제거'를 뜻하는 말로, 지난 2023년 3월 우르줄라 폰데어라이엔 유럽연합(EU) 집행위원장이 "세계시장에서 '탈(脫)중국'이란 불가능하고 유럽의 이익에도 부합하지 않는다"면서, "디리스킹으로 전환해야 한다"고 말해 주목받았다. 이는 중국과 경제적 협력관계를 유지하면서도 중국에 대한 과도한 외교·경제적 의존도를 낮춰 위험을 관리하겠다는 의도로 풀이됐다.

12 MSMT Multilateral Sanctions Monitoring Team
유엔 안보리 산하 대북제재위원회 전문가패널을 대체할 다국적 제재 모니터링팀

2024년 4월 상임이사국인 러시아의 거부권(비토, Veto) 행사로 해체됐던 유엔(UN, 국제연합) 안전보장이사회(안보리) 산하 대북제재위원회 전문가패널을 대체하기 위해 출범한 다국적 제재 모니터링팀을 말한다. 한국을 비롯해 미국, 일본, 프랑스, 영국, 독일, 이탈리아, 네덜란드, 캐나다, 호주, 뉴질랜드 등 총 11개국이 참여하고 있으며, 북한의 핵·미사일 도발, 러시아와의 무기거래 등 대북제재 위반을 적발해 보고서를 작성하는 역할을 담당한다. 기존 전문가패널과 달리 유사한 입장에 있는 국가들이 단합하여 유엔의 울타리 밖에서 활동한다는 특징이 있다.

13 강제동원해법
일제 강제동원 피해자에 대한 배상을 국내 재단이 대신 하는 것을 골자로 하는 해법

2018년 대법원으로부터 배상 확정판결을 받은 일제 강제동원 피해자들에게 국내의 재단이 대신 판결금을 지급한다는 내용의 해법으로 윤석열 정부가 2023년 3월 발표했다. 그러나 일본 피고기업의 배상 참여가 없는 해법이어서 '반쪽'이라는 비판이 이어졌고 피해자들도 강하게 반발했다. 정부는 강제동원 피해자의 고령화와 한일·한미일 간 전략적 공조강화의 필요성을 명분으로 내세우며 '대승적 결단'을 했다는 입장이지만, 미완의 해결안이라는 점에서 정부가 추진하는 일본과의 미래지향적 관계에도 계속 부담으로 작용할 가능성이 클 것으로 평가됐다.

14 아이언 돔 Iron Dome
이스라엘군이 개발한 이동식 전천후 방공 시스템

이스라엘이 개발하여 2011년부터 운용 중인 이동식 전천후 방공 시스템이다. 단거리 로켓포나 155mm 포탄, 다연장 로켓포 등을 요격한다. 우크라이나가 지난 2022년 6월 이스라엘에 이 아이언 돔 미사일 지원을 요청한 것으로 보도됐다. 이전에도 지원을 요청한 적이 있었으나 공개적으로 이스라엘 당국에 이를 타전한 것은 이때가 처음인데, 이스라엘은 러시아와의 이해관계 때문에 선뜻 응하지 않은 것으로 전해졌다. 한편 2023년 10월 팔레스타인의 무장정파 하마스가 이스라엘에 '카삼 로켓'을 발사해 대대적인 공격을 가했을 당시 아이언 돔이 발동했으나, 수천 발에 달하는 로켓이 한꺼번에 쏟아진 탓에 제 기능을 발휘하지 못하면서 시스템상 허점이 드러나기도 했다.

15 저항의 축 Resistance Axis
이란의 지원을 받는 반이스라엘 단체 및 국가

이란과 이란이 지원하는 하마스와 헤즈볼라, 시리아, 예멘 등을 일컫는 말이다. 원래 미국을 비롯해 이스라엘, 사우디아라비아 등 미국의 동맹국에 반대·저항하는 국가들을 뜻하는 용어였으나, 최근 이슬람권 언론이 미국이 만들어낸 '악의 축(Axis of Evil)'에 반감을 드러내는 의미로 자주 사용하고 있다. 1979년 이슬람 혁명 이후 이란에 들어선 이슬람 정부는 레바논의 헤즈볼라와 팔레스타인 가자지구의 하마스를 지원하며 중동정세에 관여하기 시작했으며, 이후 이슬람 시아파 계열의 시리아 정부군과 예멘의 후티 반군까지 지원하며 영향력을 확대해 왔다.

16 브릭스 BRICS
브라질·러시아·인도·중국·남아공의 신흥경제 5국을 하나의 경제권으로 묶은 용어

브라질(Brazil), 러시아(Russia), 인도(India), 중국(China), 남아프리카공화국(South Africa) 등 5개국의 영문 머리글자를 딴 것이다. 1990년대 말부터 떠오른 신흥경제국으로서 매년 정상회의를 개최하고 있다. 2011년에 남아공이 공식회원국으로 가입하면서, 기존 'BRICs'에서 'BRICS'로 의미가 확대됐다. 또한 2023년에는 사우디아라비아와 이란, 아랍에미리트(UAE), 아르헨티나, 이집트, 에티오피아가 합류함에 따라 정식 회원국은 11개국으로 늘어났다. 이에 중국과 러시아가 브릭스의 규모를 키워 주요 선진국 모임인 G7의 대항마로 세우려 한다는 분석이 나왔다.

17 홍색 공급망
중국 중심의 글로벌 공급망

중국이 주요국과 무역갈등을 겪는 과정에서 기존에 수입해서 사용하던 중간재를 자국산으로 대체하는 것을 넘어 기존의 공급망까지 중국산으로 급속하게 대체되는 것을 가리킨다. 중국을 상징하는 '홍색(붉은색)'에서 유래했다. 현재 중국은 자국에서 중간재 투입 자급률을 높여 생산부터 판매까지 전 과정을 중국 기업이 주도하게 만든다는 목표를 가지고 있다. 특히 2015년 제조업 활성화를 목표로 발표한 산업고도화 전략인 '중국 제조 2025'에 따라 핵심부품과 원자재 자급률을 2025년까지 70%로 끌어올리겠다는 계획을 달성하기 위해 홍색 공급망을 구축하고, 이를 아세안(ASEAN)과 남미 국가들로 확장하고 있다.

18 하마스 HAMAS
팔레스타인의 민족주의 정당이자 준군사조직

팔레스타인의 무장단체이자 정당이다. 'HAMAS'라는 명칭은 '이슬람 저항운동'의 아랍어 첫 글자를 따서 지어졌다. '아마드 야신'이 1987년 창설한 이 단체는 이슬람 수니파 원리주의를 표방하고 있으며, 이스라엘에 저항하고 팔레스타인의 독립을 목표로 무장 저항활동을 펼치고 있다. 이들은 팔레스타인 가자지구와 요르단강 서쪽 지역을 실질 지배하고 있다. 하마스는 이스라엘과의 '팔레스타인 분쟁'의 중심에 서 있는 조직으로 2023년 10월에는 이스라엘을 무력으로 침공하면서 전면전이 시작됐다. 이스라엘 정부가 곧 '하마스 섬멸'을 천명하고 가자지구를 공격하면서 수많은 팔레스타인 국민들이 희생됐다.

19 지역의사제
별도로 선발된 의료인이 의대 졸업 후 10년간 공공·필수의료 분야에서 근무하도록 한 제도

지역의대에서 전액 장학금을 받고 졸업한 의료인이 10년간 대학 소재 병원급 이상 의료기관의 공공·필수의료 분야에서 의무적으로 근무하도록 한 제도다. 의사 인력이 부족한 지역·필수의료를 살리기 위해 도입이 논의됐다. 그러나 의사협회를 비롯한 의료계는 직업선택의 자유 등 기본권을 침해할 수 있으며, 지역의료 문제 해결에도 도움이 되지 않는다며 제도 시행 반대에 나섰다.

20 국가자원안보 특별법
에너지·자원 공급망의 안정적 관리를 위해 제정된 법률

국가 차원의 자원안보 체계를 구축하기 위해 제정된 법률로 2024년 1월 9일 국회를 통과했다. 우리나라의 경우 에너지의 90% 이상을 수입에 의존하고 있는데, 주요국의 자원무기화 추세가 심화하는 상황에서 러시아-우크라이나 전쟁, 불안정한 중동 정세 등으로 지정학적 위기가 연이어 발생함에 따라 에너지·자원 공급망의 안정적 관리가 중요하다는 인식하에 마련된 법안이다. 석유, 천연가스, 석탄, 우라늄, 수소, 핵심광물, 신재생에너지 설비 소재·부품 등을 핵심자원으로 지정하고, 정부가 해외 개발자원의 비상반입 명령, 비축자원 방출, 주요 자원의 할당·배급, 수출 제한 등을 할 수 있도록 하는 내용이 담겨 있다.

21 반도체 칩과 과학법 CHIPS and Science Act
미국이 자국의 반도체 산업 육성을 위해 제정한 법률

미국 바이든 행정부가 중국과의 반도체 산업·기술 패권에서 승리하기 위해 제정한 법률로 2022년 8월 시행됐다. 이 법률에 따라 미국 내 반도체 공장 등 관련 시설을 건립하는 데 보조금과 세액공제를 지원한다. 미국은 보조금 심사기준으로 경제·국가안보, 재무건전성 등 6가지를 공개했는데, 특히 재무건전성 기준을 충족하기 위한 조건으로 이를 검증할 수 있는 수익성 지표와 예상 현금흐름 전망치를 제출해야 한다. 또 일정 규모 이상의 지원금을 받은 기업의 경우, 현금흐름과 수익이 미국이 제시하는 전망치를 초과하면 초과이익을 미국 정부와 공유해야 한다는 내용이 담겼다. 더 나아가 향후 10년간 중국을 비롯한 우려대상국에 첨단기술 투자를 해서는 안 된다는 '가드레일 조항'도 내세웠다. 여기에 보조금을 받는 기업들은 군사용 반도체를 미국에 안정적으로 공급해야 하며, 미국의 안보이익을 증진시켜야 할 뿐 아니라 첨단 반도체 시설에의 접근권도 허용해야 한다는 조항이 담겨 논란을 일으켰다.

22 인플레이션 감축법 IRA
미국의 전기차 세제혜택 등의 내용을 담은 기후변화 대응 법률

2022년 8월 미국에서 통과된 기후변화 대응과 대기업 증세 등을 담은 법률이다. 전기차 보급확대를 위해 세액공제를 해주는 내용이 포함됐다. 오는 2030년까지 온실가스를 40% 감축하기 위해 에너지안보 및 기후변화 대응에 3,750억 달러를 투자하는 내용을 골자로 하는데, 북미산 전기차 가운데 북미에서 제조·조립된 배터리 부품의 비율과 북미나 미국과 자유무역협정(FTA)을 체결한 국가에서 채굴된 핵심광물의 사용비율에 따라 차등해 세액을 공제해 준다. 그러나 2024년 11월 치러진 미국 대선에서 재선에 성공한 도널드 트럼프 대통령이 인플레이션 감축법에 근거한 세액공제를 폐지하겠다고 언급하면서 전 세계 자동차·배터리 업계에 비상이 걸렸다.

02 | 경제 · 경영 · 금융

23 소비기한
식품을 섭취해도 이상이 없을 것으로 판단되는 소비의 최종기한

소비자가 식품을 섭취해도 건강이나 안전에 이상이 없을 것으로 판단되는 소비의 최종기한을 말한다. 식품이 제조된 후 유통과정과 소비자에게 전달되는 기간을 포함한다. 단, 식품의 유통과정에서 문제가 없고 보관방법이 철저하게 지켜졌을 경우에 해당하며, 통상 유통기한보다 길다. 2023년부터 우리나라도 식품에 소비기한을 표시하는 '소비기한 표시제'가 도입됐고, 1년간의 계도기간을 거쳐 2024년 전면 시행됐다. '식품 등의 표시·광고에 관한 법률' 개정으로 식품업체는 식품의 날짜표시 부분에 소비기한을 적어야 한다. 단, 우유류의 경우 위생관리와 품질 유지를 위한 냉장보관 기준에 개선이 필요한 점을 고려해 2031년부터 소비기한으로 표시하기로 했다.

24 디큐뮬레이션 Decumulation
축적한 자산을 평생소득으로 바꾸는 전략

은퇴 후에도 경제활동기와 유사한 소비수준을 지속하기 위해 그동안 축적한 자산을 평생소득으로 바꾸는 전략으로서, 자산을 알맞게 분배·사용하는 과정을 일컫는다. 이와 반대로 직업으로부터 일정한 소득을 얻는 경제활동기에 부를 축적하는 과정은 '어큐뮬레이션(Accumulation)'이라고 한다. 은퇴를 한 후에도 일상생활을 영위하기 위해선 비용이 지속적으로 발생하기 때문에 자신과 가족구성원의 안정적인 노후생활을 보장받기 위해 은퇴를 앞둔 이들에게 특히 중요하게 여겨지고 있다.

25 중립금리 Neutral Rate
인플레이션이나 디플레이션 없이 잠재성장률을 회복할 수 있는 이론적 금리수준

경제 분야에서 인플레이션이나 디플레이션을 유발하지 않고 잠재성장률 수준을 회복할 수 있도록 하는 금리를 의미한다. 여기서 잠재성장률이란 한 나라의 노동력, 자원, 자본 등 동원 가능한 생산요소를 모두 투입해 부작용 없이 최대로 달성할 수 있는 성장률을 말하며, '자연금리(Natural Rate)'라고도 한다. 중립금리는 경제상황에 따라 달라지기 때문에 정확한 수치가 나오지 않고 이론상으로만 존재하는 개념이다. 다만 중립금리보다 실제 금리가 높을 경우 물가가 하락하면서 경기가 위축될 가능성이 높고, 중립금리보다 실제 금리가 낮으면 물가가 올라 경기도 함께 상승할 가능성이 높아진다.

26 보편관세
모든 수입품에 일괄적으로 부과하는 관세

도널드 트럼프 미국 대통령이 2024년 대선기간 중 발표한 관세정책 중 하나로, 모든 수입품에 일괄적으로 관세를 부과해 기존의 복잡한 관세 체계를 단순화하는 것을 골자로 한다. 즉, 특정 국가나 상품이 아니라 모든 무역국과 상품에 동일한 관세율을 적용하겠다는 것이다. 트럼프 대통령은 대선기간 '새로운 미국 산업주의(New American Industrialism)'라는 공약을 내세우면서 "모든 국가에서 수입하는 모든 상품에 10~20%의 보편관세를 부과하고, 중국산 제품에는 최소 60%의 관세를 부과하겠다"라고 밝힌 바 있다. 실제로 2025년 4월 2일(현지 시간) 거의 모든 국가에 대해 상호관세 부과를 발표해 전 세계의 이목이 쏠린 가운데 상대국들이 이에 상응하는 조치를 취할 경우 무역전쟁이 확산할 것이라는 우려가 커졌다.

27 통화스와프
국가 간에 서로 다른 통화가 필요할 시 상호교환하는 외환거래

서로 다른 통화를 약정된 환율에 따라 어느 한 측이 원할 때 상호교환(Swap)하는 외환거래를 말한다. 우리나라 통화를 맡겨 놓고 다른 나라 통화를 빌려오는 것이다. 유동성 위기를 방지하기 위해 두 나라가 자국 통화를 상대국 통화와 맞교환하는 방식으로 이뤄진다. 맞교환 방식이기 때문에 차입 비용이 절감되고, 자금 관리의 효율성도 제고된다. 국제통화기금(IMF)에서 돈을 빌릴 경우에는 통제와 간섭이 따라 경제 주권과 국가 이미지가 훼손되지만, 통화스와프는 이를 피해 외화유동성을 확보하는 장점도 있다. 우리나라는 지난 2023년 6월 일본과 8년 만에 100억 달러 규모의 통화스와프를 복원했다.

28 슈링크플레이션 Shrinkflation
기업이 제품의 가격은 유지하는 대신 수량·무게를 줄여 가격을 사실상 올리는 것

기업들이 자사 제품의 가격은 유지하고, 대신 수량과 무게·용량만 줄여 사실상 가격을 올리는 전략을 말한다. 영국의 경제학자 '피파 맘그렌'이 제시한 용어로 '줄어들다'라는 뜻의 '슈링크(Shrink)'와 '지속적으로 물가가 상승하는 현상'을 나타내는 '인플레이션(Inflation)'의 합성어다. 최근 슈링크플레이션이 확산하자 식품의약품안전처는 식품의 내용량 변경이 있거나 무당 등을 강조하는 제품의 경우 소비자 정보 제공을 강화하는 내용을 담은 '식품 등의 표시기준'을 개정·고시했다. 이에 따라 2025년 1월 1일부터 식품의 내용량 변경이 있거나 무당 등을 강조하는 제품의 경우 소비자가 이를 알 수 있도록 표시해야 한다.

29 배트맨 BATMMAAN
2025년 미국 증시를 주도할 것으로 기대되는 8대 기업

2025년 미국 증시를 이끌 것으로 전망되는 8개의 대형 기술주다. 근 2년간 전 세계 주식시장을 호령한 미국의 7대 기술기업을 일컫는 '매그니피센트-7(Magnificent-7)'에 최근 제2의 엔비디아로 불리며 급부상한 브로드컴이 추가됐다. 'BATMMAAN'은 브로드컴(Broadcom), 애플(Apple), 테슬라(Tesla), 마이크로소프트(Microsoft), 메타(Meta), 아마존(Amazon), 알파벳(Alphabet), 엔비디아(Nvidia) 등 8개 기업의 영문명 첫 글자를 순서대로 조합한 것이다. 이들 기업은 모두 시가총액 1조 달러를 돌파했으며, '서학개미'로 불리는 해외 증시에 투자하는 개인투자자 보유 톱 20위 내에 모두 포함돼 있어 관심이 집중됐다.

30 그린플레이션 Greenflation
탄소규제 등의 친환경 정책으로 원자재 가격이 상승하면서 물가가 오르는 현상

친환경을 뜻하는 '그린(Green)'과 화폐가치 하락으로 인한 물가 상승을 뜻하는 '인플레이션(Inflation)'의 합성어다. 친환경 정책으로 탄소를 많이 배출하는 산업을 규제하면 필수원자재 생산이 어려워지고 이것이 생산 감소로 이어져 가격이 상승하는 현상을 가리킨다. 인류가 기후변화에 대응하기 위해 노력할수록 사회 전반적인 비용이 상승하는 역설적인 상황을 일컫는 말이다. 대표적인 예로 재생에너지 발전 장려로 화석연료 발전설비보다 구리가 많이 들어가는 태양광·풍력 발전설비를 구축해야 하는 상황이 해당된다. 이로 인해 금속원자재 수요가 급증했으나 원자재 공급량이 줄어들면서 가격이 치솟았다.

31 에코플레이션 Ecoflation
자연재해나 환경파괴로 인한 원자재 가격 상승으로 물가가 오르는 현상

환경을 뜻하는 'Ecology'와 물가 상승을 의미하는 '인플레이션(Inflation)'의 합성어다. 물가 상승이 환경적인 요인에 의해 발생하는 것을 뜻한다. 지구온난화와 환경파괴로 인한 가뭄과 홍수, 산불 같은 자연재해의 영향을 받아 상품의 원가가 상승하는 것이다. 지구촌에 이상기후가 빈번히 자연재해를 일으키면서 식료품을 중심으로 물가가 급등하는 에코플레이션이 발생하고 있다.

32 슬로플레이션 Slowflation
경기회복 속도가 느린 가운데 물가가 치솟는 현상

경기회복 속도가 둔화되는 상황 속에서도 물가 상승이 나타나는 현상이다. 경기회복이 느려진다는 뜻의 'Slow'와 물가 상승을 의미하는 '인플레이션(Inflation)'의 합성어다. 일반적으로 경기침체 속에서 나타나는 인플레이션인 '스태그플레이션(Stagfaltion)'보다는 경기침체의 강도가 약할 때 사용한다. 슬로플레이션에 대한 우려는 글로벌 공급망 대란에 따른 원자재 가격 폭등에서 비롯된 것으로 스태그플레이션보다는 덜 심각한 상황이지만 경제 전반에는 이 역시 상당한 충격을 미친다.

33 디깅소비 Digging Consumption
소비자가 선호하는 것에 깊이 파고드는 행동이 관련 제품의 소비로 이어지는 현상

'파다'라는 뜻의 '디깅(Digging)'과 '소비'를 합친 신조어로 청년층의 변화된 라이프스타일과 함께 나타난 새로운 소비패턴을 의미한다. 소비자가 선호하는 특정 품목이나 영역에 깊이 파고드는 행위가 소비로 이어짐에 따라 소비자들의 취향을 잘 반영한 제품들에서 나타나는 특별 수요 현상을 설명할 때 주로 사용된다. 특히 가치가 있다고 생각하는 부분에는 비용 지불을 망설이지 않는 MZ세대의 성향과 맞물려 청년층에서 두각을 드러내고 있다. 대표적인 예로 신발수집을 취미로 하는 일부 마니아들이 한정판 운동화 추첨에 당첨되기 위해 줄을 서서 기다리는 등 시간과 재화를 아끼지 않는 현상을 들 수 있다.

34 우주경제
항공우주 산업에 민간기업의 참여를 독려해 경제활동을 촉진하는 것

국가 주도로 이뤄지던 항공우주 산업이 민간으로 이전됨에 따라 기업의 참여를 독려해 경제활동을 촉진하는 것을 말한다. 우주탐사와 활용, 발사체 및 위성의 개발·제작·발사·운용 등 항공우주 기술과 관련한 모든 분야에서 가치를 창출하는 활동을 총칭한다. 특히 '달'은 심우주 탐사의 기반이자 우주경제의 핵심으로 여겨지고 있으며, 향후 달에 매장된 것으로 추정되는 철, 티타늄, 희토류 등 자원에 대한 연구가 진행될 경우 많은 경제적 효과를 낼 수 있을 것으로 기대하고 있다. 과학기술정보통신부는 우주 스타트업에 투자하는 전용펀드 조성을 목표로 2023년 '뉴스페이스 투자지원 사업'을 발표하며 우주경제 시대로 나아가기 위한 신호탄을 쏘았다.

35 환율관찰대상국
국가가 환율에 개입해 미국과 교역조건을 유리하게 만드는지 모니터링해야 하는 국가

미국 재무부가 매년 4월과 10월에 발표하는 '거시경제 및 환율정책보고서'에 명시되는 내용으로, 국가가 환율에 개입해 미국과의 교역조건을 유리하게 만드는지 지속적으로 모니터링해야 하는 국가를 지칭하는 용어다. 환율조작국으로 지정되는 경우 미국의 개발자금 지원 및 공공입찰에서 배제되고, 국제통화기금(IMF)의 감시를 받게 된다. 또 환율관찰대상국으로 분류되면 미국 재무부의 모니터링 대상이 된다. 우리나라의 경우 2016년 4월 이후 줄곧 환율관찰대상국에 이름이 오르다가 7년여 만인 2023년 11월 명단에서 제외되기도 했다. 그러나 1년 만인 2024년 11월 미국 재무부가 한국을 다시 환율관찰대상국으로 지정하면서 도널드 트럼프 대통령의 재선 성공 이후 통상 정책의 변화 가능성으로 불안감이 고조하는 가운데 산업계에 부담이 될 것으로 전망됐다.

36 기대 인플레이션
경제주체가 예측하는 미래의 물가상승률

기업, 가계 등의 경제주체가 예측하는 미래 물가상승률을 말한다. 기대 인플레이션은 임금, 투자 등에 영향을 미치는 중요한 지표로 사용되고 있다. 실제로 노동자는 임금을 결정할 때 기대 물가수준을 바탕으로 임금상승률을 협상한다. 또한 인플레이션은 돈의 가치가 떨어지는 현상이기 때문에 기대 인플레이션이 높아질수록 화폐의 가치가 하락해 부동산, 주식과 같은 실물자산에 돈이 몰릴 확률이 높아진다. 우리나라의 경우 한국은행이 2002년 2월부터 매월 전국 56개 도시 2,200가구를 대상으로, 매 분기 첫째 달에는 약 50명의 경제전문가를 대상으로 소비자물가를 예측하고 있다.

37 옴니보어 Omnivores
다양한 취향을 보유한 잡식성 소비자

김난도 서울대 소비자학과 교수가 〈2025 트렌드 코리아〉에서 소개한 개념으로, 집단보다는 개인의 취향이나 개성에 따라 자유롭게 소비하는 '잡식성 소비자'를 일컫는 말이다. 여러 세대가 공존하며 변화한 사회구조의 영향으로 연령이나 소득, 성별 등으로 구분되어 있던 소비의 전형성이 무너지면서 집단 간 차이는 줄어든 반면 개인 간 차이가 늘어난 현 세태가 반영된 것이다. 옴니보어 소비자들은 특정 브랜드나 상품 유형에 국한되지 않고 자신만의 취향에 따라 폭넓은 소비를 한다는 특징이 있다.

38 듀프 Dupe
가성비 좋은 대체품

복제품을 뜻하는 영단어 'Duplication'의 약자로 고급브랜드의 제품과 비교해 디자인이나 효능 면에서는 큰 차이가 없으나 가격은 훨씬 저렴한 대안제품을 말한다. 단순히 고급브랜드의 제품을 모방한 복제품이 아니라 유사한 품질과 기능을 갖추되 훨씬 합리적인 가격에 판매되는 대체품이다. 고물가 시대에 실용적인 가성비를 앞세운 '요노(YONO ; You Only Need One)'가 젊은 세대 사이에서 새로운 소비 트렌드로 자리 잡으면서 주목받기 시작했고, 최근 다양한 연령층으로 확산하는 추세다.

39 파멸소비 Doom Spending
미래에 대한 부정적 감정으로 필요하지 않은 곳에 과도하게 소비하는 경향

젊은 세대들이 경제적인 불안과 미래에 대한 부정적인 감정으로 인해 저축 대신 여행이나 명품 등 비필수 항목에 과도하게 지출하는 경향을 일컫는다. 자신이 노력해도 미래가 바뀌지 않을 것이라는 좌절감과 스트레스를 일시적으로 해소하기 위해 당장 자신이 기쁨을 느낄 수 있는 소비를 하는 것이다. 그러나 전문가들은 이러한 소비행위가 장기적인 재정상황을 위협하는 요인이 될 수 있으며, 통제 불가능한 현실에서 통제권을 가진 듯한 착각을 불러일으킬 수 있다고 우려하고 있다.

40 K-택소노미 K-Taxonomy
한국형 산업 녹색분류체계

어떤 경제활동이 친환경적이고 탄소중립에 이바지하는지 규정한 한국형 녹색분류체계로 2021년 12월 환경부가 발표했다. 환경개선을 위한 재화·서비스를 생산하는 산업에 투자하는 녹색금융의 '투자기준'으로서의 역할을 한다. 환경에 악영향을 끼치면서도 '친환경인 척'하는 위장행위를 막는 데 도움이 된다. 녹색분류체계에 포함됐다는 것은 온실가스 감축, 기후변화 적응, 물의 지속 가능한 보전, 자원순환, 오염방지 및 관리, 생물다양성 보전 등 '6대 환경목표'에 기여하는 경제활동이라는 의미다. 그러나 윤석열 정부 들어 애초 제외됐던 원자력 발전을 포함시키면서 원전에 대한 논쟁이 다시 불거지기도 했다.

41 ESG
기업의 비재무적 요소인 환경과 사회적 책무, 지배구조를 일컫는 용어

'Environmental', 'Social', 'Governance'의 앞 글자를 딴 용어로 기업의 비재무적 요소인 환경과 사회적 책무, 지배구조를 뜻한다. '지속 가능한 경영방식'이라고도 하는데, 기업을 운영하면서 사회에 미칠 영향을 먼저 생각하는 것을 말한다. ESG는 지역사회 문제와 기후변화에 대처하며 지배구조의 윤리적 개선을 통해 지속적인 성과를 얻으려는 방식이다. 기업들은 자사의 상품을 개발하며 재활용 재료 등 친환경적 요소를 배합하거나, 환경 캠페인을 벌이는 식으로 기후변화 대처에 일조한다. 또한 이사회에서 대표이사와 이사회 의장을 분리하여 서로 견제하도록 해 지배구조 개선에 힘쓰기도 한다. 아울러 직원들의 복지를 강화하고, 지역사회에 보탬이 되는 봉사활동을 기획하는 등 사회와의 따뜻한 동행에도 노력하게 된다.

42 바이콧 Buycott
소비자들이 특정 제품이나 서비스를 적극적으로 구매하는 행동

불매를 뜻하는 '보이콧(Boycott)'에 대비되는 말로, 소비자들이 자신이 지지하는 기업이나 업체의 상품을 적극적으로 구매하는 행동을 가리킨다. 사회적으로 선한 영향력을 행사하는 등 사회적 가치를 구현하고자 하는 기업의 상품을 구매함으로써 이를 지지한다는 의사를 표현하는 것이다. 젊은 세대를 중심으로 소비를 통해 자신의 신념이나 가치관을 드러내는 '미닝아웃(Meaning Out)' 트렌드가 형성되면서 더 적극적으로 나타나고 있으며, 관련 정보가 실시간으로 공유돼 대중에게 빠르게 전파된다.

43 파운드리 Foundry
반도체 위탁 생산 시설

반도체 생산 기술과 설비를 보유해 반도체 상품을 위탁 생산해 주는 시설을 말한다. 제조과정만 담당하며 외주 업체가 전달한 설계 디자인을 바탕으로 반도체를 생산한다. 주조 공장이라는 뜻을 가진 영단어 'Foundry(파운드리)'에서 유래했다. 대만 TSMC가 대표적인 파운드리 기업이다. 반면 팹리스(Fabless)는 파운드리와 달리 설계만 전문으로 한다. 반도체 설계 기술은 있지만 공정 비용에 부담을 느껴 위탁을 주거나 비메모리에 주력하는 기업으로 애플, 퀄컴이 대표적인 팹리스 기업이다.

03 | 사회·노동·환경

44 퍼레니얼 Perennial
특정 세대의 특성에 얽매이지 않고 다양한 세대의 특성을 보유한 사람

자신이 속한 세대의 생활방식이나 특성에 얽매이지 않고 다른 세대와 끊임없이 상호작용을 하며 세대를 뛰어넘은 사람을 일컫는다. 원래는 '다년생 식물' 또는 '지속적인'이라는 뜻이었으나, 미국 펜실베이니아대 와튼스쿨 국제경영학 교수 마우로 기옌이 이 같은 의미로 다시 정의하면서 확산했다. 기옌 교수에 따르면 퍼레니얼은 여러 세대에 걸친 기술과 문화, 환경 등을 공유하기 때문에 여러 세대의 특성을 동시에 보유하게 된다. 이는 출생연도나 연령에 근거하여 세대를 구분하던 기존의 방식과 다르게 유사한 사고방식과 생활방식을 공유하는 사람들을 모두 아우를 수 있다는 특징이 있다. 여러 세대가 뒤섞여 살아가는 '멀티 제너레이션(Multi Generation)' 시대에 진입한 현대사회에서 퍼레니얼들은 세대 간 고정관념이나 경계를 부정하고, 다양한 세대의 융합을 중시하는 태도를 보인다.

45 인구절벽
생산가능인구(만 15~64세)의 비율이 급속도로 줄어드는 사회경제 현상

한 국가의 미래성장을 예측하게 하는 인구지표에서 생산가능인구인 만 15~64세 비율이 줄어들어 경기가 둔화하는 현상을 가리킨다. 이는 경제 예측 전문가인 해리 덴트가 자신의 저서 〈인구절벽(Demographic Cliff)〉에서 처음 사용한 용어로, 청장년층의 인구 그래프가 절벽과 같이 떨어지는 것에 비유했다. 그에 따르면 한국 경제에도 이미 인구절벽이 시작돼 2024년부터 '취업자 마이너스 시대'가 도래할 것으로 전망됐다. 취업자 감소는 저출산·고령화 현상으로 인한 인구구조의 변화 때문으로, 이러한 전망이 현실화되면 인구 데드크로스로 인해 중소기업은 물론 대기업까지 구인난을 겪게 된다.

> **인구 데드크로스**
> 저출산·고령화 현상으로 출생자 수보다 사망자 수가 많아지며 인구가 자연 감소하는 현상이다. 우리나라는 2020년 출생자 수가 27만 명, 사망자 수는 30만 명으로 인구 데드크로스 현상이 인구통계상에서 처음 나타났다. 인구 데드크로스가 발생하면 의료 서비스와 연금에 대한 수요가 늘어나며 개인의 공공지출 부담이 증가하게 된다. 또한 국가 입장에서는 노동력 감소, 소비 위축, 생산 감소 등의 현상이 동반되어 경제에 큰 타격을 받는다.

46 합계출산율
한 여성이 가임기간 동안 낳을 것으로 기대되는 평균 출생아 수

인구동향조사에서 15~49세의 가임여성 1명이 평생 동안 낳을 것으로 추정되는 출생아 명수를 통계화한 것이다. 한 나라의 인구증감과 출산수준을 비교하기 위해 대표적으로 활용되는 지표로서 일반적으로 연령별 출산율의 합으로 계산된다. 2023년 4분기 우리나라의 합계출산율은 0.65명으로 역대 최저를 기록한 바 있다. 2024년 12월 기준 경제협력개발기구(OECD) 회원국 중 합계출산율이 1.00명 미만인 국가는 우리나라가 유일하다.

47 계속고용제도
정년을 채운 뒤에도 계속 일할 수 있도록 한 제도

정년을 연장·폐지하거나 정년이 된 근로자를 재고용하는 방식으로 계속 일할 수 있도록 한 제도다. 최근 한국사회가 직면한 저출생·고령화에 따른 노동공급 부족에 대비하기 위해 필요성이 대두되고 있다. 현재 법적 정년은 2013년 5월 22일 개정된 '정년 60세 연장법'에 따라 60세로 규정돼 있으며, 국가 및 지방자치단체 관할 기관과 정년이 있는 사업장에 적용되고 있다. 계속고용제도를 시행하면 근로자들은 정년 후에도 일을 할 수 있어 국민연금 수령까지 소득공백 우려를 해소할 수 있고, 기업은 업무경험이 풍부한 근로자를 계속 고용함으로써 생산성 향상과 인력 채용비용을 절감하는 효과를 누릴 수 있다.

48 그린워싱 Green Washing
친환경 제품이 아닌 것을 친환경 제품인 척 홍보하는 것

친환경 제품이 아닌 것을 친환경 제품으로 속여 홍보하는 것이다. 초록을 뜻하는 '그린(Green)'과 영화 등의 작품에서 백인 배우가 유색인종 캐릭터를 맡을 때 사용하는 '화이트 워싱(White Washing)'의 합성어로 '위장 환경주의'라고도 한다. 기업이 제품을 만드는 과정에서 환경오염을 유발하지만 친환경 재질을 이용한 제품 포장 등만을 부각해 마케팅하는 것이 그린워싱의 사례다. 2007년 미국 테라초이스가 발표한 그린워싱의 7가지 유형을 보면 ▲ 상충효과 감추기 ▲ 증거 불충분 ▲ 애매모호한 주장 ▲ 관련성 없는 주장 ▲ 거짓말 ▲ 유행상품 정당화 ▲ 부적절한 인증라벨이 있다.

49 킬러문항
대학수학능력시험의 변별력을 따지기 위해 의도적으로 출제하는 초고난도 문항

대학수학능력시험(수능)의 변별력을 갖추기 위해 출제기관이 최상위권 수험생들을 겨냥해 의도적으로 출제하는 초고난도 문항을 말한다. 2023년 6월 당시 윤석열 전 대통령이 이른바 '공정수능'을 언급하면서 같은 달 치러진 모의평가에 킬러문항이 사전 지시대로 배제되지 않았다고 해 파장이 일었다. 이에 서둘러 정부는 2024학년도 수능에서 사교육을 받아야만 풀 수 있는 킬러문항을 배제하겠다고 발표했고, 이 때문에 수능을 불과 5개월여 앞둔 학생과 학부모, 교육현장은 혼란에 빠졌다. 앞서 2022년 사교육비가 26조 원으로 역대 최대를 기록했다는 통계 발표에 이어 킬러문항 논란까지 터지면서 2023년 6월 말 정부는 '사교육비 경감 종합대책'을 내놨다. 여기엔 킬러문항 배제와 함께 수능 출제위원들의 사교육 영리활동을 금지하고 유아를 대상으로 한 영어유치원 편법운영을 단속하겠다는 등의 방침이 담겼다. 그러나 수능의 변별력을 어떻게 갖출 것인가에 대한 구체적인 대안은 없었고, 사교육 문제는 교육열과 학벌주의·노동임금 격차 등이 복합적으로 얽힌 문제라 정부의 대책이 근본적인 해결방안이 될 수 없다는 비판도 나왔다.

50 고교학점제
고등학생도 진로에 따라 과목을 골라 수강할 수 있는 제도

고등학생도 대학생처럼 진로와 적성에 맞는 과목을 골라 듣고 일정 수준 이상의 학점을 채우면 졸업할 수 있도록 한 제도다. 일부 공통과목은 필수로 이수해야 하고, 3년간 총 192학점을 이수하면 졸업할 수 있다. 교육부는 고교학점제를 2025년에 전면적으로 시행하기 위해 2023년부터 부분적으로 도입해 왔다. 고교학점제에서는 다양한 선택과목들을 개설함으로써 자율성을 살리고 진로를 감안하여 수업을 선택할 수 있다. 고교학점제가 전면 실시되는 2025년부터는 1~3학년 전 과목에 기존 9등급으로 산출되던 상대평가제가 5등급 상대평가제로 개편된다. 학교생활기록부에는 과목별 절대평가(성취평가)와 상대평가 성적을 함께 기재하지만, 대입에서는 상대평가 성적이 활용되므로 사실상 상대평가에 해당한다.

51 워케이션 Worcation
휴가지에서의 업무를 근무로 인정하는 형태

'Work(일)'와 'Vacation(휴가)'의 합성어로, 휴가지에서의 업무를 급여가 발생하는 일로 인정해주는 근무형태이다. 시간과 장소에 구애받지 않고 회사 이외의 장소에서 근무하는 텔레워크(Telework) 이후에 새롭게 등장한 근무방식으로 재택근무의 확산과 함께 나타났다. 미국에서 시작됐으며 일본에서 노동력 부족과 장시간 노동을 해결하기 위한 방안으로 점차 확산되고 있다.

52 실업급여

고용보험에 가입한 근로자가 비자발적으로 실직 후 재취업 기간 동안 지급되는 지원금

고용보험에 가입한 근로자가 실직하고 재취업 활동을 하는 동안 생계안정과 재취업 의지를 고양하기 위해 국가가 지급하는 지원금이다. 보통 실업급여라고 칭하는 '구직급여'와 '취업촉진 수당'으로 나뉜다. 실업급여는 실직한 날을 기준으로 18개월 중 180일 이상 근무하다가, 직장이 문을 닫거나 구조조정(해고) 등 자의와는 상관없이 실직한 사람에게 지급된다. 그러나 최근 실업급여를 악용하거나 부정수급하는 사례가 증가하면서 윤석열 정부는 실업급여 수급조건을 강화하고 반복적으로 수급하는 경우 지급액을 줄이는 것을 골자로 한 개정안을 추진했다.

53 영케어러 Young Carer

중증질환이나 장애를 앓는 가족을 돌보는 아동·청소년·청년

질병, 정신건강, 알코올·약물중독 등의 중증질환 또는 장애를 가진 가족구성원을 돌보며 생계를 책임지는 13~34세의 아동·청소년·청년을 일컫는다. '가족돌봄청년'이라고도 한다. 이들은 학업과 가족돌봄을 병행하고 있어 미래를 계획하기 힘들 뿐만 아니라 신체적 고통은 물론 심리·정서적 고통, 경제적 어려움 등의 삼중고를 겪는 경우가 많다. 이는 곧 혼인율 감소와 저출산 문제와도 연결돼 있어 영케어러를 조기에 발굴하고 지원하기 위한 대책 마련이 시급하다. 정부는 2025년 실시되는 인구주택총조사(인구센서스)에서 국가 차원으로는 처음으로 영케어러에 대한 대규모 조사에 나설 것이라고 밝혔다.

54 알파세대 Generation Alpha

2010년대 초~2020년대 중반에 출생한 세대

2010년 이후에 태어난 이들을 지칭하는 용어로 다른 세대와 달리 순수하게 디지털 세계에서 나고 자란 최초의 세대로도 분류된다. 어릴 때부터 기술적 진보를 경험했기 때문에 스마트폰이나 인공지능(AI), 로봇 등을 사용하는 것에 익숙하다. 그러나 사람과의 소통보다 기계와의 일방적 소통에 익숙해 정서나 사회성 발달에 부정적인 영향이 나타날 수 있다는 우려도 있다. 알파세대는 2025년 약 22억 명에 달할 것으로 예측되고 있으며, 소비시장에서도 영향력을 확대하는 추세다.

55 넷제로 Net Zero
순 탄소배출량을 0으로 만드는 탄소중립 의제

배출하는 탄소량과 흡수·제거하는 탄소량을 같게 함으로써 실질적인 탄소배출량을 '0'으로 만드는 것을 말한다. 즉, 온실가스 배출량(+)과 흡수량(-)을 같게 만들어 더 이상 온실가스가 늘지 않는 상태를 말한다. 기후학자들은 넷제로가 달성된다면 20년 안에 지구 표면온도가 더 상승하지 않을 것이라고 보고 있다. 지금까지 100개 이상의 국가가 2050년까지 넷제로에 도달하겠다고 약속했으며, 우리나라 역시 장기저탄소발전전략(LEDS)을 위한 '넷제로2050'을 발표하고 2050년까지 온실가스 순배출을 '0'으로 만드는 탄소중립 의제를 세웠다.

56 소득 크레바스
은퇴 후 국민연금을 받을 때까지 일정 소득이 없는 기간

'크레바스(Crevasse)'란 빙하가 흘러내리면서 얼음에 생기는 틈을 의미하는 것으로, 소득 크레바스는 은퇴 당시부터 국민연금을 수령하는 때까지 소득에 공백이 생기는 기간을 말한다. '생애 주된 직장'의 은퇴시기를 맞은 5060세대의 큰 고민거리라 할 수 있다. 소득 크레바스에 빠진 5060세대들은 소득 공백을 메우기 위해 기본적인 생활비를 줄이고 창업이나 재취업, 맞벌이 같은 수익활동에 다시금 뛰어들고 있다.

57 조용한 해고 Quiet Cutting
기업이 직원에게 간접적으로 해고의 신호를 주면서 퇴사하도록 유도하는 것

기업이 직원을 직접 해고하는 대신 간접적으로 해고의 신호를 주는 조치를 말한다. 기업은 장기간 봉급인상 거부, 승진기회 박탈, 피드백 거부 등의 방식으로 조용히 불이익을 주면서 직원들이 스스로 퇴사하도록 유도한다. 이는 팬데믹 이후 확산됐던 정해진 시간과 범위 내에서만 일하고 초과근무를 거부하는 노동방식을 뜻하는 '조용한 퇴사(Quiet Quitting)'에 대응하는 기업들의 새로운 움직임이다. 또 새로운 직무가 생기면 신규직원을 채용하지 않고 기존 근로자의 역할을 전환하거나 단기계약직을 고용하는 '조용한 고용'도 확산되고 있다.

58 지방소멸
고령화·인구 감소로 지방의 지역공동체가 기능하기 어려워져 소멸되는 상태

저출산과 고령화, 수도권의 인구집중이 초래하는 사회문제로서 지방의 인구 감소로 경제생활·인프라, 공동체가 소멸되는 현상을 말한다. 최근 지방인구소멸이 더욱 가속화되고 있는데, 2023년 말 기준 전국 228개 시·군·구 중 121곳이 인구소멸위험지역으로 분류됐다. 소멸위험지역은 소멸위험지수를 통해 한국고용정보원이 산출하고 있다. 소멸위험지수는 한 지역의 20~39세 여성 인구를 65세 이상 인구로 나눈 값이다. 이 지수값이 1.5 이상이면 저위험, 1.0~1.5인 경우 보통, 0.5~1.0인 경우 주의, 0.2~0.5는 위험, 0.2 미만은 고위험으로 분류된다. 2023년 말 고위험지역으로 분류된 지역은 시·군·구 52개다.

59 그린래시 Greenlash
기후위기에 대응하는 녹색정책에 대한 반발

전 세계적으로 기후변화에 대한 우려가 커지면서 다양한 대책이 나오는 가운데 대두되고 있는 녹색정책에 대한 반발(Backlash, 백래시)을 의미한다. 지난 2023년 7월 안토니우 구테흐스 유엔 사무총장이 "지구온난화 시대가 끝나고 지구열대화 시대가 도래했다"라고 경고할 만큼 심각해진 기후위기 상황에서 주요 선진국을 중심으로 녹색정책에 반대하는 움직임이 확산하고 있다. 이는 친환경 정책이 도입되는 경우 화석연료 기반 사업에 종사하는 근로자들이 일자리를 잃을 가능성이 크고, 기후대응을 위해 소요되는 비용이 증가하는 등 향후 예상되는 경제적 타격에 대한 우려가 가장 큰 원인으로 꼽힌다.

60 의도적 언보싱 Conscious Unbossing
직장인들이 조직에서 승진을 꺼리는 경향

어느 정도 연차가 쌓인 직장인들이 조직에서 중간관리자로 승진하는 것을 꺼리는 경향을 일컫는 신조어다. 승진할 경우 상사와 부하직원 사이에서 업무조율을 하며 받는 스트레스와 업무부담이 큰 데 비해 그로 인한 보상은 적다는 인식에서 기인한 것이다. 직장 내에서의 업무적 성과보다 개인의 성장과 자유를 중시하는 사람들이 많아졌고, 직장 외에도 수익을 창출할 수 있는 방안이 다양해진 데다 젊은 층일수록 일과 삶의 영역을 분리된 것으로 생각하는 경향이 짙어지면서 확산하고 있다. 그러나 의도적 언보싱이 확산할 경우 장기적인 관점에서 조직 전체의 생산성에 악영향을 끼칠 수 있어 조직 측면에서 이에 대처하기 위한 방안을 마련하는 것이 요구되고 있다.

04 | 과학·컴퓨터·IT·우주

61 AIDT AI Digital Textbook
인공지능 기술을 활용한 디지털 교과서

인공지능(AI) 등 지능정보화 기술을 활용해 학습자의 능력과 수준에 맞는 맞춤형 학습자료를 제공하는 디지털 교과서다. 개인별 학습기록을 데이터로 수집·분석하여 학습패턴을 파악한 후 퀴즈나 시각자료 등 다양한 상호작용형 콘텐츠를 제공해 학생이 능동적으로 학습에 참여하도록 유도하며, 즉각적인 피드백 제공으로 학습개선을 도모한다. 이를 통해 학생은 자기주도적 학습이 가능해지고, 교사는 학생의 학습상황을 더 효과적으로 관리·지도할 수 있게 될 것으로 기대된다. 교육부는 2025년 3월부터 일부 과목에 한해 초등학교 3·4학년, 중·고등학교 1학년을 대상으로 AIDT를 우선 도입한다고 밝혔다.

62 누리호 KSLV-Ⅱ
국내 독자 기술로 개발된 한국형 발사체

한국항공우주연구원(항우연) 등이 국내 독자 기술로 개발한 한국형 발사체다. 탑재 중량 1,500kg, 길이 47.2m의 3단형 로켓으로 설계부터 제작, 시험, 발사운용 등 모든 과정이 국내 기술로 진행됐다. 2022년 6월 21일 진행된 2차 발사에서 발사부터 목표궤도 안착까지의 모든 과정을 완벽히 수행한 뒤 성능검증위성과의 교신에도 성공하면서 마침내 우리나라는 전 세계에서 7번째로 1톤(t)급 실용위성을 우주발사체에 실어 자체기술로 쏘아 올리는 데 성공한 나라가 됐다. 또 2023년 5월 25일에 진행된 첫 실전 발사에서는 주탑재위성인 '차세대소형위성 2호'를 정상분리한 데 이어 부탑재위성인 큐브위성 7기 중 6기도 정상분리한 것으로 확인돼 이륙부터 위성 작동까지 성공적으로 마쳤다는 평가가 나왔다.

63 다누리 KPLO
우리나라의 첫 달 탐사궤도선

2022년 8월 발사된 우리나라의 첫 달 탐사궤도선으로 태양과 지구 등 천체의 중력을 이용해 항행하는 궤적에 따라 이동하도록 설계됐다. 달로 곧장 가지 않고 태양 쪽의 먼 우주로 가서 최대 156만km까지 거리를 벌렸다가 다시 지구 쪽으로 돌아와 달에 접근했다. 다누리는 145일 만인 12월 27일 달 상공의 임무궤도에 성공적으로 안착했으며, 현재 약 2시간 주기로 달을 공전하고 있다. 다누리의 고해상도 카메라는 달 표면 관측영상을 찍어 달 착륙 후보지를 고르고, 광시야 편광카메라 등은 달에 매장된 자원을 탐색한다.

64 청정수소
전기를 발생시키는 과정에서 이산화탄소를 적게 배출하는 수소

신재생에너지 중 하나로 전기를 생산할 때 이산화탄소를 적게 혹은 전혀 배출하지 않는 수소를 말한다. 수소발전은 보통 산소와 수소의 화학반응을 이용하는데 이 과정에서 이산화탄소가 발생하게 된다. 그러나 청정수소는 이산화탄소 대신 순수한 물만을 부산물로 배출한다. 청정수소는 그 생산방식에 따라 재생에너지 전력을 활용해 물을 전기분해하여 생산하는 그린수소, 천연가스를 이용해 생산하는 부생수소·추출수소 등의 그레이수소, 그레이수소 생산과정에서 발생하는 탄소를 포집해 저장·활용하는 블루수소, 원전을 활용한 핑크수소 등으로 분류된다.

65 챗GPT
대화 전문 인공지능 챗봇

인공지능(AI) 연구재단 오픈AI(Open AI)가 개발한 대화 전문 인공지능 챗봇이다. 사용자가 대화창에 텍스트를 입력하면 그에 맞춰 대화를 나누는 서비스로, 오픈AI에서 개발한 대규모 AI 모델 'GPT-3.5' 언어기술을 기반으로 한다. 챗GPT는 인간과 자연스럽게 대화를 나누기 위해 수백만 개의 웹페이지로 구성된 방대한 데이터베이스에서 사전 훈련된 대량생성 변환기를 사용하고 있으며, 사용자가 대화 초반에 말한 내용을 기억해 답변하기도 한다. 한편 오픈AI는 2023년 3월 더 향상된 AI 언어모델인 'GPT-4'를 공개했다. GPT-4의 가장 큰 특징은 텍스트만 입력 가능했던 기존 GPT-3.5와 달리 이미지를 인식하고 해석할 수 있는 '멀티모달(Multimodal)' 모델이라는 점이다.

66 사물배터리 BoT ; Battery of Things
배터리가 에너지원이 되어 모든 사물을 연결하는 것

모든 사물에 배터리가 동력원으로 활용돼 배터리가 미래 에너지 산업의 핵심이 되는 것을 일컫는 말이다. 〈에너지 혁명 2030〉의 저자인 미국 스탠퍼드 대학교의 토니 세바 교수가 "모든 사물이 배터리로 구동하는 시대가 올 것"이라고 말한 데서 유래했다. 인터넷을 통해 여러 기기를 연결하는 것을 '사물인터넷(IoT)'이라고 부르듯이 배터리를 중심으로 세상에 존재하는 모든 사물들이 연결돼 일상생활 곳곳에 배터리가 사용되는 환경을 말한다. 스마트폰, 태블릿PC, 각종 웨어러블 기기 등의 IT 제품들이 사물배터리 시대를 열었으며, 최근에는 Non-IT 기기인 전기자전거, 전동공구 등에도 배터리가 사용되고 있다.

67 다크 패턴 Dark Pattern
사람을 속이기 위해 디자인된 온라인 인터페이스

애플리케이션이나 웹사이트 등 온라인에서 사용자를 기만해 이득을 취하는 인터페이스를 말한다. 영국의 UX 전문가인 해리 브링널이 만든 용어로, 온라인 업체들이 이용자의 심리나 행동패턴을 이용해 물건을 구매하거나 서비스에 가입하게 하는 것이다. 가령 웹사이트에서 프로그램을 다운받아 설치할 때 설치 인터페이스에 눈에 잘 띄지 않는 확인란을 숨겨 추가로 다른 프로그램이 설치되게 만든다든지, 서비스의 자동결제를 은근슬쩍 유도하기도 한다. 또 서비스에 가입하면서 이용자는 꼭 알아야 하고 업체에겐 불리한 조항을 숨기는 등의 사례가 있다. 우리나라에서는 이 같은 다크 패턴의 폐해를 방지하기 위해 전자상거래법, 개인정보보호법 등 관련 법률개정안을 마련하고 있다.

68 엘니뇨 El Nino
해수면 온도가 평년보다 0.5℃ 이상 높은 상태가 5개월 이상 지속되는 현상

전 지구적으로 벌어지는 대양-대기 간의 기후 현상으로, 해수면 온도가 평년보다 0.5℃ 이상 높은 상태가 5개월 이상 지속되는 이상해류 현상이다. 크리스마스 즈음에 발생하기 때문에 '작은 예수' 혹은 '남자아이'라는 뜻에서 이러한 이름이 붙었다. 엘니뇨가 발생하면 해수가 따뜻해져 증발량이 많아지고, 태평양 동부 쪽의 강수량이 증가한다. 엘니뇨가 강할 경우 지역에 따라 대규모의 홍수가 발생하기도 하고, 극심한 건조현상을 겪기도 한다. 반면 해수면 온도가 평년보다 0.5℃ 이상 낮은 저수온 현상이 5개월 이상 지속되고, 보통 엘니뇨 현상의 시작 전이나 끝, 평균보다 강한 적도 무역풍이 지속될 때 발생하는 현상은 '라니냐(La Nina, 여자아이)'라고 한다.

69 NFT(대체불가토큰) Non Fungible Token
다른 토큰과 대체·교환될 수 없는 가상화폐

하나의 토큰을 다른 토큰과 대체하거나 서로 교환할 수 없는 가상화폐. 2017년 처음 시장이 만들어진 이래 미술품과 게임아이템 거래를 중심으로 빠르게 성장했다. NFT가 폭발적으로 성장한 이유는 희소성 때문이다. 기존 토큰의 경우 같은 종류의 코인은 한 코인당 가치가 똑같았고, 종류가 달라도 똑같은 가치를 갖고 있다면 등가교환이 가능했다. 하지만 NFT는 토큰 하나마다 고유의 가치와 특성을 갖고 있어 가격이 천차만별이다. 또한 어디서, 언제, 누구에게 거래가 됐는지 모두 기록되어서 위조가 쉽지 않다는 것이 장점 중 하나다.

70 할루시네이션 Hallucination
인공지능이 정보를 생산하는 과정에서 발생하는 오류

원래 '환청'이나 '환각'을 뜻하는 단어였으나 최근에는 인공지능(AI)이 잘못된 정보나 허위정보를 생성하는 오류가 발생하는 것을 일컫는다. 실제로 생성형 AI의 사용이 증가하면서 이를 이용해 정보를 검색·활용하는 과정에서 AI가 질문의 맥락에 맞지 않는 내용으로 답변하거나 사실이 아닌 내용을 마치 사실인 것처럼 답변해 논란이 된 바 있다. 이러한 오류는 데이터학습을 통해 이용자의 질문에 맞는 답변을 제공하는 AI가 해당 데이터값의 진위 여부를 매번 정확하게 확인하지는 못해 나타나는 현상이라고 알려져 있다.

71 AI 워터마크
인공지능 기술을 활용해 제작된 이미지나 문서에 삽입되는 표식

인공지능(AI) 기술을 적용해 만들어진 디지털 이미지나 문서에 삽입되는 로고 및 텍스트를 가리킨다. 이를 통해 소비자는 이용하려는 이미지나 정보가 AI를 활용해 제작된 콘텐츠라는 사실을 인지할 수 있고, 해당 콘텐츠가 가짜뉴스처럼 악의적인 의도로 제작된 것인지도 식별할 수 있다. 또 콘텐츠 제작자 및 소유자의 입장에서는 표식을 통해 불법복제나 무단사용을 방지할 수 있다. 최근 AI 기술이 급속도로 발전함에 따라 각국에서는 생성형 AI를 악용해 만들어진 가짜정보가 무분별하게 유통되는 것을 우려하여 AI 콘텐츠에 대한 워터마크 규제를 도입하거나 관련 규제를 도입하기 위해 준비하고 있다.

72 스텔스 장마
예상하지 못한 장마로 인해 많은 양의 비가 갑자기 쏟아지는 현상

레이더망을 피해 숨어 있다가 갑자기 나타나 공격하는 스텔스(Stealth) 전투기처럼 미처 예상하지 못했던 장마가 갑자기 튀어나와 '물폭탄'을 퍼붓는 상황을 가리킨다. 국내외 기상관측기관의 슈퍼컴퓨터마저 예측하기 어려울 만큼 기습적이고 변덕스러운 장마라는 뜻에서 붙여진 이름이다. 언제 어디서 어떻게 폭우가 쏟아질지 알 수 없고, 폭우 구름이 옮겨 다니면서 단시간 좁은 지역에 많은 비를 퍼붓는다는 특징이 있다. 전문가들은 이러한 스텔스 장마가 나타나는 이유로 '지구온난화'를 꼽는다.

73 데이터 주권

데이터의 사용범위나 방법, 목적 등에 관해 결정할 수 있는 권리

개인 또는 국가가 소유하고 있는 데이터의 사용범위나 방법, 목적 등에 관해 결정할 수 있는 권리를 의미한다. 인터넷 기술이 발전하면서 소수의 인터넷서비스 기업이 데이터를 독점하게 됐는데, 해당 기업들의 무분별한 데이터 수집으로 인한 개인정보 침해 및 정보 독과점 등의 문제가 파생하면서 대두된 개념이다. 크게 ▲ 자신이 데이터에 접근할 수 있는 권리 ▲ 데이터를 수정·삭제할 권리 ▲ 데이터가 특정 목적으로 사용되는 데 동의하거나 이전의 동의를 철회할 수 있는 권리 등을 핵심으로 한다. 특히 최근 인공지능(AI)의 발달로 데이터의 중요성이 커지면서 국가의 핵심경쟁력 중 하나로 급부상하고 있다.

74 디지털라이제이션 Digitalization

디지털화된 데이터를 이용해 효율적인 업무환경을 만드는 것

단순히 데이터를 기록하는 것을 넘어서 디지털 데이터를 활용하여 업무 단축과 업무 흐름 최적화를 달성해 생산성을 높이는 업무적 과정을 의미한다. 즉, 디지털화된 데이터를 저장·활용하는 것뿐만 아니라 발전된 정보통신기술(ICT)을 통해 각종 데이터와 정보에 쉽게 접근하고 활용함으로써 효율적인 업무환경을 만드는 것을 말한다.

75 버추얼 프로덕션 Virtual Production

가상의 이미지와 실제 촬영 이미지를 실시간으로 결합하는 기술

크로마키의 발전된 버전으로 가상의 이미지와 실제 촬영한 이미지를 실시간으로 결합하는 것을 말한다. 최첨단 스튜디오에서 초대형 발광다이오드 벽(LED Wall)에 3차원(3D) 배경을 실시간으로 투사해 배우와 컴퓨터그래픽(CG) 요소를 바로 확인할 수 있어 원하는 장면을 비교적 정확하게 만들어낼 수 있다. 특히 CG 합성절차가 생략된다는 점에서 제작시간 및 비용 절감 효과가 있고, 현실감 있는 영상구현이 가능해 배우의 연기 몰입도가 상승하는 효과가 있다. 또한 혁신기술을 활용해 수정을 여러 번 거치지 않아도 즉각적이고 창의적인 작업이 가능하다.

76 데이터마이닝 Datamining
데이터에서 유용한 정보를 도출하는 기술

'데이터(Data)'와 채굴을 뜻하는 '마이닝(Mining)'이 합쳐진 단어로, 방대한 양의 데이터로부터 유용한 정보를 추출하는 것을 말한다. 기업활동 과정에서 축적된 대량의 데이터를 분석해 경영활동에 필요한 다양한 의사결정에 활용하기 위해 사용된다. 데이터마이닝은 통계학의 분석방법론은 물론 기계학습, 인공지능, 컴퓨터과학 등을 결합해 사용한다. 데이터의 형태와 범위가 다양해지고 그 규모가 방대해지는 빅데이터의 등장으로 데이터마이닝의 중요성이 부각되고 있다.

77 소형모듈원전 SMR
발전용량 300MW급의 소형원전

발전용량 300MW급의 소형원전으로 현재 차세대 원전으로 떠오르고 있다. 일반적인 대형원전은 발전을 위해서 원자로와 증기발생장치, 냉각제 펌프 등 갖가지 장치가 각각의 설비로서 설치돼야 한다. 그러나 소형모듈원전(SMR)은 이 장치들을 한 공간에 몰아넣어 원전의 크기를 대폭 줄일 수 있다. 대형원전에 비해 방사능 유출 위험이 적다는 장점도 있는데, 배관을 쓰지 않는 SMR은 노심이 과열되면 아예 냉각수에 담가버려 식힐 수 있다. 과열될 만한 설비의 수 자체도 적고, 나아가 원전 크기가 작은 만큼 노심에서 발생하는 열도 낮아 대형원전에 비해 식히기도 쉽다. 또 냉각수로 쓸 강물이나 바닷물을 굳이 끌어올 필요가 없기 때문에 입지를 자유롭게 고를 수 있다.

78 알프스 ALPS
일본 후쿠시마 제1원전의 오염수에서 방사성 물질을 걸러내는 장치

ALPS는 'Advanced Liquid Processing System'의 약자로 일본 후쿠시마 제1원전 오염수의 방사성 물질을 제거하기 위해 운용하는 장치다. '다핵종제거설비'라고도 한다. 2011년 동일본대지진 당시 후쿠시마 제1원전 폭발사고로 원자로의 핵연료가 녹아내리면서 이를 식히기 위해 냉각수를 투입했다. 그러나 점차 시간이 흐를수록 지하수, 빗물 등이 유입되면서 방사성 물질이 섞인 냉각수, 즉 오염수가 일본 정부가 감당하기 어려울 만큼 늘어났다. 이에 일본 정부는 ALPS로 오염수를 정화시켜 해양에 방류하기로 결정했다. ALPS로 세슘, 스트론튬 등을 배출기준 이하로 제거해 방류하는 것인데, ALPS 처리과정을 거쳐도 삼중수소(트리튬)는 제거할 수 없어 안전성에 대한 우려를 낳았다. 그러나 세계 각국의 우려 표명에도 일본 정부가 방류를 강행하기로 결정해 2023년 8월부터 방류가 이루어지고 있다.

79 제임스 웹 우주망원경 JWST
허블 우주망원경을 대체할 우주 관측용 망원경

1990년 우주로 쏘아 올린 허블 우주망원경을 대체할 망원경으로 2021년 12월 25일 발사됐다. 미국 항공우주국(NASA)의 제2대 국장인 제임스 웹의 업적을 기리기 위해 '제임스 웹 우주망원경(JWST ; James E. Webb Space Telescope)'이라고 명명됐으며 '차세대 우주망원경(NGST ; Next Generation Space Telescope)'이라고도 한다. 허블 우주망원경보다 반사경의 크기가 더 커지고 무게는 더 가벼워진 한 단계 발전된 우주망원경이다. 미국 NASA와 유럽우주국(ESA), 캐나다우주국(CSA)이 함께 제작했다. 우주 먼 곳의 천체를 관측하기 위한 것으로 허블 우주망원경과 달리 적외선 영역만 관측할 수 있지만, 더 먼 거리까지 관측할 수 있도록 제작됐다.

80 온디바이스 AI
외부 서버나 클라우드에 연결되지 않아도 서비스를 제공할 수 있는 인공지능

기기에 탑재돼 외부 서버나 클라우드에 연결돼 있지 않아도 서비스를 제공할 수 있는 인공지능(AI)을 말한다. 기존에는 기기에서 수집한 정보를 중앙클라우드 서버로 전송해 데이터와 연산을 지원받아야 했기에 불안정한 통신상황에서는 서비스 이용이 제한적이라는 한계가 있었다. 온디바이스 AI는 자체적으로 정보를 처리해 인터넷 연결이나 통신상태로부터 자유롭고, 개인정보를 담은 데이터를 외부 서버로 전송하지 않아도 된다는 점에서 차세대 기술로 주목받고 있다.

81 도심항공교통 UAM
전동 수직이착륙기를 활용한 도심교통 시스템

기체, 운항, 서비스 등을 총칭하는 개념으로 전동 수직이착륙기(eVTOL)를 활용하여 지상에서 450m 정도의 저고도 공중에서 이동하는 도심교통 시스템을 말한다. '도심항공모빌리티'라고도 부르는 도심항공교통(UAM ; Urban Air Mobility)은 도심의 인구 집중화로 교통체증이 한계에 다다르면서 이를 극복하기 위해 추진되고 있다. UAM의 핵심인 eVTOL은 옥상 등에서 수직이착륙이 가능해 활주로가 필요하지 않으며, 내장된 연료전지와 배터리로 전기모터를 구동해 탄소배출이 거의 없다. 또한 소음이 적고 자율주행도 수월한 편이라는 점 때문에 도심형 친환경 항공 교통수단으로 각광받고 있다.

05 | 문화 · 미디어 · 스포츠

82 부커상 Booker Prize
세계 3대 문학상 중 하나

1969년 영국의 부커사가 제정한 문학상이다. 노벨문학상, 프랑스의 공쿠르 문학상과 함께 세계 3대 문학상 중 하나로, 해마다 영국 연방국가에서 출판된 영어소설들을 대상으로 시상해 왔다. 그러다 2005년에 영어로 출간하거나 영어로 번역한 소설을 대상으로 상을 수여하는 인터내셔널 부문을 신설했다. 신설된 후 격년으로 진행되다가 2016년부터 영어번역 소설을 출간한 작가와 번역가에 대해 매년 시상하는 것으로 변경했다. 국내작품 중에서는 한강의 〈채식주의자〉가 2016년 인터내셔널 수상작으로 선정되면서 화제를 모았다. 2024년에는 황석영 작가가 〈철도원 삼대〉로 인터내셔널 최종 후보에 올랐으나 아쉽게도 수상에 이르지는 못했다.

83 패스트무비 Fast Movie
영화나 드라마의 내용을 압축해서 짧게 편집한 영상콘텐츠

긴 분량의 영화나 드라마의 내용을 압축해서 짧은 시간 내에 소비할 수 있도록 요약 편집한 영상콘텐츠를 말한다. 자막과 해석을 통해 줄거리를 간략하게 설명하여 본편을 전부 시청하지 않고도 내용을 파악할 수 있고 취향에 맞는 작품인지 확인할 수 있다는 점에서 인기를 끌고 있다. 재화를 효율적으로 소비하는 것을 선호하는 젊은 세대가 콘텐츠의 주요 소비자로 자리 잡은 데다 바쁜 일상을 사는 현대인들이 짧은 길이의 영상에 익숙해지면서 이러한 콘텐츠가 증가한 것으로 분석됐다. 그러나 최근 주요 장면을 과도하게 노출하거나 결말을 포함한 콘텐츠가 업로드되는 사례가 증가하면서 저작권 침해라는 비판이 나오고 있다.

84 스텔스 럭셔리 Stealth Luxury
브랜드 로고가 드러나지 않는 소박한 디자인의 명품

'살며시'라는 뜻의 'Stealth'와 '명품'을 뜻하는 'Luxury'의 합성어로 '조용한 명품'을 의미한다. 브랜드 로고가 없거나 매우 작게 표시돼 있고 디자인이 소박한 명품을 말한다. 눈에 띄는 디자인으로 브랜드의 존재감을 부각하고자 했던 기존의 트렌드에서 벗어나 단조로운 색상과 수수한 디자인으로 고전적인 감성을 살리는 것이 특징이다. 코로나19 이후 불확실한 경제상황과 혼란스러운 분위기가 지속되면서 패션업계에서는 본인의 경제력을 감추기 위해 스텔스 럭셔리가 유행하고 있다.

85 사도광산
일본 니가타현에 소재한 일제강점기 조선인 강제노역 현장

일본 니가타현에 있는 에도시대 금광으로 일제강점기 당시 조선인 강제노역이 자행된 곳이다. 일본은 사도광산을 세계유산으로 지정하기 위한 잠정 추천서를 유네스코에 다시 제출했는데, 대상 기간을 16~19세기 후반으로 한정해 일제강점기 조선인 강제노동 내용을 배제했다. 2024년 6월 유네스코 자문기구인 국제기념물유적협의회는 에도시기(16~19세기) 이후 유산이 대부분인 지역을 제외하고, "강제노역을 설명하라"라고 요청했다. 이에 일본 정부는 해당 요청을 수용하고 미비한 부분을 보완하는 한편 한국 정부와 협의를 진행하여 마침내 같은 해 7월 세계유산에 등재시키는 데 성공했다. 그러나 일본 정부와 협상하는 과정에서 우리 정부가 조선인 동원 과정의 억압성을 보여주는 '강제'라는 표현을 명시해 달라는 핵심 요구사항이 받아들여지지 않았는데도 등재에 동의한 사실이 알려져 '굴욕외교'라는 비판이 제기됐다.

86 버튜버 Vtuber
가상의 아바타를 대신 내세워 활동하는 유튜버

사람이 직접 출연하는 대신 표정과 행동을 따라 하는 가상의 아바타를 내세워 시청자와 소통하는 '버추얼 유튜버(버튜버)'가 콘텐츠 업계를 달구고 있다. 버튜버는 초창기에는 소수의 마니아층만 즐기던 콘텐츠였으나, 시청자층이 코로나19를 계기로 대폭 늘어나면서 버튜버들의 활동영역이 확장되고 있다. 버튜버는 콘텐츠 제작자가 얼굴을 직접 드러내지 않아도 되기 때문에 부담 없이 다양한 시도를 해볼 수 있고, 시청자 입장에서도 사람이 아닌 캐릭터를 상대하는 느낌을 줘 더 편하게 받아들일 수 있다는 점이 강점으로 꼽힌다.

87 제로웨이스트 Zero Waste
일상생활에서 쓰레기를 줄이기 위한 환경운동

일상생활에서 쓰레기가 나오지 않도록 하는(Zero Waste) 생활습관을 이른다. 재활용 가능한 재료를 사용하거나 포장을 최소화해 쓰레기를 줄이거나 그것을 넘어 아예 썩지 않는 생활 쓰레기를 없애는 것을 의미한다. 비닐을 쓰지 않고 장을 보거나 포장 용기를 재활용하고, 대나무 칫솔과 천연 수세미를 사용하는 등의 방법으로 이뤄진다. 친환경 제품을 사는 것도 좋지만 무엇보다 소비를 줄이는 일이 중요하다는 의견도 공감을 얻고 있다. 환경보호가 중요시되면서 관련 캠페인에 참여하는 사람들이 증가하고 있다.

88 구독경제 Subscription Economy
구독료를 내고 필요한 물건이나 서비스를 이용하는 것

일정 기간마다 비용(구독료)을 지불하고 필요한 물건이나 서비스를 이용하는 경제활동을 뜻한다. 영화나 드라마, 음악은 물론이고 책이나 게임에 이르기까지 다양한 품목에서 이뤄지고 있다. 특히 스마트폰의 대중화로 빠르게 성장하고 있는 미래 유망 산업군에 속하며, 구독자에게 동영상 스트리밍 서비스를 제공하는 넷플릭스의 성공으로 탄력을 받았다. 특정 신문이나 잡지 구독과 달리 동종의 물품이나 서비스를 소비자의 취향에 맞춰 취사선택해 이용할 수 있다는 점에서 효율적이다.

89 그린카드 Green Card
배구에서 비디오판독 요청이 있을 때 먼저 반칙을 인정한 선수에게 주어지는 카드

배구에서 터치아웃이나 네트터치 등이 의심되는 상황에서 주심이나 팀의 비디오판독 요청이 있을 경우 주심이 판정을 내리기 전 먼저 반칙을 인정하고 손을 든 선수에게 제시하는 카드를 말한다. 국제배구연맹(FIVB)이 선수들의 페어플레이 정신을 높이고 불필요한 비디오판독 시간을 줄여 경기시간을 단축하는 것을 목표로 2023년부터 국제대회에 도입한 제도다. 도입 첫해에는 가장 많은 그린카드를 받은 팀에 상금을 지급하는 등 금전보상이 이뤄지기도 했다. 한국배구연맹(KOVO) 역시 2024년부터 그린카드를 새롭게 도입해 그린카드 누적점수를 정규리그 시상 부문 내 페어플레이상의 선정기준으로 활용하기로 했다.

90 로컬힙 Local Hip
특정 지역만의 색깔이 담긴 상품이나 공간, 축제 등을 트렌디하다고 여기는 현상

지역을 뜻하는 'Local'과 고유한 개성을 지니면서도 최신 유행에 밝다는 뜻의 'Hip'이 합쳐진 단어로 지역만의 감성이 담긴 상품이나 공간, 관광, 축제 등을 포괄하는 개념이다. 지역특색을 활용해 사람들의 관심을 끌 수 있어 점차 심각해지고 있는 지역소멸을 막을 수 있는 대안으로 떠오르고 있다. 특히 소비에서도 개성을 중시하는 젊은 세대를 중심으로 로컬힙이 확산하고 있으며, 문화체육관광부도 지역문화의 가치를 알리기 위해 명소, 콘텐츠 등을 선정하는 '로컬 100' 사업을 추진하고 있다.

91 그라데이션 K
다문화국가로 변화하고 있는 한국의 현황을 반영한 용어

우리나라가 단일민족·단일문화라는 고정관념에서 벗어나 다양한 배경과 문화를 가진 사람들이 함께 어우러지면서 다문화국가로 진화하고 있다는 시대적 흐름이 반영된 용어다. 김난도 서울대 소비자학과 교수가 2025년 트렌드를 전망하며 발표한 10개 소비 키워드(스네이크 센스) 중 하나로 '그라데이션(Gradation)'은 다양한 문화와 정체성이 경계 없이 융합하는 과정을 비유한 것이다. 행정안전부가 2024년 10월 발표한 자료에 따르면 국내 외국인 인구는 총인구 수 대비 약 5%에 달한다.

92 힙트래디션 Hiptradition
전통과 젊은 세대 특유의 감성이 만나 만들어진 새로운 트렌드를 뜻하는 신조어

고유한 개성을 지니면서도 최신 유행에 밝고 신선하다는 뜻의 'Hip'과 전통을 뜻하는 'Tradition'을 합친 신조어로, 우리 전통문화를 재해석해 즐기는 것을 의미한다. 한국의 전통문화를 MZ세대 특유의 감성으로 해석해 새로운 트렌드를 만드는 것으로서 최근 소셜네트워크서비스(SNS)를 중심으로 인기를 끌고 있다. 대표적으로 반가사유상 미니어처, 자개소반 모양의 무선충전기, 고려청자의 문양을 본떠 만든 스마트폰 케이스 등 박물관에서 소장 중인 유물이나 작품을 토대로 제작된 박물관 굿즈인 '뮷즈'의 판매율이 급증하면서 그 인기를 입증하고 있다.

93 인포데믹 Infodemic
거짓정보, 가짜뉴스 등이 미디어, 인터넷 등을 통해 매우 빠르게 확산되는 현상

'정보'를 뜻하는 'Information'과 '유행병'을 뜻하는 'Epidemic'의 합성어로, 잘못된 정보나 악성루머 등이 미디어, 인터넷 등을 통해 무분별하게 퍼지면서 전염병처럼 매우 빠르게 확산되는 현상을 일컫는다. 미국의 전략분석기관 '인텔리브리지' 데이비드 로스코프 회장이 2003년 워싱턴포스트에 기고한 글에서 잘못된 정보가 경제위기와 금융시장 혼란을 불러올 수 있다는 의미로 처음 사용했다. 허위정보가 범람하면 신뢰성 있는 정보를 찾아내기 어려워지고, 이 때문에 사회 구성원 사이에 합리적인 대응이 어려워지게 된다. 인포데믹의 범람에 따라 정보방역의 중요성도 강조되고 있다.

94 멀티 페르소나 Multi-persona
상황에 따라 다양한 형태의 자아를 갖는 것

페르소나는 고대 그리스의 연극에서 배우들이 쓰던 가면을 의미하고, 멀티 페르소나는 '여러 개의 가면'으로 직역할 수 있다. 현대인들이 직장이나 학교, 가정이나 동호회, 친구들과 만나는 자리 등에서 각기 다른 성격을 보인다는 것을 뜻한다. 일과 후 여유와 취미를 즐기는 '워라밸'이 일상화되고, SNS에 감정과 일상, 흥미를 공유하는 사람들이 늘어나면서 때마다 자신의 정체성을 바꾸어 드러내는 경우가 많아지고 있다.

95 퍼블리시티권 Right of Publicity
유명인이 자신의 이름이나 초상을 상품 등의 선전에 이용하는 것을 허락하는 권리

배우, 가수 등 연예인이나 운동선수 등과 같은 유명인들이 자신의 이름이나 초상 등을 상업적으로 이용하거나 제3자에게 상업적 이용을 허락할 수 있도록 한 배타적 권리를 말한다. 초상사용권이라고도 하며, 당사자의 동의 없이는 이름이나 얼굴을 상업적으로 이용할 수 없다. 인격권에 기초한 권리지만 그 권리를 양도하거나 사고팔 수 있는 상업적 이용의 요소를 핵심으로 하기 때문에 인격권과는 구별되는 개념이다. 미국은 판례와 각 주의 성문법에 의거해 퍼블리시티권을 보호하고 있지만, 우리나라는 명확한 법적 규정이 없어 퍼블리시티권을 둘러싼 논란이 지속적으로 발생해 왔다.

96 소프트파워 Soft Power
인간의 이성 및 감성적 능력을 포함하는 문화적 영향력

교육·학문·예술 등 인간의 이성 및 감성적 능력을 포함하는 문화적 영향력을 말한다. 21세기에 들어서며 세계가 군사력 또는 경제력을 바탕으로 한 하드파워(Hard Power), 즉 경성국가의 시대에서 소프트파워를 중심으로 한 연성국가의 시대로 접어들고 있다. 대중문화의 전파, 특정 표준의 국제적 채택, 도덕적 우위의 확산 등을 통해 영향력이 커질 수 있으며, 우리나라를 비롯한 세계 여러 나라에서 자국의 소프트파워를 키우고 활용하기 위한 노력을 계속하고 있다.

97 토끼굴 효과
SNS 이용자가 온라인 피드와 주제에 점점 중독되는 현상

소셜미디어(SNS) 이용자가 특정 알고리즘으로 인해 자신도 모르게 온라인 피드와 주제에 점점 중독돼 더 자극적인 콘텐츠를 시청하게 되는 현상을 일컫는다. SNS는 알고리즘을 통해 사용자가 선호하는 콘텐츠에 관한 정보를 광범위하게 수집해 맞춤형 콘텐츠를 추천한다. 그런데 일부 플랫폼 사업자가 알고리즘을 조작해 자사의 상품이나 서비스를 우선 노출시키거나 자극적인 콘텐츠를 추천함으로써 SNS 중독을 유발하는 등의 문제가 있어 디지털 콘텐츠 검열에 관한 논란이 불거졌다. 대표적으로 유럽연합(EU) 집행위원회는 2024년 5월 알고리즘을 포함한 페이스북과 인스타그램의 시스템이 아동들에게 '토끼굴 효과'와 같은 행동 장애를 유발할 가능성이 우려된다는 점을 들어 모기업 메타를 상대로 디지털 서비스법(DSA) 위반 조사에 착수했다.

98 사이버 레커 Cyber Wrecker
온라인상에서 화제가 되는 이슈를 자극적으로 포장해 공론화하는 매체

온라인상에서 화제가 되는 이슈를 자극적으로 포장해 공론화하는 매체를 말한다. 빠르게 소식을 옮기는 모습이 마치 사고현장에 신속히 도착해 자동차를 옮기는 견인차의 모습과 닮았다고 해서 생겨난 신조어다. 이들은 보통 유튜브와 인터넷 커뮤니티에서 활동하는데, 유튜브의 경우 자극적인 섬네일로 조회수를 유도한다. 사이버 레커의 가장 큰 문제점은 정보의 정확한 사실 확인을 거치지 않고 무분별하게 다른 사람에게 퍼트린다는 것이다.

99 디지털 유산
개인이 생전 온라인상에 남긴 디지털 흔적

SNS, 블로그 등에 남아 있는 사진, 일기, 댓글 등 개인이 온라인상에 남긴 디지털 흔적을 말한다. 온라인 활동량이 증가하면서 고인이 생전 온라인에 게시한 데이터에 대한 유가족의 상속 관련 쟁점이 제기됐으나, 국내에서는 살아 있는 개인에 한해 개인정보 보호법이 적용되고 디지털 유산을 재산권과 구별되는 인격권으로 규정해 상속규정에 대한 정확한 법적 근거가 마련되어 있지 않다. 유가족의 상속권을 주장하는 이들은 데이터의 상속이 고인의 일기장이나 편지 등을 전달받는 것과 동일하다고 주장하고 있으며, 반대하는 이들은 사후 사생활 침해에 대한 우려를 표하며 잊힐 권리를 보장받아야 한다고 주장한다.

100 스낵컬처 Snack Culture
어디서든 즐길 수 있는 문화

어디서든 과자를 먹을 수 있듯이 장소를 가리지 않고 가볍고 간단하게 즐길 수 있는 문화스타일이다. 과자를 의미하는 'Snack'과 문화를 의미하는 'Culture'의 합성어다. 출퇴근시간, 점심시간은 물론 잠들기 직전에도 향유할 수 있는 콘텐츠로 시간과 장소에 구애받지 않는 것이 스낵컬처의 가장 큰 장점이다. 방영시간이 1시간 이상인 일반 드라마와 달리 10~15분 분량으로 구성된 웹드라마, 한 회차씩 올라오는 웹툰, 웹소설 등이 대표적인 스낵컬처로 꼽힌다. 스마트폰의 발달로 스낵컬처 시장이 확대됐고 현대인에게 시간·비용적으로 부담스럽지 않기 때문에 지속적으로 성장하고 있다.

101 안티투어리즘 Antitourism
외국인 관광객을 기피하는 현상

특정 지역에 관광객이 지나치게 몰리면서 해당 지역의 물가가 급등하고 환경파괴와 더불어 각종 소음 등으로 주민들의 일상이 침해당하자 나타나게 된 외국인 관광객 기피 현상이다. 2010년대 후반까지만 해도 일부 유럽의 유명 관광지에서만 주로 나타나던 현상이었으나, 코로나19 팬데믹 이후 해외여행객이 크게 증가하면서 전 세계로 확산하는 추세다. 이에 관광객을 대상으로 도시 입장료를 받거나 숙박요금에 세금을 부과하는 등 관광세를 도입하는 지역들도 속속 등장하고 있다.

102 FOOH Fake Out Of Home
실사 배경에 컴퓨터그래픽 이미지로 구현한 이미지를 씌운 가상 옥외광고

실제로 존재하는 장소에 컴퓨터그래픽 이미지(CGI)로 구현한 이미지를 씌워서 만든 '페이크 옥외광고'다. '가짜'를 뜻하는 'Fake'와 '옥외광고'를 뜻하는 'OOH(Out Of Home)'의 합성어로 미국의 디지털 아티스트이자 필름메이커인 이안 패딤이 처음 사용했다. 증강현실(AR)과 CGI 기술을 결합해 만든 초현실적인 이미지를 활용하여 단기간에 효과적으로 브랜드와 제품을 소비자에게 각인시킬 수 있고, 일반적인 옥외광고와 달리 장소 대여부터 설치·유지 비용이 들지 않으면서 쓰레기도 발생하지 않아 친환경적이라는 점이 가장 큰 특징이다. 이는 숏폼(Short-form) 형식에도 부합해 새로운 마케팅 트렌드로 활용되고 있다.

PART 3

일반상식

CHAPTER 01	정치·국제·법률
CHAPTER 02	경제·경영·금융
CHAPTER 03	사회·노동·환경
CHAPTER 04	과학·컴퓨터·IT·우주
CHAPTER 05	문화·미디어·스포츠

CHAPTER 01 정치·국제·법률

01 야경국가
시장에 대한 개입을 최소화하고 질서 유지 임무만을 수행하는 국가

독일의 사회주의자 F. 라살이 그의 저서 〈노동자 강령〉에서 당시 영국 부르주아의 국가관을 비판하는 뜻에서 쓴 것으로, 국가는 외적의 침입을 막고 국내 치안을 확보하여 개인의 사유재산을 지키는 최소한의 임무만을 행하며, 나머지는 자유방임에 맡길 것을 주장하는 국가관을 말한다.

02 투키디데스의 함정
신흥 강대국과 기존 강대국의 필연적인 갈등

새로운 강대국이 떠오르면 기존의 강대국이 이를 두려워하여 견제함으로써 부딪칠 수밖에 없는 상황을 의미하는 이 용어는 아테네와 스파르타의 전쟁에서 유래했다. 미국 정치학자 그레이엄 앨리슨은 2017년 낸 저서 〈예정된 전쟁〉에서 기존 강국이던 스파르타와 신흥 강국이던 아테네가 맞붙었듯이 현재 미국과 중국의 세력 충돌 또한 필연적이라는 주장을 하면서 이런 필연을 '투키디데스의 함정'이라고 명명했다.

03 숙의민주주의
숙의를 바탕으로 한 합의적인 의사결정 방식의 민주주의

'숙의(熟議)'는 '깊이 생각하여 넉넉히 의논함'을 뜻하는 것으로, 이러한 '숙의'가 의사결정의 중심이 되는 형식을 숙의민주주의라고 한다. 직접민주주의적인 형태로서, 다수결로 대표되는 대의민주주의의 한계를 보완하는 기능을 한다. 갈등이 첨예한 사안에 관하여 단순히 찬성 혹은 반대로 의견을 대립하는 것이 아니라 충분한 시간을 두고 전문가가 제공하는 지식과 정보를 바탕으로 한 학습 및 의견 수렴 과정을 거친다.

04 고노 담화
일본군 위안부 모집에 대해 일본군이 강제 연행했다는 것을 인정하는 내용이 담긴 담화

1993년 8월 4일 고노 요헤이 일본 관방장관이 위안부 문제와 관련하여 일본군 및 관헌의 관여와 징집·사역에서의 강제성을 인정하고 문제의 본질이 중대한 인권 침해였음을 인정하면서 사죄한 것으로, 일본 정부의 공식 입장이다.

> **무라야마 담화**
> 1995년 당시 일본 무라야마 총리가 식민지 지배와 침략의 역사를 인정하고 사죄하는 뜻을 공식적으로 표명한 담화이다. 하지만 강제동원 피해자에 대한 배상문제와 군 위안부 문제 등에 대한 언급은 없었다.

05 전범기업
전쟁 당시 침략국에게 군수물품을 납품해 성장한 기업

전쟁 중 군납 물품제조나 강제징용을 통해 침략국으로부터 경제적 이익을 얻어 성장한 기업을 일컫는다. 일제강점기 시절 일본 전범기업들은 조선인을 강제징용해 노동력을 착취하고 이로부터 나오는 막대한 이익을 통해 성장했다. 우리나라에서는 일본 전범기업이 강제징용 배상을 외면하는 등 반성의 기미가 보이지 않자 불매운동이 진행됐다.

06 엽관제 Spoils System
선거에서 당선되어 정권을 잡은 사람 또는 정당이 관직을 지배하는 정치적 관행

19세기 중반 미국에서 성행한 공무원 임용제도에서 유래한 것으로, 정당에 대한 공헌이나 인사권자와의 친밀도를 기준으로 공무원을 임용하는 인사관행을 말한다.

> **정실주의(情實主義)**
> 1688년 명예혁명 이후 생겨 1870년까지 영국에서 성행하였던 공무원 임용의 관행으로서 엽관제(Spoils System)와 비슷한 제도이다.

07 비토권
사안을 거절할 수 있는 권리

한 사안에 대해서 거부·거절할 수 있는 권리를 말한다. 'Veto'는 거부라는 뜻의 영단어다. 국제연합(UN)의 안전보장이사회(안보리)는 비토권 5개국으로 불린다. 만약 5개국 중 1개국이라도 비토권을 행사하면 해당 국가를 제외하고 만장일치를 이뤄도 안건이 통과되지 않는다.

08 조어도 분쟁
조어도를 둘러싼 일본과 중국·대만 간의 영유권 분쟁

조어도는 일본 오키나와에서 약 300km, 대만에서 약 200km 떨어진 동중국 해상 8개 무인도다. 현재 일본이 실효 지배하고 있으나 중국과 대만이 영유권을 주장하고 있다. 조어도의 전체 면적은 $6.3km^2$에 불과하지만, 배타적 경제수역(EEZ)의 기점으로 경제·전략적 가치가 높다.

> **조어도의 각국 명칭**
> 센카쿠(일본), 댜오위다오(중국), 조어대(대만)

09 감사원
행정부의 최고 감사 기관, 합의체 기관, 헌법상의 필수 기관

헌법에 의해 설치된 정부기관으로, 국가의 세입·세출을 결산하고 국가 및 법률이 정한 단체의 회계검사와 행정기관 및 공무원의 직무에 관한 감찰을 하는 기관이다.

> **감사원의 구성**
> - 조직 : 감사원장을 포함해 5인 이상~11인 이하의 감사위원으로 구성한다.
> - 임명 : 감사원장은 대통령이 국회의 동의를 얻어 임명하고, 감사위원은 원장의 제청으로 대통령이 임명한다.
> - 임기 : 감사원장·감사위원 모두 4년이며, 1차에 한하여 중임할 수 있다.

10 레임덕 Lame Duck
임기 말 권력누수 현상

절름발이 오리라는 뜻이며, 현직에 있던 대통령의 임기 만료를 앞두고 나타나는 것으로 대통령의 권위나 명령이 제대로 시행되지 않아서 국정 수행에 차질이 생기는 일종의 권력누수 현상이다. 레임덕이 발생하기 쉬운 경우는 임기 제한으로 인해 권좌나 지위에 오르지 못하게 된 경우, 임기 만료가 얼마 남지 않은 경우, 집권당이 의회에서 다수 의석을 얻지 못한 경우 등이 있다.

11 대통령의 지위와 권한
대통령은 국가의 원수이며, 행정권은 대통령을 수반으로 하는 정부에 속함

국가원수로서의 권한	행정부 수반으로서의 권한
• 국가를 대표하여 외국과 조약을 체결함 • 외국에 대하여 전쟁을 선포할 수 있음 • 국회의 동의를 얻어 대법원장, 헌법재판소장, 감사원장, 대법관 등 국가 기관의 장을 임명함 • 헌법 개정이나 국가의 중요 정책을 결정할 때 이를 국민 투표에 부칠 수 있음 • 국가에 위태로운 상황이 생겨 긴급 조치가 필요할 때 긴급 명령이나 계엄을 선포할 수 있음	• 행정부를 지휘·감독함 • 국군을 통수함 • 국무총리, 국무 위원, 행정 각부의 장 등 행정부의 고위 공무원을 임명하거나 해임함 • 법률안 거부권을 통해 국회를 견제함 • 법률에서 위임받은 사항과 법률 집행을 위해 필요한 사항에 대하여 대통령령을 만들 수 있음

12 대통령과 국회의 동의
대통령의 권한 중 국회의 동의, 승인, 통고가 필요한 경우

국회의 동의를 얻어야 하는 경우	조약의 체결·비준/일반사면/국무총리, 감사원장, 대법원장, 헌법재판소장, 대법관의 임명/예비비의 설치/선전포고 및 강화/국군의 해외 파병/외국의 국내 주둔/국채모집
국회의 승인을 받아야 하는 경우	긴급명령/긴급재정경제처분 및 명령/예비비의 지출
국회에 통고하여야 하는 경우	계엄선포

13 포퓰리즘 Populism
대중의 견해와 바람을 대변하고자 하는 정치 사상 및 활동

포퓰리즘은 대중의 의견을 존중하고, 대중의 이익을 대변하는 방향으로 정치활동을 펼치는 것을 말한다. 또한 재정이나 환경 또는 실현 가능성을 고려하지 않고 인기에 따라 '퍼주기식' 정책을 펼치는 대중영합주의 정치를 뜻하기도 한다.

14 옴부즈맨 제도 Ombudsman System
정부의 부당한 행정 조치를 감시하고 조사하는 일종의 행정 통제 제도

입법부와 법원이 가지고 있는 행정 통제의 고유 권한이 제 기능을 발휘하지 못함에 따라 이를 보완하고 보다 적극적으로 국민의 이익을 보호하려는 취지에서 1809년 스웨덴에서 처음 창설된 대국민 절대 보호 제도이다. 옴부즈맨과 비슷한 제도로 우리나라에는 '국민권익위원회'가 있다.

> **국민권익위원회**
> 국민권익 증진을 위한 정책을 추진하는 중앙행정기관이다. 주요 업무는 국민의 권리보호 및 부패방지를 위한 정책수립 시행, 고충민원의 조사처리, 부패방지 및 권익구제 교육 및 홍보, 부패행위신고 및 보상, 공직자행동강령 시행, 국민신문 및 110콜센터 운영, 중앙행정심판위원회 운영에 관한 사무 등이다.

15 이원집정부제
대통령 중심제와 내각책임제의 절충 형태로 된 제3의 정부 형태

행정부의 권한을 대통령과 내각수반이 나누어 행사하는 정치제도로 전통적으로 대통령은 국민의 직접선거로 선출되며, 평상시에는 국무총리가 행정권을 주도하지만 비상사태가 발생하면 대통령이 행정권을 장악하여 단순한 국가원수로서의 지위뿐 아니라 실질적인 행정을 담당하게 된다.

16 정부형태의 비교

대통령제와 의원내각제의 차이는 의회의 내각불신임권과 행정부의 의회해산권의 존재 여부

구분	대통령제	의원내각제
특징	• 권력 분립 지향(견제와 균형) • 대통령은 국민에 대해 책임 • 국가원수이며 행정부 수반 • 대통령의 법률안 거부권 • 내각은 의결 기관이 아닌 심의 기관임 • 의회는 행정부를 불신임할 수 없고, 행정부도 의회를 해산할 수 없음 • 정부는 법률안 제안권이 없으며, 정부 각료의 의회 출석 발언권도 없음 • 정부 각료는 의회 의원을 겸할 수 없음	• 권력 융합주의 • 의회의 신임에 의해 내각 구성 • 왕, 대통령은 정치적 실권이 없는 상징적 존재 • 의회는 내각불신임 의결권을 가지고 있음 • 내각은 의회해산권과 법률안 제안권을 갖고 있음 • 각료는 원칙적으로 의회 의원이어야 하며 의회 출석 발언권을 가짐 • 내각은 의결 기관임
장점	• 대통령 임기 동안 정국 안정 • 정책의 계속성 보장 • 국회 다수당의 횡포 견제	• 정치적 책임에 민감 • 국민의 민주적 요청에 충실 • 정국 안정 시 능률적 행정
단점	• 대통령의 독재화 가능성 • 책임 정치의 실현이 곤란	• 다수당의 횡포 가능성 • 정책의 일관성·지속성 결여
공통점	사법부의 독립을 엄격히 보장 → 기본권의 보장	

17 국정조사권

국회 차원에서 중요한 현안에 대해 진상규명과 조사를 할 수 있는 권한

국정조사는 국회 재적의원 4분의 1 이상의 요구가 있을 때 특별위원회 또는 상임위원회로 하여금 국정의 특정사안에 관하여 국회가 주체가 되어 행해지며 공개를 원칙으로 한다. 정기적으로 이루어지는 국정감사와 달리 국정조사는 부정기적이며 수시로 조사할 수 있다.

> **국정감사권**
> 국회가 상임위별로 국정 전반에 관한 감사를 직접할 수 있는 헌법상의 권한을 말하며, 공개주의를 채택하고 있다. 국회는 국정 전반에 관하여 소관 상임위원회별로 매년 정기회 집회일 이전에 감사 시작일로부터 30일 이내의 기간을 정하여 감사를 실시한다.

18 국회가 하는 일

입법에 관한 일, 재정에 관한 일, 일반 국정에 관한 일

입법에 관한 일	법률제정, 법률개정, 헌법개정 제안·의결, 조약체결·비준 동의
재정에 관한 일	예산안 심의·확정, 결산 심사, 재정 입법, 기금심사, 계속비 의결권, 예비비지출승인권, 국채동의권, 국가의 부담이 될 계약 체결에 대한 동의권
일반 국정에 관한 일	국정감사·조사, 탄핵소추권, 헌법기관 구성권, 긴급명령·긴급재정경제처분 명령 승인권, 계엄해제 요구권, 일반사면에 대한 동의권, 국무총리·국무위원 해임건의권, 국무총리·국무위원·정부위원 출석요구권 및 질문권

19 일사부재의의 원칙

한 번 부결된 안건은 같은 회기 중에 다시 발의하거나 제출하지 못한다는 원칙

이 원칙은 회기 중에 이미 한 번 부결된 안건에 대하여 다시 심의하는 것은 회의의 능률을 저해하며, 동일한 안건에 대하여 전과 다른 의결을 하면 어느 것이 회의체의 진정한 의사인지 알 수 없는 문제가 발생할 수 있다는 점에서 시행하는 제도이다. 또한 소수파에 의한 의사 방해를 막기 위한 제도로 인정된 것이기도 하다.

20 주요 공직자의 임기

주요 공직자의 임기는 다음과 같음

- 임기 2년 : 검찰총장, 국회의장, 국회부의장
- 임기 4년 : 감사원장, 감사위원, 국회의원
- 임기 5년 : 대통령
- 임기 6년 : 헌법재판소재판관, 중앙선거관리위원장, 대법원장, 대법관
- 임기 10년 : 일반법관

21 캐스팅보트 Casting Vote
투표 결과 찬성과 반대가 같은 수일 때 의장의 결정권

합의체의 의결에서 가부동수(찬반의 투표가 동일한 상황)인 경우에 의장이 갖는 결정권이다. 또한 양대 당파의 세력이 거의 비슷하여 제3당이 비록 소수일지라도 의결의 가부를 좌우할 경우도 제3당이 캐스팅보트를 쥐고 있다고 말한다. 우리나라는 국회의장의 캐스팅보트를 인정하지 않으며 가부동수인 경우 부결된 것으로 본다.

22 성문법과 불문법
법을 일정한 제정 절차 유무와 존재 형식에 따라 구분한 것

성문법은 헌법, 법률, 명령, 자치법규(조례와 규칙), 조약 등이 있으며 현재 존재하는 가장 오래된 법전인 함무라비 법전이 대표적인 예이다. 현재 대부분의 근대 국가는 법체계의 많은 부분이 성문법화되어 있다. 불문법은 법규범의 존재 형식이 제정되지 않은 법체계에 의하는 것을 말하며, 비제정법이라고도 한다. 성문법에 대응하는 것으로 관습법이나 판례법, 조리 등이 여기에 속한다.

23 공적연금
국가가 운영주체가 되는 연금

공적연금은 국민이 소득상실 또는 저하로 생활의 위기에 빠질 가능성을 해소하기 위해 국가가 지급하는 연금이다. 우리나라의 공적연금으로는 국민연금, 공무원연금, 군인연금, 사립학교교직원연금(사학연금)이 운영되고 있다.

24 게리맨더링 Gerrymandering
집권당에 유리하도록 한 기형적이고 불공평한 선거구 획정

1812년 미국 매사추세츠 주지사 게리가 당시 공화당 후보에게 유리하도록 선거구를 재조정하였는데 그 모양이 마치 그리스 신화에 나오는 샐러맨더와 비슷하다고 한 데서 유래한 말이다. 즉, 특정 정당이나 후보자에게 유리하도록 선거구를 인위적으로 조작하는 것을 의미하며, 이를 방지하기 위해 선거구 법정주의를 채택하고 있다.

25 매니페스토 Manifesto
정당이나 후보자가 선거 공약의 구체적인 실천안을 문서화하여 공표하는 정책서약서

이탈리아어로 '선언'이라는 뜻이며, 예산 확보 및 구체적인 실행 계획을 마련해 이행 가능한 선거 공약을 뜻한다. 구체적인 정책대안을 공약서에 담아 유권자에게 약속하는 것을 말한다. 이 개념은 1834년 영국 보수당 당수인 로버트 필이 유권자들의 환심을 사기 위한 공약은 결국 실패하기 마련이라면서 구체화된 공약의 필요성을 강조한 데 기원을 둔다.

26 언더독 효과 Underdog Effect
약세 후보가 유권자들의 동정을 받아 지지도가 올라가는 경향

개싸움 중에 밑에 깔린 개가 이기기를 바라는 마음과 절대 강자에 대한 견제 심리가 발동하게 되는 현상으로 선거철에 지지율이 낮은 후보에게 유권자들이 동정표를 주는 현상을 말한다. 여론조사 전문가들은 밴드왜건과 언더독 효과가 동시에 발생하기 때문에 여론조사 발표가 선거 결과에 미치는 영향은 중립적이라고 보고 있다.

> **밴드왜건 효과**
> 밴드왜건이란 서커스 행렬을 선도하는 악대 마차로, 사람들이 무의식적으로 그곳에 몰려들면서 군중이 점점 증가하는 것을 비유하여 생긴 용어이다. 정치에서는 특정 유력 후보가 앞서가는 경우 그 후보자에 대해 유권자의 지지가 더욱 커지는 것을 의미하고, 경제에서는 특정 상품의 수요가 증가하면 일반 대중이 따라 사는 경우를 말한다.

27 스윙보터 Swing Voter
선거 등의 투표행위에서 누구에게 투표할지 결정하지 못한 유권자

스윙보터란 선거에서 후보자를 정하지 못하고 어느 후보에게 투표할지 결정하지 못한 유권자로, 플로팅보터(Floating Voter)라고도 한다. 예전에는 미결정 투표자라는 뜻의 언디사이디드보터(Undecided Voter)라는 말이 많이 쓰이기도 하였다. 부동층 유권자들은 지지정당이 없기 때문에 여러 가지 요소에 따라 정당을 쉽게 바꿀 수 있다.

28 독트린 Doctrine
국제사회에서 공식적으로 표방하는 정책상의 원칙

어원은 종교의 교리나 교의를 뜻하는 라틴어 'Doctrina'이다. 정치나 학문 등의 '주의'나 '신조'를 나타내는 뜻으로 쓰이거나, 강대국 외교 노선의 기본 지침으로 대내외에 천명될 경우에도 사용된다.

29 패스트트랙
쟁점 법안의 빠른 본회의 의결을 진행하기 위한 입법 시스템

발의된 국회의 법안 처리가 무한정 미뤄지는 것을 막고, 법안을 신속하게 처리하기 위한 제도이다. 본회의 의석수가 많더라도 해당 상임위 혹은 법사위 의결을 진행시킬 수 없어 법을 통과시키지 못하는 경우가 있는데, 이런 경우 소관 상임위 혹은 본회의 의석의 60%가 동의하면 '신속 처리 안건'으로 지정하여 바로 본회의 투표를 진행시킬 수 있다.

30 밀크티 동맹
태국, 홍콩, 대만의 네티즌들에 의해 형성된 온라인 민주주의 연대 운동

밀크티 동맹은 2020년 3월 태국의 유명인사들이 중국이 천명한 '하나의 중국' 기조를 무시하는 SNS 게시물을 올리자, 중국 네티즌들이 이를 비난한 사태를 계기로 발생했다. 태국·홍콩·대만의 네티즌들은 이 사태에 반중운동을 벌이며, 중국의 권위주의를 비판하고 나섰다. 이들은 SNS의 반중 게시물에 '#MilkTea Alliance(밀크티 동맹)'라는 해시태그를 붙였는데, 이들 나라에서 밀크티를 즐겨 마신다는 공통점 때문이다.

31 마타도어 Matador
상대방을 비난하거나 깎아내리는 의미로 사용되는 단어

마타도어는 정치권의 흑색선전을 뜻하는 용어로 근거 없는 사실을 조작해 상대 정당·후보 등을 공격하는 공세를 말한다. 스페인의 투우에서 투우사가 마지막에 소의 정수리에 칼을 꽂아 죽이는 것을 뜻하는 스페인어 '마타도르'에서 유래한 것이다.

32 방공식별구역
자국의 영토와 영공을 방어하기 위한 구역

국가 안보 목적상 자국 영공으로 접근하는 군용 항공기를 조기에 식별하기 위해 설정되는 공중구역이다. 자국 공군이 국가 안보를 위해 일방적으로 설정하여 선포하지만, 영공은 아니므로 외국 군용기의 무단 비행이 금지되지는 않는다. 다만, 자국 국가 안보에 위협이 되면 퇴각을 요청하거나 격추할 수 있다고 사전에 국제 사회에 선포해 놓은 구역이다.

33 국제연합 UN ; United Nations

전쟁을 방지하고 평화를 유지하기 위해 설립된 국제기구

설립일	1945년 10월 24일
설립목적	전쟁 방지 및 평화 유지, 정치·경제·사회·문화 등 모든 분야의 국제 협력 증진
주요활동	평화유지 활동, 군비축소 활동, 국제협력 활동
본부	미국 뉴욕
가입국가	193개국
주요 기구	총회	• 국제연합의 최고 의사결정기관 • 9월 셋째 주 화요일에 정기총회 개최(특별한 안건이 있을 경우에는 특별총회 또는 긴급총회 소집)
	안전보장이사회 (안보리, UNSC)	• UN 회원국의 평화와 안보 담당 • 5개의 상임이사국(미국·영국·프랑스·러시아·중국)과 10개의 비상임이사국으로 구성됨
	경제사회이사회 (ECOSOC)	• 국제적인 경제·사회 협력과 개발 촉진, UN 총회를 보조하는 기구 • 유엔가입국 중 총회에서 선출된 54개국으로 구성
	국제사법재판소 (ICJ)	• 국가 간의 법률적 분쟁을 재판을 통해 해결 • 네덜란드 헤이그에 있음
	신탁통치이사회	신탁통치를 받던 팔라우가 1994년 독립국이 된 이후로 기능이 중지됨
	사무국	UN의 운영과 사무 총괄
전문 기구	국제노동기구(ILO), 국제연합식량농업기구(FAO), 국제연합교육과학문화기구(UNESCO), 세계보건기구(WHO), 국제통화기금(IMF), 국제부흥개발은행(세계은행, IBRD), 국제금융공사(IFC), 국제개발협회(IDA), 국제민간항공기구(ICAO), 만국우편연합(UPU), 국제해사기구(IMO), 세계기상기구(WMO), 국제전기통신연합(ITU), 세계지적재산권기구(WIPO), 국제농업개발기금(IFAD), 국제연합공업개발기구(UNIDO) 등

34 헌법재판소

법령의 위헌 여부를 일정한 소송 절차에 따라 심판하기 위하여 설치한 특별 재판소

헌법재판소장은 대통령이 국회의 동의를 얻어 임명하며, 재판관은 총 9명으로 대통령과 국회·대법원장이 각각 3명씩 선출하고 대통령이 임명한다. 헌법재판소 재판관의 임기는 6년이며 연임이 가능하고 정년은 만 70세이다. 헌법재판소 재판관은 정당에 가입하거나 정치에 관여할 수 없고, 탄핵 또는 금고 이상의 형의 선고에 의하지 아니하고는 해임되지 않는다.

> **헌법재판소의 권한**
> 탄핵심판권, 위헌법률심사권, 정당해산심판권, 기관쟁의심판권, 헌법소원심판권

35 치킨게임 Chicken Game

어느 한쪽이 양보하지 않을 경우 양쪽 모두 파국으로 치닫게 되는 극단적인 게임 이론

1950~1970년대 미국과 소련 사이의 극심한 군비경쟁을 꼬집는 용어로 사용되면서 국제정치학 용어로 정착되었다. 그 예로는 한 국가 안의 정치나 노사협상, 국제외교 등에서 상대의 양보를 기다리다가 파국으로 끝나는 것 등이 있다.

36 공동경비구역 JSA ; Joint Security Area

비무장지대 안에 있는 특수지역

1953년 10월 군사정전위원회 본부구역 군사분계선(MDL)상에 설치한 지대로 판문점이라고도 한다. 비무장지대에 남과 북의 출입은 제한적이지만 양측이 공동으로 경비하는 공동경비구역은 비무장지대 내 특수지역으로, 양측의 허가받은 인원이 출입할 수 있다. 이 구역 내에 군사정전위원회와 중립국감시위원단이 있다. 2018년 11월부터 남북 양측의 합의로 민간인 출입이 가능해졌다.

37 군사분계선 MDL ; Military Demarcation Line

휴전 협정에 의해 두 교전국 간에 그어지는 군사활동의 경계선

한국의 경우 1953년 7월 유엔군 측과 공산군 측이 합의한 정전협정에 따라 규정된 휴전의 경계선을 말하며, 휴전선이라 한다. 휴전선의 길이는 약 240km이며, 남북 양쪽 2km 지역을 비무장지대로 설정하여 완충구역으로 둔다. 정전협정 제1조는 양측이 휴전 당시 점령하고 있던 지역을 기준으로 군사분계선을 설정하고 상호 간에 이 선을 침범하거나 적대행위를 하는 것을 금지하고 있다.

38 북방한계선 NLL ; Northern Limit Line
남한과 북한 간의 해양경계선

해양의 북방한계선은 서해 백령도·대청도·소청도·연평도·우도의 5개 섬 북단과 북한 측에서 관할하는 옹진반도 사이의 중간선을 말한다. 북한은 1972년까지 이 한계선에 이의를 제기하지 않았으나 1973년부터 북한이 서해 5개 섬 주변 수역을 북한 연해라고 주장하며 NLL을 인정하지 않고 침범하여 남한 함정들과 대치하는 사태가 발생하기도 했다.

39 쿼드 Quad
미국, 일본, 인도, 호주로 구성된 안보협의체

2007년 아베 신조 당시 일본 총리의 주도로 시작됐으며 2020년 8월 미국의 제안 아래 공식적인 국제기구로 출범했다. 중국의 일대일로를 견제하기 위한 목적도 갖고 있으며, 미국은 쿼드를 인도-태평양판 북대서양 조약기구로 추진했다. 한편 쿼드는 한국, 뉴질랜드, 베트남이 추가로 참가하는 '쿼드 플러스'로 기구를 확대하려는 의지를 내비치기도 했다.

40 전시작전통제권 Wartime Operational Control
한반도 유사시 주한미군사령관이 한국군의 작전을 통제할 수 있는 권리

평상시에는 작전통제권은 우리가 갖고 있지만 전투준비태세인 '데프콘'이 적의 도발징후가 포착되는 상황인 3단계로 발령되면 한미연합사령관에게 통제권이 넘어가도록 되어 있다. 다만, 수도방위사령부 예하부대 등 일부 부대는 작전통제권이 이양에서 제외돼 유사시에도 한국군이 독자적으로 작전권을 행사할 수 있다.

41 이지스함
이지스 전투체계를 탑재한 구축함

이지스함은 이지스 시스템을 탑재한 구축함으로, 동시에 최고 200개의 목표를 탐지·추적하고 그중 24개의 목표를 동시에 공격할 수 있다. 이지스 레이더는 최대 1,000km 밖의 적 항공기를 추적할 수 있고, 탄도미사일의 궤적까지 탐지할 수 있다. 우리나라의 이지스함에는 세종대왕함, 율곡이이함, 서애류성룡함, 정조대왕함이 있다.

42 스핀닥터 Spin Doctor
정부 수반에게 유리한 여론 조성을 담당하는 정치 전문가

정부 고위관료와 국민 간의 의사소통을 돕는 전문가로 정책을 시행하기 전에 국민들의 의견을 대통령에게 전달하여 설득하고, 대통령의 의사를 국민에게 설명하는 역할을 한다. 이러한 과정에서 대통령에게 유리한 여론을 조성하거나 왜곡할 수 있다.

43 교섭단체
국회에서 중요한 안건을 협의하기 위하여 일정 수 이상의 의원들로 구성하는 단체

소속 국회의원의 20인 이상을 구성 요건으로 하며 하나의 정당으로 교섭단체를 구성하는 것이 원칙이지만 복수의 정당이 연합해 구성할 수도 있다. 매년 임시회와 정기회에서 연설을 할 수 있고 국고보조금 지원도 늘어난다.

44 비례대표제
각 정당의 총 득표수에 비례하여 당선자를 결정하는 제도

사표(票)를 방지하고 소수표를 보호하는 동시에 국민의 의사를 정확·공정하게 반영하는 것이 목적이다. 비례대표제의 장점은 투표권자들이 투표하는 한 표의 가치를 평등하게 취급한다는 점에서 참다운 선거권의 평등을 보장하고 정당 정치 확립에 유리하며 소수 의견을 존중하고 다양한 여론을 반영한다는 것이다. 단점으로는 군소정당이 난립하고, 정당 간부의 횡포가 우려된다는 점이 있다.

45 배타적 경제수역 EEZ ; Exclusive Economic Zone
자국 연안으로부터 200해리까지의 모든 자원에 대해 독점적 권리를 행사할 수 있는 수역

자국 연안으로부터 200해리까지의 수역에 대해 천연자원의 탐사·개발 및 보존, 해양 환경의 보존과 과학적 조사활동 등 모든 주권적 권리를 인정하는 유엔해양법상의 개념이다. 배타적 경제수역은 영해와 달리 영유권은 인정되지 않기 때문에 어업행위 등 경제활동의 목적이 없는 외국 선박의 항해와 통신 및 수송을 위한 케이블이나 파이프의 설치는 허용된다.

> **영해**
> 영토에 인접한 해역으로서 한 나라의 절대적인 주권이 미치는 범위이다. 해수면이 가장 낮은 썰물(간조) 때의 해안선을 기준으로 폭 3해리까지가 보통이지만 나라에 따라 6해리, 12해리를 주장하기도 한다. 우리나라는 1978년 4월부터 영해를 12해리로 선포하였다. 영해 지역은 외국 국적의 선박이나 항공기가 그 나라의 허가 없이 통행할 수 없다.

46 호르무즈 해협 Hormuz Strait
페르시아만에서 생산되는 석유의 주요 운송로이자 국제 에너지 안보의 중심지

페르시아만과 오만만을 잇는 좁은 해협으로, 북쪽으로는 이란과 접하며 남쪽으로는 아랍에미리트에 둘러싸인 오만의 월경지이다. 이 해협은 페르시아만에서 생산되는 석유의 주요 운송로로 세계원유 공급량의 30% 정도가 영향을 받는 곳이기도 하다. 미국이 이란에 대해 경제제재 조치를 가하자 이 해협을 봉쇄하겠다고 맞선 분쟁지이다.

47 정기국회
매년 1회 정기적으로 소집되는 국회

국회의 정기회는 매년 9월 1일에 열리며 회기는 100일을 초과할 수 없다. 정기회의 업무는 예산안을 심의·확정하고 법안을 심의·통과시키는 일을 한다. 정기회에서는 법률안 등 안건을 처리하는 것 외에 매년 정기회 다음 날부터 20일간 소관 상임 위원회별로 감사를 한다.

> **임시국회**
> 국회의 임시회는 대통령 또는 국회 재적의원 4분의 1 이상의 요구에 의하여 집회하도록 되어 있으며, 의사진행 등 모든 회의방식과 절차는 정기회와 동일하다. 단, 대통령이 요구하여 열리는 국회의 임시회에서는 정부가 제출한 의안에 한해서만 처리할 뿐만 아니라 대통령은 기간과 집회요구의 이유를 명시해야 한다.

48 국제사법재판소 ICJ ; International Court of Justice
국가 간의 분쟁을 법적으로 해결하는 국제연합 기관

국제연합의 주요 사법기관으로, 국가 간 분쟁의 법적 해결을 위해 설치되었다. 재판소는 국제연합 총회·안전보장이사회에서 선출된 15명의 재판관으로 구성되며, 국제법을 원칙으로 적용하여 심리한다. 법원 판결의 집행은 헌장에 따라 구속력을 갖지만 판결의 불이행이 국제평화와 안전을 해친다고 인정되는 경우에 한하기 때문에 판결집행의 제도적 보장은 미흡하다. 재판소는 네덜란드 헤이그에 있다.

49 조세법률주의
조세의 종목과 세율을 법률로써 정해야 한다는 원칙

근대 세제의 기본원칙 중 하나이자 법률의 근거 없이 조세를 부과하거나 징수할 수 없다는 원칙으로, 근대국가는 모두 이 주의를 인정하고 있다(헌법 제59조 참조). 조세법률주의는 국민의 재산권 보호와 법률생활의 안정 도모를 목적으로 하며 과세요건법정주의, 과세요건명확주의, 소급과세의 금지, 합법성의 원칙을 그 내용으로 한다.

50 나토 NATO
북대서양조약기구

북대서양조약기구(NATO ; North Atlantic Treaty Organization), 일명 나토는 미국과 서방 유럽을 아우르는 군사동맹체다. 나토는 제2차 세계대전이 종전되고 1949년에 미국을 중심으로 영국, 프랑스, 이탈리아 등 서방 유럽 주요 국가들이 맺은 집단안전보장조약을 기초로 하고 있다. 미국이 유럽국가들과의 군사적 관계를 공고히 함으로써 소련과의 패권다툼에서 승리하고자 한 것이다. 나토가 러시아와 가까운 국가들로 회원국을 늘리는 '동진'을 하면서 러시아의 위기감이 고조됐다. 이 위기감은 2022년 2월 러시아가 우크라이나를 침공하는 데 영향을 끼쳤고, 이는 러시아의 고립을 심화하고 유럽 주변국의 자발적 나토 가입을 촉발하게 되었다.

51 ICBM Intercontinental Ballistic Missile
대륙 간 탄도 미사일

5,500km 이상 사정거리의 탄도 미사일로 핵탄두를 장착하고 한 대륙에서 다른 대륙까지 공격이 가능하다. 1957년 러시아는 세계 최초의 ICBM인 R-7을 발사했고, 미국은 1959년부터 배치하기 시작했다. 현재 미국, 러시아, 중국, 인도, 이스라엘 등 5개국이 공식적으로 ICBM을 보유하고 있다. 북한 역시 1990년대부터 ICBM 개발에 나섰다. 우리 군은 ICBM 타격이 가능한 최신예 스텔스 전투기인 F-35A를 도입했다.

52 7·4 남북공동성명
1972년 통일의 원칙에 대해 남북한이 동시에 발표한 공동성명

남북한 당국이 국토분단 이후 최초로 통일문제를 합의, 발표한 역사적인 공동성명이다. 이 성명은 통일에 대한 국민적 합의 없이 정부당국자들 간의 비밀회담만을 통해 이루어졌다는 한계가 있지만, 기존의 외세의존적이고 대결지향적인 통일노선을 거부하고 통일의 기본원칙을 도출해냈다는 점에서 의의가 있다. 주요 내용은 외세 간섭 없이 자주적 통일, 무력행사 없이 평화적 방법으로 통일 실현, 민족 대단결의 도모이다.

53 법 적용의 원칙

상위법 우선의 원칙, 특별법 우선의 원칙, 신법 우선의 원칙, 법률 불소급의 원칙

상위법 우선의 원칙	실정법상 상위의 법규는 하위의 법규보다 우월하며, 상위의 법규에 위배되는 하위의 법규는 정상적인 효력이 발생하지 않는다는 원칙
특별법 우선의 원칙	특정한 사람, 사물, 행위 또는 지역에 국한되는 특별법이 일반법보다 우선적으로 적용된다는 원칙
신법 우선의 원칙	법령이 새로 제정 또는 개정되어 법령 내용에 충돌이 생겼을 때, 신법이 구법에 우선적으로 적용된다는 원칙
법률 불소급의 원칙	새롭게 제정 또는 개정된 법률은 그 법률이 효력을 가지기 이전에 발생한 사실에 대해 소급하여 적용할 수 없다는 원칙. 기득권의 존중 또는 법적 안정성을 반영한 것이며 특히 형법에서 강조됨

54 죄형법정주의

범죄와 형벌에 대하여 미리 법률로 정해놓아야 한다는 기본원칙

어떠한 행위가 범죄에 해당하고, 그에 따르는 형벌은 무엇인지를 반드시 국회에서 제정한 법률에 의해 규정되어야 한다는 형사법의 대원칙을 말한다. '법률 없으면 범죄 없고 형벌 없다'는 근대형법의 기본원리를 죄형법정주의라 한다. 죄형법정주의는 국가의 자의적인 형벌권의 남용으로부터 국민의 자유를 보장하고, 법률에 의해 국가 형벌권을 통제하기 위한 원칙이다.

55 보궐선거

대통령이나 국회의원 또는 기초·광역단체장 등의 자리가 비었을 때 실시하는 선거

보궐선거는 재선거와 보궐선거로 나뉘는데, 재선거는 공직선거가 당선인의 선거법 위반 등으로 공정하게 치러지지 않았을 경우 당선을 무효화하고 다시 선거를 치르는 선거이다. 보궐선거는 선거에 의해 선출된 의원 등이 임기 중 사퇴, 사망, 실형 선고 등으로 인해 그 직위를 잃어 공석 상태가 되는 경우에 치르는 선거이다.

56 데프콘 Defcon ; Defense Readiness Condition

대북 전투준비태세로, 전쟁 발발 가능성의 정도에 따라 1~5단계로 나뉨

북한의 군사 활동을 감시하는 대북 정보감시태세인 '워치콘(Watch Condition)'의 분석에 따라 '정규전'에 대비해 전군에 내려지는 전투준비태세이다. 1~5단계로 나눠져 있고 숫자가 낮을수록 전쟁 발발 가능성이 높다는 의미이다. 데프콘의 발령권한은 한미연합사령관에게 있으며 우리나라는 평상시 4인 상태가 유지된다.

> **워치콘(Watch Condition)**
> 북한의 군사 활동을 추적하는 대북 정보감시태세로 평상시에는 '4' 수준에 있다가 전쟁위험이 커지면 '3, 2, 1'로 올라간다. 워치콘 2단계와 데프콘 3단계의 상태에서 미국은 한반도에 증원군을 파병할 수 있다.

57 헌법 개정 절차

제안 → 공고 → 국회의결 → 국민투표 → 공포 → 시행

- 제안
  - 대통령은 국무회의 심의를 거친다.
  - 국회 재적의원 과반수 또는 대통령의 발의로 헌법개정안을 제안한다.
- 공고 : 제안된 개정안은 대통령이 20일 이상의 기간 동안 이를 공고하여야 한다(의무규정).
- 국회의결
  - 국회는 헌법개정안이 공고된 날로부터 60일 이내에 의결하여야 한다.
  - 국회의 의결은 재적의원 3분의 2 이상의 찬성을 얻어야 한다.
- 국민투표
  - 국회를 통과한 개정안은 30일 이내에 국민투표에 붙여야 한다.
  - 국회의원선거권자 과반수의 투표와 투표자 과반수의 찬성을 얻어야만, 헌법 개정이 확정된다.
- 공포 : 헌법 개정이 확정되면 대통령은 즉시 이를 공포하여야 한다.
- 시행

58 한국형 3축 체계
우리 군이 독자적인 북한 미사일 억제·대응 능력을 확보하기 위한 체계

미사일 선제 대응방법 순서로서 3축은 북한의 미사일 위협을 실시간으로 탐지해 표적을 타격하는 공격체계인 킬 체인(Kill Chain, 1축), 북한의 미사일을 공중에서 방어하는 한국형 미사일방어체계(KAMD, 2축), 북한의 미사일 공격 시 미사일 전력과 특수작전부대 등으로 지휘부를 응징하는 대량응징보복(KMPR, 3축)을 말한다.

59 전술핵
20kt(킬로톤) 이하의 핵무기

군사목표를 공격하기 위한 야포와 단거리 미사일로 발사할 수 있는 핵탄두, 핵지뢰, 핵기뢰 등을 말한다. 장거리 탄도 미사일인 전략핵무기보다 사정거리는 짧으나 국지전투에 유리하다.

60 핵확산금지조약 Nuclear Non-proliferation Treaty
핵보유국이 비핵보유국에 핵무기를 양여하거나 비핵보유국이 핵무기를 보유하는 것을 금지하는 조약

1968년 미국, 소련, 영국 등 총 56개국이 핵무기 보유국의 증가방지를 목적으로 체결하였고 1970년에 발효된 다국 간 조약이다. 핵보유국에 대해서는 핵무기 등의 제3자로의 이양을 금지하고 핵군축을 요구한다. 비핵보유국에 대해서는 핵무기 개발·도입·보유 금지와 원자력시설에 대한 국제원자력기구(IAEA)의 사찰을 의무화하고 있다.

61 죄수의 딜레마 Prisoner's Dilemma
합리적인 선택이 오히려 불리한 결과로 이어진다는 모순 이론

게임 이론의 유명한 사례로, 2명이 참가하는 비제로섬 게임의 일종이다. 두 공범자를 심문할 때, 상대방의 범죄 사실을 밝히면 형량을 감해준다는 수사관의 말에 넘어가 상대방의 죄를 말함으로써 무거운 형량을 선고받게 되는 현상이다. 죄수의 딜레마는 두 당사자 간 이익이 상반되는 상황에서는 언제든 나타날 수 있다.

> **비제로섬 게임**
> 한쪽의 이득과 다른 쪽의 손실을 합했을 때 제로가 되지 않는 현상으로 서로 협력하여 동시에 이득을 증가시키거나 자신의 이득을 일방적으로 증대시킬 수도 있다.

62 APEC
아시아태평양경제협력체

아시아태평양경제협력체(APEC)는 태평양 주변 국가들의 정치·경제적 결속을 다지는 기구로, 지속적인 경제성장과 공동의 번영을 위해 1989년 호주 캔버라에서 12개국 간의 각료회의로 출범했다. 총 회원국은 한국, 미국, 일본, 호주, 뉴질랜드, 캐나다, ASEAN 6개국(말레이시아, 인도네시아, 태국, 싱가포르, 필리핀, 브루나이) 등 총 21개국이 가입해 있다.

63 징계
공무원 등 특별신분관계에 있는 사람에게 직무태만 등의 이유로 책임을 부과하는 행위

- **파면** : 공무원을 강제퇴직하는 중징계처분의 하나다. 파면되면 5년간 공무원에 임용될 수 없고, 퇴직급여액의 1/2이 삭감된다.
- **해임** : 공무원 관계를 해제하는 점에서 파면과 같으나, 퇴직급여액의 감액이 없는 점에서 파면의 경우보다 가볍다. 해임을 당한 자는 3년간 공무원에 임용될 수 없다.
- **정직** : 1개월 이상~3개월 이하의 기간 동안 정직처분을 받은 자는 그 기간 중 공무원의 신분은 보유하나 직무에 종사하지 못하며, 보수의 2/3를 감한다.
- **감봉** : 1개월 이상~3개월 이하의 기간 동안 보수의 1/3을 감하는 처분이다.
- **견책** : 전과에 대해 훈계하고 반성하게 하는 것에 그치는 가장 가벼운 처분이다.

64 반의사불벌죄
피해자가 가해자의 처벌을 원하지 않는다는 것을 표시하면 처벌할 수 없는 범죄

피해자의 의사에 관계없이 공소를 제기할 수 있으나, 피해자의 명시한 의사에 반하여 처벌할 수 없는 범죄이다. 반의사불벌죄는 처벌을 원하는 피해자의 의사표시 없이도 공소할 수 있다는 점에서 고소·고발이 있어야만 공소를 제기할 수 있는 친고죄(親告罪)와 구별된다.

> **친고죄**
> 공소제기를 위하여 피해자 기타 고소권자의 고소가 있을 것을 요하는 범죄

65 구속적부심사
구속 영장의 집행이 적법한지의 여부를 법원이 심사하는 일

피구속자 또는 관계인의 청구가 있으면, 법관이 즉시 본인과 변호인이 출석한 공개법정에서 구속의 이유(주거부정, 증거인멸의 염려, 도피 등)를 밝히도록 하고, 구속의 이유가 부당하거나 적법한 것이 아닐 때에는 법관이 직권으로 피구속자를 석방하게 하는 제도를 말한다.

66 인 두비오 프로 레오 In Dubio Pro Leo
의심스럽기만 하고 유죄를 입증할 증거가 없다면 무죄로 판결함

'의심스러울 때는 피고인에게 유리하게 판결하라(무죄 추정의 원칙)'는 것으로, 형사소송에서 피고에게 죄가 있다는 사실을 논증해야 할 의무는 원칙적으로 검사가 부담한다. 이는 법치국가 원리로서 'In Dubio Pro Leo'의 원리 내지 무죄 추정의 원칙에서 도출된다. 다시 말해 요증사실의 존재 유무에 대하여 증명이 불충분할 경우에 불이익을 받는 것은 결코 피고가 될 수 없으며, 검사가 피고의 죄를 입증하지 못하는 한 모든 피고는 무죄이고, 피고 측에서 자신의 유죄 아님을 증명할 의무는 없다.

67 집행유예
죄의 선고를 즉시 집행하지 않고 일정 기간 그 형의 집행을 유예하는 제도

유예기간 중 특정한 사고 없이 그 기간을 경과한 때에는 선고한 유죄의 판결, 자체의 효력을 상실하게 하여 형의 선고가 없었던 것과 동일한 효과를 발생하게 하는 제도이다. 한국 형법의 집행유예 요건은, ① 3년 이하의 징역이나 금고 또는 500만 원 이하의 벌금형을 선고할 경우이어야 하고, ② 그 정상에 참작할 만한 사유가 있어야 한다. 다만, 금고 이상의 형을 선고한 판결이 확정된 때부터 그 집행을 종료하거나 면제된 후 3년까지의 기간에 범한 죄에 대하여 형을 선고하는 경우에는 그러하지 아니하다(형법 제62조 제1항 참조).

68 공소시효
어떤 범죄사건이 일정한 기간의 경과로 형벌권이 소멸하는 제도

수사기관이 법원에 재판을 청구하지 않는 불기소처분의 한 유형이다. 즉, 일정 기간이 지나면 범죄 사실에 대한 국가의 형벌권을 완전히 소멸시키는 것이다. 따라서 공소시효가 완성되면 설령 범죄를 저질렀어도 수사 및 기소 대상이 되지 않는다. 하지만 2013년 6월 19일부터 13세 미만의 사람 및 신체적 또는 정신적 장애가 있는 사람을 대상으로 한 강간죄, 강제추행죄, 준강간 및 준강제추행죄, 강간 등 상해·치상죄, 강간 등 살인·치사죄 등의 범죄를 저지른 경우에는 공소시효가 적용되지 않게 됐다. 이어 2015년 7월 24일에는 살인죄의 공소시효를 폐지하는 내용이 담긴 형사소송법 개정안(이른바 '태완이법')이 통과되어 같은 해 7월 31일부터 시행됐다.

69 구속영장
피의자나 피고인을 일정한 장소에 가두는 것을 허가하는 영장

피의자를 구속하기 위해서는 검사의 청구에 의하여 법관이 적법한 절차에 따라 발부한 영장을 제시해야 한다. 피의자가 죄를 지었다고 생각할 만한 상당한 의심이 있고, 주거가 일정하지 않거나 증거를 없앨 이유가 있는 경우 또는 도망이나 도주의 우려가 있는 경우에 검사는 관할 지방법원 판사에게 청구하여 구속영장을 발부받아 피의자를 구속할 수 있다.

70 국민참여재판
우리나라에서 2008년 1월부터 시행된 배심원 재판제도

만 20세 이상의 국민 중 무작위로 선정된 배심원(예비배심원)이 참여하는 형사재판으로, 배심원으로 선정된 국민은 피고인의 유무죄에 관하여 평결을 내리고 유죄 평결이 내려진 피고인에게 선고할 적정한 형벌을 토의하는 등 재판에 참여하는 기회를 갖게 된다. 국회의원이나 변호사, 법원·검찰공무원, 경찰, 군인 등은 배심원으로 선정될 수 없다. 배심원의 의견은 원칙적으로 만장일치제로 하되, 의견 통일이 되지 않을 경우 법관과 함께 토론한 뒤 다수결로 유·무죄 여부를 가린다. 이와 함께 배심원 의견의 '강제력'은 인정하지 않고, 권고적인 효력만 인정한다.

71 제네바 협약
전쟁으로 인한 부상자·병자·포로 등을 보호하기 위해 제네바에서 체결한 국제조약

80여 년의 시차를 두고 맺어졌으며, 협약의 목적은 전쟁이나 무력분쟁이 발생했을 때 부상자·병자·포로·피억류자 등을 전쟁의 위험과 재해로부터 보호하여 가능한 한 전쟁의 참화를 경감하려는 것으로 '적십자조약'이라고도 한다.

CHAPTER 01 출제예상문제

01 선거에 출마한 후보가 내놓은 공약을 검증하는 운동을 무엇이라 하는가?

① 아그레망
② 로그롤링
③ 플리바게닝
④ 매니페스토

해설
④ 매니페스토(Manifesto)는 선거와 관련하여 유권자에게 확고한 정치적 의도와 견해를 밝히는 것으로, 연설이나 문서의 형태로 구체적인 공약을 제시한다.

02 전당대회 후에 정당의 지지율이 상승하는 현상을 뜻하는 용어는?

① 빨대 효과
② 컨벤션 효과
③ 메기 효과
④ 헤일로 효과

해설
② 컨벤션 효과(Convention Effect) : 대규모 정치 행사 직후 행사 주체의 정치적 지지율이 상승하는 현상을 말한다.
① 빨대 효과(Straw Effect) : 고속도로와 같은 교통수단의 개통으로 인해, 대도시가 빨대로 흡입하듯 주변 도시의 인구와 경제력을 흡수하는 현상을 가리키는 말이다.
③ 메기 효과(Catfish Effect) : 노르웨이의 한 어부가 청어를 싱싱한 상태로 육지로 데리고 오기 위해 수조에 메기를 넣었다는 데서 유래한 용어다. 시장에 강력한 경쟁자가 등장했을 때 기존의 기업들이 경쟁력을 잃지 않기 위해 끊임없이 분투하며 업계 전체가 성장하게 되는 것을 가리킨다.
④ 헤일로 효과(Halo Effect) : 후광 효과로, 어떤 대상(사람)에 대한 일반적인 생각이 그 대상(사람)의 구체적인 특성을 평가하는 데 영향을 미치는 현상을 말한다.

03 국가가 선거운동을 관리해 자유방임의 폐해를 막고 공명선거를 실현하는 선거제도는?

① 선거공영제
② 선거법정제
③ 선거관리제
④ 선거보전제

해설
① 선거공영제는 국가가 나서서 선거 전반을 관리하고, 비용이 부족해 선거운동에 나서지 못하는 일이 없도록 기회의 균등을 확립하기 위해 마련된 제도다. 우리나라는 선거공영제를 헌법으로서 선거운동의 기본원칙으로 삼고 있다.

04 다음 중 우리나라가 채택하고 있는 의원내각제적 요소는?

① 대통령의 법률안 거부권
② 의원의 각료 겸직
③ 정부의 의회해산권
④ 의회의 내각 불신임 결의권

> **해설**
> 우리나라가 채택하고 있는 의원내각제적 요소
> 행정부(대통령)의 법률안 제안권, 의원의 각료 겸직 가능, 국무총리제, 국무회의의 국정 심의, 대통령의 국회 출석 및 의사표시권, 국회의 국무총리·국무위원에 대한 해임건의권 및 국회 출석 요구·질문권

05 '인 두비오 프로 레오(In Dubio Pro Reo)'는 무슨 뜻인가?

① 의심스러울 때는 피고인에게 유리하게 판결해야 한다.
② 위법하게 수집된 증거는 증거능력을 배제해야 한다.
③ 범죄용의자를 연행할 때 그 이유와 권리가 있음을 미리 알려 주어야 한다.
④ 재판에서 최종적으로 유죄 판정된 자만이 범죄인이다.

> **해설**
> ② 독수독과 이론
> ③ 미란다 원칙
> ④ 형사 피고인의 무죄추정

06 다음 중 재선거와 보궐선거에 대한 설명으로 옳지 않은 것은?

① 재선거는 임기 개시 전에 당선 무효가 된 경우 실시한다.
② 보궐선거는 궐위를 메우기 위해 실시된다.
③ 지역구 국회의원의 궐원 시에는 보궐선거를 실시한다.
④ 전국구 국회의원의 궐원 시에는 중앙선거관리위원회가 궐원통지를 받은 후 15일 이내에 궐원된 국회의원의 의석을 승계할 자를 결정해야 한다.

> **해설**
> ④ 전국구 국회의원의 궐원 시에는 중앙선거관리위원회가 궐원통지를 받은 후 10일 이내에 의석을 승계할 자를 결정해야 한다.

정답 01 ④ 02 ② 03 ① 04 ② 05 ① 06 ④

07 선거에서 약세 후보가 유권자들의 동정을 받아 지지도가 올라가는 현상을 무엇이라 하는가?

① 밴드왜건 효과 ② 언더독 효과
③ 스케이프고트 현상 ④ 레임덕 현상

> **해설**
> ② 언더독(Under Dog) 효과는 절대 강자가 지배하는 세상에서 약자에게 연민을 느끼며 이들이 언젠가는 강자를 이겨주기를 바라는 현상을 말한다.

08 헌법재판소에서 위헌법률심판권, 위헌명령심판권, 위헌규칙심판권은 무엇을 근거로 하는가?

① 신법 우선의 원칙 ② 특별법 우선의 원칙
③ 법률 불소급의 원칙 ④ 상위법 우선의 원칙

> **해설**
> ④ 법률보다는 헌법이 상위법이므로, 법률은 헌법에 위배되어서는 안 된다. 이는 상위법 우선의 원칙에 근거한다.

09 다음 중 국정조사에 대한 설명으로 틀린 것은?

① 비공개로 진행하는 것이 원칙이다.
② 재적의원 4분의 1 이상의 요구가 있는 때에 조사를 시행하게 한다.
③ 특정한 국정사안을 대상으로 한다.
④ 부정기적이며, 수시로 조사할 수 있다.

> **해설**
> ① 국정조사는 공개를 원칙으로 하고, 비공개를 요할 경우에는 위원회의 의결을 얻도록 하고 있다.

10 다음 직위 중 임기제가 아닌 것은?

① 감사원장 ② 한국은행 총재
③ 검찰총장 ④ 국무총리

> **해설**
> ④ 각 직위의 임기는 감사원장 4년, 한국은행 총재 4년, 검찰총장 2년이다. 국무총리는 대통령이 지명하나 국회 임기종료나 국회의 불신임 결의에 의하지 않고는 대통령이 임의로 해임할 수 없도록 규정하고 있을 뿐 임기는 명시하고 있지 않다.

11 다음 내용과 관련 있는 용어는?

> 영국 정부가 의회에 제출하는 보고서의 표지가 흰색인 데서 비롯된 속성이다. 이런 관습을 각국이 모방하여 공식 문서의 명칭으로 삼고 있다.

① 백서
② 필리버스터
③ 캐스팅보트
④ 레임덕

해설
① 백서(White Paper)는 정부의 소관 사항에 대한 공식 문서로, 영국 정부가 의회에 제출하는 보고서의 표지가 흰색인 데서 비롯된 속성이다. 이런 관습을 각국이 모방하여 공식 문서의 명칭으로 삼고 있다.

12 정부의 부당한 행정 조치를 감시하고 조사하는 일종의 행정통제제도는?

① 코커스
② 스핀닥터
③ 란츠게마인데
④ 옴부즈맨

해설
④ 옴부즈맨(Ombudsman)은 스웨덴을 비롯한 북유럽에서 발전된 제도로서, 정부의 부당한 행정 조치를 감시하고 조사하는 일종의 행정통제제도다.

13 범죄피해자의 고소나 고발이 있어야만 공소를 제기할 수 있는 범죄는?

① 친고죄
② 무고죄
③ 협박죄
④ 폭행죄

해설
① 형법상 친고죄에는 비밀침해죄, 업무상 비밀누설죄, 친족 간 권리행사방해죄, 사자명예훼손죄, 모욕죄 등이 있다.

14 선거승리로 정권을 잡은 사람·정당이 관직을 지배하는 정치적 관행을 뜻하는 용어는?

① 데탕트
② 독트린
③ 미란다
④ 엽관제

해설
④ 엽관제(Spoils System)는 19세기 중반 미국에서 성행한 공무원 임용제도에서 유래한 것으로 정당에 대한 충성도와 기여도에 따라 공무원을 임용하는 인사관행을 말한다. 실적을 고려하지 않고 정치성·혈연·지연 등에 의하여 공직의 임용을 행하는 정실주의와 유사한 맥락이다.

15 다음이 설명하는 원칙은?

> 범죄가 성립되고 처벌을 하기 위해서는 미리 성문의 법률에 규정되어 있어야 한다는 원칙

① 불고불리의 원칙
② 책임의 원칙
③ 죄형법정주의
④ 기소독점주의

해설
③ 죄형법정주의는 범죄와 형벌이 법률에 규정되어 있어야 한다는 원칙이다.

16 우리나라 대통령과 국회의원의 임기를 더한 합은?

① 8
② 9
③ 10
④ 11

해설
② 대통령의 임기는 5년으로 하며 중임할 수 없고(헌법 제70조), 국회의원의 임기는 4년으로 한다(헌법 제42조). 따라서 5와 4를 더한 합은 9이다.

17 일정 기간이 지나면 법률의 효력이 자동으로 사라지는 제도는?

① 종료제 ② 일몰제
③ 순환제 ④ 실효제

> **해설**
> ② 일몰제는 시간이 흐르고 해가 지듯이 일정 시간이 지나면 법률이나 규제·조항의 효력이 자동으로 종료되는 제도를 말한다. 1976년 미국의 콜로라도주 의회에서 최초로 제정됐으며 해당 법률에 대한 행정부의 감독과 책임의식을 증대하기 위해 시작됐다.

18 다음과 관련 있는 것은?

> 이 용어는 독일의 사회주의자 F. 라살이 그의 저서 〈노동자 강령〉에서 당시 영국 부르주아의 국가관을 비판하는 뜻에서 쓴 것으로, 국가는 외적의 침입을 막고 국내 치안을 확보하며 개인의 사유재산을 지키는 최소한의 임무만을 행하며, 나머지는 자유방임에 맡길 것을 주장하는 국가관을 말한다.

① 법치국가 ② 사회국가
③ 복지국가 ④ 야경국가

> **해설**
> ④ 야경국가는 국가가 시장에 대한 개입을 최소화하고 국방과 외교, 치안 등의 질서 유지 임무만 맡아야 한다고 보았던 자유방임주의 국가관이다.

19 대통령이 국회의 동의를 사전에 얻어야 할 경우를 모두 고른 것은?

> ㉠ 헌법재판소장 임명   ㉡ 국군의 외국 파견
> ㉢ 대법관 임명   ㉣ 예비비 지출
> ㉤ 대법원장 임명   ㉥ 감사원장 임명

① ㉠, ㉡, ㉢, ㉤, ㉥
② ㉡, ㉢, ㉣, ㉤
③ ㉠, ㉣, ㉤, ㉥
④ ㉡, ㉢, ㉤, ㉥

> **해설**
> 국회의 사전 동의 사항
> 조약의 체결·비준, 선전 포고와 강화, 일반사면, 국군의 외국 파견과 외국 군대의 국내 주류, 대법원장·국무총리·헌법재판소장·감사원장·대법관 임명, 국채 모집, 예비비 설치, 예산 외의 국가 부담이 될 계약 체결 등

정답 14 ④ 15 ③ 16 ② 17 ② 18 ④ 19 ①

20 다음 빈칸 안에 공통으로 들어갈 말로 적당한 것은?

> • (　　)은/는 주로 소수파가 다수파의 독주를 저지하거나 의사진행을 막기 위해 합법적인 방법을 이용해 고의적으로 방해하는 것이다.
> • (　　)은/는 정국을 불안정하게 만드는 요인이 되기도 하기 때문에 우리나라 등 많은 나라들은 발언시간 제한 등의 규정을 강화하고 있다.

① 필리버스터　　　　　　　　② 로그롤링
③ 캐스팅보트　　　　　　　　④ 치킨게임

해설
① 필리버스터(Filibuster)는 의회 안에서 합법적·계획적으로 수행되는 의사진행 방해 행위를 말한다.

21 우리나라 국회가 채택하고 있는 제도를 모두 고른 것은?

> ㉠ 일사부재의의 원칙　　　　㉡ 일사부재리의 원칙
> ㉢ 회의공개의 원칙　　　　　㉣ 회기계속의 원칙

① ㉠, ㉢, ㉣　　　　　　　　② ㉠, ㉡, ㉣
③ ㉡, ㉢, ㉣　　　　　　　　④ ㉠, ㉡, ㉢, ㉣

해설
㉡ 일사부재리의 원칙은 확정 판결이 내려진 사건에 대해 두 번 이상 심리·재판을 하지 않는다는 형사상의 원칙으로, 국회가 채택하고 있는 제도나 원칙과는 상관이 없다.

22 원래는 의안을 의결하는 데 있어 가부동수인 경우의 투표권을 말한다. 의회에서 2대 정당의 세력이 거의 비등할 때 그 승부 또는 가부가 제3당의 동향에 따라 결정됨을 뜻하기도 하는 용어는 무엇인가?

① 캐스팅보트　　　　　　　　② 필리버스터
③ 게리맨더링　　　　　　　　④ 프레임 업

해설
① 캐스팅보트(Casting Vote)는 합의체의 의결에서 가부(可否)동수인 경우 의장이 가지는 결정권을 뜻한다. 우리나라에서는 의장의 결정권은 인정되지 않으며, 가부동수일 경우 부결된 것으로 본다.

23 다음 중 선거에서 누구에게 투표할지 결정하지 못한 유권자를 가리키는 말은?

① 로그롤링
② 매니페스토
③ 캐스팅보트
④ 스윙보터

해설
① 로그롤링(Log-rolling) : 정치세력들이 상호지원을 합의하여 투표거래나 투표담합을 하는 행위
② 매니페스토(Manifesto) : 예산과 실천방안 등 선거와 관련한 구체적 방안을 유권자에게 제시하는 공약
③ 캐스팅보트(Casting Vote) : 양대 당파의 세력이 비슷하게 양분화된 상황에서 결정적인 역할을 수행하는 사람

24 대통령의 법률안 거부권에 대한 설명으로 맞는 것은?

① 법률안 재의요구권이라고도 한다.
② 대통령은 국회가 의결한 법률안에 의의가 있을 때 7일 내에 국회에 돌려보내야 한다.
③ 거부된 법률안을 재의결해 재적의원 과반수 출석과 과반수 찬성하면 법률이 확정된다.
④ 법률안 외에도 예산안 또한 대통령이 거부권을 행사할 수 있다.

해설
① 법률안 거부권은 '법률안 재의요구권'이라고도 불리며, 대통령이 국회에서 의결한 법률안을 거부할 수 있는 권리를 말한다. 법률안에 대해 국회와 정부 간 대립이 있을 때 정부가 대응할 수 있는 강력한 수단이다. 대통령은 15일 내에 법률안에 이의서를 붙여 국회로 돌려보내야 한다. 국회로 돌아온 법률안은 재의결해 재적의원 과반수 출석과 3분의 2 이상이 찬성해야 확정된다. 그러나 대통령은 이러한 거부권을 법률안이 아닌 예산안에는 행사할 수 없다.

25 다음 중 헌법에 명문화되어 있는 선거의 4대 원칙이 아닌 것은?

① 보통선거의 원칙
② 자유선거의 원칙
③ 직접선거의 원칙
④ 비밀선거의 원칙

해설
② 선거의 4대 원칙은 대부분의 현대 민주주의 국가에서 채택한 것으로, 민주주의하에서 선거제도가 마땅히 지켜야 할 기준점을 제시한 것이다. 우리 헌법에는 보통선거, 평등선거, 직접선거, 비밀선거의 원칙이 4대 원칙으로 명문화되어 있다. 자유선거의 원칙의 경우 명문화되어 있지는 않으나 자유민주주의 체제에서 내재적으로 당연히 요청되는 권리라 할 수 있다.

26 다음 중 UN 산하 전문기구가 아닌 것은?

① 국제노동기구(ILO)
② 국제연합식량농업기구(FAO)
③ 세계기상기구(WMO)
④ 세계무역기구(WTO)

해설
④ 1995년 출범한 세계무역기구(WTO)는 1947년 이래 국제 무역질서를 규율해 오던 GATT(관세 및 무역에 관한 일반협정) 체제를 대신한다. WTO는 GATT에 없었던 세계 무역분쟁 조정, 관세 인하 요구, 반덤핑규제 등 막강한 법적 권한과 구속력을 행사할 수 있다. WTO의 최고의결기구는 총회이며 그 아래 상품교역위원회 등을 설치해 분쟁처리를 담당한다. 본부는 스위스 제네바에 있다.

27 다음 괄호 안에 공통으로 들어갈 말로 적당한 것은?

- ( )은/는 1970년대 미국 청년들 사이에서 유행한 자동차 게임이론에서 유래되었다.
- ( )의 예로는 한 국가 안의 정치나 노사 협상, 국제외교 등에서 상대의 양보를 기다리다가 파국으로 끝나는 것 등이 있다.

① 필리버스터　　② 로그롤링
③ 캐스팅보트　　④ 치킨게임

해설
④ 치킨게임(Chicken Game)이란 어느 한쪽이 양보하지 않을 경우 양쪽 모두 파국으로 치닫게 되는 극단적인 게임이론을 말한다. 1950~1970년대 미국과 소련 사이의 극심한 군비경쟁을 꼬집는 용어로 사용되면서 국제정치학 용어로 정착되었다.

28 대통령이 선출되나, 입법부가 내각을 신임할 권한이 있는 정부 형태를 무엇이라 하는가?

① 입헌군주제　　② 의원내각제
③ 대통령중심제　　④ 이원집정부제

해설
④ 이원집정부제는 국민투표로 선출된 대통령과 의회를 통해 신임되는 내각이 동시에 존재하는 정부 형태이다. 주로 대통령은 외치와 국방을 맡고 내치는 내각이 맡는다. 반(半)대통령제, 준(準)대통령제, 분권형 대통령제, 이원정부제, 혼합정부 형태라고도 부른다.

29 다음 방공식별구역에 대한 설명으로 옳지 않은 것은?

① 타국의 항공기에 대한 방위 목적으로 각 나라마다 독자적으로 설정한 지역이다.
② 영공과 같은 개념으로 국제법적 기준이 엄격하다.
③ 한국의 구역임을 명시할 때는 한국방공식별구역(KADIZ)이라고 부른다.
④ 방공식별구역 확대 문제로 현재 한·중·일 국가 간의 갈등이 일고 있다.

> **해설**
> ② 방공식별구역(ADIZ)은 영공과 별개의 개념으로, 국제법적인 근거가 약하다. 따라서 우리나라는 구역 내 군용기의 진입으로 인한 충돌을 방지하기 위해 1995년 한·일 간 군용기 우발사고방지 합의서한을 체결한 바 있다.

30 다음 중 일본·중국·대만 간의 영유권 분쟁이 일고 있는 곳은?

① 조어도   ② 대마도
③ 남사군도   ④ 북방열도

> **해설**
> ③ 남사군도 : 동으로 필리핀, 남으로 말레이시아와 브루나이, 서로 베트남, 북으로 중국과 타이완을 마주하고 있어 6개국이 서로 영유권을 주장하고 있다.
> ④ 북방열도(쿠릴열도) : 러시아연방 동부 사할린과 일본 홋카이도 사이에 위치한 화산열도로 30개 이상의 도서로 이루어져 있다. 러시아와 일본 간의 영유권 분쟁이 일고 있는 곳은 쿠릴열도 최남단의 4개 섬이다.

31 근거 없는 사실을 조작해 상대를 공격하는 정치 용어는?

① 도그마   ② 사보타주
③ 마타도어   ④ 헤게모니

> **해설**
> ③ 마타도어(Matador)는 정치권의 흑색선전을 뜻하는 용어로, 근거 없는 사실을 조작해 상대 정당·후보 등을 공격하는 공세를 말한다. 스페인의 투우에서 투우사가 마지막에 소의 정수리에 칼을 꽂아 죽이는 것을 뜻하는 스페인어 '마타도르'에서 유래한 것이다.

32 UN의 193번째 가입 국가는?

① 동티모르   ② 몬테네그로
③ 세르비아   ④ 남수단

> **해설**
> ④ 남수단은 아프리카 동북부에 있는 나라로 2011년 7월 9일 수단으로부터 분리 독립하였고 193번째 유엔 회원국으로 등록되었다.

정답 26 ④ 27 ④ 28 ④ 29 ② 30 ① 31 ③ 32 ④

33 UN 상임이사국에 속하지 않는 나라는?

① 중국
② 러시아
③ 프랑스
④ 스웨덴

> **해설**
> ④ 유엔 안전보장이사회(안보리)는 5개 상임이사국(미국, 영국, 프랑스, 중국, 러시아) 및 10개 비상임이사국으로 구성되어 있다. 비상임이사국은 평화유지에 대한 회원국의 공헌과 지역적 배분을 고려하여 총회에서 2/3 다수결로 매년 5개국이 새로 선출되고, 임기는 2년이며, 중임은 가능하지만 연임은 불가하다.

34 다음 중 4대 공적연금에 해당하지 않는 것은?

① 기초연금
② 사학연금
③ 공무원연금
④ 국민연금

> **해설**
> ① 공적연금은 국민이 소득상실 또는 저하로 생활의 위기에 빠질 가능성을 해소하기 위해 국가가 지급하는 연금이다. 우리나라의 공적연금으로는 국민연금, 공무원연금, 군인연금, 사립학교교직원연금(사학연금)이 운영되고 있다.

35 다음 중 레임덕에 관한 설명으로 옳지 않은 것은?

① 대통령의 임기 만료를 앞두고 나타나는 권력누수 현상이다.
② 대통령의 통치력 저하로 국정 수행에 차질이 생긴다.
③ 임기 만료가 얼마 남지 않은 경우나 여당이 다수당일 때 잘 나타난다.
④ '절름발이 오리'라는 뜻에서 유래된 용어이다.

> **해설**
> ③ 대통령의 임기 말 권력누수 현상을 나타내는 레임덕(Lame Duck)은 집권당이 의회에서 다수 의석을 얻지 못한 경우에 발생하기 쉽다.

36 국제형사재판소에 대한 설명으로 옳지 않은 것은?

① 집단학살, 전쟁범죄 등을 저지른 개인을 처벌한다.
② 세계 최초의 상설 전쟁범죄 재판소다.
③ 본부는 네덜란드 헤이그에 있다.
④ 제2차 세계대전 직후 1945년에 발족했다.

> **해설**
> ④ 국제형사재판소(International Criminal Court)는 국제사회가 집단학살, 전쟁범죄 등을 저지른 개인을 신속하게 처벌하기 위한 재판소다. 세계 최초로 발족한 상설 재판소로 반인도적 범죄를 저지른 개인을 개별국가가 기소하기를 주저할 때에 국제형사재판소의 독립검사가 나서서 기소할 수 있도록 했다. 본부는 네덜란드 헤이그에 있으며 2002년 7월에 정식출범했다.

37 국회의원의 불체포특권에 대한 설명으로 옳은 것은?

① 현행범인 경우에도 체포되지 않을 권리로 인정된다.
② 국회 회기 중이 아니어도 인정된다.
③ 국회의원의 체포동의안은 국회에서 표결로 붙여진다.
④ 재적의원의 과반수 출석에 과반수가 체포동의안에 찬성하면 해당 의원은 즉시 구속된다.

> **해설**
> ③ 불체포특권이란 국회의원이 현행범인 경우를 제외하고는 회기 중에 국회의 동의 없이 체포 또는 구금되지 않으며, 회기 전에 체포 또는 구금된 때에는 현행범이 아닌 한, 국회의 요구가 있으면 회기 중 석방되는 특권을 말한다. 법원에서 현역 국회의원의 구속이나 체포가 필요하다고 인정할 경우, 체포동의요구서를 정부에 제출하고 정부는 다시 국회에 이를 넘긴다. 국회가 체포동의안을 표결에 붙이고 재적의원 과반수가 참석해 과반수가 찬성하게 되면 구속 전 피의자심문을 위해 해당 의원을 체포하게 된다. 체포동의안이 가결돼 체포되어도 즉시 구속되는 것이 아닌 일단 법원의 판단을 구하는 것이다.

38 다음의 용어 설명 중 틀린 것은?

① JSA - 공동경비구역
② NLL - 북방한계선
③ MDL - 남방한계선
④ DMZ - 비무장지대

> **해설**
> ③ MDL(Military Demarcation Line, 군사분계선)은 두 교전국 간 휴전협정에 의해 그어지는 군사활동의 경계선으로, 한국의 경우 1953년 7월 유엔군 측과 공산군 측이 합의한 정전협정에 따라 규정된 휴전의 경계선을 말한다.

39 구속적부심사 제도에 대한 설명으로 옳지 않은 것은?

① 심사의 청구권자는 구속된 피의자, 변호인, 친족, 동거인, 고용주 등이 있다.
② 구속적부심사가 기각으로 결정될 경우 구속된 피의자는 항고할 수 있다.
③ 법원은 구속된 피의자에 대하여 출석을 보증할 만한 보증금 납입을 조건으로 석방을 명할 수 있다.
④ 검사 또는 경찰관은 체포 또는 구속된 피의자에게 체포·구속적부심사를 청구할 수 있음을 알려야 한다.

해설
② 구속적부심사는 처음 기각을 당한 뒤 재청구할 경우 법원은 심문 없이 결정으로 청구를 기각할 수 있다. 또한 공범 또는 공동피의자의 순차청구로 수사를 방해하려는 목적이 보일 때 심문 없이 청구를 기각할 수 있다. 이러한 기각에 대하여 피의자는 항고하지 못한다(형사소송법 제214조의2 참조).

40 다음 중 국가공무원법상의 징계의 종류가 아닌 것은?

① 감봉
② 견책
③ 좌천
④ 정직

해설
③ 국가공무원법은 감봉, 견책(경고), 정직, 해임 등의 징계 방법을 제시하고 있다. 좌천은 징계로 규정되지 않는다.

41 전쟁으로 인한 희생자를 보호하기 위해 1864~1949년에 체결된 국제조약은?

① 비엔나 협약
② 제네바 협약
③ 베를린 협약
④ 헤이그 협약

해설
② 제네바 협약은 전쟁으로 인한 부상자·병자·포로 등을 보호하기 위해 제네바에서 체결한 국제조약이다. 80여 년의 시차를 두고 맺어졌으며, 협약의 목적은 전쟁이나 무력분쟁이 발생했을 때 부상자·병자·포로·피억류자 등을 전쟁의 위험과 재해로부터 보호하여 가능한 한 전쟁의 참화를 경감하려는 것으로 '적십자조약'이라고도 한다.

42 다음 중 우리나라 최초의 이지스함은?

① 서애류성룡함　　② 세종대왕함
③ 율곡이이함　　　④ 권율함

> **해설**
> ② 우리나라는 2007년 5월 국내 최초의 이지스함인 '세종대왕함'을 진수한 데 이어 2008년 두 번째 이지스함인 '율곡이이함'을 진수했고, 2012년 '서애류성룡함', 2022년 '정조대왕함'까지 총 4척의 이지스함을 보유하고 있다.

43 세계 주요 석유 운송로로 페르시아만과 오만만을 잇는 중동의 해협은?

① 말라카 해협　　② 비글 해협
③ 보스포러스 해협　④ 호르무즈 해협

> **해설**
> ④ 호르무즈 해협(Hormuz Strait)은 페르시아만과 오만만을 잇는 좁은 해협으로, 북쪽으로는 이란과 접하며, 남쪽으로는 아랍에미리트에 둘러싸인 오만의 월경지이다. 이 해협은 페르시아만에서 생산되는 석유의 주요 운송로로 세계 원유 공급량의 30% 정도가 영향을 받는 곳이기도 하다.

44 다음 중 대한민국 국회의 권한이 아닌 것은?

① 긴급명령권　　② 불체포특권
③ 예산안 수정권　④ 대통령 탄핵 소추권

> **해설**
> ① 긴급명령권은 대통령의 권한이며, 대통령은 내우·외환·천재·지변 또는 중요한 재정·경제상의 위기에 있어서 국가의 안전보장 또는 공공의 안녕질서를 유지하기 위한 조치가 필요하고 국회의 집회를 기다릴 여유가 없을 때에 한하여 최소한으로 필요한 재정·경제상의 처분을 하거나 이에 관하여 법률의 효력을 가지는 명령을 발할 수 있다(헌법 제76조 제1항).

45 다음 중 입헌군주제 국가에 해당하는 나라가 아닌 것은?

① 네덜란드 ② 덴마크
③ 태국 ④ 네팔

해설
④ 현대의 입헌군주제는 '군림하되 통치하지 않는다'는 것을 기조로 국왕과 왕실은 상징적인 존재로 남고 헌법에 따르며, 실질적인 통치는 주로 내각의 수반인 총리가 맡는 정부 형태를 말한다. 현존하는 입헌군주국에는 네덜란드와 덴마크, 노르웨이, 영국, 스페인, 일본, 태국, 캄보디아 등이 있다. 네팔은 1990년에 입헌군주정을 수립했으며 2008년 다시 절대왕정으로 회귀하려다 왕정을 폐지했다.

46 일사부재리의 원칙에 대한 설명으로 옳은 것은?

① 국회에서 일단 부결된 안건을 같은 회기 중에 다시 발의 또는 제출하지 못한다는 것을 의미한다.
② 판결이 내려진 어떤 사건(확정판결)에 대해 두 번 이상 심리·재판을 하지 않는다는 형사상의 원칙이다.
③ 일사부재리의 원칙은 민사사건에도 적용된다.
④ 로마시민법에서 처음 등장했으며 라틴어로 '인 두비오 프로 레오(In Dubio Pro Leo)'라고 한다.

해설
① 일사부재의의 원칙을 설명한 지문이다.
③ 일사부재리의 원칙은 형사사건에만 적용된다.
④ '인 두비오 프로 레오(In Dubio Pro Leo)'는 '의심스러울 때는 피고인에게 유리하게 판결하라'라는 무죄추정의 원칙을 뜻한다.

47 다음 보기에 나온 사람들의 임기를 모두 더한 것은?

국회의원, 대통령, 감사원장, 대법원장, 국회의장

① 18년 ② 19년
③ 20년 ④ 21년

해설
주요 공직자 임기
· 국회의원 4년
· 감사원장 4년
· 국회의장 2년
· 대통령 5년
· 대법원장 6년

48 국회의원의 헌법상 의무가 아닌 것은?

① 청렴의 의무
② 국익 우선의 의무
③ 품위유지의 의무
④ 겸직금지의 의무

해설
③ 국회의원의 헌법상 의무에는 재물에 욕심을 내거나 부정을 해서는 안 된다는 청렴의 의무, 개인의 이익보다 나라의 이익을 먼저 생각하는 국익 우선의 의무, 국회의원의 신분을 함부로 남용하면 안 된다는 지위 남용금지의 의무, 법에서 금지하는 직업을 가져서는 안 되는 겸직금지의 의무 등이 있다. 품위유지의 의무는 국회법상 국회의원의 의무에 해당한다.

49 헌법 개정 절차로 올바른 것은?

① 공고 → 제안 → 국회의결 → 국민투표 → 공포
② 제안 → 공고 → 국회의결 → 국민투표 → 공포
③ 제안 → 국회의결 → 공고 → 국민투표 → 공포
④ 제안 → 공고 → 국무회의 → 국회의결 → 국민투표 → 공포

해설
② 헌법 개정 절차는 '제안 → 공고 → 국회의결 → 국민투표 → 공포' 순이다.

50 다음 중 반의사불벌죄가 아닌 것은?

① 존속폭행죄
② 협박죄
③ 명예훼손죄
④ 모욕죄

해설
④ 반의사불벌죄는 처벌을 원하는 피해자의 의사표시 없이도 공소할 수 있다는 점에서 고소·고발이 있어야만 공소를 제기할 수 있는 친고죄(親告罪)와 구별된다. 폭행죄, 협박죄, 명예훼손죄, 과실치상죄 등이 이에 해당한다. 모욕죄는 친고죄이다.

51 다음 중 불문법이 아닌 것은?

① 판례법
② 관습법
③ 조리
④ 조례

해설
④ 조례는 지방자치단체가 지방의회 의결에 의하여 법령의 범위 내에서 자기의 사무에 관하여 규정한 것으로 성문법이다.

52 정당해산심판에 대한 설명으로 옳지 않은 것은?

① 정당해산심판은 헌법재판소의 관장사항 중 하나이다.
② 민주적 기본질서에 위배되는 경우 정부는 국무회의를 거쳐 해산심판을 청구할 수 있다.
③ 일반 국민도 헌법재판소에 정당해산심판을 청구할 수 있다.
④ 해산된 정당의 대표자와 간부는 해산된 정당과 비슷한 정당을 만들 수 없다.

해설
③ 정당해산심판은 정부만이 제소할 수 있기 때문에 일반 국민은 헌법재판소에 정당해산심판을 청구할 수 없다. 다만, 정부에 정당해산심판을 청구해 달라는 청원을 할 수 있다.

53 다음 중 헌법재판소의 관장사항이 아닌 것은?

① 법률에 저촉되지 아니하는 범위 안에서 소송에 관한 절차 제정
② 탄핵의 심판
③ 정당의 해산심판
④ 헌법소원에 관한 심판

해설
① 대법원은 법률에서 저촉되지 아니하는 범위 안에서 소송에 관한 절차, 법원의 내부규율과 사무처리에 관한 규칙을 제정할 수 있다(헌법 제108조).

헌법재판소법 제2조(관장사항)
• 법원의 제청에 의한 법률의 위헌 여부 심판
• 탄핵의 심판
• 정당의 해산심판
• 국가기관 상호 간, 국가기관과 지방자치단체 간 및 지방자치단체 상호 간의 권한쟁의에 관한 심판
• 헌법소원에 관한 심판

54 다음 우리나라의 배심제에 대한 설명 중 바르지 못한 것은?

① 미국의 배심제를 참조했지만 미국처럼 배심원단이 직접 유·무죄를 결정하지 않는다.
② 판사는 배심원의 유·무죄 판단과 양형 의견과 다르게 독자적으로 결정할 수 있다.
③ 시행 초기에는 민사사건에만 시범적으로 시행되었다.
④ 피고인이 원하지 않을 경우 배심제를 시행할 수 없다.

해설
③ 배심제는 시행 초기에는 살인죄, 강도와 강간이 결합된 범죄, 3,000만 원 이상의 뇌물죄 등 중형이 예상되는 사건에만 시범적으로 시행되었다.

55 다음 중 국회에서 원내 교섭단체를 이룰 수 있는 최소 의석수는?

① 20석 ② 30석
③ 40석 ④ 50석

해설
① 국회에서 단체교섭회에 참가하여 의사진행에 관한 중요한 안건을 협의하기 위하여 의원들이 구성하는 단체를 교섭단체라고 한다. 국회법 제33조에 따르면 국회에 20명 이상의 소속 의원을 가진 정당은 하나의 교섭단체가 된다. 다만, 다른 교섭단체에 속하지 아니하는 20명 이상의 의원으로 따로 교섭단체를 구성할 수도 있다.

56 다음 중 국제기구인 APEC에 대한 설명으로 옳은 것은?

① 우리나라는 가입돼 있지 않다.
② 1989년에 호주 캔버라에서 출범했다.
③ 아시아·태평양 지역 12개국 간의 자유무역협정이다.
④ 동남아시아 국가를 중심으로 한 정치·경제·문화 공동체다.

해설
② 아시아태평양경제협력체(APEC)는 태평양 주변 국가들의 정치·경제적 결속을 다지는 기구로, 지속적인 경제 성장과 공동의 번영을 위해 1989년 호주 캔버라에서 12개국 간의 각료회의로 출범했다. 회원국은 한국, 미국, 일본, 호주, 뉴질랜드, 캐나다, ASEAN 6개국(말레이시아, 인도네시아, 태국, 싱가포르, 필리핀, 브루나이) 등 총 21개국이 가입해 있다. ③은 CPTPP, ④는 ASEAN에 대한 설명이다.

57 형벌의 종류 중 무거운 것부터 차례로 나열한 것은?

① 사형 – 자격상실 – 구류 – 몰수
② 사형 – 자격상실 – 몰수 – 구류
③ 사형 – 몰수 – 자격상실 – 구류
④ 사형 – 구류 – 자격상실 – 몰수

해설
형벌의 경중 순서
사형 → 징역 → 금고 → 자격상실 → 자격정지 → 벌금 → 구류 → 과료 → 몰수

경제·경영·금융

01 양적완화
경기부양을 위해 중앙은행이 발권력을 동원해 시중에 돈을 공급하는 정책

금리중시 통화정책을 시행하는 중앙은행이 정책금리가 0%에 근접하거나 혹은 다른 이유로 시장경제의 흐름을 정책금리로 제어할 수 없는 이른바 유동성 저하 상황에서, 유동성을 충분히 공급함으로써 중앙은행의 거래량을 확대하는 정책이다.

02 테이퍼링 Tapering
중앙은행이 자산 매입으로 시장에 돈을 푸는 양적완화 정책을 점진적으로 축소하는 것

벤 버냉키 미국 전 연방준비제도(Fed) 의장이 처음 사용한 용어로, 미국의 양적완화 정책을 점진적으로 줄여나가는 것을 말한다. 즉, 출구 전략의 일환으로서 그동안 매입하던 채권의 규모를 점진적으로 축소하는 정책을 취하는 것이다.

03 세이프가드 Safeguard
자국의 산업 보호를 위한 긴급 조치

한국어로는 '긴급 수입 제한 조치'라 한다. 수입 품목 중 특정 상품이 매우 경쟁력이 있어 자국 시장을 잠식하고 자국 산업에 큰 피해를 입힐 우려가 있을 경우 긴급 수입 제한을 하거나 해당 상품에 큰 관세를 매길 수 있다. 세계무역기구는 각 국가의 이러한 긴급 수입 제한 권리를 인정하고 있다.

04 유로존 Eurozone
유럽연합의 단일화폐인 유로를 국가통화로 도입하여 사용하는 국가나 지역

오스트리아, 핀란드, 독일, 에스토니아, 프랑스, 아일랜드, 스페인, 라트비아, 벨기에, 키프로스, 그리스, 슬로바키아, 이탈리아, 룩셈부르크, 몰타, 네덜란드, 포르투갈, 슬로베니아, 리투아니아, 크로아티아 등 총 20개국이 가입되어 있다. 유로존 가입 조건은 정부의 재정적자 규모가 국내총생산의 3% 미만, 정부의 공공부채 규모가 국내총생산의 60% 이내, 인플레율(물가상승률)이 유로존 회원국 최저 3개국보다 1.5%를 초과하지 않을 것 등 재정·부채·물가·환율 등의 조건을 충족해야 한다.

05 재화
인간에 도움이 되는 효용을 가지고 있는 모든 물체와 물질

- **정상재** : 소득이 증가(감소)했을 때 수요가 증가(감소)하는 재화
- **열등재** : 소득이 증가(감소)했을 때 수요가 감소(증가)하는 재화
- **경제재** : 희소성이 있어 대가를 지불하지 않고는 얻을 수 없는 경제적 가치가 있는 것
- **자유재** : 사용가치는 있으나 무한하여 교환가치가 없는 비경제재 예 공기, 물
- **대체재** : 한 재화에 대한 수요와 다른 재화의 가격이 같은 방향으로 움직이는 관계에 있는 재화
  예 커피-홍차, 소고기-돼지고기
- **보완재** : 하나의 소비활동을 위해 함께 소요되는 경향이 있는 재화 예 커피-설탕, 만년필-잉크
- **기펜재** : 열등재의 한 종류로, 재화가격이 하락할 때 수요량이 오히려 감소하는 재화

06 패닉셀링 Panic Selling
투자자들이 어떤 증권에 대해서 공포감과 혼란을 느껴 급격하게 매도하는 현상

'공황매도'라고도 한다. 증권시장이 악재로 인해 대폭락이 예상되거나, 대폭락 중일 때 투자자들이 보유한 증권을 팔아버리는 것이다. 패닉셀링이 시작되면 시장은 이에 힘입어 더욱 침체를 겪게 된다.

07 경기확산지수 DI ; Diffusion Index

경기동향요인이 다른 부문으로 점차 확산·파급되어 가는 과정을 파악하기 위한 지표

경기의 변화방향만을 지수화한 것으로 경기동향지수라고도 한다. 즉, 경기국면의 판단 및 예측, 경기전환점을 식별하기 위한 지표이다.

> **경기동향지수**
> - 0<DI<50 ☞ 경기수축국면
> - DI = 50 ☞ 경기전환점
> - 50<DI<100 ☞ 경기확장국면

08 레몬마켓

쓸모없는 재화나 서비스 등 저급품만 거래되는 시장

레몬은 '시큼하고 맛없는 과일'로 통용되며 속어로 불량품을 뜻하는데, 이에 빗대어 경제 분야에서의 '레몬마켓'은 쓸모없는 재화나 서비스가 거래되는 시장을 말한다. 정보의 비대칭성으로 인해 소비자들은 판매자보다 제품에 대한 정보가 적을 수밖에 없는데, 소비자들은 자신들이 속아서 구매할 것을 우려해 싼값만 지불하려 하고, 이로 인해 저급품만 유통되는 시장을 의미한다.

> **피치마켓**
> - 레몬마켓의 반대 용어이다.
> - 가격에 비해 고품질의 상품이나 서비스가 거래되는 시장을 의미한다.

09 경상수지

한 나라의 경제 활동과 국제 교역 상황을 보여주는 지표

경상수지는 자본수지와 함께 국제수지를 이루는 요소로서 상품수지, 서비스수지, 소득수지, 경상이전수지로 구성된다. 국가 간의 상품과 서비스의 수출입 결과를 종합한 것이다. 즉, 외국과의 교역을 통해 상품과 서비스가 얼마나 오갔으며, 자본·노동 등의 생산요소가 이동하면서 이에 따른 수입과 지급은 얼마나 이루어졌는지 총체적으로 나타낸 것이다.

10 유동성 함정 Liquidity Trap
금리를 낮추고 통화량을 늘려도 경기가 부양되지 않는 상태

경제주체들이 돈을 움켜쥐고 시장에 내놓지 않는 상황으로, 기업의 생산·투자와 가계의 소비가 늘지 않아 경기가 나아지지 않고 저성장의 늪으로 빠지는 것처럼 보이는 현상이다.

11 베블런 효과 Veblen Effect
가격이 오르는데도 수요가 줄어들지 않고, 오히려 증가하는 현상

가격이 오르는데도 일부 계층의 과시욕이나 허영심 등으로 인해 수요가 줄어들지 않는 현상으로, 상류층 소비자들의 소비 심리를 표현한 말이다. 미국의 경제학자이자 사회학자인 소스타인 베블런(Thorstein Bunde Veblen)의 저서 〈유한계급론〉(1899)에서 유래했다.

12 독점적 경쟁시장
기업들이 독점적 입장의 강화를 꾀하면서도 서로 경쟁하는 시장

진입장벽이 없어 많은 경쟁자가 시장에 있지만 제품 차별화를 통해 생산자가 일시적으로 독점력을 행사하는 시장을 말한다. 즉, 독점적 경쟁시장은 진입과 퇴거가 자유롭고, 다수의 기업이 존재하며, 개별 기업들이 차별화된 재화를 생산하는 시장 형태이다.

- 완전경쟁시장 : 수많은 판매자와 구매자가 주어진 조건에서 동일한 재화를 사고파는 시장
- 독점시장 : 특정 기업이 생산과 시장을 지배하고 있는 시장
- 과점시장 : 소수의 몇몇 대기업들이 시장의 대부분을 지배하는 형태
- 독과점시장 : 독점과 과점시장을 합친 형태

13 리디노미네이션 Redenomination
한 나라에서 통용되는 화폐의 액면가를 동일한 비율의 낮은 숫자로 변경하는 조치

화폐의 가치적인 변동 없이 액면을 동일 비율로 하향 조정하는 것을 말한다. 경제 규모가 커지고 물가가 상승함에 따라 거래되는 숫자의 자릿수가 늘어나는 계산상의 불편을 해소하기 위해 도입한다.

14 최혜국 대우
제3국에 주어지는 것보다도 불리하지 않은 대우

최혜국 대우는 국제통상·항해조약에서 한 나라가 외국에게 부여한 조건보다 불리하지 않은 대우를 상대국에게도 부여하는 것을 말한다. 모든 국가들이 서로 국제통상을 할 때 차별하지 않고 동등하게 대한다는 원칙이다. 세계무역기구(WTO)에 가입된 조약국에게는 기본적으로 적용된다.

15 RE100 Renewable Energy 100%
필요한 전력을 재생에너지로만 충당하겠다는 기업들의 자발적인 약속

2050년까지 필요한 전력의 100%를 태양광, 풍력 등 재생에너지로만 충당하겠다는 기업들의 자발적인 약속이다. 2014년 영국의 비영리단체인 기후그룹과 탄소공개프로젝트가 처음 제시했다.

16 엥겔계수 Engel Coefficient
총가계 지출액 중에서 식료품비가 차지하는 비율

저소득 가계일수록 가계 지출 중 식료품비가 차지하는 비율이 높고, 고소득 가계일수록 식료품비가 차지하는 비율이 낮은 것을 엥겔의 법칙이라고 한다. 식료품은 필수품이기 때문에 소득 수준과 관계없이 반드시 일정한 비율을 소비해야 하며 동시에 어느 수준 이상은 소비할 필요가 없는 재화이다. 따라서 엥겔계수는 소득 수준이 높아짐에 따라 점차 감소하는 경향이 있다.

$$엥겔계수 = \frac{식료품비}{총가계\ 지출액} \times 100$$

17 지니계수 Gini Coefficient
빈부격차와 계층 간 소득분포 불균형 정도를 나타내는 수치

계층 간 소득분포의 불균형 정도를 나타내는 수치로, 소득이 어느 정도 균등하게 분배돼 있는지를 평가하는 데 주로 이용된다. 지니계수는 0에서 1 사이의 수치로 표시되는데 소득분배가 완전평등한 경우가 0, 완전불평등한 경우가 1이다. 즉, 낮은 수치는 더 평등한 소득분배를, 반면에 높은 수치는 더 불평등한 소득분배를 의미한다.

18 스태그플레이션 Stagflation
경기침체기에 발생하는 인플레이션으로, 저성장·고물가의 상태

경기침체를 의미하는 '스태그네이션(Stagnation)'과 물가상승을 의미하는 '인플레이션(Inflation)'을 합성한 용어로, 경제활동이 침체되고 있는 상황에서도 물가는 지속적으로 상승하고 있는 현상이다.

- 초인플레이션(하이퍼인플레이션) : 인플레이션의 범위를 초과하여 경제학적 통제를 벗어난 인플레이션이다.
- 디스인플레이션 : 인플레이션이 발생해 통화가 팽창하여 물가가 상승할 때, 그 시점의 통화량-물가수준은 유지한 채 안정을 도모하며 서서히 인플레이션을 수습하는 경제정책을 의미한다.
- 애그플레이션 : 농산물 상품의 가격 급등으로 일반 물가도 덩달아 상승하는 현상이다.

19 소프트패치 Soft Patch
경기 회복 국면에서 일시적인 어려움을 겪는 상황

경기가 상승하는 국면에서 본격적인 침체국면에 접어들거나 후퇴하는 것은 아니지만 일시적으로 성장세가 주춤해지며 어려움을 겪는 현상을 의미한다.

> 러프패치(Rough Patch)
> 소프트패치 국면이 상당 기간 길어질 수 있다는 뜻으로, 소프트패치보다 더 나쁜 경제상황을 의미한다.

20 G7
세계 정치와 경제를 주도하는 주요 7개국의 모임

1975년 프랑스가 G6 정상회의를 창설했다. 미국, 프랑스, 독일, 영국, 이탈리아, 일본 등 서방 선진 6개국의 모임으로 출범하였으며, 그 다음 해 캐나다가 추가되어 서방 선진 7개국 정상회담(G7)으로 매년 개최되었다. 1990년대 이후 냉전 구도 해체로 세계에서 가장 큰 나라인 러시아가 옵서버 형식으로 참가하기 시작하였고, 1997년 이후 러시아가 정식 멤버가 되면서 세계 주요 8개국의 모임(G8)으로 불렸으나 2014년 이후 제외됐다.

21 북미자유무역협정 USMCA
미국 · 캐나다 · 멕시코가 기존의 북미무역협정(NAFTA)을 대체하기 위해 합의한 협정

USMCA는 1994년 1월 발효된 NAFTA를 대체하기 위한 협정으로 2018년 10월 1일에 3국이 합의했다. 교역 규모가 1조 2,000억 달러에 이르며 2020년 7월 1일에 발효됐다. 핵심 자동차부품의 역내 원산지비율 규정을 강화하고 자동차 노동자 임금을 인상하는 것 등이 주요 내용이다.

22 세계무역기구 WTO
세계의 교역 증진과 경제발전을 목적으로 설립된 국제기구

1994년 우루과이라운드 협상이 마무리되고 마라케시 선언을 공동으로 발표함으로써 1995년 1월 정식 출범하였고, 1947년 이래 국제무역질서를 규율해 오던 '관세 및 무역에 관한 일반협정(GATT)' 체제를 대신하게 되었다. WTO는 세계무역 분쟁조정, 관세인하 요구, 반덤핑규제 등 막강한 국제적인 법적권한과 구속력을 행사한다. 1995년에 설립되었으며, 본부는 제네바에 있다. 우리나라에서는 WTO 비준안 및 이행방안이 1994년 통과되었다.

23 경제협력개발기구 OECD
경제발전과 세계무역 촉진을 위하여 발족한 국제기구

제2차 세계대전 뒤 유럽 각국은 협력체제의 정비가 필요하여 1948년 4월 마셜플랜을 수용하기 위한 기구로서 유럽경제협력기구(OEEC)를 출범시켰다. 이후 1960년 12월 OEEC의 18개 회원국과 미국·캐나다를 포함하여 20개국 각료와 당시 EEC(유럽경제공동체), ECSC(유럽석탄철강공동체), EURATOM(유럽원자력공동체)의 대표들이 모여 '경제협력개발기구조약(OECD 조약)'에 서명하고, 1961년에 협정문이 발효됨으로써 탄생하였다. 우리나라는 1996년 12월에 29번째 회원국으로 가입하였다.

24 BCG 매트릭스
상대적 시장점유율과 사업성장률을 기초로 구성된 분석기법

보스턴 컨설팅 그룹에 의해 1970년대 초반 개발된 것으로, 기업의 경영전략 수립에 있어 하나의 기본적인 분석도구로 활용되는 사업포트폴리오 분석기법이다. BCG 매트릭스는 자금의 투입, 산출 측면에서 사업(전략사업 단위)이 현재 처해 있는 상황을 파악하여 상황에 알맞은 처방을 내리기 위한 분석도구이다.

- 스타(Star) 사업 : 성공사업. 수익성과 성장성이 크므로 계속적 투자가 필요하다.
- 캐시카우(Cash Cow) 사업 : 수익창출원. 기존의 투자에 의해 수익이 계속적으로 실현되므로 자금의 원천사업이 된다. 시장성장률이 낮으므로 투자금액이 유지·보수 차원에서 머물게 되어 자금투입보다 자금산출이 많다.
- 물음표(Question Mark) 사업 : 신규사업. 상대적으로 낮은 시장점유율과 높은 시장성장률을 가진 사업으로 기업의 행동에 따라서는 차후 스타(Star) 사업이 되거나, 도그(Dog) 사업으로 전락할 수 있는 위치에 있다.
- 도그(Dog) 사업 : 사양사업. 성장성과 수익성이 없는 사업으로 철수해야 한다.

25 상계관세
타국 수출상품의 가격경쟁력이 높은 경우, 수입국이 국내의 산업경쟁력을 유지하기 위해 부과하는 관세

국내 산업의 경쟁력을 유지하기 위한 제도로, 수출을 하는 나라가 수출기업에 보조금이나 장려금을 지급하여 수출상품의 경쟁력을 높일 경우 수입국이 보조금이나 장려금에 해당하는 금액만큼 수입상품에 대해 추가로 부과하는 특별관세를 의미한다.

26 니치 마케팅 Niche Marketing
시장의 빈틈을 공략하는 새로운 상품을 내놓아 경쟁력을 제고시키는 마케팅

니치란 틈새를 비집고 들어가는 것을 의미하는 것으로 세분화된 시장이나 소비 상황을 설명하는 말이기도 하다. 니치 마케팅은 특정한 성격을 가진 소규모의 소비자를 대상으로 판매목표를 설정하는 것인데 왼손잡이용 가위 등이 니치 마케팅에 해당한다.

27 코즈 마케팅 Cause Marketing
기업과 사회적 이슈가 연계되어 상호이익을 추구하는 것

기업이 일방적으로 기부나 봉사활동을 하는 것에서 나아가 기업이 공익을 추구하면서도 이를 통해 실질적인 이익을 얻을 수 있도록 공익과의 접점을 찾는 것이다.

28 프로슈머 마케팅 Prosumer Marketing
기업의 생산자(Producer)와 소비자(Consumer)의 합성어

1980년 엘빈 토플러가 〈제3의 물결〉에서 처음 사용한 용어로 생산자적 기능을 수행하는 소비자를 말한다. 소비자들이 자신들의 욕구에 따라 직접 상품의 개발을 요구하고 심지어 유통에까지 관여하는 마케팅을 말한다.

29 퀵커머스
유통업계에서 운영하는 즉시 배송 서비스

물품을 빠르게 배송한다는 의미의 '퀵(Quick)'과 상거래를 뜻하는 '커머스(Commerce)'의 합성어로 유통업계의 즉시 배송, 혹은 빠른 배송 서비스를 뜻한다. 소비자가 상품을 주문하는 즉시 배송이 시작되며 일반적으로 30분 이내에 배송을 완료하는 것을 목표로 한다. 식품이나 음료는 물론 신선식품이나 밀키트, 의류 등을 판매·배송하고 있다.

30 시뇨리지

중앙은행이 발행한 화폐의 실질가치에서 제조와 유통 등의 발행 비용을 뺀 차익

시뇨리지는 곧 정부의 이익이 되는데, 가령 1,000원권 화폐의 제조 비용이 100원이 든다면, 나머지 900원은 정부의 시뇨리지가 되는 것이다. 시뇨리지라는 용어는 유럽의 중세 봉건제 시절 영주였던 시뇨르(Seigneur)가 화폐 주조를 통해 이득을 얻었던 데서 따왔다.

31 캐리트레이드 Carry Trade

국가별 금리 차이를 이용해 수익을 내고자 하는 투자 행위

금리가 낮은 국가에서 자금을 차입해 이를 환전한 후 상대적으로 금리가 높은 국가의 자산에 투자해 수익을 올리고자 하는 거래를 말한다. 이때 저금리국가의 통화를 '조달통화', 고금리국가의 통화를 '투자통화'라고 부른다. 수익은 국가 간의 금리 또는 수익률 차에 의해 발생하는 부분과 환율 변동으로 인해 발생하는 환차익으로 나누어진다.

32 기업공개 IPO ; Initial Public Offering

회사가 발행한 주식을 대중에게 분산하고 재무내용을 공시하여 주식회사 체제를 갖추는 것

형식적으로 주식회사가 일반 대중에게 주식을 분산시킴으로써 기업공개 요건을 갖추는 것을 의미하며, 실질적으로 소수의 대주주가 소유한 주식을 일반 대중에게 분산시켜 증권시장을 통해 자유롭게 거래될 수 있게 함으로써 자금 조달의 원활화를 기하고 자본과 경영을 분리하여 경영합리화를 도모하는 것을 말한다.

33 리니언시 Leniency
담합 행위를 한 기업들에게 자진신고를 유도하는 자진신고자 감면제

담합 사실을 처음 신고한 업체에게는 과징금 100%를 면제해주고, 2순위 신고자에게는 50%를 면제해준다. 이 제도는 상호 간의 불신을 자극하여 담합을 방지하는 효과를 얻을 수 있다. 매출액이 클수록 과징금이 많아지기 때문에 담합으로 인해 가장 많은 혜택을 본 기업이 자진신고를 하여 처벌을 면할 수 있다는 한계도 있다.

34 스톡옵션 Stock Option
직원이 일정 수량의 주식을 살 수 있는 권한

기업이 임직원에게 자기회사의 주식을 일정 수량, 일정 가격으로 매입할 수 있는 권리를 부여하는 제도이다. 주가가 상승할 때에는 직원의 충성심과 사기의 향상을 기대할 수 있다.

35 CSR Corporate Social Responsibility
기업의 사회적 책임

CSR(Corporate Social Responsibility)은 기업이 지역사회 및 이해관계자들과 공생할 수 있도록 의사결정을 해야 한다는 윤리적 책임의식을 말한다. 기업의 활동으로 인해 직·간접적으로 영향을 주고받는 이해관계자들에 대해, 향후 발생할 수 있는 사건 사고 등 이슈에 대한 법적·경제적·윤리적 책임을 감당하는 것이다.

36 BIS 비율
국제결제은행(BIS)에서 일반은행에 권고하는 자기자본비율 수치

은행의 건전성과 안정성을 확보할 목적으로 은행의 위험자산에 대해 일정 비율 이상의 자기자본을 보유하도록 하는 것으로, 은행의 신용위험과 시장위험에 대비해 최소한 8% 이상이 되도록 권고하고 있으며, 10% 이상이면 우량은행으로 평가받는다.

37 세계 3대 신용평가기관
영국의 피치 레이팅스 · 미국의 무디스 · 스탠더드 앤드 푸어스(S&P)

세계 3대 신용평가기관은 각국의 정치 · 경제 상황과 향후 전망 등을 고려하여 국가별 등급을 매김으로써 국가신용도를 평가한다.

피치 레이팅스 (FITCH Ratings)	• 1913년 존 놀스 피치(John Knowles Fitch)가 설립한 피치퍼블리싱(Fitch Publishing Company)에서 출발 • 1924년 'AAA~D'까지 등급을 매기는 평가방식 도입 • 뉴욕 · 런던에 본사 소재
무디스 (Moody's Corporation)	• 1909년 존 무디(John Moody)가 설립 • 기업체 및 정부를 대상으로 재무에 관련된 조사 및 분석 • 뉴욕 증권거래소 상장기업
스탠더드 앤드 푸어스 (Standard & Poor's)	• 1860년 헨리 바늄 푸어(Henry Varnum Poor)가 설립한 후 1942년 스탠더드와 합병하며 지금의 회사명으로 변경 • 미국의 3대 지수로 불리는 S&P 500지수 발표 • 뉴욕에 본사 소재

38 총부채원리금상환비율 DSR ; Debt Service Ratio
총체적 상환능력 비율

주택에 대한 대출 원리금뿐만 아니라 전체 금융부채에 대한 원리금 상환액 비율을 말한다. DSR은 모든 대출금 상환액을 연간소득으로 나눠 계산하며, 차주의 종합부채 상환능력을 따지는 지표이다.

신(新)DTI와 DSR의 비교

구분	신(新)DTI	DSR
명칭	총부채상환비율	총체적 상환능력 비율
산정방식	(모든 주택담보대출 원리금 상환액 + 기타 대출이자 상환액)/연간소득	모든 대출 원리금 상환액/연간소득

39 사이드카 Side Car
현물시장을 안정적으로 운용하기 위해 도입한 프로그램 매매호가 관리제도

프로그램 매매호가 관리제도의 일종으로 선물가격이 기준가 대비 5% 이상(코스닥은 6% 이상)인 상황이 1분간 지속하는 경우 선물에 대한 프로그램 매매만 5분간 중단한다. 5분이 지나면 자동으로 해제되며 1일 1회만 발동될 수 있다.

40 콘체른 Konzern
법률적으로 독립된 기업들이 하나의 기업처럼 결합하는 형태

여러 개의 기업이 주식교환이나 출자 등 금융적 결합에 의해 하나의 기업처럼 수직적으로 결합하는 기업집단을 의미한다. 일반적으로 하나의 거대한 기업이 계통이 다른 다수의 기업을 지배하기 위해 형성하며, 법률적으로 독립되어 있지만 실질적으로는 결합되어 있는 형태이다. 개개의 기업의 독립성을 보장하는 카르텔, 동일산업 내의 기업합동으로 이루어진 트러스트와 구별되며 각종 산업에 걸쳐 독점력을 발휘한다.

> **지주회사**
> 콘체른형 복합기업의 대표적인 형태로서 모자회사 간의 지배관계를 형성할 목적으로 자회사의 주식총수에서 과반수 또는 지배에 필요한 비율을 소유·취득하여 해당 자회사의 지배권을 갖고 자본적으로나 관리기술적인 차원에서 지배관계를 형성하는 기업을 말한다.

41 숏커버링 Short Covering
주식시장에서 매도한 주식을 다시 사들이는 것

공매도한 주식을 되갚기 위해 다시 사는 환매수를 말한다. 주식시장에서 주가가 하락할 것이 예상될 때 공매도를 하게 되는데, 이후 주가가 하락하면 싼 가격에 사서 돌려줌으로써 차익을 챙길 수 있지만 주가가 상승할 때는 손실을 줄이기 위해 주식을 매수하게 된다. 이러한 숏커버링은 주가 상승을 가져온다.

42 배드뱅크 Bad Bank
금융기관의 부실자산을 인수하여 전문적으로 처리하는 기구

신용불량자에게는 채권추심에 대한 부담을 덜어주면서 신용회복의 기회를 제공해주고, 금융기관 입장에서는 채권추심 일원화에 따라 채권추심 비용을 절약하면서 채권 회수 가능성도 제고하는 등 부실채권을 효율적으로 정리할 수 있게 한다.

43 빅 스텝
중앙은행이 기준금리를 한 번에 0.50%포인트 인상하는 것

빅 스텝과 자이언트 스텝은 미국 연방준비제도(Fed)나 우리나라의 한국은행 등이 한 번에 0.50%포인트 이상 큰 폭으로 기준금리를 조정할 때 쓰이는 말이다. 빅 스텝은 0.50%포인트, 자이언트 스텝은 0.75~1.00%포인트 인상·하를 뜻한다. 우리나라 국내 언론과 증권시장에서만 쓰이는 용어로 알려져 있다.

44 리쇼어링 Reshoring
싼 인건비나 시장을 찾아 해외로 진출한 기업들이 본국으로 되돌아오는 현상

해외에 나가 있는 자국기업들을 각종 세제혜택과 규제 완화 등을 통해 자국으로 불러들이는 정책을 말한다. 특히 미국은 리쇼어링을 통해 세계의 패권을 되찾는다는 전략을 추진 중이다.

> **오프쇼어링(Off-shoring)**
> - 기업 업무의 일부를 인건비 등이 싼 해외 기업에 맡겨 처리하는 것으로 리쇼어링의 반대개념이다.
> - 국내 자본과 설비가 해외로 빠져나가기 때문에 국내 근로자의 일자리가 부족하게 되는 사회 문제가 있다.

45 하이브리드 채권 Hybrid Bonds
은행이나 기업이 주로 자본조달수단을 목적으로 발행하는 것

채권처럼 매년 확정이자를 받을 수 있고, 주식처럼 만기가 없으면서도 매매가 가능한 신종자본증권이다. 채권과 주식의 특징을 지니며, 일정한 조건하에서 기업이 만기를 연장할 수 있기 때문에 일반 채권에 비해서 이자율이 높다.

46 환율
자국과 외국통화 간의 교환 비율

한 나라의 통화가치는 대내가치(구매력인 물가로 표시)와 대외가치(외국통화를 대가로 매매할 수 있는 환율)가 있으며, 표시방법으로는 다국통화표시방법과 외국통화표시방법이 있다.

- 환율하락(평가절상) : 한 국가의 통화가치가 상대적으로 상승하는 것으로 수입증대, 수출감소, 외채부담감소, 국제적인 영향력 강화 제고 현상이 나타난다.
- 환율상승(평가절하) : 한 국가의 통화가치가 상대적으로 하락하는 것으로 수출증대, 수입감소, 외채부담증가, 국내 인플레이션 현상이 나타난다.

47 환매조건부채권 RP ; Repurchase Agreements
금융기관이 일정 기간 후 확정금리를 보태어 되사는 조건으로 발행하는 채권

일정 기간이 지난 후에 정해진 가격으로 같은 채권을 다시 구매하거나 판매하는 조건으로 채권을 거래하는 방식을 말한다. RP 거래는 콜거래, 기업어음거래 등과 같이 단기자금의 대차거래이지만 그 거래대상이 장기금융자산인 채권이며, 이 채권이 담보의 성격을 지닌다는 점에서 다른 금융거래와는 다르다.

48 MMF Money Market Funds
단기금융상품에 집중투자하여 얻는 수익률을 되돌려주는 초단기형 실적배당상품

투자신탁회사가 고객들의 자금으로 펀드를 구성한 다음 금리가 높은 1년 미만의 기업어음(CP), 양도성예금증서(CD), 콜 등 단기금융상품에 집중투자를 하여 얻은 수익을 고객에게 돌려주는 만기 30일 이내의 초단기 금융상품이다.

> 기업어음(CP)
> 신용상태가 양호한 기업이 상거래와 관계없이 단기자금을 조달하기 위하여 자기신용을 바탕으로 발행하는 만기가 1년 이내인 융통어음이다.

49 분수 효과

저소득층의 소득 증대가 총수요 진작 및 경기 활성화로 이어져 궁극적으로 고소득층의 소득도 높이게 되는 효과

분수 효과(Trickle-up Effect)는 저소득층의 소득 증대와 이에 따른 민간 소비 증대가 총수요를 진작하고 투자·경기 활성화를 불러와 고소득층의 소득까지 상승시킨다는 이론이다. 영국의 경제학자인 존 케인스(John Maynard Keynes)가 주장했으며, 낙수 효과와 반대되는 개념이다. 저소득층에 대한 복지를 늘리고, 세금을 인하하는 등의 직접 지원이 경기부양에 도움이 된다고 본다. 저소득층의 한계소비성향이 고소득층보다 더 크다는 것을 바탕으로 한 이론이다.

50 규제 샌드박스

신기술 분야에서 일정 기간 동안 규제를 면제 또는 유예하는 제도

'샌드박스(Sand Box)'는 모래로 채워진 상자에서 어린이들이 자유롭게 노는 것에서 따온 용어로, 기업이 새로운 기술이나 서비스를 자유롭게 시도할 수 있게 일정 기간 규제를 유예하거나 면제해 주는 제도다. 영국에서 핀테크 산업을 빠르게 발전시키기 위해 이 제도를 처음 도입했다.

51 윔블던 효과

외국 자본이 국내 시장을 지배하는 현상

국내 시장에서 외국 기업이 자국 기업보다 잘 나가는 현상이다. 영국의 유명 테니스 대회인 '윔블던 대회'가 외국 선수에게 문호를 개방한 이후 대회 자체의 명성은 올라갔지만, 영국인 우승자를 배출하는 것이 어려워진 것에 빗댄 것으로 금융시장을 개방하고 나서 외국계 자본이 국내 자본을 몰아내고 오히려 안방을 차지하는 현상을 말한다.

52 사모펀드

소수의 투자자로부터 비공개 방식을 통해 자금을 조성해 주식, 채권 등을 운용하는 펀드

사모펀드는 금융기관이 관리하는 일반펀드와는 달리 '사인(私人) 간 계약'의 형태이므로 금융감독기관의 감시를 받지 않으며, 공모펀드와 달리 운용에 제한이 없는 만큼 자유로운 운용이 가능하다.

53 벌처펀드 Vulture Fund
파산위기에 놓인 부실기업이나 부실채권에 투자하는 자금

사냥해서 먹이를 얻지 않고 동물의 사체를 먹는 대머리독수리(Vulture)에서 유래한 표현으로, 거의 회생 가능성이 없는 파산위기의 기업이나 부실채권에 투자해 수익을 내는 자금을 말한다. 싼값에 매수하여 정상화시킨 후 비싼 값에 팔아 고수익을 노린다는 전략인데, 그만큼 위험성도 크다.

54 헤지펀드
투자 위험 대비 고수익을 추구하는 투기성 자본

소수의 고액투자자를 대상으로 하는 사모펀드다. 주가의 장·단기 실적을 두루 고려해 장·단기 모두에 투자하는 식으로 포트폴리오를 구성하여 위험은 분산시키고 수익률은 극대화한다. 또한, 헤지펀드는 원래 조세회피 지역에 위장거점을 설치하고 자금을 운영하는 투자신탁으로 자금은 투자 위험을 회피하기 위해 펀드로 사용한다.

55 인덱스펀드
특정 지수들을 따라가도록 설계되고 운용되는 펀드

인덱스펀드는 주가지표의 변동과 동일한 투자성과를 내기 위해 구성된 포트폴리오로 증권시장의 장기적 성장추세를 전제로 한다. 그러므로 인덱스펀드의 목표수익률은 시장수익률 자체가 주된 목적이 되며 지수추종형 펀드 또는 패시브형 펀드라고도 한다.

56 순환경제
기존의 자원 채취-생산-소비-폐기의 직선경제 산업구조를 대체하는 경제모델

순환경제는 자원을 아껴 쓰고 재활용하는 방식으로 지속 가능한 경제활동을 추구하는 친환경 경제모델을 일컫는 용어다. 채취하고 생산하고 소비하며 폐기하는 기존의 선형경제와 대치되는 경제모델이다. 재활용이 가능한 원자재를 사용하고, 썩지 않는 플라스틱 등의 폐기물을 없애는 방식의 형태로 나타난다.

57 어닝 시즌 Earning Season
기업들의 분기별·반기별 실적 발표 시기

기업은 일정 기간(1년에 4번, 분기별) 동안 실적을 발표하여 이를 종합하여 반기보고서, 연간결산보고서를 발표한다. 이때가 보통 12월인데, 실적 발표가 집중되는 만큼 주가의 향방이 결정되는 중요한 시기이기 때문에 투자자들은 어닝 시즌에 집중하게 된다.

> **어닝 서프라이즈(Earning Surprise)**
> 시장 예상치를 뛰어넘는 '기대 이상의 실적'을 말한다. 기업의 실적에 의하여 주가의 방향이 달라지는데, 발표한 실적이 예상보다 높을 때는 주가가 큰 폭으로 오르는 경우가 더욱 많다. 그러나 반대로, 예상보다 훨씬 낮을 때는 주가에 충격을 준다는 의미로 어닝 쇼크(Earning Shock)라고 한다.

58 필립스 곡선 Phillips Curve
임금상승률과 실업률과의 관계를 나타낸 그래프

실업률이 낮으면 임금상승률이 높고, 실업률이 높으면 임금상승률이 낮다는 관계를 나타낸 그래프이다. 영국 경제학자 필립스가 실제 영국의 사례를 토대로 분석한 결과에서 $x=$실업률, $y=$임금상승률로 하여 $\log(y+0.9)=0.984-1.394x$라는 관계를 도출하였다. 이 경우 실업률이 5.5%일 때 임금상승률은 0이 된다. 최근에는 임금상승률과 실업률의 관계보다는 물가상승률과 실업률의 관계를 보는 것이 일반적이다.

59 클라우스 슈밥
경제학자이자 세계경제포럼(WEP)의 회장

클라우스 슈밥은 '제4차 산업혁명'이라는 개념을 최초로 주창한 인물로 알려져 있다. 2016년 1월 열린 다보스 포럼에서 제4차 산업혁명을 글로벌 의제로 삼은 슈밥은 이 새로운 물결로 인해 빈부격차가 심해지고 사회적 긴장이 높아질 것으로 전망했다.

CHAPTER 02 출제예상문제

01 마케팅 분석기법 중 하나인 3C에 해당하지 않는 것은?

① Company
② Competitor
③ Coworker
④ Customer

> **해설**
> ①·②·④ '3C'는 마케팅 전략을 수립하면서 분석해야 할 요소들을 말하는 것으로 'Customer(고객)', 'Competitor(경쟁사)', 'Company(자사)'가 해당한다. 자사의 강점과 약점, 경쟁사의 상황, 고객의 니즈 등을 종합적으로 판단해 마케팅 전략을 수립하는 데 활용한다.

02 전세가와 매매가의 차액만으로 전세를 안고 주택을 매입한 후 부동산 가격이 오르면 이득을 보는 '갭 투자'와 관련된 경제 용어는 무엇인가?

① 코픽스
② 트라이슈머
③ 레버리지
④ 회색 코뿔소

> **해설**
> • 갭(Gap) 투자 : 전세를 안고 하는 부동산 투자이다. 부동산 경기가 호황일 때 수익을 낼 수 있으나 부동산 가격이 위축돼 손해를 보면 전세 보증금조차 갚지 못할 수 있는 위험한 투자이다.
> • 레버리지(Leverage) : 대출을 받아 적은 자산으로 높은 이익을 내는 투자 방법이다. '지렛대 효과'를 낸다 하여 레버리지라는 이름이 붙었다.

03 경기상황이 디플레이션일 때 나타나는 현상으로 옳은 것은?

① 통화량 감소, 물가 하락, 경기침체
② 통화량 증가, 물가 상승, 경기상승
③ 통화량 감소, 물가 하락, 경기상승
④ 통화량 증가, 물가 하락, 경기침체

> **해설**
> ① 디플레이션은 통화량 감소와 물가 하락 등으로 인하여 경제활동이 침체되는 현상을 말한다.

04 어떤 증권에 대한 공포감 때문에 투자자들이 급격하게 매도하는 현상을 뜻하는 용어는?

① 패닉셀링 ② 반대매매
③ 페이밴드 ④ 손절매

해설
① 패닉셀링(Panic Selling)은 투자자들이 어떤 증권에 대해서 공포감과 혼란을 느껴 급격하게 매도하는 현상을 뜻한다. '공황매도'라고도 한다. 증권시장이 악재로 인해 대폭락이 예상되거나, 대폭락 중일 때 투자자들이 보유한 증권을 팔아 버리는 것이다. 패닉셀링이 시작되면 시장은 이에 힘입어 더욱 침체를 겪게 된다.

05 특정 품목의 수입이 급증할 때, 수입국이 관세를 조정함으로써 국내 산업의 침체를 예방하는 조치는 무엇인가?

① 세이프가드 ② 선샤인액트
③ 리쇼어링   ④ 테이퍼링

해설
① 특정 상품의 수입 급증이 수입국의 경제 또는 국내 산업에 심각한 타격을 줄 우려가 있는 경우 세이프가드(Safeguard)를 발동한다.
② 선샤인액트(Sunshine Act) : 제약사와 의료기기 제조업체가 의료인에게 경제적 이익을 제공할 경우 해당 내역에 대한 지출보고서 작성을 의무화한 제도
③ 리쇼어링(Reshoring) : 해외로 진출했던 기업들이 본국으로 회귀하는 현상
④ 테이퍼링(Tapering) : 양적완화 정책의 규모를 점차 축소해 가는 출구전략

06 다음 중 유로존 가입국이 아닌 나라는?

① 오스트리아 ② 프랑스
③ 아일랜드   ④ 스위스

해설
④ 유로존(Eurozone)은 유럽연합의 단일화폐인 유로를 국가통화로 도입하여 사용하는 국가나 지역을 가리키는 말로, 오스트리아, 핀란드, 독일, 포르투갈, 프랑스, 아일랜드, 스페인 등 총 20개국이 가입(2024년 기준)되어 있다. 스위스는 유로존에 포함되어 있지 않기 때문에 자국 통화인 스위스프랑을 사용한다.

정답 01 ③ 02 ③ 03 ① 04 ① 05 ① 06 ④

07 물가 상승이 통제를 벗어난 상태로, 수백 퍼센트의 인플레이션율을 기록하는 상황을 말하는 경제 용어는?

① 보틀넥 인플레이션
② 하이퍼 인플레이션
③ 디맨드 풀 인플레이션
④ 디스인플레이션

해설
① 보틀넥 인플레이션(Bottleneck Inflation) : 생산능력의 증가속도가 수요의 증가속도를 따라지 못함으로써 발생하는 물가 상승
③ 디맨드 풀 인플레이션(Demand-pull Inflation) : 초과수요로 인하여 일어나는 인플레이션
④ 디스인플레이션(Disinflation) : 인플레이션을 극복하기 위해 통화증발을 억제하고 재정·금융긴축을 주축으로 하는 경제조정 정책

08 다음 중 리디노미네이션(Redenomination)에 대한 설명으로 옳지 않은 것은?

① 나라의 화폐를 가치의 변동 없이 모든 지폐와 은행권의 액면을 동일한 비율의 낮은 숫자로 표현하는 것을 말한다.
② 리디노미네이션의 목적은 화폐의 숫자가 너무 커서 발생하는 국민들의 계산이나 회계 기장의 불편, 지급상의 불편 등의 해소에 있다.
③ 리디노미네이션은 인플레이션 기대심리를 유발할 수 있다는 문제점이 있다.
④ 화폐단위가 변경되면서 새로운 화폐를 만들어야 하기 때문에 화폐 제조비용이 늘어난다.

해설
③ 리디노미네이션은 인플레이션의 기대심리를 억제시키고, 국민들의 거래 편의와 회계장부의 편리화 등의 장점을 갖고 있다.

09 GDP에 대한 설명으로 적절하지 않은 것은?

① 비거주자가 제공한 노동도 포함된다.
② 국가의 경제성장률을 분석할 때 사용된다.
③ 명목GDP와 실질GDP가 있다.
④ 한 나라의 국민이 일정 기간 동안 생산한 재화와 서비스이다.

해설
④ GDP(Gross Domestic Product, 국내총생산)는 한 나라의 영역 내에서 가계, 기업, 정부 등 모든 경제주체가 일정 기간 생산한 재화·서비스의 부가가치를 시장 가격으로 평가한 것이다. 비거주자가 제공한 생산요소에 의해 창출된 것도 포함된다. 물가상승분이 반영된 명목GDP와 생산량 변동만을 반영한 실질GDP가 있다. 한 국가의 국민이 일정 기간 동안 생산한 재화와 서비스를 모두 합한 것은 GNP(국민총생산)이다.

10 국제통상에서 한 나라가 다른 외국에 부여한 조건보다 불리하지 않은 조건을 상대국에도 부여하는 것은?

① 인코텀스 ② 출혈 수주
③ 호혜 무역 ④ 최혜국 대우

해설
④ 최혜국 대우는 국제통상·항해조약에서 한 나라가 외국에 부여한 조건보다 불리하지 않은 대우를 상대국에도 부여하는 것을 말한다. 모든 국가들이 서로 국제통상을 할 때 차별하지 않고 동등하게 대한다는 원칙이다. 세계무역기구(WTO)에 가입된 조약국에는 기본적으로 적용된다.

11 복잡한 경제활동 전체를 '경기'로서 파악하기 위해 제품, 자금, 노동 등에 관한 통계를 통합·정리해서 작성한 지수는?

① 기업경기실사지수 ② 엔젤지수
③ GPI ④ 경기동향지수

해설
④ 경기동향지수는 경기의 변화방향만을 지수화한 것으로 경기확산지수라고도 한다. 즉, 경기국면의 판단 및 예측, 경기전환점을 식별하기 위한 지표이다.

12 다음 중 경상수지에 해당하지 않는 것은?

① 상품수지 ② 서비스수지
③ 국제수지 ④ 소득수지

해설
①·②·④ 경상수지는 자본수지와 함께 국제수지를 이루는 요소로서 상품수지, 서비스수지, 소득수지, 경상이전수지로 구성된다. 국가 간의 상품과 서비스의 수출입 결과를 종합한 것으로 외국과의 교역을 통해 상품과 서비스가 얼마나 오갔으며, 자본·노동 등의 생산요소가 이동하면서 이에 따른 수입과 지급은 얼마나 이루어졌는지 총체적으로 나타낸 것이다.

정답 07 ② 08 ③ 09 ④ 10 ④ 11 ④ 12 ③

13 자원을 재활용하는 방식으로 친환경을 추구하는 경제모델을 뜻하는 용어는?

① 중립경제
② 공유경제
③ 순환경제
④ 선형경제

해설
③ 순환경제는 자원을 아껴 쓰고 재활용하는 방식으로 지속 가능한 경제활동을 추구하는 친환경 경제모델을 일컫는 용어다. 채취하고 생산하고 소비하며 폐기하는 기존의 선형경제와 대치되는 경제모델이다. 재활용이 가능한 원자재를 사용하고, 썩지 않는 플라스틱 등의 폐기물을 없애는 방식으로 나타난다.

14 돈을 풀고 금리를 낮춰도 투자와 소비가 늘지 않는 현상을 무엇이라 하는가?

① 유동성 함정
② 스태그플레이션
③ 디맨드 풀 인플레이션
④ 애그플레이션

해설
① 유동성 함정(Liquidity Trap)은 금리를 낮추고 통화량을 늘려도 경기가 부양되지 않는 상태를 말한다.

15 다음 〈보기〉에서 설명하고 있는 효과는?

> **보기**
> • 가격이 오르는데도 일부 계층의 과시욕이나 허영심 등으로 인해 수요가 줄어들지 않는 현상
> • 상류층 소비자들의 소비 행태를 가리키는 말

① 바넘 효과
② 크레스피 효과
③ 스놉 효과
④ 베블런 효과

해설
④ 베블런 효과는 미국의 경제학자이자 사회학자인 소스타인 베블런(Thorstein Bunde Veblen)이 자신의 저서 〈유한계급론〉(1899)에서 "상류층 계급의 두드러진 소비는 사회적 지위를 과시하기 위하여 자각 없이 행해진다"고 지적한 데서 유래했다.

16 다음 글이 설명하고 있는 시장의 유형으로 적절한 것은?

> • 주변에서 가장 많이 볼 수 있는 시장의 유형이다.
> • 공급자의 수는 많지만, 상품의 질은 조금씩 다르다.
> • 소비자들은 상품의 차별성을 보고 기호에 따라 재화나 서비스를 소비하게 된다. 미용실, 약국 등이 속한다.

① 과점시장
② 독점적 경쟁시장
③ 생산요소시장
④ 완전경쟁시장

해설
② 다수의 공급자, 상품 차별화, 어느 정도의 시장 지배력 등의 특징을 갖고 있는 시장은 독점적 경쟁시장이다. 과점시장은 소수의 기업이나 생산자가 시장을 장악하고 비슷한 상품을 제조하며 동일한 시장에서 경쟁하는 시장형태이다. 우리나라 이동통신회사가 대표적인 예이다.

17 기업들이 자발적으로 필요 전력을 재생에너지로 충당한다는 캠페인은?

① CF100
② RE100
③ ESG
④ 볼트온

해설
② RE100은 2050년까지 필요한 전력의 100%를 태양광, 풍력 등 재생에너지로만 충당하겠다는 기업들의 자발적인 약속이다. 2014년 영국의 비영리단체인 기후그룹과 탄소공개프로젝트가 처음 제시했다.

18 총가계지출액 중에서 식료품비가 차지하는 비율, 즉 엥겔(Engel)계수에 대한 설명과 가장 거리가 먼 것은?

① 농산물 가격이 상승하면 엥겔계수가 올라간다.
② 엥겔계수를 구하는 식은 식료품비/총가계지출액×100이다.
③ 엥겔계수는 소득 수준이 높아짐에 따라 점차 증가하는 경향이 있다.
④ 엥겔계수 상승에 따른 부담은 저소득층이 상대적으로 더 커진다.

해설
③ 식료품은 필수품이기 때문에 소득 수준과 관계없이 반드시 일정한 비율을 소비해야 하며, 동시에 어느 수준 이상은 소비할 필요가 없는 재화이다. 따라서 엥겔계수는 소득 수준이 높아짐에 따라 점차 감소하는 경향이 있다.

19 경기침체 속에서 물가 상승이 동시에 발생하는 상태를 가리키는 용어는?

① 디플레이션(Deflation)
② 하이퍼 인플레이션(Hyper Inflation)
③ 스태그플레이션(Stagflation)
④ 애그플레이션(Agflation)

> **해설**
> ① 디플레이션 : 경제 전반적으로 상품과 서비스의 가격이 지속적으로 하락하고 경제활동이 침체되는 현상
> ② 하이퍼 인플레이션 : 물가 상승 현상이 통제를 벗어난 초인플레이션 상태
> ④ 애그플레이션 : 곡물 가격이 상승하면서 일반 물가도 오르는 현상

20 주요 선진 7개국 정상회담(G7)은 1975년 프랑스가 G6 정상회의를 창설하고 그 다음 해 캐나다가 추가·확정되면서 매년 개최된 회담이다. 다음 중 G7 회원국이 아닌 나라는?

① 미국 ② 영국
③ 이탈리아 ④ 중국

> **해설**
> ①·②·③ 1975년 프랑스가 G6 정상회의를 창설했다. 미국, 프랑스, 독일, 영국, 이탈리아, 일본 등 주요 선진 6개국의 모임으로 출범하였으며, 그 다음 해 캐나다가 추가되어 주요 선진 7개국 정상회담(G7)으로 매년 개최되었다. 1990년대 이후 냉전 구도 해체로 러시아가 옵서버 형식으로 참가하였으나, 2014년 이후 제외됐다.

21 다음 중 지니계수에 대한 설명으로 옳지 않은 것은?

① 0과 1 사이의 값을 가지며 1에 가까울수록 불평등 정도가 낮다.
② 로렌츠곡선에서 구해지는 면적 비율로 계산한다.
③ 계층 간 소득분포의 불균형 정도를 나타내는 수치이다.
④ 소득이 어느 정도 균등하게 분배되는지 평가하는 데 이용된다.

> **해설**
> ① 지니계수는 계층 간 소득분포의 불균형 정도를 나타내는 수치로, 소득이 어느 정도 균등하게 분배돼 있는지를 평가하는 데 주로 이용된다. 지니계수는 0과 1 사이의 값을 가지며 1에 가까울수록 불평등 정도가 높은 것을 뜻한다.

22 세계경제포럼의 회장이며 제4차 산업혁명 시대 전환을 최초로 주장한 인물은?

① 폴 크루그먼
② 제러미 리프킨
③ 클라우스 슈밥
④ 폴 밀그럼

해설
③ 경제학자이자 세계경제포럼(WEP)의 회장인 클라우스 슈밥은 '제4차 산업혁명'이라는 개념을 최초로 주창한 인물로 알려져 있다. 2016년 1월 열린 다보스 포럼에서 제4차 산업혁명을 글로벌 의제로 삼은 슈밥은 이 새로운 물결로 인해 빈부격차가 심해지고 사회적 긴장이 높아질 것으로 전망했다.

23 다음 중 임금상승률과 실업률 사이의 상충관계를 나타낸 것은?

① 로렌츠곡선　　② 필립스곡선
③ 지니계수　　　④ 래퍼곡선

해설
② 실업률과 임금·물가상승률의 반비례 관계를 나타낸 곡선은 필립스곡선(Phillips Curve)이다. 실업률이 낮으면 임금이나 물가의 상승률이 높고, 실업률이 높으면 임금이나 물가의 상승률이 낮다는 것이다.

24 다음 중 경기가 회복되는 국면에서 일시적인 어려움을 겪는 상황을 나타내는 것은?

① 스크루플레이션(Screwflation)
② 소프트 패치(Soft Patch)
③ 러프 패치(Rough Patch)
④ 그린 슈트(Green Shoots)

해설
② 경기가 상승하는 국면에서 본격적으로 침체되거나 후퇴하는 것은 아니지만 일시적으로 성장세가 주춤하면서 어려움을 겪는 현상을 소프트 패치(Soft Patch)라 한다.
① 스크루플레이션 : 쥐어짤 만큼 어려운 경제상황에서 체감 물가가 올라가는 상태
③ 러프 패치 : 소프트 패치보다 더 나쁜 경제상황으로, 소프트 패치 국면이 상당 기간 길어질 수 있음을 의미
④ 그린 슈트 : 경제가 침체에서 벗어나 조금씩 회복되면서 발전할 조짐을 보이는 것

정답 19 ③　20 ④　21 ①　22 ③　23 ②　24 ②

25 미국 보스턴 컨설팅 그룹이 개발한 BCG 매트릭스에서 기존 투자에 의해 수익이 계속적으로 실현되는 자금 공급 원천에 해당하는 사업은?

① 스타(Star) 사업
② 도그(Dog) 사업
③ 캐시카우(Cash Cow) 사업
④ 물음표(Question Mark) 사업

해설
③ 캐시카우 사업은 시장점유율이 높아 안정적으로 수익을 창출하지만 성장 가능성은 낮은 사업이다. 스타 사업은 수익성과 성장성이 모두 큰 사업이며, 그 반대가 도그 사업이다. 물음표 사업은 앞으로 어떻게 될지 알 수 없는 사업이다.

26 친환경 정책을 바탕으로 새로운 부가가치를 창출하는 시장을 일컫는 말은?

① 그린오션
② 블루오션
③ 레드오션
④ 퍼플오션

해설
① 그린오션(Green Ocean)은 경제·사회·환경 분야에서 '지속 가능한 성장'을 달성하기 위한 핵심 개념으로, 친환경 정책을 바탕으로 새로운 경제적 부가가치를 창출하는 경영 전략이나 시장을 말한다.

27 다음 중 기업이 공익을 추구하면서도 실질적인 이익을 얻을 수 있도록 공익과의 접점을 찾는 마케팅은?

① 바이럴 마케팅
② 코즈 마케팅
③ 니치 마케팅
④ 헤리티지 마케팅

해설
② 기업이 일방적으로 기부나 봉사활동을 하는 것에서 나아가 기업이 공익을 추구하면서도 이를 통해 실질적인 이익을 얻을 수 있도록 공익과의 접점을 찾는 것을 코즈(Cause) 마케팅이라 한다.

28 다음 중 BCG 매트릭스에서 원의 크기가 의미하는 것은?

① 시장성장률
② 상대적 시장점유율
③ 기업의 규모
④ 매출액의 크기

해설
④ BCG 매트릭스에서 원의 크기는 매출액의 크기를 의미한다.

BCG 매트릭스
미국의 보스턴 컨설팅 그룹이 개발한 사업 전략의 평가기법으로 '성장-점유율 분석'이라고도 한다. 상대적 시장점유율과 시장성장률이라는 2가지를 각각 X, Y축으로 하여 매트릭스(2차원 공간)에 해당 사업을 위치시켜 사업 전략을 위한 분석과 판단에 이용한다.

29 제품 생산부터 판매에 이르기까지 소비자를 관여시키는 마케팅 기법을 무엇이라고 하는가?

① 프로슈머 마케팅 ② 풀 마케팅
③ 앰부시 마케팅 ④ 노이즈 마케팅

해설
① 프로슈머 마케팅(Prosumer Marketing) : 소비자의 아이디어를 제품 개발 및 유통에 활용하는 마케팅 기법
② 풀 마케팅(Pull Marketing) : 광고·홍보활동에 고객들을 직접 주인공으로 참여시켜 벌이는 마케팅 기법
③ 앰부시 마케팅(Ambush Marketing) : 스폰서의 권리가 없는 자가 마치 자신이 스폰서인 것처럼 하는 마케팅 기법
④ 노이즈 마케팅(Noise Marketing) : 상품의 품질과는 상관없이 오로지 상품을 판매할 목적으로 각종 이슈를 요란스럽게 치장해 구설에 오르도록 하거나, 화젯거리로 소비자들의 이목을 현혹시켜 판매를 늘리는 마케팅 기법

30 다음 중 재벌의 황제경영을 바로잡아 보려는 직접적 조처에 해당하는 것은?

① 사외이사제도 ② 부채비율의 인하
③ 채무보증의 금지 ④ 지주회사제도

해설
① 사외이사제도는 1997년 외환위기를 계기로 우리 스스로가 기업 경영의 투명성을 높이고자 도입한 제도이다. 경영감시를 통한 공정한 경쟁과 기업 이미지 쇄신은 물론 전문가를 경영에 참여시킴으로써 기업경영에 전문지식을 활용하려는 데 목적이 있다.

31 다음 중 주주총회에 대한 설명으로 틀린 것은?

① 주주총회에서 행하는 일반적인 결의방법은 보통결의이다.
② 특별결의는 출석한 주주의 의결권의 3분의 1 이상의 수와 발행주식 총수의 3분의 1 이상의 수로써 정해야 한다.
③ 총회의 결의에 관하여 특별한 이해관계가 있는 자는 의결권을 행사할 수 없다.
④ 주주총회의 의사의 경과요령과 그 결과를 기재한 서면을 의사록이라고 한다.

해설
② 특별결의는 출석한 주주의 의결권의 3분의 2 이상의 수와 발행주식 총수의 3분의 1 이상의 수로써 정해야 한다.

정답 25 ③ 26 ① 27 ② 28 ④ 29 ① 30 ① 31 ②

32 다음 중 중앙은행이 발행한 화폐의 액면가에서 제조·유통 비용을 제한 차익을 일컫는 용어는?

① 오버슈팅
② 페그제
③ 그레샴
④ 시뇨리지

> **해설**
> ④ 시뇨리지(Seigniorage)는 중앙은행이 발행한 화폐의 실질가치에서 제조와 유통 등의 발행비용을 뺀 차익을 말한다. 이는 곧 정부의 이익이 되는데, 가령 1,000원권 화폐의 제조비용이 100원이 든다면, 나머지 900원이 정부의 시뇨리지가 되는 것이다. 시뇨리지라는 용어는 유럽의 중세 봉건제 시절 영주였던 시뇨르(Seigneur)가 화폐 주조를 통해 이득을 얻었던 데서 따왔다.

33 전 세계 1~3% 안에 드는 최상류 부유층의 소비자를 겨냥해 따로 프리미엄 제품을 내놓는 마케팅을 무엇이라고 하는가?

① 하이엔드 마케팅(High-end Marketing)
② 임페리얼 마케팅(Imperial Marketing)
③ 카니발라이제이션(Cannibalization)
④ 하이브리드 마케팅(Hybrid Marketing)

> **해설**
> ① 하이엔드 마케팅은 고소득층 및 상류층과 중상류층을 겨냥한 판매활동으로, 럭셔리(Luxury) 마케팅, 프레스티지(Prestige) 마케팅, VIP 마케팅이라고도 한다.

34 IPO에 대한 설명 중 옳지 않은 것은?

① 주식공개나 기업공개를 의미한다.
② IPO 가격이 낮아지면 투자자의 투자수익이 줄어 자본조달 여건이 나빠진다.
③ 소유권 분산으로 경영에 주주들의 압력이 가해질 수 있다.
④ 발행회사는 주식 발행가격이 높을수록 IPO 가격도 높아진다.

> **해설**
> ④ IPO(Initial Public Offering, 주식공개제도)는 기업이 일정 목적을 가지고 주식과 경영상의 내용을 공개하는 것을 의미한다. 발행회사는 주식 발행가격이 높을수록 IPO 가격이 낮아지므로 투자자의 투자수익은 줄어 추가 공모 등을 통한 자본조달 여건이 나빠진다. 성공적인 IPO를 위해서는 적정 수준에서 기업을 공개하는 것이 중요하며 투자자들의 관심을 모으는 것이 필요하다.

35 기업 M&A에 대한 방어 전략의 일종으로 적대적 M&A가 시도될 경우 기존 주주들에게 시가보다 싼 값에 신주를 발행해 기업인수에 드는 비용을 증가시키는 방법은?

① 황금낙하산
② 유상증자
③ 신주발행
④ 포이즌 필

> **해설**
> ④ 포이즌 필(Poison Pill)은 적대적 M&A 등 특정 사건이 발생하였을 때 기존 주주들에게 회사 신주(新株)를 시가보다 훨씬 싼 가격으로 매입할 수 있도록 함으로써 적대적 M&A 시도자로 하여금 지분확보를 어렵게 하여 경영권을 방어할 수 있도록 하는 것이다.

36 기업이 임직원에게 자기회사의 주식을 일정 수량, 일정 가격으로 매수할 수 있는 권리를 부여하는 제도는?

① 사이드카(Side Car)
② 스톡옵션(Stock Option)
③ 트레이딩칼라(Trading Collar)
④ 서킷브레이커(Circuit Breaker)

> **해설**
> ① 사이드카 : 선물시장이 급변할 경우 현물시장에 대한 영향을 최소화함으로써 현물시장을 안정적으로 운용하기 위한 관리제도
> ③ 트레이딩칼라 : 주식시장 급변에 따른 지수 변동성 확대로 시장의 불안 정도가 높아질 때 발효되는 시장 조치
> ④ 서킷브레이커 : 주식시장에서 주가가 급등 또는 급락하는 경우 주식매매를 일시정지하는 제도

37 기업이 담합행위를 자진으로 신고한 경우 처벌을 경감하거나 면제해 주는 제도는?

① 신디케이트
② 엠네스티 플러스
③ 리니언시
④ 플리바게닝

> **해설**
> ③ 리니언시(Leniency)는 담합행위를 한 기업이 자진신고를 할 경우 처벌을 경감하거나 면제하는 제도로, 기업들 간의 불신을 자극하여 담합을 방지하는 효과를 얻을 수 있다.

38 금융기관의 재무건전성을 나타내는 기준으로, 위험가중자산(총 자산)에서 자기자본이 차지하는 비율을 말하는 것은?

① DTI
② LTV
③ BIS 비율
④ 지급준비율

> **해설**
> ③ 국제결제은행(Bank for International Settlement)에서는 BIS 비율로써 국제금융시장에서 금융기관이 자기자본비율을 8% 이상 유지하도록 권고하고 있다.

39 제품의 가격을 인하하면 수요가 줄어들고 오히려 가격이 비싼 제품의 수요가 늘어나는 것을 무엇이라고 하는가?

① 세이의 법칙
② 파레토최적의 법칙
③ 쿠즈네츠의 U자 가설
④ 기펜의 역설

> **해설**
> ④ 기펜의 역설(Giffen's Paradox)은 한 재화의 가격 하락(상승)이 도리어 그 수요의 감퇴(증가)를 가져오는 현상이다. 예를 들어 쌀과 보리는 서로 대체적인 관계에 있는데, 소비자가 빈곤할 때는 보리를 많이 소비하나, 부유해짐에 따라 보리의 수요를 줄이고 쌀을 더 많이 소비하는 경향이 있다.

40 다음 중 '네 마녀의 날'에 대한 설명으로 틀린 것은?

① 쿼드러플 위칭 데이라고도 불린다.
② 네 가지 파생상품의 만기일이 겹치는 날이다.
③ 우리나라는 2008년에 처음 맞았다.
④ 이 날에는 주가의 움직임이 안정을 띠게 된다.

> **해설**
> ④ 네 마녀의 날은 쿼드러플 위칭 데이(Quadruple Witching Day)라고도 하며, 우리나라의 경우 매년 3, 6, 9, 12월 둘째 주 목요일이 주가지수 선물·옵션과 주식 선물·옵션 만기일이 겹쳐 '네 마녀의 날'로 불린다. 해당 일에는 막판에 주가가 요동칠 때가 많아서 '마녀(파생상품)가 심술을 부린다'는 의미로 이 용어가 만들어졌다. 네 마녀의 날에는 파생상품과 관련된 숨어 있었던 현물주식 매매가 정리매물로 시장에 쏟아져 나오며 예상하기 어려운 주가의 움직임을 보인다. 우리나라는 2008년 개별주식선물이 도입돼 그해 6월 12일에 첫 번째 네 마녀의 날을 맞았다.

41 선물시장이 급변할 경우 현물시장에 들어오는 프로그램 매매주문의 처리를 5분 동안 보류하여 현물시장의 타격을 최소화하는 프로그램 매매호가 관리제도를 무엇이라고 하는가?

① 코스피
② 트레이딩칼라
③ 사이드카
④ 서킷브레이커

해설
① 코스피(KOSPI) : 한국증권거래소에 상장된 종목들의 주식 가격을 종합적으로 표시한 수치
② 트레이딩칼라(Trading Collar) : 주식시장 급변에 따른 지수 변동성 확대로 시장의 불안 정도가 높아질 때 발효되는 시장 조치
④ 서킷브레이커(Circuit Breaker) : 주식시장에서 주가가 급등 또는 급락하는 경우 주식매매를 일시정지하는 제도

42 지주회사에 대한 설명으로 옳지 않은 것은?

① 카르텔형 복합기업의 대표적인 형태이다.
② 한 회사가 타사의 주식 전부 또는 일부를 보유함으로써 다수기업을 지배하려는 목적으로 이루어지는 기업집중 형태이다.
③ 자사의 주식 또는 사채를 매각하여 타 회사의 주식을 취득하는 증권대위의 방식에 의한다.
④ 콘체른형 복합기업의 전형적인 기업집중 형태이다.

해설
① 지주회사는 콘체른형 복합기업의 대표적인 형태로서, 모자회사 간의 지배관계를 형성할 목적으로 자회사의 주식총수에서 과반수 또는 지배에 필요한 비율을 소유·취득하여 해당 자회사의 지배권을 갖고 자본적으로나 관리기술적인 차원에서 지배관계를 형성하는 기업을 말한다.

43 주가가 떨어질 것을 예측해 주식을 빌려 파는 공매도를 했지만 반등이 예상되자 빌린 주식을 되갚으면서 주가가 오르는 현상은?

① 사이드카
② 디노미네이션
③ 서킷브레이커
④ 숏커버링

해설
④ 없는 주식이나 채권을 판 후 보다 싼값으로 주식이나 그 채권을 구해 매입자에게 넘기는데, 예상을 깨고 강세장이 되어 해당 주식이 오를 것 같으면 손해를 보기 전에 빌린 주식을 되갚게 된다. 이때 주가가 오르는 현상을 숏커버링(Short Covering)이라 한다.

44 다음 중 금융기관의 부실자산이나 채권만을 사들여 전문적으로 처리하는 기관을 무엇이라고 하는가?

① 굿뱅크
② 배드뱅크
③ 다크뱅크
④ 캔디뱅크

> **해설**
> ② 배드뱅크(Bad Bank)는 금융기관의 방만한 운영으로 발생한 부실자산이나 채권만을 사들여 별도로 관리하면서 전문적으로 처리하는 구조조정 전문기관이다.

45 국가의 중앙은행이 0.75%포인트 금리를 인상하는 것을 의미하는 용어는?

① 자이언트 스텝
② 빅 스텝
③ 리디노미네이션
④ 트리플딥

> **해설**
> ① 빅 스텝(Big Step)은 한 번에 0.50%포인트, 자이언트 스텝(Giant Step)은 0.75%포인트의 금리를 조정하는 것을 의미한다.

46 해외로 나가 있는 자국 기업들을 각종 세제혜택과 규제완화 등을 통해 자국으로 다시 불러들이는 정책을 가리키는 말은?

① 리쇼어링(Reshoring)
② 아웃소싱(Outsourcing)
③ 오프쇼어링(Off-shoring)
④ 앵커링 효과(Anchoring Effect)

> **해설**
> ① 미국을 비롯한 각국 정부는 경기침체와 실업난의 해소, 경제 활성화와 일자리 창출 등을 위해 리쇼어링 정책을 추진한다.

47 주식과 채권의 중간적 성격을 지닌 신종자본증권은?

① 하이브리드 채권
② 금융 채권
③ 연대 채권
④ 농어촌지역개발 채권

> **해설**
> ① 하이브리드 채권은 채권처럼 매년 확정이자를 받을 수 있고, 주식처럼 만기가 없으면서도 매매가 가능한 신종자본증권이다.

48 다음 중 환율 인상의 영향이 아닌 것은?

① 국제수지 개선 효과
② 외채 상환 시 원화부담 가중
③ 수입 증가
④ 국내물가 상승

해설
환율 인상의 영향
• 수출 증가, 수입 감소로 국제수지 개선 효과
• 수입품의 가격 상승에 따른 국내물가 상승
• 외채 상환 시 원화부담 가중

49 지급준비율에 대한 설명으로 틀린 것은?

① 지급준비율 정책은 통화량 공급을 조절하는 수단 중 하나로 금융감독원에서 지급준비율을 결정한다.
② 지급준비율을 낮추면 자금 유동성을 커지게 하여 경기부양의 효과를 준다.
③ 지급준비율은 통화조절 수단으로 중요한 의미를 가진다.
④ 부동산 가격의 안정화를 위해 지급준비율을 인상하는 정책을 내놓기도 한다.

해설
① 지급준비율이란 시중은행이 고객이 예치한 금액 중 일부를 인출에 대비해 중앙은행에 의무적으로 적립해야 하는 지급준비금의 비율이다. 지급준비율의 결정은 중앙은행이 하는데 우리나라의 경우 한국은행이 이에 해당한다.

50 다음 중 환매조건부채권에 대한 설명으로 틀린 것은?

① 금융기관이 일정 기간 후 확정금리를 보태어 되사는 조건으로 발행하는 채권이다.
② 발행 목적에 따라 여러 가지 형태가 있는데, 흔히 중앙은행과 시중은행 사이의 유동성을 조절하는 수단으로 활용된다.
③ 한국은행에서도 시중에 풀린 통화량을 조절하거나 예금은행의 유동성 과부족을 막기 위해 수시로 발행하고 있다.
④ 은행이나 증권회사 등의 금융기관이 수신 금융상품으로는 판매할 수 없다.

해설
④ 환매조건부채권은 은행이나 증권회사 등의 금융기관이 수신 금융상품의 하나로 고객에게 직접 판매할 수도 있다.

정답 44 ② 45 ① 46 ① 47 ① 48 ③ 49 ① 50 ④

51 고객의 투자금을 모아 금리가 높은 CD, CP 등 단기 금융상품에 투자해 고수익을 내는 펀드를 무엇이라 하는가?

① ELS
② ETF
③ MMF
④ CMA

해설
③ CD(양도성예금증서), CP(기업어음) 등 단기 금융상품에 투자해 수익을 되돌려주는 실적배당상품을 MMF(Money Market Fund)라고 한다.

52 다음 중 분수 효과에 대한 설명으로 옳지 않은 것은?

① 영국의 경제학자인 존 케인스가 처음 주장했다.
② 저소득층의 소득·소비 증대가 고소득층의 소득도 높이게 된다는 이론이다.
③ 고소득층보다 저소득층의 한계소비성향이 크다는 것을 고려한 이론이다.
④ 저소득층에 대한 복지는 축소한다.

해설
④ 분수 효과(Trickle-up Effect)는 저소득층의 소득 증대와 이에 따른 민간소비 증대가 총 수요를 진작하고 투자·경기활성화를 불러와 고소득층의 소득까지 상승시킨다는 이론이다. 영국의 경제학자인 존 케인스(John Maynard Keynes)가 주장했으며, 낙수 효과와 반대되는 개념이다. 저소득층에 대한 복지를 늘리고, 세금을 인하하는 등의 직접 지원이 경기부양에 도움이 된다고 본다. 저소득층의 한계소비성향이 고소득층보다 더 크다는 것을 바탕으로 한 이론이다.

53 신흥국 시장이 강대국의 금리 정책 때문에 크게 타격을 입는 것을 무엇이라 하는가?

① 긴축발작
② 옥토버 서프라이즈
③ 어닝 쇼크
④ 덤벨 이코노미

해설
① 2013년 당시 벤 버냉키 미국 연방준비제도(Fed) 의장이 처음으로 양적완화 종료를 시사한 뒤 신흥국의 통화가치와 증시가 급락하는 현상이 발생했는데, 이를 가리켜 강대국의 금리 정책에 대한 신흥국의 '긴축발작'이라고 부르게 되었다. 미국의 금리인상 정책 여부에 따라 신흥국이 타격을 입으면서 관심이 집중되는 용어이다.

54 국내 시장에서 외국기업이 자국기업보다 더 활발히 활동하거나 외국계 자금이 국내 금융시장을 장악하는 현상을 지칭하는 용어는?

① 피셔 효과(Fisher Effect)
② 윔블던 효과(Wimbledon Effect)
③ 베블런 효과(Veblen Effect)
④ 디드로 효과(Diderot Effect)

> **해설**
> ① 피셔 효과 : 1920년대 미국의 경제학자 어빙 피셔의 주장, 인플레이션이 심해지면 금리 역시 따라서 올라간다는 이론
> ③ 베블런 효과 : 가격이 오르는데도 오히려 수요가 증가하는 현상(가격은 가치를 반영)
> ④ 디드로 효과 : 새로운 물건을 갖게 되면 그것과 어울리는 다른 물건도 원하는 효과

55 소수의 투자자에게 비공개로 자금을 조성해 주식·채권을 운용하는 펀드는?

① 공모펀드　　② 벌처펀드
③ 인덱스펀드　④ 사모펀드

> **해설**
> ④ 사모펀드는 금융기관이 관리하는 일반 펀드와는 달리 '사인(私人) 간 계약'의 형태이므로 금융감독기관의 감시를 받지 않으며, 공모펀드와는 달리 운용에 제한이 없는 만큼 자유로운 운용이 가능하다.

56 기업의 실적이 시장 예상보다 훨씬 뛰어넘는 경우가 나왔을 때를 일컫는 용어는?

① 어닝 쇼크　　　② 어닝 시즌
③ 어닝 서프라이즈　④ 커버링

> **해설**
> ③ 시장 예상보다 훨씬 나은 실적이 나왔을 때를 '어닝 서프라이즈(Earning Surprise)'라고 하고 실적이 나쁠 경우를 '어닝 쇼크(Earning Shock)'라고 한다. 어닝 서프라이즈가 있으면 주가가 오를 가능성이, 어닝 쇼크가 발생하면 주가가 떨어질 가능성이 높다.

정답　51 ③　52 ④　53 ①　54 ②　55 ④　56 ③

사회·노동·환경

01 노블레스 오블리주 Noblesse Oblige
사회적으로 높은 위치에 있거나 명예를 가진 사람에게 요구되는 도덕적 의무

사회지도층의 책임 있는 행동을 강조하는 프랑스어로, 초기 로마시대에 투철한 도덕의식으로 솔선수범했던 왕과 귀족들의 행동에서 비롯되었다. 도덕적 책임과 의무를 다하려는 사회지도층의 노력으로서 결과적으로 국민들을 결집시키는 긍정적인 효과를 기대할 수 있다.

> **리세스 오블리주(Richesse Oblige)**
> 부자가 쌓은 부(富)에도 사회적인 책임이 따른다는 의미이다. 노블레스 오블리주가 지도자층의 도덕의식과 책임감을 요구하는 것이라면, 리세스 오블리주는 부자들의 부의 독식을 부정적으로 보며 사회적 책임을 강조한다. 2011년 미국에서 일어난 월가 시위에서 '1대 99'라는 슬로건이 등장하는 등 1%의 탐욕과 부의 집중을 공격하는 용어로 쓰인다.
>
> **노블레스 말라드(Noblesse Malade)**
> '귀족'을 뜻하는 프랑스어 'Noblesse'와 '아픈, 병든'을 뜻하는 프랑스어 'Malade'의 합성어로, '부패한 귀족'을 의미한다. 오늘날로 말하면 갑질하는 기득권층이나 권력에 기대 부정부패를 일삼는 부유층이라 할 수 있다. '노블레스 오블리주'와 반대되는 것으로 그룹 회장의 기사 폭행, 최순실의 국정 농단, 땅콩 회항 사건 등 끊임없이 보도되는 권력층의 각종 만행들을 예로 들 수 있다.

02 풍선 효과 Balloon Effect
하나의 문제가 해결되는 즉시 다른 문제가 발생하는 현상

어떤 문제를 해결하기 위해 정책을 실시하여 그 문제가 해결되고 나면 다른 곳에서 그로 말미암은 또 다른 문제가 발생하는 현상을 말한다. 이러한 현상이 마치 풍선의 한쪽을 누르면 다른 쪽이 튀어나오는 모습과 같다고 하여 풍선 효과라는 이름을 붙였다.

03 ILO International Labour Organization
노동조건 개선과 노동자들의 기본 생활을 보장하기 위한 국제노동기구

국제적으로 노동자들을 보호하기 위해 설립돼 1946년 최초의 유엔전문기구로 인정받았으며 국제노동입법 제정을 통해 고용, 노동조건, 기술원조 등 노동자를 위한 다양한 활동을 하고 있다.

04 핌피 PIMFY 현상
수익성 있는 사업을 자기 지방에 유치하려는 현상

'Please In My Front Yard(제발, 우리 앞마당에!)'의 약어로, 사람들이 선호하거나 수익성 있는 시설을 자기 지역에 적극적으로 유치하려는 현상이다. 지역이기주의의 일종이다.

05 님비 NIMBY 현상
혐오시설이나 수익성 없는 시설이 자기 지역에 들어오는 것을 반대하는 현상

'Not In My Back Yard(나의 뒷마당에서는 안 된다)'의 약어로, 폐기물 처리장, 장애인 시설, 교도소 등 혐오시설이나 수익성이 없는 시설이 자기 지역으로 들어오는 것을 반대하는 현상이다. 지역이기주의의 또 다른 형태이다.

> **바나나 현상(Build Absolutely Nothing Anywhere Near Anybody)**
> 님비 현상과 유사한 개념으로, 공해와 수질오염 등을 유발하는 공단, 댐, 원자력 발전소, 핵폐기물 처리장 등 환경오염시설의 설치에 대해 그 지역 주민들이 집단으로 거부하는 지역이기주의 현상이다.

06 님투 NIMTOO 현상

공직자가 자기 임기 중에 혐오시설을 설치하지 않고 임기를 마치려고 하는 현상

'Not In My Terms Of Office'의 약어로, 쓰레기 매립장, 분뇨처리장, 하수처리장, 공동묘지 등 주민들의 민원이 발생할 소지가 많은 혐오시설을 공직자가 자신의 재임기간 중에 설치하지 않고 임기를 마치려는 현상을 일컫는다. 님트(NIMT ; Not In My Term) 현상이라고도 한다.

> **핌투 현상(PIMTOO ; Please In My Terms Of Office)**
> 공직자가 월드컵 경기장, 사회복지시설 등 선호시설을 자기 임기 중에 유치하려는 현상을 말한다. 가시적인 성과를 이뤄내기 위한 업무 형태로, 장기적인 계획은 고려하지 않은 채 무리하게 사업을 벌이는 행태를 꼬집는 말이다.

07 하인리히 법칙 Heinrich's Law

큰 사고가 일어나기 전에 반드시 유사한 작은 사고와 사전징후가 나타난다는 법칙

하인리히 법칙(Heinrich's Law)은 큰 사고가 일어나기 전에 반드시 유사한 작은 사고와 사전징후가 나타난다는 법칙이다. 1931년 미국의 보험회사에서 일하던 헐버트 하인리히가 발견했다. 그는 다양한 산업재해를 분석하면서 통계학적으로 유의미한 결과를 확인했다. 큰 규모의 사고 이전에는 반드시 수차례의 작은 사고가 수반되고, 이에 앞서 훨씬 더 많은 사고의 징후가 포착된다는 것이다.

08 가스라이팅 Gaslighting

상황조작을 통해 판단력을 잃게 만들어 지배력을 행사하는 것

연극〈가스등(Gas Light)〉에서 유래한 말로 세뇌를 통해 정신적 학대를 당하는 것을 뜻하는 심리학 용어다. 타인의 심리나 상황을 교묘하게 조작해 그 사람이 스스로 의심하게 만들어 타인에 대한 지배력을 강화하는 행위다. 거부, 반박, 전환, 경시, 망각, 부인 등 타인의 심리나 상황을 교묘하게 조작해 그 사람이 현실감과 판단력을 잃게 만들고, 이로써 타인에 대한 통제능력을 행사하는 것을 말한다.

09 코쿠닝 현상 Cocooning Syndrome
외부 위험을 피해 안전한 집에서 안락을 추구하는 현상

독일의 미래학자 페이스 팝콘(F. Popcorn)이 '누에고치짓기 현상', 즉 '코쿠닝'이란 용어를 처음 사용하며 현대인들은 마치 누에고치처럼 자신을 보호하기 위해 보호막을 친다고 표현했다. 사회로부터의 도피라는 부정적인 측면과 가정의 회복·결속이라는 긍정적인 측면이 동시에 존재한다.

> **코쿤(Cocoon)족**
> 외부 세상과 현실에서 벗어나 자신만의 안전한 공간에서 안락함을 추구하려는 '나홀로족'을 의미한다. 이들은 자신만의 공간에 음향기기를 구비하여 음악감상을 하거나 컴퓨터를 통해 세상과 접촉한다.

10 방관자 효과 Bystander Effect
주변에 사람이 많을수록 위험에 처한 사람을 덜 돕게 되는 현상

주위에 사람들이 많을수록 책임이 분산되어 오히려 어려움·위험에 처한 사람을 돕지 않게 되는 현상을 뜻하는 심리학 용어이다. 이는 자신이 아닌 누군가가 도와줄 것이라는 심리적 요인에 의한 것이다. 방관자 효과 때문에 살해당한 피해자 제노비스의 이름을 따서 '제노비스 증후군(Genovese Syndrome)'이라고도 하고, '구경꾼 효과'라고도 한다.

11 경제활동인구
만 15세 이상 인구 중 수입이 있는 일에 종사하고 있거나 취업을 하기 위하여 구직활동 중에 있는 인구

만 15세 이상 인구 중 노동 능력이나 노동 의사가 있어 경제활동에 기여할 수 있는 인구이다. 한편 경제활동 참가율은 만 15세 이상 인구 중 경제활동인구(취업자 + 실업자)가 차지하는 비율을 말한다. 즉, 수입 목적으로 인한 취업자와 일을 찾고 있는 실업자를 포함한다.

$$경제활동참가율(\%) = \frac{경제활동인구}{만\ 15세\ 이상\ 인구} \times 100$$

> **비경제활동인구**
> - 우리나라에서는 15세 이상이 되어야 일할 능력이 있다고 보는데, 15세 이상 인구 가운데 일할 의사가 없는 사람을 말하며, 가정주부, 학생 등이 속한다.
> - 15세 이상 인구 = 경제활동인구 + 비경제활동인구 = 취업자 + 실업자 + 비경제활동인구

12 침묵의 나선 이론 The Spiral of Silence Theory

다수의 의견에 조용해지는 소수의 의견

독일의 사회학자 노엘레 노이만이 저서 〈침묵의 나선 이론–여론 형성 과정의 사회심리학〉을 통해 제시한 이론이다. 여론이 형성되는 과정에서 자기 입장이 다수 의견과 동일하면 적극적으로 동조하지만, 소수 의견일 경우에는 남에게 나쁜 평가를 받거나 고립되는 것이 두려워 침묵하는 현상을 말한다. 여론의 형성 과정이 한 방향으로 쏠리는 모습이 마치 나선 모양과 같다고 해서 붙여진 이름이다.

13 증후군의 분류

구분	특징
뮌하우젠 증후군 (Munchausen Syndrome)	1951년 미국의 정신과 의사인 리처드 애셔가 〈The Lancet〉에 이 증상을 묘사하며 알려졌는데, 어떠한 신체적인 증상을 의도적으로 만들어내는 정신과적 질환을 말한다.
서번트 증후군 (Savant Syndrome)	사회성이 떨어지고 소통능력이 떨어지는 등의 지적 장애를 갖고 있으나 기억, 암산, 퍼즐 등의 특정 분야에서는 천재적인 능력을 갖는 증상이다.
스톡홀름 증후군 (Stockholm Syndrome)	인질이 인질범에게 동화되어 그들에게 동조하는 비이성적 현상을 가리키는 범죄심리학 용어이다.
리마 증후군 (Lima Syndrome)	인질범이 인질에게 정신적으로 동화되어 자신을 인질과 동일시함으로써 공격적인 태도가 완화되는 현상을 가리키는 범죄심리학 용어이다.
VDT 증후군 (Visual Display Terminal Syndrome)	컴퓨터 단말기를 오랜 시간 사용함으로써 발생하는 질병을 의미하는 것으로 VDT(Visual Display Terminal)란 주로 컴퓨터 모니터를 말한다.
피터팬 증후군 (Peterpan Syndrome)	성년이 되어도 어른들의 사회에 적응할 수 없는 '어린 아이'와 같은 남성들에게 나타나는 심리증상을 말한다.
리플리 증후군 (Ripley Syndrom)	남들을 속이는 데 도가 지나쳐 거짓말이 늘고 결국에는 자기 자신도 그 거짓을 진실인 것으로 믿게 되는 증상이다.
파랑새 증후군 (Bluebird Syndrome)	장래의 행복만을 꿈꾸면서 자기 주변에 만족하지 못하는 사람을 의미한다. 즉, 몽상가처럼 지금 시점에 만족하지 못하고 새로운 이상만을 추구하는 것이다.
샹그릴라 증후군 (Shangrila Syndrome)	시간적인 여유와 경제적인 풍요를 가진 시니어 계층을 중심으로 단조롭고 무색무취한 삶의 틀을 깨고, 젊게 살아가고자 하는 노력을 통틀어 말한다.
므두셀라 증후군 (Methuselah Syndrome)	과거는 항상 좋고 아름다운 것으로 생각하려는 현상을 말한다.
스탕달 증후군 (Stendhal Syndrome)	뛰어난 미술품이나 예술작품을 보았을 때 순간적으로 느끼는 각종 정신적 충동이나 분열증상으로, 이 현상을 겪고 처음으로 기록한 스탕달의 이름을 따서 명칭을 붙였다.
LID 증후군 (LID Syndrome)	핵가족화에 따른 노인의 고독병을 일컫는다. 자녀가 분가해 떠나고 주위에 의지했던 사람이 하나씩 세상을 떠나면서 생기는 손실감(Loss), 자녀와 떨어져 대화할 상대를 잃은 소외감(Isolation), 또 이런 상태가 오랫동안 지속되면서 생기는 우울증(Depression) 등을 나타낸다.
빈 둥지 증후군 (Empty Nest Syndrome)	자녀가 결혼이나 독립을 하면서 집을 떠난 후 부모·양육자가 겪게 되는 외로움과 상실감이 지속되어 우울증에 빠지는 것을 말한다.
쿠바드 증후군 (Couvade Syndrome)	아내가 임신했을 경우 남편도 육체적·심리적 증상을 아내와 똑같이 겪는 현상을 말한다.

14 무리별 분류

구분	내용
딩크족 (DINK族)	'Double Income, No Kids'의 약어로 자녀 양육에 대한 경제적 부담이나 사회적 성공 등을 이유로 의도적으로 자녀를 두지 않는 맞벌이 부부를 말한다.
패러싱글족 (Parasite Single族)	패러사이트(Parasite : 기생충)와 싱글(Single : 혼자)이 합쳐진 용어로, 독립할 나이가 됐지만 경제적 이유로 부모 집에 얹혀살면서 자기만의 독립적인 생활을 즐기는 사람들을 가리킨다.
딘트족 (DINT族)	'Double Income, No Time'의 약어로 맞벌이를 해서 수입은 두 배이지만 업무가 바쁘고, 서로 시간이 없어 소비를 못 하는 신세대 맞벌이 부부를 지칭하는 신조어.
그루밍족 (Grooming族)	피부, 두발, 치아관리는 물론 성형수술까지 마다하지 않으면서 자신을 꾸미는 것에 대한 투자를 아끼지 않는 남성들을 가리킨다.
여피족 (Yuppie族)	Young(젊음), Urban(도시형), Professional(전문직)의 머리글자를 딴 YUP에서 나온 용어로, 도시에서 전문직에 종사하는 고수입의 젊은 인텔리를 말한다.
더피족 (Duppie族)	'여피(Yuppie)족'에서 'Y' 대신 'Depressed(우울한)'의 'D'를 조합하여 만든 용어로, 경기침체로 인해 제대로 된 직장을 구하지 못하고 임시직으로 어렵게 생활하고 있는 도시 전문직을 의미한다.
욘족 (Yawn族)	'Young And Wealthy but Normal'의 준말로, 비교적 젊은 30~40대 나이에 부를 축적하였지만 호화생활을 멀리하고 자선사업을 하며 소박하게 사는 사람들을 가리킨다.
네스팅족 (Nesting族)	'새가 둥지를 짓다'는 뜻의 'Nest'에서 유래한 용어로, 일·돈·명예보다 화목한 가정과 여가·여유를 추구하는 신가정주의를 뜻한다.
슬로비족 (Slobbie族)	'Slow but Better Working People(천천히 그러나 더 훌륭하게 일하는 사람)'의 뜻을 지닌 용어로, 현대생활의 빠른 속도를 따르지 않고 천천히 느긋하게 살려는 사람들을 말한다.
니트족 (NEET族)	'Not in Education, Employment or Training'의 줄임말로서, 나라에서 정한 의무교육을 마친 후 진학이나 취직을 하지 않고 일할 의지도 없는 청년을 가리킨다.
프리터족 (Freeter族)	일본에서 생겨난 신조어로 Free(프리)+Arbeit(아르바이트)를 줄여 만든 용어로, 일정한 직업 없이 돈이 필요할 때 일시적으로 아르바이트를 하며 생활하는 젊은 층을 말한다.
프리커족 (Freeker族)	'프리(Free : 자유)'와 노동자를 뜻하는 '워커(Worker)'를 합성한 용어로, 1~2년 동안 직장 등에서 일하여 모은 돈으로 1~2년 동안 쉬면서 취미·여가를 즐기거나 자기계발을 하는 새로운 계층을 가리킨다.
시피족 (CIPIE族)	Character(개성), Intelligence(지성), Professionalism(전문성)의 머리글자를 딴 CIP에서 나온 말로, 지적 개성을 강조하고 심플 라이프를 추구하는 신세대 젊은이들을 말한다.
통크족 (TONK族)	'Two Only No Kids'의 준말로, 손주들을 돌보던 할아버지·할머니 역할에서 벗어나 부부끼리 여가생활을 즐기는 노인세대를 말한다.
보보스족 (Bobos族)	부르주아 보헤미안(Bourgeois Bohemian)의 준말로 삶의 여유와 가치를 중시하고, 가치 있다고 판단하는 제품과 서비스에 대해서는 가격에 상관없이 아낌없이 지불하는 젊은 세대이다.
쿠거족 (Cougar族)	원래 쿠거란 북미에 서식하는 동물인데, 연하남과 교제하며 미모와 경제력을 두루 갖춘 자신감 있는 여성을 쿠거에 빗대 표현한 것이다.
오팔족 (OPAL族)	'Old People with Active Life'의 준말인 OPAL은 니시무라 아키라와 하타 마미코가 지은 〈여자의 지갑을 열게 하라〉라는 책에서 처음 사용된 용어로, 활동적인 삶을 사는 노인들을 뜻한다.

15 실업의 종류

일주일에 1시간 이상 일에 종사하여 수입이 있는 사람을 취업자라 하고, 경제활동인구 가운데 취업자를 제외한 사람을 실업자라고 함

구분	내용
자발적 실업	일할 능력과 의사는 있지만 현재의 임금수준이나 복지 등에 만족하지 못하고 다른 곳으로 취업하기 원하여 발생하는 실업이다. 소득 수준, 여가시간 활용에 대한 사람들의 관심이 증가하면서 자발적 실업도 늘고 있다.
잠재적 실업	표면적으로는 취업 중이지만 생계유지를 위해 잠시 만족스럽지 않은 직업에 종사하며 계속 구직에 힘쓰는 상태이다. 형식적으로는 취업 중이기 때문에 실업통계에 실업으로 기록되지 않아 '위장실업'이라고도 한다.
구조적 실업	경제가 성장함에 따라 산업구조·기술 등의 변화가 생기는데 이에 적절하게 대응하지 못해 발생하는 실업이다. 즉, 경제 구조가 바뀌고 기술혁신 등으로 기술격차가 발생할 때 이에 적응하지 못하는 근로자에게 발생하는 실업유형이다.
경기적 실업	경기가 침체됐을 때 인원 감축의 결과로 나타나는 실업으로, 일할 의지는 있지만 경기 악화로 인해서 발생하며 비자발적 실업의 한 형태이다. 경기가 회복되면 해소가 가능하지만, 회복될 때까지 긴 시간이 필요하며 경기변동은 주기적으로 발생하는 속성이 있어 경기적 실업은 끊임없이 발생하게 된다.
기술적 실업	기술진보로 인해서 기계가 노동인력을 대체함에 따라 노동수요가 감소해 발생하는 구조적 실업 형태 중의 하나이다. 기술진보의 영향에 민감한 산업에서 발생하며 일반적으로 선진국에서 볼 수 있는 유형이다.
마찰적 실업	구직자·근로자들이 더 좋은 조건을 찾는 탐색행위로 인해 발생하는 실업으로, 고용시장에서 노동의 수요와 공급 간에 소통이 원활하지 않아 발생한다. 근로자들이 자발적으로 선택해서 발생하는 일시적인 실업유형이므로 자발적 실업에 해당한다.

16 노동자의 분류

구분	내용
논칼라	블루칼라와 화이트칼라 이후에 나타난 무색칼라 세대로, 손에 기름을 묻히지도 않고 서류에 매달리지도 않는 컴퓨터 작업 세대를 말한다.
블루칼라	제조업·건설업 등 작업 현장에서 일하는 노동자로, 주로 청색 작업복을 입기 때문에 붙여진 용어이다.
화이트칼라	하얀 셔츠를 입고 사무실에서 일하는 노동자를 말한다.
그레이칼라	블루칼라와 화이트칼라의 중간층으로, 과학기술의 발달과 생산공정의 자동화로 인해 블루칼라와 화이트칼라의 노동이 유사해지면서 등장한 용어이다.
르네상스칼라	다양한 지식과 경험을 바탕으로 인터넷 분야에서 두각을 나타내는 사람들을 말한다.
퍼플칼라	근무시간과 장소가 자유로워 일과 가정을 함께 돌보면서 일할 수 있는 노동자를 말한다.
골드칼라	1985년 카네기멜론 대학의 로버트 켈리 교수가 최초로 사용한 용어로, 주로 정보를 다루는 첨단기술, 통신, 광고, 서비스직 등에서 아이디어를 무기로 사업 능력을 발휘하는 사람을 말한다.

17 매칭그랜트 Matching Grant
기업 임직원들이 모금한 후원금액에 비례해서 기업도 후원금을 내는 제도

기업이 사회적 역할과 책임을 다한다는 신념에 따라 실천하는 나눔 경영의 일종으로, 기업 임직원이 비영리 단체나 기관에 정기적으로 내는 기부금만큼 기업에서도 동일한 금액을 1:1로 매칭(Matching)시켜 내는 것을 말한다. 매칭그랜트는 기업과 직원이 함께 참여하여 이루어지므로 노사 화합에 긍정적인 영향을 준다.

18 사보타주 Sabotage
근로자가 고의로 사용자의 사유재산을 파괴하거나 업무를 게을리하는 쟁의행위

'사보(Sabo : 나막신)'는 중세유럽 소작농이 주인에 대항하여 나막신으로 추수한 농작물을 짓밟은 데서 유래된 용어이다. 우리나라에서는 '태업'이라고 하는데, 생산 시설 파괴, 불량품 생산, 원재료 과소비 등을 통해 사용자에게 피해를 입히는 쟁의행위를 말한다.

19 유니언숍 Union Shop
종업원이 입사하면 반드시 노조에 가입하고 탈퇴하면 회사가 해고하도록 하는 제도

채용된 근로자가 일정 기간 내에 조합에 가입하지 않거나, 조합에서 제명되거나 혹은 탈퇴한 근로자는 해고된다. 채용할 때에는 가입 여부를 따지지 않지만 일단 채용되면 반드시 노동조합에 가입해야 한다는 점에서 오픈숍과 클로즈드숍을 절충한 것이다.

> **오픈숍(Open Shop)**
> 근로자가 노동조합에 대한 가입과 탈퇴를 자기 의사에 따라 결정할 수 있는 제도로, 조합원과 비조합원을 차별하지 않고 동등하게 대우해야 한다. 우리나라에서는 공무원을 제외한 모든 근로자에게 오픈숍을 적용하고 있다.
>
> **클로즈드숍(Closed Shop)**
> 사용자가 근로자를 고용할 때 노동조합의 가입을 필수조건으로 하는 제도이다. 조합에 가입하겠다는 의사를 밝히지 않은 사람은 고용하지 않고 조합을 탈퇴하거나 제명된 사람은 해고한다.

20 직장폐쇄 Lock Out
근로자 측의 쟁의행위에 대항하는 사용자의 쟁의행위로, 사업장을 폐쇄하는 행위

「노동조합 및 노동관계조정법」에는 노동관계 당사자가 그 주장을 관철할 목적으로 행하는 쟁의행위 중 한 가지로 '직장폐쇄'를 인정하고 있다(제2조 제6호 참조). 단 사용자는 노동조합이 쟁의행위를 개시한 이후에만 직장폐쇄를 할 수 있고, 직장폐쇄를 할 경우에는 미리 행정관청 및 노동위원회에 각각 신고해야 한다(제46조). 직장폐쇄는 임금을 지급하지 않는 것을 전제로 하는 경제적 압력 수단이기 때문에 엄격한 제한이 필요하다.

21 노동3권
헌법상 노동자가 기본적으로 누려야 할 3가지 권리

헌법 제33조 제1항에 규정한 근로자의 기본 권리로, 근로자는 근로조건의 향상을 위해 자주적인 단결권, 단체교섭권, 단체행동권을 가진다.

- 단결권 : 노동조합을 결성·운영하며 노동조합 활동을 할 수 있는 권리이다.
- 단체교섭권 : 근로자가 근로조건을 유지하거나 개선하기 위해 단체로 모여 사용자와 교섭할 수 있는 권리이다.
- 단체행동권 : 근로자가 단체로 집단적인 행동을 할 수 있는 권리이다.

22 촉법소년
범죄를 저지른 만 10세 이상 14세 미만 청소년

범죄를 저지른 만 10세 이상 14세 미만 청소년으로, 형사책임능력이 없어 형사처벌을 받지 않고, 가정법원의 처분에 따라 보호처분을 받거나 소년원에 송치된다. 최근 들어 아동과 청소년의 범죄가 심각해지고, 이 과정에서 촉법소년 제도를 악용하는 사례도 발생하면서 촉법소년의 연령을 낮추자는 의견이 정치권에서 제기됐다. 지난 2022년 11월 정부는 소년범죄 종합대책을 발표하면서 형법·소년법을 개정해 촉법소년 상한연령을 '만 14세 미만'에서 '만 13세 미만'으로 1살 내리겠다고 발표했다.

23 제노포비아 Xenophobia
타당한 이유 없이 외국인을 혐오하는 현상

제노(Xeno)와 포비아(Phobia)의 합성어로 '낯선 것 혹은 이방인을 싫어한다'라는 의미를 갖고 있다. 단지 자신과 다르다는 이유로 경계하고 배척하는 경향을 보이거나, 지역에 따라 자신을 보호하고 싶어하는 의식 또는 열등감 때문에 나타나기도 한다.

24 네버랜드 신드롬
나이보다 젊고 개성 있게 사는 것을 하나의 미덕으로 여기는 풍조

네버랜드 신드롬(Neverland Syndrome)은 나이 든 어른이 실제 나이보다 젊고 개성 있게 살아가는 것을 미덕으로 여기는 개인적 풍조를 뜻한다. 성인인데도 아이의 행동양식을 가지려 하는 피터팬 신드롬과는 다르다. 삶이 질 향상과 정보화로 인터넷에서 다양한 유행을 접할 수 있게 되면서, 자신의 개성을 자유롭게 표현하려는 풍조가 만든 현상이라고 볼 수 있다.

25 업사이클링 Up-cycling
재활용품에 디자인 또는 활용도를 더해 그 가치를 더 높은 제품으로 만드는 것

업사이클링(Up-cycling)은 단순히 쓸모없어진 것을 재사용하는 리사이클링(Recycling)의 상위 개념으로, 디자인 또는 활용도를 더해 전혀 다른 제품으로 생산하는 것을 말한다.

> **리자인(Resign)**
> 기존에 사용되다 버려진 물건에 디자인적 요소를 가미해 재탄생시키는 것

26 열섬현상
도시 온도가 주변 지역보다 높아지는 현상

도시의 온도가 교외보다 5~10℃ 정도 더 높아지는 현상이다. 도시에는 사람, 건물, 자동차로 인한 인공열이 많이 발생하고, 대기오염물질로 인한 온실 효과가 있으며, 고층건물들 때문에 대기 환기가 어려워 열섬현상이 나타난다.

27 탄소발자국 Carbon Footprint
개인 또는 단체가 직접·간접적으로 발생시키는 온실 기체의 총량

우리가 일상생활을 하면서 탄소를 얼마나 배출해 내는지 그 양을 한눈에 볼 수 있도록 표시한 것이다. 지구온난화의 가장 큰 원인 중의 하나인 탄소 발생에 대해 경각심을 갖고 정화를 위한 노력을 해나가자는 취지에서 만들어졌다.

> **탄소포인트제**
> 온실가스 중 이산화탄소 감축 실적에 따라 탄소포인트를 발급하고, 그에 상응하는 인센티브를 제공하는 제도이다. 탄소포인트제는 환경부가 정책지원 및 제도화 추진을 맡아 총괄하고, 한국환경공단이 운영센터 관리와 기술·정보를 제공하며, 지방자치단체가 운영·관리한다.
>
> **생태발자국(Ecological Footprint)**
> 인간이 기본적인 생활을 하는 데 있어서 필요한 자원의 생산과 폐기에 드는 비용을 토지로 환산한 지수이다. 지구가 감당할 수 있는 생태발자국 면적 기준은 1인당 1.8ha이고 면적이 넓으면 넓을수록 환경문제가 심각하다는 것을 의미한다.

28 탄소배출권 CERs ; Certified Emission Reductions
일정 기간 동안 온실가스를 일정량 배출할 수 있는 권리

지구온난화를 일으키는 일산화탄소(CO), 메탄(CH), 아산화질소(NO)와 3종의 프레온가스, 6개 온실가스를 배출할 수 있는 권리를 의미한다. 유엔기후변화협약에서 발급하며, 발급된 CERs는 시장에서 상품처럼 거래할 수 있다. 주로 온실가스 배출을 줄여야 하는 의무를 지는 국가와 기업이 거래한다.

29 바이오에너지 Bioenergy
바이오매스(Biomass)를 연료로 하여 얻어지는 에너지

바이오에너지는 저장할 수 있고 재생이 가능하며, 물과 온도 조건만 맞으면 어느 곳에서나 얻을 수 있다. 적은 자본으로도 개발이 가능하며, 원자력 등 다른 에너지와 비교할 때 환경보전에 있어서 안전하다. 하지만 가용에너지량과 채산성 결여의 단점이 있다.

> **바이오매스**
> 에너지 이용의 대상이 되는 생물체를 총칭하여 바이오매스라고 한다. 주요 바이오매스 자원으로는 나무, 초본식물, 수생식물, 해조류, 조류(藻類), 광합성 세균 등이 있다. 유기계 폐기물, 농산폐기물, 임산폐기물, 축산폐기물, 산업폐기물, 도시 쓰레기 등도 직접 또는 변환하여 연료화할 수 있다.
>
> **바이오 메탄**
> 유기물이 분해되어 형성되는 바이오 가스에서 메탄만을 정제하여 추출한 연료로, 천연가스 수요처에서 에너지로 활용할 수 있다.

30 스마트 그리드 Smart Grid
집이나 사무실에서 효율적으로 전기를 쓸 수 있는 지능형 전력망 시스템

기존 전력망에 정보기술을 접목해 전력 공급자와 소비자가 서로 정보를 실시간 교환함으로써 효율적으로 전력을 생산·소비하는 시스템이다. 우리나라는 2030년까지 국내 전역에 스마트 그리드 설치를 완료하는 것을 골자로 한 국가 로드맵을 확정했다.

31 몬트리올 의정서
지구의 오존층을 보호하기 위해 오존층 파괴물질 사용을 규제하는 국제협약

정식 명칭은 '오존층을 파괴시키는 물질에 대한 몬트리올 의정서'이며 1989년 1월 발효됐다. 오존층 파괴물질인 프레온가스(CFC), 할론 등의 사용을 규제하여 지구의 오존층을 보호하는 것이 목적이다.

32 나고야 의정서 Nagoya Protocol
다양한 생물자원을 활용하여 생기는 이익을 공유하기 위한 지침을 담은 국제협약

생물다양성협약의 부속협약으로서 유전자원에 대한 접근 및 유전자원 이용으로부터 발생하는 이익의 공정하고 공평한 공유에 관한 규정이다. '생물다양성협약'을 이행하고자 채택된 것으로, 우리나라에서는 2017년 8월 17일에 발효됐다.

> **생물다양성협약(CBD)**
> 1992년 〈유엔환경개발회의〉에서 채택된 국제협약으로, 생물다양성 보호를 위한 국가 간의 권리 및 의무 관계를 규정한다.

33 람사르 협약 Ramsar Convention
습지와 습지 자원을 보호하기 위한 국제 환경 협약

물새 서식처로서 국제적으로 중요한 습지에 관한 협약으로, 1971년 2월 이란 람사르에서 체결되었다. 가맹국은 철새의 번식지가 되는 습지를 보호할 의무가 있으며 국제적으로 중요한 습지를 1개소 이상 보호지로 지정해야 한다. 대한민국은 101번째로 람사르 협약에 가입하였으며, 2008년에 경남 창원에서 '제10차 람사르 총회'를 개최하였다.

34 바젤 협약 Basel Convention
유해 폐기물의 국가 간 교역을 규제하는 국제협약

카이로 지침을 바탕으로 1989년 스위스 바젤에서 채택된 국제협약으로, 유해 폐기물의 불법적인 이동을 막는 데 목적이 있다. 병원성 폐기물을 포함한 유해 폐기물을 국가 간 이동시킬 때, 교역하는 나라뿐만 아니라 경유하는 나라에까지 사전 통보·조치를 취해야 한다는 내용이다.

35 기후변화협약 UNFCCC
지구온난화를 규제·방지하기 위한 국제 협약

1992년 6월 브라질의 리우회의에서 채택된 협약으로, 정식 명칭은 '기후변화에 관한 유엔 기본협약(United Nations Framework Convention on Climate Change)'이다. '리우환경협약'이라고도 하는데, 온실가스의 방출을 제한하여 지구온난화를 방지하고자 하는 데 목적이 있다. 협약을 이행하기 위한 교토 의정서가 만들어졌다.

36 국제환경규격 ISO 14000
기업의 환경경영체제에 관한 국제 표준화 규격

기업 활동 전반에 걸친 환경경영체제를 평가하여 국제규격임을 객관적으로 인증하는 제도로, 'ISO 14000 규격'이라고도 한다. 기업의 환경법규 준수, 환경방침, 환경 관련 계획·실행·조치 등이 지속적으로 이루어지는지 포괄적으로 평가한다.

37 파리기후협약
전 세계 온실가스 감축을 위해 맺은 국제협약

전 세계 온실가스 감축을 위해 2015년 12월 12일 프랑스 파리에서 맺은 국제협약으로, 지구 평균온도가 2도 이상 상승하지 않도록 온실가스를 단계적으로 감축하는 내용을 담고 있다. 2021년부터 교토 의정서를 대체하는 기후협약이다.

38 녹색기후기금 GCF ; Green Climate Fund
개발도상국의 온실가스 감축과 기후변화 대응을 지원하기 위해 만든 국제금융기구

UN 산하기구로 선진국이 개발도상국의 이산화탄소 감축과 기후변화 대응을 지원하기 위해 만든 기후변화 특화기금이다. 2010년 12월 멕시코 칸쿤에서 열린 유엔기후변화협약(UNFCCC) 제16차 당사국 총회에서 기금 설립이 승인됐고, 사무국은 우리나라 인천 송도에 위치한다.

39 요소수
디젤 차량에서 발생하는 질소산화물(NOx)을 정화하기 위한 물질

요소수는 차량에 설치된 정화장치인 SCR에 사용된다. 배기가스가 지나는 통로에 요소수를 뿌리면 질소산화물이 물과 질소로 환원된다. 2015년에 유럽의 배기가스 규제인 유로6가 국내에 도입되면서, 디젤 차량에 반드시 SCR을 탑재하고 요소수 소모 시 보충해야 한다. SCR이 설치된 디젤 차량은 요소수가 없으면 시동이 걸리지 않는 등 운행할 수 없다.

40 스톡홀름 협약 Stockholm Convention on Persistent Organic Pollutants
잔류성유기오염물질(POPs)의 규제를 위한 국제협약

다이옥신, PCB, DDT 등 12가지 유해물질의 사용이나 생산 및 배출을 저감·근절하기 위해 체결된 국제협약으로, 'POPs 규제협약'이라고도 한다. POPs에 대한 지역별 오염도를 평가하고 아울러 협약 발효 이후 협약이행의 실효성을 평가하기 위해 국가 또는 지역 단위의 모니터링 실시, 측정 자료에 대한 지역적·지구적 차원의 공유를 요구하고 있다.

> **UNEP(유엔환경계획)**
> 1972년 채택된 스톡홀름 선언을 바탕으로, 환경과 지속 가능한 개발에 관한 유엔 공식 국제기구이다. 환경 분야에서 국제 협력의 추진, 유엔 기구의 환경 관련 활동 및 정책 작성, 세계의 환경 감시 등을 목적으로 한다.

41 유엔환경개발회의 UNCED
지구 환경 보전을 위해 세계 각국 대표단이 모이는 국제환경회의

지구 환경 문제에 대한 범세계적 차원의 행동계획을 채택할 목적으로 개최된 국제환경회의이다. 정식 명칭은 '환경 및 개발에 관한 국제연합회의(United Nations Conference on Environment and Development)'이며, 개최지 이름을 따서 '리우 정상회의' 또는 '지구정상회의(Earth Summit)'라고 칭한다.

42 BOD Biochemical Oxygen Demand

물의 오염 정도를 나타내는 지표가 되는 생화학적 산소 요구량

물속에 있는 호기성 미생물이 유기물을 분해시켜 정화하는 데 사용하는 산소량으로, 5일간을 기준으로 하여 ppm으로 나타낸다. BOD 값이 클수록 오염 정도가 심한 물이고, BOD 값이 작을수록 깨끗한 물이다.

43 젠트리피케이션 Gentrification

낙후지역의 활성화로 중상층이 유입되면서 원주민들이 집값이나 임대료를 감당하지 못하고 그 지역을 떠나는 현상

지주계급 또는 신사계급을 뜻하는 '젠트리(Gentry)'에서 파생된 용어로, 1964년 영국사회학자 루스 글라스가 처음 사용했다. 당시 런던 변두리에 있는 하층계급 주거지역에 중상층이 유입되면서 고급 주거지가 형성되고 기존 주민들은 비용을 감당하지 못하여 살던 곳에서 쫓겨났는데, 이로 인해 지역 전체의 구성과 성격이 변하는 현상을 설명하며 젠트리피케이션을 언급했다. 우리나라에서는 서촌, 해방촌, 경리단길, 성수동 서울숲길 등이 대표적이다.

투어리스티피케이션(Touristification)
'관광지화(Touristify)'와 '젠트리피케이션(Gentrification)'의 혼성어로, 지역 내 관광이 활성화되면서 원주민이 쫓겨나거나 이주하는 현상을 말한다. 상업적인 이유 외에도 소음이나 쓰레기 문제와 사생활 침해 등으로 인해 나타나기도 한다.

투어리즘포비아(Tourism Phobia)
관광객 공포증·혐오증을 뜻하는 용어로, 과잉관광(Overtourism), 투어리스티피케이션(Touristification)과 함께 반(反)관광 정서를 대표하는 용어이다. 투어리즘포비아가 단적으로 나타난 도시는 세계적으로 유명한 관광지인 이탈리아 베네치아, 비엔나, 암스테르담, 바르셀로나 등이다.

44 엘니뇨 El Nino
해수면 온도가 평년보다 0.5℃ 이상 높은 상태로 5개월 이상 지속되는 현상

엘니뇨는 주로 열대 태평양 적도 부근 남미 해안이나 중태평양 해상에서 발생하는데, 크리스마스 즈음에 나타나기 때문에 '아기 예수, 남자아이'를 뜻하는 스페인어 '엘니뇨'라고 불린다. 엘니뇨는 대기 순환에 영향을 주어 세계 각 지역에 홍수, 무더위, 가뭄 등 이상기후를 일으킨다.

45 팬데믹 Pandemic
감염병 경고 최고등급

팬데믹은 세계보건기구(WHO)가 감염병이 전 지구적으로 유행하고 있음을 선포하는 감염병 경고 최고등급이다. 범유행 또는 세계적 대유행이라고 부르기도 한다. 세계보건기구는 감염병의 유행 정도에 따라 그 단계를 6개로 나눈다. 1단계는 동물에 한정된 감염이며, 2단계는 동물에서 소수의 사람에게 감염되는 것, 3단계는 사람 사이에서 감염이 늘어나는 상태, 4단계는 사람 간 감염이 급속하게 확산되면서 유행병이 발생할 초기 무렵, 5단계는 최소 2개국의 나라까지 감염이 널리 확산된 상태이고, 6단계는 국가를 넘어 다른 대륙으로까지 감염이 발생하는 상태다. 세계보건기구는 현재까지 1968년의 홍콩독감, 2009년의 신종플루 그리고 2020년 코로나19 감염사태에 대해 팬데믹을 선포했다.

46 초두 효과
처음 접한 정보가 나중에 접한 정보보다 기억에 더 큰 영향을 끼치는 효과

초두 효과는 '첫인상 효과'라고도 부르며 대상 사람·사물에 대해 처음 접하게 된 인상이 굳어지게 되는 심리현상을 말한다. 첫인상으로 그 대상을 기억하게 되고 이미지를 각인하게 된다. 초두 효과의 반대개념으로는 '빈발 효과'가 있는데, 이는 좋지 않았던 첫인상이 상대의 지속적인 개선 노력으로 좋은 인상으로 바뀌게 되는 것을 의미한다.

CHAPTER 03 출제예상문제

01 부자의 부의 독식을 부정적으로 보고 사회적 책임을 강조하는 용어로, 월가 시위에서 1대 99라는 슬로건이 등장하며 1%의 탐욕과 부의 집중을 공격하는 이 용어는 무엇인가?

① 뉴비즘
② 노블레스 오블리주
③ 뉴리치현상
④ 리세스 오블리주

해설
④ 노블레스 오블리주(Noblesse Oblige)가 지도자층의 도덕의식과 책임감을 요구하는 것이라면, 리세스 오블리주(Richesse Oblige)는 부자들의 부의 독식을 부정적으로 보며 사회적 책임을 강조하는 것을 말한다.

02 다음 중 노동3권에 포함되지 않는 것은?

① 단체설립권
② 단결권
③ 단체교섭권
④ 단체행동권

해설
②·③·④ 노동3권은 근로자의 권익과 근로조건의 향상을 위해 헌법상 보장되는 기본권으로, 단결권·단체교섭권·단체행동권이 이에 해당한다.

03 일과 여가의 조화를 추구하는 노동자를 지칭하는 용어는 무엇인가?

① 골드칼라
② 화이트칼라
③ 퍼플칼라
④ 논칼라

해설
① 골드칼라(Gold Collar) : 높은 정보와 지식으로 정보화시대를 이끌어가는 전문직 종사자
② 화이트칼라(White Collar) : 사무직 노동자
④ 논칼라(Non Collar) : 컴퓨터 작업 세대

정답 01 ④ 02 ① 03 ③

04 우리나라 생산가능인구의 연령기준은?

① 14~60세
② 15~64세
③ 17~65세
④ 20~67세

> **해설**
> ② 생산가능인구는 노동가능인구라고도 불리며, 우리나라의 생산가능인구의 연령기준은 15세에서 64세이다.

05 공직자가 자신의 재임기간 중에 주민들의 민원이 발생할 소지가 있는 혐오시설들을 설치하지 않고 임기를 마치려고 하는 현상은?

① 핌투 현상
② 님투 현상
③ 님비 현상
④ 핌피 현상

> **해설**
> ① 핌투 현상(PIMTOO Syndrome) : 공직자가 사업을 무리하게 추진하며 자신의 임기 중에 반드시 가시적인 성과를 이뤄 내려고 하는 업무 형태로, 님투 현상과는 반대개념이다.
> ③ 님비 현상(NIMBY Syndrome) : 사회적으로 필요한 혐오시설이 자기 집 주변에 설치되는 것을 강력히 반대하는 주민들의 이기심이 반영된 현상이다.
> ④ 핌피 현상(PIMFY Syndrome) : 지역발전에 도움이 되는 시설이나 기업들을 적극적으로 자기 지역에 유치하려는 현상으로 님비 현상과는 반대개념이다.

06 자신과는 다른 타 인종과 외국인에 대한 혐오를 나타내는 정신의학 용어는?

① 호모포비아
② 케미포비아
③ 노모포비아
④ 제노포비아

> **해설**
> ④ 제노포비아(Xenophobia) : 국가, 민족, 문화 등의 공동체 요소가 다른 외부인에 대한 공포감·혐오를 보이는 것을 가리킨다. 현대에는 이주 노동자로 인해 경제권과 주거권을 위협받는 하류층에게서 자주 관찰된다.
> ① 호모포비아(Homophobia) : 동성애나 동성애자에게 갖는 부정적인 태도와 감정을 말하며, 각종 혐오·편견 등으로 표출된다.
> ② 케미포비아(Chemiphobia) : 가습기 살균제, 계란, 생리대 등과 관련하여 불법적 화학 성분으로 인한 사회문제가 연이어 일어나면서 생활 주변의 화학제품에 대한 공포감을 느끼는 소비자 심리를 가리킨다.
> ③ 노모포비아(Nomophobia) : No, Mobile(휴대폰), Phobia(공포)를 합성한 신조어로, 휴대폰이 가까이 없으면 불안감을 느끼는 증상을 말한다.

07 처음 접한 정보가 나중에 접한 정보보다 기억에 더 큰 영향을 끼치는 효과는?

① 초두 효과
② 맥락 효과
③ 후광 효과
④ 최신 효과

> **해설**
> ① 초두 효과(Primacy Effect)는 '첫인상 효과'라고도 부르며 대상 사람·사물에 대해 처음 접하게 된 인상이 굳어지게 되는 심리현상을 말한다. 첫인상으로 그 대상을 기억하게 되고 이미지를 각인하게 된다. 초두 효과의 반대개념으로는 '빈발 효과'가 있는데, 이는 좋지 않았던 첫인상이 상대의 지속적인 개선 노력으로 좋은 인상으로 바뀌게 되는 것을 의미한다.

08 일에 몰두하여 온 힘을 쏟다가 갑자기 극도의 신체·정신적 피로를 느끼며 무력해지는 현상은?

① 리플리 증후군
② 번아웃 증후군
③ 스탕달 증후군
④ 파랑새 증후군

> **해설**
> ② 번아웃 증후군은 'Burn out(불타서 없어진다)'에 증후군을 합성한 말로, 힘이 다 소진됐다고 하여 소진 증후군이라고도 한다.
> ① 리플리 증후군(Ripley Syndrom) : 거짓된 말과 행동을 일삼으며 거짓을 진실로 착각하는 증상
> ③ 스탕달 증후군(Stendhal Syndrome) : 뛰어난 예술 작품을 감상한 후 나타나는 호흡 곤란, 환각 등의 증상
> ④ 파랑새 증후군(Bluebird Syndrome) : 현실에 만족하지 못하고 이상만을 추구하는 병적 증상

09 외부 세상으로부터 인연을 끊고 자신만의 안전한 공간에 머물려는 칩거 증후군의 사람들을 일컫는 용어는?

① 딩크족
② 패라싱글족
③ 코쿤족
④ 니트족

> **해설**
> ① 딩크족(DINK族) : 자녀 없이 부부만의 생활을 즐기는 사람들
> ② 패라싱글족(Parasite Single族) : 결혼하지 않고 부모 집에 얹혀사는 사람들
> ④ 니트족(NEET族) : 교육을 받거나 구직활동을 하지 않고, 일할 의지도 없는 사람들

정답 04 ② 05 ② 06 ④ 07 ① 08 ② 09 ③

10 1964년 미국 뉴욕 한 주택가에서 한 여성이 강도에게 살해되는 35분 동안 이웃 주민 38명이 아무도 신고하지 않은 사건과 관련된 것으로, 방관자 효과라고도 불리는 이것은?

① 라이 증후군
② 리마 증후군
③ 아키바 증후군
④ 제노비스 증후군

해설
④ 제노비스 증후군(Genovese Syndrome)은 주위에 사람들이 많을수록 어려움에 처한 사람을 돕지 않게 되는 현상을 뜻하는 심리학 용어이다. 대중적 무관심, 방관자 효과, 구경꾼 효과라고도 한다.

11 다음 내용 중 밑줄 친 비경제활동인구에 포함되지 않는 사람은?

> 대졸 이상 비경제활동인구는 2000년 159만 2,000명(전문대졸 48만 6,000명, 일반대졸 이상 110만 7,000명)이었으나, 2004년 200만 명 선을 넘어섰다. 지난해 300만 명을 돌파했으므로 9년 사이에 100만 명이 늘었다.

① 가정주부
② 학생
③ 심신장애자
④ 실업자

해설
④ '경제활동인구'는 일정 기간 동안 제품 또는 서비스 생산을 담당하여 노동활동에 기여한 인구로, 취업자와 실업자를 합한 수를 말한다. '비경제활동인구'는 만 15세 이상 인구에서 취업자와 실업자를 뺀 것으로, 일자리 없이 구직활동도 하지 않는 사람을 말한다.

12 우리나라 근로기준법상 근로가 가능한 최저근로 나이는 만 몇 세인가?

① 13세
② 15세
③ 16세
④ 18세

해설
② 근로기준법에 따르면 만 15세 미만인 자(초·중등교육법에 따른 중학교에 재학 중인 18세 미만인 자를 포함한다)는 근로자로 채용할 수 없다.

13 큰 사고가 일어나기 전에 반드시 유사한 작은 사고와 사전징후가 나타난다는 법칙은?

① 샐리의 법칙 ② 하인리히 법칙
③ 이케아 효과 ④ 깨진 유리창 이론

해설
② 하인리히 법칙(Heinrich's Law)은 큰 사고가 일어나기 전에 반드시 유사한 작은 사고와 사전징후가 나타난다는 법칙이다. 1930년대 초 미국 보험회사의 관리감독자였던 허버트 W. 하인리히가 주장한 것으로, 그는 수천 건의 산업재해를 분석한 결과를 토대로 '1대 29대 300'이라는 법칙을 정립했다. 이는 심각한 안전사고 1건이 발생하기 전 동일한 요인으로 인해 경미한 사고가 29건, 위험에 노출되는 경험이 300건이나 있었다는 것이다. 다시 말하면 이러한 징후를 제대로 파악해 대비를 철저히 한다면 대형사고를 막을 수 있다는 논리이기도 하다.

14 다음 중 직장폐쇄와 관련된 설명으로 맞지 않는 것은?

① 직장폐쇄기간 동안에는 임금을 지급하지 않아도 된다.
② 직장폐쇄를 금지하는 단체협약은 무효이다.
③ 사용자의 적극적인 권리행사 방법이다.
④ 노동쟁의를 사전에 막기 위해 직장폐쇄를 실시하는 경우에는 사전에 해당관청과 노동위원회에 신고해야 한다.

해설
④ 사용자는 노동조합이 쟁의행위를 개시한 이후에만 직장폐쇄를 할 수 있고, 직장폐쇄를 할 경우에는 미리 행정관청 및 노동위원회에 각각 신고해야 한다(노동조합 및 노동관계조정법 제46조).

15 잘못된 것을 알고 있지만 이를 이야기할 경우 닥칠 위험 때문에 누구도 말하지 못하는 큰 문제를 가리키는 말은?

① 하얀 코끼리 ② 검은 백조
③ 방 안의 코끼리 ④ 샐리의 법칙

해설
③ 방 안의 코끼리란 누구나 인식하고 있지만, 이를 지적하거나 이야기했을 때 초래될 위험이 두려워 아무도 선뜻 먼저 이야기를 꺼내지 못하는 큰 문제를 비유적으로 이르는 말이다. 방 안에 코끼리가 있는 상황처럼 누구나 알 수 있고 위험한 상황에서도 모르는 척하며 문제 삼지 않는 것이다.

16 기업이 사회적 역할과 책임을 다한다는 신념에 따라 실천하는 나눔 경영의 일종으로, 기업 임직원들이 모금한 후원금 금액에 비례해서 회사에서도 후원금을 내는 제도는?

① 매칭그랜트(Matching Grant)
② 위스타트(We Start)
③ 배리어프리(Barrier Free)
④ 유리천장(Glass Ceiling)

해설
② 위스타트 : 저소득층 아이들이 가난의 대물림에서 벗어나도록 복지와 교육의 기회를 제공하는 운동
③ 배리어프리 : 장애인들의 사회적응을 막는 물리적·제도적·심리적 장벽을 제거해 나가자는 운동
④ 유리천장 : 직장 내에서 사회적 약자들의 승진 등 고위직 진출을 막는 보이지 않는 장벽

17 노동쟁의 방식 중 하나로, 직장을 이탈하지 않는 대신에 원료·재료를 필요 이상으로 소모함으로써 사용자를 괴롭히는 방식은 무엇인가?

① 사보타주　　　　　　　② 스트라이크
③ 보이콧　　　　　　　　④ 피케팅

해설
② 스트라이크(Strike) : 근로자가 집단적으로 노동 제공을 거부하는 쟁의행위로 '동맹파업'이라고 한다.
③ 보이콧(Boycott) : 부당 행위에 대항하기 위해 집단적·조직적으로 벌이는 거부 운동이다.
④ 피케팅(Picketing) : 플래카드, 피켓, 확성기 등을 사용하여 근로자들이 파업에 동참할 것을 요구하는 행위이다.

18 중대재해처벌법에 따라 근로현장에서 사망사고 발생 시 사업주에게 행해지는 처벌기준은?

① 1년 이하의 징역 또는 5억 원 이하의 벌금
② 1년 이상의 징역 또는 10억 원 이하의 벌금
③ 7년 이하의 징역 또는 5억 원 이하의 벌금
④ 7년 이상의 징역 또는 10억 원 이하의 벌금

해설
② 2022년부터 시행된 중대재해처벌법에 따르면 사업주·경영책임자 등이 작업장 내의 안전 및 보건 확보의무를 위반하여 사망사고가 발생한 경우, 1년 이상의 징역 또는 10억 원 이하의 벌금에 처하도록 했다. 사망 외 사고가 발생했을 때에는 7년 이하의 징역 또는 1억 원 이하의 벌금에 처한다(중대재해처벌법 제6조 참조).

19 다음 중 유니언숍(Union Shop) 제도에 대한 설명으로 틀린 것은?

① 노동자들이 노동조합에 의무적으로 가입해야 하는 제도이다.
② 조합원이 그 노동조합을 탈퇴하는 경우 사용자의 해고의무는 없다.
③ 채용할 때에는 조합원·비조합원을 따지지 않는다.
④ 목적은 노동자의 권리를 강화하기 위한 것이다.

> **해설**
> ② 유니언숍 제도에 따르면 조합원이 그 노동조합을 탈퇴하는 경우 사용자는 해고의무를 가진다.

20 수입은 많지만 서로 시간이 없어 소비를 못 하는 신세대 맞벌이 부부를 이르는 말은?

① 여피족　　　　　　　　　　② 네스팅족
③ 딘트족　　　　　　　　　　④ 욘족

> **해설**
> ③ 딘트족(DINT族)은 'Double Income, No Time'의 약어로 맞벌이를 해서 수입은 두 배이지만 업무가 바쁘고, 서로 시간이 없어 소비를 못 하는 신세대 맞벌이 부부를 지칭하는 용어다.

21 다음의 예시 사례는 어떤 현상에 대한 해결방법인가?

- 해방촌 신흥시장 – 소유주·상인 자율협약 체결, 향후 6년간 임대료 동결
- 성수동 – 구청, 리모델링 인센티브로 임대료 인상 억제 추진
- 서촌 – 프랜차이즈 개업 금지

① 스프롤 현상　　　　　　　② 젠트리피케이션
③ 스테이케이션　　　　　　　④ 투어리스티피케이션

> **해설**
> ② 젠트리피케이션(Gentrification)은 도심 변두리 낙후된 지역에 중산층 이상 계층이 유입됨으로써 지가나 임대료가 상승하고, 기존 주민들은 비용을 감당하지 못하여 살던 곳에서 쫓겨나면서 지역 전체의 구성과 성격이 변하는 것이다. 지역공동체 붕괴나 영세상인의 몰락을 가져온다는 문제가 제기되면서 젠트리피케이션에 대한 대책 마련이 시급한 상황이다.

22 만 10~14세 미만으로 형벌에 처할 범법행위를 한 미성년자를 뜻하는 말은?

① 위법소년
② 소년범
③ 촉법소년
④ 우범소년

> **해설**
> ③ 촉법소년은 형법에 저촉되는 행위를 한 만 10세 이상 만 14세 미만인 소년, 소녀를 말한다.

23 자기에게 손해가 가지 않는다면 사회나 이웃의 일에는 무관심한 개인이기주의 현상은?

① 노비즘
② 루키즘
③ 프리거니즘
④ 맨해트니즘

> **해설**
> ① 노비즘(Nobyism)은 이웃사회에 피해가 가더라도 자기에게 손해가 아니라면 무관심한 현상을 말한다.

24 어른이 마치 아이처럼 젊고 개성 있게 생활하려고 하는 개인적 풍조를 뜻하는 말은?

① 피터팬 신드롬
② 파랑새 신드롬
③ 아도니스 신드롬
④ 네버랜드 신드롬

> **해설**
> ④ 네버랜드 신드롬(Neverland Syndrome)은 나이 든 어른이 실제 나이보다 젊고 개성 있게 살아가는 것을 미덕으로 여기는 개인적 풍조를 뜻한다. 성인인데도 아이의 행동양식을 가지려 하는 피터팬 신드롬과는 다르다. 삶의 질 향상과 정보화로 인터넷에서 다양한 유행을 접할 수 있게 되면서, 자신의 개성을 자유롭게 표현하려는 풍조가 만든 현상이라고 볼 수 있다.

25 재활용품에 디자인 또는 활용도를 더해 그 가치를 더 높은 제품으로 만드는 것은?

① 업사이클링(Up-cycling)
② 리사이클링(Recycling)
③ 리뉴얼(Renewal)
④ 리자인(Resign)

> **해설**
> ① 업사이클링(Up-cycling)은 쓸모없어진 것을 재사용하는 리사이클링의 상위 개념이다. 즉, 자원을 재이용할 때 디자인 또는 활용도를 더해 전혀 다른 제품으로 생산하는 것을 말한다.

26 대도시 지역에서 나타나는 열섬 현상의 원인으로 적절하지 않은 것은?

① 인구의 도시 집중 ② 콘크리트 피복의 증가
③ 인공열의 방출 ④ 옥상 녹화

해설
④ 옥상 녹화는 건물의 옥상이나 지붕에 식물을 심는 것으로, 주변 온도를 낮추어 도시의 열섬 현상을 완화시킨다.

27 2007년 환경부가 도입한 제도로서 온실가스를 줄이는 활동에 국민들을 참여시키기 위해 온실가스를 줄이는 활동에 대해 각종 인센티브를 제공하는 제도는?

① 프리덤 푸드 ② 탄소발자국
③ 그린워싱 ④ 탄소포인트제

해설
① 프리덤 푸드(Freedom Food) : 동물학대방지협회가 심사·평가하여 동물복지를 실현하는 농장에서 생산된 축산제품임을 인증하는 제도
② 탄소발자국(Carbon Footprint) : 개인 또는 단체가 직·간접적으로 발생시키는 온실기체의 총량
③ 그린워싱(Green Washing) : 실제로는 환경에 유해한 활동을 하면서 마치 친환경적인 것처럼 광고하는 행위

28 다음 중 바이오에너지에 대한 설명으로 적절하지 않은 것은?

① 직접연소, 메테인 발효, 알코올 발효 등을 통해 얻을 수 있다.
② 산업폐기물도 바이오에너지의 자원이 될 수 있다.
③ 재생 가능한 무한의 자원이다.
④ 브라질이나 캐나다 등의 국가에서 바이오에너지가 도입 단계에 있다.

해설
④ 브라질, 캐나다, 미국 등에서는 알코올을 이용한 바이오에너지 공급량이 이미 원자력에 맞먹는 수준에 도달해 있다.

29 오존층 파괴물질의 규제와 관련된 국제협약은?

① 리우 선언
② 교토 의정서
③ 몬트리올 의정서
④ 런던 협약

해설
① 리우 선언 : 환경보전과 개발에 관한 기본원칙을 담은 선언문
② 교토 의정서 : 기후변화협약(UNFCCC)에 따른 온실가스 감축을 이행하기 위한 의정서
④ 런던 협약 : 바다를 오염시킬 수 있는 각종 산업폐기물의 해양투기나 해상소각을 규제하는 협약

30 다음 중 탄소배출권에 대한 설명으로 옳은 것은?

① 유엔기후변화협약에서 발급한다.
② 상품처럼 시장에서 거래할 수 없다.
③ 일산화탄소, 메탄, 아산화질소 배출권은 제외된다.
④ 온실가스 배출에 대한 영구적 권리를 의미한다.

해설
① 탄소배출권(CERs)은 지구온난화를 일으키는 일산화탄소, 메탄, 아산화질소와 3종의 프레온가스, 6개 온실가스를 일정 기간 배출할 수 있는 권리를 의미한다. 유엔기후변화협약에서 발급하며, 발급된 탄소배출권은 시장에서 상품처럼 거래할 수 있다. 주로 온실가스 배출을 줄여야 하는 의무를 지는 국가와 기업이 거래한다.

31 다음 〈보기〉에서 설명하는 협약은 무엇인가?

보기
정식 명칭은 '물새 서식지로서 특히 국제적으로 중요한 습지에 관한 협약'으로, 환경올림픽이라고도 불린다. 가맹국은 철새의 번식지가 되는 습지를 보호할 의무가 있으며 국제적으로 중요한 습지를 1개소 이상 보호지로 지정해야 한다.

① 런던 협약
② 몬트리올 의정서
③ 람사르 협약
④ 바젤 협약

해설
① 런던 협약 : 선박이나 항공기, 해양시설로부터의 폐기물 해양투기나 해상소각을 규제하는 국제협약
② 몬트리올 의정서 : 지구의 오존층을 보호하기 위해 오존층 파괴물질의 사용을 규제하는 국제협약
④ 바젤 협약 : 유해 폐기물의 국가 간 교역을 규제하는 국제협약

32 다음에서 설명하고 있는 것은 무엇인가?

> 이것은 유기물이 분해되어 형성되는 바이오 가스에서 메탄만을 정제하여 추출한 연료로, 천연가스 수요처에서 에너지로 활용할 수 있다.

① 질소
② 이산화탄소
③ 바이오-메탄 가스
④ LNG

해설
③ 생물자원인 쓰레기, 배설물, 식물 등이 분해되면서 만들어지는 바이오 가스에서 메탄을 추출한 바이오-메탄 가스는 발전이나 열에너지원으로 이용할 수 있다.

33 다음 중 온실 효과를 일으키는 물질로만 짝지어진 것은?

① 이산화탄소(CO_2), 메탄(CH_4)
② 질소(N), 아산화질소(N_2O)
③ 프레온(CFC), 산소(O_2)
④ 질소(N), 이산화탄소(CO_2)

해설
① 질소(N), 산소(O_2) 등의 기체는 가시광선이나 적외선을 모두 통과시키기 때문에 온실 효과를 일으키지 않는다. 교토 의정서에서 정한 대표적 온실가스에는 이산화탄소(CO_2), 메탄(CH_4), 아산화질소(N_2O), 과불화탄소(PFCs), 수소불탄소(HFCs), 육불화유황(SF_6) 등이 있다.

34 핵가족화로 인해 노인들이 고독과 소외로 우울증에 빠지게 되는 것을 무엇이라 하는가?

① LID 증후군
② 쿠바드 증후군
③ 펫로스 증후군
④ 빈 둥지 증후군

해설
② 쿠바드 증후군 : 아내가 임신했을 경우 남편도 육체적·심리적 증상을 아내와 똑같이 겪는 현상
③ 펫로스 증후군 : 가족처럼 사랑하는 반려동물이 죽은 뒤에 경험하는 상실감과 우울 증상
④ 빈 둥지 증후군 : 자녀가 독립하여 집을 떠난 뒤에 부모나 양육자가 경험하는 외로움과 상실감

정답 29 ③ 30 ① 31 ③ 32 ③ 33 ① 34 ①

35 다음 중 요소수에 대한 설명으로 옳은 것은?

① 가솔린 차량에서 발생하는 질소산화물을 정화시키기 위한 물질이다.
② 유럽의 배출가스 규제인 유로6의 도입으로 사용이 의무화되었다.
③ 질소산화물을 물과 이산화탄소로 환원시킨다.
④ 요소수가 소모되어도 차량운행에는 문제가 없다.

> **해설**
> ② 요소수는 디젤 차량에서 발생하는 질소산화물(NOx)를 정화하기 위한 물질로, 차량에 설치된 정화장치인 SCR에 사용된다. 배기가스가 지나는 통로에 요소수를 뿌리면 질소산화물이 물과 질소로 환원된다. 2015년에 유럽의 배기가스 규제인 유로6가 국내에 도입되면서, 디젤 차량에 반드시 SCR을 탑재하고 요소수 소모 시 보충해야 한다. SCR이 설치된 디젤 차량은 요소수가 없으면 시동이 걸리지 않는 등 운행할 수 없다.

36 호기성 미생물이 일정 기간 동안 물속에 있는 유기물을 분해할 때 사용하는 산소의 양을 말하며, 물의 오염된 정도를 표시하는 지표로 사용되는 것은?

① pH
② DO
③ COD
④ BOD

> **해설**
> ④ 생화학적 산소요구량(Biochemical Oxygen Demand)은 일반적으로 BOD로 부르며, 생물분해가 가능한 유기물질의 강도를 뜻한다. BOD 값이 클수록 오염 정도가 심한 물이고, BOD 값이 작을수록 깨끗한 물이다.

37 '생물자원에 대한 이익 공유'와 관련된 국제협약은?

① 리우 선언
② 교토 의정서
③ 나고야 의정서
④ 파리 기후협약

> **해설**
> ③ 나고야 의정서는 다양한 생물자원을 활용해 생기는 이익을 공유하기 위한 지침을 담은 국제협약이다.

38 환경영향평가에 대한 설명으로 옳은 것은?

① 환경보존 운동의 효과를 평가하는 것
② 환경보전법, 해상환경관리법, 공해방지법 등을 총칭하는 것
③ 공해지역 주변에 특별감시반을 설치하여 환경보전에 만전을 기하는 것
④ 건설이나 개발 전에 주변 환경에 미치는 영향을 미리 측정하여 대책을 세우는 것

> **해설**
> ④ 환경영향평가란 건설이나 개발 전에 주변 환경에 미치는 영향을 미리 측정하여 해로운 환경영향을 측정해 보는 것이다. 정부나 기업이 환경에 끼칠 영향이 있는 사업을 수행하고자 할 경우 시행하게 되어 있다.

39 핵폐기물의 국가 간 교역을 규제하는 내용의 국제 환경협약은?

① 람사르 협약　　　　　　　　② 런던 협약
③ 생물다양성협약　　　　　　　④ 바젤 협약

> **해설**
> ① 람사르 협약 : 물새 서식지로서 특히 국제적으로 중요한 습지에 관한 협약
> ② 런던 협약 : 해양오염 방지를 위한 국제협약
> ③ 생물다양성협약(CBD) : 지구상의 동·식물을 보호하고 천연자원을 보존하기 위한 국제협약

40 지구상의 동·식물을 보호하고 천연자원을 보존하기 위한 국제협약으로 멸종 위기의 동식물을 보존하려는 것이 목적인 협약은?

① 생물다양성협약　　　　　　　② 람사르 협약
③ 세계물포럼　　　　　　　　　④ 교토 의정서

> **해설**
> ③ 세계물포럼(WWF) : 세계 물 문제 해결을 논의하기 위해 3년마다 개최되는 국제회의
> ④ 교토 의정서 : 기후변화협약(UNFCCC)에 따른 온실가스 감축을 이행하기 위한 의정서

정답　35 ②　36 ④　37 ③　38 ④　39 ④　40 ①

과학 · 컴퓨터 · IT · 우주

01 운동법칙
뉴턴이 확립한 역학(力學)의 3대 법칙

물체의 운동에 관한 기본법칙으로 뉴턴의 운동법칙이라고도 부른다.
- 관성의 법칙(뉴턴의 제1법칙)
  외부의 힘이 가해지지 않는 한 모든 물체는 자기의 상태를 그대로 유지하려는 성질이 있는데, 이것을 '관성의 법칙'이라고 한다. 즉, 정지되어 있는 물체는 계속 정지하고 움직이는 물체는 계속 등속도 운동을 한다는 것이다. 관성은 물체의 질량이 클수록 크다.
  [예] 멈춰 있던 차가 출발할 때 몸이 뒤로 가는 것, 달리던 차가 급정차할 때 몸이 앞으로 가는 것
- 가속도의 법칙(뉴턴의 제2법칙)
  물체에 힘이 가해졌을 때 가속도의 크기는 힘의 크기에 비례하고, 질량에 반비례하며, 가속도의 방향은 힘의 방향과 일치한다는 법칙이다.
  [예] 같은 무게의 볼링공을 어른과 아이가 굴렸을 때 어른이 굴린 볼링공이 더 빠르게 굴러가는 것
- 작용·반작용의 법칙(뉴턴의 제3법칙)
  두 물체 간에 작용하는 힘은 늘 한 쌍으로 작용하며, 그 방향은 서로 반대이나 크기는 같다.
  [예] 풍선에서 바람이 빠지며 날아가는 것, 노를 저으면 배가 앞으로 나아가는 것

02 표면장력
액체의 표면이 스스로 수축하여 가능한 작은 면적을 취하려는 힘

액체의 표면을 이루는 분자층에 의하여 생긴 힘이다. 액체 표면의 분자들이 서로 잡아당기는 힘인 인력에 의해 액체 표면이 팽팽히 잡아당겨지는 현상이다.
[예] 물이 가득 찬 컵에서 물의 표면과 나뭇잎에 맺힌 물방울의 표면이 둥근 것

> **인력**
> 공간적으로 떨어져 있는 물체끼리 서로 끌어당기는 힘. 질량을 가진 모든 물체 사이나 서로 다른 부호를 가진 전하들 사이에 작용한다.

03 pH Hydrogen Exponent
수용액의 수소 이온 농도를 나타내는 지표

pH란 수소 이온 농도의 역수의 상용로그 값을 말한다. pH7(중성)보다 pH 값이 작은 수용액은 산성이고, pH 값이 7보다 크면 염기성, 즉 알칼리성이다. pH가 작을수록 수소 이온(H+)이 많아 더욱 산성을 띠고, pH가 클수록 수소 이온이 적어 염기성이 강해진다.

여러 용액들의 pH 값

건전지에 이용되는 산	0.1~0.3	마시는 물	6.3~6.6
위액	1.0~3.0	순수한 물	7.0
식초	2.4~3.4	바닷물	7.8~8.3
탄산음료	2.5~3.5	암모니아수	10.6~11.6
재배토	6.0~7.0	세제	14

04 프레온가스
염소, 플루오린, 탄소로만 구성된 화합물로, 오존층 파괴의 주범이 되는 물질

염화불화탄소(CFC ; Chloro Fluoro Carbon). 염소와 플루오린을 함유한 일련의 유기 화합물을 총칭한다. 가연성, 부식성이 없는 무색무미의 화합물로, 독성이 적으면서 휘발하기 쉽지만 잘 타지 않고 화학적으로 안정하여 냉매, 발포제, 분사제, 세정제 등으로 산업계에서 폭넓게 사용되고 있다. 그러나 화학적으로 안정되었기 때문에 대기권에서 분해되지 않고 오존이 존재하는 성층권에 올라가서 자외선에 의해 분해되어 오존층 파괴의 원인이 된다.

05 희토류
첨단산업의 비타민으로 불리는 비철금속 광물

희귀한 흙이라는 뜻의 희토류는 지각 내에 총 함유량이 300ppm(100만분의 300) 미만인 금속이다. 화학적으로 안정되고 열을 잘 전달하는 것이 특징이다. 물리·화학적 성질이 비슷한 란탄, 세륨 등 원소 17종을 통틀어서 희토류라고 부르며, 우라늄·게르마늄·세슘·리튬·붕소·백금·망간·코발트·크롬·바륨·니켈 등이 있다. 희토류의 이용 범위는 점차 넓어지고 있으며, 휴대전화, 반도체, 하이브리드카 등의 생산에 필수 자원으로 각광받고 있다.

06 OLED Organic Light Emitting Diodes
전기 자극을 받아 스스로 빛을 내는 자체 발광형 유기물질

OLED(유기 발광 다이오드)는 형광성 유기화합물질에 전류가 흐르면 자체적으로 빛을 내는 발광현상을 이용하는 디스플레이를 말한다. LCD보다 선명하고 보는 방향과 무관하게 잘 보이는 것이 장점이다. 화질의 반응속도 역시 LCD에 비해 1,000배 이상 빠르다. 또한 단순한 제조공정으로 인해 가격 경쟁 면에서도 유리하다.

07 세슘 Cesium
은백색을 띠는 알칼리 금속원소

세슘은 핵반응 시 발생하는 방사선 동위원소로 반감기는 30년이다. 호흡기를 통해 몸 안에 흡수되면 주로 근육에 농축된다. 인체에 오래 남아 위험도가 상대적으로 높지만, 정상적 대사 과정으로 방출되고 몸에 남는 양은 극히 적어 실제 생물학적 반감기는 100~150일인 것으로 알려져 있다. 세슘에 많이 노출될 경우 폐암, 갑상선암, 유방암, 골수암, 불임증, 전신마비 등을 유발할 수 있다.

> **동위원소**
> 원자 번호는 같으나 질량수가 서로 다른 원소로, 양성자의 수는 같으나 중성자의 수가 다르다.

08 인슐린 Insulin
탄수화물의 대사를 조절하는 호르몬

인슐린은 혈액 속의 포도당을 일정하게 유지하는 기능을 하는 호르몬이다. 음식을 소화하고 흡수할 때도 순간적으로 혈당이 높아지는데, 그 혈당의 양을 조절하는 것이 인슐린의 역할이다. 인슐린은 이자에서 합성·분비된다. 인슐린이 제 기능을 하지 못하면, 당뇨병에 걸릴 수 있다.

09 GI Glycemic Index
어떤 식품이 혈당을 얼마나 빨리, 많이 올리느냐를 나타내는 수치

GI, 즉 혈당지수는 어떤 식품이 혈당을 얼마나 빨리, 많이 올리느냐를 나타내는 수치이다. 예를 들어 혈당지수가 85인 감자는 혈당지수가 40인 사과보다 혈당을 더 빨리, 더 많이 올린다. 일반적으로 혈당지수 55 이하는 저혈당지수 식품, 70 이상은 고혈당지수 식품으로 분류한다.

고혈당지수 식품(혈당지수 70 이상)
- 곡류군 : 쌀밥, 흰 빵, 감자, 와플, 베이글
- 과일군 : 수박

10 카르스트 지형
석회암이 물속에 함유된 탄산가스에 의해 용해되고 침전되어 만들어지는 지형

석회암 지역에서 나타나는 독특한 지형이다. 석회암 지반에서 빗물에 의해 용식작용이 일어나면서 구멍이 생기는데, 이 구멍으로 빗물이 침투하여 공간이 더욱 확장된다. 이렇게 공간이 확장된 석회암 지대는 석회동굴로 발전한다.

11 GMO Genetically Modified Organism
유전자변형농산물

병충해에 대한 내성과 저항력을 갖게 하거나 양적인 가치와 보존성을 높이기 위해 외래 유전자를 주입하여 키운 농산물을 일컫는다. 자연의 섭리를 거슬러 해당 작물에 종을 뛰어넘는 유전자를 주입하는 것에 대한 두려움과 공포 때문에 유럽에서는 '프랑켄슈타인식품'이라고 부른다.

12 유니코드 Unicode
전 세계 모든 국가의 언어를 모두 표현하기 위한 코드

유니코드는 운영체제나 프로그램과 상관없이 문자마다 고유한 값을 부여함으로써 모든 언어를 16진수로 표현할 수 있다. 각 언어를 통일된 방식으로 컴퓨터상에 나타내며, 1995년 9월에 국제표준으로 지정되었다.

13 온난화 현상
지구의 평균 온도가 온실가스로 인해 상승하는 현상

지구의 평균 온도를 상승시키는 온실가스에는 이산화탄소, 메탄, 프레온가스가 있다. 지구의 기온이 점차 상승함에 따라 해수면이 상승하고 해안선이 바뀌며 생태계에 변화를 가져오게 된다. 이로 인해 많은 환경문제들이 야기되고 있어 세계적으로도 이산화탄소 배출량을 줄이기 위해 그린업그레이드 운동 등의 환경운동을 하고 있다.

> **유엔기후변화협약과 교토 의정서**
> 1992년 온실가스의 인위적 방출을 규제하기 위한 '유엔기후변화협약(UNFCCC)'이 채택됐으며, 1997년 국가 간 이행 협약인 '교토 의정서'가 만들어졌다. 교토 의정서에서 온실가스로 꼽힌 기체는 이산화탄소(CO_2), 메탄(CH_4), 아산화질소(N_2O), 수소불화탄소(HFCs), 과불화탄소(PFCs), 육불유황(SF_6) 등 6가지이다. 교토 의정서는 2021년 파리기후협약으로 대체됐다.

14 총유기탄소 Total Oganic Carbon
폐수 내에 유기물 상태로 존재하는 탄소의 양

총탄소(TC)는 총유기탄소(TOC)와 총무기탄소(TIC)로 구성되며, 이 중에서 반응성이 없는 총무기탄소를 제외한 물질을 총유기탄소라고 한다. TOC는 시료의 유기물을 측정하기 위하여 시료를 태워 발생되는 CO_2 가스의 양을 측정하여 수질오염도를 측정한다.

15 불의 고리
환태평양 조산대의 별칭

세계의 주요 지진대와 화산대 활동이 중첩되는 환태평양 조산대를 가리키는 말이다. 남극의 팔머반도에서부터 남아메리카 안데스산맥, 북아메리카 산지와 알래스카, 쿠릴 열도, 일본 열도, 동인도 제도, 동남아시아 국가, 뉴질랜드와 태평양의 여러 섬으로 이어지는 지대로 이 지역에 분포하는 활화산을 연결한 것이 원 모양이어서 이러한 이름이 붙었다.

16 이안류
해안으로 밀려 들어온 파도가 한곳에 모였다가 바다 쪽으로 급속히 빠져나가는 현상

이안류는 폭이 좁고 빨라 휴가철 해수욕장에서 이안류로 인한 사고가 자주 발생한다. 이안류에서 빠져나오기 위해서는 잠수하여 해안선에 평행으로 수영하면 된다. 이안류는 다양한 장소에서 짧은 시간에 발생하기 때문에 예측하기가 매우 어렵다.

17 장보고과학기지
대한민국의 두 번째 남극과학기지

2014년에 완공된 대한민국의 두 번째 남극과학기지이다. 연면적 4,458m^2에 연구동과 생활동 등 16개 동의 건물로 구성된 장보고과학기지는 겨울철에는 15명, 여름철에는 최대 60명까지 수용할 수 있다.

18 바이오시밀러 Biosimilar
특허가 만료된 바이오의약품의 복제약

바이오의약품을 복제한 약을 말한다. 오리지널 바이오의약품과 비슷한 효능을 갖도록 만들지만 바이오의약품의 경우처럼 동물세포나 효모, 대장균 등을 이용해 만든 고분자의 단백질 제품이 아니라 화학적 합성으로 만들어지기 때문에 기존의 특허받은 바이오의약품에 비해 약값이 저렴하다.

19 리튬폴리머 전지 Lithium Polymer Battery
안정성이 높고 에너지 효율성이 좋은 차세대 2차 전지

외부 전원을 이용해 충전하여 반영구적으로 사용하는 고체 전해질 전지로, 안정성이 높고 에너지 효율이 높은 2차 전지이다. 전해질이 고체 또는 젤 형태이기 때문에 사고로 인해 전지가 파손되어도 발화하거나 폭발할 위험이 없어 안정적이다. 또한 제조공정이 간단해 대량생산이 가능하며 대용량도 만들 수 있다.

20 카오스 이론
무질서하고 불규칙적으로 보이는 현상에 숨어 있는 질서와 규칙을 설명하려는 이론

무질서해 보이는 현상의 배후에 질서와 규칙이 감추어져 있음을 전제로 하는 이론이다. 카오스 연구는 예측 불가능한 현상 뒤의 알려지지 않은 법칙을 밝혀내는 것을 목적으로 한다. 즉, 카오스 이론은 안정적이면서도 안정적이지 않은, 안정적이지 않으면서도 안정적인 다양한 현상을 설명하고자 한다.

> **나비 효과**
> 작은 변화가 파급되어 예상하기 어려운 큰 변화를 일으키는 것을 일컫는 말이다. 미국의 기상학자 에드워드 로렌츠가 컴퓨터로 기상을 모의 실험하던 중 초기 조건의 값의 미세한 차이가 엄청나게 다른 결과를 가져온다는 것을 발견하면서 알려졌다. 즉, 아마존 정글에서 파닥이는 나비의 날갯짓이 몇 주 또는 몇 달 후 미국 텍사스에서 토네이도를 일게 할 수 있다는 것으로 나비 효과는 카오스 이론의 토대가 되었다.

21 컴퓨터의 기본 구성

컴퓨터는 크게 하드웨어와 소프트웨어로 구성되어 작동한다.

하드웨어	**중앙처리장치(Central Processing Unit)**	CPU라고 부른다. 입력장치, 기억장치로부터 받은 데이터를 분석·처리하는 역할을 하기 때문에 컴퓨터의 두뇌에 해당한다고 볼 수 있다.
	주기억장치(Main Memory Unit)	중앙처리장치가 처리해야 할 데이터를 보관하는 역할을 한다. ROM과 RAM으로 나뉘는데 롬(ROM)은 데이터를 한 번 기록해두면 전원이 꺼져도 남아 있고, 램(RAM)은 자유롭게 데이터 관리가 가능하지만 전원이 꺼지면 모든 데이터가 사라져 버린다. 대부분의 컴퓨터가 램을 사용한다.
	보조기억장치(Secondary Memory Unit)	대부분의 컴퓨터가 램을 사용하는데 용량이 적고 전원이 꺼지면 데이터가 지워진다는 단점이 있어서 보조기억장치는 주기억장치를 보완하는 역할을 한다. 하드디스크나 CD-ROM, USB 메모리가 대표적이다.
	입력장치(Input Device)	컴퓨터에 자료나 명령어를 입력할 때 쓰이는 장치를 말하며 키보드, 마우스, 조이스틱 등이 대표적이다.
	출력장치(Output Device)	CPU에서 처리한 정보를 구체화해서 사용자에게 전달하는 장치로, 모니터, 프린터, 스피커 등이 대표적이다.
소프트웨어	**운영체제(Operating System)**	컴퓨터 시스템을 총괄하는 중요한 소프트웨어이다. 컴퓨터를 구성하는 모든 하드웨어, 응용 소프트웨어는 운영체제가 있어야만 제 기능을 할 수 있다. 운영체제의 성격에 따라 컴퓨터 전반의 성능과 기능이 달라진다. PC용 운영체제로는 마이크로소프트의 윈도우 시리즈가 대표적이다.
	응용 소프트웨어(Application Software)	워드프로세서, 스프레드시트와 같은 사무용 소프트웨어를 비롯해 게임, 동영상 플레이어를 포함하는 멀티미디어 소프트웨어 등 종류가 다양하다.

22 프롭테크 Proptech

부동산 산업에 빅데이터 분석, VR 등 하이테크 기술을 결합한 서비스

부동산(Property)과 기술(Technology)의 합성어로, 기존 부동산 산업과 IT의 결합으로 볼 수 있다. 프롭테크의 산업 분야는 크게 중개 및 임대, 부동산 관리, 프로젝트 개발, 투자 및 자금조달 부문으로 구분할 수 있다. 프롭테크 산업 성장을 통해 부동산 자산의 고도화와 신기술 접목으로 편리성이 확대되고, 이를 통한 삶의 질이 향상될 전망이다.

23 알고리즘 Algorithm
문제를 해결하기 위한 절차와 방법의 집합

수학과 컴퓨터 과학, 언어학 등에서 어떤 문제를 해결하기 위한 명령들로 구성된 일련의 순서화된 절차를 의미한다. 문제를 논리적으로 해결하기 위해 필요한 절차, 방법, 명령어들을 모아놓은 것, 이를 적용해 문제를 해결하는 과정을 모두 알고리즘이라고 한다. 알고리즘은 연산, 데이터 진행 또는 자동화된 추론을 수행한다.

24 피싱 Phishing
개인정보를 불법적으로 알아내 이를 이용하는 사기수법

개인정보(Private Data)와 낚는다(Fishing)라는 단어의 합성어로 사람들에게 메일을 보내 위장된 홈페이지로 접속하게 하거나, 이벤트 당첨, 사은품 제공 등을 미끼로 수신자의 개인정보를 빼내 범죄에 악용하는 수법을 말한다. 주로 금융기관, 상거래 업체를 사칭해 개인정보를 요구한다.

- 파밍(Pharming) : 해커가 특정 사이트의 도메인 자체를 중간에서 탈취해 개인정보를 훔치는 인터넷 사기이다. 진짜 사이트 주소를 입력해도 가짜 사이트로 연결되도록 하기 때문에, 사용자들은 가짜 사이트를 진짜 사이트로 착각하고 자신의 개인정보를 입력한다. 그렇게 되면 개인 아이디와 암호, 각종 중요한 정보들이 해커들에게 그대로 노출돼 피싱보다 더 큰 피해가 발생할 수 있다.
- 스미싱 : 문자 메시지(SMS)와 피싱(Phishing)의 합성어로, 인터넷 접속이 가능한 스마트폰의 문자 메시지를 이용한 휴대폰 해킹을 뜻한다.

25 웹 2.0 Web 2.0
사용자 중심의 UCC 인터넷 환경

누구나 손쉽게 데이터를 생산하고 인터넷에서 공유할 수 있도록 한 사용자 참여 중심의 인터넷 환경이다. 블로그, 위키피디아처럼 사용자들이 직접 만들어가는 플랫폼이 대표적이다.

- 웹 1.0 : 포털사이트처럼 서비스 사업자가 정보를 모아 일방적으로 제공하는 인터넷 환경
- 웹 3.0 : 지능화된 웹이 이용자가 원하는 콘텐츠를 개인별 맞춤 서비스로 제공하는데 이는 개인화, 지능화된 웹으로 진화하여 개인이 중심에서 모든 것을 판단하고 추론하는 방향으로 개발되고 활용될 전망

26 쿠키 Cookie
PC 사용자의 인터넷 웹 사이트 방문기록이 저장되는 파일

쿠키에는 PC 사용자의 ID와 비밀번호, 방문한 사이트 정보 등이 담겨 하드디스크에 저장된다. 이용자들의 홈페이지 접속을 도우려는 목적에서 만들어졌기 때문에 해당 사이트를 한 번 방문하고 난 이후에 다시 방문했을 때에는 별다른 절차를 거치지 않고 빠르게 접속할 수 있다는 장점이 있다. 하지만 개인정보 유출, 사생활 침해 등 개인정보가 위협받을 수 있다는 우려가 공존한다.

27 OTT Over The Top
인터넷을 통해 영화, TV 방송 등 각종 미디어 콘텐츠를 제공하는 서비스

'Top(셋톱박스)을 통해 제공됨'을 의미하는 것으로, 범용 인터넷을 통해 미디어 콘텐츠를 이용할 수 있는 서비스를 말한다. 시청자의 다양한 욕구, 온라인 동영상 이용의 증가는 OTT 서비스가 등장하는 계기가 되었으며 초고속 인터넷의 발달과 스마트 기기의 보급은 OTT 서비스의 발전을 가속화시켰다. 현재 전 세계적으로 OTT 서비스가 널리 제공되고 있고, 그중에서도 미국은 가장 큰 OTT 시장을 갖고 있다.

28 그래핀 Graphene
탄소원자 1개의 두께로 이루어진 아주 얇은 막으로 활용도가 뛰어난 신소재

흑연은 탄소들이 벌집 모양의 육각형 그물처럼 배열된 평면들이 층으로 쌓여 있는 구조를 하고 있는데, 이 흑연의 한 층을 그래핀이라 부른다. 그래핀은 구리보다 100배 이상 전기가 잘 통하고 실리콘보다 100배 이상 전자를 빠르게 이동시킨다. 강도는 강철보다 200배 이상 강하고, 열전도성은 다이아몬드보다 2배 이상 높다.

29 NFC Near Field Communication
근거리 무선통신

약 10cm 이내의 근거리에서 데이터를 교환할 수 있는 비접촉식 무선통신으로 13.56MHz 대역의 주파수를 사용한다. 스마트폰에 교통카드, 신용카드, 멤버십 카드, 쿠폰 등을 탑재할 수 있어 일상생활에 널리 쓰이고 있다. 짧은 통신 거리라는 단점이 있으나 기존 RFID 기술보다 보안성이 높다는 장점이 있다. 또한 기존 근거리 무선 데이터 교환 기술은 '읽기'만 가능했던 반면, NFC는 '읽기'뿐만 아니라 '쓰기'도 가능하다.

30 디도스 DDoS
특정 사이트를 마비시키기 위해 여러 대의 컴퓨터가 일제히 공격을 가하는 해킹수법

특정 컴퓨터의 자료를 삭제하거나 훔치는 것이 목적이 아니라 정당한 신호를 받지 못하도록 방해하는 '분산 서비스 거부공격'을 말한다. 여러 대의 컴퓨터가 일제히 공격해 대량접속이 일어나게 함으로써 해당 컴퓨터의 기능이 마비되게 한다. 자신도 모르는 사이에 악성코드에 감염돼 특정 사이트를 공격하는 PC로 쓰일 수 있는데, 이러한 PC를 좀비PC라고 한다.

31 랜섬웨어 Ransomware
사용자 컴퓨터 시스템에 침투하여 중요 파일에 대한 접근을 차단하고, 몸값을 요구하는 악성 프로그램

랜섬웨어는 몸값(Ransom)과 소프트웨어(Software)의 합성어다. 사용자 컴퓨터 시스템을 잠그거나 데이터를 암호화해서 사용할 수 없도록 만든 다음, 사용하고 싶다면 돈을 내라고 비트코인이나 금품을 요구한다. 주로 이메일 첨부파일이나 웹페이지 접속을 통해 들어오거나, 확인되지 않은 프로그램이나 파일을 내려받는 과정에서 들어온다.

32 노모포비아 Nomophobia
휴대폰을 가지고 있지 않으면 불안감을 느끼는 증상

No, Mobile(휴대폰), Phobia(공포)를 합성한 신조어로 휴대폰이 가까이 없으면 불안감을 느끼는 증상을 말한다. CNN은 "노모포비아의 대표적인 증상은 권태, 외로움, 불안함이며 하루 세 시간 이상 휴대폰을 사용하는 사람들은 노모포비아에 걸릴 가능성이 높고, 스마트폰 때문에 인터넷 접속이 늘어나면서 노모포비아가 확산일로에 놓여 있다"고 진단했다. 전체 스마트폰 사용자 3명 중 1명꼴로 증상이 발견되고 있다.

33 DRM Digital Rights Management
디지털 콘텐츠 제공자의 권리를 보장하기 위해 무단사용을 방지하는 서비스

DRM은 우리말로 디지털 저작권 관리라고 부른다. 허가된 사용자만 디지털 콘텐츠에 접근할 수 있도록 제한해 비용을 지불한 사람만 콘텐츠를 사용할 수 있도록 하는 서비스, 또는 정보보호 기술을 통틀어 가리킨다. 불법 복제는 콘텐츠 생산자들의 권리와 이익을 위협하고, 출판, 음악, 영화 등 문화산업 발전의 걸림돌이 될 수 있다는 점에서 DRM은 점점 더 중요해지고 있다.

34 제로레이팅 Zero Rating
콘텐츠 사업자가 이용자의 데이터 이용료를 부담하는 제도

특정한 콘텐츠에 대한 데이터 비용을 이동통신사가 대신 지불하거나 콘텐츠 사업자가 부담하도록 하여 서비스 이용자는 무료로 이용할 수 있게 하는 것을 말한다. 예컨대 통신업체들이 넷플릭스나 페이스북 같은 특정 업체들의 사이트에서 영상과 음악, 게시물 등을 무제한 무료로 받을 수 있는 것이다.

> **망중립성(Network Neutrality)**
> 인터넷망 서비스를 전기·수도와 같은 공공서비스로 분류해, 네트워크 사업자가 관리하는 망이 공익을 위한 목적으로 사용돼야 한다는 원칙이다. 즉, 네트워크 사업자는 모든 콘텐츠를 동등하게 취급해야 하며, 어떠한 차별도 있어서는 안 된다는 원칙이다. 따라서 인터넷망을 통해 오고가는 인터넷 트래픽에 대해 데이터의 유형, 사업자, 내용 등을 불문하고 이를 생성하거나 소비하는 주체를 차별 없이 동일하게 처리해야 한다는 것이다. 이에 따라 통신사업자는 막대한 비용을 들여 망설치를 하여 과부하로 인한 망의 다운을 막으려고 하지만, 스마트 TV 생산 회사들이나 콘텐츠 제공업체들은 망중립성을 이유로 이에 대한 고려 없이 제품 생산에만 그쳐, 망중립성을 둘러싼 갈등이 불거지기도 하였다.

35 메타버스 Metaverse
가상과 현실이 융합된 초현실세계

가상・초월을 뜻하는 메타(Meta)와 현실세계를 뜻하는 유니버스(Universe)를 더한 말이다. 현실세계와 가상세계를 더한 3차원 가상세계를 의미한다. 자신을 상징하는 아바타가 게임, 회의에 참여하는 등 가상세계 속에서 사회・경제・문화적 활동을 펼친다. 메타버스라는 용어는 닐 스티븐슨이 1992년 출간한 소설 〈스노 크래시(Snow Crash)〉에서 처음 나왔다.

36 RFID Radio Frequency IDentification
IC칩을 내장해 무선으로 다양한 정보를 관리할 수 있는 차세대 인식 기술

생산에서 판매에 이르는 전 과정의 정보를 극소형 IC칩에 내장시켜 이를 무선주파수로 추적할 수 있도록 하는 기술이다. 실시간으로 사물의 정보와 유통 경로, 재고 현황까지 무선으로 파악할 수 있으며 바코드보다 저장 용량이 커 바코드를 대체할 차세대 인식 기술로 꼽힌다. 대형 할인점 계산, 도서관의 도서 출납관리 등 활용 범위가 다양하다.

37 N스크린 N Screen
하나의 콘텐츠를 다양한 정보통신 기기에서 이용할 수 있는 네트워크 서비스

하나의 콘텐츠를 여러 개의 디지털 기기들을 넘나들며 시간과 장소에 구애받지 않고 이용할 수 있도록 해주는 기술이다. 'N'은 수학에서 아직 결정되지 않은 미지수를 뜻하는데, 하나의 콘텐츠를 이용할 수 있는 스크린의 숫자를 한정짓지 않는다는 의미에서 N스크린이라고 부른다.

38 클라우드 컴퓨팅 Cloud Computing
다양한 소프트웨어나 데이터를 컴퓨터 저장장치에 담지 않고 웹 공간에 두어 마음대로 다운받아 쓰는 차세대 인터넷 컴퓨터 환경

인터넷상의 서버에 데이터를 저장해두고, 언제 어디서나 인터넷에 접속해 다운받을 수 있어서 시간과 공간의 제약 없이 원하는 일을 할 수 있다. 구름(Cloud)처럼 무형의 형태인 인터넷상의 서버를 클라우드라고 하며, 사용자가 스마트폰이나 PC 등을 통해 문서, 음악, 동영상 등 다양한 콘텐츠를 편리하게 이용할 수 있다.

39 딥러닝 Deep Learning
컴퓨터가 사람처럼 생각하고 배울 수 있도록 하는 기술

컴퓨터가 다양한 데이터를 이용해 마치 사람처럼 스스로 학습할 수 있게 하기 위해 만든 인공 신경망(ANN ; Artificial Neural Network)을 기반으로 하는 기계 학습 기술이다. 이는 컴퓨터가 이미지, 소리, 텍스트 등의 방대한 데이터를 이해하고 스스로 학습할 수 있게 돕는다. 딥러닝의 고안으로 인공지능(AI)이 획기적으로 도약하게 되었다.

40 5G 5th Generation Mobile Communications
28GHz의 초고대역 주파수를 사용하는 이동통신기술

5G는 2020년 상용화된 모바일 국제 표준을 말한다. 국제전기통신연합(ITU)은 5G의 공식 기술 명칭을 'IMT(International Mobile Telecommunication)2020'으로 정하고, 최대 20Gbps의 데이터 전송 속도와 어디에서든 최소 100Mbps 이상의 체감 전송 속도를 제공하는 것을 5세대 이동통신이라고 정의했다. 이 속도는 기존 이동통신 속도보다 70배가 빠르고 일반 LTE와 비교했을 때는 280배 빠른 수준이다.

41 블랙홀

빛마저도 빨려 들어갈 정도로 중력과 밀도가 무한대에 가깝게 큰 천체

행성이 폭발할 때 극단적으로 수축하면서 밀도와 중력이 어마어마하게 커진 천체이다. 이때 발생한 중력으로부터 빠져나오려면 빛보다 빨라야 하므로, 빛조차도 블랙홀 안으로 빨려 들어가고 있다고 추측된다. 만약 지구만한 행성이 블랙홀이 된다면 그 반지름은 겨우 0.9cm로 줄어들게 될 정도로 중력이 크다. 블랙홀이라는 명칭이 붙게 된 이유도 직접 관측할 수 없는 암흑의 공간이기 때문이다. 영국의 물리학자 스티븐 호킹은 아인슈타인의 상대성이론에 근거하여 블랙홀의 소멸 가능성을 주장하였다.

42 태양계

태양을 중심으로 공전하는 천체의 집합

태양을 중심으로 공전하는 수성, 금성, 지구, 화성, 목성, 토성, 천왕성, 해왕성을 일컫는다. 이 8개의 행성들과 그 위성들, 왜소행성, 수십만 개 이상의 소행성, 혜성, 유성 그리고 태양 주위를 공전하는 수많은 티끌 입자들도 태양계에 속한다. 이외에도 태양계에는 태양에서 방출하는 전자, 양성자, 중성자로 이루어진 태양풍 입자들이 행성 사이의 공간을 채우고 있다.

43 무궁화 1호

우리나라 최초의 상용 방송·통신위성

1995년 8월 미국 플로리다 주 케이프커내버럴 우주 기지에서 발사된 우리나라 최초의 위성이다. 뉴미디어 시대를 열고, 미래의 우주 개발 경쟁에 대비하는 것을 목적으로 KT가 추진하였다. 무궁화 1호는 위성의 공전 주기와 지구의 자전 주기가 같아 지표에서 보면 상공의 한 지점에 정지해 있는 것처럼 보이는 정지궤도 위성이다. 무궁화 1호는 2005년 12월, 10년 4개월간의 임무를 끝마쳤다.

44 우리별 1호
우리나라 최초의 인공위성

과학위성과 통신위성의 역할을 함께하는 우리나라 최초의 인공위성이다. 한국과 영국이 공동 설계·제작하여 1992년 남아메리카 기아나 쿠루기지에서 아리안 42P로켓에 실려 발사되었다. 우리나라 최초의 국적 위성으로 음성 방송과 통신 실험 등 각종 실험과 관측을 위한 과학위성이다.

45 아리랑 1호
우리나라 최초의 다목적 실용위성

한국항공우주연구원에서 발사한 국내 최초의 다목적 실용위성으로, 지리정보시스템, 정지도 제작, 재해 예방 등에 사용된다. 우리나라의 주요 위성에는 아리랑 위성과 무궁화 위성이 있는데, 아리랑 위성은 관측을 주목적으로 제작된 것이고, 무궁화 위성은 통신을 주목적으로 제작된 것이다. 아리랑 1호는 1999년 12월 21일 미국 캘리포니아주 반덴버그 발사장에서 발사되었다.

46 나로우주센터 NARO Space Center
전남 고흥에 위치한 국내 최초의 우주센터

2009년에 완공된 나로우주센터는 국내의 기술로 만들어진 우주센터로, 인공위성을 발사할 수 있으며 세계에서 13번째로 설립되었다. 로켓을 발사할 수 있는 로켓 발사대와 발사체를 통제하고 관리하는 발사 통제동, 발사된 로켓을 추적하는 추적 레이더, 광학 추적 장비 등을 갖추고 있다. 그 밖에 로켓 전시관, 인공위성 전시관, 우주과학 전시관, 야외 전시장 등의 우주 과학관이 함께 있다.

47 암흑에너지 Dark Energy
우주 공간의 약 70%를 차지하고 있다고 알려진 에너지의 한 형태

우주 전체에 고르게 퍼져 있으며 그 실체는 아직 명확히 밝혀지지 않았다. 빅뱅으로 탄생한 우주는 점점 빠르게 팽창하고 있는데 이 팽창의 가속이 이뤄지는 원동력이 암흑에너지라고 추측되고 있다.

48 미항공우주국 NASA
미국 대통령 직속의 우주항공 연구개발기관

소련이 미국보다 먼저 발사한 스푸트니크 위성의 충격으로, 미국에서 미국항공자문위원회를 해체시키고 1958년 발족한 대통령 직속 우주항공 연구개발기관이다. 미국 워싱턴에 위치한 본부 이외에 유인우주선(우주왕복선)센터, 케네디우주센터, 마샬우주센터 등의 부속기관이 있다. 아폴로 계획, 우주왕복선 계획, 우주정거장 계획, 화성탐사 계획, 스카이랩 계획 등을 추진했다.

49 블록체인 Block Chain
데이터 분산처리를 통해 거래정보를 참여자가 공유하는 기술

온라인 거래 시 거래 기록을 영구히 저장하여, 장부를 통한 증명으로 돈이 한 번 이상 지불되는 것을 막는 기술이다. 거래가 기록되는 장부가 '블록(Block)'이 되고, 이 블록들은 시간의 흐름에 따라 연결된 '사슬(Chain)'을 이루게 된다. 이렇게 생성된 블록은 네트워크 안의 모든 참여자에게 전송되는데 모든 참여자가 이 거래를 승인해야 기존의 블록체인에 연결될 수 있다. 이러한 과정의 반복으로 형성된 구조는 거래장부의 위·변조를 불가능하게 만든다.

50 빅데이터 Big Data
디지털 환경에서 생성되는 부피가 크고, 변화의 속도가 빠르며, 속성이 매우 다양한 데이터

기존 데이터베이스 관리도구의 데이터 수집·저장·관리·분석의 역량을 넘어서는 대량의 정형 또는 비정형 데이터 세트와 이러한 데이터로부터 가치를 추출하고 결과를 분석하는 기술을 의미한다. 대규모 데이터의 생성·수집·분석을 특징으로 하는 빅데이터는 과거에는 불가능했던 기술을 실현시키기도 하며, 전 영역에 걸쳐 인류에 가치 있는 정보를 제공한다.

CHAPTER 04 출제예상문제

01 다음 중 건조주의보는 실효습도가 몇 % 이하로 지속될 것이 예상될 때 발효되는가?

① 25% ② 30%
③ 35% ④ 40%

> **해설**
> ③ 기상청에서는 산불발생의 가능성을 경고하기 위해 실효습도를 관측·예측하여 건조주의보와 건조경보를 발표하고 있다. 건조주의보는 실효습도 35% 이하가 2일 이상 지속될 것이라 예상될 때, 건조경보는 실효습도 25% 이하가 2일 이상 지속되리라 예상될 때 발효된다.

02 다음 중 방사능과 관련 있는 에너지(량) 단위는?

① Bq ② J
③ eV ④ cal

> **해설**
> ① Bq(베크렐)은 방사능 물질이 방사능을 방출하는 능력을 측정하기 위한 방사능의 국제단위이다.

03 석회암이 물속의 탄산가스에 의해 녹거나 침전되어 생성되는 지형은?

① 드럼린 지형 ② 카르스트 지형
③ 모레인 지형 ④ 바르한 지형

> **해설**
> ② 카르스트 지형은 석회암이 물속에 함유된 탄산가스에 의해 용해되고 침전되어 만들어지는 지형으로 석회암 지역에서 나타나는 독특한 지형이다. 석회암 지반에서 빗물에 의해 용식작용이 일어나면서 구멍이 생기는데, 이 구멍으로 빗물이 침투하여 공간이 더욱 확장된다. 이렇게 공간이 확장된 석회암 지대는 석회동굴로 발전한다.

정답 01 ③ 02 ① 03 ②

04 다음 중 우주밀도의 약 70%를 차지한다고 알려진 물질은?

① 암흑에너지
② 은하단
③ 중성자
④ 페르미 거품

> **해설**
> ① 암흑에너지(Dark Energy)는 우주 공간의 약 70%를 차지하고 있다고 알려진 에너지의 한 형태로, 우주 전체에 고르게 퍼져 있으며 그 실체는 아직 명확히 밝혀지지 않았다. 빅뱅으로 탄생한 우주는 점점 빠르게 팽창하고 있는데 이 팽창의 가속이 이뤄지는 원동력이 암흑에너지라고 추측되고 있다.

05 다음 중 밑줄 친 '이것'이 가리키는 것은?

> 탄수화물을 섭취하면 혈당이 올라가는데, 우리 몸은 이 혈당을 낮추기 위해 인슐린을 분비하고, 인슐린은 당을 지방으로 만들어 체내에 축적하게 된다. 하지만 모든 탄수화물이 혈당을 동일하게 올리지는 않는다. 칼로리가 같은 식품이어도 <u>이것</u>이 낮은 음식을 먹으면 인슐린이 천천히 분비되어 혈당 수치가 정상적으로 조절되고 포만감 또한 오래 유지할 수 있어 다이어트에 도움이 되는 것으로 알려졌다.

① GMO
② 글루텐
③ GI
④ 젖산

> **해설**
> ③ GI, 즉 혈당지수는 어떤 식품이 혈당을 얼마나 빨리, 많이 올리느냐를 나타내는 수치이다. 예를 들어 혈당지수가 85인 감자는 혈당지수가 40인 사과보다 혈당을 더 빨리 더 많이 올린다. 일반적으로 혈당지수 55 이하는 저혈당지수 식품, 70 이상은 고혈당지수 식품으로 분류한다.

06 다음 중 OLED에 대한 설명으로 옳지 않은 것은?

① 스스로 빛을 내는 현상을 이용한다.
② 휴대전화, PDA 등 전자제품의 액정 소재로 사용된다.
③ 화질 반응속도가 빠르고 높은 화질을 자랑한다.
④ 에너지 소비량이 크고 가격이 비싸다.

> **해설**
> ④ OLED(Organic Light-Emitting Diode)는 형광성 유기화합물질에 전류를 흐르게 하면 자체적으로 빛을 내는 발광현상을 이용하는 디스플레이를 말한다. LCD보다 선명하고 보는 방향과 무관하게 잘 보이는 장점을 가진다. 화질의 반응속도 역시 LCD에 비해 1,000배 이상 빠르다. 또한 단순한 제조공정으로 인해 가격 경쟁 면에서 유리하다.

07 버스가 갑자기 서면 몸이 앞으로 쏠리는 현상은 무엇과 관련이 있는가?

① 관성의 법칙　　　　② 작용·반작용의 법칙
③ 가속도의 법칙　　　④ 원심력

해설
① 관성의 법칙은 물체가 원래 운동 상태를 유지하고자 하는 법칙이다. 달리던 버스가 갑자기 서면서 몸이 앞으로 쏠리는 것은 관성 때문이다.

08 대기 중에 이산화탄소가 늘어나는 것이 원인이 되어 발생하는 온도상승 효과는?

① 엘니뇨 현상　　　　② 터널 효과
③ 온실 효과　　　　　④ 오존층파괴 현상

해설
③ 온실 효과는 대기 중에 탄산가스, 아황산가스 등이 증가하면서 대기의 온도가 상승하는 현상으로 생태계의 균형을 위협한다.

09 다음 중 아폴로 11호를 타고 인류 최초로 달에 첫 발걸음을 내디딘 인물은 누구인가?

① 에드윈 올드린　　　② 닐 암스트롱
③ 알렉세이 레오노프　④ 이소연

해설
② 닐 암스트롱은 1969년 7월 20일 아폴로 11호에 탑승해 인류 역사상 최초로 달에 착륙했다.

10 다음 중 뉴턴의 운동법칙이 아닌 것은?

① 만유인력의 법칙
② 관성의 법칙
③ 작용·반작용의 법칙
④ 가속도의 법칙

해설
① 뉴턴의 운동법칙으로는 관성의 법칙, 작용·반작용의 법칙, 가속도의 법칙이 있다. 만유인력은 뉴턴의 운동법칙이 아니다.

11 다음 중 희토류가 아닌 것은?

① 우라늄
② 망간
③ 니켈
④ 구리

> **해설**
> ④ 구리는 금속물질이며, 희토류가 아니다.

12 전 세계의 모든 문자를 다룰 수 있도록 설계된 표준 문자전산처리 방식은?

① 아스키코드
② 유니코드
③ BCD코드
④ EBCDIC코드

> **해설**
> ② 유니코드(Unicode)는 전 세계 모든 국가의 언어를 모두 표현하기 위한 코드로서, 운영체제나 프로그램과 상관없이 문자마다 고유한 값을 부여함으로써 모든 언어를 16진수로 표현할 수 있다. 각 언어를 통일된 방식으로 컴퓨터상에 나타내며, 1995년 9월에 국제표준으로 지정되었다.

13 다음 중 리튬폴리머 전지에 대한 설명으로 옳지 않은 것은?

① 안정성이 높고, 에너지 효율이 높은 2차 전지이다.
② 외부 전원을 이용해 충전하여 반영구적으로 사용한다.
③ 전해질이 액체 또는 젤 형태이므로 안정적이다.
④ 제조공정이 간단해 대량생산이 가능하다.

> **해설**
> ③ 리튬폴리머 전지(Lithium Polymer Battery)는 외부 전원을 이용해 충전하여 반영구적으로 사용하는 고체 전해질 전지로, 안정성이 높고 에너지 효율이 높은 2차 전지이다. 전해질이 고체 또는 젤 형태이기 때문에 사고로 인해 전지가 파손되어도 발화하거나 폭발할 위험이 없어 안정적이다. 또한 제조공정이 간단해 대량생산이 가능하며 대용량도 만들 수 있다.

14 특허가 만료된 바이오의약품과 비슷한 효능을 내게 만든 복제의약품을 무엇이라 하는가?

① 바이오시밀러
② 개량신약
③ 바이오베터
④ 램시마

> **해설**
> ① 바이오시밀러(Biosimilar)란 바이오의약품을 복제한 약을 말한다. 오리지널 바이오의약품과 비슷한 효능을 갖도록 만들지만 바이오의약품의 경우처럼 동물세포나 효모, 대장균 등을 이용해 만든 고분자의 단백질 제품이 아니라 화학합성으로 만들기 때문에 기존의 특허받은 바이오의약품에 비해 약값이 저렴하다.

15 매우 무질서하고 불규칙적으로 보이는 현상 속에 내재된 일정 규칙이나 법칙을 밝혀내는 이론은?

① 카오스 이론　　② 빅뱅 이론
③ 엔트로피　　　 ④ 퍼지 이론

> 해설
> ① 카오스 이론은 무질서하고 불규칙적으로 보이는 현상에 숨어 있는 질서와 규칙을 설명하려는 이론이다.

16 방사성 원소란 원자핵이 불안정하여 방사선을 방출하여 붕괴하는 원소이다. 다음 중 방사성 원소가 아닌 것은?

① 헬륨　　　　　② 우라늄
③ 라듐　　　　　④ 토륨

> 해설
> ① 방사성 원소는 천연 방사성 원소와 인공 방사성 원소로 나눌 수 있다. 방사성 원소는 방사선을 방출하고 붕괴하면서 안정한 원소로 변하는데, 안정한 원소가 되기 위해 여러 번의 붕괴를 거친다. 천연적인 것으로는 우라늄, 악티늄, 라듐, 토륨 등이 있고, 인공적인 것으로는 넵투늄 등이 있다. 헬륨은 방사성 원소가 아니라 비활성 기체이다.

17 장보고과학기지에 대한 설명으로 옳지 않은 것은?

① 남극의 미생물, 천연물질을 기반으로 한 의약품 연구 등 다양한 응용 분야 연구가 이뤄진다.
② 대한민국의 두 번째 과학기지이며 한국해양연구원 부설기관인 극지연구소에서 운영한다.
③ 남극 최북단 킹조지섬에 위치한다.
④ 생명과학, 토목공학과 같은 응용 분야 연구에도 확장되고 있다.

> 해설
> ③ 세종과학기지가 킹조지섬에 위치해 있다. 장보고과학기지는 테라노바만에 있다.

18 여러 금융회사에 흩어진 개인의 금융정보를 통합관리하는 산업은?

① 데이터경제 산업　　② 오픈뱅킹 산업
③ 빅데이터 산업　　　④ 마이데이터 산업

> 해설
> ④ 마이데이터(Mydata) 산업은 일명 신용정보관리업으로 금융데이터의 주인을 금융회사가 아니라 개인으로 정의해, 각종 기관과 기업에 산재하는 신용정보 등 개인정보를 직접 관리하고 활용할 수 있는 서비스다.

19 기술의 발전으로 인해 제품의 라이프 사이클이 점점 빨라지는 현상을 이르는 법칙은 무엇인가?

① 스마트 법칙 ② 구글 법칙
③ 안드로이드 법칙 ④ 애플 법칙

해설
③ 안드로이드 법칙은 구글의 안드로이드 운영체제를 장착한 스마트폰을 중심으로 계속해서 향상된 성능의 스마트폰이 출시돼 출시 주기도 짧아질 수밖에 없다는 법칙이다. 구글이 안드로이드를 무료로 이용할 수 있게 하면서 제품의 출시가 쉬워진 것이 큰 요인이다.

20 다음 중 딥러닝에 대한 설명으로 틀린 것은?

① 인공지능이 스스로 문제를 해결하도록 한다.
② 인공신경망을 기반으로 한다.
③ 머신러닝 이전에 먼저 개발되었다.
④ 인공지능의 획기적 도약을 이끌었다.

해설
③ 딥러닝(Deep Learning)은 컴퓨터가 다양한 데이터를 이용해 마치 사람처럼 스스로 학습할 수 있게 하기 위해 만든 인공신경망을 기반으로 하는 기계학습 기술이다. 이는 컴퓨터가 이미지, 소리, 텍스트 등의 방대한 데이터를 이해하고 스스로 학습할 수 있게 돕는다. 딥러닝의 고안으로 인공지능이 획기적으로 도약하게 되었다. 딥러닝은 기존 머신러닝(기계학습)의 한계를 넘어선 것으로 평가된다.

21 다음에 나타난 게임에 적용된 기술은 무엇인가?

> 유저들이 직접 현실세계를 돌아다니며 스마트폰 화면 속 캐릭터를 찾는 모바일 게임 열풍에 평소 사람들이 찾지 않던 장소들이 붐비는 모습을 보였다.

① MR ② BR
③ AV ④ AR

해설
④ 현실에 3차원의 가상물체를 겹쳐서 보여주는 기술을 활용해 현실과 가상환경을 융합하는 복합형 가상현실을 증강현실(AR ; Augmented Reality)이라 한다.

22 컴퓨터 전원을 끊어도 데이터가 없어지지 않고 기억되며 정보의 입출력도 자유로운 기억장치는?

① 램 ② 캐시메모리
③ 플래시메모리 ④ CPU

해설
③ 플래시메모리(Flash Memory)는 전원이 끊겨도 저장된 정보가 지워지지 않는 비휘발성 기억장치이다. 내부 방식에 따라 저장용량이 큰 낸드(NAND)형과 처리속도가 빠른 노어(NOR)형의 2가지로 나뉜다.

23 클라우드를 기반으로 하는 이 서비스는 하나의 콘텐츠를 여러 플랫폼을 통해 이용할 수 있다. 이 서비스는 무엇인가?

① N스크린 ② DMB
③ IPTV   ④ OTT

해설
① N스크린은 하나의 콘텐츠를 여러 개의 디지털 기기들을 넘나들며 시간과 장소에 구애받지 않고 이용할 수 있도록 해주는 기술이다. 'N'은 수학에서 아직 결정되지 않은 미지수를 뜻하는데, 하나의 콘텐츠를 이용할 수 있는 스크린의 숫자를 한정짓지 않는다는 의미에서 N스크린이라고 부른다.

24 이용자의 특정 콘텐츠에 대한 데이터 비용을 이동통신사가 대신 부담하는 것을 무엇이라 하는가?

① 펌웨어   ② 플러그 앤 플레이
③ 제로레이팅 ④ 웹2.0

해설
③ 제로레이팅(Zero-rating)은 특정한 콘텐츠에 대한 데이터 비용을 이동통신사가 대신 지불하거나 콘텐츠 사업자가 부담하도록 하여 서비스 이용자는 무료로 이용할 수 있게 하는 것을 말한다.

25 다음은 무엇에 대한 설명인가?

> 악성코드에 감염된 다수의 좀비PC를 이용하여 대량의 트래픽을 특정 시스템에 전송함으로써 장애를 일으키는 사이버공격이다.

① 해킹   ② 스푸핑
③ 크래킹 ④ 디도스

해설
④ 디도스(DDoS)는 여러 대의 컴퓨터가 일제히 공격해 대량접속이 일어나게 함으로써 해당 컴퓨터의 기능이 마비되게 하는 것이다. 자신도 모르는 사이에 악성코드에 감염돼 특정 사이트를 공격하는 PC로 쓰일 수 있는데, 이러한 컴퓨터를 좀비PC라고 한다.

26 다음 중 RAM에 대한 설명으로 옳은 것은?

① 컴퓨터의 보조기억장치로 이용된다.
② 크게 SRAM, DRAM, ROM으로 분류할 수 있다.
③ 'Read Access Memory'의 약어이다.
④ SRAM이 DRAM보다 성능이 우수하나 고가이다.

> **해설**
> ④ SRAM은 DRAM보다 몇 배나 더 빠르긴 하지만 가격이 고가이기 때문에 소량만 사용한다.
> ① 컴퓨터의 주기억장치로 이용된다.
> ② 크게 SRAM, DRAM으로 분류할 수 있다.
> ③ 'Random Access Memory'의 약어이다.

27 악성코드에 감염된 PC를 조작해 이용자를 허위로 만든 가짜 사이트로 유도하여 개인정보를 빼가는 수법은 무엇인가?

① 스미싱　　　　　　　② 스피어피싱
③ 파밍　　　　　　　　④ 메모리해킹

> **해설**
> ③ 파밍(Pharming)은 해커가 특정 사이트의 도메인 자체를 중간에서 탈취해 개인정보를 훔치는 인터넷 사기이다. 진짜 사이트 주소를 입력해도 가짜 사이트로 연결되도록 하기 때문에, 사용자들은 가짜 사이트를 진짜 사이트로 착각하고 자신의 개인정보를 입력하여 피해를 입는다.
> ① 스미싱(Smishing) : SMS(문자메시지)와 Phishing(피싱)의 합성어로, 인터넷 접속이 가능한 스마트폰의 문자메시지를 이용한 휴대폰 해킹
> ② 스피어피싱(Spear Phishing) : 대상의 신상을 파악하고 그것에 맞게 낚시성 정보를 흘리는 사기수법으로, 주로 회사의 고위 간부들이나 국가에 중요한 업무를 담당하고 있는 사람들이 공격 대상이 됨
> ④ 메모리해킹(Memory Hacking) : 컴퓨터 메모리에 있는 수취인의 계좌번호, 송금액을 변조하는 등의 방법으로 돈을 빼돌리는 해킹

28 넷플릭스를 통해 많은 사람들이 인터넷으로 TV드라마나 영화를 본다. 이렇듯 인터넷으로 TV 프로그램 등을 볼 수 있는 서비스를 무엇이라 하는가?

① NFC　　　　　　　　② OTT
③ MCN　　　　　　　　④ VOD

> **해설**
> ② OTT는 'Top(셋톱박스)을 통해 제공됨'을 의미하는 것으로, 범용 인터넷을 통해 미디어 콘텐츠를 이용할 수 있는 서비스를 말한다. 넷플릭스는 세계적으로 유명한 OTT 서비스 제공업체이다.

29 어떤 문제를 해결하기 위한 절차, 방법, 명령어들의 집합을 뜻하는 말은?

① 프로세스
② 프로그래밍
③ 코딩
④ 알고리즘

해설
④ 알고리즘(Algorithm)은 어떤 문제를 해결하기 위한 명령들로 구성된 일련의 순서화된 절차를 의미한다. 문제를 논리적으로 해결하기 위해 필요한 절차, 방법, 명령어들을 모아놓은 것과 이를 적용해 문제를 해결하는 과정을 모두 알고리즘이라고 한다.

30 인터넷 사용자가 접속한 웹사이트 정보를 저장하는 정보 기록 파일을 의미하며, 웹사이트에서 사용자의 하드디스크에 저장되는 특별한 텍스트 파일을 무엇이라 하는가?

① 쿠키
② 피싱
③ 캐시
④ 텔넷

해설
① 쿠키(Cookie)에는 PC 사용자의 ID와 비밀번호, 방문한 사이트 정보 등이 담겨 하드디스크에 저장된다. 이용자들의 홈페이지 접속을 도우려는 목적에서 만들어졌기 때문에 해당 사이트를 한 번 방문하고 이후에 다시 방문했을 때에는 별다른 절차를 거치지 않고 빠르게 접속할 수 있다는 장점이 있다.

31 인터넷 주소창에 사용하는 'HTTP'의 의미는?

① 인터넷 네트워크망
② 인터넷 데이터 통신규약
③ 인터넷 사용경로 규제
④ 인터넷 포털서비스

해설
② HTTP(Hyper Text Transfer Protocol)는 WWW상에서 클라이언트와 서버 사이에 정보를 주고받는 요청·응답 프로토콜로 인터넷 데이터 통신규약을 뜻한다.

32 기업이나 조직의 모든 정보가 컴퓨터에 저장되면서, 컴퓨터의 정보보안을 위해 외부에서 내부 또는 내부에서 외부의 정보통신망에 불법으로 접근하는 것을 차단하는 시스템은?

① 쿠키
② DNS
③ 방화벽
④ 아이핀

해설
③ 화재가 발생했을 때 불이 번지지 않게 하기 위해서 차단막을 만드는 것처럼, 네트워크 환경에서도 기업의 네트워크를 보호해주는 하드웨어·소프트웨어 체제를 방화벽이라 한다.

33 하나의 디지털 통신망에서 문자, 동영상, 음성 등 각종 서비스를 일원화해 통신·방송 서비스의 통합, 효율성 극대화, 저렴화를 추구하는 종합 통신 네트워크는 무엇인가?

① VAN
② UTP케이블
③ ISDN
④ RAM

> 해설
> ③ ISDN(Integrated Service Digital Network)은 종합 디지털 서비스망이라고도 하며, 각종 서비스를 일원화해 통신·방송 서비스의 통합, 효율성 극대화, 저렴화를 추구하는 종합 통신 네트워크이다.

34 다음 중 증강현실에 대한 설명으로 옳지 않은 것은?

① 현실세계에 3차원 가상물체를 겹쳐 보여준다.
② 스마트폰의 활성화와 함께 주목받기 시작했다.
③ 실제 환경은 볼 수 없다.
④ 위치기반 서비스, 모바일 게임 등으로 활용 범위가 확장되고 있다.

> 해설
> ③ 가상현실(VR) 기술은 가상환경에 사용자를 몰입하게 하여 실제 환경은 볼 수 없지만, 증강현실(AR) 기술은 실제 환경을 볼 수 있게 하여 현실감을 제공한다.

35 스마트TV와 인터넷TV 각각의 기기는 서버에 연결되는 방식이 서로 달라 인터넷망 사용의 과부하가 발생할 수밖에 없다. 한때 이와 관련해 통신사와 기기회사 사이에 갈등이 빚어지기도 했는데 무엇 때문인가?

① 프로그램 편성
② 요금징수 체계
③ 수익모델
④ 망 중립성

> 해설
> ④ 망 중립성은 네트워크 사업자가 관리하는 망이 공익을 위한 목적으로 사용돼야 한다는 원칙이다. 통신 사업자는 막대한 비용을 들여 망을 설치해 과부하로 인한 망의 다운을 막으려고 하는 반면, 스마트TV 생산회사들이나 콘텐츠 제공업체들은 망 중립성을 이유로 이에 대한 고려 없이 제품 생산에만 그쳐, 망 중립성을 둘러싼 갈등이 불거졌다.

36 다음 인터넷 용어 중 허가된 사용자만 디지털 콘텐츠에 접근할 수 있도록 제한해 비용을 지불한 사람만 콘텐츠를 사용할 수 있도록 하는 서비스는?

① DRM(Digital Rights Management)
② WWW(World Wide Web)
③ IRC(Internet Relay Chatting)
④ SNS(Social Networking Service)

해설
① DRM은 우리말로 디지털 저작권 관리라고 부른다. 허가된 사용자만 디지털 콘텐츠에 접근할 수 있도록 제한해 비용을 지불한 사람만 콘텐츠를 사용할 수 있도록 하는 서비스 또는 정보보호 기술을 통틀어 가리킨다.
② WWW : 인터넷에서 그래픽, 음악, 영화 등 다양한 정보를 통일된 방법으로 찾아볼 수 있는 서비스를 의미한다.
③ IRC : 인터넷에 접속된 수많은 사용자와 대화하는 서비스이다.
④ SNS : 온라인 인맥구축 서비스로 1인 미디어, 1인 커뮤니티, 정보 공유 등을 포괄하는 개념이다.

37 다음 내용에서 밑줄 친 이것에 해당하는 용어는?

- 이것은 웹2.0, SaaS(Software as a Service)와 같이 최근 잘 알려진 기술 경향들과 연관성을 가지는 일반화된 개념이다.
- 이것은 네트워크에 서버를 두고 데이터를 저장하거나 관리하는 서비스이다.

① 클라우드 컴퓨팅   ② 디버깅
③ 스풀   ④ 멀티태스킹

해설
② 디버깅(Debugging) : 원시프로그램에서 목적프로그램으로 번역하는 과정에서 발생하는 오류를 찾아 수정하는 것
③ 스풀(SPOOL) : 데이터를 주고받는 과정에서 중앙처리장치와 주변장치의 처리속도가 달라 발생하는 속도 차이를 극복해 지체 현상 없이 프로그램을 처리하는 기술
④ 멀티태스킹(Multitasking) : 한 사람의 사용자가 한 대의 컴퓨터로 2가지 이상의 작업을 동시에 처리하거나, 2가지 이상의 프로그램들을 동시에 실행시키는 것

38 우리나라 최초의 인공위성은 무엇인가?

① 무궁화 1호   ② 우리별 1호
③ 온누리호   ④ 스푸트니크 1호

해설
② 우리나라 최초의 인공위성은 우리별 1호(1992)이고, 세계 최초의 인공위성은 구소련의 스푸트니크 1호(1957)이다.

문화 · 미디어 · 스포츠

01 세계유산
유네스코에서 인류의 소중한 문화 및 자연유산을 보호하기 위해 지정한 유산

유네스코는 1972년부터 세계유산협약에 따라 역사적 중요성, 뛰어난 예술성, 희귀성 등을 지니고 인류를 위해 보호해야 할 가치가 있는 유산을 세계유산으로 지정하고 있다. 세계유산은 '문화유산', '자연유산', '복합유산'으로 나누어 관리한다.

구분	등록현황
세계문화유산	석굴암·불국사(1995), 해인사 장경판전(1995), 종묘(1995), 창덕궁(1997), 수원화성(1997), 경주역사유적지구(2000), 고창·화순·강화 고인돌 유적(2000), 조선왕릉(2009), 안동하회·경주양동마을(2010), 남한산성(2014), 백제역사유적지구(2015), 산사·한국의 산지승원(2018), 한국의 서원(2019), 가야 고분군(2023)
세계자연유산	제주 화산섬과 용암동굴(2007), 한국의 갯벌(2021)

02 세계기록유산
사회적·문화적 가치가 높다고 인정되는 기록물을 보존하기 위해 지정하는 유산

유네스코가 지정하는 세계유산 중 가치가 높다고 인정되는 기록물을 대상으로 지정한다. 인류의 소중한 기록유산을 보존·활용하기 위해 1997년부터 2년마다 국제자문위원회의 심의를 통해 유네스코 사무총장이 선정한다. 무형문화재 가운데 선정되는 세계무형유산과는 구별되며 별도로 관리된다.

구분	등록현황
우리나라 세계기록유산	훈민정음(1997), 조선왕조실록(1997), 직지심체요절(2001), 승정원일기(2001), 해인사 대장경판 및 제경판(2007), 조선왕조의궤(2007), 동의보감(2009), 일성록(2011), 5·18 민주화운동 기록물(2011), 난중일기(2013), 새마을운동 기록물(2013), 한국의 유교책판(2015), KBS 특별 생방송 '이산가족을 찾습니다' 기록물(2015), 조선왕실 어보와 어책(2017), 국채보상운동 기록물(2017), 조선통신사 기록물(2017), 4·19 혁명 기록물(2023), 동학농민혁명 기록물(2023), 제주 4·3 기록물(2025), 산림녹화 기록물(2025)
우리나라 세계무형유산	종묘제례 및 종묘제례악(2001), 판소리(2003), 강릉단오제(2005), 강강술래(2009), 남사당놀이(2009), 영산재(2009), 처용무(2009), 제주 칠머리당 영등굿(2009), 가곡(2010), 대목장(2010), 매사냥(2010), 택견(2011), 줄타기(2011), 한산 모시짜기(2011), 아리랑(2012), 김장문화(2013), 농악(2014), 줄다리기(2015), 제주해녀문화(2016), 씨름(2018), 연등회(2020), 한국의 탈춤(2022), 한국의 장 담그기 문화(2024)

03 국보·보물

보물은 국가가 법적으로 지정한 유형문화재이고, 그중 가치가 크고 유례가 드문 것이 국보이다.

보물과 국보는 모두 유형문화재로, '보물'은 건조물·전적·서적·고문서·회화·조각·공예품·고고자료·무구 등의 문화재 중 중요한 것을 문화재청장이 문화재위원회의 심의를 거쳐 지정하고, '국보'는 보물에 해당하는 문화재 중 제작 연대가 오래되고 시대 특유의 제작 기술이 뛰어나며 형태나 용도가 특이한 것을 문화재위원회의 심의를 거쳐 지정한다. 따라서 국보보다 보물이 많다.

구분	1호	2호	3호
국보	서울 숭례문(남대문)	원각사지 10층 석탑	북한산 신라 진흥왕순수비
보물	서울 흥인지문(동대문)	서울 보신각 동종	원각사지 대원각사비
사적	경주 포석정지	김해 봉황동 유적	수원 화성
무형문화재	종묘제례악	양주 별산대놀이	남사당놀이

서울4대문
- 동대문 – 흥인지문
- 서대문 – 돈의문
- 남대문 – 숭례문
- 북대문 – 숙청문

04 베른조약

문학·예술 저작물의 국제적인 저작권 보호 조약

1886년 스위스의 수도 베른에서 체결된 조약으로, 외국인의 저작물을 무단 출판하는 것을 막고 다른 가맹국의 저작물을 자국민의 저작물과 동등하게 대우하도록 한다. 무방식주의에 따라 별도의 등록 없이 저작물의 완성과 동시에 저작권이 발생하는 것으로 보며, 보호 기간은 저작자의 생존 및 사후 50년을 원칙으로 한다.

05 카피레프트 Copyleft
지적 창작물에 대한 권리를 모든 사람이 공유할 수 있도록 하는 것

1984년 리처드 스톨먼이 주장한 것으로 저작권(Copyright, 카피라이트)에 반대되는 개념이며 정보의 공유를 위한 조치이다. 카피레프트를 주장하는 사람들은 지식과 정보는 소수에게 독점되어서는 안 되며 모든 사람에게 열려 있어야 한다고 주장한다.

카피라이트	카피레프트
창작자에게 독점권 권리 부여	저작권 공유 운동
창작의 노고에 대한 정당한 대가 요구	자유로운 정보 이용으로 창작 활성화
궁극적으로 문화 발전을 유도	지식과 정보는 인류 전체의 공동 자산

06 노벨상 Noble Prizes
인류 문명의 발달에 공헌한 사람이나 단체에 수여하는 상

다이너마이트를 발명한 알프레드 노벨의 유산을 기금으로 하여 해마다 물리학・화학・생리의학・경제학・문학・평화의 6개 부문에서 인류 문명의 발달에 공헌한 사람이나 단체를 선정하여 수여하는 상이다. 1901년 제정되어 매년 12월 10일 스웨덴의 스톡홀름에서 시상식이 열리고, 평화상 시상식만 노르웨이의 오슬로에서 열린다. 한국인으로는 2000년에 김대중 전 대통령이 최초로 노벨평화상을 수상하였으며, 두 번째로 2024년 소설가 한강이 노벨문학상을 수상하였다.

2024년 수상자
- 생리의학상 : 빅터 앰브로스, 게리 러브컨
- 물리학상 : 존 홉필드, 제프리 힌턴
- 화학상 : 데미스 하사비스, 데이비드 베이커, 존 점퍼
- 경제학상 : 다론 아제모을루, 사이먼 존슨, 제임스 A. 로빈슨
- 문학상 : 한강
- 평화상 : 니혼 히단쿄

07 아카데미상 Academy Awards, OSCAR
미국 영화계에서 가장 권위 있는 영화상

1929년에 시작되었으며, 오스카상으로도 불린다. 전년도에 발표된 미국 영화 및 LA에서 일주일 이상 상영된 외국 영화를 대상으로 우수한 작품과 그 밖의 업적에 대하여 해마다 봄철에 시상한다.

> 2025년 주요 수상자(작품)
> - 작품상 : 〈아노라〉
> - 감독상 : 션 베이커, 〈아노라〉
> - 남우주연상 : 애드리언 브로디, 〈브루탈리스트〉
> - 여우주연상 : 마이키 매디슨, 〈아노라〉
> - 각본상 : 션 베이커, 〈아노라〉

08 토니상 Tony Awards
미국 브로드웨이에서 수여하는 연극상

매년 미국 브로드웨이에서 상연된 연극과 뮤지컬의 우수한 업적에 대해 수여하는 상으로, 연극의 아카데미상이라고도 불린다. 해마다 5월 하순~6월 상순에 최종 발표와 시상식이 열리고, 연극 부문인 스트레이트 플레이와 뮤지컬 부문인 뮤지컬 플레이로 나뉘어 작품상, 남녀 주연상, 연출상 등이 수여된다.

09 에미상 Emmy Awards
TV 프로그램 및 관계자의 우수한 업적에 대해 수여하는 미국 최대의 프로그램상

TV의 아카데미상으로 불리는 이 상은 1948년 창설되어 뉴욕에서 시상식이 개최되며, 미국 텔레비전예술과학아카데미가 주최한다. 본상격인 프라임타임 에미상과 주간 에미상, 로스앤젤레스 지역 에미상, 국제 에미상 등의 부문으로 나누어 수상작을 발표한다.

10 세계 3대 영화제

베니스 영화제, 칸 영화제, 베를린 영화제

- 베니스 영화제(이탈리아) : 최고의 작품상(그랑프리)에는 '황금사자상'이 수여되고, 감독상에는 '은사자상'이, 남녀 주연상에는 '볼피컵상'이 수여된다. 2021년 9월 개막한 제78회 베니스 영화제에는 한국인 최초로 봉준호 감독이 심사위원장에 위촉됐다.
- 칸 영화제(프랑스) : 대상은 '황금종려상'이 수여되며 시상은 경쟁 부문과 비경쟁 부문, 주목할 만한 시선 부문 등으로 나뉜다. 2019년 제72회 시상식에서 봉준호 감독의 〈기생충〉이 황금종려상을 받았다.
- 베를린 영화제(독일) : 최우수작품상에 수여되는 '황금곰상'과 심사위원대상·감독상·주연상·조연상 등에 수여되는 '은곰상' 등이 있다.

11 미장센 Mise-en-scene

영화에서 연출가가 모든 시각적 요소를 배치하여 단일한 쇼트로 영화의 주제를 만들어내는 작업

몽타주와 상대적인 개념으로 쓰이며, 특정 장면을 찍기 시작해서 멈추기까지 한 화면 속에 담기는 모든 영화적 요소와 이미지가 주제를 드러내도록 하는 것을 말한다. 관객의 능동적 참여를 요구하고, 주로 예술 영화에서 강조되는 연출 기법이다.

12 국악의 빠르기

진양조 → 중모리 → 중중모리 → 자진모리 → 휘모리

진양조	가장 느린 장단으로 1장단은 4분의 24박자이다.
중모리	중간 속도로 몰아가는 장단으로, 4분의 12박자이다.
중중모리	8분의 12박자 정도이며 춤추는 대목, 통곡하는 대목 등에 쓰인다.
자진모리	매우 빠른 12박으로, 극적이고 긴박한 대목에 쓰인다.
휘모리	매우 빠른 8박으로, 급하고 분주하거나 절정을 묘사한 대목에 쓰인다.

13 판소리

한 명의 소리꾼이 창(소리)·아니리(말)·발림(몸짓)을 섞어 가면서 긴 이야기를 노래하는 것

- 판소리의 유파

동편제	전라도 동북 지역의 소리, 단조로운 리듬, 짧고 분명한 장단, 씩씩하고 담백한 창법
서편제	전라도 서남 지역의 소리, 부드럽고 애절한 창법, 수식과 기교가 많아 감상적인 면 강조
중고제	경기도와 충청도 지역의 소리, 동편제와 서편제의 절충형, 상하성이 분명함

- 판소리의 3대 요소

창	판소리에서 광대가 부르는 노래이자 소리로, 음악적인 요소
아니리	창자가 한 대목에서 다음 대목으로 넘어가기 전에 장단 없이 자유로운 리듬으로 말하듯이 사설을 엮어가는 것, 문학적인 요소
발림	판소리 사설의 내용에 따라 몸짓을 하는 것으로, 춤사위나 형용 동작을 가리키는 연극적 요소. 비슷한 말인 '너름새'는 몸짓으로 하는 모든 동작을 의미

14 사물놀이

꽹과리, 장구, 북, 징의 4가지 악기로 연주하도록 편성한 음악 또는 연주

사물놀이는 네 가지 악기, 즉 사물(四物)로 연주하도록 편성한 음악이다. 농민들이 하던 대규모 풍물놀이에서 앞부분에 배치되어 있던 악기 중 꽹과리, 장구, 북, 징의 4가지 악기를 빼서 실내 무대에서도 공연이 가능하도록 새롭게 구성한 것으로, 1970년대 후반에 등장했다. '사물놀이'라는 이름도 그 무렵 만들어진 것이다.

15 음악의 빠르기

라르고(Largo) → 아다지오(Adagio) → 안단테(Andante) → 모데라토(Moderato) → 알레그레토(Allegretto) → 알레그로(Allegro) → 비바체(Vivace) → 프레스토(Presto)

라르고(Largo) : 아주 느리고 폭넓게 → 아다지오(Adagio) : 아주 느리고 침착하게 → 안단테(Andante) : 느리게 → 모데라토(Moderato) : 보통 빠르게 → 알레그레토(Allegretto) : 조금 빠르게 → 알레그로(Allegro) : 빠르게 → 비바체(Vivace) : 빠르고 경쾌하게 → 프레스토(Presto) : 빠르고 성급하게

16 르네상스 3대 거장
레오나르도 다빈치, 미켈란젤로, 라파엘로

- 레오나르도 다빈치 : 〈암굴의 성모〉, 〈성모자〉, 〈모나리자〉, 〈최후의 만찬〉 등의 작품을 남겼고, 해부학에서도 큰 업적을 남겼다. 또한 천문학, 물리학, 지리학, 토목학, 병기 공학, 생물학 등 다양한 분야에서 독창적인 연구를 하였으며, 음악에도 뛰어난 재능이 있었다.
- 미켈란젤로 : 작품에 〈최후의 심판〉, 〈천지창조〉 등의 그림과 〈다비드〉 조각이 있으며, 건축가로서 산피에트로 대성당의 설계를 맡기도 하였다.
- 라파엘로 : 아름답고 온화한 성모를 그리는 데에 재능이 뛰어나 미술사에 독자적인 자리를 차지하고 있으며, 조화로운 공간 표현·인체 표현 등으로 르네상스 고전 양식을 확립하였다.

17 비엔날레
2년마다 열리는 국제 미술전

이탈리아어로 '2년마다'라는 뜻으로 미술 분야에서 2년마다 열리는 전시 행사를 일컫는다. 세계 각지에서 여러 종류의 비엔날레가 열리고 있지만, 그중에서도 가장 역사가 길며 그 권위를 인정받고 있는 것은 베니스 비엔날레이다.

- 세계 3대 비엔날레 : 베니스 비엔날레, 상파울루 비엔날레, 휘트니 비엔날레
- 광주 비엔날레 : 1995년 한국 미술문화를 새롭게 도약시키자는 목표로 창설
- 트리엔날레 : 3년마다 열리는 미술행사
- 콰드리엔날레 : 4년마다 열리는 미술행사

18 게이트키핑 Gate Keeping
뉴스 결정권자가 뉴스를 취사선택하는 과정

뉴스가 대중에게 전해지기 전에 기자나 편집자와 같은 뉴스 결정권자(게이트키퍼)가 대중에게 전달하고자 하는 뉴스를 취사선택하여 전달하는 것이다. 객관적 보도의 가능성과 관련한 논의에서 자주 등장한다.

19 미국의 4대 방송사
NBC, CBS, ABC, FOX

NBC (National Broadcasting Company)	1926년 라디오 방송으로 출발하여, 1941년 TV 방송을 시작했다. 미국 3대 네트워크 중 가장 오랜 역사를 지니고 있다. 쇼, 영화, 모험 드라마와 사건 취재 등에 강하다.
CBS (Columbia Broadcasting System)	1927년 설립되어 1931년 미국 최초로 TV 정기방송을 시작한 데 이어 1951년 미국 최초로 컬러 TV 방송을 도입했다. 대형 스타들을 기용하고 뉴스에 역점을 두며 네트워크 중 우세를 차지하기도 했다.
ABC (American Broadcasting Company)	1943년 설립되어 1948년 처음 TV 방송을 시작한 ABC는 1996년 월트디즈니사에 인수되었다. 뉴스로 명성이 높으며 올림픽 중계 등 스포츠에서 강세를 보여왔다.
FOX (FOX Broadcasting Company)	1986년에 설립된 TV 방송사로, 현재는 미디어 기업 21st Century Fox의 자회사다. 드라마와 리얼리티 쇼 등 비대본 및 스포츠 프로그래밍에 중점을 두고 있다.

20 오프더레코드 Off-the-record
보도하지 않는 것을 전제로, 기록에 남기지 않는 비공식 발언

소규모 집회나 인터뷰에서 뉴스 제공자가 오프더레코드를 요구하는 경우, 기자는 그것을 공표하지 않겠다고 약속하고 발언자의 이야기를 정보로써 참고만 할 뿐 기사화해서는 안 된다. 취재기자는 오프더레코드를 지키는 것이 기본자세이지만 반드시 지켜야 할 의무는 없다.

21 엠바고 Embargo
일정 시간까지 뉴스의 보도를 미루는 것

본래 특정 국가에 대한 무역·투자 등의 교류 금지를 뜻하지만 언론에서는 뉴스 기사의 보도를 한시적으로 유보하는 것을 말한다. 즉, 정부 기관 등의 정보 제공자가 뉴스의 자료를 제보하면서 일정 시간까지 공개하지 말 것을 요구할 경우 그때까지 보도를 미루는 것이다. 흔히 '엠바고를 단다'고 말하며 정보 제공자 측과의 관계를 고려하여 되도록 지켜주는 경우가 많다.

22 저널리즘 유형
매스미디어를 통해 시사적 문제에 대한 보도 및 논평을 하는 언론 활동의 유형

저널리즘의 유형	특징
가차 저널리즘 (Gotcha Journalism)	'I got you'의 줄임말로, '딱 걸렸어!'라는 의미가 되는데, 사안의 맥락과 관계없이 유명 인사의 사소한 실수나 해프닝을 흥미 위주로 집중 보도하는 저널리즘
경마 저널리즘 (Horse Race Journalism)	• 경마를 구경하듯 후보자의 여론 조사 결과 및 득표 상황만을 집중 보도하는 선거 보도 형태 • 선거에 필요한 본질적인 내용보다는 흥미 위주의 보도
뉴 저널리즘 (New Journalism)	• 1960년대 이후 기존 저널리즘의 관념을 거부하며 등장 • 속보성·단편성을 거부하고 소설의 기법을 이용해 심층적인 보도 스타일을 보임
블랙 저널리즘 (Black Journalism)	숨겨진 사실을 드러내는 취재 활동으로, 약점을 이용해 보도하겠다고 위협하거나 특정 이익을 위해 보도하기도 함
옐로 저널리즘 (Yellow Journalism)	• 독자들의 호기심을 자극하고 끌어들이기 위해 선정적·비도덕적인 보도를 하는 형태 • 황색언론이라고도 하며 범죄·스캔들·가십 등 원시적 본능을 자극하는 흥미 위주의 소재를 다룸
제록스 저널리즘 (Xerox Journalism)	극비 문서를 몰래 복사하여 발표하는 저널리즘으로, 비합법적인 폭로 기사 위주의 보도 형태
팩 저널리즘 (Pack Journalism)	• 취재방법 및 시각이 획일적인 저널리즘으로, 신문의 신뢰도 하락을 불러옴 • 정부 권력에 의한 은밀한 제한 및 강압에 의해 양산됨
하이에나 저널리즘 (Hyena Journalism)	권력 없고 힘없는 사람에 대해서 집중적인 매도와 공격을 퍼붓는 저널리즘

23 IPTV Internet Protocol Television
초고속 인터넷망을 이용해 멀티미디어 콘텐츠를 제공하는 방송·통신 융합 서비스

초고속 인터넷망을 통해 영화·드라마 등 시청자가 원하는 콘텐츠를 양방향으로 제공하는 방송·통신 융합 서비스이다. 가장 큰 특징은 시청자가 편리한 시간에 원하는 프로그램을 선택해 볼 수 있다는 것이다. TV 수상기에 셋톱박스를 설치하면 인터넷 검색은 물론 다양한 동영상 콘텐츠 및 부가 서비스를 제공받을 수 있다.

24 광고

상품이나 서비스에 대한 정보를 여러 가지 매체를 통하여 소비자에게 널리 알리는 의도적인 활동 또는 그 표현물

종류	특징
PPL 광고 (Product PLacement Advertisement)	• 영화나 드라마 등에 특정 제품을 노출시키는 간접 광고이다. • 엔터테인먼트 콘텐츠 속에 기업의 제품을 소품이나 배경으로 등장시켜 소비자들에게 의식·무의식적으로 제품을 광고하는 것이다.
티저 광고 (Teaser Advertising)	• 처음에는 상품명을 감추거나 일부만 보여주고 궁금증을 유발하며 서서히 그 베일을 벗는 방법으로, 게릴라 마케팅의 일환으로 사용된다. • 티저는 '놀려대는 사람'이라는 뜻을 지니며 소비자의 구매욕을 유발하기 위해 처음에는 상품 광고의 주요 부분을 감추고 점차 공개하는 것이다.
비넷 광고 (Vignet Advertisement)	한 가지 주제에 맞춰 다양한 장면을 짧게 연속적으로 보여줌으로써 강렬한 이미지를 주는 광고 기법이다.
트레일러 광고 (Trailer Advertising)	• 메인 광고 뒷부분에 다른 제품을 알리는 맛보기 광고이다. • 한 광고로 여러 제품을 다룰 수 있어 광고비가 절감되지만 주목도가 분산되므로 고가품에는 활용되지 않는다.

25 근대 5종 경기

한 경기자가 사격, 펜싱, 수영, 승마, 크로스컨트리(육상) 등의 5가지 종목을 치러 종합 성적을 겨루는 경기

근대 5종 경기는 원래 병사들의 종합 능력을 테스트할 목적으로 만들어졌다. 오랜 역사를 가진 종목으로 고대 그리스의 올림픽(BC 708년)까지 거슬러 올라간다. 1일 동안 펜싱, 수영, 승마, 복합(사격+육상) 경기 등 5개 종목을 순서대로 진행하며, 각 종목별 기록을 근대 5종 점수로 바꾸었을 때 총득점이 가장 높은 선수가 우승한다. '근대 5종'이라는 이름으로 1912년 제5회 올림픽 경기대회 때부터 정식 종목으로 채택되었다.

26 와일드카드 Wild Card

스포츠 종목에서 출전 자격을 얻지 못했지만, 특별히 출전이 허용되는 선수나 팀

와일드카드란 원래 카드 게임에서 '아무 카드나 대용으로 쓸 수 있는 카드', '동시에 다양한 용도로 쓰이는 카드'를 말한다. 여기서 의미가 확장되어 야구, 축구, 테니스 등 스포츠 종목에서 출전 자격을 얻지 못했지만, 특별히 출전이 허용되는 선수나 팀을 일컫는 말로도 사용되고 있다.

27 패럴림픽 Paralympic
장애가 있는 운동선수가 참가하는 국제스포츠대회

1988년 서울올림픽 이후부터 매 4년마다 올림픽이 끝나고 난 후 올림픽을 개최한 도시에서 국제패럴림픽위원회(IPC)의 주관으로 열린다. 원래 패럴림픽은 척추 상해자들끼리의 경기에서 비롯되었기 때문에 Paraplegic(하반신 마비)과 Olympic(올림픽)의 합성어였지만, 다른 장애인들도 경기에 포함되면서, 현재는 그리스어의 전치사 Para(나란히)를 사용하여 올림픽과 나란히 개최됨을 의미한다.

28 식스맨 Six Man
농구 경기에서 주전 5명을 제외한 후보 중 가장 기량이 뛰어난 선수

시합이 시작되면서부터 플레이하는 다섯 명의 선수를 스타팅 멤버라고 하는데, 이들은 팀에서 가장 실력이 출중하다고 평가되는 선수들로 구성된다. 경기를 하다가 스타팅 멤버의 체력이 떨어지거나 경기 분위기를 바꾸기 위해 다른 선수를 투입하기도 하는데, 이렇게 선수를 교체해야 할 때 대기 선수지만 중요한 순간에 게임에 투입되어 경기를 잘 운영할 수 있는 선수를 식스맨이라 한다.

29 트리플 더블 Triple Double
한 선수가 득점, 어시스트, 리바운드, 스틸, 블록슛 중 세 부문에서 2자리 수 이상을 기록하는 것

농구에서 한 선수가 한 경기에서 득점, 어시스트, 리바운드, 스틸, 블록슛 중 2자리 수 이상의 기록을 세 부문에서 달성하는 것을 말한다. 네 부문에서 달성하면 쿼드러플 더블(Quadruple Double)이라고 하고, 2개 부문에서 2자리 수 이상을 달성하는 것은 더블 더블(Double Double)이라고 한다.

30 드래프트시스템 Draft System
신인 선수를 선발하는 제도

일정한 기준에서 입단할 선수들을 모은 뒤 각 팀의 대표가 선발회를 구성, 각 팀이 후보자를 1회씩 순차적으로 뽑는 선발 방법이다. 이를 통해 스카우트 경쟁을 방지하고 우수선수를 균형 있게 선발해 각 팀의 실력 평준화와 팀 운영의 합리화를 꾀한다. 원래는 야구 용어였으나 현재는 배구, 축구, 농구 등 스포츠 분야에서 광범위하게 사용되고 있다.

31 퍼펙트게임 Perfect Game
야구에서 투수가 상대팀에게 한 개의 진루도 허용하지 않고 승리로 이끈 게임

한 명의 투수가 선발로 출전하여 단 한 명의 주자도 출루하는 것을 허용하지 않은 게임을 말한다. 국내 프로야구에서는 아직 달성한 선수가 없으며, 120년 역사의 메이저리그에서도 단 23명만이 퍼펙트게임을 기록했다.

32 가린샤 클럽 Garrincha Club
월드컵 본선에서 골을 넣은 뒤 파울로 퇴장당한 선수

1962년 칠레 월드컵에서 브라질의 스트라이커 가린샤가 칠레와의 4강전에서 2골을 넣은 뒤 상대 수비수를 걷어차 퇴장당하면서부터 가린샤 클럽이라는 용어가 생겼다.

> **가린샤 클럽 멤버**
> 1962년 가린샤(브라질), 1998년 하석주(한국), 2002년 살리프 디아오(세네갈), 2002년 호나우지뉴(브라질), 2006년 지네딘 지단(프랑스)

33 해트트릭
축구 경기에서 1명의 선수가 1경기에서 3득점을 하는 것

1명의 선수가 1경기에서 3득점을 하는 것을 말한다. 크리켓(Cricket)에서 3명의 타자를 연속으로 삼진 아웃 시킨 투수에게 그 명예를 기리는 뜻으로 선물한 모자(Hat)에서 유래한 이름이다.

34 펜싱 Fencing
검으로 찌르기, 베기 등의 기술을 사용하여 겨루는 스포츠

유럽에서 유래하였으며, 국제 표준 용어는 모두 프랑스어가 사용된다. 사용하는 검에 따라 플뢰레, 에페, 사브르의 세 종류가 있으며, 남녀 개인전과 단체전이 있다.

플뢰레 (Fleuret)	프랑스어의 꽃을 뜻하는 Fleur에서 나온 말로 칼날의 끝이 꽃처럼 생겨서 붙여졌다. 플뢰레는 심판의 시작 선언 후 먼저 공격적인 자세를 취한 선수에게 공격권이 주어진다. 공격을 당한 선수는 반드시 방어해야만 공격권을 얻을 수 있으며 유효 타깃은 얼굴, 팔, 다리를 제외한 몸통이다.
에페 (Epee)	창, 검 등을 의미하는 그리스어에서 유래했다. 에페는 먼저 찌르는 선수가 득점을 하게 된다. 마스크와 장갑을 포함한 상체 모두가 유효 타깃이며 하체를 허리 부분부터 완벽하게 가릴 수 있는 에이프런 모양의 전기적 감지기 옷이 준비되어 있다. 에페는 빠르게 찌르는 선수가 점수를 얻지만 1/25초 이내에 서로 동시에 찌를 경우는 둘 다 점수를 얻는다.
사브르 (Sabre)	검이란 뜻으로 베기와 찌르기를 겸할 수 있는 검을 사용한다. 베기와 찌르기가 동시에 가능하다. 유효 타깃은 허리뼈보다 위이며 머리와 양팔도 포함된다.

35 데이비스컵 Davis Cup
테니스 월드컵이라고도 불리는 세계 최고 권위의 남자 테니스 국가 대항 토너먼트

1900년 미국과 영국의 대결에서 처음 시작되었다. 데이비스는 우승컵을 기증한 드와이트 필리 데이비스의 이름에서 따온 것이다. 해마다 지역 예선을 거친 세계 16개 나라가 토너먼트식으로 대전하여 우승국을 결정한다. 데이비스컵 대회는 매년 열리며 우승컵인 데이비스컵은 그해의 우승 국가가 1년간 보관한다. 데이비스컵 보유국을 '챔피언네이션(Championnation)'이라 한다.

36 골프 Golf
골프채(Club)로 공을 쳐서 가장 적은 타수로 홀에 넣는 것으로 순위를 가리는 경기

각 홀마다 승패를 결정하는 매치 플레이(Match Play)와 정규 라운드에서 최소 타수를 기록한 선수가 우승하는 스트로크 플레이(Stroke Play), 각 홀의 1위 선수가 홀마다 걸린 상금을 획득하는 방식인 스킨스 게임(Skins Game)이 있다. 골프채는 골프 클럽(Golf Club)이라고 하는데 한 경기에서 사용할 수 있는 클럽은 14개 이하이며, 상황에 따라 드라이버(Driver), 우드(Wood), 아이언(Iron), 웨지(Wedge), 퍼터(Putter) 등을 사용한다.

> **우드와 아이언**
> 타구면이 있는 골프채의 머리 부분이 나무로 된 것은 우드, 쇳덩이로 된 것은 아이언이라 한다. 우드는 볼을 멀리 보내기 위한 클럽이고 아이언은 알맞은 거리에 따라 골라 쓰는 클럽으로, 우드가 아이언보다 길다.

37 골프 4대 메이저 대회

구분	4대 메이저 대회
PGA	• PGA 챔피언십(PGA Championship, 1916) • US 오픈(US Open, 1895) • 브리티시 오픈(British Open, 1860) • 마스터스(Masters, 1930)
LPGA	• AIG 브리티시 여자오픈 • US 여자오픈 • KPMG 위민스 PGA 챔피언십(구 LPGA 챔피언십) • ANA 인스퍼레이션(구 크래프트 나비스코 챔피언십)

> **라이더컵(Ryder Cup)**
> 1927년 미국과 영국 대결로 처음 시작돼 현재 유럽, 미국 등에 랭킹 순위가 높은 남자 골퍼들이 국가를 대표해 경기를 치르고 있다. 현재는 2년에 한 번씩 미국과 유럽에서 개최되고 있으며 타이거 우즈, 로리 맥킬로이, 필 미켈슨 등 세계적인 골퍼들이 참가했다.

38 세계 4대 모터쇼
프랑크푸르트, 파리, 디트로이트, 도쿄 모터쇼

세계 최초의 모터쇼는 1897년 독일에서 열린 프랑크푸르트 모터쇼이다. 그 후 세계 각국에서 모터쇼를 개최하였는데, 그중에서 1898년 처음 개최된 프랑스의 파리 모터쇼, 1907년 처음 개최된 미국의 디트로이트 모터쇼, 1954년 처음 열린 일본의 도쿄 모터쇼를 통틀어, 세계 4대 모터쇼라고 부른다. 여기에 제네바 모터쇼를 합해 세계 5대 모터쇼로 부르기도 한다.

- 파리 오토 살롱 : 가장 많은 차종이 출품된다는 점에서 '자동차 세계 박람회'로 불리기도 한다. 화려한 컨셉트카나 쇼카 전시를 피하고 양산차 위주로 진행된다.
- 프랑크푸르트 모터쇼 : 자동차 기술을 선도하는 독일 메이커들이 중심이 되어 기술적 측면이 강조된 테크니컬쇼로 유명하다. 또 홀수 해에는 승용차 중심, 짝수 해에는 상용차 모터쇼가 열린다.

39 국제올림픽위원회 IOC
올림픽 운동의 감독 기구

IOC는 1894년에 창설되어 올림픽 개최 도시를 선정하며, 각 올림픽 대회마다 열리는 올림픽 종목도 IOC에서 결정한다. IOC 조직과 활동은 올림픽 헌장을 따른다.

40 유럽 4대 축구리그
프리미어리그, 세리에 A, 라리가, 분데스리가

일반적으로 영국 프리미어리그, 이탈리아 세리에 A, 스페인 라리가, 독일 분데스리가를 유럽 4대 축구리그로 부르고 있다.

CHAPTER 05 출제예상문제

01 미국 브로드웨이에서 연극과 뮤지컬에 대해 수여하는 상은 무엇인가?
① 토니상　　　　　　　② 에미상
③ 오스카상　　　　　　④ 골든글로브상

해설
① 토니상은 연극의 아카데미상이라고 불리며 브로드웨이에서 상연된 연극과 뮤지컬 부문에 대해 상을 수여한다.

02 다음 중 판소리 5마당이 아닌 것은?
① 〈춘향가〉　　　　　　② 〈수궁가〉
③ 〈흥보가〉　　　　　　④ 〈배비장전〉

해설
④ 판소리 5마당은 〈춘향가〉, 〈심청가〉, 〈흥보가〉, 〈적벽가〉, 〈수궁가〉이다.

03 다음 중 유네스코 세계문화유산이 아닌 것은?
① 석굴암·불국사　　　　② 종묘
③ 경복궁　　　　　　　 ④ 수원화성

해설
유네스코 세계문화유산
석굴암·불국사, 해인사 장경판전, 종묘, 창덕궁, 수원화성, 경주역사유적지구, 고창·화순·강화 고인돌 유적, 조선왕릉, 안동하회·경주양동마을, 남한산성, 백제역사유적지구, 산사·한국의 산지승원, 한국의 서원, 가야 고분군

정답 01 ① 02 ④ 03 ③

04 다음 중 성격이 다른 음악 장르는?

① 위령곡
② 광상곡
③ 레퀴엠
④ 진혼곡

> **해설**
> ② 광상곡은 '카프리치오(Capriccio)'라고도 불리며, 일정한 형식에 구속되지 않는 자유로운 요소가 강한 기악곡을 말한다.
> ①·③·④ 레퀴엠(Requiem)과 위령곡, 진혼곡은 모두 같은 의미를 가지고 있으며, 가톨릭에서 죽은 이를 기리기 위한 위령 미사에서 사용되는 곡을 뜻한다.

05 다음 중 3대 영화제가 아닌 것은?

① 베니스 영화제
② 베를린 영화제
③ 몬트리올 영화제
④ 칸 영화제

> **해설**
> ③ 세계 3대 영화제는 베니스 영화제, 베를린 영화제, 칸 영화제이다.

06 '새로운 물결'이라는 뜻을 지닌 프랑스의 영화운동으로, 기존의 영화 산업의 틀에서 벗어나 개인적·창조적인 방식이 담긴 영화를 만드는 것은 무엇인가?

① 네오리얼리즘
② 누벨바그
③ 맥거핀
④ 인디즈

> **해설**
> ② 누벨바그(Nouvelle Vague)는 '새로운 물결'이라는 뜻의 프랑스어로, 1958년경부터 프랑스 영화계에서 젊은 영화인들이 주축이 되어 펼친 영화운동이다. 대표적인 작품으로는 고다르의 〈네 멋대로 해라〉, 트뤼포의 〈어른들은 알아주지 않는다〉 등이 있다.

07 음악의 빠르기에 대한 설명이 잘못된 것은?

① 아다지오(Adagio) : 아주 느리고 침착하게
② 모데라토(Moderato) : 보통 빠르게
③ 알레그레토(Allegretto) : 빠르고 경쾌하게
④ 프레스토(Presto) : 빠르고 성급하게

> **해설**
> ③ 알레그레토(Allegretto)는 '조금 빠르게'라는 의미다.

08 국보 1호와 주요 무형문화재 1호를 각각 바르게 연결한 것은?

① 숭례문 - 남사당놀이
② 숭례문 - 종묘제례악
③ 흥인지문 - 종묘제례악
④ 흥인지문 - 양주별산대놀이

해설
② 흥인지문은 보물 1호, 양주별산대놀이와 남사당놀이는 각각 무형문화재 2호와 3호이다.

09 다음 중 유네스코 지정 세계기록유산이 아닌 것은?

① 삼국사기
② 훈민정음
③ 직지심체요절
④ 5·18 민주화운동 기록물

해설
유네스코 세계기록유산
훈민정음, 조선왕조실록, 직지심체요절, 승정원일기, 해인사 대장경판 및 제경판, 조선왕조의궤, 동의보감, 일성록, 5·18 민주화운동 기록물, 난중일기, 새마을운동 기록물, 한국의 유교책판, KBS 특별 생방송 '이산가족을 찾습니다' 기록물, 조선왕실 어보와 어책, 국채보상운동 기록물, 조선통신사 기록물, 4·19 혁명 기록물, 동학농민혁명 기록물, 제주 4·3 기록물, 산림녹화 기록물

10 2년마다 주기적으로 열리는 국제 미술 전시회를 가리키는 용어는?

① 트리엔날레
② 콰드리엔날레
③ 비엔날레
④ 아르누보

해설
③ 비엔날레(Biennale)는 이탈리아어로 '2년마다'라는 뜻으로, 미술 분야에서 2년마다 열리는 전시 행사를 일컫는다. 가장 역사가 길며 그 권위를 인정받고 있는 것은 베니스 비엔날레이다.

11 다음 중 사물놀이에 쓰이는 악기로 해당하지 않는 것은?

① 꽹과리
② 장구
③ 징
④ 소고

해설
④ 사물놀이는 꽹과리, 징, 장구, 북을 연주하는 음악 또는 놀이이다.

12 국악의 빠르기 중 가장 느린 장단은?

① 휘모리 ② 중모리
③ 진양조 ④ 자진모리

해설
국악의 빠르기(느린 순서)
진양조 → 중모리 → 중중모리 → 자진모리 → 휘모리

13 미국 하버드대학교의 과학잡지사에서 수여하는 상으로 기발한 연구나 업적을 대상으로 하는 상은?

① 이그노벨상 ② 프리츠커상
③ 뉴베리상 ④ 콜더컷상

해설
① 이그노벨상은 1991년 미국 하버드대학교의 유머과학잡지인 〈기발한 연구 연보(The Annals of Improbable Research)〉가 제정한 상으로 '흉내 낼 수 없거나 흉내 내면 안 되는 업적'에 수여되며 매년 진짜 노벨상 수상자가 발표되기 1~2주 전에 시상식이 열린다. 이그노벨상은 상금이 주어지지 않으며 실제 논문으로 발표된 과학업적 가운데 재미있거나 기발한 연구에 수여한다.

14 다음 중 르네상스 3대 화가가 아닌 사람은?

① 레오나르도 다빈치 ② 미켈란젤로
③ 피카소 ④ 라파엘로

해설
③ 피카소는 20세기 초 입체파의 대표 화가이다.

15 베른 조약에 따르면 저작권의 보호기간은 저작자의 사후 몇 년인가?

① 30년 ② 50년
③ 80년 ④ 100년

해설
② 베른 조약은 1886년 스위스의 수도 베른에서 체결된 조약으로, 외국인의 저작물을 무단 출판하는 것을 막고 다른 가맹국의 저작물을 자국민의 저작물과 동등하게 대우하도록 한다. 보호기간은 저작자의 생존 및 사후 50년을 원칙으로 한다.

16 저작권에 반대되는 개념으로 지적 창작물에 대한 권리를 모든 사람이 공유할 수 있도록 하는 것은?

① 베른 조약 ② WIPO
③ 실용신안권 ④ 카피레프트

해설
④ 카피레프트(Copyleft)는 저작권(Copyright)에 반대되는 개념이며 정보의 공유를 위한 조치이다.

17 조선시대 국가의 주요 행사를 그림 등으로 상세하게 기록한 책은 무엇인가?

① 외규장각 ② 조선왕조의궤
③ 종묘제례 ④ 직지심체요절

해설
② 조선왕조의궤는 조선시대 국가나 왕실의 주요 행사를 그림 등으로 상세하게 기록한 책이다. '의궤'는 의식과 궤범을 결합한 말로 '의식의 모범이 되는 책'이라는 뜻이다.

18 오페라 등 극적인 음악에서 나오는 기악 반주의 독창곡은?

① 아리아 ② 칸타타
③ 오라토리오 ④ 세레나데

해설
② 칸타타(Cantata) : 아리아·중창·합창 등으로 이루어진 대규모 성악곡
③ 오라토리오(Oratorio) : 성경에 나오는 이야기를 극화한 대규모의 종교적 악극
④ 세레나데(Serenade) : 17~18세기 이탈리아에서 발생한 가벼운 연주곡

19 영화의 한 화면 속에 소품 등 모든 시각적 요소를 동원해 주제를 드러내는 방법은?

① 몽타주 ② 인디즈
③ 미장센 ④ 옴니버스

해설
① 몽타주(Montage) : 미장센과 상대적인 개념으로 따로 촬영된 짧은 장면들을 연결해서 의미를 창조하는 기법
② 인디즈(Indies) : 독립영화의 약칭으로 대형 영화사가 아닌 규모가 작은 독립 프로덕션에 의해 제작된 영화 또는 독립영화 예술가를 일컫는 용어
④ 옴니버스(Omnibus) : 독립된 콩트들이 모여 하나의 주제를 나타내는 것

20 다음 중 올림픽에 관한 설명으로 옳지 않은 것은?

① 한국은 1948년에 최초로 올림픽에 출전했다.
② 국제올림픽위원회 본부는 스위스 로잔에 있다.
③ 한국 대표팀이 최초로 메달을 획득한 구기 종목은 핸드볼이다.
④ 근대 5종 경기 종목은 펜싱, 수영, 승마, 사격, 크로스컨트리 등이다.

> **해설**
> ③ 1976년 몬트리올 올림픽에서 여자 배구가 첫 메달(동메달)을 획득했으며, 1984년 로스앤젤레스 대회에서는 여자 농구와 핸드볼이 은메달을 획득했다. 또한 1988년 서울 대회에서 여자 핸드볼이 단체 구기 종목 사상 최초로 올림픽 금메달을 획득했다.

21 독립영화만을 다루는 세계 최고의 권위 있는 국제영화제는?

① 선댄스영화제
② 부산 독립영화제
③ 로테르담 국제영화제
④ 제라르메 국제판타스틱영화제

> **해설**
> ① 선댄스영화제(The Sundance Film Festival)는 세계 최고의 독립영화제로 독립영화를 다루는 권위 있는 국제영화제이다. 할리우드식 상업주의에 반발한 미국 영화배우 로버트 레드포드가 독립영화제를 후원하면서 시작됐다.

22 내용은 보도해도 되지만 취재원을 밝혀서는 안 되는 것을 뜻하는 취재 용어는?

① 백그라운드브리핑   ② 딥백그라운드
③ 오프더레코드   ④ 엠바고

> **해설**
> ② 딥백그라운드(Deep Background)는 취재원을 인터뷰한 내용을 쓸 때 특별한 경우를 제외하고 취재원 정보를 보도하지 않거나 익명으로 보도하는 관례이다. 딥백그라운드는 익명의 제보자를 뜻하는 딥스로트(Deep Throat)의 신변보호를 위해 취재원의 정보를 공개하지 않는다.

23 매스커뮤니케이션의 효과 이론 중 지배적인 여론과 일치되면 의사를 적극 표출하지만 그렇지 않으면 침묵하는 경향을 보이는 이론은 무엇인가?

① 탄환 이론
② 미디어 의존 이론
③ 모델링 이론
④ 침묵의 나선 이론

> **해설**
> ④ 침묵의 나선 이론 : 매스미디어가 지배적인 여론 형성에 큰 영향력을 행사한다는 것을 설명하는 이론이다.
> ① 탄환 이론 : 매스미디어는 고립된 대중들에게 즉각적·획일적으로 강력한 영향을 미친다는 이론이다.
> ② 미디어 의존 이론 : 매스미디어에 대한 수용자의 의존도가 점점 높아지는 현대사회에서 매스미디어가 수용자나 사회에 미치는 효과가 매우 크다는 것을 설명하는 이론이다.
> ③ 모델링 이론 : 수용자들은 매스미디어의 행동양식을 모델로 삼아서 행동하므로 매스미디어의 영향력이 매우 강력하다고 주장한다.

24 다음 중 미국의 4대 방송사가 아닌 것은?

① CNN
② ABC
③ CBS
④ NBC

> **해설**
> ① 미국의 4대 방송사는 NBC, CBS, ABC, FOX이다.

25 광고의 종류에 관한 설명이 잘못 연결된 것은?

① 인포머셜 – 상품의 정보를 상세하게 제공하는 광고
② 애드버토리얼 – 언뜻 보아서는 무슨 내용인지 알 수 없는 광고
③ 레트로 광고 – 과거에 대한 향수를 느끼게 하는 회고 광고
④ PPL 광고 – 영화나 드라마 등에 특정 제품을 노출시키는 간접 광고

> **해설**
> ② 애드버토리얼(Advertorial)은 신문·잡지에 기사 형태로 실리는 논설식 광고. 신세대의 취향을 만족시키는 것으로 언뜻 보아서는 무슨 내용인지 알 수 없는 광고는 '키치 광고(Kitsch Advertisement)'이다.

26 언론을 통해 뉴스가 전해지기 전에 뉴스 결정권자가 뉴스를 취사선택하는 것을 무엇이라고 하는가?

① 바이라인
② 발롱데세
③ 게이트키핑
④ 방송심의위원회

해설
③ 게이트키핑(Gate Keeping)은 뉴스 결정권자 등의 게이트키퍼가 뉴스를 취사선택하여 전달하는 것으로, 이 과정에서 게이트키퍼의 가치관이 작용할 수 있다.

27 처음에는 상품명을 감췄다가 서서히 공개하면서 궁금증을 유발하는 광고 전략을 무엇이라 하는가?

① PPL 광고
② 비넷 광고
③ 트레일러 광고
④ 티저 광고

해설
① PPL 광고(Product PLacement Advertisement) : 영화나 드라마의 장면에 상품이나 브랜드 이미지를 노출시키는 광고 기법
② 비넷 광고(Vignet Advertisement) : 한 주제에 맞춰 다양한 장면을 짧게 보여주면서 강렬한 이미지를 주는 기법
③ 트레일러 광고(Trailer Advertising) : 메인 광고 뒷부분에 다른 제품을 알리는 맛보기 광고로 '자매품'이라고도 함

28 오락거리만 있고 정보는 전혀 없는 새로운 유형의 뉴스를 가리키는 용어는?

① 블랙 저널리즘(Black Journalism)
② 옐로 저널리즘(Yellow Journalism)
③ 하이프 저널리즘(Hype Journalism)
④ 팩 저널리즘(Pack Journalism)

해설
① 블랙 저널리즘 : 감추어진 이면적 사실을 드러내는 취재활동
② 옐로 저널리즘 : 독자들의 관심을 유도하기 위해 범죄, 성적 추문 등의 선정적인 사건들 위주로 취재하여 보도하는 것
④ 팩 저널리즘 : 취재방법이나 취재시각 등이 획일적이어서 개성이나 독창성이 없는 저널리즘

29 선거 보도 형태의 하나로 후보자의 여론조사 결과 및 득표상황만을 집중적으로 보도하는 저널리즘은 무엇인가?

① 가차 저널리즘(Gotcha Journalism)
② 경마 저널리즘(Horse Race Journalism)
③ 센세이셔널리즘(Sensationalism)
④ 제록스 저널리즘(Xerox Journalism)

해설
① 가차 저널리즘 : 유명 인사의 사소한 해프닝을 집중 보도하는 저널리즘
③ 센세이셔널리즘 : 스캔들 기사 등을 보도하여 호기심을 자극하는 저널리즘
④ 제록스 저널리즘 : 극비문서를 몰래 복사하여 발표하는 것

30 다음 중 IPTV에 관한 설명으로 잘못된 것은 무엇인가?

① 방송·통신 융합 서비스이다.
② 영화·드라마 등 원하는 콘텐츠를 제공받을 수 있다.
③ 양방향 서비스이다.
④ 별도의 셋톱박스를 설치할 필요가 없다.

해설
④ IPTV를 시청하기 위해서는 TV 수상기에 셋톱박스를 설치해야 한다.

31 미국 콜롬비아대 언론대학원에서 선정하는 미국 최고 권위의 보도·문학·음악상은?

① 토니상 ② 그래미상
③ 퓰리처상 ④ 템플턴상

해설
③ 퓰리처상은 미국의 언론인 퓰리처의 유산으로 제정된 언론·문학상이다. 1917년에 시작되어 매년 저널리즘 및 문학계의 업적이 우수한 사람을 선정하여 20여 개 부문에 걸쳐 시상한다.

정답 26 ③ 27 ④ 28 ③ 29 ② 30 ④ 31 ③

32 언론의 사실적 주장에 관한 보도로 피해를 입었을 때 자신이 작성한 반론문을 보도해 줄 것을 요구할 수 있는 권리는 무엇인가?

① 액세스권
② 정정보도 청구권
③ 반론보도 청구권
④ 퍼블릭액세스

해설
① 액세스권 : 언론 매체에 자유롭게 접근·이용할 수 있는 권리
② 정정보도 청구권 : 언론에 대해 정정을 요구할 수 있는 권리로 사실 보도에 한정되며 비판·논평은 해당하지 않음
④ 퍼블릭액세스 : 일반인이 직접 제작한 영상물을 그대로 반영하는 것

33 다음 뉴스의 종류와 그에 대한 설명이 바르게 연결되지 않은 것은?

① 디스코 뉴스 – 뉴스의 본질에 치중하기보다 스타일을 더 중요시하는 형태
② 스폿 뉴스 – 사건 현장에서 얻어진 생생한 뉴스로, 핫 뉴스라고도 함
③ 패스트 뉴스 – 논평·해설 등을 통해 잘 정리되고 오보가 적은 뉴스
④ 스트레이트 뉴스 – 사건·사고의 내용을 객관적 입장에서 보도하는 것

해설
③ 패스트 뉴스는 긴 해설이나 설명 없이 최신 뉴스를 보도하는 형태이다. 자세한 논평과 해설을 통해 잘 정리된 기사를 보도하는 형태의 뉴스는 '슬로 뉴스'이다.

34 숨겨진 사실을 드러내는 것으로 약점을 보도하겠다고 위협하거나 특정 이익을 위해 보도하는 저널리즘은 무엇인가?

① 블랙 저널리즘(Black Journalism)
② 뉴 저널리즘(New Journalism)
③ 팩 저널리즘(Pack Journalism)
④ 하이에나 저널리즘(Hyena Journalism)

해설
② 뉴 저널리즘 : 속보성과 단편성을 거부하고 소설의 기법을 이용해 심층적인 보도 스타일을 보이는 저널리즘
③ 팩 저널리즘 : 취재방법 및 시각이 획일적인 저널리즘으로, 신문의 신뢰도 하락을 불러옴
④ 하이에나 저널리즘 : 권력 없고 힘없는 사람에 대해서 집중적인 매도와 공격을 퍼붓는 저널리즘

35 다음 중 미디어렙에 관한 설명으로 옳지 않은 것은?

① 'Media'와 'Representative'의 합성어이다.
② 방송사의 위탁을 받아 광고주에게 광고를 판매하는 대행사이다.
③ 판매대행 시 수수료는 따로 받지 않는다.
④ 광고주가 광고를 빌미로 방송사에 영향을 끼치는 것을 막아준다.

해설
③ 미디어렙(Media Rep)은 방송광고 판매대행사로, 판매대행 수수료를 받는 회사이다.

36 매스컴 관련 권익 보호와 자유를 위해 설립된 기구 중 워싱턴에 위치하고 외국 수뇌 인물들의 연설을 듣고 질의·응답하는 것을 주 행사로 삼는 기구는?

① 내셔널프레스클럽　　② 세계신문협회
③ 국제언론인협회　　　④ 국제기자연맹

해설
② 세계신문협회 : 1948년 국제신문발행인협회로 발족한 세계 최대의 언론단체이다.
③ 국제언론인협회 : 1951년 결성된 단체로 언론인 상호 간의 교류와 협조를 통해 언론의 자유를 보장하는 것을 목적으로 매년 1회씩 대회가 열린다.
④ 국제기자연맹 : 본부는 브뤼셀에 있으며 3년마다 '기자 올림픽'이라 불리는 대규모 총회가 열린다.

37 신제품 또는 기업에 대하여 언론이 일반 보도로 다루도록 함으로써 결과적으로 무료로 광고 효과를 얻게 하는 PR의 한 방법은?

① 콩글로머천드(Conglomerchant)
② 애드버커시(Advocacy)
③ 퍼블리시티(Publicity)
④ 멀티스폿(Multispot)

해설
③ 퍼블리시티는 광고주가 회사·제품·서비스 등과 관련된 뉴스를 신문·잡지 등의 기사나 라디오·방송 등에 제공하여 무료로 보도하도록 하는 PR방법이다.

38 다음 중 건물의 외벽에 LED 조명을 이용하여 영상을 표현하는 미술 기법은?

① 데포르마숑　　　　　② 미디어 파사드
③ 실크스크린　　　　　④ 옵티컬아트

> **해설**
> ② 미디어 파사드(Media Facade)에서 파사드는 건물의 외벽을 의미하는 말로, 건물 외벽을 스크린처럼 이용해 영상을 표시하는 미술 기법을 말한다. LED 조명을 건물의 외벽에 설치하여 디스플레이를 구현한다. 옥외 광고로도 이용될 수 있어, 통신망을 통해 실시간으로 광고판에 정보를 전달하는 디지털 사이니지(Digital Signage)의 한 종류로 분류된다.

39 다음 중 국경 없는 기자회에 대한 설명으로 틀린 것은?

① 프랑스 파리에 본부를 두고 있다.
② 중동을 제외한 4개 대륙에 지부를 두고 있다.
③ 살해당하거나 체포된 언론인의 현황을 공개하고 있다.
④ 세계 언론인들의 인권보호를 위해 설립되었다.

> **해설**
> ② 국경 없는 기자회(Reporters Sans Frontières)는 1985년에 설립된 세계 언론단체로 본부는 프랑스 파리에 있다. 언론인들의 인권보호와 언론자유의 신장을 위해 설립되었다. 아프리카·아메리카·아시아·중동·유럽 등 5개 대륙에 9개의 지부를 두고 있다. 부당하게 살해당하거나 체포된 언론인들의 현황을 조사하고, 각국의 언론자유지수를 발표하고 있다.

40 시청자가 원하는 콘텐츠를 양방향으로 제공하는 방송·통신 융합 서비스로 시청자가 편리한 시간에 원하는 프로그램을 선택해 볼 수 있는 방송 서비스는?

① CATV　　　　　② Ustream
③ Podcasting　　　④ IPTV

> **해설**
> ① CATV : 동축케이블을 이용해 프로그램을 송신하는 유선 TV
> ② Ustream : 실시간 동영상 중계 사이트
> ③ Podcasting : 사용자들이 인터넷을 통해 새로운 방송을 자동으로 구독할 수 있게 하는 미디어

41 스위스에 있는 올림픽 관리 기구는 무엇인가?

① IOC　　　　　　　　　　② IBF
③ ITF　　　　　　　　　　④ FINA

> **해설**
> ① IOC(International Olympic Committee) : 국제올림픽위원회
> ② IBF(International Boxing Federation) : 국제복싱연맹
> ③ ITF(International Tennis Federation) : 국제테니스연맹
> ④ FINA(Federation Internationale de Natation) : 국제수영연맹

42 골프의 일반적인 경기 조건에서 각 홀에 정해진 기준 타수를 'Par'라고 한다. 다음 중 Par보다 2타수 적은 스코어로 홀인하는 것을 뜻하는 용어는 무엇인가?

① 버디(Birdie)　　　　　② 이글(Eagle)
③ 보기(Bogey)　　　　　④ 알바트로스(Albatross)

> **해설**
> ② 기준 타수보다 2타수 적은 스코어로 홀인하는 것을 이글이라 한다.
> ① 버디 : 기준 타수보다 1타수 적은 스코어로 홀인하는 것
> ③ 보기 : 기준 타수보다 1타수 많은 스코어로 홀인하는 것
> ④ 알바트로스 : 기준 타수보다 3타수 적은 스코어로 홀인하는 것

43 다음 육상 경기 중 필드경기에 해당하지 않는 것은?

① 높이뛰기　　　　　　　② 창던지기
③ 장애물 경기　　　　　　④ 멀리뛰기

> **해설**
> ③ 필드경기는 크게 도약경기와 투척경기로 나뉜다. 도약경기에는 멀리뛰기, 높이뛰기, 장대높이뛰기, 세단뛰기 등이 있으며, 투척경기에는 창던지기, 원반던지기, 포환던지기, 해머던지기 등의 종목이 있다.

44 다음 중 야구에서 타자가 2스트라이크 이후 아웃이 되는 상황이 아닌 것은?

① 번트파울
② 헛스윙
③ 파울팁
④ 베이스 온 볼스

해설
④ 2스트라이크 이후 번트는 3번트라고 하여 성공하지 못하고 파울이 되면 아웃이며, 파울팁은 타자가 스윙을 하여 배트에 살짝 스친 뒤 포수에게 잡히는 공이다. 베이스 온 볼스(Base On Balls)는 볼넷을 의미한다.

45 다음 중 야구를 통계·수학적 방법으로 분석하는 방식을 뜻하는 말은?

① 핫코너
② 피타고리안 기대 승률
③ 세이버매트릭스
④ 머니볼

해설
③ 세이버매트릭스(Sabermetrics)는 야구를 통계적·수학적 방법으로 분석하는 방법론을 말한다. 기록의 스포츠인 야구를 객관적으로 분석하기 위한 기법이다. 선수 개개인의 기록과 경기의 통계 수치를 종합해 다음 혹은 향후 선수와 경기흐름에 대해 분석하고 예측하는 것을 말한다.

46 골프의 18홀에서 파 5개, 버디 2개, 보기 4개, 더블보기 4개, 트리플보기 3개를 기록했다면 최종 스코어는 어떻게 되는가?

① 이븐파
② 3언더파
③ 9오버파
④ 19오버파

해설
④ 파 5개(0) + 버디 2개(-2) + 보기 4개(+4) + 더블보기 4개(+8) + 트리플보기 3개(+9) = 19오버파

47 남자부 4대 골프 대회에 속하지 않는 것은?

① 마스터스
② 브리티시 오픈
③ 맥도널드 오픈
④ US 오픈

해설
- 남자부 4대 골프 대회 : 마스터스, 브리티시 오픈(영국 오픈), PGA 챔피언십, US 오픈
- 여자부 4대 골프 대회 : AIG 브리티시 여자오픈, US 여자오픈, KPMG 위민스 PGA 챔피언십, ANA 인스퍼레이션

48 농구에서 스타팅 멤버를 제외한 벤치 멤버 중 가장 기량이 뛰어나 언제든지 경기에 투입할 수 있는 투입 1순위 후보는?

① 포스트맨
② 스윙맨
③ 식스맨
④ 세컨드맨

해설
③ 벤치 멤버 중 투입 1순위 후보는 식스맨(Six Man)이라고 한다. 포스트맨은 공을 등지고 골 밑 근처에서 패스를 연결하거나 스스로 공격하는 선수이고, 스윙맨은 가드·포워드 역할을 모두 수행할 수 있는 선수이다.

49 축구 경기에서 해트트릭이란 무엇인가?

① 1경기에서 1명의 선수가 1골을 넣는 것
② 1경기에서 1명의 선수가 2골을 넣는 것
③ 1경기에서 1명의 선수가 3골을 넣는 것
④ 1경기에서 3명의 선수가 1골씩 넣는 것

해설
③ 해트트릭(Hat Trick)이란 크리켓에서 3명의 타자를 삼진 아웃시킨 투수에게 명예를 기리는 뜻으로 선물한 모자(Hat)에서 유래했으며, 축구 경기에서는 1명의 선수가 3골을 넣는 것을 말한다. 또 한 팀이 3년 연속 대회 타이틀을 석권했을 때도 해트트릭이라고 한다.

50 다음 중 유럽의 국가와 국가별 프로축구 리그의 연결로 옳은 것은?

① 스페인 – 세리에 A
② 독일 – 분데스리가
③ 이탈리아 – 프리미어리그
④ 잉글랜드 – 라리가

해설
① 스페인 – 라리가
③ 이탈리아 – 세리에 A
④ 잉글랜드 – 프리미어리그

51 다음 중 골프 용어가 아닌 것은?

① 로진백 ② 이글
③ 어프로치샷 ④ 언더파

> **해설**
> ① 로진백(Rosin Bag)은 야구 경기에서 투수나 타자가 공이 미끄러지지 않게 하기 위해 묻히는 송진 가루나 로진이 들어 있는 작은 주머니다. 손에 묻힐 수는 있어도 배트, 공, 글러브 등에 묻히는 것은 금지되어 있다. 그 밖에 역도나 체조 선수들도 사용한다.

52 월드컵 본선에서 골을 넣은 뒤 파울로 퇴장당한 선수들을 일컫는 용어는?

① 가린샤 클럽 ② 블랙슈즈 클럽
③ 170 클럽 ④ 벤치맙 클럽

> **해설**
> ① 가린샤 클럽(Garrincha Club)은 1962년 칠레 월드컵에서 브라질의 공격수 가린샤가 골을 넣은 뒤 상대팀 수비수를 걷어차 퇴장을 당하면서 생긴 용어이다.

53 세계 5대 모터쇼에 포함되지 않는 모터쇼는?

① 토리노 모터쇼 ② 도쿄 모터쇼
③ 제네바 모터쇼 ④ 북미 국제 오토쇼

> **해설**
> 세계 5대 모터쇼
> 파리 모터쇼, 프랑크푸르트 모터쇼, 제네바 모터쇼, 북미 국제 오토쇼(디트로이트 모터쇼), 도쿄 모터쇼

54 미국과 유럽을 오가며 2년마다 개최되는 미국과 유럽의 남자 골프 대회는?

① 데이비스컵 ② 라이더컵
③ 프레지던츠컵 ④ 스탠리컵

> **해설**
> ② 라이더컵 : 영국인 사업가 새뮤얼 라이더(Samuel Ryder)가 순금제 트로피를 기증함으로써 그 이름을 따서 붙인, 미국과 유럽의 남자 골프 대회이다.
> ① 데이비스컵 : 테니스 월드컵이라고도 불리는 세계 최고 권위의 국가 대항 남자 테니스 대회이다.
> ③ 프레지던츠컵 : 미국과 유럽을 제외한 인터내셔널팀 사이의 남자 프로골프 대항전이다.
> ④ 스탠리컵 : 북아메리카에서 프로아이스하키 리그의 플레이오프 우승팀에게 수여되는 트로피를 가리킨다.

55 다음 중 2스트라이크 이후에 추가로 스트라이크 판정을 받았으나 포수가 이 공을 놓칠 경우(잡기 전에 그라운드에 닿은 경우도 포함)를 가리키는 말은 무엇인가?

① 트리플 더블 ② 낫아웃
③ 퍼펙트 게임 ④ 노히트노런

> **해설**
> ① 트리플 더블(Triple Double) : 한 선수가 득점, 어시스트, 리바운드, 스틸, 블록슛 중 세 부문에서 2자리 수 이상을 기록하는 것을 가리키는 농구 용어
> ③ 퍼펙트 게임(Perfect Game) : 야구에서 투수가 상대팀에게 한 개의 진루도 허용하지 않고 승리로 이끈 게임
> ④ 노히트노런(No Hit No Run) : 야구에서 투수가 상대팀에게 한 개의 안타도 허용하지 않고 승리로 이끈 게임

56 근대 5종 경기는 기원전 708년에 실시된 고대 5종 경기를 현대에 맞게 발전시킨 것으로, 근대 올림픽을 창설한 쿠베르탱의 실시로 시작하게 되었다. 이와 관련된 근대 5종 경기가 아닌 것은?

① 마라톤 ② 사격
③ 펜싱 ④ 승마

> **해설**
> ②·③·④ 근대 5종 경기는 한 경기자가 사격, 펜싱, 수영, 승마, 크로스컨트리(육상) 5가지 종목을 겨루어 종합 점수로 순위를 매기는 경기이다.

정답 51 ① 52 ① 53 ① 54 ② 55 ② 56 ①

MEMO

학무상사(學無常師) - 논어(論語)
인생의 모든 것이 스승이다.

PART 4

기출복원문제

CHAPTER 01 주요 공공기관 통합 일반상식
CHAPTER 02 주요 공공기관 통합 한국사

CHAPTER 01 주요 공공기관 통합 일반상식

※ 본 기출복원문제는 시험 후기를 토대로 복원한 것으로 실제 시험과 일부 차이가 있을 수 있습니다.

01 | 정치 · 국제 · 법률

| 광주광역시도시공사

01 다음 중 영국의 의회민주주의 발전과 관련 없는 사건은?

① 청교도 혁명
② 명예혁명
③ 권리장전
④ 2월 혁명

해설
④ 2월 혁명은 1848년 프랑스에서 일어난 사건으로 프랑스 제2공화국 수립의 계기가 됐다.
①·②·③ 영국은 1642년부터 일어난 청교도 혁명으로 공화정이 수립됐고, 이후 다시 크롬웰의 독재정치로 왕정으로 돌아갔다가 1688년 명예혁명으로 영국 의회민주주의의 출발을 알리는 권리장전이 선언됐다. 이로써 영국은 세계 최초로 입헌군주국이 되었다.

| 대구의료원

02 외교사절로서 받아들이기 싫어하는 인물을 뜻하는 말은?

① 페르소나 논 그라타
② 페르소나 그라타
③ 아그레망
④ 모두스 비벤디

해설
① 페르소나 논 그라타(Persona non grata)는 '호감 가지 않는 인물'이라는 의미로, 어느 한 국가가 외교사절로서 기피하려 하는 타국의 인물을 뜻하는 말이다. 국제 외교관례상 외교사절을 파견할 때 사전에 상대국에 동의를 얻는 것을 '아그레망(Agrément)'이라고 하고, 반대로 동의를 얻지 못한 것을 '페르소나 논 그라타'라고 한다.

정답 01 ④ 02 ①

■ 대전도시공사

03 일정 기간이 지나면 공소 제기가 불가능한 제도는?

① 면소판결 ② 공소기각
③ 소멸시효 ④ 공소시효

> **해설**
> ④ 공소(公訴)란 검사가 형사사건에 대해 법원에 재판을 청구하는 것을 말한다. 공소시효는 어떤 범죄에 대해 일정 기간이 지나면 국가의 형벌권을 소멸시키는 제도로, 공소시효가 완성된 이후에는 범죄 사실이 드러나더라도 수사 및 기소의 대상이 되지 않는다. 즉, 수사기관이 범죄를 인지하여도 법원에 재판을 청구할 수 없게 되는 것이다. 다만 살인죄를 포함해 13세 미만의 사람 및 신체적·정신적 장애가 있는 사람을 대상으로 한 강간죄, 강제추행죄, 강간 등 상해·치상죄, 강간 등 살인·치사죄 등에는 공소시효가 적용되지 않는다.

■ 대전도시공사

04 다음 중 해양오염 방지를 위한 국제협약은?

① 파리 협정 ② 런던 협약
③ 몬트리올 의정서 ④ 교토 의정서

> **해설**
> ② 런던 협약은 방사성 폐기물을 비롯해 바다를 오염시킬 수 있는 각종 산업폐기물의 해양투기나 해상소각을 규제하는 협약으로, 해양오염을 방지하는 것이 목적이다. 우리나라는 1992년에 가입했다.

■ 대전도시공사

05 다음 중 중대선거구제에 대한 설명으로 틀린 것은?

① 사표가 많이 발생한다.
② 지역구마다 2~5명의 의원을 선출한다.
③ 유권자의 민의가 충분히 반영되지 않는다.
④ 많은 군소정당의 후보들이 선거에 뛰어들게 된다.

> **해설**
> ① 중대선거구제는 지역구당 2~5명의 의원을 뽑는 방식이다. 중대선거구제에서는 지역구의 범위가 넓어지는데, 예를 들어 1개 도에 10개의 지역구가 있다면 이를 북부와 남부라는 2개의 커다란 지역구로 통합한다. 지역구마다 2~5명의 의원이 선출되기 때문에 유권자 입장에서는 선택의 폭이 넓어지고, 당선자 선출에 기여하지 못하는 사표(死票)가 줄어든다. 이를 통해 유권자의 정치적 효능감도 커진다. 그러나 유권자의 민의(民意)가 충분히 반영되지 않고, 군소정당의 후보들이 선거판에 난립할 수 있다는 단점도 있다. 지역구가 넓어 선거비용도 비교적 많이 들어간다.

밀양시시설관리공단

06 덴마크의 자치령 중 하나로 세계에서 가장 큰 섬은?

① 그린란드
② 버진아일랜드
③ 미드웨이 제도
④ 웨이크섬

> **해설**
> ① 그린란드(Greenland)는 덴마크의 자치령으로 유럽과 북미 대륙 사이에 위치한 세계에서 가장 큰 섬이다. 이곳에 사는 원주민을 이누이트(Inuit)라고 하며, 1814년부터 덴마크가 식민지로서 지배하기 시작했다. 국토의 85%가 얼음으로 덮인 척박한 환경이지만, 희토류 등 중요한 희귀자원이 풍부하게 매장된 것으로 알려졌다.

부산광역시공무직통합채용

07 독일 최초의 여성 국방부 장관이자 제13대 유럽연합 집행위원장은?

① 우르줄라 폰데어라이엔
② 마린 르펜
③ 조르자 멜로니
④ 엘리자베트 보른

> **해설**
> ① 우르줄라 폰데어라이엔(Ursula vonder Leyen)은 독일의 의사 출신 정치인이다. 2003년 주의원으로 당선되며 정계에 입문했고, 이후 앙겔라 메르켈 내각에서 가족노인여성청소년부 장관과 노동부 장관, 그리고 2013~2019년에는 독일 최초 민간 출신이자 여성 국방부 장관을 역임했다. 국방부 장관에서 퇴임한 후에는 중도우파 성향의 유럽국민당(EPP) 소속으로 2019년 12월 유럽연합(EU)의 수장인 제13대 집행위원장 자리에 올랐으며, 2024년 7월 연임에 성공했다.

부산광역시공무직통합채용

08 다음 중 선거로 뽑는 것이 아닌 직무는?

① 국회의원
② 교육감
③ 장학사
④ 기초단체장

> **해설**
> ③ 장학사는 교육연구사와 함께 특정직에 속하는 교육공무원을 말한다. 교육직 공무원인 평교사가 전직 시험에 합격하거나 교감 자격을 가진 교사 또는 현직 교감이 전직하는 경우 임용된다. 행정상 지휘·명령·감독권은 없으나 학교 시찰 등을 통해 교육현장에서의 교육 관련 지도, 조언 등의 업무를 수행한다.

정답 03 ④ 04 ② 05 ① 06 ① 07 ① 08 ③

| 부산광역시공무직통합채용

09 우리나라 국회의원의 정수는?

① 200명 ② 250명
③ 280명 ④ 300명

> **해설**
> ④ 현재 우리나라 국회의원 정수는 총 300인으로 지역구 254인과 비례대표 46인으로 구성되어 있다.
>
> **헌법 제41조**
> **제1항** 국회는 국민의 보통·평등·직접·비밀선거에 의하여 선출된 국회의원으로 구성한다.
> **제2항** 국회의원의 수는 법률로 정하되, 200인 이상으로 한다.
> **제3항** 국회의원의 선거구와 비례대표제 기타 선거에 관한 사항은 법률로 정한다.

| 부천시공공기관통합채용

10 우리나라가 193번째로 정식 수교를 맺은 국가는?

① 캄보디아 ② 모나코
③ 북마케도니아 ④ 쿠바

> **해설**
> ④ 우리나라는 2024년 2월, 그동안 외교관계가 없었던 쿠바와 정식 수교를 맺게 됐다. 쿠바는 우리나라의 193번째 수교국으로 1959년 쿠바의 사회주의 혁명 이후 교류가 단절됐었다. 외교부는 쿠바와의 수교를 통해 양국 간 경제협력 확대 및 국내 기업 진출을 위한 제도적 기반을 마련함으로써 실질적인 협력 확대에 기여할 것으로 예상된다고 밝혔다.

| 폴리텍

11 다음 중 범죄 성립의 3요소에 해당하지 않는 것은?

① 구성요건 해당성 ② 위법성
③ 모욕성 ④ 책임성

> **해설**
> ①·②·④ 범죄 성립의 3요소에는 구성요건 해당성, 위법성, 책임성이 있다. 어떠한 행위가 범죄로 성립하려면 형법에서 범죄로 규정하고 있는 구성요건에 해당되어야 하며, 전체 법질서로부터 위법적인 행위라는 판단이 가능해야 한다. 또 범죄 행위자가 법이 요구하는 공동생활상의 규범에 합치할 수 있도록 의사결정을 할 수 있는 능력인 책임능력을 갖추고 있어야 한다.

12 특정 정당이나 후보에게 유리하도록 의도적으로 선거구를 조작하는 것은?

① 게리맨더링 ② 스핀닥터
③ 매니페스토 ④ 스윙보터

해설
① 게리맨더링(Gerrymandering)이란 1812년 미국 매사추세츠 주지사 게리가 당시 공화당 후보에게 유리하도록 선거구를 재조정했는데, 그 모양이 마치 그리스 신화에 나오는 샐러맨더와 비슷하다고 한 데서 유래한 말이다. 이는 특정 정당이나 후보자에게 유리하도록 선거구를 인위적으로 획정하는 것을 의미하며, 이를 방지하기 위해 우리나라에서는 선거구 법정주의를 채택하고 있다.

13 다음 중 헌법 개정 시 의결정족수에 관한 내용으로 옳은 것을 모두 고르면?

> ㄱ. 헌법 개정은 국회 재적의원 과반수 찬성 또는 대통령의 발의로 제안된다.
> ㄴ. 국회의원 선거권자 100만 명 이상의 찬성이 있으면 개정안을 발의할 수 있다.
> ㄷ. 국회의 의결은 재적의원 1/3 이상의 찬성을 얻어야 한다.
> ㄹ. 국회의 의결 이후 국회의원 선거권자 과반수의 투표와 투표자 과반수의 찬성을 얻어야 한다.

① ㄱ, ㄷ ② ㄱ, ㄹ
③ ㄱ, ㄴ, ㄹ ④ ㄴ, ㄷ, ㄹ

해설
ㄴ. 문재인 전 대통령의 공약이기도 했던 '국민발안제'의 내용으로 당시 국회에서 이와 관련된 헌법 개정안이 발의돼 표결에 부쳐졌으나 의결정족수 부족으로 투표가 성립되지 않아 자동 폐기됐다.
ㄷ. '헌법 제130조 제1항'에 따르면 국회는 헌법 개정안이 공고된 날로부터 60일 이내에 의결하여야 하며, 국회의 의결은 재적의원 3분의 2 이상의 찬성을 얻어야 한다.

| 폴리텍

14 우리 국회에서 원내 교섭단체를 구성할 수 있는 인원수는?

① 15명
② 20명
③ 25명
④ 30명

해설
② 교섭단체는 국회에서 정당 소속의원들의 의견과 정당의 주장을 통합하여 국회가 개회하기 전에 반대당과 교섭·조율하기 위해 구성하는 단체로, 소속 국회의원 20인 이상을 구성요건으로 한다. 하나의 정당으로 교섭단체를 구성하는 것이 원칙이지만 복수의 정당이 연합해 구성할 수도 있다. 교섭단체가 구성되면 매년 임시회와 정기회에서 연설을 할 수 있고, 국고보조금 지원도 늘어난다.

| 폴리텍

15 재정·실현 가능성은 생각하지 않는 대중영합주의 정치를 뜻하는 말은?

① 포퓰리즘
② 프리거니즘
③ 리버테리아니즘
④ 맨해트니즘

해설
① 포퓰리즘(Populism)은 대중의 의견을 존중하고, 대중의 이익을 대변하는 방향으로 정치활동을 펼치는 것을 말한다. 또한 재정이나 환경 또는 실현 가능성을 고려하지 않고 인기에 따라 '퍼주기식' 정책을 펼치는 대중영합주의 정치를 뜻하기도 한다.

| 폴리텍

16 우리나라 선거제도에 관한 설명으로 틀린 것은?

① 대통령의 임기는 5년, 국회의원의 임기는 4년이다.
② 국회의원 선거는 중선거구제를 채택하고 있다.
③ 선거권은 만 18세 이상의 국민에게 주어진다.
④ 특정 정당·후보자에게 유리하지 않도록 국회가 선거구를 법률로 정한다.

해설
② 우리나라 국회의원 선거는 선거구별 1인을 선출하는 소선거구제를 채택하고 있다. 후보자 중 1명에게만 투표하고, 가장 많은 득표를 한 사람이 당선되는 방식이다. 소선거구제는 군소정당의 난립을 방지하고 보궐선거를 용이하게 하는 반면, 소수당에 불리하고 사표가 많아진다는 단점이 있다.

| 포항시청소년재단

17 다음 중 쿼드 정상회의에 참여하는 국가가 아닌 것은?

① 인도 ② 일본
③ 뉴질랜드 ④ 미국

해설
③ 쿼드(Quad)는 미국, 일본, 인도, 호주로 구성된 안보협의체다. 2007년 아베 신조 당시 일본 총리의 주도로 시작됐으며 2020년 8월 미국의 제안 아래 공식적인 국제기구로 출범했다. 중국의 일대일로를 견제하기 위한 목적도 갖고 있으며, 미국은 쿼드를 인도-태평양판 북대서양조약기구(NATO)로 추진했다. 한편 쿼드는 한국, 뉴질랜드, 베트남이 추가로 참가하는 쿼드 플러스(Quad+)로 기구를 확대하려는 의지를 내비치기도 했다.

| 화성시공공기관통합채용

18 다음 중 OPEC+에만 해당하는 국가는?

① 러시아 ② 쿠웨이트
③ 이란 ④ 베네수엘라

해설
① 'OPEC+'는 OPEC(석유수출국기구)의 회원국과 러시아 등 기타 산유국과의 협의체를 말한다. OPEC은 쿠웨이트, 이란, 베네수엘라 등 중동의 대표적 산유국 5개국이 모여 창립했고, 산유국 간의 공동이익 증진을 위한 행보를 보여 왔다. 그러다가 러시아, 멕시코, 말레이시아 같은 비OPEC 산유국들이 성장하면서, 이들이 함께 모여 석유 생산을 논의하는 OPEC+ 체계가 자리 잡게 됐다.

정답 14 ② 15 ① 16 ② 17 ③ 18 ①

02 | 경제·경영·금융

| 고양시공공기관통합채용

19 둘 이상의 자회사의 주식을 갖고 있으면서 그 회사의 경영권을 가지고 지휘·감독하는 회사는?

① 지주회사　　　　　　　　② 주식회사
③ 합명회사　　　　　　　　④ 합자회사

해설
① 콘체른형 복합기업의 대표적인 형태로서 모자회사 간의 지배관계를 형성할 목적으로 자회사의 주식총수에서 과반수 또는 지배에 필요한 비율을 소유·취득하여 해당 자회사의 지배권을 갖고 자본적으로나 관리기술적인 차원에서 지배관계를 형성하는 기업을 말한다.

회사의 종류
- 주식회사 : 주식을 발행하여 여러 사람이 자본투자에 참여할 수 있는 회사
- 합명회사 : 몇 사람이 동업을 하면서 회사를 설립해 회사의 존망을 모든 사원이 함께 책임지는 회사
- 유한회사 : 50인 이하의 유한책임사원으로 조직되는 회사로, 사원이 일정 금액을 투자해 그 투자금액만큼만 책임지는 회사
- 합자회사 : 무한책임사원과 유한책임사원으로 구성되는 복합적 조직의 회사로, 사업의 경영은 무한책임사원이 하고, 유한책임사원은 자본을 제공해 사업에서 생기는 이익 분배에 참여하는 형태의 회사(합명회사 + 유한회사 형태)

| 광주광역시공공기관통합채용

20 기업이 제품의 가격은 유지하고 수량과 무게 등만 줄이는 전략은?

① 런치플레이션　　　　　　② 애그플레이션
③ 슈링크플레이션　　　　　④ 스킴플레이션

해설
③ 슈링크플레이션(Shrinkflation)은 기업들이 자사 제품의 가격을 유지하는 대신 수량과 무게·용량만 줄여 사실상 가격을 올리는 전략을 말한다. 영국의 경제학자 피파 맘그렌이 제시한 용어로 '줄어들다'라는 뜻의 '슈링크(Shrink)'와 '지속적으로 물가가 상승하는 현상'을 나타내는 '인플레이션(Inflation)'의 합성어다.

| 광주광역시공공기관통합채용

21 바이러스처럼 퍼져 나가 소비자들이 자발적으로 제품을 홍보하도록 유도하는 마케팅은?

① 게릴라 마케팅　　　　　　② 디지털 마케팅
③ 바이럴 마케팅　　　　　　④ 퍼포먼스 마케팅

해설
③ 바이럴 마케팅(Viral Marketing)은 소비자들이 이메일이나 다른 전파 가능한 매체를 통해 자발적으로 제품이나 서비스를 알리도록 유도하는 마케팅을 말한다. 기업이 직접 광고를 하지 않는 대신 소비자의 SNS나 블로그, 카페 등을 활용해 자연스럽게 정보를 제공하고, 이를 이용자들이 자발적으로 퍼뜨리도록 해 홍보 효과를 누리는 것이다.

22 1990년대 일본에서 버블경제가 붕괴한 뒤 나타난 '100엔숍'은 이 현상을 상징하는 대표 사례로 꼽힌다. 경기침체 상황에서 물가가 지속적으로 하락하는 것을 가리키는 용어는?

① 슬로플레이션
② 디플레이션
③ 슈링크플레이션
④ 스킴플레이션

해설
② 100엔숍은 진열되어 있는 대부분의 상품을 100엔에 판매하는 일본의 소매점이다. 이러한 100엔숍은 일본의 심각한 디플레이션(Deflation) 현상을 상징하는 대표 사례로 꼽힌다.
① 슬로플레이션(Slowflation) : 경기회복 속도가 느린 가운데 물가가 치솟는 현상
③ 슈링크플레이션(Shrinkflation) : 제품의 가격은 그대로 유지하는 대신 수량·무게를 줄여 가격을 사실상 올리는 것
④ 스킴플레이션(Skimpflation) : 물가가 상승하는 것과 반대로 상품 및 서비스의 질이 떨어지는 현상

23 소비자와 판매자 간 정보의 불균형으로 인해 값싼 가격에 질 낮은 저급품만 유통되는 시장을 가리키는 용어는?

① 프리마켓
② 제3마켓
③ 피치마켓
④ 레몬마켓

해설
④ 레몬마켓(Lemon Market)은 저급품만 유통되는 시장으로, 불량품이 넘쳐나면서 소비자의 외면을 받게 된다. 피치마켓은 레몬마켓의 반대어로, 고품질의 상품이나 우량의 재화·서비스가 거래되는 시장을 의미한다.

24 주식을 대량으로 보유한 매도자가 매수자에게 장외 시간에 주식을 넘기는 거래는?

① 숏커버링
② 블록딜
③ 윈도드레싱
④ 스캘핑

해설
② 블록딜(Block Deal)은 거래소 시장이 시작하는 전후에 주식을 대량으로 보유한 매도자가 대량으로 구매할 매수자에게 그 주식을 넘기는 거래를 말한다. 한 번에 대량의 주식이 거래될 경우 이로 인한 파동이 시장에 영향을 미치지 않도록 하는 조치다.

| 대구의료원

25 경제지표 평가 시 기준·비교시점의 상대적 차이에 따라 결과가 왜곡돼 보이는 현상은?

① 분수 효과 ② 백로 효과
③ 낙수 효과 ④ 기저 효과

> **해설**
> ④ 기저 효과는 어떤 지표를 평가하는 과정에서 기준시점과 비교시점의 상대적 수치에 따라 그 결과가 실제보다 왜곡돼 나타나는 현상을 말한다. 가령 호황기의 경제상황을 기준으로 현재의 경제상황을 비교할 경우, 경제지표는 실제보다 상당히 위축된 모습을 보인다. 반면 불황기가 기준시점이 되면, 현재의 경제지표는 실제보다 부풀려져 개선된 것처럼 보이는 일종의 착시현상이 일어난다. 때문에 수치나 통계작성 주체에 의해 의도된 착시라는 특징을 갖는다.

| 대구의료원

26 연간 소득 대비 총부채원리금상환액을 기준으로 부채상환능력을 평가함으로써 대출 규모를 제한하는 기준은?

① DTI ② DSR
③ LTV ④ DTA

> **해설**
> ② DSR은 'Debt Service Ratio'의 약어로, 우리말로는 '총부채원리금상환비율'이라 한다. 마이너스통장, 신용대출, 전세자금대출, 자동차할부금융 등 모든 대출의 원리금상환액이 수익에서 얼마를 차지하는지를 나타내는 비율로, 낮을수록 대출이 어려워진다.
> ① DTI : 총소득에서 주택담보 부채의 연간 원리금상환액과 기타 대출의 이자상환액이 차지하는 비율
> ③ LTV : 담보 물건의 실제 가치 대비 대출금액의 비율
> ④ DTA : 자산평가액 대비 총부채비율

| 대전광역시공공기관통합채용

27 성장 가능성은 있으나 아직은 성숙하지 못한 산업을 뜻하는 말은?

① 기간산업 ② 유치산업
③ 사양산업 ④ 후방산업

> **해설**
> ② 유치산업(Infant Industry)은 발달 초기에 놓인 산업으로 성장 가능성은 있지만 아직 경쟁력을 갖추지 못한 산업을 뜻한다. 유치산업에 관해서는 국제경쟁력을 갖출 수 있도록 국가에서 관세나 보조금 정책 등으로 보호·육성해야 한다는 '유치산업 보호론'이 있다.

| 밀양시시설관리공단

28 국가와 국가 혹은 국가와 세계의 경기가 같은 흐름을 띠지 않는 현상을 뜻하는 말은?

① 리커플링   ② 디커플링
③ 테이퍼링   ④ 양적완화

해설
② 디커플링(Decoupling)은 일명 탈동조화 현상으로, 한 국가의 경제가 주변의 다른 국가나 세계경제와 같은 흐름을 보이지 않고 독자적인 경제로 움직이는 현상을 말한다. 세계경제는 미국이나 유럽 등 선진국에서 발생한 수요 또는 공급 충격에 큰 영향을 받는 동조화(Coupling) 현상, 점차 다른 나라의 경제상황과 성장에 미치는 영향이 약화되는 디커플링 현상, 동조화 재발생(Recoupling) 현상이 반복된다.

| 부산광역시공공기관통합채용

29 플랫폼이 수익 창출을 우선시하면서 품질과 사용자 경험이 떨어지는 현상은?

① 젠트리피케이션   ② 엔시티피케이션
③ 워케이션   ④ 카니벌라이제이션

해설
② 엔시티피케이션(Enshittification)은 사용자에게 양질의 콘텐츠와 편익을 제공하던 플랫폼이 점차 더 많은 이익을 창출하는 것에 몰두하면서 플랫폼의 품질과 사용자 경험이 모두 저하되는 것을 말한다. 배설물을 뜻하는 'Shit'을 써서 플랫폼의 변질을 꼬집은 용어로 '열화(劣化)'라고도 한다. 플랫폼들이 본래 추구하던 콘텐츠보다 광고나 가짜뉴스 같은 스팸성 게시글이 넘쳐나면서 전체적으로 플랫폼의 질이 떨어지고, 이에 따라 사용자가 이탈하고 있는 현상을 설명하기 위해 제시된 개념이다.

| 부산광역시공공기관통합채용

30 지지하는 브랜드의 상품을 의도적으로 구입하고, 주변에도 구입을 권장하는 행위는?

① 노멀크러시   ② 윤리적 소비
③ 보이콧   ④ 바이콧

해설
④ 바이콧(Buycott)은 보이콧(Boycott)에 대비되는 개념으로 스스로 지지하는 브랜드의 상품을 의도적으로 구입하고, 주변에도 구입을 권장하는 행위를 말한다. 환경보호에 나서거나 사회에 선한 영향력을 끼치는 기업의 상품을 적극적으로 구입해, 이러한 기업을 지지하고 더 좋은 영향력을 끼칠 수 있도록 독려하는 것이다.

| 부산광역시공무직통합채용

31 다음 중 한국은행의 기능이 아닌 것은?

① 화폐를 시중에 발행하고 다시 환수한다.
② 통화량 조절을 위해 정책금리인 기준금리를 결정한다.
③ 외화보유액을 적정한 수준으로 유지한다.
④ 금융기관에 대한 감사와 감독 업무를 수행한다.

해설
한국은행의 주요 기능
- 화폐를 발행하고 환수한다.
- 기준금리 등 통화신용 정책을 수립하고 진행한다.
- 은행 등 금융기관을 상대로 예금을 받고 대출을 해준다.
- 국가를 상대로 국고금을 수납하고 지급한다.
- 외환건전성 제고를 통해 금융안정에 기여하며, 외화자산을 보유·운용한다.
- 국내외 경제에 관한 조사연구 및 통계 업무를 수행한다.

| 부천시공공기관통합채용

32 서로 다른 분야의 요소들이 결합해 더 큰 에너지를 분출하는 효과는?

① 플라시보 효과 ② 헤일로 효과
③ 메디치 효과 ④ 메기 효과

해설
③ 메디치 효과(Medici Effect)란 서로 다른 분야의 요소들이 결합하여 각 요소가 지닌 에너지의 합보다 더 큰 에너지를 분출하는 것을 말한다. 15세기 이탈리아 피렌체의 메디치 가문이 문화, 철학, 과학 등 여러 분야 전문가를 후원하면서 자연스럽게 서로 융합돼 상승 효과가 일어난 데서 유래한 용어다.

| 서울메트로환경

33 다른 사람이 구매한 것을 똑같이 구매하거나 착용하는 효과를 뜻하는 용어는?

① 밴드왜건 효과 ② 스놉 효과
③ 오픈런 ④ 속물 효과

해설
① 밴드왜건 효과(Bandwagon Effect)는 대중의 유행에 따라 다른 사람이 구매한 것을 똑같이 구매하거나 착용하는 소비 현상으로 '편승 효과'라고도 한다. 퍼레이드의 선두에 서는 악대차를 의미하는 '밴드왜건(Bandwagon)'에서 유래한 것으로, 미국의 경제학자 하비 라이벤스타인이 발표한 네트워크 효과 중 하나다.

34 다음 중 세계 3대 신용평가기관에 꼽히지 않는 것은?

① 무디스(Moody's)
② 스탠더드 앤드 푸어스(S&P)
③ 피치 레이팅스(Fitch Ratings)
④ D&B(Dun&Bradstreet Inc)

> **해설**
> ④ D&B(Dun&Bradstreet Inc)는 미국의 상사신용조사 전문기관으로 1933년에 R. G. Dun&Company와 Bradstreet Company의 합병으로 설립됐다.
> ①·②·③ 미국의 무디스와 스탠더드 앤드 푸어스, 영국의 피치 레이팅스는 세계 3대 신용평가기관으로서 각국의 정치·경제상황과 향후 전망 등을 고려하여 국가별 등급을 매겨 국가신용도를 평가한다.

35 애덤 스미스의 〈국부론〉에 등장하는 조세원칙으로 틀린 것은?

① 편의성　　　　　　　② 최대성
③ 투명성　　　　　　　④ 효율성

> **해설**
> ①·③·④ 애덤 스미스는 자신의 대표적 저서인 〈국부론〉을 통해 조세의 4가지 원칙을 내세웠다. 첫째, 소득에 따라서 비례적으로 걷어야 할 것(비례성), 둘째, 임의대로 징수하는 것이 아닌 확실한 기준이 있을 것(투명성), 셋째, 납세자가 편리한 방법으로 납부할 수 있을 것(편의성), 넷째, 징수에 드는 행정비용이 저렴할 것(효율성) 등이다.

36 해외 투자자가 평가하는 투자상대국의 대외신인도를 뜻하는 말은?

① 컨트리 리스크
② 소버린 리스크
③ 폴리티칼 리스크
④ 이머전시 리스크

> **해설**
> ① 컨트리 리스크(Country Risk)란 글로벌 투자자가 한 국가를 상대로 투자를 하려고 할 때 평가하는 투자상대국의 대외신인도를 말한다. 컨트리 리스크는 해당 국가의 정치적 결단이나 금융정책의 실행에 따라 한순간에 크게 좌우될 수 있다. 때문에 투자상대국의 정책적 행보에 큰 손해를 볼 수 있으므로 글로벌 투자자는 컨트리 리스크를 면밀히 검토해야 한다.

03 | 사회 · 노동 · 환경

| 대구의료원

37 12인승 이하의 승합자동차가 고속도로에서 버스전용차로를 이용하기 위해서는 최소 몇 명이 탑승해야 하는가?

① 2명 ② 3명
③ 4명 ④ 6명

해설

④ 9인승 이상 12인승 이하의 승합자동차가 고속도로에서 버스전용차로를 이용하기 위해서는 최소 6명 이상이 탑승해야 한다. 이를 위반할 경우 벌점 30점과 승용차는 범칙금 6만 원, 승합차는 7만 원을 부과받게 된다.

| 대구의료원

38 패션과 미용에 아낌없이 투자하는 남성들을 뜻하는 신조어는?

① 더피족 ② 딘트족
③ 그루밍족 ④ 여피족

해설

③ 그루밍족(Grooming族)은 패션과 미용에 아낌없이 투자하는 남성을 뜻하는 신조어다. 피부, 두발, 치아 관리는 물론 성형수술까지 마다하지 않으면서 자신을 꾸미는 것에 대한 투자를 아끼지 않는 남성들을 가리킨다. 패션과 외모에 관심이 많은 메트로섹슈얼족의 증가와 함께 자신을 치장하고 꾸미는 것에 큰 관심을 갖는 그루밍족도 늘고 있다.

| 대전도시공사

39 다음 중 법인승용차 전용번호판의 지정색은?

① 파란색 ② 연두색
③ 노란색 ④ 빨간색

해설

② 국토교통부가 2023년 11월 공공·민간법인이 이용하는 8,000만 원 이상의 업무용 승용차(법인차)에 대해 일반번호판과 구분하기 위해 '자동차 등록번호판 등의 기준에 관한 고시' 개정안을 행정예고함에 따라 2024년부터 대상 차량들은 연두색 번호판을 의무적으로 장착해야 한다. 전용번호판은 법인차에 일반번호판과 구별되는 색상번호판을 배정해 법인들이 스스로 업무용 차량을 용도에 맞게 운영하도록 유도하기 위해 추진된 것으로, 세제혜택 등을 위해 법인 명의로 고가의 차량을 구입 또는 리스한 뒤 사적으로 이용하는 문제를 막기 위해 도입됐다.

40 저임금 노동에 시달리는 노동계급을 뜻하는 말은?

① 룸펜 ② 부르주아
③ 프롤레타리아 ④ 프레카리아트

해설
④ 프레카리아트(Precariat)는 '불안정하다'라는 의미의 이탈리아어 'Precario'와 노동계급을 뜻하는 독일어 'Proletariat'가 조합된 단어로, 불안정한 고용과 저임금에 시달리는 노동자들을 의미한다. 영국 경제학자 가이 스탠딩은 '엘리트 – 봉급생활자 – 연금생활자 – 프롤레타리아'라는 전통적 계급 아래에 프레카리아트가 존재한다고 말하며, 이들은 평생 불안정한 직업을 전전하고 노동의 가치를 깨닫지 못할 뿐만 아니라 자기계발을 하기도 힘든 계급이라고 설명했다.

41 고령사회를 구분하는 65세 이상 노인의 비율은?

① 7% ② 10%
③ 14% ④ 20%

해설
③ 국제연합(UN)의 기준에 따르면 65세 이상 노인이 전체 인구의 7% 이상을 차지하면 고령화사회(Aging Society), 14% 이상을 차지하면 고령사회(Aged Society), 20% 이상을 차지하면 초고령사회(Super-aged Society)로 구분한다. 대한민국은 2024년 12월 기준 65세 이상의 인구가 전체 인구의 20%를 넘어서며 초고령사회에 접어들었다.

42 하나의 부정적 행동이 연쇄적으로 다른 부분에 영향을 끼치며 전반적 상황을 악화시키는 현상은?

① 피셔 효과 ② 둠루프
③ 트리플딥 ④ 그레샴의 법칙

해설
② 둠루프(Doom Loop)란 '파멸의 고리'라는 뜻으로, 하나의 부정적 행동이나 사고가 연쇄적으로 다른 부분으로까지 악영향을 끼치며 전반적인 상황을 악화시키는 현상을 말한다. 경제상황에서는 하나의 기업이 무너지면 그 충격으로 산업 전체가 몰락하는 현상을 뜻하기도 한다. 2008년 전 세계를 금융위기로 몰아넣었던 '서브프라임 모기지 사태'를 대표적 사례로 꼽을 수 있다.

정답 37 ④ 38 ③ 39 ② 40 ④ 41 ③ 42 ②

43 부유한 가정에서 태어나 별다른 노력 없이도 성공한 삶을 사는 자녀를 뜻하는 말은?

① 눕프
② 킨포크
③ 네포 베이비
④ 텐포켓

해설
③ 네포 베이비(Nepo Baby)란 족벌주의를 뜻하는 '네포티즘(Nepotism)'과 '아기(Baby)'를 합친 말로, 우리말로 하면 '금수저'를 뜻한다. 부유하고 유명한 부모에게서 태어나 별다른 노력 없이 풍족하고 성공적인 삶을 사는 자녀를 의미하는 말이다. 최근 미국에서는 청년층을 비롯한 대중들이 부모의 후광으로 화려한 삶을 사는 네포 베이비에 대한 반감을 느끼는 것으로 보도되기도 했다.

44 독일의 사회학자 퇴니에스가 주장한 사회유형 중 이익사회를 뜻하는 말은?

① 게른샤프트
② 게마인샤프트
③ 게노센샤프트
④ 게젤샤프트

해설
④ 게젤샤프트(Gesellschaft)는 독일의 사회학자 퇴니에스(F. Tonnies)가 주장한 사회유형 중 하나로, 인위적으로 계약돼 이해타산적 관계에 얽혀 이루어진 '이익사회'를 일컫는다. 회사나 조합, 정당 같은 계약·조약으로 구성된 사회가 게젤샤프트라고 할 수 있다. 게마인샤프트(Gemeinschaft)는 가족과 친족, 마을 등의 '공동사회'를 의미하며, 게노센샤프트(Genossenschaft)는 '협동사회'로 이익사회와 공동사회의 성질을 모두 띠고 있는 사회를 뜻한다.

45 금지된 것에 더욱 끌리는 심리적 저항 현상을 뜻하는 말은?

① 칼리굴라 효과
② 로미오와 줄리엣 효과
③ 칵테일파티 효과
④ 서브리미널 효과

해설
① 칼리굴라 효과는 하지 말라고 하면 더 하고 싶어지는, 즉 금지된 것에 끌리는 심리 현상을 말한다. 1979년 로마 황제였던 폭군 칼리굴라의 일대기를 그린 영화〈칼리굴라〉가 개봉했는데, 미국 보스턴에서 이 영화의 선정성과 폭력성을 이유로 들어 상영을 금지하자 외려 더 큰 관심을 불러일으킨 데서 유래했다.

46 고학력자임에도 불구하고 경력을 쌓지 못하고 희망이나 가능성이 없는 일에 내몰리는 청년세대를 지칭하는 용어는?

① 알파세대　　　　　　　　② 마처세대
③ 림보세대　　　　　　　　④ 오팔세대

> **해설**
> ③ 림보세대는 어려운 경제상황으로 인해 고등교육을 받고도 경력을 쌓지 못한 채 가능성이 없는 일에 내몰리고 있는 청년들을 지칭하는 용어다. 2008년 글로벌 금융위기 이후 전 세계적인 사회현상으로 대두된 후 미국 뉴욕타임스가 2011년 9월 발행한 기사에서 이 개념을 사용하면서 널리 확산됐다. 최근 장기간 이어진 경기침체로 취업난이 지속되면서 고학력자임에도 불구하고 정규직으로 일하지 못하고 계약직이나 아르바이트를 하며 생계를 꾸리는 림보세대가 다시 주목받고 있다.

47 다양한 직장 또는 직무를 찾아 일자리를 옮기는 사람을 가리키는 말은?

① 디지털 노마드　　　　　　② 커리어 노마드
③ 프리터족　　　　　　　　④ 프리커족

> **해설**
> ② 커리어 노마드(Career Nomad)는 '직업'이라는 뜻의 영단어 'Career'와 '유목민'이라는 뜻의 'Nomad'의 합성어로, 하나의 조직이나 직무에만 매여 있지 않고 다양한 직장이나 직무를 찾아 일자리를 옮기는 사람을 가리킨다. '잡(Job)노마드'라고도 한다. 최근 불안정한 고용환경과 자기계발을 중시하는 사회적 분위기가 맞물리면서 과거 평생직장이나 평생직업을 선택하던 것에서 벗어나 다양한 경력활동을 추구하는 사람들이 증가하고 있다.

48 SNS에서 연인관계를 미끼로 금전을 갈취하는 범죄 수법은?

① 퍼블릭 피겨　　　　　　　② 장미꽃 강매
③ 로맨스 스캠　　　　　　　④ 스피어 피싱

> **해설**
> ③ 로맨스 스캠(Romance Scam)은 주로 SNS상에서 신분을 위장하는 등의 방식으로 이성을 유혹한 뒤, 결혼이나 사업자금을 명목으로 금전을 갈취하는 사기범죄 수법이다. 신분을 속여 피해자에게 호감을 산 후 거액의 투자를 유도하거나, 사기행각을 저지르도록 강요하기도 한다.

49 자신이 속한 세대의 생활방식에 얽매이지 않고 다양한 문화를 향유하는 세대는?

① 퍼레니얼 세대
② 알파세대
③ 밀레니얼 세대
④ Z세대

해설
① 퍼레니얼(Perennial) 세대란 자신이 속한 세대가 향유하는 문화나 생활방식에 얽매이지 않고, 다른 세대의 문화도 자유롭게 소비하는 탈세대형 인간을 뜻한다. 퍼레니얼은 원래 '다년생 식물'을 뜻하는데, 미국 펜실베이니아대 교수 마우로 기옌이 이 같은 의미로 재정의하면서 현재의 의미로 확산했다. 평균수명이 늘어나면서 각 세대가 보편적으로 향유하는 문화만을 고집하지 않고, 이를 넘나들며 유연하게 즐기는 사람들이 늘어나고 있다.

50 하루 종일 침대에 누워 SNS 등을 하며 휴식을 취하는 것을 뜻하는 말은?

① 베드 로팅
② 리즈
③ 도파밍
④ 리퀴드폴리탄

해설
① 베드 로팅(Bed Rotting)은 우리말로 직역하면 '침대에서 썩기'라는 뜻이다. 하루 종일 침대에 누워 SNS나 유튜브 등에 시간을 쏟으며 휴식을 취하는 것을 말한다. '집콕'과 유사한 의미로 최대한 다른 이들과의 접촉 없이 스트레스를 받지 않으려는 최근 세태를 반영한 신조어다. 그러나 한편으론 오히려 이러한 베드 로팅이 스마트폰 중독이나 우울감 등을 유발할 수도 있다는 의견도 나오고 있다.

51 도심에는 상업기관·공공기관 등만 남아 주거인구가 텅 비어 있고, 외곽에 주택이 밀집되는 현상은?

① 토페카 현상
② 지가구배 현상
③ 스프롤 현상
④ 도넛화 현상

해설
④ 도넛화 현상은 '공동화 현상'이라고도 하며, 높은 토지가격, 공해, 교통 등의 문제들로 인해 도심에는 주택들이 줄어들고 상업·공공기관 등만이 남게 되는 현상이다. 주거인구의 분포를 보면 도심에는 텅 비어 있고, 외곽 쪽에 밀집돼 있어 도넛 모양과 유사하게 나타난다. 이로 인해 도심의 직장과 교외의 주택 간 거리가 멀어지는 직주분리가 나타나는데, 이러한 현상이 심화하면 교통난이 가중되고 능률이 떨어져 다시 도심으로 회귀하는 현상이 일어날 수도 있다.

| 폴리텍

52 상담이나 의사소통을 통해 구축된 상호 신뢰관계를 뜻하는 심리학 용어는?

① 라포
② 그루밍
③ 메타인지
④ 모글리 현상

해설
① 라포(Rapport)는 상담 또는 교육, 의사소통을 바탕으로 구축된 상호 신뢰관계를 뜻하는 말이다. 주로 상담 과정에서 상담자와 내담자 사이에 쌓이는 친근한 인간관계를 지칭할 때 쓰인다. 라포는 공감대 형성과 상호 협조가 필요한 상담·치료·교육 과정에서 성공을 이끌어낼 수 있는 필수요소로 꼽힌다.

| 폴리텍

53 구직자·근로자들이 더 좋은 조건을 찾는 탐색행위로 인해 발생하는 실업은?

① 구조적 실업
② 기술적 실업
③ 마찰적 실업
④ 경기적 실업

해설
③ 마찰적 실업이란 구직자·근로자들이 더 좋은 조건을 찾는 탐색행위로 인해 발생하는 실업으로, 고용시장에서 노동의 수요와 공급 간에 소통이 원활하지 않아 발생한다. 근로자들이 자발적으로 선택해서 발생하는 일시적인 실업 유형이므로 자발적 실업에 해당한다. 자발적 실업은 일할 능력과 의사는 있지만 현재의 임금수준이나 복지 등에 만족하지 못하고 다른 곳으로 취업하기 원하여 발생하는 실업을 말한다.

| 화성시공공기관통합채용

54 사람의 활동이나 상품을 생산·소비하는 전 과정을 통해 배출되는 온실가스 배출량을 이산화탄소로 환산한 총량을 가리키는 말은?

① 탄소세
② 탄소수지
③ 탄소배출권
④ 탄소발자국

해설
④ 탄소발자국(Carbon Footprint)은 생산부터 폐기까지 하나의 제품이 발생시키는 이산화탄소 배출 총량을 말한다. 2006년 영국 의회 과학기술처(POST)에서 처음 사용한 용어로 제품 생산 시 발생된 이산화탄소의 총량을 탄소발자국으로 표시하게 함으로써 유래됐다.

04 | 국어·한자·문학

광주광역시공공기관통합채용

55 다음 중 대등 합성어인 것은?

① 손발
② 책가방
③ 돌다리
④ 밤낮

해설
① '손발(손과 발)'은 대등 합성어, '책가방(책이 든 가방)'과 '돌다리(돌로 만든 다리)'는 종속 합성어, '밤낮(늘)'은 융합 합성어이다.

의미 관계에 따른 합성어 구분
- 대등 합성어 : 두 어근이 본래의 의미를 갖고 대등한 자격으로 결합된 합성어
- 종속 합성어 : 앞 어근이 뒤 어근을 수식하는 합성어
- 융합 합성어 : 새로운 의미를 나타내는 합성어

광주광역시공공기관통합채용

56 '국물'이 [궁물]로 발음되는 것은 어떤 음운변동 현상 때문인가?

① 구개음화
② 유음화
③ 비음화
④ 경음화

해설
③ 비음화는 자음동화 현상 중 하나로 비음이 아닌 자음이 비음의 영향을 받아 비음인 'ㅇ, ㄴ, ㅁ'으로 바뀌는 것을 말한다.
  예 국물 → [궁물], 받는다 → [반는다], 입는다 → [임는다]

광주광역시공공기관통합채용

57 막혀 있던 공기가 터지면서 나는 소리는?

① 파열음
② 파찰음
③ 마찰음
④ 비음

해설
① 파열음이란 자음을 소리내는 방법(조음방법) 중 하나로, 허파로부터 성대를 통해 나오던 공기가 혀와 입천장 또는 입술 등의 조음기관에 의해 완전히 차단됐다가 터져 나오면서 나는 소리를 말한다. 자음의 'ㄱ', 'ㄲ', 'ㅋ', 'ㄷ', 'ㄸ', 'ㅌ', 'ㅂ', 'ㅃ', 'ㅍ'이 파열음으로 분류된다. 이러한 파열음은 강하게 터져 나오는 소리가 특징으로 짧고 강하게 발음된다.

58 다음 중 한강 작가의 작품이 아닌 것은?

① 「흰」
② 「소년이 온다」
③ 「작별하지 않는다」
④ 「무의 노래」

해설

④ 한강은 대한민국의 소설가로 1994년 서울신문 신춘문예 소설 부문에 「붉은 닻」이 당선되며 소설가로 데뷔했다. 그는 죽음과 폭력 등 인간의 보편적 문제를 시적이고 서정적인 문체로 풀어내는 독창적인 작품세계를 구축했다는 평가를 받고 있으며, 「소년이 온다」, 「흰」, 「작별하지 않는다」, 「채식주의자」 등의 작품을 발표했다. 2016년 연작소설집 「채식주의자」로 부커상 인터내셔널 부문을, 2023년 「작별하지 않는다」로 메디치상 외국문학상을 수상한 데 이어 2024년에는 노벨문학상 수상자로 선정되며 한국문학의 새 역사를 썼다.

59 '가을철에 농사를 짓느라 매우 바쁨'을 의미하는 속담은?

① 가을에는 부지깽이도 덤벙인다.
② 가을 추수는 입추 이슬을 맞아야 한다.
③ 밤송이 맺을 때 모 심어도 반밥 더 먹는다.
④ 가을멸구는 볏섬에서도 먹는다.

해설

① '가을에는 부지깽이도 덤벙인다'라는 속담은 가을 추수철에 온 식구가 농사일에 달려들어도 일손이 모자라, 부엌에서 불을 뒤적이는 부지깽이도 일을 한 손 거든다는 표현이다. 가을철 농사일이 매우 바쁘다는 의미를 담고 있다.

60 다음 중 작가와 해당 작품의 연결이 올바른 것은?

① 공지영 - 「외딴방」
② 조정래 - 「아리랑」
③ 신경숙 - 「우리들의 일그러진 영웅」
④ 이문열 - 「봉순이 언니」

해설

① 「외딴방」: 1994년 겨울부터 계간지 「문학동네」에 연재된 신경숙의 장편소설
③ 「우리들의 일그러진 영웅」: 1987년 발표된 중편소설로 이문열의 대표작
④ 「봉순이 언니」: 1998년 동아일보에 연재된 공지영의 장편소설

61 다음 중 작가와 소설작품의 연결이 옳지 않은 것은?

① 박경리 – 「토지」　　② 이청준 – 「서편제」
③ 최인훈 – 「광장」　　④ 김수영 – 「장마」

해설
④ 김수영은 1960년대 전후로 활동한 참여문학의 대표적인 시인이다. 활동 초기에는 모더니즘을 바탕으로 현대문명과 도시생활에 대한 비판을 시에 담았으나, 4·19 혁명을 기점으로 저항적 색채를 물씬 드러내는 작품을 썼다. 대표작으로는 「달나라의 장난」(1953), 「눈」(1957), 「어느 날 고궁을 나오면서」(1965), 「풀」(1968) 등이 있다. 「장마」(1973)는 윤흥길의 단편소설이다.

62 다음 문장에서 밑줄 친 사자성어가 옳게 쓰인 것은?

① 그는 평생 호위호식하며 살았다.
② 몸을 의지할 데 없는 홀홀단신 신세였다.
③ 아이들은 중구남방 떠들기 시작했다.
④ 당시는 매일이 절체절명의 나날이었다.

해설
④ '절체절명(絕體絕命)'은 '몸도 목숨도 다 되었다'라는 뜻으로, 어찌할 수 없는 절박한 경우를 비유적으로 이른다.
① '호의호식(好衣好食)'이 맞는 표기이며, '좋은 옷을 입고 좋은 음식을 먹는다'라는 의미다.
② '혈혈단신(孑孑單身)'의 비표준어이며, '의지할 데가 없는 외로운 홀몸'이라는 의미다.
③ '중구난방(衆口難防)'이 맞는 표기이며, '막기 어려울 정도로 여럿이 마구 지껄인다'라는 의미다.

63 다음 중 보통의 평범한 사람들을 일컫는 한자성어는?

① 군계일학　　② 장삼이사
③ 반골　　　　④ 백면서생

해설
② 장삼이사(張三李四) : '장씨(張氏)의 셋째 아들과 이씨(李氏)의 넷째 아들'이라는 뜻으로, 이름이나 신분이 특별할 것 없는 평범한 사람들을 뜻하는 말이다.
① 군계일학(群鷄一鶴) : 평범한 사람들 가운데 뛰어난 한 명의 인물을 뜻하는 말이다.
③ 반골(反骨) : 권력·권위에 저항하는 기질 또는 그런 사람을 뜻하는 말이다.
④ 백면서생(白面書生) : 세상일에 경험이 적은 사람을 뜻하는 말이다.

64 다음 문장의 밑줄 친 단어 중 잘못 표기된 것은?

① 아침으로 <u>북엇국</u>을 먹었다.
② <u>햇님</u> 달님은 전래동화를 바탕으로 한 그림자 인형극이다.
③ 할머니 <u>제삿날</u>이라 일가친척이 모두 모였다.
④ 밤을 새우는 것은 이제 <u>예삿일</u>이 되어 버렸다.

> **해설**
> ② '햇님'이 아닌 '해님'으로 적어야 옳다. 사이시옷은 명사와 명사의 합성어일 경우 쓰이고, 앞 명사가 모음으로 끝나고 뒷말은 예사소리로 시작해야 한다. 또한 앞뒤 명사 중 하나는 우리말이어야 하는데, 다만 습관적으로 굳어진 한자어인 찻간, 곳간, 툇간, 셋방, 숫자, 횟수는 예외로 한다.

65 다음 시에서 ㉠~㉣에 대한 설명 중 옳은 것을 고르면?

> 아무도 그에게 수심(水深)을 일러 준 일이 없기에
> 흰 나비는 도무지 ㉠ <u>바다</u>가 무섭지 않다.
>
> ㉡ <u>청(靑) 무우밭</u>인가 해서 내려갔다가는
> 어린 날개가 물결에 절어서
> ㉢ <u>공주(公主)</u>처럼 지쳐서 돌아온다.
>
> 삼월(三月)달 바다가 꽃이 피지 않아서 서글픈
> 나비 허리에 ㉣ <u>새파란 초생달이 시리다.</u>
>
> — 김기림, 〈바다와 나비〉

① ㉠은 이상세계를 비유한 것으로 시적 대상인 '흰 나비'와 대비되는 대상이다.
② ㉡은 냉혹한 현실을 의미하는 장소다.
③ ㉢은 현실의 냉혹함을 알고 있는 존재로 묘사됐다.
④ ㉣은 시각의 촉각화라는 공감각적 심상을 활용해 좌절된 나비의 꿈을 묘사했다.

> **해설**
> ④ ㉣에서 '새파란 초생달'은 시각적 이미지를 묘사한 것이고, '시리다'라는 표현은 촉각적 심상이다. 이처럼 어떤 하나의 감각이 다른 영역의 감각을 불러일으키는 것을 공감각적 심상 또는 감각의 전이라고 하며, '새파란 초생달이 시리다'라는 표현은 시각적 심상이 촉각적 심상으로 묘사된 것이므로 이를 시각의 촉각화라고 한다. 이러한 묘사를 통해 냉혹한 현실로 인해 좌절된 나비의 꿈을 나타냈다.
> ① ㉠은 냉혹한 현실을 비유한 것으로 순수하고 연약한 존재인 '나비'와 대비를 이룬다.
> ② ㉡은 나비가 동경하는 이상적 세계를 뜻하는 장소다.
> ③ ㉢은 세상 물정을 전혀 알지 못하는 순진한 존재를 묘사한 것이다.

66 다음 중 소설 구성의 3요소가 아닌 것은?

① 인물
② 사건
③ 배경
④ 주제

해설
- 소설 구성의 3요소 : 인물, 사건, 배경
- 소설의 3요소 : 주제, 구성, 문체

67 24절기 중 12번째로 '몹시 심한 더위'를 뜻하는 것은?

① 하지(夏至)
② 대서(大暑)
③ 망종(芒種)
④ 우수(雨水)

해설
② 대서(大暑)는 장마가 끝나고 더위가 가장 심해지는 때를 이르며, 시기적으로는 소서(小暑)와 입추(立秋) 사이인 7월 22~23일 무렵(음력 6월경)을 말한다.

24절기 계절 구분
- 봄 : 입춘(立春), 우수(雨水), 경칩(驚蟄), 춘분(春分), 청명(淸明), 곡우(穀雨)
- 여름 : 입하(立夏), 소만(小滿), 망종(芒種), 하지(夏至), 소서(小暑), 대서(大暑)
- 가을 : 입추(立秋), 처서(處暑), 백로(白露), 추분(秋分), 한로(寒露), 상강(霜降)
- 겨울 : 입동(立冬), 소설(小雪), 대설(大雪), 동지(冬至), 소한(小寒), 대한(大寒)

68 다음 중 외래어 표기가 잘못된 것은?

① 슈림프
② 리더십
③ 레포트
④ 비즈니스

해설
③ 외래어는 다른 언어로부터 들어와 우리말로 동화되어 쓰이는 어휘를 말한다. 영어를 한글로 표기할 때는 영어의 표기법에 따르며, 이때 영어의 철자가 아니라 발음기호를 기준으로 한글 자모와 대조해 표기한다. 따라서 레포트는 영어로 'report[rɪˈpɔːrt]'이므로 한글로는 '리포트'로 표기해야 한다.

외래어 표기법
제1항 외래어는 국어의 현용 24 자모만으로 적는다.
제2항 외래어의 1 음운은 원칙적으로 1 기호로 적는다.
제3항 받침에는 'ㄱ, ㄴ, ㄹ, ㅁ, ㅂ, ㅅ, ㅇ'만을 쓴다.
제4항 파열음 표기에는 된소리를 쓰지 않는 것을 원칙으로 한다.
제5항 이미 굳어진 외래어는 관용을 존중하되, 그 범위와 용례는 따로 정한다.

05 | 과학·컴퓨터·IT·우주

▌광명도시공사

69 태양계에서 여섯 번째 행성은?

① 금성　　　　　　　　② 목성
③ 토성　　　　　　　　④ 천왕성

해설

③ 태양계는 태양을 중심으로 수성, 금성, 지구, 화성, 목성, 토성, 천왕성, 해왕성의 8개 행성이 태양의 주위를 공전하고 있다. 이외에도 세레스, 명왕성, 에리스 등의 왜소행성과 각 행성의 주위를 돌고 있는 위성, 소행성, 혜성 등이 존재한다. 태양계 전체 질량 중 약 99.85%를 태양이 차지하고 있으며, 행성이 차지하는 비율은 약 0.135% 정도로 아주 작다.

▌광명도시공사

70 공기 중에 가장 많은 원소 종류는?

① 산소　　　　　　　　② 질소
③ 탄소　　　　　　　　④ 이산화탄소

해설

② 지구를 둘러싼 대기 하층을 구성하는 공기는 무색투명한 기체로 생명체가 살아가는 데 꼭 필요한 요소 중 하나다. 공기의 성분은 질소(N_2)가 약 78%, 산소(O_2)가 약 21%, 아르곤(Ar)이 약 0.93%, 이산화탄소(CO_2)가 약 0.04%를 차지하고 있으며, 나머지는 미량의 네온(Ne), 헬륨(He), 크립톤(Kr), 제논(Xe), 오존(O_3) 등으로 이루어져 있다.

▌광주광역시공공기관통합채용

71 정보화 시대에 뒤처져서 사람 사이의 단절과 격차가 발생하는 현상은?

① 사이버 불링　　　　　② 디지털 디바이드
③ 사이버 슬래킹　　　　④ 내셔널리즘

해설

② 디지털 디바이드(Digital Divide)는 디지털 기기의 발전과 이를 제대로 활용하는 사람들은 지식축적과 함께 소득까지 증가하는 반면, 경제적·사회적 이유로 디지털 기기를 활용하지 못하는 사람은 정보격차를 느끼게 되는 것을 말한다.

정답 66 ④　67 ②　68 ③　69 ③　70 ②　71 ②

72 엘니뇨는 해수면 온도가 평년보다 몇 도 이상 높은 상태가 지속될 때를 말하는가?

① 0.3℃ ② 0.5℃
③ 1.0℃ ④ 2.0℃

> **해설**
> ② 엘니뇨(El Nino)는 해수면 온도가 평년보다 섭씨 0.5℃ 이상 높은 상태로 5개월 이상 지속되는 현상을 말한다. 주로 열대 태평양 적도 부근의 남미 해안이나 중태평양 해상에서 발생한다. 엘니뇨는 대기순환에 영향을 끼쳐 세계 각 지역에 홍수, 무더위, 가뭄 등 이상기후를 일으킨다.

│ 대전광역시공공기관통합채용

73 물의 끓는점을 다르게 이르는 말은?

① 인화점 ② 임계점
③ 이슬점 ④ 비등점

> **해설**
> ④ 비등점(Boiling Point)은 '끓는점'이라고도 부르며, 액체 물질의 증기압이 외부의 압력과 '비등'해져 끓기 시작하는 온도를 뜻한다. 비등점은 물질마다 고유한 값을 갖고 있다. 아울러 비등점은 외부 압력과 관련이 있으므로 기압이 낮은 산 정상 등에서는 낮아지게 된다.

│ 대전도시공사

74 오존층은 대기권 중 어디에 위치해 있는가?

① 대류권 ② 성층권
③ 중간권 ④ 열권

> **해설**
> ② 오존층은 오존을 많이 포함하고 있는 대기층으로 지상 25~30km 사이의 성층권에 위치해 있다. 오존은 태양에서 오는 자외선을 흡수해 산소로 바꾸는 역할을 하는데, 최근 환경오염의 영향으로 오존층에 구멍이 생겨 여러 문제가 발생하고 있다.

│ 대전도시공사

75 다음 중 데이터 용량이 가장 작은 것은?

① MB ② GB
③ TB ④ PB

> **해설**
> ① 컴퓨터의 디지털 정보를 나타내는 최하위 단위는 비트(Bit)이며 8비트가 모이면 1바이트(Byte)가 된다. 바이트는 더 큰 단위로 확장할 때 2의 10제곱으로 단위를 묶어 1,024배씩 커지는데, 이를 단위로 환산하면 1,024B = 1KB, 1,024KB = 1MB, 1,024MB = 1GB, 1,024GB = 1TB, 1,024TB = 1PB가 되는 것이다.

| 대전도시공사

76 가시광선보다 파장이 긴 전자기파는?

① 감마선
② 엑스선
③ 자외선
④ 적외선

해설
④ 전자기파란 전기가 흐르며 생기는 전자기장의 주기적 변화로 인한 파동을 의미한다. 전자기파는 저마다 파동이 퍼져 나간 거리인 '파장'을 갖게 된다. 이 중 사람의 눈에 보이는 범위의 파장을 가진 전자기파를 '가시광선(빛)'이라고 한다. 감마선, 엑스(X)선, 자외선은 가시광선보다 파장이 짧고, 가시광선보다 파장이 긴 전자기파에는 열선이라고도 부르는 적외선이 있다. 한편 적외선보다 파장이 긴 전자기파는 전파다.

| 부산광역시공공기관통합채용

77 로봇이 인간의 외모와 유사성이 높을수록 호감도가 높아지다 일정 수준이 되면 외려 불쾌감을 느끼는 현상은?

① 게슈탈트 붕괴
② 타나토스
③ 불쾌한 골짜기
④ 언캐니

해설
③ 불쾌한 골짜기(Uncanny Valley)는 1970년대 일본의 로봇공학자인 모리 마사히로가 소개한 이론으로, 로봇이나 인형처럼 인간이 아닌 존재가 인간의 외형과 닮아갈 때 어느 정도까지는 호감을 느끼지만, 일정 수준에 도달하면 오히려 불쾌감을 느낀다는 것이다. '인간과 거의 흡사한 모습'과 '인간과 거의 똑같은 모습' 사이에서의 불완전함과 이로 인한 거부감을 느끼게 된다.

| 부산광역시공무직통합채용

78 다음 중 화학물질인 다이옥신에 대한 설명으로 옳은 것은?

① 무색무취의 맹독성 물질이다.
② 주로 오염된 생활하수에서 발견된다.
③ 과거에는 살충제로써 널리 사용됐다.
④ 인간을 제외한 동식물에는 무해한 물질이다.

해설
① 다이옥신(Dioxin)은 본래 산소 원자 2개를 포함하고 있는 분자를 총칭하는 용어였지만, 흔히 우리가 다이옥신이라고 부르는 것은 벤젠 고리에 산소 원자와 염소가 결합된 화학물질로 무색무취의 맹독성 물질을 말한다. 주로 플라스틱, 쓰레기 등을 소각할 때 발생하며 건물 등 인공구조물에 화재가 났을 때도 검출된다. 인체에 노출되면 치명적이며 암, 염소성 여드름, 간 손상, 면역·신경체계 변화, 기형아 등을 유발하고 과다노출 시 사망에까지 이를 수 있다.

정답 72 ② 73 ④ 74 ② 75 ① 76 ④ 77 ③ 78 ①

| 부천시공공기관통합채용

79 스마트폰의 문자메시지를 이용한 휴대폰 해킹을 뜻하는 용어는?

① 메모리피싱
② 스피어피싱
③ 보이스피싱
④ 스미싱

해설
④ 스미싱(Smishing)은 문자메시지를 뜻하는 'SMS'와 낚시를 뜻하는 '피싱(Phishing)'의 합성어로, 인터넷 접속이 가능한 스마트폰의 문자메시지를 이용해 수신자가 문자메시지에 포함된 웹사이트의 주소를 클릭하면 자동으로 악성코드가 깔리도록 하는 휴대폰 해킹을 뜻한다.

| 서울메트로환경

80 다음 중 비료의 3요소가 아닌 것은?

① 질소
② 인산
③ 마그네슘
④ 칼륨

해설
①·②·④ 비료는 작물의 생장을 촉진시키고 토양의 생산성을 높이기 위해 작물이나 토양에 투입하는 영양물질을 말한다. 작물의 생장·생존·번식을 위해 꼭 필요한 16가지 양분(원소) 가운데 작물에 많이 필요한 질소(N)와 인산(P), 칼륨(K)은 일반 농지에서 부족하기 쉽고 시비효과가 높아 '비료의 3요소'라고 한다.

| 서울메트로환경

81 지구의 자전으로 인해 발생하는 현상과 관련이 적은 것은?

① 낮과 밤
② 계절의 변화
③ 인공위성의 궤도 변화
④ 달의 위상 변화

해설
① 자전이란 천체가 정해진 축을 중심으로 스스로 한 바퀴 회전하는 현상을 말한다. 지구는 남극과 북극을 잇는 가상의 선을 축으로 하여 반시계 방향(서 → 동)으로 회전하고 있으며, 24시간에 한 바퀴씩 돌고 있다. 이러한 자전의 영향으로 태양의 빛을 받는 쪽은 낮이 되고, 태양을 등지는 쪽은 밤이 된다.
② 자전축이 23.5도 기울어진 채 태양 주위를 공전하고 있어서 태양으로부터 받는 에너지의 차이로 인해 봄·여름·가을·겨울의 계절 변화가 나타난다.
③ 인공위성은 지구의 자전 방향과 반대 방향으로 이동하는데, 이 때문에 궤도가 서쪽으로 이동하는 것처럼 보이는 서편현상이 나타난다.

| 수원시공공기관통합채용

82 다음 중 영양소에 대한 설명으로 옳은 것은?

① 5대 영양소에는 알칼리가 포함된다.
② 지용성 비타민은 열과 빛에 약하다.
③ 수용성 비타민은 체내에 저장되지 않는다.
④ 나트륨은 적게 먹을수록 좋다.

해설
① 5대 영양소에는 3대 필수 영양소인 탄수화물, 지방, 단백질에 무기질과 비타민이 포함된다.
② 지용성 비타민은 열과 빛에 강해 조리 시 파괴되는 정도가 약하다.
④ 나트륨은 혈압과 관련된 영양소로 너무 적게 먹어도 좋지 않고, 너무 많이 먹어도 좋지 않다.

| 폴리텍

83 핵융합을 통해 스스로 빛과 에너지를 내는 천체는?

① 항성
② 위성
③ 혜성
④ 행성

해설
① 태양과 같은 항성(Fixed Star)은 내부의 무수한 수소와 헬륨 원자들의 핵융합을 통해 스스로 고온의 빛을 내고 막대한 에너지를 방출한다. 또 거대질량이 만든 중력으로 고온의 가스구체 형태를 유지한다. 우리은하 안에는 태양과 같은 항성이 약 1,000억 개가 존재할 것으로 추측된다.

| 화성시공공기관통합채용

84 태양의 활발한 활동으로 인해 가끔씩 통신 교란과 인공위성의 고장 등이 일어난다. 또 이 시기에는 북극과 남극 가까운 지방의 공중에서 아름다운 빛을 발하는 현상이 더욱 두드러지는데, 이런 현상을 일컫는 용어는?

① 오로라
② 흑점
③ 코로나
④ 지자기 폭풍

해설
① 오로라(Aurora)란 태양에서 방출된 플라스마의 일부가 지구의 자기장에 이끌려 대기에 진입하면서 공기 중에 있는 분자와 접촉·반응해 빛을 내는 현상을 말한다.

정답 79 ④ 80 ③ 81 ④ 82 ③ 83 ① 84 ①

06 | 문화 · 인문 · 미디어 · 스포츠

▌광주광역시공무직통합채용

85 물질문화의 급속한 발전을 비물질문화가 따라잡지 못하는 현상은?

① 문화실조 ② 문화접변
③ 문화지체 ④ 문화충격

> **해설**
> ③ 문화지체(Cultural Lag)는 급속히 발전하는 기술 등의 물질문화를 국가정책이나 개인의 가치관 등의 비물질문화가 따라잡지 못하면서 발생하는 현상을 일컫는다. 미국의 사회학자 'W. F. 오그번'이 주장한 이론이다. 자동차가 발명돼도 교통법규 등의 시민의식은 금방 확립되지 않는 것처럼, 신기술이나 획기적인 발명품이 탄생해도 이와 관련된 윤리의식이나 가치관의 발달은 더디게 일어난다는 것이다.

▌광주광역시공무직통합채용

86 사진을 통해 자신의 정체성을 드러내는 세대를 뜻하는 신조어는?

① 미닝아웃 ② 포토프레스
③ 쓸쓸비용 ④ 나포츠족

> **해설**
> ② 포토프레스(Photopress)란 'Photo(사진)'와 'Express(표현)'의 합성어로 사진을 통해 자신의 정체성을 드러내는 세대를 가리키는 용어다. 이들은 사진을 촬영하는 과정 자체를 놀이이자 경험으로 여기기 때문에 단순히 촬영하는 것에서 끝내지 않고 실물사진으로 현상해 소장한다. 또한 이러한 사진을 선별해 소셜네트워크서비스(SNS)에 올려 타인과 공유 · 소통하기도 한다.

▌광주광역시도시공사

87 윌리엄 셰익스피어의 희극작품에 해당하지 않는 것은?

① 「한여름 밤의 꿈」
② 「베니스의 상인」
③ 「햄릿」
④ 「십이야」

> **해설**
> ③ 영국의 위대한 극작가 윌리엄 셰익스피어의 '5대 희극'으로 꼽히는 작품은 「한여름 밤의 꿈」, 「베니스의 상인」, 「십이야」, 「말괄량이 길들이기」, 「뜻대로 하세요」다. 반면 「햄릿」, 「오셀로」, 「리어왕」, 「맥베스」는 '4대 비극'으로 꼽힌다.

88 다음 중 노벨상에서 시상하지 않는 부문은?

① 수학상 ② 생리의학상
③ 화학상 ④ 물리학상

해설
②·③·④ 노벨상은 다이너마이트를 발명한 스웨덴 발명가 알프레드 노벨의 유산을 기금으로 하여 해마다 물리학·화학·생리의학·경제학·문학·평화의 6개 부문에서 인류문명의 발달에 공헌한 사람이나 단체를 선정하여 수여하는 상이다. 1901년에 제정되어 매년 12월 10일 스웨덴의 스톡홀름에서 시상식이 열리며, 평화상 시상식만 노르웨이의 오슬로에서 열린다.

89 소설 「젊은 베르테르의 슬픔」을 쓴 작가의 이름은?

① 토마스 만 ② 프리드리히 니체
③ 요한 볼프강 폰 괴테 ④ 프리드리히 실러

해설
③ 「젊은 베르테르의 슬픔」은 독일의 문학가 요한 볼프강 폰 괴테가 쓴 서간체 소설로, 당대의 인습적 체제와 귀족사회의 통념에 반대하는 지식인의 우울함과 열정을 그렸다. 베르테르가 다른 사람의 약혼녀인 로테를 사랑하다가 끝내 권총으로 자살한다는 내용으로 당시 이에 공감한 젊은 세대의 자살이 유행하기도 했다.

90 예고편의 한 형식으로 영화의 장면을 조금만 보여주거나 전혀 보여주지 않는 것을 뜻하는 용어는?

① 스포일러 ② 틸트업
③ 티저 트레일러 ④ 테일 리더

해설
③ 티저 트레일러(Teaser Trailer)는 예고편의 한 형식으로 영화 또는 방송의 장면을 조금만 보여주거나, 전혀 보여주지 않는 것으로 관객의 호기심과 호감을 자극하는 영상물을 의미한다.

91 다음 중 국가와 전통의상이 바르게 연결되지 않은 것은?

① 인도 – 사리 ② 베트남 – 아오자이
③ 미얀마 – 론지 ④ 말레이시아 – 쑤타이

해설
④ 쑤타이는 태국의 전통의상으로 우리나라의 한복처럼 남녀노소에 따라 다른 형태로 입는다. 예복으로서 중요한 행사나 결혼식 등 격식 있는 자리에서 많이 입는다고 한다. 말레이시아의 전통의상은 '바주 꾸룽(Baju Kurung)'이라고 하며, 열대기후와 이슬람 문화의 영향을 받았다.

92 우리 전통악기 중 '국악의 바이올린'으로 꼽히는 것은?

① 해금 ② 아쟁
③ 양금 ④ 비파

> **해설**
> ① 해금은 현악기 중 하나로 우리나라에는 고려 예종 때 중국에서 유입됐다고 전해진다. 민간에서는 '깽깽이'나 '깡깡이'라고도 칭한다. 활로 현을 마찰시켜 소리를 내는 찰현악기로 흔히 '국악의 바이올린'이라 불린다. 원통 모양의 울림통에 대나무로 된 기둥을 꽂아 자루로 삼고, 굵은 줄과 가는 줄을 하나씩 기둥 상단의 줄감개에 감아 제작한다. 줄은 명주실로 되어 있다.

93 '배부른 돼지보다 배고픈 소크라테스가 낫다'라는 명언으로 유명한 철학자는?

① 제러미 벤담
② 존 스튜어트 밀
③ 플라톤
④ 아리스토텔레스

> **해설**
> ② 영국의 철학자인 존 스튜어트 밀은 스승인 제러미 벤담과 함께 공리주의를 주창한 대표적 인물이다. 18세기 말부터 19세기 전반에 유행한 공리주의는 사회적 공리성(효용)을 가치판단의 기준으로 하는 사상으로, 밀은 쾌락의 질적 차이를 주장하면서 '배부른 돼지보다 불만족스런(배고픈) 소크라테스가 낫다'라고 하며 정신적·고차원적 쾌락을 중요시했다.

94 2024년 기준 유네스코 세계유산에 등재되지 않은 것은?

① 조선왕조의궤 ② 가야 고분군
③ 국채보상운동 기념물 ④ 반구천의 암각화

> **해설**
> ④ 울산 '반구천의 암각화'는 선사 시대의 생활상이 생생히 기록된 벽화로, 2023년 문화재청(현 국가유산청)이 세계유산 등재에 도전하겠다고 밝힌 바 있다. 2024년 6월 유네스코의 현장실사가 마무리됐고, 최종결과는 2025년 7월 세계유산위원회의 등재 심사에서 보고될 예정이다.

| 부산광역시공무직통합채용

95 2028년 하계올림픽을 주최하는 도시는?

① 토론토 ② 로스앤젤레스
③ 함부르크 ④ 암스테르담

해설
② 2028년 하계올림픽을 주최하는 도시는 미국 로스앤젤레스(LA)다. 앞서 프랑스 파리와 LA가 2024년 올림픽 개최를 두고 경쟁을 벌였는데, 결과적으로 2024년 올림픽 개최권은 파리가 가져갔고, 이와 동시에 차기 대회 개최는 LA가 따낸 것으로 알려졌다. LA는 이로써 1984년 올림픽 이후 44년 만에 다시 올림픽을 열게 됐다.

| 부산광역시공무직통합채용

96 올림픽에 대한 설명으로 옳지 않은 것은?

① 2026년 동계올림픽은 이탈리아 밀라노, 코르티나담페초에서 열린다.
② 2028년 하계올림픽은 미국 로스엔젤레스에서 열린다.
③ 사격은 근대 5종 경기 중 하나다.
④ 올림픽관리위원회 IOC는 그리스에 본부를 둔다.

해설
④ 국제올림픽위원회(IOC)는 스위스 로잔에 본부를 둔 국제올림픽기구로 올림픽 대회를 주관하고 있다.

| 부천시공공기관통합채용

97 긴 분량의 영화나 드라마를 요약해 핵심내용만 볼 수 있도록 편집한 콘텐츠는?

① 스트리밍쇼트 ② 쇼트무비
③ 패스트무비 ④ 팝콘무비

해설
③ 패스트무비(Fast Movie)는 유튜브 등 영상 콘텐츠 플랫폼에서 영화나 드라마의 내용을 짧게 편집해 주요 핵심내용을 빠르게 볼 수 있도록 만든 콘텐츠를 말한다. 본편을 모두 시청하지 않아도 줄거리를 알 수 있어, 오래 시청해야 하는 콘텐츠를 선호하지 않는 최근 시청자들에게 인기를 끌고 있다. 다만 저작권자에게 허가를 받지 않고 주요 장면을 과도하게 노출하는 경우도 발생하고 있어 저작권 관련 논란도 일고 있다.

정답 92 ① 93 ② 94 ④ 95 ② 96 ④ 97 ③

인천시설공단

98 문학에서 진부하고 판에 박힌 표현을 가리키는 표현은?

① 클리셰
② 플롯
③ 골계
④ 그로테스크

해설
① 클리셰(Cliché)는 인쇄에서 '연판'을 뜻하는 프랑스어에서 기원했으며, 현재는 문학·영화에 등장하는 진부하고 상투적인 표현을 일컫는다. 지나친 클리셰는 극의 전개를 정형화하고 예측 가능하게 만들어 독자와 관객의 흥미를 반감시킨다. 가령 전쟁터에서 수세에 몰린 병사들이 지휘관의 장엄한 연설에 힘을 얻어 승부를 뒤집는다든지, 범죄 현장에서 모든 상황이 끝난 뒤에야 경찰이 도착하는 등의 다양한 클리셰가 존재한다.

의정부도시공사

99 2023년 개봉한 영화 〈서울의 봄〉의 배경이 되는 역사적 사건은?

① 5·16 군사정변
② 12·12 군사반란
③ 사사오입 개헌
④ 5·18 민주화운동

해설
② 2023년 개봉한 영화 〈서울의 봄〉은 1979년 육군 사조직 '하나회'의 전두환과 노태우가 신군부를 구성해 일으킨 12·12 군사반란의 과정과 결과를 담고 있다. 당시 신군부는 군사반란을 성공시킨 뒤 정권장악을 위해 5·17 내란을 일으켰다. 이후 내각을 총사퇴시키고, 최규하 대통령을 하야하게 해 전두환 정부를 수립했다.

의정부도시공사

100 이슬람력의 9월에 해당하며, 이슬람교도들이 의무적으로 금식을 하는 신성한 기간은?

① 이드 알 아드하
② 이맘
③ 메카
④ 라마단

정답
④ 라마단(Ramadan)은 이슬람력에서 9월에 해당하며, 아랍어로는 '더운 달'을 의미한다. 이슬람교에서는 이 절기를 대천사 가브리엘이 선지자 무함마드에게 〈코란〉을 가르친 달로 생각해 신성하게 여긴다. 이 기간에 신자들은 일출부터 일몰까지 해가 떠 있는 동안 금식하고 하루 다섯 번의 기도를 드린다.

CHAPTER 02 주요 공공기관 통합 한국사

| 부산광역시공무직통합채용

01 다음 석기 시대의 특징에 대한 설명으로 옳은 것은?

① 구석기 시대에는 가락바퀴로 실을 뽑아 뼈바늘로 옷을 지어 입었다.
② 구석기 시대에는 주먹도끼, 찍개 등의 뗀석기를 사용했다.
③ 신석기 시대에는 동굴이나 강가의 막집에서 생활했다.
④ 신석기 시대에는 사유재산의 개념과 계급이 발생하기 시작했다.

해설
② 구석기 시대에는 계절에 따라 이동 생활을 하고, 주먹도끼, 찍개 등의 뗀석기를 사용했다.
① 신석기 시대에는 빗살무늬 토기를 이용하여 음식을 조리하거나 저장했으며, 가락바퀴로 실을 뽑아 뼈바늘로 옷을 지어 입기도 했다.
③ 신석기 시대에는 강가나 바닷가에 움집을 지어 정착 생활을 했고, 채집·수렵 활동과 조·피 등을 재배하는 농경 생활, 목축 생활을 시작했다. 동굴이나 강가의 막집에서 생활한 것은 구석기 시대이다.
④ 신석기 시대에는 사유재산의 개념과 계급이 발생했으며, 족장이 출현한 것은 청동기 시대에 들어서다.

| 부산보훈병원

02 다음 유물이 사용되던 시기의 생활상으로 적절하지 않은 것은?

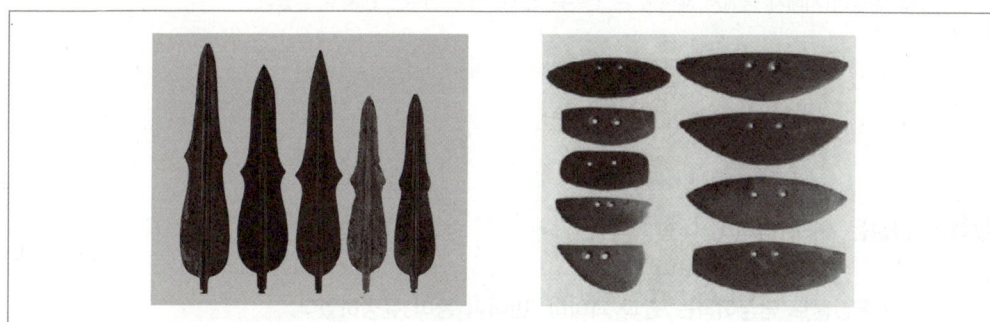

① 사유재산과 계급이 발생했다.
② 풍요를 기원하는 주술적 의미의 청동제 의기 등을 만들었다.
③ 조·피 등을 재배하는 농경이 시작되고 목축업이 활성화됐다.
④ 움집이 지상 가옥화되고 배산임수의 취락이 형성됐다.

해설
③ 사진은 비파형동검과 반달돌칼로 청동기 시대의 대표적 유물이다. 청동기 시대에는 밭농사 중심의 농경 생활이 주를 이뤘고 벼농사가 시작됐다. 조·피 등을 재배하는 농경이 시작되고 목축업이 활성화된 시기는 신석기 시대이다.

03 다음과 같은 규범으로 사회질서를 유지한 국가는?

> • 사람을 죽인 자는 사형에 처한다.
> • 남에게 상해를 입힌 자는 곡식으로 갚아야 한다.
> • 도둑질한 자는 노비로 삼되, 용서받고자 할 때에는 50만 전을 내야 한다.

① 고조선 ② 부여
③ 금관가야 ④ 동예

해설
① 고조선은 사회질서를 유지하기 위해 8개 조항으로 이뤄진 범금8조를 만들었으며, 현재는 3개 조항만 전해진다. 범금8조의 내용을 통해 인간의 생명 중시, 사유재산 보호 등을 확인할 수 있다.

04 삼한에 대한 설명으로 옳지 않은 것은?

① 신성 지역인 소도에는 군장의 세력이 미치지 못하였다.
② 천군은 농경과 종교에 대한 의례를 주관하였다.
③ 세력이 큰 지배자를 읍차, 세력이 작은 지배자를 신지라 불렀다.
④ 철기 문화를 바탕으로 하는 농경 사회였다.

해설
③ 삼한의 지배자 중에서 세력이 큰 경우는 신지, 작은 경우는 읍차로 불렸다.

05 다음은 어느 나라에 대한 설명인가?

> • 특산물로 단궁이라는 활과 과하마, 반어피 등이 유명하였다.
> • 매년 10월에 무천이라는 제천 행사를 열었다.
> • 동해안에 위치하여 해산물이 풍부하였다.

① 가야 ② 마한
③ 옥저 ④ 동예

해설
④ 동예는 강원도 북부 동해안 중심에 형성된 나라로 읍군과 삼로라는 군장이 통치하였다. 방직기술이 발달하였고 족외혼과 책화라는 풍속이 있었다.

06 〈보기〉에 제시된 시기의 백제의 왕은?

> **보기**
> 태화 4년 5월 16일 병오일의 한낮에 백 번이나 단련한 철로 된 칠지도를 ○○○○이 만들었다. 온갖 적병을 물리칠 수 있으니 제후국의 왕(侯王)에게 주기에 알맞다. 지금까지 이런 칼이 없었는데 백제 왕세자 기생성음이 일부러 왜왕을 위하여 정교하게 만들었으니 후세에 전하여 보이라.
> – 칠지도 명문 –

① 고국원왕 ② 고이왕
③ 침류왕 ④ 근초고왕

해설
④ 근초고왕(346~375년)은 백제 제13대 왕으로, 활발한 정복활동을 펼쳐 남쪽으로는 마한 세력을 통합하고 가야 지역까지 진출해 백제 역사상 최대 영토를 자랑하며 전성기를 이룩했다. 북쪽으로는 낙랑의 일부 지역을 확보했고, 평양성까지 진출해서 고구려 고국원왕을 전사시켰다. 그리고 요서지역과 왜에도 진출하여 왜에 칠지도를 하사하는 등 국제적으로 활발히 교류했다.

07 다음 중 고구려 장수왕의 업적이 아닌 것은?

① 고구려 역사상 가장 넓은 영토를 다스렸다.
② 수도를 국내성에서 평양성으로 옮겼다.
③ 북진정책을 펼쳐 중국의 북위와의 전쟁에서 여러 차례 승리했다.
④ 충주에 중원 고구려비를 건립했다.

해설
①·②·④ 고구려 제20대 왕인 장수왕은 중국과의 적극적인 외교활동을 펼쳐 당시 중국을 제패한 북위에 사절을 파견해 외교 관계를 맺고 대체로 긴밀한 사이를 유지했다. 북위뿐 아니라 유연 등 다른 중국 민족·국가와도 다각적으로 외교하며 서방의 안정을 꾀했다. 한편 장수왕은 427년 수도를 국내성에서 평양성으로 옮겨 백제와 신라를 향한 남진정책을 펼쳤고, 백제의 위례성을 함락시키고 개로왕을 사살하는 등 전공을 올리는 데 성공한다. 그는 고구려 역사상 가장 넓은 영토를 다스린 왕이며 충주에 중원 고구려비를 건립하기도 했다.

| 한국중부발전

08 다음 중 신라 김헌창의 난에 대한 설명으로 옳지 않은 것은?

① 유력한 왕위 계승 후보였던 아버지 김주원이 왕위에 오르지 못한 것을 구실로 일으켰다.
② 귀족들 간의 왕위계승전이 치열하게 벌어졌던 시기에 일어났다.
③ 무열왕계 귀족의 세력이 더욱 강화되는 계기가 되었다.
④ 난을 일으킨 지 한 달이 못 되어 진압되었다.

해설
③ 통일신라 헌덕왕 때 무열왕계였던 김주원이 원성왕계 귀족들과의 왕위 쟁탈전에서 패배하자 아들인 웅천주(현재 충남 공주) 도독 김헌창이 반란을 일으켰다. 그러나 한 달이 못 되어 관군에 진압되어 실패하였다. 당시는 귀족들 간의 왕위계승전이 치열하게 벌어지던 시기였는데, 김헌창의 난으로 무열왕계 귀족들은 크게 몰락했다.

| 대전광역시공공기관통합채용

09 다음 중 실직주 군주인 이사부를 보내 우산국을 점령한 신라의 왕은?

① 지증왕
② 진흥왕
③ 법흥왕
④ 무열왕

해설
① 삼국시대 신라의 제22대 왕인 지증왕은 농사에 소를 활용하는 우경을 실시해 생산력을 향상시켰고, 국명을 신라로 확정했다. 전국에 주·군·현을 설치하는 행정제도인 군현제를 실시했고, 이때 지금의 강원도 삼척 지역에 실직주가 탄생하였다. 지증왕은 실직주의 군주로 임명된 이사부를 우산국으로 보내 점령케 했다.

| 한국남부발전

10 다음 중 통일 신라의 지방통치거점이었던 서원경에 대한 설명으로 옳지 않은 것은?

① 지금의 충청북도 청주 지역으로 추정된다.
② 지방 행정구역인 5소경과는 별도로 계획된 도시였다.
③ 신라가 백제를 멸망시키고 삼국을 통일한 후 신문왕 5년에 설치되었다.
④ 서원경 인근 촌락의 정보를 기록한 문서가 일본에서 발견되었다.

해설
② 서원경은 신라의 지방 행정구역인 5소경의 하나로서 당시 호남과 영남을 통하는 교통의 요충지였기 때문에 지방 통치의 거점으로 삼았다.
① 서원경은 현재의 충청북도 청주 인근에 설치되었던 것으로 추정된다.
③ 서원경은 신라가 백제를 멸망시키고 삼국 통일을 이룩한 후 신문왕 5년인 685년에 설치되었다.
④ 서원경 인근 촌락의 인구와 토지 등 각종 정보를 기록한 신라촌락문서가 1933년 일본 나라현의 동대사에서 발견되었다.

11 다음 중 발해 무왕의 업적으로 맞는 것은?

① 대흥이라는 독자적 연호를 사용했다.
② 고구려의 옛 땅을 대부분 회복했다.
③ 수도를 중경에서 상경으로 옮겼다.
④ 장문휴를 보내어 당의 산둥반도를 공격하도록 했다.

해설

④ 남북국 시대 발해의 제2대 왕인 무왕은 독자적 연호인 인안을 사용했고, 장군이었던 장문휴로 하여금 당의 산둥반도를 공격하게 했다. 또한 돌궐과 일본을 연결하는 외교 관계를 수립하는 데에도 힘썼다. ①, ③은 제3대 왕인 문왕, ②는 제4대 왕인 선왕에 대한 내용이다.

12 다음에서 말하는 인물에 대한 설명으로 옳은 것은?

> 이 인물은 신라 왕족 출신으로 알려졌으며, 통일신라 말에 반란을 일으킨 양길의 부하가 되어 세력을 키웠다. 이후에는 송악을 도읍으로 삼아 새로운 국가를 세웠는데 스스로를 미륵불이라 칭했다.

① 영락이라는 독자적 연호를 사용했다.
② 국호를 태봉으로 고쳤다.
③ 백제를 계승함을 내세웠다.
④ 청해진을 설치했다.

해설

② 신라의 왕족 출신인 궁예는 북원에서 반란을 일으킨 양길의 휘하로 들어가 세력을 키워 송악에 도읍을 정하고 후고구려를 세웠다(901). 궁예는 건국 후 영토를 확장해 철원으로 천도하고 국호를 마진으로 바꿨다가 다시 태봉으로 바꿨다. 그는 광평성을 중심으로 한 정치 기구를 새롭게 마련했으나 미륵신앙을 바탕으로 한 전제정치로 인해 백성과 신하들의 원성을 사면서 왕건에 의해 축출됐다.

13 다음 고려의 왕과 업적이 올바르게 연결된 것은?

① 광종 – 전국을 5도와 양계, 경기로 나눠 지방행정제도를 확립했다.
② 성종 – 당의 제도를 모방해 2성 6부의 중앙관제를 완성했다.
③ 숙종 – 쌍성총관부를 공격해 철령 이북의 땅을 수복했다.
④ 예종 – 삼한통보, 해동통보 등의 동전과 활구를 발행했다.

해설

② 고려 성종은 최승로의 시무 28조를 받아들여 12목을 설치하고 지방관을 파견해 지방세력을 견제했다. 또한 유교국가의 기틀을 마련했으며 당의 제도를 모방해 2성 6부의 중앙관제를 완성했다. 또 성종 때에는 개경(개성)과 서경(평양)에 물가를 조절하는 기구인 상평창이 설치되기도 했다.

14 고려시대의 향·부곡·소에 대한 설명으로 틀린 것은?

① 향·부곡은 신라 때부터 있었고 고려 때 소가 신설됐다.
② 향·부곡에는 농업 종사자가 거주했다.
③ 소에 거주하는 주민은 수공업에 종사했다.
④ 조세의 의무가 면제됐다.

> **해설**
> ④ 향·부곡·소는 삼국시대부터 조선시대 전기까지 있었던 특수행정구역으로, 향·부곡은 신라시대에, 소는 고려시대에 설치되었다. 향·부곡(농업 종사)·소(수공업 종사)에 거주하는 주민이 살았으며 신분은 일반 양민과 달리 노비·천민과 유사한 특수 열등계급이었다. 이곳 주민들이 다른 지역으로 이주하는 것은 원칙적으로 금지됐고, 과중한 세금도 부담됐다.

15 고려 태조 왕건이 왕실자손들을 훈계하기 위해 남겼다고 전하는 항목은?

① 시무 28조
② 훈요 10조
③ 12목
④ 봉사 10조

> **해설**
> ② 고려 태조 왕건은 왕권 강화를 위해 〈정계〉와 〈계백료서〉를 통해 임금에 대한 신하들의 도리를 강조했고, 후대의 왕들에게도 지켜야 할 정책 방향을 훈요 10조를 통해 제시했다. 또 사심관 제도와 기인 제도를 활용하여 지방 호족을 견제하고 지방통치를 보완하려 했다.

16 고려시대 군사조직인 별무반에 대한 설명으로 틀린 것은?

① 숙종 때 윤관의 건의에 따라 설치됐다.
② 예종 때 별무반은 여진을 물리치고 강동 6주를 획득했다.
③ 신기군, 신보군, 항마군으로 구성됐다.
④ 2군 6위에 속하지 않는 별도의 임시군사조직이었다.

> **해설**
> ①·③·④ 고려 숙종 때 부족을 통일한 여진이 고려의 국경을 자주 침입하자 윤관이 왕에게 건의하여 신기군, 신보군, 항마군으로 구성된 별무반을 조직했다(1104). 예종 때 윤관은 별무반을 이끌고 여진을 물리쳐 동북 9성을 설치하기도 했다(1107). 별무반은 고려의 정규 군사조직인 2군 6위와는 별도로 편제된 임시군사조직이었다.

17 다음 대화의 (가)의 인물에 대한 설명으로 옳은 것은?

> 거란 소손녕 : 고려는 우리 거란과 국경을 접하고 있는데 왜 바다 건너 송을 섬기는가?
> 고려 (가) : 여진이 압록강 안팎을 막고 있기 때문에 귀국과 왕래하지 못하는 것이다. 여진을 내쫓고 우리 옛 땅을 돌려준다면 어찌 교류하지 않겠는가?

① 강동 6주를 확보했다.
② 동북 9성을 축조했다.
③ 화통도감을 설치했다.
④ 4군과 6진을 개척했다.

해설

① 거란은 송과의 대결에서 우위를 차지하기 위해 여러 번 고려를 침략했다. 고려 성종 때 1차 침입한 거란은 고려가 차지하고 있는 옛 고구려 땅을 내놓고 송과 교류를 끊을 것을 요구했다. 고려에서 외교관으로 나선 서희는 소손녕과의 외교담판을 통해 거란과 교류할 것을 약속하는 대신, 고려가 고구려를 계승하였음을 인정받고 압록강 동쪽의 강동 6주를 획득하는 성과를 거두었다.

18 고려시대에 실시된 전시과에 대한 설명으로 옳은 것은?

① 고려 말 공양왕 때 신진사대부의 건의로 실시됐다.
② 관직과 직역의 대가로 토지를 나눠주는 제도였다.
③ 관등에는 상관없이 균등하게 토지를 나눴다.
④ 처음 시행 이후 지급기준이 3차례 개정·정비됐다.

해설

② 고려 경종 때 처음 시행된 시정 전시과는 관직 복무와 직역의 대가로 토지를 나눠주는 제도였다. 관리부터 군인, 한인까지 인품과 총 18등급으로 나눈 관등에 따라 곡물을 수취할 수 있는 전지와 땔감을 얻을 수 있는 시지를 주었고, 수급자들은 지급된 토지에 대해 수조권만 가졌다. 이후 목종 때의 개정 전시과 제도는 인품에 관계없이 관등을 기준으로 지급하였고, 문종 때의 경정 전시과는 현직 관리에게만 지급하는 등 지급 기준이 점차 정비됐다.

정답 14 ④ 15 ② 16 ② 17 ① 18 ②

19 다음 활동을 한 인물에 대한 설명으로 옳은 것은?

- 위화도회군으로 권력을 장악함
- 정도전 등과 함께 개혁을 추진함
- 조선을 건국함

① 「조선경국전」을 편찬했다.
② 황산에서 왜구를 격퇴했다.
③ 우산국을 정벌했다.
④ 전민변정도감을 설치했다.

해설
② 고려 말 우왕 때 요동정벌을 추진했으나, 이성계는 4불가론을 제시하며 반대했다. 그러나 왕명에 따라 출병하게 됐는데, 결국 의주 부근의 위화도에서 군사를 돌려 개경으로 회군하면서 최영 등 반대파를 제거하고 권력을 장악했다. 이후 정도전, 남은 등 신진사대부들과 함께 유교사상을 바탕으로 개혁을 단행했으며 마침내 1392년 공양왕을 쫓아내고 조선을 건국했다. 황산대첩은 1380년(우왕 6년) 9월 이성계가 황산에서 고려에 침입한 왜구를 격파한 전투로, 고려 말의 중요한 전투 중 하나다.

| 한국연구재단

20 조선시대 세종이 실시한 것으로 남쪽 백성을 함길도·평안도 등 북방으로 이주시킨 정책은?

① 은본위제   ② 13도제
③ 기인제도   ④ 사민정책

해설
④ 세종은 한반도 북방의 여진족을 몰아내고 압록강과 두만강 일대의 4군 6진을 개척했다. 이후 1433년에 세종은 조선 백성이 살지 않는 함길도와 평안도 지역에 남쪽 백성들을 이주시키는 사민정책을 실시했다. 또한 해당 지역을 관리할 지방관을 배치하기 위해, 이주한 지방백성들과 같은 지방출신인 관리를 지방관으로 임명하는 토관제도를 실시했다.

| 부산보훈병원

21 조선시대에 당대 시정을 기록하는 일을 맡아보던 관청은?

① 춘추관   ② 예문관
③ 홍문관   ④ 승정원

해설
② 예문관 : 국왕의 말이나 명령을 담은 문서의 작성을 담당하기 위해 설치한 관서
③ 홍문관 : 궁중의 경서·사적 관리와 문한의 처리, 왕의 각종 자문을 관장하던 관서
④ 승정원 : 왕명의 출납을 관장하던 관청

22 다음 밑줄 친 전쟁 이후 동아시아의 정세에 대한 설명으로 틀린 것은?

> 적선이 바다를 덮어 오니 부산 첨사 정발은 마침 절영도에서 사냥을 하다가, 조공하러 오는 왜라 여기고 대비하지 않았는데 미처 진에 돌아오기도 전에 적이 이미 성에 올랐다. 정발은 난병 중에 전사했다. 이튿날 동래부가 함락되고 부사 송상현이 죽었으며, 그의 첩도 죽었다. 적은 드디어 두 갈래로 나누어 진격하여 김해·밀양 등 부(府)를 함락하였는데 병사 이각은 군사를 거느리고 먼저 달아났다. 2백 년 동안 전쟁을 모르고 지낸 백성들이라 각 군현(郡縣)들이 풍문만 듣고도 놀라 무너졌다.

① 명나라는 국력 소모를 크게 하여 국가재정이 문란해졌다.
② 조선에서는 비변사의 역할이 크게 축소되고 의정부의 권한이 강화되었다.
③ 만주의 여진이 세력을 확대하는 계기가 되었다.
④ 일본 내의 봉건 세력이 약화되었고 도쿠가와 이에야스가 정권을 장악하였다.

해설
② 동아시아 3국이 참전한 국제전이었던 7년간의 임진왜란 이후 명나라는 원군 출정으로 인한 국력 소모로 국가재정이 문란해졌다. 때문에 만주 지역의 여진이 세력을 확장하는 계기가 되었고, 이후 명나라는 무너지고 청나라가 들어서게 된다. 일본에서는 봉건 제후 세력이 약화되어 도쿠가와 이에야스가 정권을 쉽게 장악할 수 있게 되었다. 조선에서는 전쟁 중 기능이 확대된 비변사의 역할과 권한이 그대로 유지되고, 의정부의 역할이 축소되었다.

23 다음 중 조선의 중앙 군사 편제인 5군영에 해당하지 않는 것은?

① 훈련도감
② 어영청
③ 금위영
④ 속오군

해설
④ 5군영은 조선 후기 서울과 그 외곽지역을 방어하기 위해 편제된 군사제도로 훈련도감·어영청·총융청·수어청·금위영이 있다. 이 중 총융청은 경기도 일대를, 수어청은 남한산성을 수비하기 위해 설치되었다. 속오군은 지방군으로서 속오법에 따라 편성되었고, 각 지방의 주민이 대부분 편입되어 평상시 농사와 군사훈련을 병행했다.

정답 19 ② 20 ④ 21 ① 22 ② 23 ④

24 다음 인물의 업적으로 옳은 것은?

조선 후기의 대표적 중상주의 실학자인 이 인물은 상공업의 진흥과 수레·선박의 이용 및 화폐 유통의 필요성을 강조하였다. 또한 「양반전」, 「허생전」, 「호질」 등을 통해 양반의 무능과 허례를 풍자하고 비판했다. 홍대용, 박제가 등과 함께 북학론을 전개하기도 했다.

① 청나라에 다녀온 뒤 「열하일기」를 저술했다.
② 신분에 따라 토지를 차등 분배하는 균전론을 주장했다.
③ 단군조선과 고려 말까지를 다룬 역사서 「동사강목」을 저술했다.
④ 신유박해로 탄압을 받아 유배를 갔다.

해설
① 조선 후기 중상주의 실학자였던 연암 박지원은 상공업의 진흥과 수레·선박의 이용 및 화폐 유통의 필요성을 강조했다. 또한 「양반전」, 「허생전」, 「호질」 등을 저술해 양반의 무능과 허례를 풍자하고 비판했다. 그는 청나라에 다녀온 뒤 「열하일기」를 저술해 상공업과 화폐의 중요성에 대해 주장하기도 했다.

25 다음 중 조선 정조의 업적에 해당하는 것은?

① 통일법전인 대전회통을 편찬했다.
② 의정부서사제를 도입했다.
③ 직전법을 실시해 토지부족 문제를 해결하려 했다.
④ 규장각을 설치하고 인재를 등용했다.

해설
④ 조선의 제22대 왕인 정조는 선왕인 영조의 탕평책을 이어 받아 각종 개혁정치를 펼쳤다. 왕의 친위부대인 장용영을 설치해 왕권을 강화했으며, 규장각을 설치하고 초계문신제를 시행해 훌륭한 인재를 등용하려 힘썼다. 또한 수원에 화성을 건설하고, 시전 상인들의 금난전권을 폐지하는 신해통공을 단행했다.

| 한국서부발전

26 '대동법'에 관한 설명으로 틀린 것은?

① 세금을 쌀로 통일한 납세제도이다.
② 광해군이 최초로 시행하여 전국적으로 확산시켰다.
③ 농민에게 과중하게 부과되던 세금이 어느 정도 경감되었다.
④ 전국적으로 확산되면서 쌀뿐만 아니라 옷감·동전으로도 납부할 수 있었다.

해설
② 대동법은 광해군 때 최초로 경기도에 한해서 시행되다가 인조가 등극한 후 강원도, 충청도, 전라도까지 확대되었고, 17세기 후반이 되어서 전국적으로 확산되었다.

| 부산광역시공무직통합채용

27 조선시대에 발생한 다음 네 사화 중 가장 시기가 늦은 것은?

① 기묘사화
② 을사사화
③ 갑자사화
④ 무오사화

해설
② 사화는 조선시대 사림파와 훈구파 사이의 대립으로 사림파가 큰 피해를 입은 4가지 사건을 말한다. 1498년 무오사화, 1504년 갑자사화, 1519년 기묘사화, 1545년 을사사화로 이어진다. 을사사화는 명종 재임 당시 일어났으며 인종의 외척이던 윤임과 명종의 외척이던 윤원형 세력의 대립으로 벌어졌다.

| 한국수력원자력

28 다음에서 밑줄 친 전쟁 이후 발생한 사건으로 옳은 것은?

> 의정부 참정 심상훈이 아뢰기를, "지금 일본과 러시아 간에 전쟁이 시작된 이후 일본군사들이 용맹을 떨쳐 육지와 해상에서 연전연승한다는 소식이 세상에 퍼져 각기 나라 사람들과 더불어 가서 관전하는 일이 많습니다. 원수부에서 장령(將領)과 위관(尉官)을 해당 싸움터에 적절히 파견하여 관전하게 하는 것이 어떻겠습니까?"하니, 윤허하였다.

① 독립협회가 관민공동회를 개최했다.
② 평민 의병장 출신 신돌석이 을사의병을 주도했다.
③ 고종이 러시아 공사관으로 피신했다.
④ 서양국가와의 최초의 조약인 조미수호통상조약이 체결됐다.

해설
② 만주와 조선의 지배권을 두고 러시아와 일본이 1904~1905년에 러일 전쟁을 벌였다. 전쟁에서 승리한 일본이 사실상 열강들로부터 한국에 대한 지배를 인정받자 일본은 을사늑약을 체결하여 대한제국의 외교권을 박탈하고 한국을 식민지로 만들려는 계획을 진행했다(1905). 을사늑약 체결 이듬해 서울에 통감부가 설치됐고, 이토 히로부미가 초대통감으로 부임하여 외교뿐만 아니라 내정에도 간섭하였다. 을사늑약 체결 이후 유생 출신의 민종식, 최익현과 평민 의병장 출신 신돌석 등이 을사의병을 주도했다(1906).

부산광역시공무직통합채용

29 다음 중 흥선대원군에 대한 설명으로 틀린 것은?

① 국가운영에 대한 법을 새로 규정하기 위해 「속대전」을 편찬했다.
② 왕실의 권위회복을 위해 임진왜란 때 불탔던 경복궁을 중건했다.
③ 군정의 문란을 해결하기 위해 호포제를 실시했다.
④ 서양과의 통상수교 반대의지를 알리기 위해 전국 각지에 척화비를 세웠다.

> **해설**
> ① 흥선대원군은 국가의 재정을 확보하기 위해 양반에게도 군포를 부과하는 호포제를 시행했으며, 사창제를 시행하여 환곡의 폐단을 해결하고자 했다. 또한 임진왜란 때 불에 타서 방치된 경복궁을 중건했고, 비변사를 폐지한 후 의정부와 삼군부를 부활시켜 왕권을 강화했다. 대외적으로는 전국에 척화비를 세우고, 외세 열강과의 통상수교 거부정책을 확고히 했다. 「속대전」은 조선 영조 때 국가운영에 대한 법을 새로 규정하기 위해 「경국대전」을 바탕으로 새롭게 변화된 조항을 담아 편찬됐다.

한국산업인력공단

30 다음 중 조선 말 흥선대원군의 정책하에 발행한 화폐의 이름은?

① 상평통보
② 당백전
③ 건원중보
④ 유엽전

> **해설**
> ② 조선 말엽 흥선대원군은 왕실의 위엄을 되살리기 위해 경복궁을 중건하였는데, 이때의 막대한 공사비를 충당하기 위해 원납전이라는 성금을 걷고 당백전을 발행했다. 당백전은 당시 1전 동전의 가치를 100배로 부풀려 발행한 것으로, 이로 인해 극심한 인플레이션과 경제적 혼란이 유발되었다.

❙ 폴리텍

31 다음 중 일제가 대한제국의 외교권을 강탈한 불평등 조약은?

① 을사조약 ② 시모노세키 조약
③ 강화도 조약 ④ 한일신협약

해설
① 을사조약은 1905년 일제가 대한제국의 외교권을 강탈하고 통감부 설치를 강행한 강압적인 불평등 조약이다. 제1차 한일협약 또는 을사늑약이라고도 하며, 일제는 대한제국을 보호국으로 명시했지만 사실상 식민지로 삼으려 했던 신호탄이라고 볼 수 있다. 이 조약에 찬성한 대한제국의 대신들을 을사오적이라고 한다. 을사조약 체결 후 이에 반발한 의병활동이 일어났으며, 고종황제는 조약의 부당함을 알리기 위해 헤이그 특사를 파견했다.

❙ 중앙보훈병원

32 다음 중 을미개혁에 대한 내용으로 옳은 것은?

① 지석영이 소개한 종두법 실시를 위해 종두소를 설치하였다.
② 고종이 대한제국을 선포하며 시작되었다.
③ 청의 연호를 폐지하고 개국 연호를 사용했으며 또한 과거제를 폐지하였다.
④ 을미사변이 발생하기 전 일제에 의해 강제로 시행되었다.

해설
① 을미사변 이후 일제가 내세운 김홍집 내각에 의해 을미개혁(1895)이 추진되었다. 이때 지석영이 소개한 천연두를 예방하는 종두법을 실시하기 위해 종두소를 설치하였고, 건양 연호와 태양력을 사용하게 되었으며 단발령이 시행되었다. 단발령은 을미사변으로 격해진 반일 감정의 기폭제가 되어 의병운동으로 이어지게 되었다. 고종이 대한제국을 선포한 것은 광무개혁(1899)이며 개국 연호를 사용하고 과거제를 폐지한 것은 갑오개혁(1894)이다.

❙ 충북대학교병원

33 다음 중 김구의 주도로 중국 상해에서 조직된 독립운동단체의 이름은?

① 한인애국단 ② 의열단
③ 신간회 ④ 신민회

해설
① 한인애국단은 1920년대 중반 이후 대한민국 임시정부의 활동침체를 극복하고, 1931년 만보산 사건과 만주사변 등으로 인하여 침체된 항일독립운동의 활로를 모색하려는 목적에서 결성되었다. 김구의 주도로 중국 상해에 조직된 대한민국 임시정부의 특무활동기관이자 1930년대 중국 관내의 대표적인 의열투쟁단체였다.

34 의열단에 대한 설명으로 옳지 않은 것은?

① 1919년 11월 만주 지린성에서 조직되었다.
② 부산경찰서 폭파 사건을 주도했다.
③ 대한민국 임시정부 산하의 의열투쟁단체였다.
④ 「조선혁명선언」을 활동 지침으로 삼았다.

해설
③ 의열단은 1919년 11월 만주 지린성에서 조직된 항일 무력독립운동 단체이다. 신채호의 「조선혁명선언」을 활동 지침으로 삼았으며, 부산경찰서 폭파 사건, 조선총독부 폭탄투척 의거 등의 활동을 했다. 대한민국 임시정부 산하의 의열투쟁 단체는 한인애국단이다.

35 독립협회에 대한 설명으로 틀린 것은?

① 갑신정변 이후 서재필 등이 창립했다.
② 만민공동회와 관민공동회를 개최했다.
③ 독립문을 건립했다.
④ 중추원 폐지를 통해 서구식 입헌군주제 실현을 목표로 했다.

해설
④ 갑신정변 이후 미국에서 돌아온 서재필은 남궁억, 이상재, 윤치호 등과 함께 독립협회를 창립하고 만민공동회와 관민공동회를 개최하여 국권・민권신장운동을 전개했다. 또한 중추원 개편을 통한 의회 설립과 서구식 입헌군주제 실현을 목표로 활동했다. 아울러 청의 사신을 맞던 영은문을 헐고 그 자리 부근에 독립문을 건립하기도 했다.

36 1898년 남궁억과 나수연이 국민계몽을 목적으로 발간한 신문의 명칭은?

① 독립신문   ② 매일신문
③ 한성순보   ④ 황성신문

해설
④ 「황성신문」은 1898년 창간된 국한문 혼용 일간지다. 남궁억과 나수연이 이미 발간 중이었던 「대한황성신문」의 판권을 인수해 창간했다. 외세침입에 대해 국민을 계몽하고 일제를 비판하기 위한 목적으로 창간했는데, 당시 신문의 주필이었던 장지연의 사설 '시일야방성대곡'이 실리기도 했다.

37 구한말 고종황제의 퇴위 반대 운동을 벌인 민중계몽단체는?

① 근우회　　　　　　　　② 보안회
③ 대한자강회　　　　　　④ 신민회

해설
③ 1906년 4월 설립된 대한자강회는 민중계몽단체로 국민 교육을 강화하고 그로 하여금 국력을 키워 독립의 기초를 닦기 위한 사명을 띠고 있었다. 윤효정, 장지연, 나수연 등이 설립했으며 교육기관을 세울 것을 주장하고 고종황제의 퇴위 반대 운동을 펼치기도 했다.

38 다음 중 가장 나중에 일어난 항일 독립운동은?

① 조천만세운동　　　　　② 6·10 만세운동
③ 봉오동 전투　　　　　　④ 2·8 독립선언

해설
② 1919년 2·8 독립선언은 한국의 독립에 관심을 갖게 된 일본 도쿄의 유학생들이 발표한 독립선언으로 3·1 운동에 직접적인 영향을 끼쳤다. 같은 해 일어난 조천만세운동은 4차에 걸쳐 진행되었으며 제주도에서 일어난 대표적 독립운동 중 하나다. 또 이듬해 6월에 시작된 봉오동 전투는 홍범도 장군이 이끄는 한국독립군 부대가 중국 지린성의 봉오동에서 일본군을 크게 격파한 전투다. 6·10 만세운동은 1926년 순종황제의 장례식 날 일어난 대규모 만세운동이다.

39 대한민국 임시정부가 주도한 일이 아닌 것은?

① 독립운동자금 모금　　　② 건국강령 발표
③ 한국광복군 창설　　　　④ 물산장려운동 주도

해설
④ 물산장려운동은 일제의 수탈정책에 맞선 운동으로서, 조선물산장려회에서 주도하였다.

| 보훈교육연구원

40 일제강점기 당시 독립운동가로 1932년 일왕의 생일날 거사를 일으킨 인물은?

① 김원봉 ② 이봉창
③ 윤봉길 ④ 조소앙

해설
③ 일제강점기 독립운동가인 윤봉길 의사는 임시정부의 김구가 창설한 한인애국단에 가입해, 1932년 중국 상하이 훙커우 공원에서 열린 일왕의 생일기념식에 폭탄을 던져 의거했다. 일왕을 사살하지는 못했으나, 일본군 대장과 일본인 거류민단장이 그 자리에서 사망했다. 현장에서 체포된 윤봉길 의사는 사형선고를 받아 1932년 12월 19일 순국했다.

| 한국산업인력공단

41 다음 시정 방침의 발표 계기로 옳은 것은?

> 정부는 관제를 개혁하여 총독 임용의 범위를 확장하고 경찰 제도를 개정하며, 또는 일반 관리나 교원 등의 복제를 폐지함으로써 시대의 흐름에 순응한다.

① 청산리 대첩 ② 3·1 운동
③ 안중근 의거 ④ 6·10 만세운동

해설
② 일제는 1919년 3·1 운동을 계기로 1910년대에 실시했던 무단통치정책을 1920년대 들어 문화통치정책으로 전환한다.

| 서울메트로환경

42 일제강점기에 식민사관을 바탕으로 우리나라 역사를 연구한 어용학술단체는?

① 경학사 ② 진단학회
③ 청구학회 ④ 일진회

해설
③ 청구학회는 경성제국대학과 조선총독부의 조선사편수회가 1930년 조직한 어용학술연구단체다. 식민사관을 바탕으로 우리나라와 만주 등의 역사·문화를 연구하였다. 이들이 연구한 식민주의 역사관은 일제의 침략행위를 정당화하는 데 일조했다.

| 한국남부발전

43 다음 중 1970년대에 일어난 사건이 아닌 것은?

① 민청학련 사건
② 5·16 군사정변
③ YH 무역 사건
④ 인민혁명단 재건위 사건

해설
② 박정희의 군부세력이 정변을 일으켜 정권을 장악한 5·16 군사정변은 1961년에 일어났다.
①·④ 전국민주청년학생총연맹(민청학련)의 학생 180명이 내란 혐의를 받아 구속된 민청학련 사건과 북한의 지령을 받아 국가변란을 획책했다는 혐의로 1964년 구속됐던 지하조직 인민혁명당이 이 민청학련의 배후라고 규정한 인민혁명단 재건위 사건(제2차 인혁당 사건)은 모두 1974년에 일어났다.
③ YH 무역의 여성노동자 170여 명이 근로자의 생존권 보장을 요구하며 신민당사에서 농성을 벌인 YH 무역 사건은 1979년에 일어난 사건이다.

| 부산보훈병원

44 다음 사건과 관련된 인물은?

> 1970년 11월 13일 서울 청계천 평화시장 재단사였던 그는 열악한 노동환경에 항거해 "근로기준법을 준수하라", "우리는 기계가 아니다"라고 외치며 분신했다.

① 전태일
② 이소선
③ 김진숙
④ 김주열

해설
① 전태일 열사는 한국의 노동운동을 상징하는 인물로 청계천 평화시장 재단사로 일하면서 열악한 노동조건의 개선을 위해 노력했으며, 1970년 11월 노동자는 기계가 아니라고 외치며 분신하였다. 그의 죽음은 장기간 저임금노동에 시달렸던 당시의 노동환경을 고발하는 역할을 했으며, 한국 노동운동 발전에 중요한 계기가 되었다.

| 경기도시공사

45 전두환 정부 때 있었던 일에 해당하는 것은?

① 남북 이산가족 최초 상봉
② 남북기본합의서 채택
③ 남북정상회담 최초 개최
④ 민족 공동체 통일 방안 제안

해설
① 남북 이산가족 상봉(1985) : 전두환 정부
② 남북기본합의서 채택(1991) : 노태우 정부
③ 남북정상회담 최초 개최(2000) : 김대중 정부
④ 민족 공동체 통일 방안 제안(1994) : 김영삼 정부

정답 40 ③ 41 ② 42 ③ 43 ② 44 ① 45 ①

| 한국서부발전

46 다음 ㉠~㉣을 일어난 순서대로 옳게 나열한 것은?

> ㉠ 6월 민주항쟁 ㉡ 4·19 혁명
> ㉢ 부마민주항쟁 ㉣ 5·18 민주화운동

① ㉠-㉡-㉢-㉣ ② ㉠-㉢-㉣-㉡
③ ㉡-㉢-㉣-㉠ ④ ㉡-㉢-㉠-㉣

해설

㉡ 4·19 혁명 : 1960년 4월, 이승만 정권의 부정선거를 규탄하며 일어난 시민혁명이다.
㉢ 부마민주항쟁 : 1979년 10월 16일~20일, 박정희 유신체제에 대항하여 부산과 마산에서 일어난 항쟁이다.
㉣ 5·18 민주화운동 : 1980년 5월 18일~27일, 당시 최규하 대통령 아래 전두환 군부세력 퇴진과 계엄령 철폐를 요구하며 광주시민을 중심으로 일어난 민주화운동이다.
㉠ 6월 민주항쟁 : 1987년 6월, 전두환 군부독재에 맞서 일어난 민주화운동이다.

| 광주도시철도공사

47 밑줄 친 '이 사건'에 대한 설명으로 옳지 않은 것은?

> 이 사건은 1987년 6월에 전국에서 일어난 반독재 민주화 시위로 군사정권의 장기집권을 막기 위한 범국민적 민주화운동이다.

① 제5공화국이 출범하며 촉발되었다.
② 이한열이 최루탄에 맞은 사건이 계기가 되었다.
③ 4·13 호헌조치에 반대하였다.
④ 이 사건의 결과 대통령 직선제로 개헌되었다.

해설

① 제시된 사건은 6월 민주항쟁이다. 1980년 5월 광주 민주화운동의 비극 이후 전두환이 같은 해 9월 제11대 대통령에 취임하면서 독재의 서막을 알렸고, 이듬해인 1981년 3월 간접선거로 다시 제12대 대통령으로 취임하면서 제5공화국이 정식 출범하였다. 제5공화국은 1987년 6월 항쟁 이후 대통령 직선제 개헌을 명시한 6·29 선언이 발표되며 종지부를 찍었다.

48 다음 중 우리나라의 9차 헌법개정으로 이루어진 것은 무엇인가?

① 대통령 4년 중임 중심제
② 대통령 3선 연임 제한 철폐
③ 대통령 7년 단임 간선제
④ 대통령 5년 단임 직선제

해설
④ 우리나라의 9차 헌법개정은 1987년에 이루어졌으며 10월 29일에 공포되었다. 이는 전두환 정부의 호헌선언과 강압적인 독재정치, 서울대생 박종철 군의 고문치사 사건 등으로 촉발된 6월 항쟁의 결실이라 할 수 있다. 이 개헌으로 대통령의 임기와 선출은 5년 단임의 직선제로 시행하게 됐다.

49 다음 중 김영삼 정권 때 일어난 일은?

① 제4공화국
② 베트남 파병
③ 4·13 호헌조치
④ 금융실명제

해설
④ 1993년 8월, 김영삼 정권은 '금융실명거래 및 비밀 보장에 관한 긴급재정경제명령'을 발표하면서 금융실명제를 실시했다.
① 1972년 10월 유신 당시, 박정희 정권으로부터 수립된 뒤 그 이후에 들어선 최규하 정부 그리고 제8차 헌법 개정으로 제5공화국이 출범한 1981년 3월까지 지속된 대한민국의 네 번째 공화국이다.
② 1964년 9월부터 1973년 3월까지, 박정희 정권의 한국 정부가 베트남 전쟁에 전투 부대를 파병하여 참전한 사건이다.
③ 1987년 4월 13일, 전두환 정권은 '헌법 개정 논의를 금지한다'라는 특별담화를 발표했다.

50 다음 중 남북한 정상이 최초로 한 정상회담과 관련 있는 사건은?

① 판문점선언
② 6·15 남북공동선언
③ 7·4 남북공동성명
④ 10·4 남북공동선언

해설
② 남북한의 정상이 최초로 만나 정상회담을 가진 것은 김대중 정부 때다. 2000년 6월 15일 김대중 대통령이 평양을 방문해 북한의 김정일 국방위원장과 만나 첫 회담을 가졌다. 이 회담에서 남북한의 통일에 관한 각자의 견해를 공유하고 통일에 힘을 모으기로 하며 경제협력 등을 약속한 6·15 남북공동선언을 발표했다.

광주광역시교육청 교육공무직원(국어/일반상식) 한권으로 끝내기

개정11판1쇄 발행	2025년 08월 20일 (인쇄 2025년 06월 30일)
초 판 발 행	2015년 05월 14일 (인쇄 2015년 05월 14일)
발 행 인	박영일
책 임 편 집	이해욱
편 저	시대적성검사연구소
편 집 진 행	노윤재·최은서
표지디자인	김경모
편집디자인	김기화·이다희
발 행 처	(주)시대고시기획
출 판 등 록	제10-1521호
주 소	서울시 마포구 큰우물로 75 [도화동 538 성지 B/D] 9F
전 화	1600-3600
팩 스	02-701-8823
홈 페 이 지	www.sdedu.co.kr
I S B N	979-11-383-9450-5 (13350)
정 가	27,000원

※ 이 책은 저작권법의 보호를 받는 저작물이므로 동영상 제작 및 무단전재와 배포를 금합니다.
※ 잘못된 책은 구입하신 서점에서 바꾸어 드립니다.

더 이상의 교육청 시리즈는 없다!

"알차다"
꼭 알아야 할 내용을 담고 있으니까

"친절하다"
핵심 내용을 쉽게 설명하고 있으니까

"핵심을 뚫는다"
시험 유형과 적합한 문제를 다루니까

"명쾌하다"
상세한 풀이로 완벽하게 익힐 수 있으니까

시대에듀가 신뢰와 책임의 마음으로 수험생 여러분에게 다가갑니다.

교육공무직 ROAD MAP

세종특별자치시 교육청

대전광역시 교육청

부산광역시 교육청

울산광역시 교육청

경상남도 교육청

광주광역시 교육청

※ 도서의 이미지 및 구성은 변동될 수 있습니다.